Adrian Suter, Angela Berlis, Thomas Zellmeyer

Die Christkatholische Kirche der Schweiz

TVZ

katholon

herausgegeben von Angela Berlis

Band 1 – 2023

Die Reihe «katholon» versteht das «Katholische» qualitativ, vielstimmig, ökumenisch und interkulturell offen, «auf das Ganze bezogen» – in einem dem nizänokonstantinopolitanischen Glaubensbekenntnis entsprechenden Sinn. Die Reihe umfasst Beiträge aus allen Teilgebieten der Theologie.

Adrian Suter, Angela Berlis, Thomas Zellmeyer

Die Christkatholische Kirche der Schweiz

Geschichte und Gegenwart

TVZ
Theologischer Verlag Zürich

Publiziert mit freundlicher Unterstützung des Eugène und Louis Michaud-Fonds des Instituts für Christkatholische Theologie der Universität Bern.

Der Theologische Verlag Zürich wird vom Bundesamt für Kultur für die Jahre 2021–2025 unterstützt.

Bibliografische Informationen der Deutschen Nationalbibliothek
Die Deutsche Nationalbibliothek verzeichnet diese Publikation in der Deutschen Nationalbibliografie; detaillierte bibliografische Daten sind im Internet über http://dnb.dnb.de abrufbar.

Umschlaggestaltung
Simone Ackermann, Zürich
Umschlagbild: St. Peter und Paul, Bern; Bildbeschreibung siehe S. 12.
Foto: Kurt Schibler

Satz und Layout
Claudia Wild, Konstanz

Druck
gapp print, Wangen im Allgäu

ISBN 978-3-290-18323-3 (Print)
ISBN 978-3-290-18324-0 (E-Book: PDF)

© 2023 Theologischer Verlag Zürich
www.tvz-verlag.ch

Alle Rechte vorbehalten.

Hersteller:
TVZ Theologischer Verlag Zürich AG, Schaffhauserstr. 316, CH-8050 Zürich
info@tvz-verlag.ch

Verantwortlicher in der EU gemäss GPSR:
Brockhaus Kommissionsgeschäft GmbH, Kreidlerstr. 9, DE-70806 Kornwestheim
info@brocom.de

Weitere Informationen bezüglich Produktsicherheit finden Sie unter:
www.tvz-verlag.ch/produktsicherheit

Inhalt

Vorwort 9
Einleitung 13

1 **Historische Ausprägungen des Altkatholizismus** 19
   1.1 Die Kirche von Utrecht: Das bischöflich-katholische Selbstverständnis 19
   1.2 Vatikanum I und die Folgen: Das zugleich altkirchliche und reformorientierte Selbstverständnis 23
   1.3 Der Zusammenschluss zur Utrechter Union von 1889 29
   1.4 Die Entstehung altkatholischer Kirchen im 20. Jahrhundert: Das ethnisch-national orientierte Selbstverständnis 31
   1.5 Altkatholische Missionen bzw. Jurisdiktionen 37
   1.6 Fazit: Einheit eines vielgestaltigen Altkatholizismus 42
   1.7 Exkurs: Kirchliche Reformbewegungen in der westlichen Kirchengeschichte als «Vorläuferbewegungen» des Altkatholizismus 46

2 **Entstehung und Geschichte der Christkatholischen Kirche der Schweiz bis in die Gegenwart** 55
   2.1 Die christkatholische Kirche in der schweizerischen Erinnerungskultur 57
   2.2 In Bewegung gegen die Papstdogmen 62
   2.3 Trägerinnen und Träger der christkatholischen Bewegung in ihren Anfangsjahren 66
   2.4 Konflikte, Konferenzen und kirchliche Organisation 69
   2.5 Mitgliederentwicklung, Gemeindebildungen und Diasporaseelsorge 77
   2.6 Starke Persönlichkeiten in der Kirchenleitung 81
   2.7 Ein «katholischer Brückenkopf inmitten reformierter Umgebung»: Die christkatholische Ausbildungsstätte seit 1874 .. 90
   2.8 «... dass heute überall neues religiöses Leben erblüht»: Christkatholische Vereine und Verbände 103
   2.9 Solidarität und Sammlungen 112
   2.10 Presse und Profilierung 115
   2.11 Wichtige synodale Entscheidungen 120
   2.12 Erneuerungsprozesse und Aussichten ins 21. Jahrhundert ... 123

3	**Schwerpunkte altkatholischer Lehre**	**129**
	3.1 Von den Schwierigkeiten einer altkatholischen Dogmatik	129
	3.2 Fundamentaltheologische Prämissen: Der altkatholische Denkstil	131
	3.3 Schrift und Tradition	133
	3.4 Berufung auf die Alte Kirche	135
	3.5 Die trinitarische und christologische Grundentscheidung	138
	3.6 Ortskirchenekklesiologie	141
	3.7 Das dreifache apostolische Amt und die Rolle der Laien	145
	3.8 Autorität, Entscheidungen und die Haltung zum Papsttum	151
	3.9 Die Frauenordination als Nagelprobe altkatholischen Selbstverständnisses	153
	3.10 Sakramententheologie	156
	3.11 Der Umgang mit gleichgeschlechtlichen Partnerschaften als aktuelle Nagelprobe altkatholischen Selbstverständnisses	159
	3.12 Verehrung von Maria und den Heiligen	162
4	**Liturgie**	**167**
	4.1 Geschichte der altkatholischen Liturgie in den einzelnen Kirchen	169
	4.2 Praxis des gottesdienstlichen Lebens	174
	4.3 Kirchengebäude als Orte gottesdienstlichen Feierns	179
5	**Altkatholische Kirche in der Ökumene**	**183**
	5.1 Der Ursprung der modernen ökumenischen Bewegung im 20. Jahrhundert	184
	5.2 Ökumenische Organisationen und Räte	189
	5.3 Ökumenischer Pioniergeist im Altkatholizismus	192
	5.4 Das ökumenische Selbstverständnis der altkatholischen Kirchen	195
	5.5 Bilaterale Dialoge und ihr Ertrag	196
	5.6 Kirchengemeinschaft und ihre Folgen	209
	5.7 Ökumenische Initiativen und themenbezogene Zusammenarbeit	211
	5.8 Ökumene am Ort	213
	5.9 Interreligiöser Dialog	214
	5.10 Exkurs: Kontakte der Christkatholischen Kirche der Schweiz zur Orthodoxie	219
6	**Christkatholisches Kirchenverständnis in der Praxis**	**223**
	6.1 Der Grundsatz: Bischöflich-synodale Kirchenstruktur	223
	6.2 Die Kirchenleitung der Christkatholischen Kirche der Schweiz gemäss ihrer Verfassung	224
	6.3 Das Verfahren zur Stellungnahme in Glaubensfragen	227
	6.4 Kirchgemeinden, Landeskirchen, Regionen und Diaspora	230
	6.5 Die Aufgaben der Kirche und ihre Verwirklichung	233

6.6	Die Utrechter Union als Gemeinschaft von Ortskirchen	235
6.7	Foren und Formen internationaler Zusammenarbeit	237
6.8	Von der Katechese zur Erwachsenenbildung: Christkatholizismus als Lerngemeinschaft	243
6.9	Theologiestudium und Ausbildung zum geistlichen Amt	246
6.10	Christkatholisch sein als Herausforderung und Chance	251

Bildteil 257

Anhang 289
Wichtige Dokumente des Altkatholizismus 291

I. **Texte aus dem historischen Umfeld** 293
    1. Konstitution «Cum occasione» an alle Gläubigen,
       31. Mai 1653 (Auszug) 293
    2. Erste dogmatische Konstitution «Pastor Aeternus»,
       18. Juli 1870 (Auszug) 293

II. **Altkatholische programmatische Texte aus der unmittelbaren Zeit nach dem Ersten Vatikanum** 297
    3. Programm des Katholiken-Congresses in München,
       22.–24. September 1871 297
    4. Brief von Eduard Herzog an Bischof Lachat, 23. September 1872   299
    5. Brief von Eduard Herzog an Bischof Lachat, 8. April 1873 302

III. **Texte und Erklärungen der Internationalen Bischofskonferenz und von Organen der Utrechter Union** 303
    6. Utrechter Erklärung vom 24. September 1889 303
    7. Zweiter Internationaler Altkatholikenkongress in Luzern,
       13.–15. September 1892 305
    8. Erklärung der Internationalen Altkatholischen Bischofskonferenz zur Filioque-Frage (1970) 307
    9. Präambel [zum Statut der IBK von 2000]:
       Die ekklesiologischen Grundlagen der Utrechter Union 309
    10. Gemeinsames Eucharistiegebet der Kirchen der
        Utrechter Union (1982) 312
    11. Thesen der 24. Internationalen Altkatholischen
        Theologenkonferenz (1984) 313
    12. Resolution des 25. Internationalen Altkatholiken-
        Kongresses (1990) 313

IV. **Für die Christkatholische Kirche der Schweiz relevante Rechtstexte und Stellungnahmen** 314
    13. Verfassung der Christkatholischen Kirche der Schweiz [1989],
        Stand 2019 314

14. Geschäftsordnung der Nationalsynode (1992) 321
15. Ordnung für die Bischofswahl (2002) 329
16. Beschlüsse der 119. Session der Nationalsynode zur Frauenordination (1991) 332
17. Stellungnahme der 129. Session der Nationalsynode zur Frauenordination (1998) (Auszug) 333
18. Eucharistiegebet I (2004) 337
19. Gesetz über die Bernischen Landeskirchen vom 21.3.2018 (Auszug) 338

V. **Texte zur Wiedervereinigung der Kirchen und ökumenische Vereinbarungen** 341
20. Zweiter Alt-Katholikenkongress zu Köln. Beschluss vom 21. September 1872 341
21. Erste Bonner Unionskonferenz, 14. bis 16. September 1874. Angenommene Thesen 342
22. Zweite Bonner Unionskonferenz, 12.–16. August 1875. Angenommene Thesen 343
23. Erklärung der Nationalsynode der Christkatholischen Kirche der Schweiz, 8. Juni 1876 in Olten 344
24. Gebet von Eduard Herzog zur Eröffnung der Vorkonferenz von Glauben und Kirchenverfassung in Genf, 12. August 1920 .. 345
25. Bonner Abkommen von 1931 345
26. Kirchengemeinschaft: Voraussetzungen und Folgen (1987 – Auszug aus dem Orthodox-Altkatholischen Dialog) 345
27. Wesen und Eigenschaften der Kirche (1977 – Auszug aus dem Orthodox-Altkatholischen Dialog) 347
28. Die Einheit der Kirche und die Ortskirchen (1979 – Auszug aus dem Orthodox-Altkatholischen Dialog) 350
29. Personale, kollegiale und gemeinschaftliche Verantwortung für die Einheit der Kirche und ihr Bleiben in der Wahrheit (2009 – Auszug aus dem Internationalen Römisch-Katholisch – Altkatholischen Dialog) 352
30. Der Dienst des Papstes an der Einheit der Kirche und ihrem Bleiben in der Wahrheit (2009 – Auszug aus dem Internationalen Römisch-Katholisch – Altkatholischen Dialog) 354
31. Vereinbarung von Uppsala 2016 356

Abkürzungsverzeichnis 359
Quellen- und Literaturverzeichnis 360
Personenindex 390

Vorwort

Das vorliegende Buch will in übersichtlicher Weise über Geschichte, Lehre und Leben der Christkatholischen Kirche der Schweiz informieren. Es berücksichtigt dabei die internationale Gemeinschaft, die sogenannte Utrechter Union der Altkatholischen Kirchen, in die die christkatholische Kirche eingebunden ist. Es bildet daher zugleich eine Einführung in den Altkatholizismus über die Schweiz hinaus, dies besonders in den Kapiteln über die Geschichte, Lehre und Ökumene.

Das Buch will populärwissenschaftlich im besten Sinn des Wortes sein: Populär, weil es in allgemein verständlicher Art informieren will. Wir haben religiös und theologisch interessierte Menschen vor Augen, aber nicht ausschliesslich Fachleute. Wir setzen kein grosses Vorwissen voraus. Wissenschaftlich ist das Buch, weil es auf dem aktuellen Stand der Altkatholizismusforschung geschrieben ist. Dem wissenschaftlichen Anspruch sind auch die Fussnoten und das ausführliche Literaturverzeichnis geschuldet. Beiden Ansprüchen gerecht zu werden – allgemein verständlich zu schreiben und sich auf dem aktuellen Stand der Forschung zu bewegen –, ist ein Spagat. Wir hoffen, er ist uns gelungen.

Das Buch entspricht einem grossen Bedürfnis: Übergreifende Darstellungen des Altkatholizismus und der Christkatholischen Kirche der Schweiz im Besonderen gibt es kaum. Was es gibt, sind Darstellungen von Einzelaspekten, Artikel für Fachleute, Faltblätter und Broschüren. Eine populärwissenschaftliche Gesamtdarstellung, die in der Selbstdarstellung auch die selbstkritische Haltung wahrt, fehlt. Diese Lücke will dieses Buch schliessen. Es hat bereits vor der Veröffentlichung eine längere Geschichte hinter sich. Am Anfang stand eine Anfrage der Theologischen Fakultät der Universität Belgrad an die Vorsteherin des Departementes für Christkatholische Theologie, Prof. Dr. Angela Berlis: In Belgrad werde für das Theologiestudium ein Buch über altkatholische Theologie und gelebte kirchliche Praxis gebraucht. Die Mitarbeitenden des Instituts für Christkatholische Theologie der Universität Bern griffen den Anstoss auf. Dazu konnte auf einen Artikel von Adrian Suter zurückgegriffen werden: Er hatte für das 2015 erschienene «Handbuch der Ökumene und Konfessionskunde» den Beitrag über die altkatholischen Kirchen verfasst, der jedoch für die Publikation gekürzt werden musste. Die ungekürzte, bisher nicht veröffentlichte Fassung dieses Beitrags bildete die Grundlage für das «serbische Buch» in Aufbau und Text, wurde aber durch Mitarbeitende des Instituts für Christkatholische Theologie überarbeitet und erheblich ergänzt. Neu waren insbesondere die Kapitel zur Liturgie (Thomas Zellmeyer), zur Praxis der Utrechter Union (Maja Weyermann) und zum Theologiestudium an der Berner Theologischen Fakultät (Milan Kostrešević). Ergänzungen und Veränderungen gab es aber auch in den bestehenden Kapiteln zur allgemeinen Geschichte (Angela Berlis), zur Lehre (Adrian Suter) und zur Ökumene (Stephanos Athanasiou). Mehrere Institutsmitarbeitende waren in die Endredaktion eingebunden (Adrian Suter, Erika Moser, Angela Berlis). Der Text wurde von Milan Kostrešević ins Serbische übersetzt, das serbische Buch erschien 2019, eine zweite Auflage im Jahr 2023. Wir danken allen Mitarbeitenden der serbischen Fassung für ihre Hilfe, die auch für das vorliegende Buch wichtig war.

Bereits während der Arbeit am serbischen Buch beschlossen wir, das Buch auch in deutscher Sprache zu veröffentlichen. Dies machte eine erneute Überarbeitung nötig, da wir bei einem vornehmlich Schweizer Publikum von anderen Voraussetzungen ausgehen mussten als bei einem serbischen. Das bestehende Kapitel zur allgemeinen Geschichte wurde erheblich erweitert, unter anderem durch einen Exkurs zu sog. Vorläuferbewegungen (Angela Berlis). Das Kapitel über die geschichtlichen Entwicklungen in der Schweiz bis in die Gegenwart wurde völlig neu verfasst (Angela Berlis). Das Kapitel zur Ökumene fokussierte in der serbischen Fassung vor allem auf die orthodox-altkatholischen Beziehungen, es wurde für das vorliegende Buch stark erweitert (Adrian Suter). Das Kapitel über das christkatholische Kirchenverständnis in der Praxis erfuhr grössere Ergänzungen zum kirchlichen Leben in der Schweiz (Adrian Suter). Hier wurden auch die Informationen zum gegenwärtigen christkatholischen Theologiestudium in Bern integriert, nun im grösseren Kontext der Bildung im Christkatholizismus. Den Anhang mit wichtigen Dokumenten aus der Geschichte der Christkatholischen Kirche der Schweiz und der Utrechter Union bis in die jüngste Zeit hat Angela Berlis zusammengestellt. Alle Texte dieses Buches, die Auswahl der Dokumente und der Bilder haben die Autorin und die Autoren des vorliegenden Buches eingehend miteinander diskutiert und verantworten sie gemeinsam.

Unser Dank gilt – zusätzlich zu den bereits genannten Mitarbeitenden des Instituts für Christkatholische Theologie – Yevgeniya Schmid sowie den studentischen Hilfskräften Emanuel Graf und Lis Dil für ihre Unterstützung bei der Erstellung des Anhangs, Letzterer zudem für die Zusammenstellung des Personenindexes. Kurt Schibler (Olten) hat dankenswerterweise das Umschlagfoto gestaltet. Wir danken Bischof und Synodalrat der Christkatholischen Kirche der Schweiz, sowie den Kirchgemeinden, Verbänden und einzelnen Personen, die uns aus ihren Archiven und Sammlungen Bilder zur Verfügung gestellt haben. Klaus Gross (Schaffhausen) danken wir für die kritische Lektüre des Manuskripts und wertvolle Anregungen.

Dieses Buch ist der erste Band der neuen Reihe «katholon» im Theologischen Verlag Zürich. Wir danken Frau Lisa Briner Schönberger vom Theologischen Verlag Zürich für ihre umsichtige und geduldige Betreuung. Der Eugène und Louis Michaud-Fonds des Instituts für Christkatholische Theologie ermöglicht mit seiner Finanzierung das Erscheinen des Buches.

Wir hoffen, dass dieses Buch bei der Leserschaft gut aufgenommen wird: Bei Christkatholikinnen und Christkatholiken, die sich mit ihrer eigenen kirchlichen Identität auseinandersetzen; bei Theologiestudierenden, die sich im Studium der christkatholischen Theologie mit deren theologischen Anliegen vertraut machen wollen; bei Christinnen und Christen anderer Konfessionen, die sich über Werden und Wesen ihrer christkatholischen Schwesterkirche informieren möchten; und generell bei kritischen Menschen des 21. Jahrhunderts, die die christlich-kirchliche Realität der Gegenwart in ihrer Vielfalt differenziert wahrnehmen wollen.

Wir beenden die Arbeit am Manuskript 181 Jahre nach der Geburt von Eduard Herzog am 1. August 1841, dem ersten Bischof der Christkatholischen Kirche der Schweiz. Wie kein anderer hat er die ersten 50 Jahre der Christkatholischen Kirche geprägt und sie von einer Oppositionsbewegung gegen das Erste Vatikanum (1870) zu einer ökumenisch orientierten und im Innern religiös gefestigten Kirche ins 20. Jahrhundert geführt. Sein bischöfliches Siegelwort lautet: «Wo der Geist des Herrn ist, da ist Freiheit» (2Kor 3,17). Dieser Geist der Freiheit möge auch in den Herausforderungen fortwirken, vor denen heute die gesamte Christenheit im 21. Jahrhundert steht.

1. August 2022
Adrian Suter   Angela Berlis   Thomas Zellmeyer

1 Evangeliar, Hostienschale und Kelch sowie Suppenteller mit Brötchen auf dem Altar der Bischofskirche St. Peter und Paul in Bern. Die Gegenstände symbolisieren die drei Grundvollzüge der Kirche: Martyria (Zeugnis), Leiturgia (Feier) und Diakonia (Dienst an dem/der Nächsten).
Foto: Kurt Schibler

Einleitung

Die Christkatholische Kirche der Schweiz ist Teil der altkatholischen Kirchenfamilie. Als altkatholische Kirchen bezeichnet man im konfessionskundlichen Sinn eine Gruppe von autonomen katholischen Kirchen, die bischöflich-synodal verfasst sind und nicht der Jurisdiktion des römischen Papstes unterstehen. Sie lehnen eine zentralistische, auf Rom ausgerichtete Kirchenstruktur ab und betonen die Autonomie der Ortskirchen, die miteinander in Gemeinschaft stehen. Charakteristisch ist insbesondere die Ablehnung der Dogmen des Ersten Vatikanischen Konzils von 1870 über den päpstlichen Primat und die Lehrunfehlbarkeit. Sie distanzieren sich also von einem Verständnis des Papsttums, das aus dem Konsens der Kirche herausgehoben ist. Diese Abgrenzung bildet ein wesentliches Merkmal altkatholischer Identität, sowohl in historischer Perspektive als auch im Hinblick auf das gegenwärtige kirchliche Selbstverständnis. Altkatholikinnen und Altkatholiken betrachten die Papstdogmen von 1870 als Neuerungen, die von Schrift und Tradition nicht gestützt sind. Die Bezeichnung «altkatholisch» liegt im Anspruch der altkatholischen Kirchen begründet, gegenüber diesen Neuerungen den Glauben der Alten Kirche weiterzuführen.[1] Die Bezeichnung «christkatholisch», wie sie in der Schweiz

---

1   Es gibt bereits andere Einführungen zur christ- bzw. altkatholischen Kirche, die sich aber in wichtigen Punkten von diesem Buch unterscheiden. Der Klassiker aus den 1960er Jahren ist: URS KÜRY, Die altkatholische Kirche. Ihre Geschichte, ihre Lehre, ihr Anliegen, Frankfurt a. M. (Evangelisches Verlagswerk) ³1982. (Mehr zu diesem Buch auf S. 94 f.). – Kompakt, ganz anders im Aufbau als das vorliegende Buch: GÜNTER ESSER, Die Alt-Katholischen Kirchen, Göttingen (Vandenhoeck & Ruprecht) 2016. – Populärwissenschaftlich und nicht immer genau: CHRISTIAN FLÜGEL, Die Utrechter Union und die Geschichte ihrer Kirchen, Norderstedt (Books on Demand) ²2014. – Theologisch und international ausgerichtete Darstellung: PETER-BEN SMIT, Old Catholic Theology. An Introduction, Leiden (Brill) 2019. – Aus dem Internationalen Arbeitskreis Altkatholizismusforschung entstand ANJA GOLLER/ THERESA HÜTHER/ANDREAS KREBS/PETER-BEN SMIT (Hg.), Alt-katholische Theologie. Aktuelle Beiträge und weiterführende Perspektiven, Zürich (Theologischer Verlag Zürich) 2024 [im Druck]. – Der Ausgangspunkt des vorliegenden Buches war: ADRIAN SUTER, Altkatholische Kirchen, in: Johannes Oeldemann (Hg.), Konfessionskunde, Leipzig (Evangelische Verlagsanstalt) 2015, 247–274. – Die im Vorwort erwähnte frühere Fassung des vorliegenden Buches in serbischer Sprache ist: ADRIAN SUTER/ANGELA BERLIS/THOMAS ZELLMEYER/MILAN KOSTREŠEVIĆ /MAJA WEYERMANN/STEPHANOS ATHANASIOU/ERIKA MOSER, Старокатоличка црква: историја и садашњост [= Die altkatholische Kirche: Geschichte und Gegenwart], Belgrad – Banja Luca (Biblijski institut – Centar za biblijske studije) 2019, ²2023. – Weitere konfessionskundliche Literatur wird in späteren Anmerkungen genannt.

gewählt wurde, will zum Ausdruck bringen, dass Christus allein, und nicht der Papst in Rom, das Haupt der Kirche ist.

Seit 1889 sind die altkatholischen Kirchen in der Utrechter Union zusammengeschlossen. Die Zusammensetzung der Utrechter Union war im Lauf der rund 130 Jahre ihrer Existenz einem gewissen Wandel unterworfen. Seit dem Ausscheiden der Altkatholiken der Polnisch-Katholischen Nationalkirche in den USA und Kanada 2003 beschränkt sich die Verbreitung des Altkatholizismus auf Kontinentaleuropa; die Zahl Altkatholikinnen und der Altkatholiken ist damit weltweit unter 100 000 Mitglieder gesunken. Heute umfasst die Utrechter Union folgende altkatholische Nationalkirchen: die Altkatholische Kirche der Niederlande (Erzbistum Utrecht und Bistum Haarlem); das Katholische Bistum der Alt-Katholiken in Deutschland; die Christkatholische Kirche der Schweiz; die Altkatholische Kirche Österreichs; die Altkatholische Kirche in der Tschechischen Republik; die Polnisch-Katholische Kirche (Bistümer Warschau, Krakau und Breslau). Die Bischöfe dieser Kirchen sind in der Internationalen Altkatholischen Bischofskonferenz (IBK) zusammengeschlossen, die das Organ für gemeinsame Entscheidungen der Utrechter Union ist. Sie übt keine Jurisdiktion über die einzelnen Mitgliedskirchen aus. Weiter existieren unselbstständige Kirchen und Gemeinden unter der Jurisdiktion der IBK in Kroatien und Frankreich. Die altkatholischen Kirchen betreiben keine eigenständige Mission zum Aufbau altkatholischer Kirchen ausserhalb Europas, sondern unterstützen die missionarischen Aktivitäten anderer, in den jeweiligen Ländern historisch verwurzelter Kirchen, mit denen sie in voller Gemeinschaft stehen, namentlich der Kirchen der anglikanischen Kirchengemeinschaft (seit 1931) und der Philippinischen Unabhängigen Kirche (seit 1965). Neben den altkatholischen Kirchen der Utrechter Union existieren weitere religiöse Gruppen mit der Selbstbezeichnung «altkatholisch», meist unter der Leitung von sogenannten Vagantenbischöfen.[2] Einzelne dieser religiösen Gruppen oder Gemeinschaften haben Beziehungen zur Utrechter Union gesucht – ergebnislos.

Die eigenständige Geschichte der altkatholischen Kirchen hat seit Ende des 19. Jahrhunderts zu Reformen und zur Ausgestaltung eines eigenständigen kirchlichen Selbstverständnisses geführt. Im Vorgriff auf die Ausführungen in den weiteren Kapiteln sollen hier die wichtigsten Kennzeichen des altkatholischen Profils genannt werden:

---

2 «Vagantenbischöfe», auch lateinisch *episcopi vagantes* genannt, sind geweihte Bischöfe ohne Bistum bzw. ohne rechtmässige kirchliche Organisation, die über eine persönliche Anhängerschaft hinausgeht. Sie werden von den altkatholischen Kirchen der Utrechter Union nicht anerkannt. «Sie üben ihr Amt, das sie vielfach mit hochtrabenden angemassten Titeln versehen, in ihrem eigenen Namen, ohne kirchlichen Auftrag und darum in ungültiger und unrechtmässiger Weise aus.» KÜRY, Altkatholische Kirche, 465.

- Im Rahmen der **Ortskirchenekklesiologie** ist das Bistum die Ortskirche, das heisst die Vergegenwärtigung der einen, heiligen, katholischen und apostolischen Kirche an ihrem Ort. Die Ortskirche ist selbstständig und steht in Gemeinschaft mit anderen Ortskirchen. Sie ist «ganz Kirche, aber nicht die ganze Kirche».[3]
- In der **bischöflich-synodalen Kirchenstruktur** der altkatholischen Kirchen erfolgt die Bischofswahl durch die Ortskirche. An kirchlichen Entscheidungsprozessen sind Laien[4] massgeblich beteiligt.
- Die **Berufung auf die Alte Kirche** des ersten Jahrtausends als gemeinsame Tradition der heute getrennten Kirchen bildet die Leitlinie vieler theologischer Diskussionen. Dabei haben die altkatholischen Kirchen die Berufung auf Alte Kirche stets auch als Reformprogramm verstanden: Die Aufhebung des Pflichtzölibats für Priester und der Beichtverpflichtung etwa wurden unter Rückgriff auf die Alte Kirche begründet, da beide als mittelalterliche Sonderentwicklungen der Westkirche betrachtet werden.
- **Liberales Denken** und eine offene Haltung gegenüber gesellschaftlichen Entwicklungen trugen dazu bei, solche kirchlichen Reformen zu verwirklichen. Viele Altkatholikinnen und Altkatholiken der Gründerzeit waren auch politisch liberal; dies gilt besonders für die Schweiz.
- In einer **Liturgiereform** wurde ab dem 19. Jahrhundert in den altkatholischen Kirchen die Volkssprache im Gottesdienst einführt. Diese Liturgiereform orientierte sich am Ideal der Alten Kirche und nahm manches vorweg, was sich im Lauf des 20. Jahrhunderts über die liturgische Erneuerungsbewegung auch in der römisch-katholischen Kirche durchsetzte. Bei weiteren liturgischen Reformen haben die altkatholischen Kirchen stets auf den Charakter der Liturgie als Gemeindefeier Wert gelegt.
- Die altkatholischen Kirchen haben **ökumenische Dialoge** geführt, die bereits im 19. Jahrhundert ihren Anfang nahmen. Als vorzügliche Dialogpartner wurden diejenigen Kirchen gewählt, in denen die katholische Tradition ausserhalb römischer Jurisdiktion hochgehalten wird, das heisst die östlich-orthodoxen und anglikanischen Kirchen. Darüber hinaus haben sich die altkatholischen Kirchen auch an der breiteren ökumenischen Bewegung beteiligt, die zu Anfang des 20. Jahrhunderts einsetzte.

---

3   Zu diesem Zitat und zur Ortskirchenekklesiologie s. u. Kap. 3.6, S. 141–145.
4   Der Begriff «Laie» ist vom griechischen *laos*, d. h. Volk, abgeleitet. Im kirchlichen Sprachgebrauch bezeichnet er das Gottesvolk, also Personen, die sich aktiv am kirchlichen Leben beteiligen und nicht geweiht sind. In der Geschichte des Altkatholizismus werden dabei besonders die Rechte und die Mitverantwortung von solchen getauften und gefirmten Gläubigen hervorgehoben.

- In jüngerer Vergangenheit öffnete die Mehrheit der altkatholischen Kirchen das **dreifache Amt für Frauen**: den Diakonat zuerst 1987 in der Schweiz, das Priesteramt zuerst an Pfingsten 1996 in Deutschland, ab 2000 auch in der Schweiz. Auch das Bischofsamt steht in den meisten altkatholischen Kirchen Frauen grundsätzlich offen. Die unterschiedliche Praxis führte innerhalb der Utrechter Union nicht zum Abbruch der kirchlichen Gemeinschaft.
- Insbesondere die westlichen altkatholischen Kirchen betonen die **Selbstverantwortung der Gläubigen** für ihre Lebensgestaltung, auch in Fragen der Sexualität.

Dieses Buch legt den Schwerpunkt auf die Christkatholische Kirche der Schweiz. Die Schweizer Kirche spielt eine wichtige Rolle im internationalen Altkatholizismus. Einer der Gründe dafür ist ihre theologische Lehranstalt an der Universität Bern, die schon seit 1874 besteht und das Promotions- und Habilitationsrecht hat. An der Christkatholisch-Theologischen Fakultät (heute: Institut für Christkatholische Theologie) in Bern hat sich deswegen eine altkatholische Schultradition der eigenständigen theologischen Reflexion entwickelt, die eine hohe Ausstrahlung auf die Schweizer Kirche, den internationalen Altkatholizismus und die Ökumene hat. Durch die enge Verbindung des Lehrkörpers mit der Christkatholischen Kirche der Schweiz kommen bestimmte Charakteristika des Altkatholizismus in der Schweizer Kirche besonders deutlich zum Tragen. Wenn also dieses Buch sowohl die Christkatholische Kirche der Schweiz als auch den internationalen Altkatholizismus behandelt, so dient die Schweizer Kirche zugleich als Paradigma für eine altkatholische Nationalkirche.

Das Buch ist folgendermassen aufgebaut: Zunächst kommt die Geschichte der altkatholischen Kirchen zur Sprache (Kapitel 1), wobei – abgesehen von einem Exkurs über katholische Reformbewegungen in der Geschichte der Westkirche – nur auf die Periode der eigenständigen, von Rom unabhängigen Existenz seit dem 18. Jahrhundert eingegangen wird. Im Rahmen dieser historischen Darstellung legt das Buch besonderen Wert darauf zu zeigen, wie die Geschichte für Identität und Selbstverständnis der altkatholischen Kirchen prägend war. Ein eigenständiges Kapitel über Entwicklungen in der Schweiz zeigt, wie die altkatholischen Anliegen in der Christkatholischen Kirche der Schweiz zum Tragen kamen und fortwirken (Kapitel 2). Anschliessend kommen Schwerpunkte altkatholischer Lehre in den Blick (Kapitel 3), wobei wiederum nur diejenigen Themen der Dogmatik behandelt werden, in denen der Altkatholizismus ein spezifisches Profil entwickelt hat. Es folgt das Kapitel über die Liturgie der altkatholischen Kirchen, die im Hinblick auf ihre Geschichte und die heutige Praxis vorgestellt wird (Kapitel 4). Das folgende Kapitel zur Ökumene (Kapitel 5) behandelt nicht nur, wie es häufig geschieht, die bilateralen theologischen Dialoge der altkatholischen Kirchen, sondern auch das weite Feld der ökumenischen Beziehungen auf ganz unterschiedlichen Ebenen, in ökumenischen Organisationen und Initiativen. Das letzte Kapitel über das christkatholische Kirchenverständnis in der Praxis ist den heutigen christ- und altkatholischen Organen, Gremien und Institutionen gewidmet (Kapitel 6). Es erläutert die christkatholische Art, Verkündigung, christliche Solidarität und Gemeinschaft zu leben, internationale Vernetzung zu pflegen, Bildung zu vermitteln und Herausforderungen anzugehen. Damit wollen wir aufzeigen, wie die altkatholischen Kirchen ihr Selbstverständnis umsetzen, eine Gemeinschaft autonomer Ortskirchen zu sein. Die darauf folgende Auswahl an Bildern aus älterer und jüngerer Zeit weist – ebenso wie die Abbildungen zu Beginn jedes Kapitels – darauf hin, wie die christkatholische Kirche als lebendige Gemeinschaft in der Zeit sichtbar Gestalt annimmt. Ein umfangreicher Anhang enthält historisch und theologisch wichtige Dokumente zum Altkatholizismus. Ein ausführliches Literaturverzeichnis will zur weiteren Beschäftigung mit altkatholischer Theologie einladen, ein Namensverzeichnis soll bei der Suche nach den im Buch genannten Personen helfen.

2 Anfang der Utrechter Erklärung vom 24. September 1889 in der Handschrift von Bischof Eduard Herzog. Bischöfliches Archiv Bern (BABe).
Foto: Unbekannt

1 Historische Ausprägungen des Altkatholizismus

Es werden drei Gruppen altkatholischer Kirchen unterschieden: Erstens die Altkatholische Kirche der Niederlande, wo es 1723/4 zum Schisma, zum Bruch zwischen Rom und Utrecht kam; zweitens die altkatholischen Kirchen in Deutschland, der Schweiz und in Österreich, die in den 1870er-Jahren aus den Protestbewegungen gegen das Erste Vatikanische Konzil hervorgegangen sind; drittens Kirchen in Nordamerika und Osteuropa, die Anfang des 20. Jahrhunderts als nationalkirchliche Bewegungen entstanden sind und sich der Utrechter Union der altkatholischen Kirchen angeschlossen haben.[5] Im Folgenden wird anhand jeder dieser Gruppen je ein bestimmter Aspekt altkatholischen Selbstverständnisses illustriert, wohl wissend, dass es sich dabei um eine typisierende Darstellung handelt und jeder Aspekt bei allen altkatholischen Kirchen wichtig ist: In der Kirche von Utrecht ist das bischöflich-katholische Selbstverständnis zentral. Für diejenigen Kirchen, die nach dem Ersten Vatikanum eigenständig wurden, sind das Ideal der Alten Kirche und die sich daran orientierenden Reformen wichtig. Für die sich später bildenden altkatholischen Kirchen ist der nationalkirchliche Gedanke konstitutiv.

1.1 Die Kirche von Utrecht: Das bischöflich-katholische Selbstverständnis

Die altkatholische Kirche der Niederlande führt sich auf die Mission des Friesenapostels Willibrord zurück, der 695 der erste Erzbischof von Utrecht wurde.[6] Die Kirche von Utrecht legte schon im Mittelalter Wert auf eine weitgehende Selbstständigkeit gegenüber Rom, insbesondere durch das Recht des Domkapitels, den

---

5   Einen ersten Überblick über die Utrechter Union verschafft noch immer Küry, Altkatholische Kirche. Neueren Datums sind die konzisen Überlegungen von Mattijs Ploeger, The Churches of the Union of Utrecht in an Ecumenical Context, in: Internationale Kirchliche Zeitschrift 105 (2015) 31–36. Vgl. zudem die knappe populärwissenschaftliche Darstellung: Flügel, Utrechter Union. Insbesondere zur Frühzeit: Angela Berlis, Frauen im Prozess der Kirchwerdung. Eine historisch-theologische Studie zur Anfangsphase des deutschen Altkatholizismus (1850–1890), Frankfurt a. M. (P. Lang) 1998.
6   Für eine umfassende Darstellung der Geschichte der Kirche von Utrecht siehe Dick Schoon, Wegwijs in de Oud-Katholieke Kerk, Sliedrecht (Merweboek) 2011; ders., Van bisschoppelijke Cleresie tot Oud-Katholieke Kerk. Bijdrage tot de geschiedenis van het katholicisme in Nederland in de 19de eeuw, Nijmegen (Valkhof Pers) 2004. Für eine allgemeinere Darstellung vgl. den Sammelband: Peter-Ben Smit (Hg.), De Oud-Katholieke Kerk van Nederland. Een inleiding, Utrecht (Uitgeverij Boekencentrum) 2018.

Bischof zu wählen. 1559 erfolgte eine Neueinteilung der Niederlande als Kirchenprovinz. Als sich nicht lange danach die Reformation endgültig in den Niederlanden festigte, wurde die Ausübung der katholischen Religion verboten bzw. erschwert; die niederländischen Katholiken wurden in den Untergrund gedrängt und konnten ihren Gottesdienst nur noch in sogenannten Versteckkirchen ausüben. Die kirchlichen Strukturen bestanden weiter, allerdings auf Druck der Obrigkeit zum Teil unter anderem Namen. So wurde etwa der Erzbischof von Utrecht auf den Titel eines nicht mehr bestehenden Bistums geweiht.[7] Rom betrachtete die Niederlande im Lauf des 17. und 18. Jahrhunderts immer stärker als Missionsgebiet und bezeichnete die Utrechter Bischöfe als «Apostolische Vikare». Im 17. und frühen 18. Jahrhundert entwickelten sich innerhalb des niederländischen Katholizismus unterschiedliche katholische Frömmigkeitsausprägungen auf Gemeindeebene, die von einheimischen Weltpriestern oder von neu ins Land gekommenen Ordensgeistlichen geleitet wurden. Seit dem 17. Jahrhundert fanden zudem aus Frankreich und den südlichen Niederlanden geflohene Vertreter neuaugustinischer Theologie, polemisch «Jansenisten» genannt, hier Zuflucht.[8]

Die Kirche von Utrecht hatte zwar «jansenistische» Flüchtlinge aufgenommen und teilte mit ihnen die Abneigung gegen den Jesuitenorden, aber nicht die streng augustinische Gnadenlehre. Trotzdem wurde ihr immer wieder der Vorwurf des «Jansenismus» gemacht. Zu Beginn des 18. Jahrhunderts setzte Papst Innozenz XII. den Apostolischen Vikar Petrus Codde (mit dem Titel «Bischof von Castorien») ab und setzte einen neuen Apostolischen Vikar für die Niederlande ein, den allerdings weder das Kapitel noch die Obrigkeit anerkannten.[9] Es entstand eine fast zwei Jahrzehnte dauernde, höchst schwierige kirchenpolitische und pastorale Situation. Das Utrechter Kapitel, nach der Reformation «Vikariat» genannt, beharrte auf seinem überkommenen Recht der Bischofswahl. So hielt es nicht nur im Glauben, sondern auch in der Kirchenverfassung an der Tradition fest, unterstützt von namhaften Theologen und Kirchenrechtlern in Flandern und Frankreich. Es wählte schliesslich 1723 Cornelis Steenoven zum Erzbischof. Steenoven wurde von Dominique Varlet, einem französischen Missionsbischof, zum Bischof geweiht, von Rom aber mitsamt den

---

7   Dazu wurde die Abkürzung «i. p. i.» (*in partibus infidelium* – «im Gebiet der Ungläubigen») hinter den Namen des Bistums gesetzt, also z. B. Bischof von Castorien i.p.i.
8   Mehr dazu ist zu finden im Exkurs: Kirchliche Reformbewegungen in der westlichen Kirchengeschichte als «Vorläuferbewegungen» des Altkatholizismus, Kap. 1.7, S. 46–52.
9   Vgl. dazu DICK SCHOON, Een aartsbisschop aangeklaagd in Rome. De dagboeken van aartsbisschop Petrus Codde en zijn metgezellen Jacob Krijs en Benedict de Waal over hun reis naar en hun verblijf in Rome, 1700–1703. Inleiding en vertaling Dick Schoon, Hilversum (Uitgeverij Verloren) 2019. Vgl. ausserdem, CHARLES H. PARKER, Faith on the margins. Catholics and Catholicism in the Dutch Golden Age, Cambridge, Mass. – London (Harvard University Press) 2008.

Gläubigen, die dies befürworteten, exkommuniziert. So verfestigte sich innerhalb der katholischen Kirche der Niederlande eine Krise, die zuvor bereits in unterschiedlichen Spiritualitäten an der Basis ihren Ausdruck gefunden hatte. Die «Roomsch-Katholieke Kerk der Oud-Bisschoppelijke Cleresie» (Römisch-Katholische Kirche der altbischöflichen Klerisei) – so bis heute einer der offiziellen Namen der niederländischen altkatholischen Kirche – setzte ihren Weg unter diesen Gegebenheiten fort. Bischof Varlet weihte auch die beiden Nachfolger Steenovens. Ab 1742 wurden die Bischofssitze von Haarlem und Deventer erneut besetzt, um langfristig das Fortbestehen der Kirche und die apostolische Sukzession zu sichern. Die Wahlen und Weihen der Bischöfe wurden in Rom jedes Mal angezeigt, von dort jedoch immer mit einem Bannstrahl beantwortet. Die Klerisei stellte sich auf den Standpunkt, zu Unrecht von Rom exkommuniziert zu sein und hielt deshalb bis 1909 daran fest, für den Bischof von Rom im Eucharistiegebet zu beten. Immer wieder wurden Schritte auf Rom zu gemacht, wie zum Beispiel die Beschlüsse des «Utrechter Provinzialkonzils» von 1763 zeigen, in denen der Primat des Papstes betont und die Kirche des Ostens als schismatisch verurteilt wurden – das letztgenannte Urteil wurde 1922 offiziell revidiert. Trotzdem verurteilte Rom 1765 die Beschlüsse des Provinzialkonzils scharf. Im 19. Jahrhundert kam es zu weiteren Belastungen des Verhältnisses zwischen Rom und Utrecht: 1853 errichtete Rom für die niederländische Kirchenprovinz trotz des Protestes der Bischöfe der Klerisei eine römische episkopale Jurisdiktion neben der bestehenden der Kirche von Utrecht, was diese als ein Altar gegen Altar Stellen ablehnte.[10] Auch gegen das Dogma von der Unbefleckten Empfängnis Marias von 1854 erhoben die niederländischen Bischöfe 1856 Einspruch.[11]

Im 18. Jahrhundert war die Kirche von Utrecht, wie die Klerisei auch genannt wurde, in ein weit verzweigtes kirchliches Beziehungsnetz eingebunden, insbesondere zu episkopal ausgerichteten Bewegungen und Kirchen innerhalb des europäischen Katholizismus. Episkopal[12] wird eine Kirchenverfassung genannt, wenn sie die höchste Autorität beim Bischof der betreffenden Ortskirche und nicht beim Papst sieht.[13] Mit der Veränderung der kirchlichen Landschaft infolge der Napoleonischen Kriege und der politischen und kirchlichen Neuordnungen nach dem Wiener Kongress von 1815 verloren solche nationalkirchlich-episkopal orientierte

---

10 Vgl. dazu DICK SCHOON, Oude en nieuwe bisschoppen. De «oud-katholieken» en 1853, in: Jurjen Vis/Wim Janse (Hg.), Staf en storm. Het herstel van de bisschoppelijke hiërarchie in Nederland in 1853: actie en reactie, Hilversum (Uitgeverij Verloren) 2002, 166–187.
11 Zum Dogma s. u. Kap. 1.2, S. 23. Zum altkatholischen Marienverständnis s. u. Kap. 3.12, S. 162–164.
12 In der Literatur wird auch der Begriff «episkopalistisch» verwendet.
13 Im abendländischen Katholizismus gab es eine ganze Reihe episkopal orientierter Bewegungen, besonders seit dem Konzil von Konstanz (1414–1418). Einige Beispiele für solche Bewegungen, die den Altkatholizismus beeinflusst haben, sind in Kap. 1.7 (S. 46–52) beschrieben.

Strömungen an Bedeutung. Es kam ab Mitte des 19. Jahrhunderts zur Stärkung zentralistischer Kräfte, die Kirche von Utrecht stand zunehmend isoliert da. Hinzu kamen schwerwiegende Konflikte im Innern der Kirche.[14] Im Vorfeld des Ersten Vatikanums bestanden bereits hier und da Kontakte von Geistlichen der Klerisei nach Deutschland. Auf den ersten Kongressen der altkatholischen Bewegung[15] waren Beobachter der Kirche von Utrecht anwesend. Der erste Kongress in München (1871) stellte fest, dass der Kirche von Utrecht der Vorwurf des «Jansenismus» zu Unrecht gemacht werde. 1872 unternahm der Erzbischof von Utrecht, Henricus Loos, eine Firmreise in das Königreich Bayern, 1873 weihte der Bischof von Deventer (Niederlande), Hermanus Heykamp, den ersten deutschen Bischof Joseph Hubert Reinkens. Trotz dieser Amtshilfe beobachteten die niederländischen Altkatholiken die altkatholische Bewegung mit einer gewissen Zurückhaltung, da sie befürchteten, die deutschsprachigen Altkatholiken könnten mit ihren Reformen zu weit gehen. Denn die niederländische Kirche war im 18. und im 19. Jahrhundert immer sehr darauf bedacht gewesen, nichts zu verändern, was sie in Glauben oder Praxis von der Kirche Roms unterscheiden würde. Im Zuge der Annäherung und Verbindung mit dem nachvatikanischen deutschsprachigen Altkatholizismus führte die Altkatholische Kirche der Niederlande in den letzten Jahrzehnten des 19. und zu Beginn des 20. Jahrhunderts nach und nach ebenfalls Reformen durch: Ausweitung der Wahlberechtigung bei der Bischofswahl vom Metropolitankapitel (in Utrecht) bzw. von der Geistlichkeit (in Haarlem) auf weitere Geistliche (in Utrecht) und Laien, Einführung der Volkssprache, Reformen in der Liturgie, Einführung einer aus Laien[16] und Geistlichen bestehenden Synode (1920), Aufhebung des Pflichtzölibats für die Kleriker (1922) u. a. m.

Die altkatholische Kirche der Niederlande umfasst das Staatsgebiet der heutigen Niederlande. Die Bischofssitze von Utrecht und Haarlem sind besetzt, der Bischofssitz von Deventer seit 1982 nicht mehr, da der frühere Grund – Sicherung des Fortbestands der Kirche – dank der Existenz anderer altkatholischer Kirchen mit ihren Bischöfen nicht mehr gegeben ist.

---

14 Sie sind ausführlich beschrieben durch SCHOON, Bisschoppelijke Cleresie.
15 S. u. Kap. 1.2., S. 26f.
16 In der niederländischen Synode waren auf Initiative der Bischöfe von Anfang an Männer und Frauen Mitglied. Frauen hatten in den Niederlanden kurz zuvor auch politisches Stimmrecht erhalten. Im deutschsprachigen Altkatholizismus erhielten Frauen ebenfalls ab 1920 (Deutschland, Österreich) bzw. ab 1954 (Schweiz) das (gesamt-)kirchliche Wahlrecht – dort gab es seit Mitte der 1870er-Jahre Synoden, auf denen über Jahrzehnte nur Männer als Laienabgeordnete der Gemeinden wählbar waren. Siehe ANGELA BERLIS, Einbruch in männliche Sphären? Der Aufbruch alt-katholischer Frauen im 19. und 20. Jahrhundert, in: Michaela Sohn-Kronthaler (Hg.), Feminisierung oder (Re-)Maskulinisierung der Religion im 19. und 20. Jahrhundert? Forschungsbeiträge aus Christentum, Judentum und Islam, Wien – Köln – Weimar (Böhlau) 2016, 179–198.

In der Kirche von Utrecht wird das *katholische* Selbstverständnis der altkatholischen Kirchen deutlich: Nicht der Bruch mit der seit Willibrord bestehenden katholischen Tradition, sondern deren Kontinuität in der Kirche von Utrecht stand für das Kapitel im Mittelpunkt, als es auf seinem Bischofswahlrecht beharrte. Die wichtige Rolle des Bischofsamtes in der Kirche, aber auch die Eigenständigkeit der Ortskirche, die ihren Bischof selbst wählt, sind zentrale Anliegen der Kirche von Utrecht, in denen sich später die Anhänger der Protestbewegung gegen das Erste Vatikanum wiedererkennen sollten.

1.2 Vatikanum I und die Folgen: Das zugleich altkirchliche und reformorientierte Selbstverständnis

Die altkatholischen Kirchen, die üblicherweise mit der Entstehungsgeschichte des Altkatholizismus in Verbindung gebracht werden, sind die Kirchen von Deutschland, der Schweiz und Österreichs, genauer: der Habsburgermonarchie. Sie entstanden in der Folge des Protestes gegen das Erste Vatikanische Konzil von 1869/70. Seit der Mitte des 19. Jahrhunderts nahm der Gegensatz zwischen einem sogenannten ultramontanen Katholizismus, der die römische Zentralgewalt (*ultra montes* = jenseits der Berge) betonte, und einem liberalen Katholizismus, vor allem im deutschsprachigen Raum, zu. Der päpstlichen Kurie missfielen die politisch liberalen Autonomiebewegungen in Europa. Am 8. Dezember 1864 veröffentlichte Papst Pius IX. die Enzyklika «Quanta cura» mit dem «Syllabus errorum» («Verzeichnis der Irrtümer»). Der Syllabus verurteilte zahlreiche Ideen der Moderne, darunter den Liberalismus, den Rationalismus sowie die Glaubens- und Gewissensfreiheit. Bereits zehn Jahre zuvor hatte der gleiche Papst in der Bulle «Ineffabilis Deus» den Glauben an die unbefleckte Empfängnis Mariens, eine franziskanische Lehrmeinung, zur verbindlichen Lehre (Dogma) erhoben. Damit hatte er faktisch die alleinige oberste Lehrgewalt für sich in Anspruch genommen. Gegen diese Dogmatisierung erhob sich damals innerhalb der römisch-katholischen Kirche Kritik, die Gegner unterwarfen sich jedoch in der Regel.[17]

---

17 So etwa Josef Burkard Leu (1808–1865), Propst des Stifts St. Leodegar in Luzern, und Ignaz von Döllinger (1799–1890) in München. Burkard Leu verfasste eine Schrift dagegen, die auf den Index gesetzt wurde; er unterwarf sich. Eine Ausnahme stellt der bayerische Priester Thomas Braun (1816–1884) dar, der wegen seiner ablehnenden Stellungnahme suspendiert und allen Einkommens beraubt wurde. Infolge der Unterstützung durch die Bischöfliche Klerisei in den Niederlanden konnte Braun sich über Wasser halten und schloss sich 1870 der altkatholischen Bewegung an. Er wurde ab 1876 altkatholischer Pfarrer im südbadischen Mundelfingen. Dies ist ein Beispiel für Beziehungen der niederländischen altkatholischen Kirche ins Ausland vor dem Ersten Vatikanum. Vgl. ANGELA BERLIS, «Frevelhaft, irrgläubig, ketzerisch» (Thomas Braun). Stellungnahmen gegen die Dogmatisierung der Unbefleckten

1 Historische Ausprägungen des Altkatholizismus

Dem Kampf gegen den Liberalismus und der Durchsetzung des Ultramontanismus sollte nach dem Willen von Papst Pius IX. auch das Erste Vatikanische Konzil dienen. Wurde über die zu verhandelnden Themen zunächst Stillschweigen bewahrt, so beherrschte bald die Frage der Unfehlbarkeit des Papstes die Vorbereitung und schliesslich auch den Verlauf des Konzils.[18] Trotz der Zensur in Rom sickerten solche Fragen an die weltweite Öffentlichkeit. Einen wichtigen Beitrag leistete der in München lehrende Kirchenhistoriker Ignaz von Döllinger[19], einer der renommiertesten Theologen und Kirchenhistoriker des 19. Jahrhunderts. Er veröffentlichte 1869 unter dem Pseudonym «Janus» eine kritische Artikelserie zur Frage der päpstlichen Unfehlbarkeit in der Augsburger Allgemeinen Zeitung.[20]

Ursprünglich hätten die Dogmen zur Rolle des Papstes in den grösseren Zusammenhang einer Lehre von der Kirche (Ekklesiologie[21]) eingebettet sein sollen. Die am Konzil schliesslich beschlossene Konstitution über die Kirche Christi, «Pastor aeternus»[22], umfasst aber nur die Kapitel über die Rolle des Papstes, die so im End-

---

Empfängnis (1854), in: Rüdiger Althaus/Judith Hahn/Matthias Pulte (Hg.), Im Dienste der Gerechtigkeit und Einheit. Festschrift für Heinrich J. F. Reinhardt zur Vollendung seines 75. Lebensjahres, Essen (Ludgerus Verlag) 2017, 531–554.

18 Vgl. dazu die quellenbasierte Darstellung von Johann Friedrich, der als Berater beim Ersten Vatikanum anwesend war: JOHANN FRIEDRICH, Geschichte des Vatikanischen Konzils, Bonn (P. Neusser) 1877–1887. [= Hildesheim 1971]. Aus neuester Zeit: KLAUS SCHATZ, Vaticanum I. 1869–1870, Paderborn – Zürich (Ferdinand Schöningh) 1992–1994, 3 Bde.

19 Johann Joseph Ignaz von Döllinger lebte 1799–1890. Siehe zu ihm: ELISABETH BACH/ANGELA BERLIS/SIEGFRIED THURINGER (Hg.), Ignaz von Döllinger zum 125. Todestag. Spurensuche, Schlaglichter auf ein außergewöhnliches Leben, Bonn (Alt-Katholischer Bistumsverlag) 2015; ANGELA BERLIS, Die Verantwortung der Theologie in der Kirche in der Sicht Ignaz von Döllingers und des Altkatholizismus, in: Daniel Benga/Constantin Pătuleanu (Hg.), Teologia Ortodoxă în dialog. Evocări, analize, perspective. Volum dediat Păinteluiprofessor doctor Viorel Ioniță la împlinirea vârstei de 70 de ani, București (Editura Universității din București) 2016, 333–352 (zur Veröffentlichung in griechischer Sprache vorgesehen: Η ευθύνη της Θεολογίας στην Εκκλησία κατά την άποψη του Ignaz von Döllinger και του Παλαιοκαθολικισμού).

20 IGNAZ VON DÖLLINGER, Der Papst und das Concil. Eine weiter ausgeführte und mit dem Quellennachweis versehene Neubearbeitung der in der Augsburger Allgemeinen Zeitung erschienenen Artikel: Das Concil und die Civiltà, Frankfurt (Minerva) 1968. Erstmals 1887 als Buch erschienen.

21 Ekklesiologie ist die theologische Reflexion darüber, was Kirchesein (griechisch *ekklesia*) ausmacht. Siehe dazu Kap. 3.6, S. 141–145.

22 JOSEF WOHLMUTH (Hg.), Dekrete der Ökumenischen Konzilien. Bd. 3: Konzilien der Neuzeit. Konzil von Trient (1545–1563), Erstes Vatikanisches Konzil (1869/70), Zweites Vatikanisches Konzil (1962–1965), Indices, Paderborn (Schöningh) 2002, 811–816. Der Text von «Pastor aeternus» ist ebenfalls greifbar in: HEINRICH DENZINGER/PETER HÜNERMANN

effekt isoliert stehen. Die Konzilsdebatte war heftig, eine Minderheit der Konzilsväter äusserte schwerwiegende Vorbehalte – dennoch wurde die Konstitution am 18. Juli 1870 vom Papst mit Zustimmung des Konzils promulgiert. Die unfehlbarkeitskritischen Minoritätsbischöfe waren vorzeitig abgereist, es gab daher am Ende nur zwei Gegenstimmen.

Die Konstitution «Pastor aeternus» definiert zwei Dogmen über den Papst, nämlich seinen Jurisdiktionsprimat und seine Lehrunfehlbarkeit: Ersterer besagt, «dass die römische Kirche auf Anordnung des Herrn über alle anderen Kirchen den Vorrang der ordentlichen Vollmacht innehat» (*3060) und spricht dem Papst «die volle und höchste Jurisdiktionsgewalt über die gesamte Kirche» (*3064) zu. Letztere lautet: «Wenn der Römische Bischof ‹ex cathedra› spricht, das heisst, wenn er in Ausübung seines Amtes als Hirte und Lehrer aller Christen kraft seiner höchsten Apostolischen Autorität entscheidet, dass eine Glaubens- oder Sittenlehre von der gesamten Kirche festzuhalten ist, dann besitzt er mittels des ihm im seligen Petrus verheissenen göttlichen Beistands jene Unfehlbarkeit, mit der der göttliche Erlöser seine Kirche bei der Definition der Glaubens- oder Sittenlehre ausgestattet sehen wollte; und daher sind solche Definitionen des Römischen Bischofs aus sich, nicht aber aufgrund der Zustimmung der Kirche unabänderlich.» (*3074) Dabei zeigt das Argumentationsgefälle der Konstitution einen klaren Zusammenhang der beiden Dogmen: Dem Papst *muss* gehorcht werden, aufgrund seines Jurisdiktionsprimates; ihm *kann* gehorcht werden, weil seine Unfehlbarkeit kraft des Beistandes des Heiligen Geistes garantiert, dass er nicht irrt und daher die Kirche nicht in die Irre führt.

Die theologischen Kontroversen um das Konzil und der altkatholische Protest entzündeten sich in erster Linie an der Unfehlbarkeit, während das spätere altkatholische Selbstverständnis im Jurisdiktionsprimat das grössere Problem sieht. Der altkatholische Widerstand äusserte sich nach dem Ersten Vatikanum zunächst in Protesterklärungen, deren Argumente sich grösstenteils mit denjenigen deckten, die schon die Minoritätsbischöfe auf dem Konzil vorgebracht hatten: Das Konzil habe nicht frei debattieren und entscheiden können, sondern sei durch Heimlichtuerei bezüglich der Tagesordnung, durch eine restriktive und nicht durch das Konzil selbst approbierte Geschäftsordnung, durch moralischen Druck des Papstes auf die Minoritätsbischöfe und durch vorzeitigen Schluss der Debatte eingeschränkt gewesen. Der «Widerspruch einer durch ihre Zahl sowohl als durch die Dignität und

---

(Hg.), Kompendium der Glaubensbekenntnisse und kirchlichen Lehrentscheidungen. Enchiridion symbolorum definitionum et declarationum de rebus fidei et morum, Freiburg i. Br. – Basel – Wien (Herder) [45]2017, *3050–3075. Ausschnitte aus der Konstitution *Pastor aeternus* sind im Anhang abgedruckt: S. 293–297. Die folgenden Zitate sind dieser Ausgabe entnommen.

den Umfang ihrer Kirchen überaus gewichtigen Minorität»[23] sei völlig übergangen worden. Neben diesen formalen Vorbehalten gegen die Gültigkeit der Konzilsentscheidung wurden auch die inhaltlichen Gegenargumente erneuert.[24]

Doch die junge altkatholische Bewegung blieb nicht beim Protest, sondern formulierte ihre Anliegen auch positiv. Wegweisend in dieser Hinsicht sind die ersten Kongresse (München 1871, Köln 1872, Konstanz 1873[25]), mit denen sich die altkatholische Bewegung in **Deutschland** formierte. Das sogenannte Münchener Programm des Katholikenkongresses von 1871[26] beginnt mit einem emphatischen Bekenntnis zur alten katholischen Tradition in Glauben, Kultus und Verfassung der Kirche, wobei besonders die Verantwortung des Bischofs für seine Kirche (und nicht die des Papstes für jede Einzelkirche) betont wird. Es wird positiv zum Ausdruck gebracht, dass Glaubenssätze «nur im Einklange mit der Hl. Schrift und der alten kirchlichen Tradition, wie sie niedergelegt ist in den anerkannten Vätern und Konzilien» definiert werden können, und dass sie sich «im unmittelbaren Glaubensbewusstsein des katholischen Volkes und der theologischen Wissenschaft als übereinstimmend mit dem ursprünglichen und überlieferten Glauben der Kirche erweisen müssen».[27] Diesem Bekenntnis zur Tradition schliesst sich die Äusserung eines Reformwillens an, der die Alte Kirche zum Kriterium der Reform nimmt. Die Reformen sollen Missbräuche aufheben, die in die Kirche eingedrungen sind, und insbesondere dem Volk mehr Mitspracherecht in kirchlichen Angelegenheiten zugestehen. Die weiteren Punkte des Programms betreffen das Streben nach der Wiedervereinigung der getrennten Kirchen, die wissenschaftliche Ausbildung des Klerus, das Festhalten an der bürgerlichen Freiheit und humanitären Kultur der staatlichen Verfassungen, eine polemische Spitze gegen den Jesuitenorden sowie ein Aufrechterhalten der Ansprüche auf Güter und Besitztitel der Kirche.

Umstritten war in der Frühzeit des nachvatikanischen Altkatholizismus, ob man sich auf Dauer als Widerstandsbewegung innerhalb der römisch-katholischen

---

23 So die Nürnberger Erklärung vom 26. August 1870, abgedruckt in: JOHANN FRIEDRICH von SCHULTE, Der Altkatholizismus. Geschichte seiner Entwicklung, inneren Gestaltung und rechtlichen Stellung in Deutschland: aus den Akten und anderen authentischen Quellen dargestellt, Aalen (Scientia Verlag) 1965 [= Giessen (E. Roth) 1887], 15. Die Erklärung ist ebenfalls greifbar bei KÜRY, Altkatholische Kirche, 444.

24 Zusammenfassend: SCHULTE, Altkatholizismus, 296–310. – Vgl. zur Argumentation auch die Virtuelle Ausstellung zur Rezeption des Ersten Vatikanums (1870–2020) auf der Website des Instituts für Christkatholische Theologie: www.christkath.unibe.ch/forschung (zuletzt geprüft: 10.01.2022).

25 Vgl. zu diesen drei Kongressen BERLIS, Frauen, 86–232.

26 Das Programm ist im Anhang abgedruckt: S. 297–299. Der Katholikenkongress wird als erster Altkatholikenkongress gezählt.

27 So das Münchener Programm, II b., vgl. im Anhang, S. 298.

Kirchenstrukturen verstehen oder eine eigene katholische Kirchenstruktur aufbauen sollte. Dabei spielte die Diskussion über den Notstand, in dem sich die Altkatholiken befanden, eine wichtige Rolle. Döllinger warnte davor, «Gemeinde gegen Gemeinde und Altar gegen Altar» zu stellen, unterlag mit seiner Ansicht aber 1871 auf dem Katholikenkongress von München, der mit überwältigender Mehrheit dem Antrag des Kanonisten und Juristen Johann Friedrich von Schulte folgte, eigene altkatholische Gemeinden zu bilden.[28] Die weitere Entwicklung war konsequent: Auf dem Altkatholikenkongress von 1872 in Köln wurden praktische Fragen zu Gemeindegründungen diskutiert und eine Bischofskommission gegründet. Am 4. Juni 1873 wählte eine Versammlung aus Geistlichen und Laienabgeordneten in Köln den in Breslau lehrenden Theologieprofessor Josef Hubert Reinkens zum Bischof. Der dritte Altkatholikenkongress von Konstanz von 1873 legte eine Synodal- und Gemeindeordnung vor, die eine bischöflich-synodale Kirchenstruktur vorsah und 1874 durch die erste Synode in Kraft gesetzt wurde. In verschiedenen Ländern des Deutschen Reiches wurden der Bischof (Hessen) bzw. die Rechte der Altkatholiken als Katholiken durch sogenannte Altkatholikengesetze (Preussen und Baden) staatlich anerkannt. Verschiedene altkatholische Gemeinden gingen mit dem Ende des Zweiten Weltkriegs und der Neuordnung der politischen Landschaft unter, so etwa die Gemeinden in Schlesien.[29]

Die Entwicklung in Deutschland in den frühen 1870er-Jahren hatte wegweisende Bedeutung auch für die **Schweiz**[30] und die Habsburgermonarchie. Protagonisten des Schweizer Altkatholizismus beteiligten sich an den Altkatholikenkongressen in München, Köln und Konstanz und anderen programmatischen Versammlungen. In München waren vier, in Köln drei, im grenznahen Konstanz 27 Personen aus der Schweiz anwesend. Auf einige charakteristische Unterschiede der einzelnen altkatholischen Bewegungen in den deutschsprachigen Ländern ist jedoch hinzuweisen: In der Schweiz war der Widerstand gegen die vatikanischen Dogmen stärker politisch motiviert, die politische Auseinandersetzung wurde in einzelnen Kantonen und auf Bundesebene hart geführt.[31] 1871 entstand ein «Schweizer Ver-

---

28 Zum Beschluss vgl. SCHULTE, Altkatholizismus, 345 f. Zur Diskussion siehe BERLIS, Frauen, 138–144. 147.
29 Dies ist bisher kaum aufgearbeitet. Eine Übersicht über die Gemeinden und ihre Entwicklung gibt JOHANNES J. URBISCH, Die Geschichte des Alt-Katholizismus in Schlesien bis 1945, Berlin (Alt-Katholische Kirchengemeinde) 2006.
30 Die Entwicklungen in der Schweiz werden in Kapitel 2 ausführlich beschrieben. Hier werden – analog zu den Angaben über andere Länder – nur die wichtigsten Eckdaten aus der Anfangszeit genannt.
31 Dies wird herausgearbeitet in einer Serie von 36 Artikeln in der kirchlichen Presse: URS VON ARX, Vor 125 Jahren, in: Christkatholisches Kirchenblatt (1996–2001). Hier die Jahrgänge und Seitenzahlen der einzelnen Folgen: Jg. 119 (1996), 87, 110, 125, 148, 229, 294, 310,

ein Freisinniger Katholiken», der sich aufgrund (politisch) liberalen Gedankenguts gegen die Papstdogmen wandte. Die Bewegung gegen das Erste Vatikanum nahm in den verschiedenen Kantonen unterschiedliche Gestalt an und formierte sich nicht überall im gleichen Tempo. Am 1. Dezember 1872 fand eine Delegiertenversammlung statt, die wegweisende, die Kräfte verbindende Bedeutung erhielt und als «Oltner Tag» zum wichtigen Erinnerungsort wurde. Eine weitere Schweizer Besonderheit war 1874 die Einrichtung einer katholisch-theologischen Fakultät an der Universität Bern. Als christkatholische Lehr- und Forschungsstätte entwickelte sie eine enorme Wirkkraft für altkatholische Theologie und Kirche über die Grenzen der Schweiz hinaus und besteht als Institut für Christkatholische Theologie bis heute. Die kirchliche Organisation nahm 1875 Gestalt an, als in Olten die erste Sitzung der Nationalsynode die Rechtsgrundlagen der Kirche in Kraft setzte. 1876 wurde Eduard Herzog zum ersten Bischof der Christkatholischen Kirche der Schweiz gewählt und durch den deutschen Bischof Joseph Hubert Reinkens geweiht. Herzog übte sein Bischofsamt 48 Jahre lang aus, lehrte ausserdem an der Fakultät und prägte so die christkatholische Kirche stark.

Anders als die Schweizer Kirche durfte die altkatholische Kirche in **Österreich**[32] zunächst nicht auf Unterstützung des Staates hoffen, im Gegenteil: In den 1870er-Jahren hatten die Altkatholiken in der Habsburgermonarchie unter staatlichen Repressionen zu leiden. Erst 1877 konnten sich die altkatholischen Gemeinden, die vor allem in Ried, Wien und in Böhmen entstanden waren, rechtsgültig konstituieren.[33] 1879 trat erstmals die Synode zusammen; sie verabschiedete die Kirchenverfassung und beschloss die in Deutschland und der Schweiz bereits vollzogenen Reformen. Aufgrund der fehlenden staatlichen Unterstützung wurde die Kirche jahrzehntelang nicht von einem Bischof, sondern von einem Bistumsverweser geleitet, dessen Sitz in Warnsdorf war. Mit dem Ende der Habsburgermonarchie entstanden in Österreich und in der tschechoslowakischen Republik eigenständige

---

324; Jg. 120 (1997), 336, 339, 376, 392, 396; Jg. 121 (1998), 32, 84, 88, 124, 156, 177, 327, 344, 366f., 404f.; Jg. 122 (1999), 161, 225f., 307, 316, 319f.; Jg. 123 (2000), 92, 108, 138–140; Jg. 124 (2001), 111f., 128–130, 181–183, 200–202, 234f., 252 (in vielen Folgen finden sich zudem Abbildungen).

32 Für eine umfassende, aber in vielen Punkten ungenaue Darstellung der Geschichte der Altkatholischen Kirche Österreichs siehe Christian Halama, Altkatholiken in Österreich. Geschichte und Bestandsaufnahme, Wien (Böhlau) 2004. Vgl. dazu die kritische Rezension von Urs von Arx, Christian Halama: Altkatholiken in Österreich, in: Internationale Kirchliche Zeitschrift 97 (2007), 146–155.

33 Zur Verwurzelung im böhmischen Reformkatholizismus der Aufklärung und der Verbindung zum Reformer Bernard Bolzano (1781–1848) siehe Karel Koláček, Entstehung und Entwicklung der altkatholischen Bewegung auf dem Gebiet von Nordböhmen bis zum Jahre 1946, in: Internationale Kirchliche Zeitschrift 98 (2008), 279–301, hier 279–286.

Kirchen.³⁴ Erst 1924 wurde Adalbert Schindelar zum ersten Bischof der Altkatholischen Kirche Österreichs gewählt. Auch die österreichische Kirche hatte eine starke politische Dimension: Sie erhielt Zulauf durch die um die Wende zum 20. Jahrhundert erstarkte «Los-von-Rom-Bewegung», die die nationale Unabhängigkeit von äusseren Machthabern wie dem Papst und den Konfessionswechsel von der römisch-katholischen zur evangelischen und altkatholischen Kirche propagierte.³⁵

1.3 Der Zusammenschluss zur Utrechter Union von 1889

Obwohl die altkatholischen Kirchen in Deutschland, der Schweiz und der Habsburgermonarchie grossen Wert auf die Verwurzelung im Glauben der alten Kirche legten, verfolgte die Kirche von Utrecht deren Reformeifer mit Unbehagen. Die Entpflichtung der Geistlichen vom Zölibat und Annäherungen an die Anglikaner, deren Weihen von der Kirche von Utrecht zu jener Zeit nicht als gültig anerkannt wurden, liess die Niederländer damals daran zweifeln, ob die deutschen und Schweizer Altkatholiken wirklich gute Katholiken waren.

Im Lauf der 1880er Jahre kam es zu Annäherungen zwischen dem deutschsprachigen und dem niederländischsprachigen Altkatholizismus. Bei ihrem Treffen in der erzbischöflichen Wohnung im Herzen Utrechts erklärten die niederländischen Bischöfe sowie der deutsche und der Schweizer Bischof explizit, dass sich die drei Kirchen in voller Gemeinschaft befänden. Der 24. September 1889 war somit die Geburtsstunde der Utrechter Union der Altkatholischen Kirchen, der sich 1890 auch die Altkatholische Kirche Österreichs anschloss.³⁶ Die Utrechter Union beruht historisch auf drei Dokumenten. In der Utrechter *Erklärung* fassen die Bischöfe erstens einige wichtige theologische Überzeugungen des Altkatholizismus zusammen: das Festhalten am Glauben der Alten Kirche des ersten Jahrtausends; die Ablehnung der vatikanischen Dekrete vom 18. Juli 1870, bemerkenswerterweise aber unter Anerkennung des historischen Primats des Papstes als *primus inter pares* (dem Ersten unter Gleichen); die Verwerfung des Mariendogmas von 1854 und weiterer Dekrete, «soweit sie mit der Lehre der alten Kirche in Widerspruch stehen»; eine Stellungnahme zur Realpräsenz und zum Opfercharakter der Eucharis-

---

34 Zur tschechischen altkatholischen Kirche, s. u. Kap. 1.4, S. 33–35.
35 HELMUT WALSER SMITH, German nationalism and religious conflict. Culture, ideology, politics, 1870–1914, Princeton NJ (Univ. Press) 1995. Vgl. darin insbesondere Kap. 7 zu «Los Von Rom: Religious Conflict and the Quest for a Spiritual Pan Germany», ebd., 206–232.
36 Die Utrechter Erklärung ist im Anhang abgedruckt: S. 303–305. Vgl. allgemein: Protokoll der Bischofs-Konferenz zu Utrecht in der erzbischöflichen Wohnung den 24. September 1889, in: Internationale Kirchliche Zeitschrift 79 (1989), 84–102.

tie; eine Willenserklärung zur Überwindung der Kirchenspaltungen auf dem Boden der alten Kirche und auf dem Weg des theologischen Dialogs. Im zweiten Dokument, der *Vereinbarung*, halten die Bischöfe fest, dass ihre Kirchen in voller Kirchengemeinschaft stehen. Die Vereinbarung ist daher ekklesiologisch der Utrechter Erklärung mindestens gleichrangig, wird aber von ihrem Charakter her viel weniger als theologisches Grunddokument wahrgenommen. Schliesslich ist drittens das *Reglement* zu nennen, eine Geschäftsordnung, in der Verfahrensfragen behandelt werden. Die drei Dokumente zusammen wurden bisweilen *Utrechter Konvention* genannt.[37] Das Organ zur gemeinsamen Beschlussfassung ist die Internationale Bischofskonferenz (IBK), die allerdings keine übergeordnete Jurisdiktion über die einzelnen altkatholischen Kirchen ausübt: Solange sie den gemeinsamen Glauben teilen, bleiben die einzelnen altkatholischen Kirchen in ihren inneren Angelegenheiten autonom.[38] Die Vereinbarung und das Reglement wurden 1952 und 1974 revidiert. Im Jahr 2000 gab sich die Internationale Bischofskonferenz ein grundlegend überarbeitetes Statut, das die ekklesiologischen Grundlagen, die innere Ordnung und das Funktionieren der Union festlegt.[39]

Die aus dem Widerstand gegen das Erste Vatikanische Konzil entstandenen altkatholischen Kirchen, die Utrechter Union von 1889 und das neue Statut der Utrechter Union von 2000 zeigen als wichtige Identitätsmerkmale des Altkatholizismus die Orientierung an der Alten Kirche sowie das Streben zur Reform der Kirche, die einerseits in dieser Orientierung an der Alten Kirchen gründet, und andererseits von einem liberalen bzw. (in der Schweiz) liberal-demokratischen Gesellschaftsverständnis getragen wird. Diese beiden Anliegen – Alte Kirche und Reform – können zueinander in Spannung stehen, sind aber im Altkatholizismus eine enge Verbindung eingegangen, insofern nämlich die konziliare Verfassung der Alten Kirche als Impuls für Reformen mit einer liberal-demokratischen Stossrichtung diente. So wurde Reform nie als Anpassung an den Zeitgeist verstanden, sondern als Rückkehr zur altkirchlichen Verfassung und als Wiedergeltendmachen von altkirchlichen Anliegen in der Gegenwart.[40]

---

[37] URS VON ARX/MAJA WEYERMANN (Hg.), Statut der Internationalen Altkatholischen Bischofskonferenz (IBK). Offizielle Ausgabe in fünf Sprachen. Beiheft zu Internationale Kirchliche Zeitschrift 91 (2001).
[38] Zum Verhältnis zwischen den Ortskirchen und der Utrechter Union vgl. Kap. 3.6, S. 141–145 (theologische Gesichtspunkte) und Kap. 6.6, S. 235–237 (Kirchenverfassung).
[39] Die Dokumente sind – in mehreren Sprachen – zu finden, in: VON ARX/WEYERMANN (Hg.), Statut. Die Präambel ist im Anhang abgedruckt: S. 309–311.
[40] Das Titelbild dieses Kapitels zeigt die Originalhandschrift der Utrechter Erklärung, wie sie von den Bischöfen der Niederlande, Deutschlands und der Schweiz am 24. September 1889 in der erzbischöflichen Wohnung zu Utrecht unterzeichnet wurde.

1.4 Die Entstehung altkatholischer Kirchen im 20. Jahrhundert: Das ethnisch-national orientierte Selbstverständnis

Spielten das nationalkirchliche Selbstbewusstsein und die Autonomie der Ortskirche schon für die Kirche von Utrecht und die altkatholischen Kirchen der 1870er-Jahre eine wesentliche Rolle, so wurden sie zu zentralen Motiven derjenigen altkatholischen Kirchen, die im 20. Jahrhundert entstanden und in die Utrechter Union aufgenommen wurden.[41]

Von 1907 bis 2003 war die **Polnisch-Katholische Nationalkirche in den USA und Kanada** (Polish National Catholic Church, PNCC) Mitglied der Utrechter Union.[42] Sie entstand aufgrund der wachsenden Unzufriedenheit polnischer Einwanderergemeinden gegenüber den Kirchenleitungen. Diese entzogen den Gemeinden die Finanzhoheit und setzten irische oder deutsche Geistliche ein, welche weder der polnischen Sprache mächtig waren noch die nationale Eigenart dieser Einwanderergemeinden berücksichtigten. Mehrere Gemeinden spalteten sich Ende des 19. Jahrhunderts von der römisch-katholischen Kirche ab, um ihre (polnischen) Geistlichen selbst wählen zu können. Dem charismatischen Priester Franciszek Hodur, Pfarrer in Scranton (Pennsylvania) gelang es, verschiedene polnische Gemeinden zu einer Kirche zu vereinigen.[43] Nach seiner Wahl durch diese Gemeinden empfing Hodur mit dem Einverständnis der altkatholischen Bischöfe im Jahr 1907 in Utrecht die Bischofsweihe durch Erzbischof Gerardus Gul[44]. Trotz der Kirchengemeinschaft im Rahmen der Utrechter Union blieben die Beziehungen der Kirchen von dies- und jenseits des Atlantiks oberflächlich. Die PNCC entwickelte sich seit den 1970er Jahren in einem traditionalistischen Sinn, was Konfliktpotenzial gegenüber den reformorientierten westeuropäischen Kirchen bot. Ohne Rück-

---

41 Der nationalkirchliche Gedanke, auf dem die altkatholischen Kirchen im 18. und im 19. Jahrhundert aufbauten, geht historisch auf ein älteres Modell zurück, wie es im Mittelalter und in der Frühen Neuzeit, etwa in der gallikanischen Kirche Frankreichs, üblich war. Kennzeichnend war dabei die Stellung des Bischofs bzw. der Bischöfe eines Landes oder Reiches als Gegengewicht gegenüber päpstlichen Machtansprüchen (s. dazu auch Kap. 1.7, S. 47). Im 19. Jahrhundert entwickelten sich moderne Nationalstaaten und damit auch ein neues Verständnis von Nationalismus, auf dem die im Folgenden beschriebenen Kirchen aufbauen.

42 Für ausführlichere Darstellungen der Geschichte siehe Hieronim Kubiak (Hg.), The Polish National Catholic Church in the United States of America from 1879 to 1980. Its social conditioning and social functions, Warszawa (Państwowe Wydawnictwo Naukowe) 1982.

43 Franciszek Hodur lebte 1866–1953. Zu ihm: Angela Berlis, Franciszek Hodur und die alt-katholischen Bischöfe der Utrechter Union bis 1907, in: Jacka Jeziersky (Hg.), Biskup Franciszek Hodur (1866–1953). Żyie – Dokonania – Znanczenie. Materialy seminarium naukowego Olsztyn 1–2 III 2000 r., Olsztyn (Studio Poligafii Komputerowej «SQL» s. c.) 2001, 73–91.

44 Gerardus Gul lebte 1847–1920, er war von 1892 bis zu seinem Tod Erzbischof von Utrecht.

sprache mit der Internationalen Altkatholischen Bischofskonferenz kündigte die PNCC 1978 die kirchliche Gemeinschaft (*full communion*) mit der anglikanischen Episkopalkirche in den USA,[45] nachdem diese die Priesterweihe von Frauen eingeführt hatte. Die unterschiedlichen Auffassungen in der Frage der Frauenordination waren auch der Grund, weshalb die PNCC 2003 die Utrechter Union verliess. Danach verband sie sich kirchlich mit anderen konservativ-traditionalistischen Gruppierungen. 2008 veröffentlichte die PNCC die «Erklärung von Scranton», die sie als Fortschreibung der historischen «Utrechter Erklärung»» versteht. Darin reklamierte sie das altkatholische Erbe für sich und begründete 2011 die «Union von Scranton».[46]

Die **Polnisch-Katholische Kirche in Polen** (Kościół Polskokatolicki w Rzeczypospolitej Polskiej) entstand Anfang der 1920er Jahre als Missionsbistum der PNCC.[47] Bischof Hodur gelang es, in seinem Herkunftsland eine Anhängerschaft für eine autonome katholische Kirche mit polnischer Liturgie aufzubauen. Diese rekrutierte sich vornehmlich aus der Arbeiterschicht, hielt die katholische Volksfrömmigkeit aufrecht und entwickelte zunächst wenig eigenständiges theologisches Profil. Zwar hatte die Kirche seit 1924 einen eigenen Bischof, blieb jedoch bis 1952 Missionsbistum der PNCC. Dann wurde sie auf Druck des kommunistischen Regimes selbstständig. Die enge Bindung der Polnisch-Katholischen Kirche zur Mutterkirche in Nordamerika war dem Regime ein Dorn im Auge, da es den Westen als feindselig betrachtete. Seit 1954 besteht eine altkatholische Sektion an der Christlichen Theologischen Akademie in Warschau (Chrześcijańska Akademia Teologiczna w Warszawie), so dass seither der theologische Nachwuchs im eigenen Land ausgebildet werden kann. Dies hat erheblich zur Stärkung des theologischen Profils beigetragen. Seit 1994 besteht ein Partnerschaftsvertrag mit der christkatholischen Ausbildungsstätte an der Berner Universität. Die Polnisch-Katholische Kirche besteht aus drei Bistümern (Warschau, Breslau und Krakau-Tschenstochau), leiten-

---

45 Zu den Beziehungen der altkatholischen Kirchen zur anglikanischen Kirchengemeinschaft und zum Bonner Abkommen, s. u. Kap. 5.5, S. 196–199.

46 Vgl. dazu LAURENCE J. ORZELL, Zur Situation in der Utrechter Union. Zwei Texte der PNCC und ein Kommentar, in: Internationale Kirchliche Zeitschrift 91 (2001) 222–237; Erklärung der PNCC zur Beziehung mit der Utrechter Union. Statement Regarding the Relationship of the Polish National Catholic Church with the Union of Utrecht. September. 2006, in: Internationale Kirchliche Zeitschrift 97 (2007), 70–71; PNCC beschliesst Neufassung der Utrechter Erklärung von 1889. The Declaration of Scranton, in: Internationale Kirchliche Zeitschrift 98 (2008), 242–246. Dort auf S. 246 auch ein kritischer Kommentar des damaligen Redakteurs der IKZ, Urs von Arx.

47 Für eine umfassende Darstellung der Geschichte siehe WIKTOR WYSOCZAŃSKI, Die Polnisch-Katholische Kirche als Mitglied der Utrechter Union. Entstehung, Geschichte, Rechtslage, in: Internationale Kirchliche Zeitschrift 95 (2005), 157–201. – Zur altkatholischen Kirche der Mariawiten in Polen, s. u. Anm. 87.

der Bischof war von 1995 bis 2023 Wiktor Wysoczański[48]. Nach dem Fall des Kommunismus wurden 1995 die Beziehungen zwischen dem Staat und der Polnisch-Katholischen Kirche neu gesetzlich geregelt. In Konstancin wurde durch Bischof Wiktor Wysoczański ein Haus angekauft, eine Kapelle dazu gebaut und diese Anfang Oktober 1995 während einer Sitzung der IBK geweiht. Das Konferenzzentrum erhielt den Namen «Bischof-Eduard-Herzog-Haus» – ein Zeichen der guten Beziehungen der polnischen zur Schweizer Kirche.[49] Seit 1998 führt die Polnisch-Katholische Kirche einen Dialog mit der römisch-katholischen Kirche in Polen.[50]

Die **tschechische altkatholische Kirche** (Starokatolická církev v České republice) entstand infolge des politischen Zerfalls der Habsburgermonarchie nach dem Ersten Weltkrieg als selbstständiges Bistum, getrennt von einem nunmehr ebenfalls selbstständigen österreichischen Bistum mit Sitz in Wien. Der seit 1888 amtierende österreichische Bistumsverweser Amandus Čzech[51] übte die Funktion nur noch für das Gebiet der Tschechoslowakischen Altkatholischen Kirche aus; nach seinem Tod Anfang 1922 wurde Alois Paschek/Pašek[52] zum Bistumsverweser gewählt und 1924 zum Bischof geweiht.[53] Warnsdorf blieb Sitz des Bischofs für die tschechische Kirche. Das nach dem Ersten Weltkrieg nunmehr tschechoslowakische Bistum zählte

---

48 Wiktor Wysoczański lebte 1939–2023. Sein Nachfolger ist Andrzej Gontarek, geb. 1970.
49 Die Namengebung hing nicht mit der wiederholten finanziellen Unterstützung der polnischen Kirche durch die Christkatholische Kirche der Schweiz – insbesondere durch Bischof Gerny und das christkatholische Hilfswerk «Partner sein» – zusammen, sondern hat einen historischen Bezug: Anfang des 20. Jahrhunderts hatte Bischof Herzog sich für die Aufnahme Franciszek Hodurs in die IBK und damit für die Mitgliedschaft der PNCC in der Utrechter Union eingesetzt (Mitteilung von Prof. Urs von Arx, 15.4.2021 an die Autorin.) – 1996 erschien das Standardwerk von Urs Küry über die altkatholische Kirche in polnischer Übersetzung: Urs Küry, Kościół Starokatolicki. Historia – Nauka – Dążenia, Warszawa (Chrześcijańska Akademia Teologiczna) 1996.
50 Zdzisław J. Kijas, Der Dialog zwischen der Polnisch-katholischen Kirche und der Römisch-katholischen Kirche in Polen. Die Arbeit der Gemeinsamen Kommission in den Jahren 1998–2003, in: Internationale Kirchliche Zeitschrift 94 (2004), 217–248.
51 Amandus Čzech lebte 1855–1922. In tschechischer Literatur heisst er Miloš Czech.
52 Alois Paschek/Pašek lebte 1869–1946.
53 Für eine ausführliche Darstellung der Geschichte siehe Peter Jan Vinš, Starokatolická obec v Praze a její vztah k vznikající Církvi československé, in: Theologická revue 79 (2008), 101–215 (mit englischer Zusammenfassung). Der Beitrag ist auch im Internet zu finden: http://goo.gl/7M7t9L, zuletzt geprüft: 31.12.2021. Koláček, Entstehung; Martin Kovač/Peter Jan Vinš/David Wagner, Nástin dějin Starokatolické církve v Československu po roce 1968 (1. část) [= Outline of the History of the Old Catholic Church in Czechoslovakia after 1968 (Part 1)], in: Theologická revue 85 (2014), 590–606; Zdeněk Vojtíšek, Weitere Glaubensrichtungen, in: Martin Schulze Wessel/Martin Zückert (Hg.), Handbuch der Religions- und Kirchengeschichte der böhmischen Länder und Tschechiens im 20. Jahrhundert, München (Oldenbourg) 2009, 209–236 und 757–786, hier 210f. und 758f.

25 000 bis 40 000 Mitglieder in 13 Sprengeln vorwiegend im nordböhmischen und nordmährischen Grenzland, mehrheitlich Sudetendeutsche.[54]

Neben diesen deutschsprachigen Altkatholikinnen und Altkatholiken auf diesem Gebiet der Habsburgermonarchie formierte sich bereits im 19. Jahrhundert ein tschechischsprachiger Altkatholizismus. Der erste altkatholische Gottesdienst in tschechischer Sprache wurde am 7. Juli 1897 in Zürich gefeiert.[55] Im Jahr 1899 gründete František Iška[56] eine Tschechoslowakische Nationalkirche in Prag, die zur ersten tschechischsprachigen altkatholischen Gemeinde wurde und ab 1900 zum österreichischen Bistum mit Sitz in Warnsdorf gehörte. Bis 1918 wuchs sie durch Beitritte aus der tschechischsprachigen Bevölkerung weiter. Auch in der ersten tschechoslowakischen Republik (1918–1938) blieb die Prager Gemeinde das Zentrum des tschechischsprachigen Altkatholizismus, was zu innerkirchlichen Konflikten zwischen den beiden Nationalgruppen führte. Als 1939 die deutsche Wehrmacht die Tschechoslowakei besetzte, entstand eine «grossdeutsche Reichskirche» mit den drei Bistümern Deutschland, Österreich und Sudetenland.[57] Die Aussiedlung der Sudetendeutschen nach dem Ende des Zweiten Weltkriegs infolge der Dekrete des Präsidenten der Republik von 1940 bis 1945 (oft auch «Beneš-Dekrete» genannt) bewirkte allerdings, dass die altkatholische Kirche stark schrumpfte. Die Sudetendeutschen siedelten sich vorwiegend in Bayern – etwa im neu gegründeten Neugablonz – oder in der DDR an.[58] Auf dem Gebiet der Tschechoslowakei blieben nur fünf Gemeinden bestehen. Die Zahl der Geistlichen war aufgrund der Aussiedlung der meisten von ihnen zudem so stark dezimiert, dass nicht alle Pfarrstellen besetzt werden konnten. Da die Kirche auch tschechische Mitglieder und mit Alois Paschek/Pašek einen zweisprachigen Bischof hatte, wurden sie nach dem Zweiten Weltkrieg nicht enteignet, die Kirchengebäude blieben in altkatholischem Besitz. Nach der kommunistischen Machtergreifung 1948 stand die Kirche unter staatlicher Kontrolle. Nach dem Tod von Bischof Paschek/Pašek im Jahr 1946 wurde sie von Prag aus durch den bereits davor für die tschechischsprachigen Altkatholiken zuständigen Generalvikar Václav Jaromir Ráb[59] verwaltet, den die Regierung 1952 zwangspensionierte. Es folgte eine Zeit der provisorischen Verwaltung des Bistums.

---

54 Zum geistesgeschichtlichen Hintergrund des sudetendeutschen Altkatholizismus, s. Anm. 33.
55 ANGELA BERLIS, «Konstanz» als konziliarer Erinnerungsort. Eine alt-katholische Perspektive, in: Ökumenische Rundschau 64 (2015), 310–322, hier 319.
56 František Iška lebte 1863–1921.
57 Für das Protektorat Böhmen und Mähren, das nicht Teil des Dritten Reichs war, begründete das Bistum Warnsdorf, das auf den «Gau Sudetenland» begrenzt wurde, ein Generalvikariat.
58 Vgl. dazu JOHANNES J. URBISCH, Die Geschichte der Alt-Katholischen Kirche in Mitteldeutschland, Borsdorf (Ed. Winterwork) 2012; ANJA GOLLER, Die Alt-Katholische Kirche in der DDR, Bonn (Alt-Katholischer Bistumsverlag) [in Vorbereitung].
59 Václav Jaromir Ráb lebte 1877–1956.

1.4 Die Entstehung altkatholischer Kirchen im 20. Jahrhundert

Von 1954 bis 1960 fungierte der ehemalige Dominikaner Augustin Podolák[60] als Bistumsverweser; die Staatsmacht entzog ihm schon bald die staatliche Erlaubnis zur Ausübung seines Amtes als Priester, er wurde 1956 zeitweise inhaftiert und musste anschliessend als Arbeiter sein Brot verdienen. 1961 wurde de facto Martin Jan Vochoč als «provisorischer Bistumsverweser» eingesetzt, was er bis zu seinem Tod im Jahr 1967 blieb. Während des «Prager Frühlings» im Jahr 1968 gestattete der Staat die Wahl eines Nachfolgers von Bischof Paschek/Pašek. Augustin Podolák wurde am 15. Dezember 1968 in Utrecht geweiht. Bereits Mitte November 1971 wurde ihm die staatliche Erlaubnis zur Ausübung geistlicher Amtshandlungen wieder entzogen, nachdem es zu innerkirchlichen Unstimmigkeiten gekommen war. Miloš Josef Pulec[61] war mit einem Teil der Geistlichkeit zur Zusammenarbeit mit dem Regime bereit und übernahm die Verwaltung des Bistums. Dies führte zur Spaltung in eine offizielle und eine illegale Untergrundkirche. Nach der politischen Wende 1989 wurde Bischof Podolák erneut staatlich anerkannt und übernahm bei einer «Synode der Erneuerung» 1990 wieder sein Amt. In den 1990er Jahren wurde ein Versöhnungsprozess initiiert, der zu einem Aufschwung der tschechischen altkatholischen Kirche beitrug.[62] Der Sitz des Bistums wurde 1995 von Warnsdorf nach Prag verlegt. Dušan Heijbal, der von Bischof Podolák zum Priester geweiht worden war und mit ihm in der Untergrundkirche zusammengearbeitet hatte, wurde 1991 zum Bischof gewählt, jedoch aufgrund der internen Situation anfangs nicht durch die Internationale Bischofskonferenz anerkannt und erst 1997 geweiht. Im September 2000 wurde die anglikanisch-episkopale Gemeinde in der Tschechischen Republik unter die ordentliche Jurisdiktion des altkatholischen Bischofs gestellt; sie blieb zugleich Teil der anglikanischen Diözese in Europa.[63] Im Jahr 2002 war die tschechische Kirche als erstes ehemaliges Ostblockland Gastgeberin des 28. Internationalen Altkatholikenkongresses in Prag, das zum Zeitpunkt des Kongresses noch ganz unter dem Eindruck der Jahrhundertflut stand. 2003 wurde erstmals eine Frau zur Diakonin geweiht – die Diskussion über die Priesterweihe für Frauen hat die tschechische Kirche in allerjüngster Zeit aufgenommen. Seit 2017 bekleidet Pavel Benedikt Stránský[64] das Amt des Bischofs.

In **Kroatien** begründeten nach dem Ersten Weltkrieg national gesinnte Katholiken die Katholisch-Kroatische Kirche. Im Hintergrund standen antiitalienische

---

60 Augustin Podolák lebte 1912–1991.
61 Miloš Pulec lebte 1923–1991. Die Verwaltung des Bistums wurde 1972–1977 von Jan Heger (1909–1978), 1978 bis 1982 von Rudolf Trousil (1905–1982) und ab 1982 erneut von Miloš Pulec übernommen.
62 Von 1995 bis 2004 war auch eine kleine altkatholische Kirche in der Slowakei Mitglied der Utrechter Union.
63 Vgl. dazu Internationale Kirchliche Zeitschrift 91 (2001), 175.
64 Pavel Benedikt Stránský wurde 1978 geboren.

Ressentiments und die Weigerung des Vatikans, die Feier der Liturgie in kroatischer Sprache zu erlauben.[65] Protest gegen den römischen Zentralismus hatte es aber schon weit früher gegeben: Einer der wichtigsten Gegner der päpstlichen Unfehlbarkeit auf dem Ersten Vatikanum war der Konzilsvater Josip Juray Strossmayer gewesen, seit 1849 Bischof von Djakovo, seit 1851 Apostolischer Administrator für Serbien.[66] Die gegen das Erste Vatikanum protestierenden Katholiken hatten grosse Hoffnungen auf ihn als möglichen Anführer der Konzilsprotestbewegung gesetzt und waren enttäuscht, als er sich 1872 aus politischen Gründen zur Unterwerfung gezwungen sah.

Adolf Schindelar, der erste Bischof der Altkatholischen Kirche Österreichs, erklärte die Katholisch-Kroatische Kirche 1923 zum Teil der staatlich anerkannten Kirche in Österreich. 1924 wählte eine Synode Marko Kalogjerá zum Bischof, der König von Jugoslawien erkannte die Wahl und die Synodenbeschlüsse an. Im gleichen Jahr wurde Kalogjerá in Utrecht geweiht und in die Utrechter Union aufgenommen.[67] Nach Bekanntwerden von Unregelmässigkeiten kam es zum Konflikt zwischen der Internationalen Altkatholischen Bischofskonferenz und Kalogjerá, mit der Folge, dass er 1933 aus der Bischofskonferenz ausgeschlossen wurde. So kam es im gleichen Jahr zur Spaltung der Kirche: Die Mehrheit verblieb in der Utrechter Union, eine Minderheit folgte Kalogjerá. Als im Zweiten Weltkrieg der römisch-katholische Klerus mit dem Ustaša-Staat von Ante Pavelić in enger Allianz agierte, wurden die anfangs rund 100 altkatholischen Gemeinden fast völlig aufgerieben. Verschiedene Kirchengebäude wurden zerstört oder umfunktioniert. Im Konzentrationslager Jasenovac kamen mehrere kroatische Altkatholiken zu Tode, unter ihnen 1941 der gewählte Bischof Ante Donković. Die Spaltung in eine «kroatisch-altkatholische Nationalkirche» und eine «kroatisch-altkatholische Kirche» dauerte 40 Jahre, ihre Folgen wirken bis heute nach. 1974 bewog die Internationale Bischofskonferenz zwei Bischöfe der Dreier-Konföderation in Jugoslawien (Vilim Huzjak und Miho Dubravčić) zum Rücktritt, der dritte (Stjepan Šegović) weigerte sich, starb jedoch nicht lange danach. So kam es zur Wiedervereinigung unter dem Namen «Kroatisch-Katholische Kirche». Es wurde damals kein eigener Bischof gewählt, die Kirche wurde der Jurisdiktion eines Delegaten der Internationalen

---

65 Kroatien stand traditionell dem Glagolismus Grigor Nimskis nahe, d. h. dem Gebrauch der kirchenslawischen (glagolitischen) Sprache im Gottesdienst.

66 [Josip Juraj Strossmayer], Rede des Bischofs Strossmayer über die Unfehlbarkeit des Papstes. Eine Stimme innerhalb der römischen Kirche, Wesel (Schmithals) ²1872.

67 Für das Folgende siehe Stanko Marković, Die Altkatholische Kirche in Jugoslawien. Eine geschichtliche Darstellung aufgrund der altkatholischen Literatur in serbokroatischer und deutscher Sprache, Bern (unveröffentlichte Abschlussarbeit, Christkatholisch-theologische Fakultät) 2001; Christen heute 52 (2008), 271 f.; Jahrbuch der Christkatholischen Kirche der Schweiz 126 (2016), 82–84. Zu Kalogjerá, siehe: http://hbl.lzmk.hr/clanak.aspx?id=9484, zuletzt geprüft: 31.12.2021.

Bischofskonferenz unterstellt – zunächst Bischof Gerardus Anselmus van Kleef von Haarlem, danach dem jeweiligen österreichischen Bischof. Fast dreissig Jahre lang versahen die Gebrüder Burek den Vorsitz des Synodalrats; auf sie folgte Damir Boras[68], ein Enkel Marko Kalogjerás. Er war von 2014 bis 30. September 2022 Rektor der Universität Zagreb.

Heute sind drei Gemeinden übriggeblieben: in Šaptonovci (Slawonien), in Dubrave Donje (Bosnien-Herzegowina) und in Zagreb mit einer Filialgemeinde in Stenjevec. In letztgenannter Gemeinde gibt es zwei Kirchen und einen altkatholischen Friedhof aus den 1930er Jahren. Auf der Insel Krapanj bei Šibenik (Dalmatien) gibt es noch eine altkatholische Kirche, die aus dem frühen Mittelalter stammt, und ein paar Gläubige, die mit Zagreb in Verbindung stehen. Die früher bestehenden altkatholischen Gemeinden in Serbien (zuletzt eine Gemeinde in Novi Sad) und in Slowenien (Ljubljana) gibt es heute nicht mehr. Im Jahr 2010 arbeiteten vier Priester und ein Diakon für die Kirche. Ein Schwerpunkt der Pastoral, der über die eigene kirchliche Gemeinschaft hinaus in die Gesellschaft reicht, liegt bei geschiedenen wiederverheirateten Personen.

1.5 Altkatholische Missionen bzw. Jurisdiktionen

In verschiedenen Ländern kam es im 19. Jahrhundert zwar im Vorfeld des Ersten Vatikanums oder danach zu einer Protestbewegung gegen den römischen Zentralismus, doch gelang es in der Regel nicht, eine selbstständige kirchliche Struktur aufzubauen. Es blieb bei einzelnen Gemeinden oder Gruppen, die keine diözesanen Strukturen bildeten und keine Bischöfe wählen oder weihen (lassen) konnten. Dabei spielten unterschiedliche Faktoren eine Rolle: mangelnde staatliche Unterstützung und staatliche Anerkennung der betreffenden Bewegung, fehlende Kader und Führungspersönlichkeiten, die die Bewegung vor Ort zusammenführen konnten, innerkirchlicher Widerstand und Uneinigkeit über den zu folgenden Kurs und anderes mehr. Seit der Gründung der Utrechter Union im Jahr 1889 war zudem die Beurteilung und Einschätzung des altkatholischen Gehalts einer Bewegung durch die Internationale Bischofskonferenz von Bedeutung. Die Geschichte dieser meist kleinen altkatholischen Bewegungen in diesen Ländern ist gekennzeichnet von Diskontinuität und Unterbrechung.

Da es sich nicht um eigenständige altkatholische Kirchen handelt, kristallisierte sich für diese Bewegungen der Begriff «altkatholische Missionen» heraus. Dieser Ausdruck mag verwirrend wirken, da der Altkatholizismus im Allgemeinen nicht

---

68 Damir Boras wurde 1951 geboren. Er war 2004–2017 Professor für Sprachentwicklung, Lexikographie und Enzyklopädische Wissenschaft am Department für Informationswissenschaften der Fakultät für Human- und Sozialwissenschaften an der Universität Zagreb.

durch besonderen missionarischen Eifer hervorsticht – der Begriff hat sich aber in der Utrechter Union etabliert. Heute besteht eine altkatholische Mission in Frankreich und Belgien, auch die altkatholischen Gemeinden in Kroatien haben den Status einer Mission. Die Missionen sind der Internationalen Bischofskonferenz direkt zugeordnet und werden von einem der Bischöfe als Delegat betreut. Im Folgenden werden auch die heute nicht mehr bestehenden oder sich anderweitig orientierenden kirchlichen Bewegungen kurz dargestellt, die sich seit dem 19. Jahrhundert gebildet hatten: in Italien, auf der Iberischen Halbinsel und in Skandinavien, ausserdem in asiatischen Ländern.

Nach dem Ersten Vatikanum entstand in **Frankreich** lediglich eine einzige Gemeinde: 1878 gründete Père Hyacinthe Loyson, der von 1873 bis 1874 in Genf Pfarrer gewesen war, in Paris eine gallikanische[69] Gemeinde. Versuche, Loyson zum Bischof weihen zu lassen, scheiterten an der Ablehnung des niederländischen Episkopats, dem Loyson mit seinem Reformeifer und seinen Verbindungen nicht vertrauenswürdig erschien. Ausserdem wäre er Bischof für eine einzelne Gemeinde geworden! Die Gemeinde unterstand zuerst der Jurisdiktion eines anglikanischen Bischofs und ab 1893 dem Erzbischof von Utrecht.[70] Die Gemeinde wurde seelsorgerlich im 20. Jahrhundert durch Geistliche der niederländischen Kirche betreut, ab 1983 bis Ende der 1990er Jahre durch Abbé Bernard Vignot. Versuche, an anderen Orten Gemeinden zu gründen (wie etwa in den 1980er Jahren in Sarcelles mit Abbé Alain Fraysse), blieben Episode. Im Herbst 2010 wurde die 1991 gegründete religiöse Gemeinschaft *Prieuré du Bon Pasteur* im nordfranzösischen Prisches in die *Mission vieille-catholique France & Belgique* aufgenommen.

Die Geschichte der Gemeinde im **Elsass** reicht in die 1890er Jahre zurück, als das Elsass zum Deutschen Kaiserreich gehörte, und von Offenburg aus altkatholische Pfarrer Gottesdienste hielten. 1909 konstituierte sich der «Verein der Altkatholiken in Elsass-Lothringen» mit Sitz in Strassburg. Infolge veränderter politischer Konstellationen kam es jedoch nicht zu einem kontinuierlichen Aufbau einer Gemeinde. Seit 1918 gehört das Elsass zu Frankreich. In der jüngeren Vergangenheit ist ein Pfarrer für das Elsass zuständig und es bestehen gute Kontakte über die Grenze zur altkatholischen Gemeinde in Offenburg.

In **Italien** bestanden im 19. Jahrhundert verschiedene Reformbewegungen, die zum Teil ganz ähnliche Anliegen wie die altkatholische Bewegung vertraten, wie etwa die Aufhebung des Zölibats. Diese Erneuerungsbewegungen waren eng verbunden mit dem Streben nach politischer und religiöser Unabhängigkeit im neuen

---

69 Der Name war in Anlehnung an die gallikanische Kirche Frankreichs gewählt, die mit der Französischen Revolution zerschlagen wurde. Zum Gallikanismus s. u. Kap. 1.7, S. 47.

70 Vgl. dazu SCHOON, Bisschoppelijke Cleresie, 681–704; ANTHONY JOHN CROSS, Père Hyacinthe Loyson, the Église Catholique Gallicane (1879–1893) and the Anglican Reform Mission. Ph. D. diss. (University of Reading) 2011.

italienischen Nationalstaat.[71] In Rom bildete sich 1871 eine Gruppe um den ehemaligen Kapuziner Andrea d'Altagena[72], der mit Père Hyacinthe Loyson und Emilie Loyson-Meriman sowie dem armenisch-katholischen Professor Maghakia Ormanian[73] in enger Verbindung stand. Das altkatholische Blatt «L'Esperance de Rome» wurde von Emilie Loyson-Meriman[74] begründet. 1881 startete Enrico Graf di Campello[75], 1867–1881 Domherr von St. Peter in Rom, einen neuen Versuch. Mit finanzieller Hilfe der anglikanischen *Anglo-Continental Society* gründete er die *Chiesa Riformata d'Italia* und eine Paulusgemeinde in Rom und nahm Beziehungen zur Christkatholischen Kirche der Schweiz auf. Bischof Eduard Herzog firmte in Rom und weihte später Priester für die italienische Kirche. Der Aufbau einer eigenen Kirche scheiterte nicht zuletzt daran, dass die Internationale Bischofskonferenz der Weihe des 1893 zum Bischof Gewählten nicht zustimmte. Im Hintergrund spielte dabei – wie auch schon in Frankreich bei Loyson – die Haltung der niederländischen altkatholischen Kirche gegenüber der anglikanischen Kirche eine Rolle, insbesondere im Blick auf deren «Bekenntnis» zu den 39 Artikeln.[76] 1902 kehrte Graf di Campello in die römisch-katholische Kirche zurück, verschiedene Mitglieder schlossen sich den Waldensern an, der bekannteste ist der von Bischof Herzog

---

71 SCHOON, Bisschoppelijke Cleresie; CESARE MILANESCHI, Il vecchio cattolicesimo in Italia, Cosenza (Pellegrini) 2014; MARCELLO GRIFÓ, Il rapporto tra Paolo Miraglia e i Vetero-cattolici nella corrispondenza del vescovo Eduard Herzog. Una pagina poco noto del Cattolicesimo Nazionale Italiano, in: Schweizerische Zeitschrift für Religions- und Kulturgeschichte 111 (2017), 281–297; CESARE MILANESCHI, Luigi Prota-Giurleo und die Anfänge des Altkatholizismus in Italien, in: Internationale Kirchliche Zeitschrift 71 (1981), 179–197.
72 Andrea d'Altagena starb 1884.
73 Maghakia Ormanian lebte 1841–1918. Ursprünglich gehörte er der mit Rom unierten Armenisch-katholischen Kirche an, konvertierte dann zur Armenischen Apostolischen Kirche und war 1896–1908 Erzbischof und Patriarch von Konstantinopel der Armenischen Apostolischen Kirche. Vgl. zu ihm und zu den Beziehungen zwischen den armenischen Katholiken und den Alt- bzw. den Christkatholiken die Berner Dissertation von MARIAM KARTASHYAN, Zwischen kirchlicher Reform und Kulturimperialismus. Die Bulle Reversurus (1867) und das armenisch-katholische Schisma in seinen transnationalen Auswirkungen, Wiesbaden (Harrassowitz Verlag) 2020.
74 Emilie Loyson-Meriman lebte 1833–1912. Zu ihr: ANGELA BERLIS, Sympathy for Mussulmans, Love for Jews. Emilie Loyson-Meriman (1833–1909), Hyacinthe Loyson (1827–1912) and their Efforts towards Interreligious Encounter, in: Studies in Church History 51 (2015), 285–301.
75 Enrico Graf di Campello lebte 1831–1903.
76 Die 39 Artikel des Glaubens gelten seit 1571 in der Kirche von England (und in ihren anglikanischen Tochterkirchen). Sie sind in der Regel in anglikanischen Gebetbüchern abgedruckt, so etwa: EPISCOPAL CHURCH, Articles of Religion, in: Church of England/Episcopal Church (Hg.), The book of common prayer, and administration of the sacraments and other rites and ceremonies of the Church. Together with The Psalter or Psalms of David / according to the use of the Episcopal Church, New York (The Church Hymnal Corp) 1979.

geweihte Priester Ugo Janni.[77] In der zweiten Hälfte des 20. Jahrhunderts gab es weitere Versuche, eine altkatholische Mission in Italien zu etablieren. In der Regel war der Schweizer Bischof als Delegat der Internationalen Bischofskonferenz zuständig; von 1996 bis einschliesslich 2007 übernahm der deutsche Bischof Joachim Vobbe diese Aufgabe,[78] danach die Schweizer Bischöfe Fritz-René Müller (2008–2011) und kurze Zeit Harald Rein. Doch war auch diesen Versuchen kein dauerhafter Erfolg beschieden. Auf den 1. Juli 2011 gab die IBK die Betreuung der altkatholischen Gemeinden in Italien auf. Verschiedene Mitglieder des Klerus und Laien fanden Aufnahme in einer anglikanischen Gemeinde in Italien.

Während es in Italien und Frankreich nicht zur Bildung eigener altkatholischer Kirchen kam, geschah dies in **Spanien und Portugal** mit anglikanischer Unterstützung. Auf der Iberischen Halbinsel bestanden zum Teil schon im Vorfeld des Ersten Vatikanums kleine romkritische Bewegungen.[79] Der ehemalige spanische Mönch Juan Bautista Cabrera[80] und portugiesische Kaufmannsfamilien wandten sich 1878 an die Kirche von England. Die Lambeth-Konferenz, eine alle 10 Jahre stattfindende Zusammenkunft aller anglikanischen Bischöfe, beauftragte im gleichen Jahr einen spanisch sprechenden anglikanischen Bischof mit der Sorge für sie. Trotz dieser engen Verbindung zur anglikanischen Kirche betrachten die spanische und die portugiesische Kirche sich seit 1880 als eigenständige Kirchen, die ihre Entstehung mit der altkatholischen Bewegung in Verbindung bringen. Cabrera wurde 1894 durch den anglikanischen Erzbischof von Dublin, Glendalough und Kildare, Lord Plunket[81] zum Bischof für die Iglesia Reformada Española geweiht. Mit der Lusitanisch Katholisch Apostolisch Evangelischen Kirche schloss die Anglikanische Kirchengemeinschaft 1962 ein Konkordat.[82] Drei Jahre später – 1965 – folgte die

---

77 Ugo Janni (1865–1938) war 1889–1900 Seelsorger der altkatholischen Gemeinde San Remo; bei seinem Eintritt bei den Waldensern weigerte er sich, erneut eine Ordination zu empfangen. 1911 schrieb er an Maud Petre: «Ich repräsentiere in der Waldenser-Kirche eine geistige Schule, die sich einerseits anlehnt an die Altkatholiken Döllingers und andererseits an die zeitgenössische, modernistische Bewegung.» Zitiert nach CESARE MILANESCHI, Ugo Janni. Ein ökumenischer Pionier, der altkatholisches Gedankengut in der Waldenserkirche fortsetzte, in: Internationale Kirchliche Zeitschrift 70 (1980), 118–134, hier 133.
78 Joachim Vobbe lebte 1947–2017.
79 Zur Geschichte und zur Beziehung zum Altkatholizismus vgl. IGREJA LUSITANA CATÓLICA APOSTÓLICA EVANGÉLICA (Hg.), Anglicanos e velho-católicos em Portugal, Espanha e Europa. Historia, testemunho e missão / History, witness and Mission, Vila Nova de Gaia (Igreja Lusitana Católica Apostólica Evangélica, Instituto Anglicano de Estudos Teológicos) 2017.
80 Juan Bautista Cabrera lebte 1837–1916.
81 William Lord Plunket lebte 1828–1897. Er war der 4. Lord Plunket.
82 Zu dieser Kirche vgl. ADOLF KÜRY, Die katholische, apostolische und evangelische Kirche in Portugal, in: Internationale Kirchliche Zeitschrift 3 (1913), 118–122; P. H. VOGEL, Die Gebetbücher der bischöflichen Kirchen von Spanien, Portugal und Mexiko, in: Internatio-

kirchliche Gemeinschaft (*full communion*) zwischen den beiden genannten iberischen Kirchen mit der Utrechter Union.[83]

Die Darstellung in diesem Unterkapitel über altkatholische Missionen bzw. Jurisdiktionen hat skizziert, wie im 19. Jahrhundert in einzelnen Ländern kleine altkatholische Bewegungen entstanden. Es wurde obendrein ersichtlich, dass diese Bewegungen zum Teil untereinander vernetzt waren oder sich darum bemühten. Eine wichtige Rolle spielte in dieser Vernetzungsgeschichte der christkatholische Bischof Eduard Herzog, in dessen Nachlass sich viele Korrespondenzen finden. Sein Briefverkehr zeigt, dass sich die Vernetzung der altkatholischen Bewegungen nicht auf Europa und Nordamerika beschränkte, sondern auch **Asien** umfasste. Im Fall der Philippinen führte dies erst viele Jahrzehnte später zu kirchlichen Beziehungen: 1965 erklärte die Internationale Bischofskonferenz die kirchliche Gemeinschaft mit der *Iglesia Filipina Independiente*.[84] In anderen Fällen blieb es bei einer Kontaktaufnahme. Was solche Briefe jedoch belegen, ist, dass sich im 19. Jahrhundert weltweit antiultramontane Gruppen und Bewegungen bildeten, die in der Regel von intellektuellen Eliten getragen wurden, zum Beispiel auf Ceylon, dem heutigen Sri Lanka. Wo dies geschah, mag die Emanzipation von päpstlicher Vollmacht auch mit Bestrebungen verbunden gewesen sein, sich aus kolonialen Strukturen zu befreien.[85] Die Gruppen sind heute verschwunden, geblieben sind oft nur ihre Kommunikationsmedien, Korrespondenzen und ihre Zeitschriften.

---

nale Kirchliche Zeitschrift 26 (1936), 90–104; 213–215; Bischofsweihe in Portugal, in: Internationale Kirchliche Zeitschrift 42 (1952), 213–215.

83 Romfreie katholische Kirchen Spaniens und Portugals suchen Kirchengemeinschaft mit Utrechter Union, in: Internationale Kirchliche Zeitschrift 54 (1964), 251.

84 PETER-BEN SMIT, Old Catholic and Philippine independent ecclesiologies in history. The Catholic Church in every place, Leiden – Boston (Brill) 2011; WIM de BOER/PETER-BEN SMIT, Die frühen Beziehungen zwischen der Iglesia Filipina Independiente und den altkatholischen Kirchen der Utrechter Union, in: Internationale Kirchliche Zeitschrift 98 (2008), 122–144. 169–190; FRANZ SEGBERS, «Aus der eigenen Quelle trinken». Über den Aufbruch in der Philippinischen Unabhängigen Kirche und die Herausforderungen für die Utrechter Union, in: Internationale Kirchliche Zeitschrift 78 (1988), 169–191. In der Kirchlichen Chronik der Internationalen Kirchlichen Zeitschrift erschienen unter anderem folgende, nicht namentlich gekennzeichnete Beiträge: Die romfreie Kirche auf den Philippinen, in: Internationale Kirchliche Zeitschrift 2 (1912), 540–545; Die Unabhängige Kirche auf den Philippinen, in: Internationale Kirchliche Zeitschrift 38 (1948), 144–148; Unabhängige Kirche der Philippinen, in: Internationale Kirchliche Zeitschrift 49 (1959), 191–192; Die Unabhängige Kirche der Philippinen wünscht Interkommunion mit der Bischöflichen Kirche der Vereinigten Staaten, in: Internationale Kirchliche Zeitschrift 50 (1960), 255–256.

85 Vgl. etwa ADRIAN HERMANN, The Early Periodicals of the Iglesia Filipina Independiente (1903–1904) and the Emergence of a Transregional and Transcontinental Indigenous-Christian Public Sphere, in: Philippine Studies. Historical and Ethnographic Viewpoints 62 (2014), 549–565; KLAUS KOSCHORKE, Weltmission, globale Kommunikationsstrukturen und die Vernetzung der indigen-christlichen Eliten Asiens und Afrikas im 19. und frühen

Eine weitere überseeische Gemeinde darf hier nicht vergessen werden: Die Altkatholische Kirche der Niederlande begründete im 20. Jahrhundert die altkatholische Gemeinde des Hl. Willibrordus in Batavia (heute Djakarta) auf **Java**, das damals zum Königreich der Niederlande gehörte. Das Ende der Kolonialzeit bedeutete auch das Ende der Gemeinde.

Die bisher dargestellten kleineren oder grösseren altkatholischen Gruppen reichen – mit Ausnahme der altkatholischen Gemeinde auf Java – zurück ins 19. Jahrhundert und sind in der Auseinandersetzung mit dem römischen Katholizismus entstanden. Anders verhält es sich mit den Altkatholiken und Altkatholikinnen in **Skandinavien**. Anfang der 1970er Jahre entstand in Malmö eine altkatholische Gemeinde. Sven-Holger Jakobsson und andere waren ehemalige Mitglieder der Kirche von Schweden, die nicht einverstanden waren mit neueren Entwicklungen innerhalb dieser Kirche, insbesondere mit der seit 1. Januar 1959 möglichen und am 10. April 1960 erstmal erfolgten Frauenordination. Die kleinen Gemeinden in Malmö, Aengelholm und Stockholm unterstellten sich 1978 der Jurisdiktion der IBK, die dem deutschen Bischof die pastorale Sorge übertrug. Ab 1989 übernahm der Dekan des Bistums Haarlem bzw. der Bischof von Haarlem die Aufgabe. Nach der Feststellung der kirchlichen Gemeinschaft mit der Kirche von Schweden im Jahr 2016 hat die IBK im September 2018 das Delegatsgebiet in Skandinavien aufgehoben.[86]

1.6 Fazit. Einheit eines vielgestaltigen Altkatholizismus

Die historische Darstellung hat sich im Wesentlichen auf die altkatholischen Kirchen beschränkt, die heute zur Utrechter Union gehören; dabei wurden der Vollständigkeit halber auch altkatholische Bewegungen und Missionen in weiteren Ländern einbezogen, auch wenn sie derzeit nicht mehr zur Utrechter Union gehören. Sie lassen ein differenziertes Bild des Altkatholizismus erkennen, insbesondere seit dem 19. Jahrhundert. Nicht berücksichtigt wurden Kirchen und Bewegungen,

---

20. Jahrhundert, in: Ulrich van der Heyden (Hg.), Missionsgeschichte als Geschichte der Globalisierung von Wissen. Transkulturelle Wissensaneignung und -vermittlung durch christliche Missionare in Afrika und Asien im 17., 18. und 19. Jahrhundert, Stuttgart (Franz Steiner Verlag) 2012, 193–212.

86 ANGELA BERLIS/PETER FEENSTRA, Die Altkatholischen Kirchen der Utrechter Union und die Kirche von Schweden – historische Begegnungen und aktuelle Entwicklungen, in: Angela Berlis (Hg.), Utrecht and Uppsala on the way to communion. Report from the official dialogue between the Old Catholic Churches of the Union of Utrecht and the Church of Sweden (2013) / with a revised translation «Utrecht and Uppsala auf dem Weg zu kirchlicher Gemeinschaft» (2018), Bern (Stämpfli) ²2018, 10–46, hier 29. Zur Aufhebung des Delegatsgebiets: Internationale Kirchliche Zeitschrift 108 (2018), 261.

1.6 Fazit: Einheit eines vielgestaltigen Altkatholizismus 43

die zu Anfang des 20. Jahrhunderts nur kurze Zeit der Utrechter Union angehörten – wie etwa die Mariawiten[87] in Polen oder ein fehlgeleitetes Experiment in England.[88] Der bzw. die Lesende gewinnt den Eindruck eines vielgestaltigen Altkatholizismus, der sich infolge seines Zusammenschlusses zur Utrechter Union theologisch auf bestimmte Grundprinzipien verständigt und «geeinigt» hat, ohne dabei theologische, kirchenrechtliche, liturgische und spirituelle Unterschiede zwischen den einzelnen altkatholischen Kirchen, zum Teil auch innerhalb dieser Kirchen, zu harmonisieren oder aufzugeben.

Historisch betrachtet, kam es in drei Phasen oder Wellen zur selbstständigen Organisation altkatholischer Kirchen. Der jeweilige historische Hintergrund bestimmte die religiös-theologische Couleur und die kirchenrechtliche, liturgische und spirituelle Prägung der jeweiligen Kirche mit: In den Niederlanden stand die Betonung der Kontinuität mit der Kirche seit der Christianisierung der Niederlande im frühen Mittelalter im Vordergrund; im deutschsprachigen Altkatholizismus die historisch-kritische Auseinandersetzung mit päpstlichen Alleinvertretungsansprüchen und eine Orientierung an der Alten Kirche; im nationalkirchlich ausgerichteten Altkatholizismus der Wende vom 19. ins 20. Jahrhundert die Bedeutung ethnischer Zugehörigkeit und das Anliegen einer selbstverwalteten Religionsausübung in einer Migrationssituation bzw. einem Vielvölkerstaat.

Bei all diesen historisch gewachsenen Unterschieden sind sich die altkatholischen Kirchen nahe und teilen gemeinsame Anliegen. Die Utrechter Union begrün-

---

87 Die altkatholische Kirche der Mariawiten in Polen, eine Kongregation von Nonnen und Priestern unter Leitung von Feliksa/Felijca (Sr. Maria Franziska) Kozłowska (1862–1921), war von 1909 bis 1924 Mitglied der Utrechter Union. Sie wurde aus verschiedenen Gründen ausgeschlossen, unter anderem wegen der Einführung sogenannter mystischer Ehen zwischen Priestern und Nonnen durch Bischof Jan Kowalski nach dem Tod von Sr. Maria Kozłowska. 1929 führte die Kirche die Priester- und Bischofsweihe von Frauen ein. 1935 wurde Kowalski abgesetzt und kam es zur Spaltung innerhalb der Kirche in Polen, die bis heute besteht. Von 2008 bis 2014 führte die Internationale Bischofskonferenz Gespräche mit den Mariawiten von Plock zum Zweck einer Wiederaufnahme in die Utrechter Union. Vgl. PHILIPP FELDMANN, Die Altkatholische Kirche der Mariawiten, Plock ³1940; JERZY PETERKIEWICZ, The Third Adam, London (Oxford University Press) 1975.
88 Der Engländer Arnold Harris Mathew (1852–1919) erschlich sich die Bischofsweihe aufgrund falscher Angaben, das Projekt einer altkatholischen Kirche in England führte zudem zu Spannungen mit der Kirche von England. Hauptsächlich auf Mathew gehen Kirchen zurück, die sich im englischsprachigen Raum als «Old Catholic» oder als «frei-katholisch» oder «liberal-katholisch» bezeichnen, aber – obwohl sie für sich regelmässig die apostolische Sukzession reklamieren – nicht in Gemeinschaft mit den Altkatholischen Kirchen der Utrechter Union stehen. Mathew wurde aufgrund der Kriegssituation erst 1920 förmlich aus der Utrechter Union ausgeschlossen, gehörte ihr aber faktisch nur bis 1911 an. Vgl. CHRISTOPH SCHULER, The Mathew affair. The failure to establish an Old Catholic Church in England in the context of Anglican Old Catholic relations between 1902 and 1925, Amersfoort (Stichting Centraal Oud-Katholiek Boekhuis) 1997.

dete die volle Kirchengemeinschaft ihrer Mitgliedskirchen, indem sie die Übereinstimmung im Glauben feststellte. Kirchengemeinschaft konnte nur entstehen und kann nur funktionieren, wenn jede Kirche ihr eigenes kirchliches Anliegen und Selbstverständnis in den anderen altkatholischen Kirchen wiedererkennt. Wo dies in der Vergangenheit nicht geschah, kam es – wie jüngst 2003 mit der *Polish National Catholic Church* – zur Trennung. Für den 1870er-Altkatholizismus konnte die Bischöfliche Klerisei oder Kirche von Utrecht Vorbild und Modell sein, wie sich bischöflich-katholisches Kirchenverständnis ausserhalb der Jurisdiktion des Papstes leben lässt. Umgekehrt konnte die Kirche von Utrecht in den altkatholischen Kirchen der deutschsprachigen Länder nach 1870 Verbündete sehen, weil diese *mutatis mutandis* die gleiche Kritik und den gleichen Protest formulierten, wie er in den Niederlanden bereits früher geäussert worden war. Wenn die Kirche von Utrecht gegenüber dem deutschen und Schweizer Reformeifer bisweilen Mühe oder Unverständnis bekundete, so anerkannte sie doch die Verwurzelung ihrer Schwesterkirchen in der Alten Kirche. Für die nationalkirchlichen Bewegungen des frühen 20. Jahrhunderts schliesslich war die Utrechter Union eine attraktive Partnerin, weil auch die niederländische und die nachvatikanischen altkatholischen Kirchen auf ihre Eigenständigkeit und Selbstbestimmung grossen Wert legten.

Die einzelnen altkatholischen Kirchen wurden in diesem Kapitel modellhaft durch bestimmte Akzentuierungen beschrieben, die sich selbstverständlich auch in anderen altkatholischen Kirchen finden. Alle Modelle, das bischöflich-katholische, das altkirchlich-reformorientierte sowie das ethnisch-national orientierte, haben ihre Stärken, alle auch ihre Schattenseiten. So wurde in der Altkatholischen Kirche der Niederlande anfangs die Einbeziehung von Laien in kirchliche Leitungsstrukturen als Einschränkung der Autorität von Geistlichen erfahren; es dauerte bis ins 20. Jahrhundert, bis Laien systematisch einbezogen wurden in die Wahl von Bischöfen und in die Leitung der Kirche (Synode, Kollegialvorstand). Der deutschsprachige Altkatholizismus hatte sich mit seiner liberalen Tradition auseinanderzusetzen und musste auf längere Sicht in ein ausgewogenes Gleichgewicht mit traditionell ausgerichteten geistlich-religiösen Elementen kommen.[89] Das stark politisierte Selbstverständnis des Schweizer Christkatholizismus machte diesen zeitweise eher zu einer politischen als zu einer kirchlichen Bewegung. Die aus nationalen Motiven entstandenen Kirchen erfuhren – insbesondere in Gesellschaften, in denen aufgrund von Migration

---

89 Ein Beispiel der 1870er Jahre ist die Auseinandersetzung über den Zölibat der Geistlichen in Deutschland, in der die genannten unterschiedlichen Standpunkte und religiösen Mentalitäten innerhalb des Katholizismus deutlich zutage treten. Vgl. dazu ANGELA BERLIS, Johann Friedrich von Schultes Stellung zu Zölibat und Priesterehe, in: Rüdiger Althaus/Klaus Lüdicke/Matthias Pulte (Hg.), Kirchenrecht und Theologie im Leben der Kirche, Festschrift für Heinrich J. F. Reinhardt zur Vollendung seines 65. Lebensjahres, Essen (Ludgerus-Verlag) 2007, 51–71.

verschiedene Religionen nebeneinander bestanden – in der dritten Generation eine konservative Rückwendung, was zu neuen Spannungen führte.[90]

Die Schattenseiten des nationalkirchlichen Selbstverständnisses zeigten sich nicht nur an den innerkirchlichen Konflikten in der tschechoslowakischen und kroatischen altkatholischen Kirche, sondern auch in den altkatholischen Kirchen Deutschlands und Österreichs zur Zeit des Nationalsozialismus. In Österreich wurde 1938 der Anschluss an Nazideutschland von der Kirchenleitung begrüsst. In Deutschland sah die Katholisch-Nationalkirchliche Bewegung in der Profilierung der altkatholischen Kirche als deutschnationale Kirche eine Chance auf Wachstum. Das deutsche Bistum grenzte sich nur unzureichend vom nationalsozialistischen Regime und dessen Ideologie ab. Der zeitweilige NS-Generalgouverneur von Polen, der Jurist Hans Frank[91], stammte aus einer altkatholischen Familie; kurz vor seiner Hinrichtung als Kriegsverbrecher wurde er römisch-katholisch. An vielen Orten gab es Mitläufertum aus Profilierungssucht und wurde weggeschaut. Erst um die Jahrtausendwende kam es zu einer öffentlich sichtbaren Auseinandersetzung mit diesem dunklen Kapitel der Geschichte: kirchenamtlich durch ein Schuldeingeständnis der deutschen Bistumssynode im Jahr 2000,[92] wissenschaftlich durch die Berner Dissertation «Katholisch und deutsch» von Matthias Ring[93] sowie durch weitere Veröffentlichungen.[94] Während des 32. Internationalen Altkatholikenkongresses im Jahr 2018 wurde auf dem Judenplatz in Wien eine Gedenkfeier für die Opfer des Nationalsozialismus gehalten.[95]

Die bisherige Geschichte zeigt, dass die einzelnen altkatholischen Kirchen im Lauf des 20. Jahrhunderts in einen für alle fruchtbaren Austausch miteinander

---

90 Zur Verbindung von Migration, Religion und dritter Generation in den USA, vgl. Marcus Lee Hansen, The Problem of the Third Generation Immigrant (1938), in: Werner Sollors (Hg.), Theories of ethnicity. A classical reader, New York (New York Univ. Press) 1996, 202–215.
91 Hans Frank lebte 1900–1946.
92 Siehe für den vollständigen Text des Schuldbekenntnisses «… unsere Kirche hat ihre Unschuld verloren …». Bekenntnis zur Schuld in der NS-Zeit, in: Christen heute 44 (2000), 258–259. Vgl. ausserdem Esser, Alt-Katholische Kirchen, 131 f.
93 Matthias Ring, «Katholisch und deutsch». Die alt-katholische Kirche Deutschlands und der Nationalsozialismus, Bonn (Alt-Katholischer Bistumsverlag) 2008. Bereits 1986 entstand – angeregt durch die studentische Arbeitsgruppe «Concordia», die sich der Aufarbeitung der NS-Zeit im deutschen Bistum widmete – die unveröffentlichte Arbeit von Annegret Jahn, Katholisch und Deutsch. Die Alt-Katholische Kirche von 1930–1944, Bonn (unveröffentlichte Abschlussarbeit, Alt-Katholisches Seminar) 1986.
94 Für die Schweiz liegt vom christkatholischen Historiker Peter Gilg eine Arbeit über die Christkatholische Kirche der Schweiz während des Dritten Reiches vor, die 2024 erscheinen wird.
95 Vgl. dazu den Bericht und die Dokumentation über den 32. Internationalen Altkatholikenkongress in Wien, in: Internationale Kirchliche Zeitschrift 111 (2021), 242–270, hier 243 und 248–251.

1 Historische Ausprägungen des Altkatholizismus

kamen, der ihre Beziehung untereinander und ihre Besinnung auf ihre Katholizität und ihr ökumenisches Anliegen vertiefte und bis heute prägt. Es ist eine bleibende Aufgabe, diese kirchlichen Prägungen für die Bewältigung aktueller Herausforderungen fruchtbar zu machen, ohne dabei in der Vergangenheit zu verharren.

1.7 Exkurs: Kirchliche Reformbewegungen in der westlichen Kirchengeschichte als «Vorläuferbewegungen» des Altkatholizismus

Die Auseinandersetzungen, die im 18. Jahrhundert in den Niederlanden, Ende des 19. und Anfang des 20. Jahrhunderts in anderen Ländern Europas und in Nordamerika zur Bildung von Rom unabhängiger altkatholischer Kirchen führten, waren keineswegs neu. In der Geschichte der Westkirche hatte es immer wieder theologische und kirchenpolitische Bestrebungen gegeben, die Vorrechte des Bischofs von Rom als Papst zu stärken. Seit dem Konzil von Trient (1545–1563) bahnten vor allem Theologen des Jesuitenordens der Lehre vom Jurisdiktionsprimat und von der Unfehlbarkeit des Papstes den Weg. Verschiedene Gegenbewegungen – so etwa der «Konziliarismus»[96] im Spätmittelalter, aber auch die gallikanische Kirche in Frankreich (s. u.) – hoben gegen diese zentralisierenden Tendenzen die alten Rechte der lokalen oder nationalen Kirche(n) hervor. Das Tauziehen zwischen zentralisierenden und dezentralisierenden Kräften bestimmte in der Folgezeit die Geschicke der westlichen Kirche massgeblich.

Von Frankreich aus wurden die gallikanischen und «jansenistischen» Reformbestrebungen in andere europäische Länder gebracht, wo sie u. a. im Febronianismus (s. u.), in der Kirche von Utrecht in den Niederlanden, im Josephinismus in Österreich (s. u.) weiterwirkten oder – wie beim Konstanzer Bistumsverweser Ignaz Heinrich von Wessenberg – zu ähnlichen Reformbemühungen führten. Der Transfer geschah durch Personen, aber auch durch Schriften und andere Materialien wie Gemälde oder liturgisches Gerät. Altkatholische Theologen und Kirchenführer betrachteten die genannten (und weitere) Bewegungen als «Vorläuferbewegungen», da sie in ihnen grundlegende ekklesiologische und theologische Anliegen erkannten, die in den altkatholischen Kirchen in den einzelnen Ländern aufgegriffen und fortgeführt wurden. Einstmals verketzert, werden diese historischen Reformbewegungen heute auch in der römisch-katholischen Geschichtsschreibung anerkennend bewertet und in die Kirchengeschichte integriert. Auch die altkatholische Geschichtsschreibung hat sich in den letzten Jahrzehnten gewandelt: Während Urs

---

96 Mit «Konziliarismus» sind Strömungen insbesondere im 14. und 15. Jahrhundert in der Westkirche gemeint, die die Oberhoheit des Konzils über den Papst betonen. Das Konzil von Konstanz (1414–1418) setzte drei Gegenpäpste ab und beendete mit der Wahl von Kardinal Odo Colonna (Martin V.) im Jahr 1417 das Grosse Abendländische Schisma (1378–1417).

Küry und Wolfgang Krahl[97] in den 1960er und 1970er Jahren in ihren Darstellungen vor allem die Kontinuität zwischen «Vorläuferbewegung» und Altkatholizismus herausstellten, benennt die jüngere Forschung kritisch auch den Legitimationsanspruch solcher Bezugnahmen und ist sich auch der Diskontinuitäten und Nicht-Übereinstimmungen bewusst.[98] Heute wird allgemein eher von «Einflusslinien» zwischen derartigen «Vorläufern» und nachfolgenden altkatholischen Bewegungen gesprochen, die im einen Fall ideengeschichtlich und personell klar nachweisbar und erkennbar, im anderen Fall indirekter und verborgener verlaufen.

Der folgende Überblick beschränkt sich auf eine kurze Darstellung des Gallikanismus, des «Jansenismus», des Febronianismus, des Josephismus und der Bedeutung Ignaz Heinrich von Wessenbergs – sie alle haben ideengeschichtlich im europäischen Altkatholizismus weitergewirkt und theologisch, pastoral und spirituell direkten oder indirekten Einfluss geübt.[99]

Als **Gallikanismus** wird die Bewegung in der französischen Kirche bezeichnet, die sich im 14. Jahrhundert auf die Freiheiten der gallikanischen (= französischen) Kirche besann und dabei Gedankengut aus dem Konziliarismus aufgriff. Mit der Deklaration der *gallikanischen Artikel* im Jahr 1682 erreichte diese Bewegung ihren Höhepunkt. Die gallikanischen Artikel hoben die Eigenständigkeit und die Rechte der gallikanischen Kirche hervor. Im Sinn des Konzils von Konstanz (1414–1418) beschränkten sie die Autorität des Papstes durch die Autorität der allgemeinen Konzilien. 1690 erklärte Papst Alexander VIII. diese Artikel für null und nichtig, in Frankreich jedoch blieben sie bis zur Französischen Revolution als Gesetz in Kraft. Durch eine Bulle vom 29. November 1801 hob Papst Pius VII. auf der Grundlage des mit Napoleon geschlossenen Konkordats die gesamte französische bischöfliche Hierarchie auf und versetzte damit dem Gallikanismus den Todesstoss. Seit 1815 entwickelte sich in Frankreich eine ultramontane Bewegung.

Im 17. Jahrhundert entwickelte sich in Flandern und Frankreich eine Bewegung, die sich gegen den damals mächtigen Jesuitenorden starkmachte; sie berief sich dafür auf die Gnadenlehre des Kirchenvaters Augustinus von Hippo (354–

---

97 Vgl. Küry, Altkatholische Kirche, 28–49; Wolfgang Krahl, Ökumenischer Katholizismus. Alt-katholische Orientierungspunkte und Texte aus zwei Jahrtausenden, Bonn (St. Cyprian) 1970. – Wolfgang Krahl lebte 1928–1978 und war ein deutscher altkatholischer Theologe; er arbeitete nach seinem Theologiestudium zunächst als Lehrer und ab 1973 als Pfarrer.
98 Vgl. etwa Stefan Sudmann, Das Basler Konzil. Synodale Praxis zwischen Routine und Revolution, Frankfurt a. M. (P. Lang) 2005. Ähnlich auch Berlis, Konstanz.
99 Das Folgende basiert auf Berlis, Frauen, 29–38, dort finden sich ausführliche Belege. Der Einfluss des aufgeklärten Reformkatholizismus in Böhmen, in dem u. a. «jansenistisches» Gedankengut aufgegriffen wurde, und der durch Personen bzw. Institutionen wie Bernard Bolzano und das Leitmeritzer Seminar weitergetragen wurde und führende Persönlichkeiten der dortigen altkatholischen Bewegung beeinflusste, wird hier nicht weiter behandelt. Siehe dazu Kolácek, Entstehung.

430). Die Bewegung wurde «**Jansenismus**» genannt – die heutige Forschung ist sich einig, dass dieser Begriff eine Erfindung seiner Gegner ist. Die Bezeichnung geht zurück auf den Namen des Löwener Gelehrten Cornelius Jansenius (1585–1638). Da es sich um eine polemisch gemeinte Fremdbezeichnung handelt, wird der Begriff von altkatholischen Autorinnen und Autoren oft in Anführungszeichen gesetzt. Jansenius war von 1635 bis zu seinem Tod Bischof von Ypern in Flandern.[100] Jansenius stellte in einem Buch die Gnadenlehre des Augustinus dar und griff damit in eine seit dem 16. Jahrhundert andauernde Kontroverse zwischen augustinisch geprägten und jesuitischen Theologen ein – inhaltlich handelt es sich bei der Bewegung also um einen Neuaugustinismus. Aus diesem Werk, das erst nach Jansenius' Tod 1640 erschien, wurden 1653 durch die päpstliche Bulle «Cum Occasione» fünf Sätze verurteilt.[101] Der französische Theologe, Philosoph und Linguist Antoine Arnauld[102], verteidigte nun den «Augustinus», indem er deutlich machte, dass die päpstliche Verurteilung weder den Text noch die Ansicht von Jansenius treffe. Arnauld unterschied in seiner geistreichen Argumentation zwischen Recht und Tatsache: Er gestand dem Papst das Recht zu, die in den fünf Sätzen vertretenen Lehrmeinungen zu verwerfen, machte aber gleichzeitig deutlich, dass diese Aussagen Jansenius zu Unrecht in den Mund gelegt würden. Damit bestritt er das Recht des Papstes, über eine Tatsache zu urteilen. Die weitere Kontroverse verlagerte sich von der Gnadenlehre auf die Lehre über die Kirche, insbesondere auf die Frage der Stellung des Papstes.

Zu einem Zentrum der Anhänger des Jansenius wurde das 1204 gegründete französische Zisterzienserinnenkloster Port Royal des Champs bei Versailles. Die Äbtissin Angélique Arnauld, die Schwester des genannten Antoine Arnauld, hatte das Kloster nach einer mystischen Erfahrung 1609 durch die Einführung von Gütergemeinschaft und die Wiedereinführung von Klausur und Ordenstracht im Einvernehmen mit den anderen Nonnen reformiert. Sie stand seit 1623 in enger Verbindung mit dem Abt von Saint-Cyran, Jean Duvergier de Hauranne, einem nahen Freund von Jansenius. Das Kloster setzte sich nach der Veröffentlichung des «Augustinus» für die Verteidigung von Jansenius ein. Im Umland des Klosters wohnten ab 1637 verschiedene Männer als Einsiedler, die man deshalb als Solitaires oder als Messieurs de Port-Royal bezeichnete. Sie führten ein Leben von Studium

---

100 Vgl. CHARLES H. O'BRIEN, «Jansen/Jansenius», in: Theologische Realenzyklopädie [= TRE], hg. von Gerhard Krause, Gerhard Müller, Berlin – New York (de Gruyter) 1977–2004, Bd. 16 (1987) 502–509. Vgl. auch HANS KÜNG, Existiert Gott?, Freiburg i. Br. – Basel – Wien (Herder) 2017, 142–151 (= S. 98–105 der Taschenbuchausgabe von 1981).
101 Vgl. DENZINGER/HÜNERMANN (Hg.), Kompendium, *2000–2007. In deutscher Sprache im Anhang abgedruckt: S. 293.
102 Antoine Arnauld (1612–1694) war Doktor der Sorbonne, wo er von 1643 bis 1656 lehrte, musste sie aber wegen seiner «jansenistischen» Lehren verlassen.

und Gebet. Zu ihnen gehörten ausser verschiedenen männlichen Mitgliedern der Familie Arnauld auch Blaise Pascal, dessen Schwester Jacqueline (Sr. Saint-Euphémie) eine bedeutende Pädagogin in den «Kleinen Schulen» von Port Royal war.

Papst Alexander VII. stellte in einer Bulle 1656 erneut fest, dass die fünf Sätze im «Augustinus» enthalten seien und forderte die eidlich versicherte Unterschrift unter ein Formular, in dem die fünf Sätze verdammt wurden. Der französische König Ludwig XIV. machte es 1661 allen Geistlichen Frankreichs zur Pflicht, das päpstliche Formular zu unterschreiben. Die Nonnen von Port Royal, die in den Kreisen des Hofes und in der kirchlichen Hierarchie Unterstützung fanden, leisteten eine Zeitlang erfolgreich Widerstand gegen die Unterschrift.

In der Zeit der «Pax Clementina» – benannt nach Papst Clemens IX. (1600–1669), der 1667 Papst wurde – entspannte sich die Situation eine Zeit lang. Port Royal erlebte zwischen 1668 und 1679 eine neue Blüte. Als 1679 die Beschützerin des Klosters, Herzogin Anne-Geneviève de Longueville, starb, hatte König Ludwig XIV. freie Hand und veranlasste Papst Clemens XI. zur Abfassung der Bulle «Vineam Domini» (1705), in der die fünf Sätze ohne Einschränkung verurteilt wurden. Da die Nonnen des Klosters Port Royal die Unterschrift verweigerten, wurden die Abtei durch den König aufgehoben (1708), die Nonnen deportiert (1709) und das Kloster zerstört (1710).

Der Streit war damit jedoch noch nicht beendet. Im Jahr 1713 wurden die «Réflexions Morales» des Oratorianers Pasquier Quesnel[103] durch die Bulle «Unigenitus» verurteilt. Die «Réflexions Morales» waren eine viel gelesene und weit verbreitete französische Bibelübersetzung mit moraltheologischen Anmerkungen in neuaugustinischer Tradition. Der Protest, der sich gegen die Verurteilung erhob, erreichte 1717 mit dem Brief «Dic Ecclesiae» («Sage es der Kirche», Mt 18,17) von vier Bischöfen, in dem sie an ein allgemeines Konzil appellierten, einen Höhepunkt. Auch die theologische Fakultät von Paris schloss sich dieser Appellation an. Diese sogenannten «Appellanten» wurden zum Teil exkommuniziert, verhaftet oder ihres Einkommens beraubt. Die Verfolgung trieb viele «Jansenisten» ins Exil. In den Niederlanden fanden die geflüchteten französischen «Jansenisten» in der Kirche von Utrecht eine Heimat.

Als Kennzeichen des «Jansenismus» gelten ein konsequenter Augustinismus, die Rückbesinnung auf die disziplinarischen und moralischen Ideale und das strenge Glaubensleben der frühen Kirche, ein gewisser moralischer Rigorismus im Gegensatz zur als lax empfundenen Moral der Jesuiten, eine teilweise Ablehnung der Künste (etwa der Komödie, nicht jedoch der Tragödie). Daneben dürfen jedoch die anderen Anliegen nicht ausser Acht gelassen werden, wie zum Beispiel eine biblisch-liturgische Spiritualität mit einer auf Christus zentrierten Frömmigkeit,

---

103 Pasquier Quesnel lebte 1634–1719. Wegen der Anfeindungen gegen ihn floh er zunächst nach Brüssel, später nach Amsterdam, wo er starb.

ein grosses Interesse an der Alten Kirche und das Studium der Kirchenväter. Die «jansenistische» Ekklesiologie ging von der Gleichwertigkeit der Mitglieder aus und berücksichtigte die Rolle der Laien – und ausdrücklich die der Frauen – beim Studium der Schrift und bei der Beteiligung an der Liturgie. Damit verbunden war die Forderung nach der Volkssprache in Bibel und Liturgie und das Interesse für Pädagogik: Unterweisung der Gläubigen, insbesondere die Beachtung des Kindes in der Erziehung.

Der «Jansenismus» entwickelte einen grossräumigen Einfluss auf nachfolgende Reformbewegungen. In Österreich etwa erfreute sich der «Spätjansenismus» der Unterstützung Josephs II. Immer wieder wurde er aber auch – ähnlich wie andere Reformbewegungen und Ausdrucksformen episkopal orientierter Kirchlichkeit – durch die ultramontane Polemik zum Schreckgespenst hochstilisiert.[104]

Der **Febronianismus** ist benannt nach Justinus Febronius, einem Decknamen, unter dem der Trierer Weihbischof Johann Nikolaus von Hontheim[105] zwischen 1763 und 1773 ein fünfbändiges Werk veröffentlichte: «Über den Zustand der Kirche und die legitime Macht des römischen Pontifex» (so der erste Teil des lateinischen Titels «De statu Ecclesiae et legitima potestate Romani Pontificis liber singularis ad reuniendos dissidentes in religione Christianos compositus»). Darin vertrat Hontheim die Auffassung, dass Christus in den Aposteln der ganzen Kirche die Schlüsselgewalt und Unfehlbarkeit übertragen habe. Jeder Bischof habe in seiner Diözese dieselben Rechte wie der Papst als Bischof von Rom in seiner eigenen. Der päpstliche Primat sei lediglich ein Ehrenprimat. Hontheim leistete 1778 einen bedingten Widerruf, sein Werk wirkte jedoch nachhaltig weiter. Es besteht ein Zusammenhang von Hontheim zur Kirche von Utrecht, war er doch ein Schüler des bedeutenden Löwener Kirchenrechtslehrers Zeger Bernhard van Espen, der für die Kirche von Utrecht von eminenter Bedeutung war: Van Espen wies im 18. Jahrhundert in einem kirchenrechtlichen Gutachten das Fortbestehen des Rechts des Utrechter Kapitels nach, einen Erzbischof von Utrecht zu wählen. Danach musste er schleunigst die habsburgischen Niederlande (heute Belgien) verlassen. Er starb im Exil in Amersfoort (Niederlande). Aufgrund seines und weiterer Gutachten schritt das Utrechter Kapitel zur Tat und wählte im Jahr 1723 Cornelis Steenoven zum Erzbischof.

---

104 Dies findet sich in offiziellen kirchlichen Texten, bisweilen sogar noch in neuerer Literatur, wie etwa bei JAMES MALLON, Divine Renovation – Wenn Gott sein Haus saniert. Von einer bewahrenden zu einer missionarischen Kirchengemeinde, Grünkraut (D&D Medien) 2017, 87–89. Mallon prangert den moralischen Rigorismus der neuaugustinischen, «jansenistischen» Schule als «Widerstand gegen die radikale Frohbotschaft von Gottes Erbarmen und Gnade» (87) an und wiederholt Ansichten, die in der kirchenhistorischen Forschung längst als polemische Vorurteile dekonstruiert worden sind.

105 Johann Nikolaus von Hontheim lebte 1701–1790. Vgl. zu ihm, zu seinem Werk und dessen Wirkung: VOLKER PITZER, Febronius/Febronianismus, in: TRE, Bd. 11 (1983), 67–69.

1.7 Exkurs: Kirchliche Reformbewegungen in der westlichen Kirchengeschichte

Der Begriff Josephinismus kam im frühen 19. Jahrhundert auf und verweist auf das Wirken Kaiser Josephs II., dessen Alleinregierungszeit 1780 anfing.[106] Heute ist die Bezeichnung **Josephismus** üblich geworden. Als Mutter des (Früh-)Josephismus gilt Kaiserin Maria Theresia, die unter dem Einfluss der Aufklärung und «jansenistischen» und febronianischen Gedankengutes kirchenpolitische Massnahmen in Gang setzte. Die neuere Forschung versteht unter Josephismus «eine rund 100 Jahre umfassende grosse kulturelle und geistige Reformbewegung und [...] österreichische Sonderform der deutschen Aufklärung»[107]. Das von Joseph II. geplante Staatskirchentum war ein Teil dieser Reform. Neben der Beschränkung der Barockfrömmigkeit gehörten dazu die Neueinteilung der Diözesen und Pfarreien, die Vereinheitlichung der Priesterausbildung in staatlichen Generalseminarien, die Einschränkung des Kontaktes zwischen Bischöfen bzw. Klöstern mit der römischen Kurie, die strenge Handhabung des «placet regium», d. h. der königlichen Genehmigung kirchlicher Erlasse, das Verbot des Theologiestudiums im Ausland, besonders in Rom, sowie die Aufhebung der kontemplativen Klöster. 1781 brachte das Toleranzpatent Lutheranern, Calvinisten und Orthodoxen die bürgerliche Gleichberechtigung sowie eine beschränkte Freiheit zur Religionsausübung. Unter den Nachfolgern Josephs II. wurden manche Reformen wieder abgemildert; 1855 wurde zwischen Österreich und dem Papst ein Konkordat geschlossen, was das Ende des Josephinismus bedeutete. In der religiösen Mentalität wirkte der Josephinismus weiter, u. a. im habsburgischen Fricktal in der Nordwestschweiz, wo es nach dem Ersten Vatikanum zur Bildung christkatholischer Gemeinden kam.

Ignaz Heinrich Freiherr von **Wessenberg** war von 1801 bis 1817 Generalvikar des Bistums Konstanz.[108] 1817 wurde er vom Konstanzer Domkapitel zum Bistumsverweser gewählt; diese Wahl wurde zwar von der römischen Kurie nicht bestätigt, aber Wessenberg verwaltete das Bistum bis zu dessen Aufhebung im Jahre 1827. Wessenberg war mit seinem Lehrer Johann Michael Sailer[109] befreundet; Sailer, ein markanter Vertreter der katholischen Aufklärung, hat den Katholizismus der

---

106 Vgl. RUDOLF ZINNHOBLER, Josephinismus, in: Lexikon für Theologie und Kirche, hg. von Walter Kasper/Michael Buchberger, Freiburg i. Br. (Herder) ³1993–2001, Bd. 5 (2009), 1008–1010; PETER F. BARTON, Josephinismus, in: TRE, Bd. 17 (1988), 249–255.
107 HARM KLUETING (Hg.), Der Josephinismus. Ausgewählte Quellen zur Geschichte der theresianisch-josephinischen Reformen, Darmstadt (Wissenschaftliche Buchgesellschaft) 1995, 2.
108 Ignaz Freiherr von Wessenberg lebte 1774–1860. Zu ihm: FRANZ XAVER BISCHOF, Das Ende des Bistums Konstanz. Hochstift und Bistum Konstanz im Spannungsfeld von Säkularisation und Suppression (1802/03–1821/27), Stuttgart – Berlin – Köln (Kohlhammer) 1989, 251–314; sowie verschiedene Artikel im Themenheft der Internationalen Kirchlichen Zeitschrift 3 (1913), 158–236. Vgl. aus jüngerer Zeit die Berner Habilitationsschrift von MICHAEL BANGERT, Bild und Glaube. Ästhetik und Spiritualität bei Ignaz Heinrich von Wessenberg (1774–1860), Fribourg (Academic Press) 2009.
109 Johann Michael Sailer lebte 1751–1832.

ersten Hälfte des 19. Jahrhunderts und den deutschsprachigen Altkatholizismus massgeblich pastoral geprägt. Auf dem Wiener Kongress 1815 trat Wessenberg für die Bildung einer katholischen Nationalkirche mit einem eigenen Primas ein. Im Bistum Konstanz führte er in Teilen des Gottesdienstes und bei der Spendung der Sakramente den Gebrauch der Landessprache ein, suchte die wissenschaftliche Bildung der Geistlichen zu fördern und befürwortete die Aufhebung der Zölibatspflicht für die Priester. Die Heilige Schrift war für ihn Quelle der Frömmigkeit und des christlichen Lebens. Nach der Aufhebung des Bistums Konstanz wurde Wessenbergs Wahl zum Erzbischof von Freiburg vereitelt, so dass er bis zu seinem Lebensende ein zurückgezogenes Leben als Privatgelehrter führte. Wessenbergs Kontakt zur Kirche von Utrecht ist belegt, ebenso seine engen Verbindungen mit führenden katholischen Persönlichkeiten seiner Zeit in der Schweiz.[110] Der Einfluss seiner Reformen wirkte weiter; nach 1870 entstanden auf dem Gebiet des ehemaligen Bistums Konstanz zahlreiche christkatholische und altkatholische Gemeinden am Oberrhein in Deutschland und in der Schweiz. Wessenberg war und ist im Altkatholizismus hoch angesehen, was etwa in «Wessenbergfeiern» anlässlich seines 100. Geburtstags an verschiedenen Orten im Grossherzogtum Baden und in der Schweiz – insbesondere am 4. November 1874 in Luzern und in Rheinfelden – zum Ausdruck kam.[111]

---

110 Dies zeigen Wessenbergs Briefwechsel, insbesondere mit Personen auf dem Gebiet des (ehemaligen) Bistums Konstanz. Exemplarisch sei genannt: MANFRED WEITLAUFF/MARKUS RIES (Hg.), Ignaz Heinrich Reichsfreiherr von Wessenberg. Briefwechsel mit dem Luzerner Stadtpfarrer und bischöflichen Kommissar Thaddäus Müller in den Jahren 1801 bis 1821, Basel (Kommissionsverlag G. Krebs) 1994.
111 Vgl. JOSEF FRIDOLIN WALDMEIER, Der altkatholische Klerus von Säckingen/Waldshut und Zell im Wiesental. Ein Beitrag zur Geschichte des Altkatholizismus in Südbaden, Aarau (Christkatholisches Pfarramt; A. Fricker AG) 1980, 201 f.

3 Büste von Bischof Eduard Herzog (Odermatt/Basel 1888) in der Christuskirche Luzern.
Foto: Margherita Delussu

2 Entstehung und Geschichte der Christkatholischen Kirche der Schweiz bis in die Gegenwart

Die Christkatholische Kirche der Schweiz erlangte in einem längeren Prozess zwischen 1870 und 1876 ihre «kirchliche Eigenexistenz»[112]. Lange Zeit galt der «Oltner Tag» am 1. Dezember 1872 als Initialzündung für die Entstehung christkatholischer Gemeinden. Er war ein wichtiger Erinnerungsort[113] christkatholischer Geschichte und wurde alle zehn Jahre begangen, zuletzt 1972 als «Jahrhundertfeier»[114]. In der jüngeren Forschung wird die Formierung der Christkatholischen Kirche der Schweiz jedoch als Prozess betrachtet, der bereits 1870 begann und mit der Bischofsweihe von Eduard Herzog im September 1876 zum Abschluss kam.[115] Das vorliegende Kapitel will Bausteine für eine solche umfassendere Geschichte der christkatholischen Kirche im religionsgeschichtlichen Kontext der Schweiz und Europas bereitstellen.[116]

Ein solcher Prozess kennt viele Aspekte und Perspektiven. In diesem Kapitel wird in zwölf Abschnitten die Formierung der Christkatholischen Kirche der Schweiz und ihre Entwicklung bis in die Gegenwart anhand wichtiger Ereignisse, Dynamiken, Persönlichkeiten, Strukturen und Institutionen exemplarisch dargestellt. Dies geschieht durch unterschiedliche Herangehensweisen, mal chronolo-

---

112 So die Begrifflichkeit von Urs Küry, Nach 100 Jahren kirchlicher Eigenexistenz der Zukunft entgegen. Hirtenbrief zum Abschied vom bischöflichen Amt auf den Eidgenössischen Bettag 1972, Allschwil (Christkatholischer Schriftenverlag) 1972. Wiederveröffentlicht, in: ders., Hirtenbriefe. Mit einem Lebensbild von Bischof Dr. Urs Küry, verfasst von Pfr. Dr. Hans A. Frei, Allschwil (Christkatholischer Schriftenverlag) 1978, 281–357.
113 Der Begriff wurde von dem französischen Historiker Pierre Nora geprägt. Für die Schweiz hat Georg Kreis 26 solcher Topoi essayistisch beschrieben; religiöse Erinnerungsorte sind dabei nicht nur geografische Orte wie etwa Einsiedeln, sondern auch prägende Ereignisse oder Personen wie etwa Bruder Klaus: Georg Kreis, Schweizer Erinnerungsorte. Aus dem Speicher der Swissness, Zürich (Verlag Neue Zürcher Zeitung) 2010.
114 Christkatholisches Kirchenblatt 95 (1972), 289f. 317.
115 Siehe z. B. von Arx, Vor 125 Jahren, insbesondere Folge 1, in: Christkatholisches Kirchenblatt 119 (1996), 87.
116 Die vielerorts vorhandenen, gut erschlossenen Archivbestände sind grundlegend, um eine derartige Aufgabe zu leisten. Historische Dokumente zur Geschichte des Christkatholizismus befinden sich heute in vielen Kirchgemeinden und in staatlichen Archiven, aber auch im Bischöflichen Archiv in Bern [= BABe] und in privaten Nachlässen. Staatliche Archivbestände sind in der Regel online erfasst. In Bern befindet sich ausserdem die seit 1990 bestehende Dokumentationsstelle der Altkatholischen Kirchen der Utrechter Union, in der alle Veröffentlichungen systematisch gesammelt werden.

gisch, mal thematisch:[117] Nach einem kurzen Überblick über die christkatholische Kirche in der heutigen schweizerischen Erinnerungskultur (2.1) folgen Darstellungen zur historischen Ausgangslage im römischen Katholizismus des 19. Jahrhunderts (2.2) und zu den Trägerinnen und Trägern der christkatholischen Bewegung in der Schweiz in ihren Anfangsjahren (2.3). Anschliessend werden die Dynamiken und die wichtigsten Ereignisse beschrieben, die zur Formierung einer Bewegung gegen die vatikanischen Dogmen von 1870 und zur christkatholischen Kirche als einer katholischen, bischöflich-synodal strukturierten Kirche führten (2.4). Der Aufbau und die Konsolidierung des Kirchenwesens geschah auf der Ebene der Kirchenstruktur mit Bischof und Synode, die von der Basis aus mitverantwortet und mitgetragen wird. Die Bildung und Etablierung von Gemeinden verlief an den einzelnen Orten unterschiedlich; es werden hier sechs Typen beschrieben (2.5).

Prägende Persönlichkeiten in der Kirchenleitung (2.6) waren vor allem die Bischöfe als Integrationsfiguren, aber auch viele Männer und in späterer Zeit zunehmend auch Frauen, die das kirchliche Leben mitgestalteten. Die Nähe zwischen Kirche und Theologie war kennzeichnend für die christkatholische Kirche. Noch vor dem Abschluss des Kirchwerdungsprozesses wurde bereits 1874 an der Universität Bern eine «katholisch-theologische Fakultät» gegründet (2.7), die in einer stetigen theologischen Wechselwirkung mit der Kirche steht. Mehrere Bischöfe gehörten ihrem Lehrkörper an, die meisten Professoren und Professorinnen engagierten und engagieren sich kirchlich, etwa im Synodalrat oder in kirchlichen oder ökumenischen Gremien. Aus dieser akademischen Bildungsanstalt gingen zahlreiche prägende Persönlichkeiten der christkatholischen Kirche hervor, die Bedeutendes zur theologischen Reflexion und Profilierung altkatholischer Anliegen leisteten.

Zum Leben jeder Kirche gehören viele verschiedene Einrichtungen und Organe, in denen Männer und Frauen sich engagieren. Traditionell spielen in der christkatholischen Kirche Vereine und Verbände eine wichtige Rolle (2.8). Vereine waren auch Träger sozialer und diakonischer Aufgaben, die später in der Form von Hilfswerken institutionalisiert und gesamtschweizerisch koordiniert wurden (2.9), ebenso die Presse als Ausdruck und Sprachrohr kirchlicher Identität nach innen und nach aussen (2.10). Die Prägung der kirchlichen Identität findet nicht zuletzt Ausdruck in der synodalen Entscheidungsfindung der Kirche (2.11). Identität bedeutet, sich auch in Prozessen von Erneuerung und Veränderung immer wieder selbst als «gleich» zu erkennen. Christkatholisches Kirchesein war und ist immer auch auf Erneuerung ausgerichtet; wie ihr bis in die allerjüngste Zeit Form gegeben

---

117 Manche der im folgenden behandelten Themen werden in späteren Kapiteln erneut aufgegriffen und so in anderer Weise vertieft. – Der folgenden Darstellung liegen unter anderem die einschlägige Vorlesung über die Geschichte der Christkatholischen Kirche der Schweiz durch Angela Berlis an der Theologischen Fakultät der Universität Bern zugrunde; ausserdem weitere, im Einzelnen in den Anmerkungen genannte Literatur.

wurde und wo die Quellen dieser Erneuerung gefunden werden, darüber gibt der letzte Abschnitt Auskunft (2.12).

Doch zunächst wird die Frage behandelt: In welchen zeitgenössischen Werken über Schweizer Religionsgeschichte ist der historische und heutige Christkatholizismus mit seinen Protagonistinnen und Protagonisten eigentlich zu finden?

2.1 Die christkatholische Kirche in der schweizerischen Erinnerungskultur

Während die altkatholische Bewegung in zeitgenössischen deutschen historischen und kirchengeschichtlichen Werken in der Regel nur im Zusammenhang mit dem Ersten Vatikanum zur Sprache kommt, wird der Bogen in der Schweizer Historiografie zeitlich weiter gespannt und reicht bisweilen sogar bis ins 21. Jahrhundert.

Die Auseinandersetzungen um das Erste Vatikanum, der Kulturkampf und die Entstehung der christkatholischen Kirche sind *in historischen Werken* am besten dokumentiert. So beschreibt und analysiert der Historiker Peter Stadler in seinem erstmals 1984 erschienenen Standardwerk über den Kulturkampf in der Schweiz ausführlich die Auseinandersetzungen zwischen den römisch orientierten und den liberalen Katholiken und arbeitet dabei die politischen und religiösen Aspekte heraus.[118] In historiografischen Werken über einzelne Kantone ist die Entstehung der christkatholischen Kirche zwischen 1870 und 1876 fester Bestandteil der historischen Überlieferung – diese Werke weisen auf die enge Verzahnung von politischer und religiös-kirchlicher Geschichte gerade zu Kulturkampfzeiten hin.[119] Die Anfänge der christkatholischen Kirche fallen zum Teil mit der Revision der Bundesverfassung zusammen.

In *kirchenhistorischen Überblickswerken* kommt der Christkatholizismus ebenfalls zur Sprache. So würdigt die im ausgehenden 20. Jahrhundert erschienene «Ökumenische Kirchengeschichte der Schweiz» nicht nur die Umstände, die zur

---

118 Peter Stadler, Der Kulturkampf in der Schweiz. Eidgenossenschaft und katholische Kirche im europäischen Umkreis, 1848–1888. Erweiterte und durchgesehene Neuauflage, Zürich (Chronos) 1996. Darin wird des Öfteren auf christkatholische Gemeinden an einzelnen Orten hingewiesen: 217–241, 277–294, 336–365, 390–416, 432–446. Vgl. zu diesem Buch die ausführliche Besprechung von Andreas Amiet, Grundlagen zur Geschichte der Christkatholischen Kirche der Schweiz, in: Internationale Kirchliche Zeitschrift 78 (1988), 90–124.
119 Siehe etwa für Luzern: Heidi Bossard-Borner, Im Spannungsfeld von Politik und Religion. Der Kanton Luzern 1831 bis 1875, Basel (Schwabe) 2008, Teilband 2, 745–758; dies., Vom Kulturkampf zur Belle Epoque. Der Kanton Luzern 1875 bis 1914, Basel (Schwabe) 2017, 105–142. Für Genf: Sarah Scholl, En quête d'une modernité religieuse. La création de l'Eglise catholique-chrétienne de Genève au cœur du «Kulturkampf» (1870–1907), Neuchâtel (Alphil) 2014.

kirchlichen Organisation der Christkatholischen Kirche im 19. Jahrhundert führten, sondern auch die Anliegen christkatholischer Theologie und liturgischer Erneuerung sowie Bischof Eduard Herzogs Engagement in der frühen ökumenischen Bewegung des 20. Jahrhunderts.[120] In Übersichtswerken zur *Wissenschaftsgeschichte* wird der Beitrag christkatholischer theologischer Denker im 20. Jahrhundert an der Universität Bern wahrgenommen und gewürdigt.[121]

In *konfessionskundlichen und religionssoziologischen Darstellungen* der zeitgenössischen religiösen Landschaft in der Schweiz kommt die christkatholische Kirche als eine der drei Landeskirchen vor – obwohl sie nur 0,2 % der Schweizer Wohnbevölkerung umfasst (Stand: 2007/08). In diesen Werken wird die christkatholische Kirche dargestellt, um die Vielfalt *innerhalb* von Religionsgemeinschaften – hier innerhalb des Katholizismus – aufzuzeigen.[122] Als internationale Besonderheit wird in konfessionskundlichen Werken die Ausstrahlung der christkatholischen Ausbildungsstätte an der Universität Bern genannt und ihre besondere Beziehung zu orthodoxen Kirchen im Ausland und in der Schweiz. Auch das Engagement der christkatholischen Kirche in der Flüchtlingsarbeit seit dem Zweiten Weltkrieg findet hier Erwähnung.

Der rechtliche Status der christkatholischen Kirche ist Gegenstand juristischer Spezialuntersuchungen im Rahmen der *Schweizer Religionsverfassungsrechtsgeschichte*.[123] In neun Kantonen ist die christkatholische Kirche öffentlich-rechtlich als Landeskirche anerkannt; im Kanton Neuenburg geniesst sie – laut den entsprechenden Gesetzen – als «Institution öffentlichen Interesses», im Kanton Genf als historisch bedeutende Kirche «öffentliche Anerkennung».

---

120 Lukas Vischer/Lukas Schenker/Rudolf Dellsperger (Hg.), Ökumenische Kirchengeschichte der Schweiz, Fribourg (Paulusverlag) ²1998, 229–236.257 f.264.269.284.
121 Siehe dazu Kap. 2.7, S. 90–103.
122 Siehe etwa Michael Krüggeler/Rolf Weibel, Vom antimodernen Katholizismus zum vielgestaltigen «Volk Gottes». Die Entwicklung der katholischen Kirche in der Schweiz, in: Martin Baumann/Jörg Stolz (Hg.), Eine Schweiz – viele Religionen. Risiken und Chancen des Zusammenlebens, Bielefeld (Transcript) 2007, 100–114, hier 111 f. Die Christkatholische Kirche wird hier kurz unter dem Titel «Schismen (in) der katholischen Kirche» behandelt. Ziel des Buches ist es, die «interne Vielfalt religiöser Gemeinschaften» (42) aufzuzeigen. Siehe ausserdem Stefan Rademacher (Hg.), Religiöse Gemeinschaften im Kanton Bern. Ein Handbuch, Bern (Ott) 2008, 131–134. Rademacher beschreibt unter dem Titel «Katholisches Christentum» kurz auch die christkatholische Kirche.
123 Siehe etwa das ältere Werk von Max Gisi, Die staatsrechtliche Stellung der christkatholischen Kirche in der Schweiz, Aarau (H. R. Sauerländer) 1932. Vgl ausserdem Rémy Lebrun, Le droit interne de l'Église catholique-chrétienne de la Suisse, in: Revue de Droit Canonique 64 (2014), 311–330. Weitere Literaturhinweise sind zu finden in den Unterlagen zum Vikariatskurs über staatskirchenrechtliche Grundlagen von Ueli Friederich und Angela Berlis an der Universität Bern (Stand 2022), einsehbar bei Angela Berlis.

2.1 Die christkatholische Kirche in der schweizerischen Erinnerungskultur

In der mehrsprachigen *Enzyklopädie* «Historisches Lexikon der Schweiz», die zwischen 2002 und 2014 im Druck erschien, sind viele einschlägige Einträge zu herausragenden Christkatholikinnen und Christkatholiken aus dem 19. und 20. Jahrhundert zu finden – inzwischen auch online.[124]

Da die Christkatholische Kirche der Schweiz über etliche kunsthistorisch interessante Kirchengebäude verfügt, geben darüber auch *Kunstführer, heimatkundliche und lokalhistorische Literatur* Auskunft. Auch verschiedene historische Gestalten werden in dieser Literatur – zumeist auf kantonaler Ebene – behandelt.

Schliesslich sei auch auf verschiedene künstlerische Ausdrucksformen hingewiesen, an erster Stelle *literarische Zeugnisse*, die im Kanon der Schweizer Literatur ihren Platz gefunden haben: Werke des Pfarrers und Schriftstellers Pierre César[125], des Volksschriftstellers Josef Reinhart[126], der Schriftstellerin, Pianistin und Psychoanalytikerin Aline Valangin[127] und des Kabarettisten, Liedermachers und Romanciers Franz Hohler[128]. Weitere christkatholische Autorinnen und Autoren der jüngeren Zeit, die mit unterschiedlichen literarischen Gattungen arbeiten, sind unter anderen der Theologe und Schriftsteller Franz Dodel[129], der Redaktor und freie

---

124 Historisches Lexikon der Schweiz, Basel (Schwabe) 2002–2014. Die Druckausgabe ist die Grundlage der Online-Ausgabe, die laufend aktualisiert und erweitert wird: https://hls-dhs-dss.ch/de, zuletzt geprüft: 31.12.2021. Die (identischen) Inhalte werden in den drei Landessprachen Deutsch, Französisch und Italienisch angeboten. Der christkatholische Theologe Urs von Arx war von 1993 bis 2014 wissenschaftlicher Berater für den Bereich «Christkatholische Kirche» des Historischen Lexikons der Schweiz. Von ihm stammt unter anderem der Überblicksartikel zur Christkatholischen Kirche der Schweiz: URS VON ARX, Christkatholische Kirche, Version vom 04.03.2010, in: Historisches Lexikon der Schweiz, https://hls-dhs-dss.ch/de/articles/011432/2010-03-04, zuletzt geprüft: 31.12.2021. – Das Lexikon enthält zudem viele empfehlenswerte Beiträge zu historischen Zusammenhängen Schweizer Geschichte.
125 Zu ihm siehe ERIKA MOSER, frei – gleich – solidarisch. Pierre César (1853–1912), Bern (Rudolf Gottfried Bindschedler-Familienstiftung) 2020.
126 Josef Reinhart lebte 1875–1957. Zu ihm: HANS ERHARD GERBER, Reinhart, Josef. Version vom: 17.08.2010, in: Historisches Lexikon der Schweiz, https://hls-dhs-dss.ch/de/articles/009062/2010-08-17, zuletzt geprüft: 31.12.2021.
127 Aline Valangin, mit bürgerlichem Namen Aline Rosenbaum-Ducommun, lebte 1889–1986. Zu ihr: MAYA WIDMER, Valangin, Aline. Version vom 20.02.2013, in: Historisches Lexikon der Schweiz, https://hls-dhs-dss.ch/de/articles/043923/2013-02-20, zuletzt geprüft: 31.12.2021.
128 Franz Hohler wurde 1943 geboren. Seine Geburtsstadt Olten bietet eine «Franz Hohler Tour» an. Zu ihm MARTIN HAUZENBERGER, Franz Hohler. Der realistische Fantast, Zürich (Römerhof Verlag) 2015.
129 Franz Dodel wurde 1949 geboren und promovierte an der Christkatholisch-Theologischen Fakultät in Bern: FRANZ DODEL, Das Sitzen der Wüstenväter. Eine Untersuchung anhand der Apophthegmata Patrum, Fribourg (Universitätsverlag – Paulusdruck) 1997; für einen weiteren Kreis veröffentlichte er: FRANZ DODEL, Weisung aus der Stille. Sitzen und Schwei-

Journalist Franz Osswald[130] und die Kulturjournalistin und Schriftstellerin Simone Meier[131].

Daneben finden manchmal auch historische christkatholische Persönlichkeiten einen Platz in der *zeitgenössischen Belletristik*, wie jüngst der Schuhfabrikant Carl Franz Bally und der Waffenfabrikant und Kunstsammler Emil Georg Bührle[132] im Buch «Patriarchen. Zehn Porträts» des Schriftstellers Alex Capus.[133]

Neben der Literatur sind selbstverständlich auch andere künstlerische Äusserungen wie Musik und Malerei zu nennen. So gibt es verschiedene grafische Darstellungen und Gemälde von christkatholischen Kirchen, aber auch die Bildnisse und Skulpturen der bisherigen Bischöfe, die sich im Bischöflichen Haus in Bern befinden (s. Bildteil), oder anderer christkatholischer Persönlichkeiten. Bisweilen stellen sie nicht nur christkatholische Orte und Persönlichkeiten dar, sondern sind auch durch christkatholische Künstlerinnen und Künstler angefertigt wurden. Vor dem Hintergrund christkatholischer Liturgie hat sich christkatholische Kirchenmusik[134] entwickelt, getragen von Kirchenchören,[135] Organistinnen und Organisten sowie

---

gen mit den Wüstenvätern, Zürich – Düsseldorf (Benziger) 1998. Seit 2002 schreibt er täglich sein Endlos-Gedicht «Nicht bei Trost» fort.

130 Franz Osswald wurde 1962 geboren. Er verfasst Kriminalromane, in dem der freie Journalist Oskar Behrens im Mittelpunkt steht. Sein erster Fall – «Verbrannte Saat» (2016) – führte ihn zur altkatholischen Gemeinde auf Nordstrand in Deutschland.

131 Simone Meier wurde 1970 in Lausanne geboren und wuchs in Zeiningen im aargauischen Fricktal auf. Eine Sammlung ihrer Tagesanzeiger-Kolumnen wurde unter dem Titel «Meiers Best. Kolumnen im Glück» 2005 publiziert. Ihre Romane «Fleisch» (2017), «Kuss» (2019) und «Reiz» (2021) sind im Verlag Kein & Aber erschienen. Vgl. https://keinundaber.ch/de/autoren-regal/simone-meier, zuletzt geprüft: 31.12.2021.

132 Emil Georg Bührle lebte 1890–1956. 1960 wurde die Stiftung Sammlung E. G. Bührle gegründet. Bührles Kunstsammlung ist seit 11. Oktober 2021 im Kunsthaus Zürich ausgestellt. Im Rahmen einer neuen, «ethische[n] Erinnerungskultur» (Aleida Assmann) wird diese Kunstsammlung stark diskutiert. Vgl. ALEIDA ASSMANN, Das neue Unbehagen an der Erinnerungskultur. Eine Intervention, 3., erweiterte und aktualisierte Auflage, München (Beck) 2020, 32, zitiert nach ERICH KELLER, Das kontaminierte Museum. Das Kunsthaus Zürich und die Sammlung Bührle, Zürich (Rotpunktverlag) 2021, 121.

133 ALEX CAPUS, Patriarchen. Zehn Porträts. Über Bally, Lindt, Nestlé und andere Pioniere, München (dtv) ^{4}2018. In seinem Roman «Munzinger Pascha» behandelt der gleiche Autor den Afrikaforscher Werner Munzinger (1832–1875), einen Bruder von Walther Munzinger: DERS., Munzinger Pascha. Zürich (Diogenes) 1997, München (dtv) ^{5}2012.

134 KLAUS WLOEMER, Geschichte der Christkatholischen Kirchenmusik der Schweiz. 2 Bde., Allschwil (Christkatholischer Medienverlag) 2007. – Zu erwähnen ist hier besonders: Eucharistia. Christkatholische Messliturgie mit slavischen Melodien nach orthodoxer Tradition. Für die Christkatholische Kirche der Schweiz ausgewählt, zusgestamengestellt und arrangiert von Urs von Arx und Peter Vitovec, Gersau (VOM) 1986. Die Eucharistia ist für drei- oder vierstimmigen Chor eingerichtet. Für die Verwendung im Gottesdienst existiert dafür zusätzlich ein Gemeindeheft. 2004 wurde dazu eine Musik-CD aufgenommen.

135 Zu den Kirchenchören s. u. Kap. 2.8, S. 110.

von einzelnen Geistlichen, die ein zweites berufliches Standbein in der Musik hatten. Schweizer Komponistinnen und Komponisten wie Carl Attenhofer, Bruno Straumann, Hans Bieli, Jost Meier oder Helene Ringgenberg haben durch ihre Kompositionen die christkatholische Kirchenmusik bereichert.[136]

Insgesamt kann festgestellt werden, dass die christkatholische Kirche, aber auch viele ihrer Mitglieder in der schweizerischen Erinnerungskultur einen Platz haben – deutlich sichtbarer als in anderen Ländern, wo es altkatholische Kirchen gibt. Dies hängt sicher auch mit der Verbindung der christkatholischen Geschichte mit politischen Entwicklungen und herausragenden Gestalten zusammen, von denen einige in diesem Kapitel näher behandelt werden. Gleichwohl ist festzustellen, dass eine umfassende Darstellung der gesamten bisherigen Geschichte der Christkatholischen Kirche der Schweiz bislang nicht existiert – weder aus einer Aussenperspektive noch in Form einer Selbstdarstellung.[137] Eine «auf sich selbst bezogene Historie» wurde lange Zeit auch nicht angestrebt; dies zur Vermeidung «einer konfessionalistischen Enge» und «in einer bewussten Zuwendung zu einer weiteren theologischen Tradition».[138] Das Anliegen, sich nicht nur nach innen auf die kirchliche Eigengeschichte zu richten, sondern sich auf allgemeine Fragen im Rahmen der Zugehörigkeit zur «Catholica» zu verstehen, ist weiterhin aktuell.

Heute gibt es jedoch Gründe, die eine umfassendere Darstellung der Geschichte des Altkatholizismus schweizerischer Ausprägung erforderlich machen. Erstens wird das Wissen über die Zusammenhänge der eigenen Geschichte nicht mehr ohne Weiteres von Generation zu Generation weitergegeben. Zweitens erfordern neue Fragestellungen in der Altkatholizismusforschung neue Antworten: so etwa die Frage nach der Rolle von Frauen in der Geschichte der christkatholischen Kirche[139] oder

---

136 Zur Liturgie der christkatholischen Kirche s. u. Kap. 4, S. 167–181.
137 Die detaillierte chronologische Darstellung der Entstehung der Christkatholischen Kirche der Schweiz, die Urs von Arx in 36 Folgen für das «Christkatholische Kirchenblatt» von 1995 bis 2001 im Sinn einer Verlaufsbeschreibung 125 Jahre nach Datum verfasst hat, beschränkt sich bis auf wenige Ausnahmen aus gegebenem Anlass auf den Zeitraum bis 1876, s. VON ARX, Vor 125 Jahren. Auch Conzemius geht bezüglich der christkatholischen Eigengeschichte in der Schweiz nicht über die ersten Jahrzehnte hinaus, s. VICTOR CONZEMIUS, Katholizismus ohne Rom. Die altkatholische Kirchengemeinschaft, Zürich – Einsiedeln – Köln (Benziger) 1969, 70–81. Ansätze zu Aspekten der neueren Geschichte im 20. Jahrhundert finden sich eher in lokalen Gedenkschriften, unter anderem bei OTTO GILG, Christkatholizismus in Luzern. Ein Beitrag zur Luzerner Geistesgeschichte, Luzern (Reuss-Verlag) 1946; WILHELM FLÜCKIGER/CARLO JENZER (Schriftleitung), Christkatholisch. Die Christkatholische Kirche der Schweiz in Geschichte und Gegenwart. Zum 100-Jahr-Jubiläum der Christkatholischen Kirchengemeinde Solothurn, hg. von der Christkatholischen Kirchgemeinde Solothurn, Zürich – Einsiedeln – Köln (Benziger) 1978.
138 So AMIET, Grundlagen, 122.
139 Siehe zu diesen und anderen Fragen ANGELA BERLIS, Desiderate und Aufgaben heutiger Altkatholizismusforschung, in: Hans Gerny/Harald Rein/Maja Weyermann (Hg.), Die Wurzel

nach der religiösen Identität von Christkatholikinnen und Christkatholiken.[140] Drittens besteht die Gefahr, dass in der populären Selbstdarstellung bestimmte Aspekte der christkatholischen Geschichte glorifiziert, andere wiederum «vergessen» werden:[141] Eine kritische Auseinandersetzung mit der Geschichte ist angebracht, in der weder die eigene Geschichte überhöht noch einfach überholte, eingefrorene Geschichtserzählungen, seien sie eigener oder fremder Machart, weitertransportiert werden.[142]

2.2 In Bewegung gegen die Papstdogmen

Die christkatholische Kirche formierte sich in den 1870er Jahren vorwiegend aus der liberalkatholischen Minderheit innerhalb des schweizerischen Katholizismus. Unter Katholizismus oder Christkatholizismus werden dabei Sozial- bzw. Erscheinungsformen des Katholisch-Seins verstanden, wie sie sich unter bestimmten historischen Umständen entwickeln und als gelebte Glaubenspraxis im Verhalten von Individuen oder Gruppen zum Ausdruck kommen – etwa durch bestimmte Arten praktizierter Frömmigkeit oder der Zugehörigkeit zu bestimmten politischen Parteien.[143]

---

aller Theologie. Sentire cum Ecclesia. Festschrift zum 60. Geburtstag von Urs von Arx, Bern (Stämpfli) 2003, 208–229.

140 Vgl. dazu die Berner Doktorarbeit von Erika Moser zur Frage, was eine «gute» Christkatholikin oder einen «guten» Christkatholiken ausmacht und wie dies zwischen 1876 und 1924 in Nachrufen aller Art beschrieben wird. ERIKA MOSER, Allverehrt und tiefbetrauert. Gender und Erinnerung in christkatholischen Nekrografien (1870–1924), (katholon 3), Zürich (Theologischer Verlag Zürich) 2023.

141 Eine seit Längerem vorliegende Arbeit des Historikers Peter Gilg (1922–2006) über die Christkatholische Kirche der Schweiz während des Dritten Reichs ist zur Veröffentlichung im Jahr 2024 vorgesehen. – Zu ihm: CHRISTOPH ZÜRCHER, Gilg, Peter. Version vom 15.03.2012, Historisches Lexikon der Schweiz, https://hls-dhs-dss.ch/de/articles/035235/2012-03-15, zuletzt geprüft: 31.12.2021.

142 ANGELA BERLIS, Überlegungen zur historischen Identität des Altkatholizismus in heutigen populären und wissenschaftlichen Narrativen, in: Internationale Kirchliche Zeitschrift 104 (2014), 293–309.

143 Seit einigen Jahrzehnten wird in der Forschung nicht mehr einfach von *dem* Katholizismus im Singular gesprochen, sondern davon ausgegangen, dass sich in verschiedenen Ländern aus unterschiedlichen Gründen verschiedene katholische Sozialformen, «Katholizismen», nebeneinander entwickelten. Vgl. dazu zum Schweizer Kontext: FRANZ XAVER BISCHOF, Katholizismus. Version vom 29.05.2020, in: Historisches Lexikon der Schweiz, https://hls-dhs-dss.ch/de/articles/016505/2020-05-29, zuletzt geprüft: 31.12.2021. Der Christ- und im weiteren Sinn auch der Altkatholizismus sind als Teil der Katholizismusforschung zu betrachten. Vgl. BERLIS, Desiderate, 213f. 218f.

2.2 In Bewegung gegen die Papstdogmen

Seit den 1830er Jahren hatten sich im Schweizer Katholizismus zwei Richtungen entwickelt: Neben einer Mehrheit katholisch-konservativer Gesinnung bestand eine heterogene liberale katholische Minderheit. Dies hing eng mit politischen Entwicklungen in der Schweiz zusammen: Der Historiker Urs Altermatt spricht für die 1830er und 1840er Jahre von einem «Kulturkampf *avant la lettre*».[144] Der Schweizer Freisinn strebte eine Neuordnung des Verhältnisses von Kirche und Staat an, das den Einfluss der Kirche auf die Gesellschaft zurückbinden sollte, unter anderem im Bildungswesen. Eine bedeutende Rolle spielte eine Konferenz von Abgesandten von Schweizer Kantonen, die in der Bäderstadt Baden im Januar 1834 stattfand. Die dort aufgestellten «Badener Artikel» führten zu scharfen politischen Auseinandersetzungen und wurden in mehreren liberalen Kantonen umgesetzt. Der Papst verurteilte sie 1835.[145] Exemplarisch kommt der Konflikt im Aargauer Klosterstreit zum Ausdruck, der 1841 zur Aufhebung der dortigen Klöster führte. Damals wurde auch das Zisterzienserinnenkloster Olsberg säkularisiert, die Klosterkirche dient bis heute der dortigen christkatholischen Kirchgemeinde als Gotteshaus. 1847 kam es zum Sonderbundskrieg zwischen den konservativ regierten katholischen Kantonen und den liberal regierten reformierten Kantonen. Mit der Bundesverfassung vom 12. September 1848 wurde die Schweiz zwar geeint, doch der Konflikt schwelte weiter.

Das von Rom vertretene antimoderne Gesellschaftsmodell kam prägnant im 1864 von Papst Pius IX. erlassenen «Syllabus errorum» zum Ausdruck. Der Syllabus, eine päpstlich approbierte Zusammenstellung von Irrtümern der Zeit, stiess in der vom Freisinn geprägten Schweiz weithin auf Unverständnis. Die Wortführer gegen den Syllabus waren geprägt vom liberalen und aufklärungsoffenen Denken, wie es in der ersten Jahrhunderthälfte etwa von dem Luzerner Stadtpfarrer Thaddäus Müller[146], von dem Arzt und Philosophen Ignaz Paul Vital Troxler[147] von Bero-

---

144 URS ALTERMATT, Katholizismus und Moderne. Zur Sozial- und Mentalitätsgeschichte der Schweizer Katholiken im 19. und 20. Jahrhundert, Zürich (Benziger) ²1991, 225. – Für eine detailliertere Darstellung der Frühgeschichte der christkatholischen Kirche: VON ARX, Vor 125 Jahren. Als älteres Werk bietet viel Einzelinformationen: PAULIN GSCHWIND, Geschichte der Entstehung der christkatholischen Kirche der Schweiz. Bd. 1, Bern (K.J. Wyss) 1904; Bd. 2, Solothurn (C. Gassmann) 1910.
145 Ausser um das Verhältnis von Staat und Kirche ging es in den «Badener Artikeln» auch um das Streben nach einer grösseren Unabhängigkeit der Bischöfe vom Staat und andere Reformen. Siehe dazu FRANÇOIS GENOUD, Badener Artikel. Version vom 06.11.2011, übersetzt aus dem Französischen, Historisches Lexikon der Schweiz, https://hls-dhs-dss.ch/de/articles/017236/2011-10-06, zuletzt geprüft: 31.12.2021.
146 Thaddäus Müller lebte 1763–1826. Zu ihm: FRANZ XAVER BISCHOF, Müller, Thaddäus. Version vom 09.05.2008, in: Historisches Lexikon der Schweiz, https://hls-dhs-dss.ch/de/articles/009970/2008-05-09, zuletzt geprüft: 31.12.2021.
147 Ignaz Paul Vital Troxler lebte 1788–1866. Zu ihm: ADOLF ROHR, Troxler, Ignaz Paul Vital. Version vom 18.11.2015, in: Historisches Lexikon der Schweiz, https://hls-dhs-dss.ch/de/articles/009053/2015-11-18, zuletzt geprüft: 31.12.2021.

münster und dem Stiftspropst Josef Burkard Leu[148] von Schongau gepflegt worden war.[149] Burkard Leu, der Onkel von Eduard Herzog, protestierte, als Papst Pius IX. 1854 das Dogma der Unbefleckten Empfängnis Mariens einführte – er unterwarf sich jedoch der Indizierung seiner kritischen Schrift dagegen, in der er vor «Neuerungen und Übertreibungen» gewarnt und gegen die Ultramontanisierung der katholischen Kirche Position bezogen hatte.[150] Nach dem Vatikanischen Konzil von 1869/70 erhielt der Kulturkampf in der Schweiz eine neue Qualität: Die Fronten zwischen dem Schweizer Staat und der römisch-katholischen Kirche verhärteten sich. Freisinnige Katholiken beriefen sich unter anderem auf Reformideen in den «Badener Artikeln», die nicht überall gleich umgesetzt worden waren.

Ähnlich wie in Deutschland verfolgten Katholikinnen und Katholiken in der Schweiz die Entwicklungen beim Ersten Vatikanischen Konzil mit Spannung. Bischof Peter-Joseph Preux von Sitten und der Genfer Pfarrer Gaspard Mermillod, seit 1864 Titularbischof von Hebron, unterstützten die Infallibilität, d. h. die Unfehlbarkeit, genauso wie der gemässigte Bischof Eugène Lachat von Basel. Hingegen gehörte Bischof Karl Johann Greith von St. Gallen, ein gelehrter Schüler Döllingers, während des Konzils zur Minderheit der Konzilsväter, die Bedenken bezüglich der Opportunität einer Dogmatisierung der Unfehlbarkeit hegte. Im April 1870 hob die Diözesankonferenz des Bistums Basel[151] per Mehrheitsbeschluss das liberal orientierte Priesterseminar auf, das 1858 in Solothurn eingerichtet worden war. Von April bis Dezember 1870 erschienen die «Katholische[n] Stimmen aus den Waldstätten», die von Eduard Herzog und anderen liberalen Geistlichen herausgegeben wurden, auf Druck des Basler Ordinariats ihr Erscheinen jedoch einstellen mussten.

Entgegen dem Gebot der Diözesankonferenz wendete Bischof Lachat sich in einem Fastenhirtenbrief am 6. Februar 1871 an die Gläubigen und verpflichtete sie

---

148 Burkard Leu lebte 1808–1865. Zu ihm: FRANZ XAVER BISCHOF, Leu, Josef Burkhard. Version vom 20.07.2006, in: Historisches Lexikon der Schweiz, https://hls-dhs-dss.ch/de/articles/009908/2006-07-20, zuletzt geprüft: 31.12.2021.
149 Zu den geistesgeschichtlichen Voraussetzungen in der Schweiz und ihren Verbindungen zu sogenannten Vorläuferbewegungen vgl. GILG, Christkatholizismus, 5–83.
150 JOSEPH BURKARD LEU, Warnung vor Neuerungen und Übertreibungen in der katholischen Kirche Deutschlands, Luzern (Kaiser) 1853. Dazu auch: EDUARD HERZOG, Stiftspropst Josef Burkard Leu und das Dogma von 1854. Ein Beitrag zur Vorgeschichte des vatikanischen Konzils, Bern (K. J. Wyss) 1904. Leu stand u. a. auch mit Döllinger in Verbindung. – Eine ältere Darstellung zur Ultramontanisierung des Katholizismus in der Schweiz vor dem Ersten Vatikanum bietet FRIEDRICH, Geschichte, Bd. 1 (1877), 374–409.
151 Die Diözesankonferenz ist ein staatliches Aufsichtsorgan, das seit 1828 besteht; ihr gehören Regierungs- und Landeskirchenvertreter der Kantone an, in denen das Bistum Basel liegt: Aargau, Basel-Landschaft, Bern, Luzern, Solothurn, Thurgau und Zug; heute auch Basel-Stadt, Jura und Schaffhausen.

2.2 In Bewegung gegen die Papstdogmen

darin zur Annahme der neuen Dogmen. Johann Baptist Egli[152], Strafhauspfarrer in Luzern und unter dem Pseudonym «Hans Gradaus» Verfasser volkstümlicher Schriften, protestierte öffentlich dagegen. Er war der erste katholische Priester in der Schweiz, der am 10. März 1871 wegen seiner Opposition gegen die vatikanischen Dekrete exkommuniziert wurde. Gegen diese Exkommunikation kam es zu Protesten an verschiedenen Orten, so auch zu einer Kundgebung am 31. März 1871 im Schützenhaus Luzern. Die Schützenhausversammlung, bestehend aus etwa 500 Männern der politisch freisinnigen Richtung, beschloss eine Resolution gegen die Papstdogmen. Johann Baptist Egli blieb zunächst mit Unterstützung der liberalen Regierung im Amt, nach dem Wahlsieg der Konservativen wurde er dann jedoch nicht mehr als Pfarrer wiedergewählt. Er verliess den Kanton, wurde zeitweise Kanzlist in Bern und am 8. Dezember 1872 von der Gemeinde Olsberg im aargauischen Fricktal zum Pfarrer gewählt. Andere Priester im Kanton Luzern, unter ihnen auch der Theologieprofessor Eduard Herzog, blieben trotz ihrer ablehnenden Haltung gegenüber der Unfehlbarkeit von der kirchlichen Obrigkeit unbehelligt. Dies lag an der schützenden Hand des Luzerner Regierungsrates Philipp Anton von Segesser.[153]

Verschiedene ähnliche Versammlungen wie die im Schützenhaus in Luzern führten zur Gründung freisinniger Katholikenvereine, ausser in Luzern zum Beispiel auch in Solothurn, Bern, Baden und Arlesheim. Auslöser war unter anderem die am 17. April 1871 erfolgte Exkommunikation Ignaz von Döllingers, die weit über das Königreich Bayern hinaus hohe Wellen schlug, auch in der Schweiz. Im Sommer 1871 konstituierte sich ein fünfköpfiges Zentralkomitee freisinniger Katholiken. Am 18. September 1871 schlossen sich 380 freisinnige katholische Männer mit ihren Vereinen im Schwurgerichtssaal des neuen Amtshauses in Solothurn beim Solothurner Katholikenkongress zum «Schweizerischen Verein Freisinniger Katholiken» zusammen.[154] Dort bestimmten sie unter anderem die Delegierten für den wenige Tage später stattfindenden Katholikenkongress in München:

---

152 Johann Baptist Egli lebte 1821–1886. Zu seinem Lebensgang s. TEUNIS WIJKER, «Wie der Geissbuab e Herr abgä het». Johann Baptis Egli, Pfarrer von Olsberg (1821–1886), in: Christkatholisches Kirchenblatt 120 (1997), 361–363; JÜRG HAGMANN, Augustin Keller und seine Beziehungen zur Kirchgemeinde Olsberg 1842 und 1872/73, in: Argovia. Jahresschrift der Historischen Gesellschaft des Kantons Aargau 123 (2011), 175–194, hier 182–193 Zum allgemeinen Hintergrund in Luzern vgl. BOSSARD-BORNER, Kulturkampf; DIES., Spannungsfeld.

153 VICTOR CONZEMIUS, Philipp Anton von Segesser, 1817–1888. Demokrat zwischen den Fronten, Zürich (Benziger) 1977.

154 In einem jüngst erschienenen Buch über Solothurn wird auf die Bedeutung der Stadt hingewiesen; sie «war als Bischofssitz mit der Kathedrale ein hochrangiger konfessioneller Symbolort; dazu war Solothurn Vorort der Diözesankonferenz [...]. Führende Exponenten des gleichzeitig politischen und religiösen Liberalismus und bald der neuen liberalkatholischen

Augustin Keller, Walther Munzinger und den thurgauischen Regierungsrat und späteren Bundesrat Fridolin Anderwert[155]. Danach geschah allerdings «monatelang so gut wie nichts [...], was zur Konstituierung der christkatholischen Kirche beitrug.»[156] Der Weg zur Gemeindebildung und Kirchwerdung war in der Schweiz, anders als in Deutschland, für liberale Katholikinnen und Katholiken länger undeutlich.

2.3 Trägerinnen und Träger der christkatholischen Bewegung in ihren Anfangsjahren

In der Schweiz waren es vor allem liberale katholische Politiker und andere politisch aktive Laien, die gegen die neuen Papstdogmen die Initiative ergriffen. Sie handelten aus der Sorge heraus, dass das hart errungene politische und religiöse Gleichgewicht in der Schweiz durch den päpstlichen Machtanspruch gestört würde. Sie kämpften mit Mitteln des Staatsrechts gegen die neuen Dogmen. Mehrere von ihnen waren gut mit der altkatholischen Bewegung in Deutschland vernetzt. Nicht alle schlossen sich am Ende der christkatholischen Kirche an.

Ähnlich wie in Deutschland organisierte sich der Protest zunächst lokal bzw. kantonal: Laien organisierten und leiteten Versammlungen und Vereine. In Luzern war es Ständeratspräsident Oberst Abraham Stocker-Steiger[157], in Solothurn der

---

Nationalkirche wohnten hier und beherrschten (oft kumuliert) Schaltstellen auf allen Ebenen der Politik und Wirtschaft. Solothurn musste zwangsläufig zum Kampfplatz werden». Die Art, wie der Konflikt in Solothurn beschrieben wird, zeigt, dass die Deutung der historischen Ereignisse noch immer entlang historischer Parteiengrenzen verläuft. Der von der römisch-katholischen Perspektive geleitete Standpunkt des Autors P. Gregor Jäggi wird erkennbar, wenn er über eine in Entstehung begriffene «nationalkatholische Kirche» und über «den Willen zum Bruch und zur Organisation einer schismatischen Reformkirche» schreibt. P. GREGOR JÄGGI/URBAN FINK, Konfessionen und Religionen, in: Einwohnergemeinde der Stadt Solothurn 2020 (Hg.), Stadtgeschichte Solothurn 19. und 20. Jahrhundert, Solothurn (Lehrmittelverlag des Kantons Solothurn) 2020, 269-314, hier 275 und 281. Vgl. auch die kurze Beschreibung der christkatholischen Kirchgemeinde Solothurn im gleichen Band, 294 f.
155 Fridolin Anderwert lebte 1828–1880. Siehe zu ihm: FOLKMAR SCHIEK, Fridolin Anderwert. Eine politische Erfolgsgeschichte mit dramatischem Ausgang. Biografische Skizze des ersten Thurgauer Bundesrats, Kreuzlingen (Bodan AG) 2010; PETER GILG, Anderwert, Joseph Fridolin, Neue Deutsche Biographie 1 (1953), 269, www.deutsche-biographie.de/pnd 120577852.html, zuletzt geprüft: 31.12.2021; ANDRÉ SALATHÉ, Anderwert, Fridolin. Version vom 16.07.2001, Historisches Lexikon der Schweiz, https://hls-dhs-dss.ch/de/articles/004052/2001-07-16, zuletzt geprüft: 31.12.2021.
156 So VON ARX, Vor 125 Jahren, Folge 9, in: Christkatholisches Kirchenblatt 120 (1997) 336.
157 Abraham Stocker-Steiger lebte 1825–1887. Siehe zu ihm: WERNER LUSTENBERGER, Oberst Abraham Stocker. Lebensbild eines Eidgenossen im jungen Bundesstaat, Bern (Bibliothek am Guisanplatz) 2015, 78–80; MARKUS TRÜEB, Stocker, Abraham. Version vom 21.12.2015,

zeitweilige Nationalratspräsident Simon Kaiser[158], in Baden der Landammann und zeitweilige Ständeratspräsident Augustin Keller, in Bern der Rechtsprofessor Walther Munzinger.

Walther Munzinger war der weitblickende juristische Kopf der christkatholischen Bewegung.[159] Er hatte massgeblich an der Ausarbeitung des schweizerischen Rechts mitgewirkt. Munzinger gehörte zu den ersten, die gegen die Papstdogmen protestierten. Wie er bereits 1860 in seiner kirchenrechtlichen Studie über «Papsttum und Nationalkirche» dargelegt hatte, vertrat er das Ideal einer Volkskirche, gegen jegliche Bevormundung durch Staat oder Rom. Als Organisator des ersten schweizerischen Katholikenkongress in Solothurn im September 1871 war er Begründer des «Schweizerischen Vereins freisinniger Katholiken». Schon früh erkannte Munzinger, dass die Bedeutung der christkatholischen Bewegung nicht nur politisch, sondern auch religiös ausgewiesen werden müsse. 1872 organisierte er deshalb eine Vortragsreihe von Joseph Hubert Reinkens, damals Professor für Alte Kirchengeschichte in Breslau, einem der wichtigen Wortführer der altkatholischen Bewegung in Deutschland. Munzinger stellte bedeutsame Weichen, etwa für die Gründung einer katholischen Theologischen Fakultät der Universität Bern. Munzinger war es auch, der Eduard Herzog im Frühjahr 1873 in die Schweiz zurückholte: Herzog hatte am 23. September 1872 nach langwierigem Gewissenskonflikt öffentlich gegen die neuen Dogmen Stellung bezogen[160] und war Pfarrer der altkatholischen Gemeinde in Krefeld (Deutschland) geworden. Im März 1873 wählte die Gemeinde Olten Herzog zum Pfarrer.

Ein weiterer wichtiger Mann der ersten Stunde war der radikal-liberale aargauische Politiker **Augustin Keller**. Er hatte 1841 im Aargau die Aufhebung der Klöster initiiert und sich für die Gleichstellung der Juden engagiert.[161] Nach dem Ersten

---

in: Historisches Lexikon der Schweiz, https://hls-dhs-dss.ch/de/articles/004207/2015-12-21, zuletzt geprüft: 31.12.2021.
158 Simon Kaiser lebte 1828–1898. Zu ihm: Thomas Wallner, Kaiser, Simon. Version vom 07.01.2014, in: Historisches Lexikon der Schweiz, https://hls-dhs-dss.ch/de/articles/004786/2014-01-07/, zuletzt geprüft: 31.12.2021.
159 Walther Munzinger lebte 1830–1873. Siehe zu ihm: Urs Fasel, Bahnbrecher Munzinger. Gesetzgeber und Führer der katholischen Reformbewegung (1830–1873), Bern (Haupt) 2003.
160 Vgl. seinen Brief an Bischof Lachat vom 23. September 1872, abgedruckt im Anhang, S. 299–302. Herzog wurde daraufhin am 30. September 1872 von allen geistlichen Verrichtungen suspendiert. Herzog demissionierte am 23. September 1872 auch von seiner Funktion als Professor der Theologie und als Religionslehrer am Lyzeum in Luzern. Vgl. auch Herzogs weiteren Brief an Bischof Lachat vom 8. April 1873, siehe Anhang, S. 302f. Vgl. Walter Herzog, Bischof Dr. Eduard Herzog. Ein Lebensbild, Laufen (Buchdruckerei «Volksfreund») 1935.
161 Augustin Keller lebte 1805–1883. Zu ihm: Yvonne Leimgruber, Pädagoge – Politiker – Kirchenreformer. Augustin Keller (1805–1883) und seine Zeit, Baden (hier + jetzt) 2005.

Vatikanum machte er sich als Gegner päpstlicher Vormachtansprüche stark für die Bildung einer schweizerischen Nationalkirche. 1871 wurde er zum Vizepräsidenten des Katholikenkongresses in München gewählt – eine Anerkennung von Kellers Bedeutung und ein Zeichen dafür, dass die altkatholische Bewegung über die Grenzen Deutschlands hinaus die internationale Vernetzung der Konzilsgegner suchte. 1875 präsidierte Keller die erste Session der Nationalsynode und wurde zum ersten Synodalratspräsidenten gewählt. Bei der dramatischen Wahlsynode 1876 war er es, der Eduard Herzog zur Annahme der Wahl zum Bischof bewegte.

Es gab etliche weitere wichtige Trägerinnen und Träger der christkatholischen Bewegung, die sich als Politiker oder Parlamentarier, als Journalist oder Verleger, als Unternehmer oder Jurist oder anderweitig für die christkatholische Sache auf eidgenössischer, kantonaler oder lokaler Ebene einsetzten: So etwa der Oltner Verleger Peter Dietschi[162], der Schuhfabrikant Carl Franz Bally[163] in Schönenwerd, der Solothurner Jurist Albert Brosi[164] oder der Solothurner Landammann Wilhelm Viktor Vigier von Steinbrugg[165]. Während die führenden Personen an der Spitze der christkatholischen Bewegung und Kirche dem gehobenen Bürgertum angehörten, trugen und gestalteten an der Basis Katholikinnen und Katholiken aus unterschiedlichen sozialen Schichten die Kirchwerdung tatkräftig mit. Über diese Männer und Frauen ist in der Regel viel weniger bekannt – verstreute Informationen finden sich zum Beispiel in Nachrufen.[166] Zu den Trägerinnen der christkatholischen Bewegung und Kirche gehörten auch viele Frauen, deren Handeln aufgrund des bürgerlichen Geschlechterarrangements im 19. Jahrhundert allerdings in anderer Weise öffentlich sichtbar wurde als das Engagement der Männer. Frauen waren oft, wie die Historikerin Elisabeth Joris für die Frauen um Augustin Keller festhält, «Wegbereiterinnen und Wegbegleiterinnen»[167] – so etwa Rosina Gschwind-Zeller geb. Hofer, die spätere Gründerin des «Schweizerischen Gemeinnützigen Frauenvereins», die in

---

162 Peter Dietschi lebte 1830–1907. Zu ihm: ALFRED WYSER, Dietschi, Peter. Version vom 12.04.2005, in: Historisches Lexikon der Schweiz, https://hls-dhs-dss.ch/de/articles/027542/2005-04-12, zuletzt geprüft: 31.12.2021.
163 Carl Franz Bally lebte 1821–1899. Zu ihm: CLAUSPETER SCALABRIN/PETER HEIM (Hg.), Pionier und Pfaffenschreck. Die Memoiren des Carl Franz Bally, Baden (hier + jetzt) 2009.
164 Albert Brosi lebte 1836–1911. Zu ihm: HELLMUT GUTZWILLER, Brosi, Albert, Version vom 07.01.2014, in: Historisches Lexikon der Schweiz, https://hls-dhs-dss.ch/de/articles/003036/2014-01-07, zuletzt geprüft: 31.12.2021.
165 Wilhelm Viktor Vigier von Steinbrugg lebte 1823–1886. Zu ihm: THOMAS WALLNER, Vigier von Steinbrugg, Joseph Wilhelm Viktor. Version vom 30.04.2015, in: Historisches Lexikon der Schweiz, https://hls-dhs-dss.ch/de/articles/003048/2015-04-30, zuletzt geprüft: 31.12.2021.
166 Vgl. dazu die Dissertation von MOSER, Allverehrt, die Nachrufe auf Christkatholikinnen und Christkatholiken aller Schichten bis 1924 aufarbeitet.
167 ELISABETH JORIS, Wegbereiterinnen und Wegbegleiterinnen Augustin Kellers, in: Internationale Kirchliche Zeitschrift 108 (2018), 48–69.

der Erinnerung der christkatholischen Kirche als erste Pfarrfrau gilt.[168] Sie und andere Bildungsbürgerinnen wie Gertrud Villiger-Keller[169] initiierten gesellschaftspolitisch relevante Bildungsinitiativen und trugen zur Entwicklung der modernen Frauenbewegung in der Schweiz wesentlich bei.[170]

2.4 Konflikte, Konferenzen und kirchliche Organisation

Ende 1872 brach der bisher schwelende Konflikt in voller Schärfe aus und wurde zum Flächenbrand. Paulin Gschwind[171], Pfarrer von Starrkirch-Dulliken, trat unter dem Pseudonym «Peregrin» mit theologischen Artikeln an die Öffentlichkeit, in denen er sich unter anderem gegen die päpstliche Unfehlbarkeit und gegen den Priesterzölibat äusserte. Seine öffentlichen Äusserungen, seine Teilnahme am Münchener Katholikenkongress 1871 und seine Weigerung, die Teile des Hirtenbriefs von Bischof Lachat zu verlesen, in dem dieser die Konzilsbeschlüsse für verbindlich erklärte, führten am 26. Oktober 1872 zu seiner Suspendierung und grossen Exkommunikation. Die Solothurner Regierung schützte Gschwind, die Kirchgemeinde stellte sich hinter ihn, die Diözesankonferenz verlangte die Rücknahme der Amtsenthebung und der Exkommunikation antivatikanisch gesinnter Priester.

Gschwinds Exkommunikation gab einen wichtigen Impuls für den eingangs genannten Katholikentag vom 1. Dezember 1872 in Olten, der als «Oltner Tag» in die Geschichte der christkatholischen Kirche einging. Es war eine öffentliche Versammlung mit über 2000 Teilnehmenden, an der Professor Joseph Hubert Reinkens als Hauptredner die religiösen Grundlagen der altkatholischen Opposition hervorhob. Dadurch trug er massgeblich dazu bei, dass der Schweizer Christkatholizismus sich in der Folge als kirchlich-religiöse Bewegung etablierte und nicht pri-

---

168 Rosina Gschwind-Zeller (1841–1904) war reformiert. Vgl. zu ihr: Maja Weyermann, Martha und Maria gerecht werden. Rosina Gschwind-Zeller geb. Hofer, (1841–1904), erste christkatholische Pfarrfrau, in: Yvonne Domhardt/Judith Stofer (Hg.), Siehe, ich schaffe Neues. Aufbrüche von Frauen in Protestantismus, Katholizismus, Christkatholizismus und Judentum, Bern (eFeF-Verlag) 1998, 141–156. – Zu den ersten Pfarrfrauen siehe S. 75 f.
169 Gertrud Villiger-Keller (1843–1908) leitete den 1888 gegründeten Schweizerischen Gemeinnützigen Frauenverein (SGF) ab 1889 bis zu ihrem Tod als Zentralpräsidentin. Sie war Augustin Kellers Tochter. Vgl. zu ihr: Moser, Allverehrt , 64–67 u. ö.; zum Hintergrund vgl. Beatrix Mesmer, Ausgeklammert – eingeklammert. Frauen und Frauenorganisationen in der Schweiz des 19. Jahrhunderts, Basel (Helbing & Lichtenhahn) 1988.
170 Zum Ganzen vgl. Elisabeth Joris, Frauenbewegung. Version vom 23.02.2021, in: Historisches Lexikon der Schweiz, https://hls-dhs-dss.ch/de/articles/016497/2021-02-23, zuletzt geprüft: 31.12.2021.
171 Paulin Gschwind lebte 1833–1914. Zu ihm: Urs von Arx, Gschwind, Paulin. Version vom 06.03.2006, in: Historisches Lexikon der Schweiz, https://hls-dhs-dss.ch/de/articles/010648/2006-03-06, zuletzt geprüft: 31.12.2021.

mär als politische Bewegung verstand. Die Rede wurde zum Auftakt einer Vortragstournee, die Reinkens zwischen dem 5. und 11. Dezember 1872 nach Luzern, Solothurn, Bern, Rheinfelden und Basel brachte.[172] Unter dem Eindruck des Oltner Katholikentags kündigten weitere Gemeinden ihre Opposition gegen die neuen Dogmen und ihren Willen zum Verbleiben bei der alten Lehre an, unter anderem Aarau, Obermumpf, Trimbach, Möhlin, Hellikon, Mumpf-Wallbach und Magden. Die Gemeinde Olsberg wählte, angespornt durch Augustin Keller, den inzwischen verarmten Johann Baptist Egli zu ihrem Pfarrer, was er bis zu seinem Tod blieb.

Die mehrheitlich von liberalen Kantonen bestimmte Diözesankonferenz erklärte mit fünf von sieben Stimmen (ohne Zug und Luzern) Bischof Lachat am 29. Januar 1873 wegen ungesetzlichen Verhaltens für abgesetzt und wies ihn am 16. April 1873 aus dem Kanton Solothurn aus. Lachat wich nach Luzern aus.[173] Dass solche Entscheidungen nicht konfliktfrei verliefen und persönliche Auswirkungen hatten, zeigt das Beispiel des Vorsitzenden der Diözesankonferenz, Wilhelm Viktor Vigier von Steinbrugg, der sich wegen dieser Entscheidung die Konservativen zu erbitterten Feinden machte.[174]

Gegen Geistliche, die den staatlichen Vorschriften zuwiderhandelten, wurden Strafgesetze erlassen. Im Jura etwa hatten etliche Geistliche dem Jurassier Lachat Treue geschworen – die Berner Regierung, die den Beschluss zur Amtsenthebung Lachats unterstützte, enthob sie ihrer Funktion und verwies sie aus dem Kanton. An ihre Stelle wurden in den Kantonen Genf und Bern französische Staatspfarrer eingesetzt, die zwar liberal, aber wenig vom christkatholischen Anliegen beseelt waren. Doch schon 1875 konnten die abgesetzten Pfarrer wieder zurückkehren. Im Kanton Bern blieben vier Gemeinden christkatholisch: Bern, Biel, Laufen (im damaligen Berner Jura) und Saint-Imier.

---

172 Die Reden wurden erst viele Jahre später in einer Broschüre veröffentlicht: JOSEPH HUBERT REINKENS, Katholisch, nicht päpstlich. Sechs Vorträge gehalten in den Tagen vom 1. bis 12. Dezember 1872. Mit einem Vorwort von Bischof Dr. Ed. Herzog, Olten (Buchdruckerei des «Oltner Tagblatt») 1903.

173 VICTOR CONZEMIUS, Eugène Lachat – Bischof im Kulturkampf, in: Urban Fink/Stephan Leimgruber/Markus Ries (Hg.), Die Bischöfe von Basel 1794–1995, Fribourg (Universitäts-Verlag) 1996, 144–148; STADLER, Kulturkampf, 277–304. In der älteren Literatur aus römisch-katholischer Perspektive wird Lachat eher als Opfer dargestellt. So etwa FELIX PLACHETKA, Der Altkatholizismus in der Schweiz, Kirchbichl/Tirol (Eigenverlag) 1937. Die Deutung, dass der Kulturkampf ein «Martyrium» für die römisch-katholische Kirche gewesen sei, an dessen Ende sie glorreich ihre Gegner – den Staat, die Alt- oder Christkatholiken – besiegt habe (so noch Plachetka), wurde mit der einsetzenden wissenschaftlichen Erforschung der Kulturkämpfe in Europa aufgegeben. In der Situation selbst trug diese Deutung allerdings stark zur Polarisierung der beteiligten Parteien bei.

174 Wilhelm Victor Vigier von Steinbrugg war mit Jeannette Salzmann (1828–1893) verheiratet, einer Nichte des ersten Basler Bischofs nach der Neuorganisation der Diözese Basel im Jahr 1828.

2.4 Konflikte, Konferenzen und kirchliche Organisation

Im Kanton Genf hatte der Papst Pfarrer Gaspard Mermillod zum Weihbischof und Generalvikar mit Vollmachten eines Diözesanbischofs für den Genfer Teil des Bistums Lausanne-Genf eingesetzt. Die Regierung der Calvin-Stadt setzte Mermillod 1872 ab. Der Bundesrat empfand die Ernennung Mermillods zum Apostolischen Vikar durch den Papst als Provokation und verwies ihn im Februar 1873 des Landes – und dies, obwohl er Schweizer Bürger war! Erst zehn Jahre später wurde der Ausweisungsbeschluss aufgehoben. Ähnlich wie im Kanton Bern trat auch in Genf im Jahr 1873 ein neues Kirchengesetz in Kraft, das die Volkswahl der Geistlichen vorschrieb. Da der Papst Katholiken die Beteiligung an der Wahl verbot, liberale Katholiken sich aber nicht an diese Weisung hielten, wählten sie in etwa zwanzig Gemeinden nicht-römisch gesinnte Geistliche. Der bekannteste unter ihnen war Père Hyacinthe Loyson[175], ein Karmelitermönch, der sich in Paris den Ruf eines brillanten Predigers auf der Kanzel von Notre Dame erworben hatte und bereits 1869 aus seinem Orden ausgetreten war. Die meisten dieser, lediglich politisch motivierten, Gemeindegründungen hielten sich nicht, es blieben nur Saint-Germain und Grand-Lancy-Carouge in christkatholischer Hand. Die Verfassungsrevision von 1873 ermöglichte der Genfer Regierung die kirchliche Organisation der «Église nationale catholique»; der in der Verfassung ebenfalls vorgesehene Anschluss an ein zu bildendes Nationalbistum beflügelte die freisinnigen Katholiken in der Deutschschweiz.

Der Aufschwung der christkatholischen Bewegung im Jahr 1873 wurde auch in der Deutschschweiz sichtbar: In Trimbach und in Olten wurden im Frühjahr 1873 die romtreuen Pfarrer abgewählt und liberale katholische Priester gewählt: Ludwig Kilchmann[176] in Trimbach und Eduard Herzog in Olten – zusammen mit der Gemeinde in Starrkirch-Dulliken und deren Pfarrer Paulin Gschwind formierte sich hier ein solides christkatholisches Kerngebiet. Auch in Zürich geschah 1873 Entscheidendes: Der «Verein freisinniger Katholiken» von Zürich und Umgebung, gegründet am 7. Dezember 1872, innert Wochenfrist nach dem «Oltner Tag», wurde zum Motor einer Abstimmung der Kirchgemeinde, bei der sich am 8. Juni 1873 die Papstgegner mit Dreiviertelmehrheit durchsetzten. Am 29. Juni 1873 hielt der suspendierte deutsche Theologieprofessor Friedrich Michelis einen Gottesdienst in der Augustinerkirche. Die Zürcher Regierung setzte Ende Juli/Anfang August 1873 den romtreuen Pfarrhelfer und den Pfarrer ab und ernannte Michelis

---

175 Père Hyacinthe Loyson lebte 1827–1912. Zu ihm s. ANGELA BERLIS, Hyacinthe Loyson (1827–1912) dans le vieux-catholicisme. Un esprit libéré des frontières religieuses, in: Frédéric Amsler/Sarah Scholl (Hg.), L'apprentissage du pluralisme religieux. Le cas genevois au XIXe siècle, Genève (Labor et Fides) 2013, 189–214; DIES., Mediale Trauer um einen streitbaren religiösen Aktivisten: Hyacinthe Loyson (1827–1912), in: Kirchliche Zeitgeschichte/Contemporary Church History 31 (2018), 363–380.
176 Ludwig Kilchmann lebte 1839–1874.

zum Pfarrverweser.[177] Doch nicht an allen Orten, an denen Katholiken sich gegen die neuen Dogmen gewandt hatten, entstanden tatsächlich christkatholische Gemeinden. Im Berner Jura waren sie nicht von langer Dauer, im Schwarzbubenland[178] bildeten sich keine Gemeinden.[179] Im aargauischen Fricktal hingegen formierten sich mehrere christkatholische Gemeinden, die alle in kurzer Distanz voneinander liegen. Hier wirkten pastorale Einflüsse des Josephismus[180] und des letzten Konstanzer Bistumsverwesers, Ignaz Heinrich von Wessenberg, aus dem 18. und frühen 19. Jahrhunderts weiter; sie verdichteten sich nach 1870 zu einer breit in der Bevölkerung verankerten Ablehnung der päpstlichen Vormachtstellung.

Die Spannungen zwischen konservativen und liberalen Katholiken wuchsen durch solche Entscheidungen und Positionsbestimmungen auf beiden Seiten.[181] Sie fanden ihren Ausdruck in polemischen Publikationen und Aktionen. Papst Pius IX. schürte das kulturkämpferische Feuer mit seiner Enzyklika *Etsi multa luctuosa* über die Kirche in Italien, in Deutschland und der Schweiz vom 21. November 1873.[182]

---

177 Die Geschichte wird sehr gut dokumentiert beschrieben von MAX STIERLIN, Die Katholiken im Kanton Zürich 1862–1875 im Spannungsfeld zwischen Eingliederung und Absonderung, Zürich (NZN-Buchverlag) 1996. – Friedrich Michelis (1815–1886), dessen Vortragstätigkeit in Südbaden mehrere altkatholische Gemeindegründungen initiierte, wurde 1875 altkatholischer Pfarrer von Freiburg i. Br. Zu ihm: BERLIS, Frauen, 103 Anm. 349.
178 Siehe dazu REMO ANKLI, Freisinnig und katholisch. Das Schwarzbubenland im Kulturkampf, Fribourg (Academic Press) 2010, insbesondere 236–240.
179 Einen Überblick über den Stand der christkatholischen Gemeindebildungen Ende 1873 gibt VON ARX, Vor 125 Jahren, Folge 23, in: Christkatholisches Kirchenblatt 121 (1998), 404 f.
180 Zu Josephismus und zu Wessenberg, s. o. Kap. 1.7.
181 In Basel bildete sich am 29. November 1872 ein Verein freisinniger Katholiken. Die katholische Gemeinde war gespalten. Die römisch-katholische Gemeinde war von 1876 bis 1973 eine freie, staatsunabhängige Genossenschaft, während sich ab 1873 die etwa 2000 Seelen zählende christkatholische Gemeinde als katholische Landeskirche von Basel-Stadt konstituierte. Siehe dazu den Vortrag von GOTTLIEB WYSS, Geschichte der christkatholischen Kirche Basel-Stadt, in: Der Katholik 63 (1940), 355–357.362–364.371–374.378–380. Wyss hielt ihn am 25. Juni 1939, dem Vorabend einer Session der Nationalsynode in Basel. Wie ein zeitgenössischer romtreuer Pfarrer die Auseinandersetzungen erlebte, beschreibt in jüngerer Zeit PATRICK BRAUN, Die Entwicklung der katholischen Gemeinde Basel im Erleben ihres Pfarrers Burkard Jurt (1858–1900), in: Basler Zeitschrift für Geschichte und Altertumskunde 117 (2017), 155–185.
182 Etsi multa luctuosa. Enzyklika von Papst Pius IX., in: Acta Sanctae Sedis 7 (1872) 465–479. 1915 erschien eine Neuauflage, bei der auf der Titelseite fälschlicherweise angegeben ist, die Akten würden die Jahre 1892–1893 umfassen. Schriftsatz und Seitenzahlen stimmen nicht mit der Erstausgabe überein, die Enzyklika ist dort auf S. 496–512 zu finden. Diese Neuauflage ist auf der Website des Vatikans zugänglich: https://www.vatican.va/archive/ass/documents/ASS-07-1872-73-ocr.pdf, zuletzt geprüft am 31.12.2021. Allerdings fehlen im Digitalisat die ersten zwei Seiten der Enzyklika. – In Auszügen in lateinischer Sprache auch veröffentlicht in EMIL FRIEDBERG, Aktenstücke die altkatholische Bewegung betreffend, mit

2.4 Konflikte, Konferenzen und kirchliche Organisation

Darin verdammte er kantonale Kirchengesetze als «antikatholisch», exkommunizierte altkatholische «Apostaten»,[183] allen voran den 1873 gewählten und geweihten Bischof Josef Hubert Reinkens in Deutschland. Ausserdem forderte er romtreue Katholiken zum Widerstand gegen staatliche Gesetze in der Schweiz und in Preussen auf. Der Bundesrat brach daraufhin die diplomatischen Beziehungen zum Vatikan ab – liberale Politiker hatten bereits seit dem Untergang des Kirchenstaats am 20. September 1870 die Auflösung der Nuntiatur gefordert.[184] Der in Luzern residierende Nuntius, Giovanni Battista Agnozzi[185], musste die Schweiz verlassen. Er tat dies am 12. Februar 1874 mit dem markanten Abschiedsgruss: «Vale Helvetia, cum usibus et abusibus tuis» («Lebe wohl, Schweiz, mit deinen Sitten und Unsitten»).[186] Eduard Herzog und andere antivatikanisch gesinnte Priester des Bistums Basel wurden – auffällig spät, am 30. November 1873 – von Bischof Lachat namentlich exkommuniziert.[187] Ein päpstliches Interdikt (=Untersagung) vom 12. März 1873 hatte bereits allen römischen Katholiken den Simultangebrauch von Kirchgebäuden, die christ- und altkatholische Gemeinden benutzten, untersagt.[188]

Die auf den 31. August 1873 nach Olten einberufene zweite Delegiertenversammlung des «Schweizerischen Vereins freisinniger Katholiken», bei der 90 Delegierte aus den Kantonen Genf, Bern, Baselland, Aargau, Zürich, Thurgau, Graubünden, Luzern und Solothurn anwesend waren, wurde damit beauftragt, die Schaffung einer kirchlichen Organisation in die Wege zu leiten. Bei der dritten Delegiertenversammlung am 14. Juni 1874 im Kasinosaal in Bern wurde über einen

---

einem Grundriss der Geschichte derselben, Tübingen (H. Laupp) 1876, 390-393; in englischer Übersetzung zugänglich auf www.papalencyclicals.net/Pius09/p9etsimu.htm, zuletzt geprüft: 31.12.2021.

183 Apostaten sind übersetzt «vom Glauben Abgefallene». Es ist der am stärksten abwertende Begriff für Gläubige, die sich von ihrer angestammten Kirche trennen. Ein Apostat oder eine Apostatin wendet sich vom Glauben an sich ab; der Begriff ist damit schärfer als «Häretiker» oder «Häretikerin», d.h. eine Person, die einem Irrglauben anhängt, und erst recht schärfer als «Schismatiker» oder «Schismatikerin», d.h. eine Person, die sich abspaltet, ohne eine Irrlehre zu vertreten. Alle drei Begriffe sind polemische Fremdbezeichnungen, die in der altkatholischen Theologie in der Regel vermieden werden.

184 Erst ein halbes Jahrhundert später – im Jahr 1920 – beschloss der Bundesrat, die diplomatischen Beziehungen zum Vatikan wiederaufzunehmen. Die Nuntiatur befindet sich seitdem in Bern. Hundert Jahre später beschloss der Bundesrat am 1. Oktober 2021, künftig eine Schweizer Botschaft in Vatikanstadt einzurichten. Bereits seit Anfang der 1990er Jahr gab es einen Botschafter mit Sondermission.

185 Giovanni Battista Agnozzi lebte 1821–1888.

186 Siehe dazu URBAN FINK, Die Luzerner Nuntiatur 1586–1873. Zur Behördengeschichte und Quellenkunde der päpstlichen Diplomatie in der Schweiz, Luzern (Rex Verlag) 1997, 80–85.

187 FINK, Nuntiatur.

188 Vgl. dazu Schulte, Altkatholizismus, 359 f., s. auch Kap. 4.3, S. 179–181.

hauptsächlich von Eduard Herzog und dem späteren Bundesrichter Leo Weber ausgearbeiteten Verfassungsentwurf diskutiert. Längere Verhandlungen waren notwendig, da es vor allem über die Frage, ob das Bischofsamt beibehalten werden solle oder nicht, grundlegende Diskussionen gab. Vorbehalte gegenüber dem Bischofsamt gab es wegen der Enttäuschung vieler Katholikinnen und Katholiken über die Art und Weise, wie sich viele Bischöfe nach dem Ersten Vatikanum verhalten hatten; ein weiterer Grund war die politisch-freisinnige Ausgangslage, die spezifisch für die Schweiz war. Schliesslich setzte sich aber die Auffassung durch, zu einer katholischen Kirche gehöre auch das Bischofsamt, doch benötige es ein starkes synodales Gegenüber. Ausserdem wurde beschlossen, die kirchliche Organisation «christkatholisch» zu nennen, was damals ein Synonym zu «katholisch» war.[189] Bei der folgenden vierten Delegiertenversammlung am 21. September 1874 in Olten wurde die Verfassung angenommen, die der Kirche eine bischöflich-synodale Struktur gab.[190] Das oft fälschlich dem Kirchenvater Augustin zugeschriebene Motto, «im Notwendigen Einheit, in Zweifelsfragen Freiheit, in allem die Liebe»[191], das im 19. Jahrhundert in kirchlichen Streitfragen eine gewisse Konjunktur hatte, zeugt von dem gefundenen Kompromiss; es steht bis heute am Anfang der Verfassung der Christkatholischen Kirche der Schweiz. Ein Jahr später, am 14. Juni 1875, konstituierten sich Delegierte und Geistliche in Olten zur Nationalsynode der Christkatholischen Kirche der Schweiz. Die erste Synodesession wählte das Synodebureau und den Synodalrat; sie setzte die Verfassung, zudem die Geschäftsordnungen von Synode und Synodalrat sowie die Ordnungen für die Bischofswahl und die bischöfliche Amtsführung in Kraft – diese galten mit wenigen Änderungen bis zur Totalrevision der Kirchenverfassung im Jahr 1989. Der Bundesrat genehmigte die Verfassung der Christkatholischen Kirche der Schweiz und damit die Errichtung eines Bistums am 28. April 1876.[192]

Die zweite Session der Nationalsynode am 7./8. Juni 1876 in Olten, bestehend aus 104 Laien und 54 Geistlichen, fasste mehrere wegweisende Beschlüsse: Sie nahm erstens einen programmatischen Antrag des in Bern lehrenden Theologieprofessors Eugène Michaud an, in dem sie sich zur Wiedervereinigung der Kirchen bekannte und ihre Bindung an die ungeteilte katholische Kirche mit ihrem Glau-

---

189 Siehe dazu von Arx, Vor 125 Jahren, Folge 25, in: Christkatholisches Kirchenblatt 122 (1999), 225 f.
190 Zum heutigen Stand s. Lebrun, Droit.
191 Der Spruch stammt von Markantun de Dominis, Erzbischof von Split, aus dem frühen 17. Jahrhundert. Vgl. Henk J. M. Nellen, De zinspreuk «In necessariis unitas, in non necessariis libertas, in utrusque caritas», in: Nederlands archief voor kerkgeschiedenis 79 (1999), 99–106.
192 Die Anerkennung von Kirche und Bischof durch einzelne Kantone erfolgte z.T. bereits davor, vgl. von Arx, Vor 125 Jahren, Folgen 30 / 123 (2000), 138–140 und 31 / 124 (2001), 111 f.

bensbekenntnis, ihrer kirchlichen Ordnung, Moral und Liturgie unterstrich.[193] Zweitens nahm die Versammlung die Wahl eines Bischofs vor. Der Bundesrat hatte die Bischofswahl unter drei Voraussetzungen bewilligt: Der künftige Bischof besitze das Schweizer Bürgerrecht, habe seinen Wohnsitz in der Eidgenossenschaft und übe keine geistlichen Amtshandlungen ausserhalb der Schweiz aus. Wählbar waren 13 Geistliche, die diese Voraussetzungen erfüllten.[194] Im ersten Wahlgang wurde der Oltner Pfarrer und Berner Theologieprofessor Eduard Herzog mit 117 Stimmen gewählt, 34 Stimmen entfielen auf den Stadtpfarrer von Rheinfelden, Carl Schröter (1826–1886), vier auf weitere Geistliche. Die Wahl Herzogs war nicht unerwartet, trotz seines für einen Bischof jugendlichen Alters von nur 35 Jahren. Dramatisch wurde es, als der Gewählte die Wahl nicht annehmen wollte und sich erst durch weiteres Zureden, insbesondere von Augustin Keller, davon überzeugen liess.[195]

Drittens nahm die zweite Synodesession mehrere Reformanträge an, die die Gemeinde Basel bereits ein Jahr zuvor eingebracht hatte: Die Ohrenbeichte wurde der freien Entscheidung der Gläubigen anheimgestellt. Die Feier der Messe in der Landessprache wurde gestattet und eine Kommission für die Herausgabe liturgischer Bücher – Rituale und Missale – in deutscher und französischer Sprache eingesetzt. Das deutsche Rituale erschien nach Vorlage bei der Synodesession 1877 zwei Jahre später in revidierter Fassung. Bereits 1879 legte Bischof Herzog ein von ihm und Otto Hassler verfasstes deutschsprachiges Gebetbuch vor.[196]

Ein weiterer wichtiger Reformentscheid war die Aufhebung der Zölibatsverpflichtung der Priester. Bereits vor dem Synodenbeschluss gab es in der christkatholischen Kirche verheiratete Priester: Da das kantonale Genfer Kirchengesetz von 1873 keine Zölibatsklausel enthielt, wählten die Genfer Katholiken 1873 gleich mehrere verheiratete Priester als Pfarrer. Père Hyacinthe Loyson hatte bereits 1872

---

193 Die Erklärung ist im Anhang abgedruckt: S. 344. Das Bekenntnis zur Wiedervereinigung der Kirchen und zur ungeteilten Kirche findet sich bereits bei Döllinger, Michauds Doktorvater, und in den von ihm organisierten Bonner Unionskonferenzen von 1874 und 1875, vgl. dazu HEINRICH REUSCH (Hg.), Bericht über die 1874 und 1875 zu Bonn gehaltenen Unions-Conferenzen. Mit einer Einführung von Günter Eßer, Bonn (Alt-Katholischer Bistumsverlag) 2002 [= Neudruck der Ausgabe in zwei Bänden von 1874 und 1875]. Siehe auch im Anhang die «Texte zur Wiedervereinigung der Kirchen», S. 341–357.
194 Siehe VON ARX, Vor 125 Jahren, Folge 31, in: Christkatholisches Kirchenblatt 124 (2001), 111 f.
195 «Sie sind der erste christkatholische Bischof der Schweiz, Sie waren der Erste, der in die altkatholische Bewegung eintrat, Sie dürfen sich nicht zurückziehen [...]. Sie haben bei Ihren jungen Jahren auch eine Pflicht gegenüber der Zukunft.» ARNOLD KELLER, Augustin Keller, 1805 1883. Ein Lebensbild und Beitrag zur vaterländischen Geschichte des XIX. Jahrhunderts, Aarau (H. R. Sauerländer) 1922, 471.
196 Zur liturgischen Entwicklung s. u. Kap. 4.1, S. 169–173. Otto Hassler (1843–1896) wurde 1876 Pfarrer von Olten, ab 1879 von Basel.

die amerikanische Witwe Emilie Meriman geb. Butterfield[197] geheiratet und damit weltweit Aufsehen erregt. Zwei Wochen vor der zweiten Session der Nationalsynode heiratete Paulin Gschwind 1876 die verwitwete Lehrerin Marie Rosina Hofer verw. Zeller. Im Jahr 1883 hielt der evangelische Kirchenhistoriker Friedrich Nippold, ein grosser Freund der altkatholischen Kirchen und Unterstützer der Gründung der Berner Fakultät, fest, dass die Geistlichen der französischen Schweiz sich fast alle, von den Geistlichen der deutschen Schweiz etwa die Hälfte verheiratet hätten. «Mit all diesen Reformen aber hat sich mehr und mehr auch die katholische Bevölkerung der deutschen Schweiz ausgesöhnt.»[198] Mit der Einführung der Klerikerehe veränderte sich auch das Pfarrhaus, in dem nun nicht mehr ein oder mehrere zölibatäre Priester, oft gemeinsam mit einer Verwandten oder einer Haushälterin wohnten, sondern eine Pfarrfrau und allfällige Kinder.[199]

Nach der Bischofswahlordnung hatte die Weihe eines neu gewählten Bischofs innerhalb von drei Monaten zu geschehen. Da den niederländischen Altkatholiken die Reformen der Schweizer zu weit gingen, waren sie nicht zur Mitwirkung bereit. So erteilte am 18. September 1876 Bischof Joseph Hubert Reinkens die Weihe in der Stiftskirche St. Martin, der Stadtkirche von Rheinfelden, allein.[200] Mit Herzogs Wahl und Weihe war der Prozess der «katholischen Kirchwerdung», der in der Schweiz von 1870 bis 1876 dauerte, abgeschlossen.[201]

---

197 Zu ihr siehe BERLIS, Sympathy.
198 FRIEDRICH NIPPOLD, Geschichte des Katholizismus seit der Restauration des Papstthums, Elberfeld (Friderichs) ³1883, 477; RUDOLF DELLSPERGER, Nippold, Friedrich. Version vom 06.08.2009, in: Historisches Lexikon der Schweiz, https://hls-dhs-dss.ch/de/articles/010771/2009-08-06, zuletzt geprüft: 31.12.2021.
199 Das Thema «Pfarrfrauen» kann in diesem Rahmen nicht weiter verfolgt werden. Verschiedene Pfarrfrauen haben auf der Ebene ihrer Gemeinde, auf regionaler und überregionaler Ebene, etwa auch im Verband christkatholischer Frauenvereine, eine bedeutende Rolle gespielt. Diese ist jedoch bisher für die christkatholische Kirche nicht aufgearbeitet worden. Auch das Thema Trennung oder Scheidung wird hier nicht weiter behandelt. Dazu wurde 1987 durch die Nationalsynode ein Reglement beschlossen. Die Stellung der Pfarrfrau wird darin nicht behandelt, was aufzeigt, wie undefiniert und fragil sie ist.
200 Nach altkirchlichem Usus wird eine Bischofsweihe in Anwesenheit von drei Bischöfen vollzogen, was im Fall von Herzog nicht möglich war. Alle Nachfolger Herzogs wurden nach dem bestehenden Usus geweiht. Die Anwesenheit von mindestens drei, aber auch mehr Bischöfen symbolisiert die Zustimmung und Kollegialität mit anderen Bischöfen und ihren Kirchen; zur Gültigkeit der Weihe sind sie jedoch nicht ausschlaggebend. Siehe auch in Kap. 3.7, S. 148.
201 KÜRY, Eigenexistenz, 54, spricht tatsächlich von katholischer Kirchwerdung, sieht dies aber auch weiterhin als fortdauernden Prozess.

2.5 Mitgliederentwicklung, Gemeindebildungen und Diasporaseelsorge

Bisher standen historische Entwicklungen im Mittelpunkt, die von der Protestbewegung zur Kirchwerdung mit ihrer gesamtschweizerischen, bischöflich-synodalen Struktur und Verfassung führten. In den folgenden Abschnitten werden unterschiedliche Aspekte des Aufbaus und der Konsolidierung der christkatholischen Kirche behandelt: Wie es zur Bildung von Gemeinden kam und wie mit der von Anfang an bestehenden Diaspora umgegangen wurde, die Gründung einer theologischen Fakultät vor der Kirchwerdung der Kirche, die Rolle der Bischöfe und anderer kirchenleitender Persönlichkeiten als wichtigen Integrationsfiguren sowie die Prägung des kirchlichen Lebens durch Synoden, durch Vereine und Verbände und die Bedeutung der Presse.

Eine Kirche besteht aus Mitgliedern, die in Kirchgemeinden oder in der Diaspora leben. Die Bildung und Konsolidierung von Gemeinden verlief – wie in diesem Abschnitt gezeigt wird – an verschiedenen Orten in unterschiedlicher Weise. Anhand der Geschichte der christkatholischen Kirche in den ersten Jahrzehnten ihrer kirchlichen Eigenexistenz lässt sich nachvollziehen, wie eine kirchliche Organisation aufgebaut wird. Wichtige Informationen dazu sind in den Briefen von Bischof Herzog an Kirchenmitglieder und an seine bischöflichen Amtskollegen im Ausland,[202] aber auch in den Protokollen der Sessionen der Nationalsynode zu finden. Hier wird synodale Entscheidungsfindung in den wesentlichen Fragen des kirchlichen Lebens dokumentiert. Die jährlichen Berichte des Bischofs vor den Synodalen geben Aufschluss über Entwicklungen in der Kirche, über den Stand der Gemeinden, die Zahl der Gemeindemitglieder, der Taufen und Todesfälle.

Die Zahl der Mitglieder nahm kontinuierlich ab: 1877 gab es 46 600 Mitglieder in etwa 61 Gemeinden und anderen Körperschaften, 1930 waren es 27 900. Die Gründe für die Abnahme waren vielfältig: Im 19. Jahrhundert spielten neben der bürgerlichen Ausrichtung der christkatholischen Kirche, die andere soziale Schichten lediglich in geringem Ausmass anzuziehen vermochte, auch soziale Faktoren wie Gruppenzugehörigkeit und unterschiedliche Ausprägungen von Frömmigkeitsformen eine Rolle. Der Geburtenrückgang ab den 1930er Jahren, Abwanderung und Verringerung von Beitritten führten in den Folgejahrzenten zu einer weiteren Reduktion.[203] So waren es 1990 noch 14 400 Kirchenmitglieder, 2000 deren 13 100.[204] Im Jahr 2000 befanden sich die 33 Kirchgemeinden

---

202 Vgl. ANGELA BERLIS/MARTIN BÜRGIN (Hg.), Eduard Herzog – Joseph Hubert Reinkens. Briefwechsel 1876-1896 [Erscheinen für 2025 geplant].
203 Für ein genaueres Bild müssten entsprechende Listen ausgewertet werden. Vgl. zum Jahr 1940: Katholik 63 (1940), 221 (Bericht des Bischofs bei der Synode).
204 Zahlen nach URS VON ARX, Christkatholische Kirche, Version vom 04.03.2010, in: Historisches Lexikon der Schweiz, https://hls-dhs-dss.ch/de/articles/011432/2010-03-04, zuletzt

in den Kantonen Aargau, Solothurn, Bern, Zürich, den beiden Basel, Luzern, Genf, St. Gallen, Schaffhausen und Neuenburg. Seit den 1980er Jahren wurden wegen abnehmender Zahlen oder wegen der Unmöglichkeit, die entsprechenden Leitungsämter zu besetzen, verschiedene Gemeinden zusammengelegt: Im Kanton Solothurn waren dies die christkatholischen Gemeinden Schönenwerd und Niedergösgen (1985); aus dem Zusammenschluss der Gemeinden Olten, Trimbach, Starrkirch und Hägendorf entstand im Kanton Solothurn die Kirchgemeinde «Region Olten» (2008). Im Kanton Aargau wurden seit 2010 die christkatholischen Gemeinden Olsberg und Magden (2010), Kaiseraugst und Rheinfelden (2013), Zofingen und Aarau (2018) zusammengeschlossen. Im Kanton Neuenburg kam es zu einer Neuumschreibung der christkatholischen Gemeinde Neuchâtel (2012).[205] Den Fusionen ging in der Regel eine jahrelange pastorale Zusammenarbeit der betreffenden Gemeinden voraus, die mehr oder weniger stark strukturell festgelegt war.[206] Ausserdem gab es seit 2010 interne Regelungen im Hinblick auf bestimmte Diasporagebiete, die zu bestimmten staatlich errichteten Kirchgemeinden hinzugefügt wurden.[207] Derzeit – Stand 2021 – bestehen 29 christkatholische Kirchgemeinden, dazu die Diasporagebiete, mit insgesamt 11 333 Kirchenmitgliedern.

Wie aber war es nach dem Ersten Vatikanum zur Bildung christkatholischer Gemeinden gekommen?[208] Hier können mit Urs Küry die folgenden sechs Typen unterschieden werden – zu jedem Typus werden, ohne Anspruch auf Vollständig-

---

geprüft: 31.12.2021; DERS., Vor 125 Jahren, Folge 31, in: Christkatholisches Kirchenblatt 124 (2001) 111 f.

205 Vorher hiess die Gemeinde Paroisse catholique-chrétienne de La Chaux-de-Fonds, die unter dieser Bezeichnung den ganzen Kanton Neuenburg umfasste, Neuchâtel war darin eine Filialgemeinde (*paroisse partielle*). Seit 2012 heisst die Gemeinde Paroisse catholique-chrétienne du Canton de Neuchâtel. Für die Mitteilungen zu den Fusionen und zu den Zahlen in diesem Abschnitt danken wir Pfr. em. Rolf Reimann, Sekretariat des Synodalrats.

206 Schönenwerd und Niedergösgen zum Beispiel traten seit 1964 in den Gemeindenachrichten im Kirchenblatt gemeinsam auf.

207 Etwa Thurgau West zur Kirchgemeinde Schaffhausen oder Diasporagebiete in der weiteren Ostschweiz zu St. Gallen. Diese internen Regelungen wurden nicht im staatlichen Recht erfasst.

208 Für einige Gemeinden liegen dazu Einzeldarstellungen vor, die zum Teil auch für die Entwicklungen über diese Gemeinde hinaus von Interesse sind: KARL WEISS, Fünfundzwanzig Jahre im Kampfe gegen Rom. Geschichte der christkatholischen Gemeinde St. Gallen, St. Gallen – Leipzig (Wiser & Frey) o. J. [1903]; ANDRÉ GENDRE/FRANCIS KAUFMANN/BLAISE NUSSBAUM/CHRISTOPH SCHULER (Hg.), Les 125 ans de l'église catholique-chrétienne dans le canton de Neuchâtel. Entre Rome et Genève, La Chaux-de-Fonds (Ed. catholique-chrétiennes) 2001; GILG, Christkatholizismus (zu Luzern); FLÜCKIGER/JENZER (Hg.), Christkatholisch (zu Solothurn).

2.5 Mitgliederentwicklung, Gemeindebildungen und Diasporaseelsorge

keit, Beispiele genannt.[209] Erster Typ: Eine Gemeinde erklärte gemeinsam mit ihrem Pfarrer: «Wir bleiben katholisch, wie wir es bis jetzt waren», und schloss sich ohne weitere Auseinandersetzung vor Ort der christkatholischen Kirche der Schweiz an. So geschah es in Rheinfelden. Zweiter Typ: Eine Gemeinde stellte sich mehrheitlich hinter ihren Pfarrer, der wegen seines Widerstands gegen die vatikanischen Dekrete exkommuniziert worden war; dabei wurde sie von der Regierung unterstützt. So geschah es in der Kirchgemeinde Starrkirch-Dulliken, die sich mit sehr grosser Mehrheit hinter Paulin Gschwind stellte. Dritter Typ: Eine Gemeindeversammlung lehnte die neuen Dogmen ab. Auf der Grundlage bestehender oder neuer Gesetze wählten die Gemeindeversammlung oder die zuständigen politischen Behörden einen christkatholischen Pfarrer. So geschehen zum Beispiel in Olsberg, Olten, Trimbach, La Chaux-de-Fonds, Bern, Genf. Vierter Typ: Die Gemeindeversammlung lehnte die vatikanischen Dogmen zwar ab, der Pfarrer war aber infallibilistisch gesinnt, befürwortete also die päpstliche Unfehlbarkeit, und konnte nicht ohne Weiteres abgesetzt werden. Die Gemeinde musste nun teilweise einige Jahre warten, bis ein «gesinnungsverwandter» Priester gefunden und installiert werden konnte. So geschehen zum Beispiel in Aarau, Möhlin, Obermumpf-Wallbach, aber auch in Grenchen, Hellikon und Magden. Fünfter Typ: Die Gemeinde wählte eine mehrheitlich christkatholische Kirchenpflege, es gelang ihr aber erst nach längerer Zeit, einen christkatholischen Priester zu gewinnen. So geschehen in Lenzburg und in St. Gallen. Sechster Typ: Ein «Verein freisinniger Katholiken» setzt in der Gemeinde durch, dass sie sich der christkatholischen Kirche anschloss (Zürich, Solothurn) oder sich selbst als Gemeinde konstituierte (Basel, Schaffhausen).[210]

Daneben gab es – wie bereits erwähnt – auch Orte, an denen es aus unterschiedlichen Gründen nicht zur Bildung christkatholischer Gemeinden kam. Ein Grund war zum Beispiel, dass ein «Verein freisinniger Katholiken» nicht die Mehrheit der Gemeinde hinter sich hatte und ein prominenter Politiker sich gegen die Gemeindebildung aussprach. In solchen Fällen – es gab in der Ostschweiz etwa vierzehn davon – war der Verein nicht in der Lage, die Gemeindebildung in Gang zu setzen.

Gemeindegründungen späterer Zeit sind hier nicht einbezogen, sie hatten in der Regel staatskirchenrechtliche Gründe. So wurde etwa Thun immer von der Kirchgemeinde Bern seelsorgerlich betreut und galt als «Filialgemeinde» von Bern,

---

209 Urs Küry, Wie es zur Bildung von Gemeinden und zur Konstituierung der christkatholischen Kirche der Schweiz kam, in: Jahrbuch der Christkatholischen Kirche der Schweiz 81 (1971), 19–23, hier 22.
210 Die Zuordnung zu bestimmten Typen, wie Küry sie vornimmt, müsste für jede Gemeinde im Einzelnen näher bestimmt werden. Manche Gemeinden können durchaus auch zwei Typen zugeordnet werden, so passt Küry zufolge etwa Solothurn nicht nur zum sechsten, sondern auch zum fünften Typ.

obwohl Thun faktisch finanziell und organisatorisch weitgehend selbstständig war. Auf den 1. Juli 1996 änderte der Grosse Rat des Kantons Bern das Dekret über die christkatholische Landeskirche, nachdem die Kirchgemeindeversammlungen Bern und Thun dazu der Trennung zugestimmt hatten. Das Gemeindegebiet wurde neu umschrieben, ein Gemeindereglement verfasst und genehmigt und damit war eine neue selbstständige Kirchgemeinde entstanden.[211]

Von Anfang an gab es Gesinnungsfreunde und Sympathisantinnen der christkatholischen Bewegung, die in anderskonfessioneller Umgebung «auf einsamen Posten» standen.[212] Bereits 1879 schuf die Nationalsynode eine Kommission, die sich mit diesem Problem – der Seelsorge für die Christkatholikinnen und Christkatholiken in der Diaspora – zu befassen hatte. Das griechische Wort *Diaspora*, das «Zerstreuung» bedeutet, wurde damals noch nicht benutzt. Für die «Wanderprediger bei den Verstreuten»[213] entstand damals die Minoritäten-Kasse, in die Beiträge eigener Kirchenmitglieder, aber auch Spenden, unter anderem von der Kirche von England, einflossen.[214]

Der Christkatholizismus im Tessin ist ein Beispiel für die Bedeutung der Seelsorge für eine Diasporasituation, die sich wegen Arbeits-, später auch Urlaubs- und Altersmigration entwickelte. Anfangs spielte die Nähe zu Italien eine wichtige Rolle, wo es ebenfalls altkatholische Bestrebungen gab,[215] doch kam es aus verschiedenen Gründen nicht zur Bildung einer eigenen Gemeinde im Tessin.[216] Mit dem Bau der Gotthardbahn zwischen 1871 und 1882, dem «bedeutendsten

---

211 In diesem Abschnitt stand die Gemeindebildung im Zentrum. Zur Frage des Ortes für die Feier ihres Gottesdienstes s. u. Kap. 4.3, S. 179–181.
212 Christkatholisches Kirchenblatt 109 (1986), 210.
213 Ebd.
214 Daraus entstand der Diasporaverein, s. u. Kap. 2.8, S. 111; allgemein zur Diaspora s. u. Kap. 6.4, S. 232 f.
215 S. o. Kap. 1.5, S. 38–40.
216 Fabrizio Panzera, Cattolici e protestanti nel Ticino del XIX e XX secolo, in: Zeitschrift für Schweizerische Kirchengeschichte/Revue d'historie ecclésiastique suisse 94 (2000), 91–116; Francesco Maria Negroni, La chiesa cristiana Cattolica Nazionale Svizzera e l'indipendenza politica del Cantone Ticino. Un guanto di sfida racolto. Parte prima, Someo (presso il Sac. Francesco Maria Negroni) 1898. Negroni, der als «Missionar» bezeichnet wird, berichtete bei der Synodesession 1899 über die damalige Situation. Bereits im Folgejahr wurde diese Missionstätigkeit eingestellt und Negroni ging in die USA. Vgl. Protokoll über die XXV. Session der National-Synode der Christkatholischen Kirche der Schweiz. Sitzung vom 25. Mai 1899 gehalten in der Stiftskirche zu Schönenwerd, Laufen (Vonburg'sche Buchdruckerei) 1899, 39–45; Protokoll über die XXVI. Session der National-Synode der Christkatholischen Kirche der Schweiz. Sitzung vom 7. Juni 1900 gehalten in der Aula des Bernoullianums zu Basel, Laufen (Vonburg'sche Buchdruckerei) 1900, 16 f. – Für den folgenden Abschnitt wird Information aus einem Referat von Elisabetta Tisi über «Christkatholiken im Tessin» verwendet, das sie im Seminar «Die Geschichte der Christkatholischen Kirche» von Prof. Angela Berlis im Frühjahrssemester 2016 an der Universität Bern gehalten hat.

schweizer. Verkehrsprojekt des 19. Jahrhunderts»[217] veränderte sich nicht nur die Schweizer Wirtschafts-, sondern auch die Religionsgeografie: Infolgedessen kamen auch deutschsprachige christkatholische Familien ins Tessin. Die Frage nach dem Religionsunterricht für die Kinder und die Feier von Gottesdiensten wurde dringlich, seit Anfang der 1890er Jahre geschah die Seelsorge durch den Pfarrer von Luzern.[218] Dies änderte sich 1996: Von jetzt an waren nicht mehr die geografische Nähe, sondern die Italienischkenntnisse das Kriterium für die Betreuung der Christkatholikinnen und Christkatholiken im Tessin. Seit 2002 übernahm die Kirchgemeinde Zürich die administrative und finanzielle Verantwortung für die Seelsorge im Tessin. Im Jahr 2013 wurde mit Elisabetta Tisi erstmals eine italienische Muttersprachlerin mit der Seelsorge vor Ort betraut, zunächst als Diakonin, seit 2017 als Priesterin.

2.6 Starke Persönlichkeiten in der Kirchenleitung

Seit ihren Anfängen wird die bischöflich-synodal verfasste christkatholische Kirche von starken Persönlichkeiten geleitet. Dazu seien im Folgenden in einem ersten Längsschnitt durch die letzten annähernd 150 Jahre zunächst die bisherigen Bischöfe und anschliessend weitere Personen in synodalen Leitungsfunktionen vorgestellt. Die Verfassung der christkatholischen Kirche räumt dem Bischof zwar eine hohe moralische Autorität, jedoch nicht viele Vorrechte ein. Dass eine katholische Kirche einen Bischof braucht, war nur vor der Wahl des ersten Bischofs umstritten. Bischof Eduard Herzog konsolidierte die Bedeutung des Bischofsamtes und trug dazu bei, die Kirche in geordnete Bahnen zu lenken.

Eduard Herzog, der die Christkatholischen Kirche der Schweiz von 1876 bis zu seinem Tod im Jahr 1924 insgesamt 48 Jahre lang als Bischof leitete, wurde in vielerlei Beziehung zur prägenden Gestalt:[219] Über den Kulturkampf hinaus trug er

---

217 HANS-PETER BÄRTSCHI, Gotthardbahn. Version vom 09.01.2007, in: Historisches Lexikon der Schweiz, https://hls-dhs-dss.ch/de/articles/042006/2007-01-09, zuletzt geprüft: 31.12.2021.

218 Vgl. Protokoll über die Zwanzigste Session der National-Synode der christkatholischen Kirche der Schweiz. Sitzung vom 17. Mai 1894, gehalten im Kantonsratssaal zu Solothurn, Laufen (Vonburg'sche Buchdruckerei) 1894, 26. Auch der Jurist, liberale Nationalrat und Mitbegründer der Luzerner christkatholischen Gemeinde, Josef Leonz Weibel (1847–1899) engagierte sich für das Tessin. Vgl. Protokoll der 25. Session der Nationalsynode (1899), 26 und 42.

219 Zu neueren Forschungen über Eduard Herzog vgl. ANGELA BERLIS (Hg.), Eduard Herzog (1841–1924). Christkatholischer Bischof, Rektor der Universität, Wegbereiter der Ökumene. Neue Forschungsperspektiven zur Geschichte der Christkatholischen Kirche der Schweiz. Internationale Kirchliche Zeitschrift 101 (2011) Nr. 3–4.

nach innen wesentlich zum Aufbau und zur Konsolidierung der christkatholischen Kirche bei, festigte ihre Geistlichkeit, die er als Professor ausbildete,[220] und prägte durch seine Hirtenbriefe und liturgischen Werke ihr geistliches Leben. Herzog verfasste einerseits kirchliche Bücher wie den Katechismus (1887)[221] und das Andachtsbuch «Gott ist die Liebe»[222] (1914), arbeitete aber auch entsprechend seiner Professur über das Neue Testament sowie zu patristischen und anderen Fragen, die sich ihm von seiner bischöflichen Tätigkeit her nahelegten, etwa über Jurisdiktion oder die Gültigkeit von Weihen. Für das Verfassen umfangreicher Bücher blieb ihm keine Zeit, doch seine vielen Stellungnahmen zu theologischen und Tagesfragen weisen ihn als wichtigen theologischen Zeugen und Schriftsteller aus. Eugène Michaud, von Herzog zum bischöflichen Vikar für die Westschweiz ernannt, gab einen Katechismus in französischer Sprache heraus.[223] Während Michaud sehr gute Kontakte zu orthodoxen Theologen unterhielt, engagierte Herzog sich in den ersten Jahrzehnten als Bischof mehr in Bezug auf die anglikanische Kirche. 1878 kam es zu Spannungen zwischen Michaud und Herzog, was Michaud zum Rücktritt als bischöflicher Vikar veranlasste.

Als Bischof stand Herzog ein für die Einheit der christkatholischen Kirche und für ihr Selbstverständnis als katholische Kirche.[224] Nach aussen vernetzte er die christkatholische Kirche international und ökumenisch in einer Weise, die weit über die 1889 von ihm mitbegründete Utrechter Union hinausging.[225] Herzog wurde zu einem Bindeglied zwischen einer altkirchlichen Ökumene, wie sie ab 1870 von führenden Persönlichkeiten der altkatholischen Bewegung formuliert und von der zweiten Session der Nationalsynode 1876 ausdrücklich übernommen worden war, und der modernen ökumenischen Bewegung des 20. Jahrhunderts. So war es eine angemessene Würdigung seiner ökumenischen Pionierrolle, dass Bischof Herzog darum gebeten wurde, die Vorkonferenz von Glauben und Kirchenverfas-

---

220 Die Ultramontanisierung der Geistlichkeit war ein wichtiger Faktor im 19. Jahrhundert. Vgl. Josef Lang, «Die Firma der zeitverständigen Geistlichen stirbt aus». Die Ultramontanisierung des Schweizer Klerus im langen Kulturkampf von 1830–1880, in: Traverse. Zeitschrift für Geschichte 7 (2000), 78–89. Dem stellten Christkatholiken ein anderes Priesterideal entgegen.
221 Erarbeitet mit einer Gruppe von Geistlichen und in zehn Auflagen erschienen: Christkatholischer Katechismus, Bern (K. J. Wyss) [10]1960.
222 Eduard Herzog, Gott ist die Liebe. Andachtsbuch für katholische Christen. Zum privaten und häuslichen Gebrauch, Olten (Verlagsanstalt des Oltner Tagblattes) 1914. Neu aufgelegt 1917 bei Sauerländer in Aarau und durch Urs Küry 1960 bei Vogt-Schild in Solothurn.
223 Eugène Michaud, Catéchisme catholique, Bern (Jent & Reinert) 1876.
224 Vgl. etwa Eduard Herzog, Der religiöse Standpunkt der christkatholischen Kirche, in: Internationale Kirchliche Zeitschrift 9 (1919), 273–288.
225 Vgl. Eduard Herzog, Internationale Beziehungen der christkatholischen Kirche der Schweiz, in: Internationale Kirchliche Zeitschrift 9 (1919), 1–37; Berlis (Hg.), Herzog.

sung 1920 in Genf mit einem Gebet zu eröffnen.[226] Über Herzog, «einer überaus würdevollen und geistlich feinen Hirtengestalt», wird aus ökumenischer Sicht festgehalten: «In seinen Auffassungen von Amt, Liturgie, Verkündigung, Gebet, Glauben, Freiheit, Liebe finden sich in nuce bereits in wundervoller Reinheit die Gedanken und Anliegen einer ‹Evangelischen Katholizität›, wie sie später etwa von Söderblom vertreten worden sind.»[227]

Die besondere Bedeutung Bischof Herzogs spiegelt auch seine Nachwirkung: Von keiner anderen Persönlichkeit der christkatholischen Kirche finden sich noch heute in Kirchen, Pfarrämtern und Kirchgemeindesälen so viele Statuen und Bildnisse wie von ihm – sogar in Deutschland (Krefeld) und in Polen sind Säle oder Häuser nach ihm benannt.[228]

Zu Herzogs Nachfolger wurde am 16. Juni 1924 – nicht unerwartet – **Adolf Küry**[229] gewählt, der unter Herzog bereits bischöflicher Vikar und nach seinem Tod Bistumsverweser gewesen war. Küry hatte auch in Fragen des christkatholischen Presseauftritts eng mit ihm zusammengearbeitet. Er stand an der Wiege des «Christkatholischen Presskomitées» und des christkatholischen Schriftenlagers und war viele Jahre Redaktor des «Katholik» und der «Internationalen Kirchlichen Zeitschrift» (IKZ). Küry, der zunächst Pfarrer in Starrkirch und Luzern und ab 1906 in Basel zweiter Pfarrer war, hatte schon damals seinen weiten Blick für die ökumenischen und diakonischen Aufgaben der Kirche bewiesen. Er engagierte sich für die Einführung christkatholischer Krankenschwestern, wie es sie in Deutschland seit Ende der 1880er Jahre gab, und stand an der Wiege des Diasporavereins. Während des Ersten Weltkriegs und danach spielte Adolf Küry als Redaktor der IKZ eine wichtige Rolle, um die damals noch junge Bewegung für Glauben und Kirchenverfassung in Europa bekannt zu machen. Auch als Bischof setzte er sein ökumenisches Engagement fort. 1927 nahm er an der ersten Konferenz für Glauben und Kirchenverfassung in Lausanne teil und später bei weiteren ökumenischen Versammlungen.

---

226 Das Gebet ist im Anhang abgedruckt: S. 345 f. Siehe auch Abb. 58 im Bildteil, S. 287.

227 Peter Vogelsanger, Über die Anfänge der Ökumenischen Bewegung in der Schweiz, in: Jean-Louis Leuba/Heinrich Stirnimann (Hg.), Freiheit in der Begegnung. Zwischenbilanz des ökumenischen Dialogs, Frankfurt a. M. (Josef Knecht) 1969, 147–161, hier 155. – Nathan Söderblom war Erzbischof von Uppsala und Hauptinitiant der Bewegung für Praktisches Christentum (s. u. Kap. 5.1, S. 188). Er erhielt 1930 den Friedensnobelpreis. Als junger Theologe war Söderblom Eduard Herzog begegnet und von ihm beeindruckt, wie er in seiner Autobiografie festhielt.

228 Ein Beispiel für eine Eduard-Herzog-Büste ist das Titelbild dieses Kapitels, s. o. S. 54. Seit kurzem heisst das neue Kirchgemeindehaus der Kirchgemeinde Baden-Brugg-Wettingen in Würenlingen «Eduard-Herzog-Haus».

229 Adolf Küry lebte 1870–1956. Zu ihm: Hans A. Frei, Küry, Adolf. Version vom 05.11.2007, in: Historisches Lexikon der Schweiz, https://hls-dhs-dss.ch/de/articles/010718/2007-11-05, zuletzt geprüft: 31.12.2021; W[ilhelm]H[eim], Zum Eintritt ins 8. Lebensjahrzehnt, in: Der Katholik 63 (1940), 225–226.

1931 war er massgeblich beteiligt am Zustandekommen des Bonner Abkommens mit der anglikanischen Kirche. Nach innen wirkte er am Aufbau der Kirche, indem er die Bande untereinander stärkte: Ab 1926 berief er regionale Konferenzen der Geistlichen ein, um ihre wissenschaftliche und praktische Weiterbildung sowie Fragen des Gemeindelebens mit ihnen zu besprechen. Auch über seine eigene Tätigkeit berichtete er dort – eine Struktur, die sich bis heute für die gesamtschweizerische Pastoralkonferenz erhalten hat. Als Bischof führte er die Kirche durch die Zeit des Zweiten Weltkriegs, auch danach engagierte er sich weiter für die Flüchtlingshilfe. «Bischof Küry vereint den Geist zweier Zeitalter, des 19. und des 20. Jahrhunderts», schrieb Bruno Amiet zu Kürys 25-jährigem Bischofsjubiläum: Küry betrachte es als Mission der Kirche, «die menschliche Persönlichkeit zu formen und mit christlichem Geist zu erfüllen und gleichzeitig das soziale Gewissen zu wecken, wovon er schon oft in seinen Hirtenbriefen gesprochen hat.»[230]

1955 folgte ihm sein Sohn **Urs Küry**[231] im Amt. Ein Bischofswechsel vom Vater auf den Sohn kommt in der Kirchengeschichte nicht allzu häufig vor! Er stiess auch in den Medien auf Aufmerksamkeit.[232] Im Hinblick auf die Ökumene trat Urs Küry in die Fussstapfen seiner Vorgänger: Bei der Gründung des Weltkirchenrats 1948 in Amsterdam vertrat er – damals noch als Professor – die Christkatholische Kirche der Schweiz. 1951 nahm Urs Küry offiziell an den Feierlichkeiten teil, mit denen an die Ankunft des Apostels Paulus in Griechenland 1900 Jahre zuvor erinnert wurde. Als Bischof war er 1972 bei der dritten Weltkonferenz für Glauben und Kirchenverfassung in Lund anwesend. In Kürys Amtszeit fiel auch das Zweite Vatikanische Konzil (1962 1965) und die anschliessende Öffnung der römisch-katholischen Kirche, wodurch sich eine Veränderung im Verhältnis zwischen römisch-katholischer und christkatholischer Kirche anbahnte. 1966 nahm die Christkatholisch – Römisch-katholische Gesprächskommission ihre intensive Arbeit auf.[233] Glaubensunterweisung und Erwachsenenbildung lagen Urs Küry sehr am Herzen, er gab unter anderem 1968 eine Kirchengeschichte für den christkatholischen Unterricht

---

230 Bruno Amiet, Bischof und Synodalrat, in: Der Katholik 72 (1949), 198 f., hier 199. Die Hirtenbriefe von Adolf Küry erschienen in der kirchlichen Presse und als Sonderdrucke.
231 Vgl zu ihm: Hans A. Frei, Urs Küry (1901–1976). Ein Leben für die Kirche, in: Bruno Bürki/Stephan Leimgruber (Hg.), Theologische Profile. Schweizer Theologinnen und Theologen im 19. und 20. Jahrhundert, Fribourg (Universitäts-Verlag & Paulusverlag) 1998, 218–230.
232 Vgl. die Radioansprache von Albert Emil Rüthy am 7. Dezember 1955, veröffentlicht unter: Albert Emil Rüthy, Die Christkatholische Kirche der Schweiz im Jahre 1955, in: Internationale Kirchliche Zeitschrift 46 (1956), 49–54. Rüthy berichtete über den Rücktritt Adolf Kürys und die Wahl von Urs Küry zum Bischof und erläuterte dabei Modalitäten und Bedeutung der Bischofswahl in der christkatholischen Kirche. Ausserdem gedachte er des 50-jährigen Bestehens des Diasporavereins.
233 Vgl. dazu Kap. 5.5, S. 203 f.

und 1972 einen christkatholischen Katechismus heraus.[234] Mit seinem Amtsbruder Andreas Rinkel, dem Erzbischof von Utrecht, verband ihn eine jahrzehntelange Freundschaft.[235] Wie seine Vorgänger verfasste auch Urs Küry jährlich einen Hirtenbrief.[236] Als sich 1970 das Erste Vatikanische Konzil zum 100. Mal jährte, beschrieb er das Verhältnis zur römisch-katholischen Kirche. Sein Hirtenbrief anlässlich seines Rücktritts im Jahr 1972, «Nach hundert Jahren kirchlicher Eigenexistenz der Zukunft entgegen», ist sein geistiges Vermächtnis und ein bleibender Auftrag für die christkatholische Kirche.

Auf Urs Küry folgte 1972 der erste und bisher einzige Romand, **Léon Gauthier-Herzog**.[237] Küry hatte ihn bei seinem Amtsantritt als eine seiner ersten Amtshandlungen 1955 zum Generalvikar ernannt (wie damals der bischöfliche Vikar genannt wurde),[238] Gauthier brachte folglich eine reiche Erfahrung mit, als er zum Bischof gewählt wurde. Auch über ökumenische Erfahrungen verfügte er, so hatte er die christkatholische Kirche 1961 an der dritten Vollversammlung des Ökumenischen Rates der Kirchen in Neu-Delhi vertreten. Gauthier wurde Co-Vorsitzender der Orthodox-Altkatholischen Dialogkommission, die zwischen 1975 und 1987 in vielen einzelnen Texten die grundsätzliche Übereinstimmung der beiden Kirchen im Glauben formulierte. Er stimulierte die Entstehung des «Alt-Katholischen Internationalen Informationsdienstes» (AKID), in dem unter redaktioneller Verantwortung von Wolfgang Krahl das ökumenische Netzwerk durch eine engmaschige journalistische Berichterstattung aus Ost und West erweitert wurde. In Gauthiers Amtszeit fiel die Wiederbelebung des ständigen Diakonats (1984) und wurde dessen Öffnung für Frauen angebahnt. In jenen Jahren setzte zudem eine Diskussion über das Leitbild der christkatholischen Kirche ein, das der 114. Session der Nationalsynode vom 8./9. Juni 1986 in Biel vorgelegt wurde. Das Leitbild versteht sich als «Orientierungshilfe» bei der Frage, «wie der Auftrag der Kirche Christi in unserer bischöflich-synodalen Kirche zu erfüllen ist.»[239]

---

234 Urs Küry, Kirchengeschichte und Kleine Unterscheidungslehre für den christkatholischen Unterricht, Allschwil (Christkatholischer Schriftenverlag) 1968; [Urs Küry (Hg.)], Christkatholischer Katechismus, Allschwil (Christkatholischer Schriftenverlag) 1972. Im Katechismus ist Küry nicht namentlich als Autor genannt, das Vorwort ist mit «Euer Bischof» unterzeichnet.

235 Vgl. Peter-Ben Smit, Vrienden in het bisschopsambt. De correspondentie tussen Andreas Rinkel en Urs Küry (1955–1970), (Publicatieserie Stichting Oud-Katholiek Seminarie Nr. 56), Amersfoort (Merweboek) 2016.

236 Sie wurden posthum wiederveröffentlicht, in: Küry, Hirtenbriefe.

237 Léon Gauthier-Herzog lebte 1912–2003. Zu ihm: Georges Pucher, Gauthier, Léon. Version vom 03.07.2007, übersetzt aus derm Französischen, in: Historisches Lexikon der Schweiz, https://hls-dhs-dss.ch/de/articles/027548/2007-07-03, zuletzt geprüft: 31.12.2021.

238 Vgl. Internationale Kirchliche Zeitschrift 46 (1956), 52.

239 Leitbild der Christkatholischen Kirche der Schweiz. Vorgelegt an der 114. Session der Nationalsynode vom 8./9. Juni 1986 in Biel, Allschwil (Christkatholischer Schriftenverlag) 1989.

Bei der 114. Session der Nationalsynode 1986 wurde nicht nur das Leitbild besprochen, sondern auch der damalige Basler Pfarrer **Hans Gerny**, ein Enkel von Adolf und Neffe von Urs Küry, zum fünften Bischof gewählt.[240] Seit den 1950er Jahren war in der Schweiz ein Medienwandel erfolgt, den auch die christkatholische Kirche mitvollzog: Von 1965 bis 1986 war Gerny kirchlicher Beauftragter für Radio und Fernsehen; zudem war er aktiv in der Redaktion des «Christkatholischen Kirchenblatts» und zeitweise Sprecher im Wort zum Sonntag im Fernsehen. Unter dem Titel «Predigt auf dem Marktplatz!» erschienen 2001 seine gesammelten Hirtenbriefe.[241] Bischof Gerny engagierte sich stark für die Beziehungen zur Orthodoxie und wurde als Mitglied im Zentralausschuss des Ökumenischen Rats der Kirchen (1991–2006) in die Kommission für die Mitarbeit der Orthodoxen im Weltkirchenrat gewählt; am Ende dieses Prozesses einigte sich der Weltkirchenrat darauf, bei Abstimmungen das Konsensprinzip zu handhaben. In Gernys Amtszeit, die bis 2001 dauerte, fielen die ersten Weihen für den wiederbelebten ständigen Diakonat, der nun auch Frauen offenstand. Die Diakoninnen trugen in den letzten Jahrzehnten dazu bei, den Diakonat wieder zu einem eigenwertigen Amt zu machen, das allgemein anerkannt ist. Die Diskussion über die Ordination von Frauen ins Priesteramt wurde verstärkt in den 1990er Jahren geführt.[242] Die Weihe der ersten christkatholischen Priesterin im Jahr 2000 fiel in die Amtszeit von Bischof Gerny; da Gerny krankheitshalber verhindert war, vollzog der Erzbischof von Utrecht, Antonius Jan Glazemaker, die Weihe.[243] Gerny wird heute als Bischof gesehen, der die Diskussion über die Frauenordination engagiert führte, auf die Einheit der Utrechter Union und die Vertretbarkeit der Entscheidung in der Ökumene bedacht war. Wie alle christkatholischen Bischöfe vor und nach ihm, fungierte Bischof Gerny als Sekretär der Internationalen Altkatholischen Bischofskonferenz. Gemeinsam mit dem Erzbischof von Utrecht, mit dem er eng befreundet war, prägte er die Arbeit der Internationalen Bischofskonferenz, unter anderem im Hinblick auf die Neustrukturierung der Utrechter Union.[244] In Gernys Amtszeit begannen sich der

---

240 Hans Gerny lebte 1937–2021. Zu ihm: Nathalie Müller/Angela Berlis, Hans Gerny (*1937). Kind des Konflikts, Bischof der Versöhnung, in: Angela Berlis/Stephan Leimgruber/Martin Sallmann (Hg.), Aufbruch und Widerspruch. Schweizer Theologinnen und Theologen im 20. und 21. Jahrhundert, Zürich (Theologischer Verlag Zürich) 2019, 782–793; Urs von Arx, Ein Bischof mit Herzblut für seine Kirche. Nachruf auf Bischof Hans Gerny, in: Christkatholisch 144 (2021) Nr. 4, 4–8.
241 Hans Gerny, Predigt auf dem Marktplatz! Hirtenbriefe 1987–2001/Lettres pastorales 1987–2001, Basel (Christkatholischer Schriftenverlag) 2001; ders., Glaube ist kein Leistungssport. Predigten, Vorträge, Schriften, Bern (Stämpfli) 2017.
242 S. u. Kap. 2.11, S. 121–123.
243 Vgl. zu ihm: Lydia Janssen, God is groter dan ons hart. Antonius Jan Glazemaker (1931–2018) aartsbisschop in een tijd van verandering, Utrecht (Kok Boekencentrum) 2020.
244 Vgl. dazu von Arx/Weyermann (Hg.), Statut.

gesellschaftliche Wandel und seine Auswirkungen auf die Kirchen abzuzeichnen und damit die Frage nach der zukünftigen Gestalt der christkatholischen Kirche, die u. a. bei den Feierlichkeiten anlässlich Eduard Herzogs 150. Geburtstag im Jahr 1991 thematisiert wurden.[245] Auf Bischof Gernys Initiative hin begann die christkatholische Kirche einen Prozess der Erneuerung.

Dieser Erneuerungsprozess wurde unter Gernys Nachfolger **Fritz-René Müller**[246] fortgesetzt. Seine Amtszeit, die bisher kürzeste eines christkatholischen Bischofs, war von 2002 bis 2009. Der Grund war nicht zuletzt die durch die Nationalsynode beschlossene Beschränkung, dass der Bischof nur bis zum 70. Lebensjahr im Amt bleiben kann.[247] Müller arbeitete von 1986 bis 1999 in Teilzeit als Lehrer und als christkatholischer Pfarrer von Basel. In dieser Zeit hielt er, erstmals in der christkatholischen Kirche, einen Segensgottesdienst für ein Männerpaar; die Feierform hatte er gemeinsam mit dem Paar zusammengestellt. In seiner Amtszeit erarbeitete eine Kommission ein Segensformular, das sich bewusst von einem Trauformular unterschied, und das Bischof Müller 2006 zur Erprobung freigab.[248] Zu Beginn seiner Amtszeit führte Bischof Müller Gespräche mit seinem deutschen Amtskollegen, Joachim Vobbe, über die Amtsführung eines Bischofs. Von Bischof Vobbe übernahm er auch die Zuständigkeit für die Mission in Italien. Wichtige

---

245 Vgl. dazu HANS GERNY, Wo der Geist des Herrn ist, da ist Freiheit. Predigt zum 150. Geburtstag von Bischof Dr. Eduard Herzog. 30. November 1991 in der Kirche St. Peter und Paul, Bern, in: Christkatholisches Kirchenblatt 114 (1991) Nr. 26, 8–9; HARALD REIN, Die Frage nach der Zukunft stellen, in: Christkatholisches Kirchenblatt 115 (1992) Nr. 1, 3–4. Vgl. auch den Vortrag von URS VON ARX, Was wird bleiben? Ein Rückblick auf die Grundanliegen von Eduard Herzog, in: Internationale Kirchliche Zeitschrift 82 (1992), 206–232.
246 Fritz-René Müller wurde 1939 geboren.
247 Die Nationalsynode hatte 1986 eine entsprechende Altersbeschränkung noch knapp abgelehnt, unter anderem, weil sie auf Ebene der Kirchenverfassung beantragt worden war und zu jener Zeit ohnehin bereits eine Totalrevision der Kirchenverfassung im Gang war. Das Anliegen wurde bei der Revision der Ordnung für die Bischofswahl erneut aufgegriffen. Nachdem dieses Geschäft an den Synodesessionen von 1990 und 1991 jeweils um ein Jahr verschoben worden war, beschloss die Nationalsynode 1992 schliesslich, eine Vakanz im Bischofsamt trete unter anderem ein, «wenn der Bischof sein 70. Altersjahr vollendet hat; auf vorgängigen schriftlichen Antrag eines Drittels der Synodalen kann die Nationalsynode, wenn sie es im Interesse der Kirche für nötig erachtet, auf ihrer vorletzten ordentlichen Session vor diesem Datum mit einer Zweidrittelmehrheit den Bischof auffordern, weiterhin im Amt zu bleiben; stimmt dieser zu, so tritt er spätestens bei der Vollendung seines 75. Altersjahres zurück». 121. Session der Nationalsynode der Christkatholischen Kirche der Schweiz. 12. und 13. Juni 1992 in Starrkirch/Dulliken, [Christkatholische Kirche der Schweiz, 1993], 171. Die Synode beschloss, diese Regelung auf den damals im Amt befindlichen Bischof Hans Gerny noch nicht anzuwenden. Dieser sagte jedoch zu, sich gleichwohl daran zu halten (vgl. 121. Session, 173).
248 Zur Diskussion um die Segnung gleichgeschlechtlicher Partnerschaften, s. u. Kap. 3.11, S. 159–161.

Anliegen von Bischof Müller waren die Zusammenarbeit in regionalen Gemeindeverbänden und das Aufgabenprofil des ständigen Diakonats. Er führte von 2002 bis 2008, immer am Samstag vor dem Bettag, «Herdenwanderungen» ein. Der Gedanke dazu – bodenständiges Wandern, Wahrnehmung der Natur, Gemeinschaftserfahrung – entstand am Küchentisch des Ehepaares Ursula Reinhart und Fritz-René Müller.[249] Als Müller 2002 den Gedanken solcher Herdenwanderungen für alle Gläubigen der Wahlsynode vortrug, begann der Organist leise «Das Wandern ist des Müllers Lust» zu intonieren. Im Jahr 2005 initiierte Müller eine Pastoralsynode, an der alle Gläubigen, nicht nur die Synodalen, teilnehmen konnten.

Seit 2009 ist **Harald Rein**[250] der siebte Bischof der Christkatholischen Kirche der Schweiz. Er fördert die praktische Zusammenarbeit mit den anglikanischen Gemeinden in der Schweiz. So leitete etwa die anglikanische Priesterin Adèle Kelham nicht nur ihre eigene anglikanische Gemeinde in Lausanne und Neuenburg, sondern ab 2001 bis zu ihrer Emeritierung auch die christkatholische Gemeinde in Lausanne.[251] Seit Oktober 2015 ist Bischof Rein Assistant Honorary Bishop der Diözese Europa der Kirche von England – umgekehrt ist der jeweilige Bischof der Kirche von England Assistant Honorary Bishop der Christkatholischen Kirche der Schweiz.[252] Über die Grenzen der eigenen Kirche hinaus wurde Rein in der Schweiz als Präsident der Arbeitsgemeinschaft Christlicher Kirchen der Schweiz (2015–2016) und als Präsident des Rats der Religionen (2018–2022) bekannt. Versprach Bischof Rein bei seinem Amtsantritt im Herbst 2009 noch ein Anwachsen der Mitgliederzahlen, so realisieren am Beginn des dritten Jahrzehnts des 21. Jahrhunderts alle Kirchen in der Schweiz, dass eine rasante Transformation des europäischen Christentums eingesetzt hat, die in allen etablierten Kirchen mit einem Mitgliederschwund einhergeht.

---

249 Bischof Joachim Vobbe führte ab 1995 im deutschen altkatholischen Bistum «Herdenbrieftage» ein: Er lud Gläubige ein, eine Woche lang mit ihm im elsässischen Fouday über das Thema seiner Hirtenbriefe zu reflektieren, die er im jeweiligen Folgejahr veröffentlichte. Siehe dazu JOACHIM VOBBE, Brot aus dem Steintal. Bischofsbriefe, Bonn (Alt-Katholischer Bistumsverlag) 2005. Was Herdenwanderungen und Herdenbrieftage miteinander verbindet, ist der Gedanke, Gläubige aktiv an Erfahrungs- und Reflexionsprozessen teilhaben zu lassen und so auch ihre religiöse Mitverantwortung für das Leben der Kirche sichtbar zu machen. Es sagt auch etwas aus über das Verständnis des Bischofsamts in der christ- und altkatholischen Kirche: Der Bischof ist nicht jemand, der weit weg oder «weit oben» agiert, sondern bei seiner Herde ist. Dieser Gedanke findet sich auch bei anderen alt- und christkatholischen Bischöfen, angefangen bei Joseph Hubert Reinkens und Eduard Herzog.

250 Harald Rein wurde 1957 geboren. Er tritt Ende November 2023 vom Bischofsamt zurück.

251 CHRISTIANE FASCHON, Zwei Konfessionen, eine Priesterin. Eine aussergewöhnliche Kombination, in: Schweizerische Kirchenzeitung 181 (2013) Nr. 23, 375–377.

252 Eine derartige gegenseitige Ernennung war früher bereits in den altkatholischen Kirchen in Deutschland und in Tschechien üblich. In den Niederlanden wird wegen der historischen Bischofssitze davon abgesehen.

2.6 Starke Persönlichkeiten in der Kirchenleitung

Bischof Eduard Herzog blieb zeit seines Lebens unverheiratet, alle späteren Bischöfe waren und sind verheiratet. Manche Menschen erinnern sich noch gut an Emma Küry-Vogt[253], Ehefrau von Urs Küry, die bei speziellen Pfarrfrauenseminaren christkatholischen Pfarrfrauen bei ihrer Identitätsfindung als Pfarrfrau zu helfen versuchte. Nach dem Tod ihres Mannes lebte sie in Basel, wo sie bis ins hohe Alter jeden Sonntag am Gottesdienst teilnahm, immer auf dem gleichen Platz.[254] Im 20. Jahrhundert gingen Bischofsfrauen in der Regel keiner Erwerbstätigkeit nach; sie engagierten sich oft innerhalb und ausserhalb der Kirche ehrenamtlich, wie etwa Marianne Gerny-Schild[255], die ihre Expertise als promovierte Kunsthistorikerin auch über die eigene Kirche hinaus, bei der Restaurierung der Solothurner St. Ursenkathedrale, einbrachte. Ursula Reinhart[256] dagegen übte während der Amtszeit ihres Mannes ihren Beruf als Lehrerin an einer Primarschule in Rheinfelden weiter aus.

Das bischöflich-synodale System steht auf zwei Pfeilern. Neben den bischöflichen Persönlichkeiten waren es die **Mitglieder des Synodalrats**, insbesondere die Synodalratspräsidenten, die die Geschicke der Christkatholischen Kirche mitlenkten. In der Anfangszeit bis weit ins 20. Jahrhundert hinein waren dies oft Politiker wie Augustin Keller oder Wilhelm Vigier. Häufig erwiesen sie sich als wichtige Stütze des Bischofs und blieben über lange Zeit Synodalratspräsident – den Rekord halten der Verleger Peter Dietschi (1884-1907) und der Maschinenbauingenieur und spätere Personalmanager Urs Stolz, der seit 1987 Mitglied des Synodalrats war, und von 1988 bis 2011, überlappend mit den Amtszeiten der Bischöfe Gerny und

---

253 Emmy Küry-Vogt lebte 1906–1998. Sie war viele Jahre im Zentralvorstand des christkatholischen Frauenverbands, der sie in das Leitungsgremium des Bundes Schweizerischer Frauenvereine (BSF) delegierte. Vgl. zu ihr HANS A. FREI, Zum Gedenken an Frau Emmy Küry-Vogt (1906–1998) in Basel, in: Christkatholisches Kirchenblatt 121 (1998), 109.
254 Die beiden Autoren dieses Buches waren in den 1980er Jahren Ministranten in Basel und erinnern sich noch gut an sie. Im Nachruf ist Emmy Küry-Vogt denn auch sitzend in der Kirchenbank abgebildet. Vgl. ebd.
255 Marianne Gerny-Schild lebte 1943–2020. In der christkatholischen Kirchgemeinde Bern brachte sie sich u. a. ein, indem sie mit der Kunstkommission (bestehend aus ihr, Pfr. Christoph Schuler und Beatrice Schneider) ab 2003 als Projekt «kunst@stpeterundpaul» temporäre Ausstellungen von Werken zeitgenössischer Künstlerinnen und Künstler im Kirchenraum organisierte; davor hatte es auf Initiative der Kirchenpflegepräsidentin Marlies Bachmann seit 1998 vier Installationen vor der Kirche gegeben. Die Textinstallation «5 Sinne plus 1» von František Klossner, bei der er Bibelstellen zu den fünf Sinnen in verschiedenen Sprachen auf die bis dahin «nackten» Kapitelle im Hauptschiff anbrachte, stiessen bei den Gottesdienstbesucherinnen und -besuchern auf grossen Anklang und wurden 2011 auf Beschluss der Kirchgemeindeversammlung durch die Kirchgemeinde angekauft. [MARIANNE GERNY/HANNAH ROCCHI], Kunstprojekte in der christkatholischen Kirche St. Peter und Paul in Bern, hg. von der christkatholischen Kirchgemeinde Bern, Bern (Schneider Druck AG) 2012, 32 f.
256 Ursula Reinhart wurde 1943 geboren. Sie ist die Enkelin des Volksdichters Josef Reinhart.

Müller und während eines Teils der Amtszeit von Bischof Rein, die Funktion als Synodalratspräsident erfüllte.

Die Frauen fehlen in den ersten Jahrzehnten in den kirchlichen Leitungsgremien auf gesamtkirchlicher Ebene. 1954 gestattete die Nationalsynode Frauen das Wahlrecht in die Synode, 1955 nahm die erste Synodale an der Synodesession teil.[257] Anna von Vigier-Stocker war so die erste Frau, die sich als Mitglied der Nationalsynode an der Wahl eines christkatholischen Bischofs – es handelte sich um Urs Küry – beteiligen durfte.[258] 1966 wurde mit der Juristin und Völkerrechtlerin Denise Bindschedler-Robert erstmals eine Frau in den Synodalrat gewählt.[259] Bindschedler, die von 1975 bis 1991 die Schweiz am Europäischen Gerichtshof für Menschenrechte in Strassburg vertrat, war auch Vorstandsmitglied des christkatholischen Frauenverbandes. 1991 wurde mit Lotty Zemp (Laufen, damals Kanton Bern) erstmals eine Frau zur Präsidentin der Nationalsynode gewählt. Die erste Frau im Amt der Synodalratspräsidentin war von 2011 bis 2023 Manuela Petraglio-Bürgi aus Magden AG.

2.7 Ein «katholischer Brückenkopf inmitten reformierter Umgebung»[260]: Die christkatholische Ausbildungsstätte seit 1874

Während die Organisation der christkatholischen Kirche vor allem durch freisinnige katholische Politiker geschah, waren es Theologieprofessoren, die für deren theologisch-religiöse Profilierung einstanden. In der Wahrnehmung von Kirchenmitgliedern sind die Theologinnen und Theologen bis heute das theologische Gewissen der Kirche. Die christkatholische Kirchwerdung war noch im Gang, als der Kanton Bern 1874 an der Universität Bern eine katholische Theologische Fakultät gründete. Als selbstständige Fakultät bestand sie von 1874 bis 2001, von 2001 bis 2017 als Departement für Christkatholische Theologie neben dem Departement für Evangelische Theologie, seit 2017 als Institut für Christkatholische Theologie innerhalb der Berner Theologischen Fakultät.

Die Geschichte dieser Fakultät wird im Folgenden in einem weiteren historischen Längsschnitt anhand ihrer prägenden Gestalten und deren Werken beschrie-

---

257 Vgl. dazu BERLIS, Frauen, 277–280.
258 Anna von Vigier-Stocker, gest. 1966, engagierte sich auch für das politische Frauenstimmrecht. Vgl. BERLIS, Desiderate, 228. Vgl. zu ihr auch ROSMARIE KULL-SCHLAPPNER, Solothurnerinnen. Frauliches Wirken im Zeichen Solothurns, Olten (Dietschi) 1972, 135–137.
259 100 Jahre nach ihrem Geburtstag wurde in St-Imier eine Strasse nach Denise Bindschedler-Robert (1920-2008) benannt. Zu ihr: HANS A. FREI, Bindschedler-Robert, Denise. Version vom 16.07.2009, in: Historisches Lexikon der Schweiz, https://hls-dhs-dss.ch/de/articles/028759/2009-07-16, zuletzt geprüft: 31.12.2021.
260 VICTOR CONZEMIUS, Einleitung [zum Kapitel über Christkatholische Theologie], in: Stephan Leimgruber/Max Schoch (Hg.), Gegen die Gottvergessenheit. Schweizer Theologen im 19. und 20. Jahrhundert, Basel (Herder) 1990, 500.

2.7 Ein «katholischer Brückenkopf inmitten reformierter Umgebung» 91

ben. Es wird sich dabei zeigen, dass die an der Universität Bern verortete theologische Ausbildungsstätte in vielfacher Weise für die christkatholische Kirche von Bedeutung war und ist: als Zentrum, an dem seit fast 150 Jahren der theologische Nachwuchs ausgebildet und geprägt wurde und wird, aber auch als Ort, an dem im Herzen der Berner Alma Mater altkatholische Theologie entwickelt wurde und wird. Viele von denen, die hier lehrten oder studierten, waren oder wurden zu Koryphäen auf ihrem Gebiet. Der römisch-katholische Kirchenhistoriker Victor Conzemius, ein guter Kenner der christkatholischen Kirche, wies vor einigen Jahren auf den «intellektuelle[n] Anspruch» hin, der die Anfänge der christkatholischen Bewegung und die christkatholische Theologie als solche kennzeichnete.[261] Die Professoren der Berner Fakultät verstanden es, am schweizerischen katholischen Liberalismus anzuknüpfen, sich zugleich aber die altkirchlich orientierte Programmatik zu eigen zu machen und sie weiterzuentwickeln – bis auf den heutigen Tag.[262]

Auf das Dekret des Grossen Rats vom 29. Juli 1874 hin wurde die Katholisch-Theologische Fakultät an der Universität Bern gegründet. Der Kanton Bern wollte damit den liberalen Katholizismus fördern, da darin in seinen Augen die Zukunft des Katholizismus lag. Am 23. November 1874 begann für die fünf Professoren und neun Studenten der Vorlesungsbetrieb.[263] Obwohl sie auch römisch-katholischen Absolventen offen gestanden hätte, war die Fakultät faktisch von Anfang an rein christkatholisch.

In der Gründungsphase bis zum Ersten Weltkrieg waren neben Eduard Herzog der 1886 im Alter von 42 Jahren verstorbene Franz Hirschwälder, der Historiker Philipp Woker, ab 1876 Eugène Michaud[264] und ab 1887 Adolf Thürlings[265] prä-

---

261 Ebd. – Zu Conzemius und seiner Wahrnehmung des Christ- und Altkatholizismus, siehe URBAN FINK, Victor Conzemius (1929–2017) – Kirchenhistoriker mit Augenmass, in: Berlis u. a. (Hg), Aufbruch, 252–266.
262 Für eine ausführliche inhaltliche Erläuterung der altkirchlichen Programmatik s. u. Kap. 3.4, S. 135–138.
263 Näheres zur Geschichte: URS VON ARX, Ein Portrait der christkatholischen Lehranstalt der Universität Bern, in: Günter Eßer/Matthias Ring (Hg.), Zwischen Freiheit und Gebundenheit. Festschrift zum 100-jährigen Bestehen des Alt-katholischen Seminars der Universität Bonn, Bonn (Alt-Katholischer Bistumsverlag) 2002, 209–225; DERS., Vor 125 Jahren, Folge 27 /122 (1999) 319–320; KURT STALDER, Die christkatholisch-theologische Fakultät. Ihr Selbstverständnis, Hochschulgeschichte Bern 1528–1984. Zu 150-Jahr-Feier der Universität Bern, Bern (Hallwag) 1984, 189–200; BENEDIKT BIETENHARD/STEFANIE BLASER (Hg.), Die Geschichte der Theologischen Fakultäten Bern 1834–2001, Zürich (Theologischer Verlag Zürich) 2020.
264 Michaud lebte 1839–1917. Vgl. HERWIG ALDENHOVEN, Eduard Herzog, Eugène Michaud, Arnold Gilg, in: Leimgruber/Schoch, Gottvergessenheit, 501–516, hier 501–506 (Herzog) und 506–512 (Michaud).
265 ANGELA BERLIS, Adolf Thürlings (1844–1915). Kirchenreform durch die Erneuerung des Gottesdienstes, in: Berlis u. a., Aufbruch, 490–505. Darauf beruht der erheblich erweiterte

gende Theologen. Der Kirchenhistoriker Johann Friedrich, der beim Ersten Vatikanischen Konzil als Theologischer Berater anwesend gewesen war, war der erste Dekan der Fakultät. Er kehrte aber schon 1875 wieder nach München zurück. Für die Erneuerung der gottesdienstlichen Tradition, insbesondere für die aktive Teilnahme der Gemeinde und für den Kirchengesang, setzte Thürlings sich in seinen Vorlesungen über Liturgie und Seelsorge ein. Er engagierte sich aber auch tatkräftig kirchlich – gemeinsam mit Eduard Herzog – für das 1893 in neuer Bearbeitung erschienene Gesangbuch[266] und im Musikausschuss des Synodalrats. Seine Rede als Rektor der Berner Universität hielt der profunde Kenner der Kirchenmusik 1906 über die Entstehung von Kirchengesängen. Michaud veröffentlichte 1878 ein Buch über die sieben Ökumenischen Konzilien, 1882/83 folgte ein vierbändiges Werk über die Situation der Kirche in Frankreich und in Rom im 17. Jahrhundert.[267]

Seit dem Wintersemester 1924/25 war Adolf Küry, inzwischen Bischof, Professor für Kirchengeschichte und Kirchenrecht; ab 1933 war er zusätzlich für Liturgik zuständig. Insgesamt lehrte er 32 Semester bis zu seiner Emeritierung. Diese Phase der Fakultät, die bis Ende der 1950er Jahre dauerte, war von einer Neuorientierung geprägt: Die beiden Brüder Arnold und Otto Gilg[268], der eine Professor in Bern für Systematische Theologie und ab 1941 für Kirchen- und Dogmengeschichte, der andere Pfarrer in Luzern, wurden – wie der reformierte Theologe Peter Vogelsanger festhält – «zu den ersten echten Vermittlern katholischen Denkens an die reformierte Theologie unseres Landes.»[269] Otto Gilgs Buch über «Die Messe» von 1924 sei «der einsame Vorreiter ökumenischen Denkens in liturgischen Fragen» gewesen.[270] Arnold Gilgs intensive Begegnungen mit Karl Barth und der Dialektischen Theologie beeinflussten sein Verständnis von der Alten Kirche und ihren dogmatischen Entscheidungen.[271] Gilg verband in differenzierter Weise historische mit sys-

---

Beitrag: Dies., Adolf Thürlings (1844–1915). Ein Leben für die Reform der Kirche durch die Erneuerung der Liturgie, in: Internationale Kirchliche Zeitschrift (110), 2020, 99–147. Vgl. ausserdem die Ergebnisse der 2016 gehaltenen Konferenz: Angela Berlis (Hg.), Kirchenreform durch die Erneuerung des Gottesdienstes. Die liturgischen und ekklesiologischen Anliegen von Adolf Thürlings (1844–1915) und ihre Wirkung bis heute. Internationale Kirchliche Zeitschrift 110 (2020) Nr. 2–4.

266 Gesangbuch der Christkatholischen Kirche der Schweiz, Solothurn (Gassmann) 1893.
267 Eugène Michaud, Discussion sur les sept conciles oecuméniques étudiés au point de vue traditionnel et libéral, Berne – Paris – Bruxelles 1878; ders., Louis XIV et Innocent XI d'après les correspondances diplomatiques inédites du ministère des affaires étrangères de France, Paris (Charpentier) 1882.
268 Otto Gilg lebte 1891–1976. Zu ihm: Urs von Arx, Gilg, Otto. Version vom 12.12.2006, in: Historisches Lexikon der Schweiz, https://hls-dhs-dss.ch/de/articles/027549/2006-12-12, zuletzt geprüft: 31.12.2021.
269 Vogelsanger, Anfänge, 155.
270 Ebd.
271 Arnold Gilg lebte 1887–1967. Zu Gilg: Aldenhoven, Herzog, 512–525.

tematisch-theologischen Fragen und legte dies in seinem 1955 erschienenen theologischen Standardwerk über «Weg und Bedeutung der altkirchlichen Christologie» nieder. Er war ein Mann der geschliffenen Rede, der viele Hörer anzog, aber relativ wenig veröffentlichte. Der Neutestamentler Ernst Gaugler,[272] der auch Homiletik und Katechetik lehrte, befasste sich ebenfalls mit Barth, fühlte sich aber auch dem deutschen Pietismus verbunden.[273] Er verfasste mehrere Kommentare, darunter einen zum Römerbrief, in dem sein Verhältnis zum Judentum erkennbar wird.[274] Gaugler war mit der jüdischen Philosophin und Schriftstellerin Margarete Susman[275] befreundet und bot eine Reihe von Lehrveranstaltungen zum Judentum an.[276] Der deutsche altkatholische Pfarrerssohn Werner Küppers promovierte über «Das Messiasbild der spätjüdischen Apokalyptik» in Bern und wurde 1933 zum ausserordentlichen Professor für Altes Testament berufen; 1938 verliess er mit seiner Frau, der christkatholischen Pfarrerstochter Elsbeth Bailly, die Schweiz und wechselte nach Bonn, wo er nach einem Entnazifizierungsverfahren nach 1945 bis zu seiner Emeritierung Professor am Alt-Katholischen Universitätsseminar war.[277]

---

272 Ernst Gaugler lebte 1891–1963. Zu ihm: PETER AMIET, Ernst Gaugler. Version vom 20.11.2006, in: Historisches Lexikon der Schweiz, https://hls-dhs-dss.ch/de/articles/010624/2006-11-20, zuletzt geprüft: 31.12.2021.
273 Vgl. zu ihm jetzt auch ANDREAS KREBS, «Die Kirche als Schutzhort der Freiheit». Der altkatholische Barthianer Ernst Gaugler zum Verhältnis von Kirche und Politik, in: Matthias Gockel/Andreas Pangritz/Ulrike Sallandt (Hg.), Umstrittenes Erbe. Lesarten der Theologie Karl Barths, Stuttgart (Kohlhammer) 2020, 61–75.
274 ERNST GAUGLER, Der Römerbrief, Zürich (Zwingli Verlag), 2 Bde., Bd. 1: 1945, Neuaufl. 1958, Bd. 2: 1952. Vgl. dazu THOMAS SCHEIBLER, Jüdisch-christliche Hoffnung im Abschied von antijüdischer Apathie. Eine Studie zu Ernst Gauglers Auslegung der Israelkapitel im Römerbrief, Herisau (Eigenverlag) 2015. Weitere Kommentare zu neutestamentlichen Schriften von Ernst Gaugler wurden postum veröffentlicht: ERNST GAUGLER, Die Johannesbriefe, Zürich (EVZ-Verlag) 1964; DERS., Der Epheserbrief, Zürich (EVZ-Verlag) 1966.
275 Margarete Susman lebte 1872–1966. Zu ihr: ELISA KLAPHECK, Margarete Susman und ihr jüdischer Beitrag zur politischen Philosophie, Leipzig (Hentrich & Hentrich) 2021.
276 Vgl. RENÉ S. BLOCH/JACQUES PICARD (Hg.), Wie über Wolken. Jüdische Lebens- und Denkwelten in Stadt und Region Bern, 1200–2000, Zürich (Chronos) 2014, 489 u. 497 Anm. 17. Gauglers Werk zum Römerbrief ist hier nicht berücksichtigt. Siehe dazu SCHEIBLER, Hoffnung.
277 Werner Küppers lebte 1905–1980, Elsbeth Bailly 1912–2001. Nach dem Zweiten Weltkrieg engagierte Werner Küppers sich stark für die Beziehungen zur Orthodoxie, beim Zweiten Vatikanum war er zeitweise als altkatholischer Beobachter anwesend. Zu ihm: BLOCH/PICARD (Hg.), Wolken, 490f; MATTHIAS RING, Eine neue Periode. Ein Beitrag zur Geschichte des Alt-Katholischen Seminars der Universität Bonn, in: Esser/Ring, Zwischen Freiheit, 164–172; ANNE HENSMANN-ESSER, «Abenteuer in Rom». Texte aus dem Nachlass Werner Küppers im Alt-Katholischen Seminar der Universität Bonn, Bonn (Alt-Katholischer Bistumsverlag) 2017.

Albert Emil Rüthy[278] las in Nachfolge von Küppers ab 1940 Altes Testament und ab 1942 zudem Liturgik. Er war von 1958 bis 1959 Rektor der Universität Bern. 1957 wurde er Präsident für die Kommission zur Revision der liturgischen Bücher.

In der folgenden Phase (1960er und 1970er Jahre) waren Urs Küry[279], Gauglers Nachfolger Kurt Stalder und der praktische Theologe Walter Frei[280] die öffentlich hörbaren theologischen Stimmen christkatholischer Theologie. Insbesondere Stalder und Frei zogen über ihre eigene Fakultät hinaus viele Hörerinnen und Hörer aus der Evangelisch-Theologischen Fakultät und aus anderen Berner Fakultäten an.[281]

Urs Küry wurde 1941 als Nachfolger Arnold Gilgs zum nebenamtlichen ausserordentlichen Professor für Systematische Theologie berufen. 1942 übernahm er dazu das damals neu aufgenommene Fach «Wesen und Geschichte des Altkatholizismus». Küry war seit 1938 Sekretär des ständigen Ausschusses der Internationalen Altkatholikenkongresse und wurde nach dem Zweiten Weltkrieg zu einem der Initiatoren der 1950 begonnenen Internationalen Altkatholischen Theologenkonferenzen. Von ihm stammt das Standardwerk «Die altkatholische Kirche», das er in den 1950er Jahren erarbeitete und 1966 veröffentlichte.[282] Das Buch legt Zeugnis ab über das theologische Selbstverständnis, wie es an der Fakultät in Bern gelehrt und in der Christkatholischen Kirche der Schweiz gelebt wurde. Das umfangreiche Werk beginnt bei den Wurzeln des altkatholischen Selbstverständnisses in der Alten Kirche, stellt innerkatholische Widerstandsbewegungen gegen den päpstlichen Zentralismus vor dem Ersten Vatikanum dar, zeichnet die Entstehungsgeschichte der altkatholischen Bewegung am Ende des 19. Jahrhunderts nach und wirft einige Schlaglichter auf die Geschichte der einzelnen altkatholischen Kirchen

---

278 URS VON ARX, Albert Emil Rüthy (1901–1980). Sorgfalt im Umgang mit Text und Liturgie, in: Berlis u. a. (Hg.), Aufbruch, 506–512.
279 FREI, Urs Küry.
280 URS VON ARX, Walter Frei (*1927). Das Unsagbare des Glaubens aufscheinen lassen, in: Berlis u. a. (Hg.), Aufbruch, 592–602. Walter Frei lebte 1927–2002.
281 Beide prägten viele künftige Pfarrerinnen und Pfarrer, auch der reformierten Kirche. Für Stalder lässt sich dies in Erinnerungen ehemaliger Studierender und Kollegen nachlesen: Vgl. etwa LISBETH ZOGG, Entdeckelungen, in: Internationale Kirchliche Zeitschrift 72 (1982), 111–115. Dieser Beitrag ist enthalten in einer «Freundesgabe», die anlässlich des 70. Geburtstags von Kurt Stalder erschien in IKZ 72 (1982), 65–159. Vgl. auch CHRISTOPH MÜLLER, Entscheidende und befreiende Orientierungen. Einige Erinnerungs-Splitter, in: Andreas Krebs, (Hg.), Die Wirklichkeit Gottes. Zur Aktualität der Theologie Kurt Stalders. Berner Symposium aus Anlass des 100. Geburtstages von Kurt Stalder (1912–1996). 21. September 2012, in: Internationale Kirchliche Zeitschrift 103 (2013), 196–205; KURT SCHORI, Zur wissenschaftlichen Bedeutung de Saussures für Kurt Stalder, in: ebd., 225–236.
282 KÜRY, Altkatholische Kirche. Das Buch wurde 1978 und 1982 erneut herausgegeben von Christian Oeyen, damals Professor am Alt-Katholischen Universitätsseminar in Bonn und dessen Direktor. Oeyen verfasste einen Nachtrag und erweiterte den Dokumentationsteil. Der Haupttext des Werkes blieb auf Wunsch der Familie Küry unverändert.

bis in die 1960er Jahre. Im Teil über die Lehre will Küry eine Dogmatik präsentieren, die die kirchliche Lehre als ganze auf der Basis altkatholischer Grundüberzeugungen darlegt. Im dritten Teil über das altkatholische kirchlich-theologische Anliegen wird ausführlich das Verständnis von Kirche, kirchlichem Amt und Ökumene behandelt. Für Fachleute bleibt das Buch bis heute unverzichtbar, doch sieht heutige altkatholische Theologie, mehr als ein halbes Jahrhundert nach der Erstveröffentlichung, vieles auch anders: Heute werden in der Kirchengeschichte nicht nur die Kontinuität, sondern auch die Brüche gesehen; heute ist kirchenhistorisch vieles in Einzelstudien aufgearbeitet und kann nuancierter interpretiert werden; heutiges Glaubensverständnis profitiert von einem differenzierteren Verständnis der Kirchenväter und ist generell, nicht nur im Altkatholizismus, stärker von der Auseinandersetzung mit geistesgeschichtlichen Strömungen der Gegenwart geprägt; im Kirchen- und Amtsverständnis haben die ökumenischen Dialoge zu vielerlei Differenzierungen und Klärungen geführt, die bei Küry noch nicht im Bewusstsein waren.

Walter Frei und Kurt Stalder[283] waren in den 1960er Jahren Mitbegründer der Schweizerischen Theologischen Gesellschaft (SThG), einer ökumenischen Vereinigung zur Förderung der theologischen Forschung, der bis heute viele führende Köpfe der wissenschaftlichen Theologie in der Schweiz sowie viele Seelsorgerinnen und Seelsorger aus den schweizerischen Kirchen angehören. Die SThG ist Mitglied der Schweizerischen Akademie der Geisteswissenschaften (SAGW), die über die SThG auch die «Internationale Kirchliche Zeitschrift» finanziell unterstützt. Kurt Stalder war in seiner Theologie zunächst stark dem Denken Karl Barths verpflichtet, löste sich aber zunehmend von ihm. Stalder war Exeget und Homiletiker und ein auf Dialog hin orientierter Mensch.[284] Als langjähriges Mitglied des Synodalrats der Christkatholischen Kirche der Schweiz hat er zusammen mit der Juristin Denise Bindschedler und Pfarrer Hansjörg Vogt wichtige Impulse gegeben für die 1989 erfolgte Totalrevision der Verfassung der Christkatholischen Kirche der Schweiz, ebenso zum Statut der Utrechter Union.

1971 wurde die Zahl der vollamtlichen Professuren auf zwei beschränkt. In dieser Phase (bis 2001) leistete Herwig Aldenhoven[285], der Systematische Theologie

---

283 URS VON ARX, Kurt Stalder (1912–1996). Theologie der Kirche in ökumenischem Engagement, in: Bürki/Leimgruber, Theologische Profile, 202–216; KREBS, Wirklichkeit Gottes.
284 Für Stalders Theologie grundlegend: KURT STALDER, Sprache und Erkenntnis der Wirklichkeit Gottes. Texte zu einigen wissenschaftstheoretischen und systematischen Voraussetzungen für die exegetische und homiletische Arbeit. Herausgegeben von Urs von Arx, unter Mitarbeit von Kurt Schori und Rudolf Engler. Mit einem Geleitwort von Heinrich Stirnimann O.P. (Ökumenische Beihefte zur Freiburger Zeitschrift für Philosophie und Theologie 38), Fribourg (Universitätsverlag) 2000.
285 URS VON ARX, Herwig Aldenhoven (1933–2002). Altkirchliche Impulse für das Verständnis von Gott und Kirche, in: Berlis u. a. (Hg.), Aufbruch, 536–549. Kürzlich erschienen wich-

mit Liturgiewissenschaft verband, wichtige Beiträge zur Struktur des Eucharistiegebets und zur Trinitätstheologie.[286] Legendär sind seine Sprachkenntnisse. Sie ermöglichten ihm ein vertieftes Verständnis der Kirchenväter und von Schriften aussereuropäischer Religionen und erleichterten ihm internationale Kontakte. Peter Amiet lehrte 1973 bis 1989 als nebenamtlicher Professor Wesen und Geschichte des Altkatholizismus.[287] Urs von Arx[288] wurde 1986 Stalders Nachfolger in den Fächern Neues Testament und Homiletik, im Sommer 1994 wurde sein Lehrauftrag um die Geschichte des Altkatholizismus erweitert. Von Arx forschte und forscht zudem viel zu ökumenischen und liturgischen Fragen. Aldenhoven, von Arx und Amiet waren Mitglieder der gemischten Kommission für den orthodox-altkatholischen Dialog. Urs von Arx war auch in die Dialoge mit der römisch-katholischen Kirche auf schweizerischer und internationaler Ebene involviert, ebenso ab 2009 in den Dialog mit der Kirche von Schweden; einige Jahre gehörte er auch dem Internationalen Anglikanisch-Altkatholischen Koordinierungsrat (AOCICC) an.[289] Von 1992 bis 2005 lehrte Christoph Führer[290] als ausserordentlicher, nebenamtlicher Professor Kirchen- und Theologiegeschichte unter besonderer Berücksichtigung der christlichen Spiritualität.

Am 20. November 1999 feierte die Christkatholisch-theologische Fakultät ihr 125-jähriges Bestehen mit einem ökumenischen Symposium über «Die Einheit der Kirche – Utopie oder Notwendigkeit?».[291] Führende Theologen wie Rowan Wil-

---

tige Arbeiten Aldenhovens erneut oder erstmals in: HERWIG ALDENHOVEN, Lex orandi – lex credendi. Beiträge zur liturgischen und systematischen Theologie in altkatholischer Tradition, herausgegeben von Urs von Arx (in Verbindung mit Georgiana Huian und Peter-Ben Smit), Münster (Aschendorff) 2021.

286 HERWIG ALDENHOVEN, Darbringung und Epiklese im Eucharistiegebet. Eine Studie über die Struktur des Eucharistiegebetes in den altkatholischen Liturgien im Lichte der Liturgiegeschichte, in: Internationale Kirchliche Zeitschrift 61 (1971), 79–117, 150–189 und 62 (1972), 29–73. Neu veröffentlicht in: ALDENHOVEN, Lex orandi, 3-133.

287 Peter Amiet lebte 1936–2013. Der vollständige Titel seiner Professur lautete «Wesen und Geschichte katholischer Einheit unter besonderer Berücksichtigung des Altkatholizismus, der östlichen Orthodoxie und der ökumenischen Bewegung». Beispielhaft für sein theologisches Wirken: PETER AMIET, Zum altkatholischen Kirchenverständnis, in: Ökumenische Rundschau 30 (1981) 47–54. Zu seiner Biografie: URS VON ARX, Peter Amiet (1936–2013). «Ich suche, was ich gefunden habe»: Unbeirrt der Spur folgen, in: Berlis u. a. (Hg.), Aufbruch, 424–429. – Peter Amiet betätigte sich auch als Maler, seine Werke wurden an verschiedenen Orten ausgestellt, zuletzt (auf Initiative der Vereinigung Hortus Dei Olsberg) 2016 im Alten Pfarrhaus in Olsberg AG.

288 PETER-BEN SMIT, Urs von Arx (*1943). Theologie mit Leidenschaft für die Kirche, in: Berlis u. a. (Hg.), Aufbruch, 458–471.

289 Zu den ökumenischen Dialogen s. u. Kap. 5.5, S. 196–209.

290 Christoph Führer wurde 1954 geboren. Er war ab 1992 zugleich Pfarrer in Zürich.

291 Eine Dokumentation des Programms, wichtiger Ansprachen und eine Liste der Teilnehmenden ist erschienen: URS VON ARX/CHRISTOPH SCHÄUBLIN/MARTIN ROSE, Symposion zur

liams, Dietrich Ritschl und Ioannis Zizioulas hielten Vorträge.²⁹² Die folgende Phase war geprägt durch tiefgreifende strukturelle Veränderungen: Am 6. September 2000 erfolgte die politisch motivierte Entscheidung des Berner Grossen Rats zur Zusammenlegung der beiden theologischen Fakultäten der Universität Bern. Von 2001 bis 2017 bestand die Lehranstalt als Departement für Christkatholische Theologie, seit einer internen Strukturreorganisation der Theologischen Fakultät, bei der die Departemente abgeschafft wurden, heisst sie seit dem 1. August 2017 Institut für Christkatholische Theologie. Seit 2003 gibt es strukturell eine Mittelbaustelle, seit den 2010er Jahren ausserdem regelmässig weitere durch den Schweizerischen Nationalfonds subventionierte Mittelbaustellen zur Förderung des akademischen Nachwuchses. Im Jahr 2005 wurden die Studienprogramme gemäss der Bologna-Erklärung zum europäischen Hochschulraum, welche die europäischen Bildungsminister 1999 unterzeichnet hatten, reformiert: Bachelor- und Masterabschlüsse anstelle eines theoretischen Staatsexamens oder Lizentiats, Abschaffung der grossen Zwischen- und Abschlussprüfungen und stattdessen Einführung von Leistungsnachweisen für Lehrveranstaltungen und Module.²⁹³

Die Fächer Neues Testament und Homiletik wurden nach der Emeritierung von Urs von Arx im Jahr 2008 nicht mehr eigens ausgeschrieben. Stattdessen wurden die historische Lehre und Forschung gestärkt und zu einer vollamtlichen Professur «Geschichte des Altkatholizismus und Allgemeine Kirchengeschichte» ausgebaut. Auf diese Professur wurde 2009 Angela Berlis und damit erstmals eine Professorin an das Departement für Christkatholische Theologie berufen.²⁹⁴ Sie war von 2009 bis 2017 Departementsvorsteherin, danach Institutsdirektorin und 2018 bis 2020 zudem Dekanin der Theologischen Fakultät. Gemeinsam mit dem evangelisch-reformierten Professor David Plüss leitet sie seit 2010 das damals neu eingerichtete Kompetenzzentrum Liturgik. Berlis lehrt und forscht zur Geschichte des Altkatholizismus, zu katholischen Reformbewegungen und zu historisch-theologischer Genderforschung. Ausser der kirchenhistorischen Professur besteht eine

---

125-Jahr-Feier der Christkatholisch-theologischen Fakultät der Universität Bern, zugleich Jahresversammlung der Schweizerischen Theologischen Gesellschaft am 19./20. November 1999 in Bern (Unitobler), in: Internationale Kirchliche Zeitschrift 91 (2001), 75–85.

292 ROWAN WILLIAMS, The Unity of the Church and the Unity of the Bible: An analogy, in: Internationale Kirchliche Zeitschrift 91 (2001), 5–21; IOANNIS ZIZIOULAS, Uniformity, Diversity and the Unity of the Church, in: Internationale Kirchliche Zeitschrift 91 (2001), 44–59; DIETRICH RITSCHL, Bemerkungen zur kulturellen Dimension bei ekklesiologischen Differenzen. Plädoyer für eine Hermeneutik des trans-intellektuellen Vertrauens, in: Internationale Kirchliche Zeitschrift 91 (2001), 60–74.

293 Zu den Ausbildungsgängen vgl. Kap. 6.9, S. 246–251.

294 Angela Berlis wurde 1962 geboren. – Zu ihr: Prof. Dr. Angela Berlis (Universität Bern), in: MARTINA BÄR/NADJA TROI-BOECK (Hg.), «Du stellst meine Füsse auf weiten Raum». Theologinnen im Porträt, Freiburg i. Br. (Herder) 2015, 15–24.

weitere Professur für Systematische Theologie: Auf Martien Parmentier[295], der von 2000 bis zu seiner krankheitsbedingten Beurlaubung 2007 als Nachfolger von Herwig Aldenhoven Systematische Theologie lehrte, folgte von 2011 bis 2015 Andreas Krebs als Assistenzprofessor mit *tenure track*[296]; nach dem Abschluss seiner Habilitation wurde Krebs Professor am Alt-Katholischen Seminar der Universität Bonn. Im Herbstsemester 2018 wurde die Professur für Systematische Theologie und Ökumenische Theologie mit Peter-Ben Smit als ausserordentlichem Professor und mit Georgiana Huian als Assistenzprofessorin mit *tenure track* zu je 50 % besetzt. Peter-Ben Smit promovierte im Neuen Testament und habilitierte in Kirchengeschichte an der Universität Bern; er forscht unter anderem zu Ekklesiologie und Ökumene.[297] Georgiana Huian erforscht auf der Grundlage der Kirchenväter, insbesondere deren monastischen und asketischen Schriften, systematisch-theologische Fragen.[298] Seit 1. August 2023 lehrt sie als ausserordentliche Professorin in Vollzeit.

Die meisten Professoren und Professorinnen lehrten und lehren nicht nur ein Fach, sondern zwei oder bisweilen sogar drei Fächer. Dies mag in der Kleinheit der Fakultät begründet sein; die Folge war, dass die Berner christkatholische Lehranstalt immer in der Lage war, ein breites Spektrum der Theologie zu vertreten. Zugleich blieb jedoch den meisten christkatholischen Theologen «eine systematische Synthese versagt».[299] Das hänge – so Conzemius – mit «dem theologischen Temperament der einzelnen zusammen, aber auch mit der Vielfalt der Aufgaben, die sie in

---

295 Martinus Franciscus Georgius Parmentier lebte 1947–2021. Er wurde 2010 emeritiert. Vgl. den Nachruf auf ihn in Christkatholisch 144 (2021) Nr. 7, 7f. Martien Parmentier war engagiert in der charismatischen Theologie und Bewegung in den Niederlanden. Aufgrund seiner patristischen Expertise verfasste er in diesem Themenbereich u. a. MARTIEN PARMENTIER, Rusten in de Geest. God houdt ons de spiegel voor, Utrecht (Stichting ‹Vuur›) 1992.
296 Dies ist eine Bezeichnung für junge Hochschullehrerinnen und -lehrer, die noch nicht die nötigen Qualifikationen für eine Professur – in der Regel eine abgeschlossene Habilitation – mitbringen, diese aber im Lauf ihrer Anstellung als Assistenzprofessor oder Assistenzprofessorin erreichen und dann die Professur ohne weiteres Bewerbungsverfahren übernehmen können.
297 Neben seiner Tätigkeit in Bern, die er am 31. Juli 2021 beendete, lehrt der aus den Niederlanden stammende Peter-Ben Smit (* 1979) in seiner verbleibenden Arbeitszeit (50 %) als ordentlicher Professor für Kontextuelle Bibelauslegung an der Theologischen Fakultät der Vrije Universiteit in Amsterdam (Dom Hélder Câmara Lehrstuhl).
298 Georgiana Huian (* 1983) verfasste zwei Dissertationen: 2012 eine philosophische Doktorarbeit an der Universität Bukarest und der Universität Paris-Sorbonne über «Diadochus von Photike: Das Herz und der Verstand im patristischen und philosophischen Kontext», und 2018 eine theologische Doktorarbeit am Institut für Orthodoxe Theologie St Serge Paris über «Die Rolle des Herzens für die Konstruktion der augustinischen Subjektivität und Intersubjektivität». Die theologische Dissertation ist veröffentlicht: GEORGIANA HUIAN, Augustin. Le cœur et la crise du sujet, Paris (Cerf) 2020.
299 CONZEMIUS, Einleitung, 500.

kirchlichen Ämtern zu bewältigen hatten».[300] Die Bischöfe Herzog, Adolf und Urs Küry setzten auch als Bischöfe ihre Lehrtätigkeit als Professoren fort, ebenso der derzeitige Bischof Harald Rein, der seit Juni 2009 Privatdozent für Theologische Kybernetik ist. So trugen und tragen sie dazu bei, dass im Altkatholizismus Theologie und Kirche zwar unterschieden, aber zugleich aufeinander bezogen blieben und bleiben. Alle Professoren und Professorinnen und manche der wissenschaftlichen Mitarbeitenden brachten und bringen ihre theologische Expertise neben ihrer regulären Lehr- und Forschungstätigkeit auch zum Wohl der Kirche ein: als Mitglied im Synodalrat, als theologische Berater oder Beraterin in kirchlichen und ökumenischen Gremien, als Leiterin oder Organisator der nach dem Zweiten Weltkrieg begründeten Internationalen Altkatholischen Theologenkonferenzen – und schliesslich auch als ehrenamtliche Priester oder Priesterin punktuell in Gottesdienst und Seelsorge. Damit leisteten und leisten sie Erhebliches zur ökumenischen «Brückenfunktion» der christkatholischen Kirche – nach innen, wie nach aussen.[301] Trotz der wenigen vorhandenen wissenschaftlichen Kräfte stand und steht die christkatholische Ausbildungsstätte für eine gediegene Ausbildung, insbesondere in der Systematischen und der kirchen- und dogmengeschichtlichen Theologie[302], aber auch in der Liturgiewissenschaft und Ökumenischen Theologie.

Das ökumenische Profil der christkatholischen Ausbildungsstätte wurde von Anfang an durch das ökumenische Engagement der christkatholischen Professoren geprägt, ausserdem durch Gaststudierende und Doktorierende anderer Konfessionen. Seit den 1990er Jahren tragen immer mehr auch orthodoxe und anglikanische Mitglieder des Lehrkörpers und Gastdozierende zum ökumenischen und internationalen Profil der Ausbildungsstätte bei. Der griechisch-orthodoxe Theologe Anastasios Kallis[303] lehrte von 1994 bis 1999 zehn Semester als Gastprofessor Ökumenische Theologie, die bereits genannte Georgiana Huian ist rumänisch-orthodox. Dazwischen waren renommierte Theologen aus verschiedenen Ostkirchen als Vertretungsprofessoren und Lehrbeauftragte präsent und vertraten die orthodoxe Theologie in Lehre und Forschung. In vergleichbarer Weise gilt dies auch für anglikanische Theologie, die durch Lehraufträge, aber auch durch die Zusammenarbeit mit Adjunct Researchers[304] gepflegt wird. Der neuseeländische anglikanische Theo-

---

300 Ebd. Conzemius bezieht diese Aussage nur auf Herzog, Michaud und Arnold Gilg, sie kann aber gut auch auf andere Theologinnen und Theologen angewendet werden.
301 Ebd.
302 So AMIET, Grundlagen, 122.
303 Zu ihm siehe URS VON ARX, Anastasios Kallis (*1943). Westliche Orthodoxie östlicher Identität, in: Berlis u. a. (Hg.), Aufbruch, 444–456.
304 Mit diesen auswärtigen «zusätzlichen Forschenden» besteht eine enge Forschungszusammenarbeit: Derzeit sind Douglas Pratt (Auckland) und Charlotte Methuen (Glasgow), beide anglikanisch, sowie der altkatholische Theologe Mattijs Ploeger (Utrecht) assoziiert; 2012–2016 war es auch Klaus Rohmann (Bonn).

loge Douglas Pratt[305] war im Jahr 2011 nach der Einrichtung dieser Funktion vermutlich der erste Adjunct Researcher an der gesamten Universität Bern; aufgrund seiner Assoziation werden verstärkt auch interreligiöse Fragestellungen in den Lehr- und Forschungsbetrieb der christkatholischen Ausbildungsstätte einbezogen. Das Ziel ist dabei, das ökumenische Anliegen des Altkatholizismus für interreligiöse Fragestellungen zu öffnen[306] und es in einem wissenschaftlichen Diskurs füreinander fruchtbar zu machen.[307] Seit 2009 werden semesterweise Lehraufträge für anglikanische und orthodoxe Theologie, bisweilen auch in interreligiösen Studien, vergeben. Die meist in ihren eigenen Kirchen und Universitäten sehr renommierten Gastdozierenden verbringen oft ein Semester oder einen Teil davon als «visiting scholar» in Bern; als solche Akademikerinnen und Akademiker auf Besuch verfolgen sie dabei ihre eigene Forschung. Damit tragen sie wesentlich zur internationalen Vernetzung der christkatholischen Ausbildungsstätte bei.

Die Ausstrahlung der christkatholischen Lehranstalt reichte und reicht bis heute weit über Bern hinaus, in andere wissenschaftlich-theologische Diskurse sowie in andere altkatholische Kirchen und in die Ökumene. Viele spätere altkatholische Dozenten, Professoren oder Bischöfe haben in Bern studiert, promoviert oder sich habilitiert.[308] Ähnliches kann für orthodoxe Studierende festgehalten werden.[309] Von den über 420 immatrikulierten Absolventinnen und Absolventen zwischen 1874 und 2001 kam ungefähr die Hälfte aus dem Ausland, etwa 100 aus altkatholischen Kirchen, etwa 100 aus orthodoxen Kirchen in Osteuropa und eine überschaubare Zahl aus einer Kirche der Anglikanischen Gemeinschaft. Viele Absolven-

---

305 Douglas Pratt wurde 1949 geboren. Er lehrte an der Universität Waikato und ist seit März 2018 verbunden mit der Universität Auckland. Douglas Pratt und Angela Berlis lernten sich im Herbst 2009 bei einem Treffen von Faith and Order auf Kreta kennen. – Douglas Pratt veröffentlichte grundlegende Werke zum christlich-islamischen Dialog und zu religiösem Extremismus, u. a.: DOUGLAS PRATT, Christian Engagement with Islam: Ecumenical Journeys since 1910, Leiden (Brill) 2017; DERS., Religion and Extremism. Rejecting Diversity, London – New York (Bloomsbury) 2018. Ausserdem ist er Mitherausgeber der Reihe «Christian-Muslim Relations. A Bibliographical History» im Zeitraum des 19. Jahrhunderts und für die gesamte Reihe für den Raum «Asien». Die Reihe erscheint bei Brill in Leiden.
306 Zum Verhältnis von innerchristlicher Ökumene zu interreligiösem Dialog s. u. Kap. 5.9, S. 214–218.
307 Zwischen 2010 und 2018 fanden bisher fünf interreligiöse ökumenische Konferenzen (IREI) statt, deren Ergebnisse in der Reihe Bern Interreligious Oecumenical Studies veröffentlicht wurden, Bände 1 und 2 als Begleitreihe zur Internationalen Kirchlichen Zeitschrift (IKZ-bios), Bände 3 bis 5 als thematische Hefte der Studies in Interreligious Dialogue. Nähere Informationen dazu finden sich auf der Webseite www.ikz-bios.unibe.ch.
308 Für eine namentliche Aufzählung vgl. VON ARX, Portrait, 214 Anm. 17. Nach heutigem Stand (2022) geht es um 13, nicht mehr um 11 Personen.
309 VON ARX, Portrait, 217.

ten haben nach ihrer Qualifikation in Bern eine bedeutende akademische oder kirchliche Karriere bestritten.

Seit 1984 haben sich auch Frauen für ein volles Studium in christkatholischer Theologie immatrikuliert[310] – zunächst beschränkten sich ihre kirchlichen Berufsaussichten auf eine Anstellung als Laientheologin, seit den 1980er Jahren wurde durch die sukzessive Öffnung des apostolischen Amts die Anstellung als Geistliche möglich.[311] Davor gab es immer wieder einzelne Frauen, die bei christkatholischen Professoren hörten – etwa die Historikerin Christine von Hoiningen-Huene, die im ausgehenden 19. Jahrhundert zu den ersten promovierten Frauen in der Schweiz zählte[312], die Lehrerin Anny Peter oder die spätere Juristin und erste Synodalrätin Denise Bindschedler-Robert. Die erste Frau, die an der Christkatholisch-Theologischen Fakultät promovierte, war im Jahr 1994 die griechisch-orthodoxe Theologin Constantina Peppa.[313] In der Zeit ihres Bestehens als Fakultät und als Departement haben 27 gelehrte Männer einen Ehrendoktor empfangen, zwanzig Altkatholiken, vier Orthodoxe und drei Anglikaner.[314]

Veranstaltungen der christkatholischen Lehranstalt werden in der Regel in deutscher Sprache gehalten, bis 1915 auch in französischer Sprache. In jüngerer Zeit werden vermehrt Veranstaltungen in englischer Sprache angeboten – dies wegen der zunehmenden Bedeutung des Englischen als primärer Wissenschaftssprache, auch in den Geisteswissenschaften. Zunehmend verfassen Promovierende und Habilitierende – etwa aus Osteuropa oder aus Indien – in Bern eine Qualifikationsarbeit in englischer Sprache.

Die christkatholische Ausbildungsstätte ist eingebunden in kantonale und kirchliche Beziehungen. Das 2018 beschlossene und 2020 in Kraft getretene Landeskirchengesetz des Kanton Bern hält – ebenso wie seine Vorgänger – an der Ver-

---

310 Von Arx, Portrait, 217 Anm. 23.
311 Frauen und Männer, die sich in der christkatholischen Kirche auf das ständige Diakonat vorbereiten, absolvieren kein theologisches Vollstudium; erhalten aber u. a. vom Lehrkörper der christkatholischen Ausbildungsstätte theologischen Unterricht. Zum heutigen Diakonatsausbildungsgang s. u. Kap. 6.9, S. 250 f.
312 Christine von Hoiningen gen. Huene lebte 1848–1920. Vgl. zu ihr: Angela Berlis, Hoiningen-Huene, Christine von. Version vom 23.10.2007, in: Historisches Lexikon der Schweiz, https://hls-dhs-dss.ch/de/articles/048395/2007-10-23, zuletzt geprüft: 31.12.2021.
313 Constantina Peppa, Die Töchter der Kirche Christi und die Frohe Botschaft des Sohnes Gottes. Eine Studie über die aktive Präsenz der Frauen und ihre besonderen Dienste im Frühchristentum und in Gemeinden der ungeteilten Alten Kirche, Katerini (Epektasi Verlag) 1998.
314 Von Arx, Portrait. Diese Liste reicht bis 2001. 2004 erhielt der niederländische altkatholische Theologe Jan Visser ein Ehrendoktorat. Im Jahr 2019 wurde der römisch-katholische Kirchenhistoriker Hubert Wolf auf Vorschlag der damaligen Dekanin Angela Berlis mit einem Ehrendoktorat gewürdigt.

antwortung des Kantons für die universitäre Ausbildung der Geistlichen der christkatholischen Kirche fest.[315] Finanzielle Mithilfe zum Erhalt und zur Arbeit der christkatholischen Ausbildungsstätte geschah und geschieht durch verschiedene Fonds, die kirchlich engagierte Persönlichkeiten – angefangen 1900 mit der Lenz-Stiftung, der ab 1911 weitere Stiftungsgründungen folgten – eingerichtet haben.[316] Früher versammelte sich die Kommission am Todestag von Luise Lenz[317] – 23. November 1899 – und gedachte der Stifterinnen und Stifter; heute werden die Gedenkworte bei der jährlichen stattfindenden Sitzung der Aufsichtskommission der Fonds des Instituts für Christkatholische Theologie ausgesprochen, zu deren Mitgliedern der Rektor der Universität, Vertreterinnen und Vertreter der christkatholischen Kirche und die fest angestellten Dozierenden des Instituts für Christkatholische Theologie gehören. Bereits seit 1885 – bis zu seiner Aufhebung im Jahr 1990 – bestand der Stipendienfonds, die älteste finanzielle Einrichtung der christkatholischen Kirche, die auf einen Aufruf zur Unterstützung altkatholischer Studierender im Jahr 1873 zurückgeht.[318]

Auf Initiative von Bischof Adolf Küry entstand ein Studentenheim, zuerst im Berner Pfarrhaus, später im Kirchgemeindehaus an der Metzgergasse (heute Rathausgasse). Hier wohnten die Theologiestudenten und besuchten die christkatholischen Gottesdienste in St. Peter und Paul. 1971 wurde das heutige Studentenheim am Pavillonweg 10 bezogen, das an Allerheiligen 1990 mit einer Kapelle, geweiht auf den Hl. Nikolaus, ausgestattet wurde.[319] Ein Seelsorger bzw. eine Seelsorgerin ist für die Studierendenseelsorge zuständig und beteiligt sich an der gesamtuniversitären Studierendenseelsorge.

Die Geschichte der christkatholischen Kirche ist mehr als die Geschichte bedeutender Männer und Frauen. Wie bereits deutlich wurde, kann diese Geschichte auf vielerlei Weise erzählt werden: als Geschichte historischer Entwicklungen, die von bestimmten Personen, Gruppen oder Medien getragen und gesteuert werden, als Geschichte religiöser Mentalitäten und Narrative, wie sie etwa in der Presse zutage

---

315 Gesetz über die bernischen Landeskirchen (Landeskirchengesetz, LKG) vom 21.03.2018 (in Kraft seit 01.01.2020), Art. 14.1, auszugsweise abgedruckt im Anhang, S. 338–341.
316 Vgl. dazu VON ARX, Was wird bleiben?, 230 Anm. 25.
317 Luise Lenz-Heymann lebte 1825–1899. Zu Luise und Ferdinand Lenz s. ANGELA BERLIS, «Wir wollen das Gute für unser Geschlecht». Luise Lenz-Heymann und ihr verborgenes Engagement für den ADF, in: Stadt Leipzig, Referat für Gleichstellung von Frau und Mann (Hg.), Frauenaufbruch in die Moderne. Zum 140. Jahrestag der Gründung des Allgemeinen Deutschen Frauenvereins, 1865–2005, Leipzig (Stadt Leipzig) 2006, 56–67.
318 VON ARX, Was wird bleiben?, 230 Anm. 25.
319 Vgl. dazu URS VON ARX, Kapelle im Studentenheim, in: Christkatholisch 138 (2015) Nr. 11, 16.

treten³²⁰ oder als Meinungsfindungsprozesse, wie sie etwa bei Synodenentscheidungen sichtbar werden.³²¹ Sie kann auch als Geschichte ihrer bedeutsamen sozialen Formen erzählt werden. Einige Bausteine zu derartigen unterschiedlichen Gewichtungen und Herangehensweisen in der Geschichtserzählung seien im Folgenden bereitgestellt.

2.8 «... dass heute überall neues religiöses Leben erblüht»³²²: Christkatholische Vereine und Verbände

Das 19. Jahrhundert wird oft das «Jahrhundert der Vereine» genannt. Vereine sind eine typisch bürgerliche Vergemeinschaftungsform. Es erstaunt nicht, dass sich in der christkatholischen Kirche ein reges Vereinsleben entwickelte, das in und über das Gemeindeleben hinaus starke Bindungen schuf, zur Verbreitung christkatholischen Gedankenguts beitrug und diakonische Aspekte des christkatholischen Kircheseins in den Blick rückte. Geistliche und führende Laien spielten dabei oft eine wichtige Rolle, indem sie in Vereinen, damals noch nach Geschlecht getrennt, Vorträge über altkatholische Anliegen hielten und so zur Ausbildung christkatholischer Identität beitrugen. Viele Männer und Frauen, die der christkatholischen Kirche ihren Stempel aufdrückten, wurden ihrerseits durch Vereine geprägt: Vereine für Frauen, für Jugendliche, für Männer, für Studierende und ehemalige Studierende, für Sängerinnen und Sänger und andere mehr. Sie prägten den Blick und das Engagement der einzelnen Männer und Frauen nach innen, schärften ihn aber auch über den eigenen kirchlichen und nationalen Tellerrand hinaus. Wer das kirchliche Leben der christkatholischen Kirche kennenlernen will, muss deshalb einen Blick in die Geschichte ihrer Vereine werfen.

An vielen Orten bildeten sich im ausgehenden 19. Jahrhundert christkatholische **Frauenvereine**, die ersten in Aarau (1880), Solothurn (1880) und Zürich (1881)³²³. Ihre Aufmerksamkeit richtete sich auf die Fürsorge für Arme, Bedürftige und Kinder. Auf Drängen des St. Galler Frauenvereins wurde im Jahr 1916 der Verband Christkatholischer Frauenvereine gegründet, nachdem die geplante Gründung wegen des ausgefallenen Internationalen Altkatholikenkongresses in Bern im Kriegsjahr 1915 nicht möglich gewesen war. Bei der Gründungsversammlung kamen 60 Frauen aus 14 Vereinen und vier Pfarrer im Oltner Pfarrhausgarten

---

320 S. u. Kap. 2.10, S. 115–120.
321 S. u. Kap. 2.11, S. 120–123.
322 ERNST GAUGLER, Wir müssen! Ein Aufruf an die jungen Christkatholiken, in: Der Katholik 35 (1912), 143.
323 Zu Zürich: MONIQUE HENRICH, 125 Jahre Christkatholischer Frauenverein Zürich/Treff. Jubiläumsausgabe von 1881 bis 2006, Zürich (Druck: Dietschi, Olten) 2006.

zusammen.³²⁴ Die drei Ziele des Verbands wurden folgendermassen benannt: «Erstens Freundschaft und Zusammengehörigkeit zwischen den einzelnen Vereinen zu pflegen, zweitens zielbewusstere Anteilnahme am kirchlichen und sozialen Leben unserer Gemeinden und an den Aufgaben der Kirche zu fördern und drittens die weibliche christkatholische Jugend zu tatkräftigen Förderinnen unserer Kirche heranzubilden.»³²⁵ Die Delegiertenversammlungen des Verbands fanden von der Gründung bis 1976 jeweils am Vortag der Nationalsynode statt; so konnten die Frauen, obwohl sie in der ersten Hälfte des 20. Jahrhunderts noch nicht als Synodale wählbar waren, dennoch am synodalen Geschehen teilhaben; in den Synodeprotokollen sind von 1917 bis 1954 weibliche Gäste namentlich verzeichnet.

Christkatholische Frauen waren auch in anderen, säkularen Frauenvereinen engagiert. So spielten etwa Rosina Gschwind-Hofer und Gertrud Villiger-Keller führende Rollen im Schweizerischen Gemeinnützigen Frauenverein. Die Tätigkeit bürgerlicher Frauen in solchen Frauenvereinen und -verbänden stellte in der Öffentlichkeit eine anerkannte Arbeit dar. Die besondere Bedeutung der Frauen in sogenannten «weiblichen» Bereichen erkannte auch die Kirche: Als es 1905 um die Fürsorge für zugezogene Christkatholiken und Christkatholikinnen, Kasualien und Krankenbesuche ging, beschloss die Nationalsynode, in grösseren Gemeinden eine «Gemeindepflege» zu organisieren, und zwar «mit besonderer Herbeiziehung der Frauen».³²⁶ Aus der kirchlichen Frauendiakonie gingen Einrichtungen hervor, an die der entstehende Sozialstaat anknüpfte.³²⁷

Die erste Präsidentin des Verbands Christkatholischer Frauenvereine wurde Aline Ducommun-Merz.³²⁸ Sie war zudem die erste Frau, die 1917 bei der Session der Nationalsynode eine Rede hielt.³²⁹ Bei späteren Synoden gaben die Zentralprä-

---

324 ROSMARIE KULL-SCHLAPPNER, 50 Jahre Verband christkatholischer Frauenvereine der Schweiz, 1916–1966. Rückblick und Zusammenfassung, [Olten 1966]; MELANIE HANDSCHUH/URSULA ULRICH, 100 Jahre Verband Christkatholischer Frauen in der Schweiz 1916–2016, erschienen zur 100. Generalversammlung am 14. April 2016 in Olten, Zürich (Schneider Druck AG) 2016.
325 So Aline Ducommun-Merz, zitiert nach HANDSCHUH/ULRICH, 100 Jahre, 7.
326 XXXI. Sitzung der National-Synode der Christkatholischen Kirche der Schweiz. Donnerstag den 15. Juni 1905 in der neuen christkatholischen Kirche in Biel, Laufen (Vonburg'sche Buchdruckerei) 1905, 20.
327 Vgl. dazu das vom Schweizerischen Nationalfonds finanzierte Forschungsprojekt «Beitragen zur Schaffung einer neuen Welt». Kirchliche Frauendiakonie im Armuts- und Fürsorgediskurs während der Entwicklung des Sozialstaats, am Beispiel des Altkatholizismus in der Schweiz (1878–1965), im Internet: http://p3.snf.ch/project-192683. Das Projekt läuft 2021–2023 und wird von Erika Moser am Institut für Christkatholische Theologie durchgeführt.
328 Sie lebte 1867–1921. Vgl. zu ihr BERLIS, Desiderate, 226f.
329 ALINE DUCOMMUN-MERZ, Bericht über den Verband christkath. Frauenvereine der Schweiz, in: 43. Sitzung der National-Synode der christkatholischen Kirche der Schweiz. Montag, den 25. Juni 1917 in Olten, Olten (Buchdruckerei des «Oltner Tagblatt») 1917, 72–74.

sidentinnen mündliche Berichte ab. Die Töchtervereinigungen, die es seit 1909 gab, wurden insbesondere von der zweiten Zentralpräsidentin des Verbands Christkatholischer Frauenvereine, der Lehrerin Anny Peter, gefördert.[330] Regelmässig lud sie junge Frauen in ihr «Berghüsli» in Heiligenschwendi oberhalb des Thunersees ein; sie hatte es nach der «Schweizerischen Ausstellung für Frauenarbeit» (SAFFA) 1928 erworben. Nach ihrer Pensionierung als Lehrerin bewohnte Anny Peter von 1941 bis 1956 das Haus ganzzeitig. Sie öffnete es für Gruppen, später auch für Geflüchtete. Zwischen 1940 und 2008 wurden im Berghüsli regelmässig christkatholische Paramentenkurse gehalten, bei denen christkatholische Frauen ihre Kenntnisse in der Pflege liturgischer Textilien vertieften. Nach Anny Peters Tod ging das Berghüsli als Stiftung in den Besitz der Christkatholischen Kirche über, die es als Erholungs- und Tagungshaus unterhält und nutzt. 1939/40 wurde der Mütterfonds gegründet, aus dem erholungsbedürftige Frauen unterstützt wurden. Er wurde gespeist aus Spenden, Kirchenopfern und Sammlungen; auch die Hälfte des Erlöses aus dem 1926 eingeführten Verkauf von Karten floss in den Mütterfonds, der 1991 in Solidaritätsfond für Frauen umbenannt wurde und Statuten erhielt. Die Mütterferien erfreuten sich grosser Beliebtheit; seit den 1990er Jahren werden sie Berghüsli-Ferienwochen genannt und stehen nunmehr Menschen verschiedener Generationen und Herkunft offen.

Das kirchliche Frauenstimmrecht zu erhalten, war ein erklärtes Ziel des Frauenverbands. Dies nur auf Gemeindeebene zu erreichen, wie es seit Anfang des 20. Jahrhunderts in manchen Gemeinden der Fall war, reichte den Frauen nicht. Zentralpräsidentin Anny Peter und viele Christkatholikinnen mit ihr engagierten sich für das kirchliche Wahl- und Stimmrecht von Frauen und, nach dessen Erlangung, auch für die weiteren politischen Mitspracherechte von Frauen. Der Frauenverband vernetzte sich mit anderen Verbänden und war etwa an der ökumenischen Zeitschrift «Schritte ins Offene» beteiligt; er ist auch im Weltgebetstagskomitee vertreten.

Die veränderten gesellschaftlichen Rollen von Frauen und das veränderte Geschlechterverhältnis haben auch Auswirkungen auf die Vereinstätigkeit. Die Frage nach den Aufgaben der Frauenvereine in der Kirche und nach der Einbeziehung jüngerer Frauen wurde seit den 1990er Jahren immer deutlicher gestellt. 2003 wurde der Name in «Verband Christkatholischer Frauen der Schweiz» geändert. Zwischen 2000 und 2010 erarbeiteten Frauen jedes Jahr einen eigenen Gottesdienst, der am gleichen Sonntag in den Gemeinden des gesamten Bistums gefeiert

---

330 ANGELA BERLIS, Peter, Anny. Version vom 23.01.2009, in: Historisches Lexikon der Schweiz, https://hls-dhs-dss.ch/de/articles/027555/2009-01-23, zuletzt geprüft: 31.12.2021; ALINE BERGER, Anny Peter (1882–1958). Christkatholische Frauenrechtlerin, Pazifistin und Pädagogin, Zürich (Theologischer Verlag Zürich) 2023; ROSMARIE KULL-SCHLAPPNER, Anny Peter, o. O. [Basel] (Christkatholischer Schriftenverlag) 1960; DIES., Seelenstündchen auf dem Berghüsli, in: Jahrbuch der Christkatholischen Kirche der Schweiz 102 (1992), 50–55.

wurde. Von 1997 bis 2006 erschien ein Bulletin des Verbands, 2009 wurde eine Webseite eingerichtet. Anlässlich des 100-jährigen Bestehens erschien 2016 eine Jubiläumsschrift. 2017 fand die 100. Delegiertenversammlung statt. Der Frauenverband versteht seine Rolle als Plattform des Austausches und der Unterstützung der Frauenvereine, deren Zahl in den letzten Jahrzehnten rückläufig ist, und – wie seit jeher – als Stimme nach aussen. Eine Auflösung des Frauenverbandes wurde in den letzten Jahren mehrfach diskutiert, davon jedoch wieder abgesehen.

Aline Ducommun-Merz war auch die erste Verwalterin des 1914 auf Beschluss der Nationalsynode im Jahr 1916 eingerichteten christkatholischen **Kinderfürsorgeamts**. Das Neue bestand u. a. darin, dass Frauen sich erstmals «an leitender Stelle an einer schweizerischen christkatholischen Institution» betätigten.[331] 1985 wurde das Amt in Kinder- und Jugendhilfswerk umbenannt.

Nach dem Vorbild der Altkatholischen Schwesternschaft in Deutschland wurde auch in der Schweiz seit 1889 die **Ausbildung christkatholischer Krankenschwestern** als «religiös-soziale Pflicht» erkannt und 1897 die Gründung eines christkatholischen Schwesternhauses in Aussicht genommen.[332] Ein Anliegen war dabei auch, zu verhindern, dass Christkatholikinnen und Christkatholiken auf dem Krankenlager oder im Sterbebett durch römisch-katholische Krankenpflegerinnen bekehrt wurden.[333] Für die Heranbildung christkatholischer Krankenschwestern bestand ein Fonds unter Adolf Küry, damals Pfarrer in Basel. Krankenschwestern wirkten in verschiedenen Gemeinden, im Jahr 1911 etwa in Olten, Bern, Genf, Zürich und Luzern, in unterschiedlichen Tätigkeitsbereichen. Die «Vereinigung christkatholischer Schwestern und Fürsorgerinnen» wurde am 8. Mai 1939 gegründet, die erste Präsidentin war Sr. Franziska Kümmerli, die letzte von etwa 1964 bis zur Auflösung der Vereinigung 1986 war Käthi Böhm-Vogt.[334]

Auch **Männervereine** gab es in verschiedenen Kirchgemeinden – zeitweise bestand auch ein Verband.[335] Anders als die Frauenvereine, die in vielen Gemeinden über viele Jahrzehnte bestanden, erwiesen sich die Männervereine als weniger beständig. Möglicherweise hat dies seinen Grund darin, dass die Aufgaben und Ziele weniger handfest waren als die für die Frauenarbeit. Männer konnten sich

---

331 Zitat von Joseph Süssli bei der Nationalsynodesession 1917. Zitiert nach BERLIS, Desiderate, 225.
332 Protokoll der 25. Session der Nationalsynode (1899), 12–14, hier 12.
333 Der Berichterstatter zum Traktandum «Heranbildung christkatholischer Krankenpflegerinnen», Pfr. Otto Hassler, sprach dieses Problem offen an. Siehe Protokoll über die Fünfzehnte Session der National-Synode der christkatholischen Kirche der Schweiz. Sitzung vom 13. Juni 1889 gehalten im Grossrathssaale zu Basel, Bern (Buchdruckerei Stampfli, Lack, Scheim & Cie.) 1889, 47–55, hier 50 f.
334 Vgl. dazu BERLIS, Desiderate, 225 Anm. 54.
335 Vgl. OTTO RUHIER, Ist der Zusammenschluss unserer Männervereine notwendig?, in: Der Katholik 60 (1937), 336.

zudem auch in vielen anderen Vereinen oder Gremien betätigen, während Frauen hier über lange Zeit weitaus beschränkter waren in ihren Möglichkeiten. Heute besteht noch in Möhlin ein Männerverein. Der Männerverein Bern wandelte sich im Jahr 2020 in einen «Gemeindeverein» um; zu einem «Gemeindeverein» fusionierten im Mai 2021 auch der Frauen- und der Männerverein Olten. Wie die Männervereine organisieren heute die Gemeindevereine kulturelle und ökumenische Zusammenkünfte, oft verbunden mit einem geselligen Beisammensein, zum Beispiel im Rahmen einer gemeinsamen, offenen Mahlzeit.

«Ich begrüsse es mit dankbarer Freude, dass man in vielen Gemeinden angefangen hat, auch die Jugend dazu anzuleiten, ihren Beitrag zur Hebung des Gemeindelebens zu leisten.»[336] Die **Jugend** vor religiöser «Verflachung zu bewahren» und sie «zu guten Gemeindemitgliedern zu erziehen», um so «die Zukunft unserer Kirche für alle Zeiten» zu sichern, war ein Anliegen, das in den 1880er Jahren bei den Sessionen der Synode Thema war. In Zürich gründete Pfarrer Franz Beda Stubenvoll am 11. Mai 1884 den ersten «Alt-Katholischen Jünglingsverein», dem bei Jahresende bereits 48 junge Männer angehörten. Andere Gemeinden folgten, ermutigt durch Bischof Herzog, diesem Beispiel.[337] Die Vereine gaben sich oft Namen wie «Libertas» (um sich als «freie Katholiken» zu bezeichnen), «Constantia» oder «Unitas», in der Romandie «Amitié». Am 13. September 1891 hielten Delegierte der Gruppen Basel, Bern, Luzern, Schönenwerd und Zürich die konstituierende Delegiertenversammlung im Zunfthaus Safran in Basel ab, gaben sich Statuten und gründeten den Dachverband «Schweizerischer Verein Junger Christkatholiken» (heute «Christkatholische Jugend der Schweiz»). Es war der erste überregionale Zusammenschluss altkatholischer Jugendlicher in Europa. Obwohl der Verband bereits 1892, beim 2. Internationalen Altkatholikenkongress in Luzern, dazu aufrief, auch im Ausland «Schwestersektionen» zu bilden, kam es in Deutschland erst 1906 zur Gründung des «Reichsverbandes alt-katholischer Jungmannschaften» und in den Niederlanden 1908 zur Gründung der «Centrale Vereeniging van Jonge Oud-Katholieken». Mit der Bildung verwandter Dachverbände im Ausland konnten die Kontakte über die Landesgrenzen hinweg verstärkt werden. Nach

---

336 Dieses und die folgenden Zitate stammen aus dem Jahresbericht des Bischofs: Protokoll der 15. Session der Nationalsynode (1889), 30. Bereits in früheren Jahren hatte Eduard Herzog im bischöflichen Bericht positive Worte über die Jugend gefunden. Vgl. CHRISTOPH SCHULER/THOMAS ZELLMEYER, 100 Jahre und kein Ende, in: Jahrbuch der Christkatholischen Kirche der Schweiz 102 (1992), 36–49, hier 36.

337 Es folgten 1885 Basel, 1889 La Chaux-de-Fonds, 1890 Bern und Schönenwerd, 1891 Luzern, 1892 Genf, Solothurn und Olten, 1894 Biel, 1895 Grenchen, 1896 St. Gallen, 1898 Möhlin und Starrkirch, 1899 Schaffhausen, 1901 Allschwil. Vgl. Schaufenster. Jubiläumsschrift der Christkatholischen Jugend der Schweiz, hg. 1981 anlässlich des 90-jährigen Jubiläums vom Zentralvorstand der Christkatholischen Jugend der Schweiz, Gossau (Pius Schaeffler) 1981, 7.

dem Ersten Weltkrieg schlossen sich im Sinn der Völkerverständigung die Verbände von Deutschland, der Schweiz, der Niederlande, der Tschechoslowakei, unter Mitarbeit der Österreicher, im Jahr 1925 zu einer «Liga der Altkatholischen Jugendbünde» zusammen. Die Herausgabe eines «Korrespondenzblatts» (1926–1930) und des «Ligablatts» (1931–1934) dienten dem Austausch über die Grenzen. Nachdem das Ligablatt eingestellt worden war, weil der Kontakt zur deutschen Jugend im Dritten Reich verunmöglicht wurde, begann der Schweizer Verband ab 1935 eine eigene Zeitschrift mit dem Titel «Christkatholische Jugend» herauszugeben. Der Redaktor war immer ein Geistlicher. Die Nachfolgezeitschrift erschien ab Mitte der 1970er Jahre unter dem Namen «réveil» und war in den Händen einer jugendlichen Redaktion.

Im Sommer 1938 fand in Fällanden am Greifensee das letzte internationale Jugendlager vor dem Zweiten Weltkrieg statt. Trotz Aktivdienst der Zentralvorstandsmitglieder während des Krieges fand 1942/43 das erste Skilager in Adelboden statt. Nach dem Krieg kam – infolge des 1931 geschlossenen «Bonner Abkommens» mit den Anglikanern – der Austausch mit englischen Jugendlichen in Gang: Es fanden mehrere anglikanisch-altkatholische Jugendtreffen statt. Nach dem Krieg wurde 1948 in Doorn (Niederlande) erneut eine Ligatagung durchgeführt, die bis 1970 regelmässig abgehalten wurde. Ab den 1970er Jahren kam es in den Jugendverbänden der einzelnen Länder zu internen Reorganisationen. Zahlreiche Jugendgruppen wurden aufgelöst.

Die ersten Jahrzehnte des Jugendverbandes waren eine Geschichte männlicher christkatholischer Jugendlicher. Erst 1909 wurden auch christkatholische Töchtergruppen gegründet. Sie wurden unter anderem von Anny Peter stark gefördert.[338] Erst nach und nach wurde die Trennung nach Geschlecht aufgehoben und die Jugendarbeit für junge Männer und für junge Frauen zusammengeführt. In den 1940er Jahren waren die Zentralleiterinnen der schweizerischen Töchtervereinigung auch Mitglied im Zentralvorstand des schweizerischen Vereins junger Christkatholiken. 1954 wurden die Jungmannschaften und die Töchtervereinigungen in der «Christkatholischen Jugend der Schweiz» zusammengeführt. Die Funktion einer Zentralleiterin, die ab 1954 immer Vizepräsidentin des Jugendverbands war, wurde 1963 abgeschafft. Ab Mitte der 1960er Jahre gab es nur noch gemischte Jugendgruppen. Elisabeth Müller[339] aus Möhlin wurde 1989 als erste Frau Zentralpräsidentin der «Christkatholischen Jugend der Schweiz».

Die Aktivitäten des Jugendverbandes entwickelten sich im Lauf der Zeit: die Organisation mit Statuten und einem «Zentralvorstand», wie auch die Durchführung eines «Ferienkurses zur religiösen Erbauung» im Jahr 1922, ein Vorläufer der späteren Ferienlager für Kinder (seit 1948 Chri-So-La genannt) und für Jugendli-

---

338 Vgl. KULL-SCHLAPPNER, Seelenstündchen.
339 Elisabeth Müller wurde 1967 geboren.

che. 1972 wurde die «Genossenschaft Christkatholisches Jugendhaus» gegründet; nach dem Bau des Hauses auf der Mörlialp ob Giswil fand im März 1973 erstmals ein Skilager dort statt. Das Haus wird auch an Dritte vermietet. 1979 wurde von der Synodesession in St. Imier das Amt des Jugendbetreuers eingeführt und mit Hans Metzger besetzt.

Seit 1984 besteht in der «Christkatholischen Jugend der Schweiz» die Möglichkeit der Einzelmitgliedschaft. 1980 wurde eine Auslandkontaktstelle geschaffen und Kontakte nach Deutschland, insbesondere nach Südbaden, nach England, Schweden, in die Niederlande und in die DDR geknüpft. Internationale Altkatholikenkongresse wurden für internationale Jugendtreffen genutzt. Der erste Auslandbeauftragte war Christoph Schuler[340], der 1985 auf Vorschlag des Jugendverbands in den Synodalrat gewählt wurde; später studierte er Theologie und wurde Pfarrer; von 2011 bis 2021 war er erneut Mitglied im Synodalrat. Die Christkatholische Jugend behielt ihren Sitz im Synodalrat mehr als zwanzig Jahre lang, es folgten 1993 Franziska Vogt[341] und 1997 Nicole Mathis[342], nach deren Rücktritt 2006 der Jugendverband keine Nomination eines oder einer Jugendlichen mehr vornahm. Die Jugendarbeit war prägend für die Christkatholische Kirche.[343] Viele spätere führende Laien und Pfarrer – Männer und Frauen – begannen ihr Engagement in einer christkatholischen Jugendgruppe oder im Jugendverband.[344]

Eine besondere Form einer Jugendgruppe waren die hier und da bestehenden **Ministrantenvereine**. In Solothurn vereinigten sich die Ministranten der Franziskanerkirche im Jahr 1955 zur «Bischof-Herzog-Gruppe», kurz BHG, und gaben sich 1959 eigene Statuten. Ab 1973 öffnete sich die BHG auch für Mädchen. Das Ziel dieser Gruppen war «immer auf das Ministrantenamt ausgerichtet»: Ausbildung von Ministranten, Pflege der Liturgie und der Kameradschaft.[345]

---

340 Christoph Schuler wurde 1962 geboren.
341 Franziska Vogt wurde 1968 geboren. Sie ist Professorin an der Pädagogischen Hochschule St. Gallen und dort Leiterin des Instituts für Lehr-Lern-Forschung. Seit 2020 beteiligt sie sich als externe Expertin an der Überarbeitung des Lehrplans für den christkatholischen Religionsunterricht.
342 Nicole Mathis ist 1973 geboren.
343 So war etwa Adolf Küry als Jugendlicher Gründungsmitglied des 1885 in Basel gegründeten Jünglingsverein und klagte der damalige Theologiestudent Ernst Gaugler über den Mangel an Religiosität und an einer «stärkende[n] Bibelkenntnis». Gaugler plädierte dafür, sich in Vorträgen mehr auf «religiös-kirchliche Themata» zu richten – sein Antrag wurde von der Delegiertenversammlung 1912 angenommen. Vgl. Der Katholik 35 (1912), 143. Auch zu finden bei SCHULER/ZELLMEYER, 100 Jahre, 43.
344 Auch die Autorin und die Autoren dieses Buches waren einst in der Jugendarbeit engagiert und sind einander zum Teil dort erstmals begegnet.
345 ERNST FELCHLIN, Die «Bischof-Herzog-Gruppe», Lokalbeilage zu [Flückiger/Jenzer], Christkatholisch. 100 Jahre Christkatholische Kirchgemeinde Solothurn, hg. von der Christkatholischen Kirchgemeinde Solothurn, Zürich (Benziger) [1978] 13 f. In dieser Beilage werden

In der christkatholischen Kirche entwickelte sich bereits im 19. Jahrhundert ein reges Musikleben.[346] Der volkssprachliche Gemeindegesang setzte sich erst ab den 1890er Jahren durch. An vielen Orten entstanden zwischen 1874 und 1920 **christkatholische Kirchenchöre**, bis 2006 waren es über den gesamten Zeitraum gesehen insgesamt 46 an der Zahl. Heute bestehen 11 Chöre, die Mitglied des 1891 begründeten Verbands christkatholischer Kirchenchöre der Schweiz sind, vier Singgruppen bzw. regelmässige Projektchöre, die (noch) nicht Mitglied im Chorverband sind, sowie ein Chor, der der Kirchgemeinde Olten nahesteht und mehrere Gottesdienste pro Jahr mitgestaltet. Der Kirchenchor in Allschwil erstand um 2017 erneut und gehört seit 2019 wieder dem Chorverband an. Der Chorverband hat eine zentrale Bedeutung für die Entwicklung christkatholischer Kirchenmusik und deren Verbreitung, da er bis heute das Komponieren von Kirchenmusik stimuliert. Alle fünf Jahre finden landesweite Chortage[347] statt, zuletzt 2013 in Bern (30.) und 2018 in Zürich (31.). Die 32. Chortage fanden am 5./6. Mai 2023 in Basel statt und standen ganz im Zeichen der 150-jährigen Eigenexistenz der Christkatholischen Kirche: Es wurden Chorstücke aus den letzten anderthalb Jahrhunderten und neue Gemeindelieder aufgeführt.

Manche Vereine waren – wie oben beschrieben – faktisch am Anfang nur Männern zugänglich und öffneten sich erst im Lauf des 20. Jahrhunderts auch für Frauen. So ging aus dem im November 1881 gegründeten akademischen katholisch-theologischen Verein im Februar 1882 der christkatholische Studentenverein **«Catholica Bernensis»** hervor. 1891 schlossen sich die altkatholischen Theologiestudenten in Bern, Bonn und Amersfoort im Zuge der 1889 erfolgten Gründung der Utrechter Union zu einer «Theologiae studiosorum veteriscatolicae unio» und zu einem Kartellverband zusammen.[348] Seit den 1940er Jahren gehörten der «Catholica Bernensis» auch Frauen an. Nach 1968 – so weit reicht das letzte Protokollbuch – ging sie nach und nach ein, Wiederbelebungsversuche, die um 1974 erfolgten, blieben erfolglos.

---

die Vereine der Kirchgemeinde beschrieben: Frauenverein, Kirchenchor, Jugendgruppe «Libertas» und BHG. Ende der 1970er Jahre übernahm als erstes Mädchen Yvonne Ziegler die Leitung, ab Mitte der 1980er Jahre Johannes Felchlin und dann Markus Hagmann. – Seit mindestens dreissig Jahren gibt es keine speziellen Ministrantenvereine mehr.

346 Vgl. dazu ausführlich: WLOEMER, Geschichte.
347 Von 1889 bis 1901 hiess diese Veranstaltung «Gesangsfest», 1904 wurden die Begriffe «Sängertag» und «Gesangsfest» nebeneinander benutzt. Der Begriff «Sängertag» wurde dann viele Jahrzehnte üblich. Seit 1998 lautet der Name «Chortage» (im Plural). Mit Dank an Pfr. em. Dr. Klaus Wloemer für die Begriffsklärung.
348 Vgl. dazu ANGELA BERLIS, Tapfere Cherusker, tüchtige Theologen. Ausbildung alt-katholischer Theologen an der Universität Bonn bis 1902, in: Esser/Ring, Zwischen Freiheit, 49–105, hier 94 f. Zum Kartellverband gehörten auch die 1904 gegründete Catholica Basiliensis in Basel und die 1906 gegründete Catholica Turicensis in Zürich.

In die Reihe der Vereine gehört auch der bereits erwähnte «Schweizerische Verein für die christkatholische Diaspora», kurz **Diasporaverein**. 1879 berief die Synode eine Kommission, die sich mit dem Problem der Verstreuten und ihrer seelsorgerlichen Betreuung befassen sollte – das für die christkatholische Kirche ja von Anbeginn an bestand. Damals wurde auch die «Minoritäten-Kasse» begründet, für die nicht nur Kirchenmitglieder, sondern etwa auch die Kirche von England stifteten. 1905 erfolgte die Gründung des Diasporavereins durch die 31. Nationalsynode in Biel und wurden die Statuten dieses Vereins beschlossen.[349] Damit wurde die Einteilung in Diasporabezirke christkatholischer Gemeinden in Gang gesetzt und deren Arbeit durch Geldsammlungen unterstützt.[350] Im Jahr 1955 machten Diasporanen ein Sechstel der Seelenzahl der christkatholischen Kirche aus.[351] 1964 wurde aus dem Diasporaverein das Diasporawerk. Die 145. Session der Nationalsynode beschloss 2013, das Diasporawerk zum 31. Dezember 2013 aufzulösen und in das Bischöfliche Hilfswerk zu integrieren. Gleichzeitig wurden die Gemeinden aufgefordert, die Integration von Diasporagebieten in ihr eigenes Gemeindegebiet zu prüfen.[352]

In der christkatholischen Kirche gibt es viele Vereine, Verbände und Gruppen, die sich einem gemeinsamen Ziel verpflichten. Als Verein ist auch der Berufsverband der christkatholischen Geistlichen, die **Pastoralkonferenz**, organisiert. Pastoralkonferenzen sind eine auch in anderen Bistümern bestehende Form für den Austausch von Geistlichen untereinander. So fanden sie auch im ehemaligen Bistum Konstanz statt. Der letzte Bistumsverweser Wessenberg machte damals vor allem ihre Bildungsdimension stark. Derartige Zusammenkünfte finden in der christkatholischen Kirche kantonal oder regional statt sowie in einer Gesamtpastoralkonferenz, die heute zweimal im Jahr zusammenkommt.

Diese Versammlungen der Geistlichen hatten immer eine wichtige soziale, edukative und handlungsorientierte Funktion. In den 1880er Jahren etwa wurde bei

---

349 Die Beschlüsse finden sich in: Protokoll der 31. Session der Nationalsynode (1905), 15–18. Die Anregung zur Gründung ging von J. Süssli, Aktuar der Kirchenpflege in Zürich, aus. Die Vereinsstatuten sind im Synodenprotokoll auf S. 22–24 abgedruckt. 1972 wurde das Vereinsstatut revidiert. Vgl. auch HANS A. FREI, Einem Achtzigjährigen zum Gruss! Zur Diaspora-Sammlung 1986, in: Christkatholisches Kirchenblatt 109 (1986), 209–210.
350 Zur Diaspora s. Kap. 2.5, S. 80 und Kap. 6.4, S. 232f. Informationen über die Arbeit des Diasporavereins und die Statuten von 1907 finden sich, in: Protokoll über die 34. Sitzung der National-Synode der christkatholischen Kirche der Schweiz. Sitzung vom 22. Juni 1908 gehalten in Biel, Olten (Buchdruckerei des «Oltner Tagblatt») 1908, 10f. 14–38.17–38. Hier auch ein Überblick über damals bestehenden Diasporabezirke in der gesamten Schweiz.
351 Vgl. Internationale Kirchliche Zeitschrift 46 (1956), 53.
352 Vgl. Protokoll der Nationalsynode der Christkatholischen Kirche der Schweiz, 145. Session. 31. Mai und 1. Juni 2013 in Allschwil BL, [Christkatholische Kirche der Schweiz, 2014], 73.

den Konferenzen der Geistlichen in den Kanton Genf, Neuenburg und Bern die Ausgabe des Gebetbuchs in französischer Sprache besprochen; im deutschschweizerischen Pendant wurden damals Lehrmittel für den Religionsunterricht, etwa ein Büchlein über Kirchengeschichte verhandelt. Es war auch üblich, Vorträge zu halten, etwa über die Bonner Unionskonferenzen von 1874 und 1875 oder zu anderen historisch, systematisch-theologisch oder praktisch-theologisch bedeutsamen Themen. Der Bischof nahm nach Möglichkeit teil.[353] 1894 beschloss die 20. Session der Nationalsynode, dass die allgemeine Pastoralkonferenz, die sich im Vorjahr am 14. November 1893 neu konstituiert hatte, ein «vorberatendes Organ» sei, das in theologischen Fragen und bei Seelsorgeangelegenheiten oder der Stellung und Tätigkeit «der Herren Geistlichen» zur Vorbereitung oder Begutachtung durch den Synodalrat beigezogen werden könne.[354]

Nach dem Zweiten Weltkrieg entfaltete die Gesamtpastoralkonferenz eine rege Tätigkeit und profilierte sich in der Kirche stark geistlich-theologisch. Heute bespricht sie Themen, die bei der Synode zur Beratung anstehen, oder nimmt Stellung zu geplanten ökumenischen Vereinbarungen und pastoralen Regelungen, wie etwa den Richtlinien für die Vikariatsausbildung.[355] Auch auf regionaler Ebene wurden nach dem Zweiten Weltkrieg Initiativen zur besseren Vernetzung ergriffen: So begründete der Rheinfelder Pfarrer Alfred Jobin den «Olsberger Kreis», ein ungezwungenes Treffen der Fricktaler Pfarrehepaare. Solche Treffen mit dem Ziel, sich menschlich näher zu kommen, bestehen bis auf den heutigen Tag weiter.

2.9 Solidarität und Sammlungen

Viele Vereine hatten nicht nur gesellige, sondern auch wohltätige Zwecke vor Augen. Einen Teil solcher fürsorglicher Aufgaben übernahmen auch Hilfswerke, die – wie bereits erwähnt – nach innen in der ersten Jahrhunderthälfte für Kinder, und nach der Mitte des 20. Jahrhunderts nach aussen auch zum Zweck der **Mission**

---

353 Siehe Protokoll über die Dreizehnte Session der National-Synode der christkatholischen Kirche der Schweiz. Sitzung vom 2. Juni 1887, gehalten in der St. Magnus-Kirche zu St. Gallen, Basel (Schweighauserische Buchdruckerei) 1887, 21.
354 Protokoll der 20. Session der Nationalsynode (1894), 64–66, hier 65.
355 In Artikel 1 ihres Statuts wird dies folgendermassen beschrieben: «Die Konferenz der Geistlichen der Christkatholischen Kirche der Schweiz (nachfolgend Pastoralkonferenz genannt) bezweckt, durch Besprechung theologischer und kirchlicher Fragen das Wohl der Kirche und die Interessen und die Zusammengehörigkeit ihrer Mitglieder zu fördern. Sie behandelt ferner die ihr von Bischof, Synodalrat oder Nationalsynode zur Behandlung überwiesenen Geschäfte.» Statuten der Konferenz der Geistlichen der Christkatholischen Kirche der Schweiz, vom 16. März 2004. Eine Überarbeitung der Statuten ist bei Publikation dieses Buches im Gang.

gegründet wurden.[356] Bei der 87. Session der Nationalsynode 1961 in Zürich gab es einen entsprechenden Beschluss für eine jährliche Sammlung. Gerne waren die Christkatholikinnen und Christkatholiken bereit, anglikanische Missionsarbeit zu unterstützen (was bis heute geschieht) sowie altkatholische Missionen in Ländern wie Frankreich und Italien zu fördern.[357] Der Missionsgedanke ist unter anderem in der jährlichen Missionskollekte am Dreifaltigkeitssonntag bis heute lebendig.

Die Diskussion von 1961 zeigt, dass man zu jener Zeit noch stark in Begriffen wie «Heidenmission» dachte; was später «Entwicklungshilfe» und heute «Entwicklungszusammenarbeit» genannt wird, wurde damals noch nicht allgemein mitgetragen. Ein Jahrzehnt später hatte sich dies geändert: In Aufnahme einer Initiative der Vollversammlung des Ökumenischen Rates der Kirchen von Uppsala 1968 engagierte sich die christkatholische Kirche ab 1970 stärker in der Entwicklungshilfe. Es wurde eine Zentralstelle eingesetzt, um die Sammlungen für Mission, Entwicklungshilfe und Katastrophenhilfe zu koordinieren. Zwei Jahre später wurde durch die 98. Session der Nationalsynode 1972 in Rheinfelden das «**Christkatholische Hilfswerk**» gegründet und sein Statut beschlossen. Ab 1992 wurde die Zusammenarbeit in der Fastenkampagne mit den Hilfswerken der evangelisch-reformierten und der römisch-katholischen Kirchen, «Fastenopfer» und «Brot für alle» (damals noch «Brot für Brüder» genannt), etabliert und die offizielle Sammlungszeit im ganzen Bistum in die Fastenzeit gelegt. Pfarrer Franz Murbach griff das Anliegen Bischof Urs Kürys auf, dass die Kirchgemeinden zwei Prozent ihrer Einnahmen für Entwicklungshilfe zur Verfügung stellen – die Kirche übernahm dieses Anliegen. Der Name «Partner sein. Hilfswerk der Christkatholischen Kirche der Schweiz – Etre partenaires» wurde am 31. Oktober 1992 eingeführt – bekannt und präsent ist es in der Kirche unter der Kurzform «**Partner sein**». Als Präsident dieses Hilfswerks erklärte Murbach bei der 122. Session der Nationalsynode 1993 in Aarau, dass mit den neuen Namen drei grundlegende Anliegen verbunden seien: «Unsere paritätische Art mit unseren Projektpartnern umzugehen, unsere eigene synodale Kirchenstruktur und unsere Verbindung mit der anglikanischen ‹Partners in Mission›-Bewegung.»[358] Als Logo des Hilfswerks wurde ein auf einem Teller liegender, durch das Kreuz geteilter Fisch eingeteilt. «Partner sein» ist heute mit über 30 Projekten

---

356 Vgl. zur allgemeinen Entwicklung im altkatholischen Denken: ILSE BRINKHUES, Mission als menschenverbindender Auftrag, in: Angela Berlis/Klaus-Dieter Gerth (Hg.), Christus spes. Liturgie und Glaube im ökumenischen Kontext. Festschrift für Sigisbert Kraft, Frankfurt a. M. (P. Lang) 1994, 75–84.
357 Zu den altkatholischen Missionen s. o. Kap. 1.5, S. 37–42. Die Mission in Italien wurde 2011 aufgehoben.
358 123. Session der Nationalsynode der Christkatholischen Kirche der Schweiz. 11. und 12. Juni 1993 in Aarau/Lenzburg, [Christkatholische Kirche der Schweiz, 1994], 78.

und einer Projektsumme von etwa 280 000 Fr. jährlich (Stand 2017) das grösste Hilfswerk der altkatholischen Kirchen der Utrechter Union.[359] 1998 kam es zu einer Zusammenarbeit mit den Hilfswerken der altkatholischen Kirchen in Europa, seit 2004 heisst diese Vereinigung offiziell «Internationale Altkatholische Diakonie und Mission». Es gehören ihr Hilfswerke an aus den Niederlanden, Deutschland, Österreich und der Schweiz sowie Beauftragte der altkatholischen Kirchen von Tschechien und Polen bzw. der Missionen von Kroatien und Frankreich.

Der Name «Christkatholisches Hilfswerk» war schon vor 1972 in Gebrauch für eine Solidaritätskasse, mit der der Bischof in erster Linie Theologiestudenten, orthodoxe Geflüchtete und andere altkatholische Kirchen unterstützte. Das Hilfswerk wurde 1972 in **«Bischöfliches Hilfswerk»** umbenannt. Die Schwerpunkte seiner Arbeit haben sich im Lauf der Zeit entwickelt. Eine bleibende Aufgabe war und ist die Förderung des internationalen Austauschs, unter anderem durch die Ausrichtung von Stipendien an Studierende aus dem Ausland, die sich für kürzere oder längere Zeit an der Universität Bern in christkatholischer Theologie weiterbilden oder einen Doktortitel erwerben. Seit 2016 ist das «Bischöfliche Hilfswerk» auch für Stipendien für Kandidatinnen und Kandidaten für das geistliche Amt zuständig; davor hatte die Zentralkasse des Bistums eine eigene Stipendienkasse geführt. Weiter fördert das «Bischöfliche Hilfswerk» Besuche, Begegnungen und andere Formen des internationalen und ökumenischen Austauschs. Nicht selten ist das Hilfswerk schon eingesprungen, wenn sich für ein gutes und wichtiges Projekt keine andere Kasse zuständig fühlte.

Es ist Aufgabe der Nationalsynode, verbindlich festzulegen, für welche Hilfswerke und Zwecke jährlich eine gesamtkirchliche Sammlung durchgeführt wird. Neben «Partner sein» in der Fastenzeit und dem «Bischöflichen Hilfswerk» im Juni jeden Jahres sind dies aktuell, per Synodenbeschluss von 2016, das Bistumsopfer im September[360] und eine thematische, nicht an eine bestimmte Institution gebundene Sammlung für Kinder-, Eltern- und Jugendarbeit im Advent und an Weihnachten. Diese Advent-Sammlung existiert in dieser Form erst seit 2017 und kam unter anderem dem Kinder- und Jugendhilfswerk, der «Plattform Jugend» und der «Fachstelle Bildung» für Projekte im Bereich des Religionsunterrichts zugute.

---

359 Christoph Schuler, «Teilen verbindet. Urteilen trennt». Diakonische Projekte in der Christkatholischen Kirche der Schweiz, in: Internationale Kirchliche Zeitschrift 108 (2018), 129–135.
360 S. u. Kap. 6.10, S. 254.

2.10 Presse und Profilierung

Medien spielten in der altkatholischen Bewegung von Anfang an eine grosse Rolle. Dies begann bereits vor und während des Ersten Vatikanischen Konzils, als Ignaz von Döllinger in der Augsburger «Allgemeinen Zeitung» unter dem Pseudonym Janus seine Artikel veröffentlichte. Die Zeitung wurde auch in der Schweiz gelesen, wie etwa die komplette Ausgabe dieser Zeitung im Archiv der christkatholischen Gemeinde Rheinfelden zeigt. Auch die «Katholische Stimme aus den Waldstätten», die 1870 erschien, wurde bereits erwähnt. Von 1873 bis 1876 gab der Verleger Peter Dietschi in Olten die «Katholischen Blätter» als Organ des Vereins freisinniger Katholiken heraus – es war die erste christkatholische Kirchenzeitung. Dietschi, der ab 1878 das «Oltner Tagblatt» herausgab, war 1884–1907 Präsident des christkatholischen Synodalrats. Ab 1876 bis zur Einstellung des Blattes Ende 1877 zeichneten Dietschi und der Oltener Pfarrer Otto Hassler als Redaktor, der ab 1878 seine Tätigkeit für den «Katholik», der bei Jent in Bern erschien, fortsetzte. Dieser trug den Untertitel «Schweizerisches Organ für kirchlichen Fortschritt», ab 1924 «Schweizerisches Christkatholisches Wochenblatt». Ab 1953 wurde das Periodikum in «Christkatholisches Kirchenblatt» umbenannt; seit 2010 erscheint es unter dem Namen «Christkatholisch. Zeitschrift der Christkatholischen Kirche der Schweiz».[361]

Der Blätter in französischer Sprache in der Westschweiz gab es viele, die meisten waren eher kurzlebig.[362] Diese Unbeständigkeit spiegelt die politische Situation, die Abnahme der christkatholischen Bewegung im nordwestlichen Berner Jura, die Entwicklung des Kulturkampfs in Genf bis hin zur dortigen Trennung von Kirche und Staat ab 1907. Die westschweizerische christkatholische Presse war über ihre Redaktoren eng mit Infallibilitätsgegnern in Pariser Intellektuellenkreisen verbunden, unter anderem mit dem ehemaligen Genfer Pfarrer Hyacinthe Loyson, der ab Frühjahr 1878 wieder in Paris lebte, und dem orthodoxen Konvertiten Wladimir Guettée. Ab Mitte 1873 erschien wöchentlich «La Démocratie catholique» in Delémont; das Blatt wurde ab 1875 in Bern gedruckt und mit «Le Catholique National» in Genf 1876 zusammengeschlossen. «La Démocratie catholique» wurde von dem Theologen und Schriftsteller Jean Wallon[363] gegründet und gemeinsam mit dem

---

361 Vgl. OTTO GILG, «Katholik» und «Christkatholisches Kirchenblatt». Epilog und Prolog, in: Christkatholisches Kirchenblatt 76 (1953), 1–3. Vgl. zu einer ausführlichen Beschreibung aller christkatholischen seriellen Presseerzeugnisse in deutscher und französischer Sprache bis 1924: ERIKA MOSER, Furchen, Stimmen, Blätter. Die liberal- und christkatholische Presselandschaft in der Schweiz 1870 bis 1924, in: Internationale Kirchliche Zeitschrift 109 (2019), 277–308.
362 Vgl. zum folgenden Abschnitt MOSER, Furchen, 296–306.
363 Jean Wallon lebte 1821–1882.

Pfarrer Jules Paul Deramey[364] redigiert. In Genf erschienen ab 1873 nacheinander mehrere Zeitschriften, die meist nur wenige Jahre bestanden, so u. a. «Le Catholique suisse. Organe des catholiques libéraux» (1873–1875), «Le Catholique National» (1876–1878), «La Fraternité. Organe du catholicisme national» (1883–1884) und «Le Catholique National. Organe des catholiques-chrétiens de la Suisse romande» (1891–1908). Die letztgenannte Zeitschrift wurde ab 1909 durch «Le Sillon» abgelöst. Für die Genfer christkatholische Presse spielte Pfarrer Félix Carrier[365] als Redaktor eine kontinuierliche Rolle. Erster Redaktor des «Sillon» war Pfarrer Alphonse Chrétien[366], ihm folgte 1929 Pfarrer Paul Richterich. Ab 1971 wurde das «Sillon» unter dem Namen «Présence catholique-chrétienne», ab 2014 abgekürzt mit «Présence» weitergeführt.

Von jeher war man in der christkatholischen Kirche auf die Bekanntmachung der «christkatholischen Sache» durch Verbreitung eigener Schriften und Literatur bedacht. Nachdem auf dem Altkatholikenkongress in Heidelberg im Jahr 1888 ein Press- und Schriftenverein gegründet worden war, setzten auch in der Schweiz Überlegungen dazu ein. Doch wurde von einer weiteren Vereinsgründung abgesehen und stattdessen im Jahr 1896 ein «Christkatholisches Presskomité» errichtet[367], das ab 1911 auch für die Finanzierung und Werbung für die «Internationale Kirchliche Zeitschrift» verantwortlich zeichnete. Die 1893 gegründete «Revue Internationale de Théologie», 1911 umbenannt in «Internationale Kirchliche Zeitschrift», ist zwar ein internationales Organ, sie wird aber seit je auf Schweizer Boden produziert und von hier auch weitgehend finanziell unterstützt. Das Pressekomitee löste sich 1994 sang- und klanglos auf, die Synode erfuhr es in einem Nebensatz – das **Medienkomitee** führt seither die Arbeit in neuer Zusammensetzung mit erweitertem Auftrag weiter. Das «Christkatholische Presskomité» errichtete 1899 in Olten ein «**Christkatholisches Schriften-Lager**». Der Christkatholische Schriftenverlag,

---

364 Jules Paul Deramey (1825–1914) war für die Berner Regierung zuständig für die Organisation von suspendierten römisch-katholischen Geistlichen im Jura, in römisch-katholischer Begrifflichkeit «Staatsklerus» genannt. Vgl. zu ihm: URS VON ARX, Deramey, Jules Paul. Version vom 19.03.2004, Historisches Lexikon der Schweiz, https://hls-dhs-dss.ch/de/articles/027541/2004-03-19, zuletzt geprüft: 31.12.2021.

365 Félix Carrier lebte 1830–1917. Zu ihm: GEORGES PUCHER, Carrier, Félix. Version vom 18.08.2003, übersetzt aus dem Französischen, Historisches Lexikon der Schweiz, https://hls-dhs-dss.ch/de/articles/027538/2003-08-18, zuletzt geprüft: 31.12.2021.

366 Alphonse Chrétien lebte 1856–1940. Zu ihm: GEORGES PUCHER, Chrétien Alphonse, Version vom 29.04.2009, in: *Dictionnaire historique de la Suisse (DHS)*, https://hls-dhs-dss.ch/fr/articles/027539/2009-04-29, zuletzt geprüft: 31.12.2021.

367 Antrag VII, «Gründung eines christkatholischen Preßvereins», in: Protokoll über die XXII. Session der National-Synode der Christkatholischen Kirche der Schweiz. Sitzung vom 28. Mai 1896 gehalten im Großrathssaale zu Genf, Olten (Buchdruckerei des «Oltner Tagblatt» und «Volksblatt vom Jura») 1896, 36–49. Referenten waren die Pfarrer Adolf Küry (Starrkirch) und Alphonse Chrétien (Genf).

heute **Christkatholischer Medienverlag**, bestand in der Folge an unterschiedlichen Orten, lange Zeit in Allschwil, derzeit in Oberdorf (SO). Die ursprüngliche Funktion der Veröffentlichung und Verbreitung christkatholischer Literatur hat sich aufgrund der veränderten Publikationsmöglichkeiten und gestiegener Druckkosten heute gewandelt. So votierte die Nationalsynode 2016 für ein «Medienabonnement» für alle christkatholischen Haushalte der deutschsprachigen Schweiz, das als Druckerzeugnisse die Zeitschrift «Christkatholisch», den liturgischen Kalender und das Adressverzeichnis umfasst und zugleich die Bewirtschaftung und Finanzierung der elektronischen Medien einschliesst; die französischsprachige Zeitschrift «Présence» wird durch das Medienabonnement subventioniert.[368]

Ab 1891 erschien in Deutschland ein «Altkatholischer Volks-Kalender». 1906 zweigte sich ab dem 16. Jahrgang die vom Christkatholischen Schriftenverlag in Olten herausgegebene Jahresschrift «Christkatholischer Hauskalender» ab, der 1976 in «**Jahrbuch der Christkatholischen Kirche der Schweiz**» umbenannt wurde. Im neuen Medienabonnement war das Jahrbuch nicht mehr vorgesehen, so dass es 2016 zum letzten Mal erschien.[369]

Ausser den beschriebenen christkatholischen Zeitschriften in der Deutsch- und der Westschweiz wurden verschiedene andere mediale Initiativen ergriffen: So gab der Pfarrer von Rheinfelden, Alfred Jobin, von 1957 bis 1998 das von ihm gegründete «**Mitteilungsblatt der christkatholischen Geistlichen**», ab 1959 verbunden mit dem «**Korrespondenzblatt des Synodalrats der Christkatholischen Landeskirche der Schweiz**» heraus. Von 1963 bis 1997 erschienen – ebenfalls von Jobin herausgegeben – «**Christkatholische Predigten. Eine monatliche Predigt- und Vortragsreihe**».[370] Diese Veröffentlichungen, auf A4-Papier vervielfältigt, vermitteln einen Eindruck davon, wie eine bestimmte Gruppierung innerhalb der christkatholischen Kirche – die Geistlichen – christkatholische Identität formte und weitertrug.

Die meisten der genannten Presseerzeugnisse geben Aufschluss über das kirchliche Leben der christkatholischen Kirche durch die Zeiten und ihre Reaktion auf zeitpolitische Konstellationen: etwa auf die Situation im Ersten und im Zweiten

---

368 Nationalsynode der Christkatholischen Kirche der Schweiz. 148. Session vom 27./28. Mai 2016 in Solothurn. Protokoll und Dokumentation, [Christkatholische Kirche der Schweiz, 2017], 107–109.

369 Vgl. ALOIS SCHMELZER, Was ich noch sagen wollte …, in: Jahrbuch der Christkatholischen Kirche der Schweiz 126 (2016), 34–41. Bereits 2015 hatte sich die Nationalsynode dafür ausgesprochen, dass das Jahrbuch nicht mehr Teil des Medienabonnements sein solle. Vgl. Nationalsynode der Christkatholischen Kirche der Schweiz. 148. Session vom 5./6. Juni 2015 in Luzern. Protokoll und Dokumentation, [Christkatholische Kirche der Schweiz, 2018], 115 f.

370 Alfred Léon Jobin-Naef lebte 1925–2015. Zu ihm: ROLAND LAUBER, Ein Leben für die Kirche, in: Christkatholisch 138 (2015) Nr. 12, 7.

Weltkrieg – beide tangierten die Schweiz trotz ihrer offiziellen Neutralität. Bistumsweite und internationale Ereignisse wie die Internationalen Altkatholikenkongresse im grenznahen Konstanz 1934 und in Zürich 1938 legen die Spannungen zwischen den einzelnen altkatholischen Kirchen während des Dritten Reichs offen.[371] Am frühen Nachmittag des 14. Mai 1940 bombardierte Nazideutschland die niederländische Hafenstadt Rotterdam und zerstörte in 13 Minuten die komplette Altstadt. 814 Zivilisten fanden den Tod. Die niederländische Regierung kapitulierte nach diesem Angriff sofort. Auch die christkatholische Presse berichtete darüber, da zu den Opfern aus der Zivilbevölkerung auch der altkatholische Pfarrer der Kirche des Hl. Laurentius und der Hl. Maria Magdalena, genannt «De Oppert», gehörten. Xavier Emile Joseph Gouard[372] starb zusammen mit weiteren Personen unter den Trümmern, sein verkohlter Leichnam wurde in der Nähe des Altares gefunden.[373] Eindrücklich wird in der niederländischen Kirchenzeitung beschrieben, wie ein eisernes Kreuz, eine Weihwasserschale an einer Mauer und zwei kupferne Kerzenleuchter aus den Trümmern ragten. Die internationale Anteilnahme an dieser Tragödie war gross.[374] Es ging hier zudem um einen altkatholischen Erinnerungsort: In der genannten Kirche, die samt Pfarrhaus völlig zerstört wurde, hatte am 11. August 1873 die Weihe des ersten deutschen Bischofs Reinkens stattgefunden. Unter der Rubrik «Zerbombte Kirchen» berichtete der christkatholische «Katholik» in den Folgejahren mehrfach aus dem Ausland, ausserdem auch über Geflüchtete, die in der Schweiz zeitweise Zuflucht fanden und durch Einzelpersonen und Gemeinden unterstützt wurden.[375]

Nach dem Zweiten Weltkrieg berichteten die Kirchenblätter über die «[w]ieder angebahnte Internationalität», etwa über die ersten Begegnungen mit Glaubensgenossen aus den Niederlanden: über einen Besuch des Bischofs von Deventer, Engelbertus Lagerwey, in Basel und über einen «Kinderzug» in Begleitung einer Krankenschwester aus Utrecht. Auch auf die deutsche Kirche und ihren Zustand wurde eingegangen; der christkatholischen Kirche entstehe eine neue Aufgabe, nämlich

---

371 Berichte über die Internationalen Altkatholikenkongresse erscheinen in der Regel in der IKZ. Zur Bedeutung dieser Kongresse, s. u. Kap. 6.7, S. 237–239.
372 Xavier Emile Joseph Gouard lebte 1877–1940. Ausser für die Laurentiusgemeinde in Rotterdam (seit 1913) war er seit 1920 auch für die Seelsorge an der kleinen altkatholischen Gemeinde St. Denis in Paris zuständig.
373 Vgl. die Beschreibung von OTTO GILG, Unterbrochene kirchliche Internationalität, in: Christkatholischer Hauskalender 51 (1941), 69–71, hier 70. Gilg kritisiert in seinem Beitrag auch die Darstellung im deutschen *Alt-Katholischen Volksblatt*, das die Deutung Nazideutschlands wiedergab. Weiter erinnert er an die guten historischen Beziehungen zur altkatholischen Kirche in Deutschland und an die Konsekration von Bischof Reinkens 1873 in Rotterdam.
374 Der Katholik 63 (1940) 198.220; De Oud-Katholiek 56 (1940), 155.
375 Siehe etwa Der Katholik 63 (1940), 219f. Die bestehenden Kontakte mit der Kirche von England und der Bischöflichen Kirche in den USA erwiesen sich dabei als hilfreich.

«den *geistigen* Brückengang zu unsern deutschen Glaubensgenossen zu wagen, um zurechtbringen zu helfen, was fehlgegangen und nach Möglichkeit die Not zu lindern»[376]. Auch über die Lage der altkatholischen Bistümer in Österreich und in der Tschechoslowakei wurde Bericht erstattet und die Zerstörungen infolge des Krieges beklagt. Die Kirchenblätter brachten in den Folgejahren etwas vom wirtschaftlichen Aufschwung in die Kirche; sie liessen aber auch den neuen Wind spüren, der seit den 1960er Jahren mit dem Zweiten Vatikanum in der innerkatholischen Ökumene wehte und zu einer neuen Verhältnisbestimmung gegenüber der römisch-katholischen Kirche führte.[377] Kirchenblätter und Kalender legen ebenso wie die neueren elektronischen Medien Zeugnis ab von den vielfältigen Aktivitäten, Anliegen und Vernetzungen der christkatholischen Kirche. Wer alte Jahrgänge des Kirchenblatts durchblättert, bemerkt die Veränderungen durch die Zeit: So werden Beiträge kürzer, die Schrift wird grösser, Bilder – zunächst schwarzweiss, später farbig – nehmen zu. Medien verändern sich, die Menschen, die sie nutzen, ebenfalls.

Die «**Revue Internationale de Théologie**» (RITh) wurde durch den Zweiten Internationalen Altkatholikenkongress in Luzern 1892 beschlossen und von 1893 bis 1910 durch Eugène Michaud herausgegeben.[378] Sie ist zwar ein internationales akademisches Journal des Altkatholizismus, jedoch fest verwurzelt in Bern, wo sie im Stämpfli Verlag gedruckt wird und – mit bisher einer Ausnahme – von Professoren und Professorinnen der Theologischen Fakultät Bern verantwortlich herausgegeben wird. Die Herausgabe geschieht in Zusammenarbeit mit ausländischen Redaktionskommissionsmitgliedern. 1911 wurde die «Revue» in «**Internationale Kirchliche Zeitschrift**» (IKZ) umbenannt und übernahm Adolf Thürlings die redaktionelle Verantwortung bis zu seinem Tod im Frühjahr 1915.[379] Ihm folgten Adolf Küry, nach dessen Tod 1956 sein Sohn Urs als Chefredaktoren, anschliessend Pfarrer Hans A. Frei, von 2000 bis 2015 Urs von Arx und seit 2016 Angela Berlis.

---

376 Arnold Moll, Wieder angebahnte Internationalität, in: Christkatholischer Hauskalender 57 (1947), 78–80, hier 79.
377 S. u. Kap. 5.5, S. 201–205. Vgl. Herwig Aldenhoven, Was bedeutet das Zweite Vatikanische Konzil für uns Alt-Katholiken?, in: Werner Schatz (Hg.), Was bedeutet das Zweite Vatikanische Konzil für uns? 6 Vorträge von Oscar Cullmann, Johannes Feiner, Herwig Aldenhoven, Patrik C. Rodger, Nikos A. Nissiotis, Ernst Ludwig Ehrlich, Basel (Friedrich Reinhardt) 1966, 97–136.
378 Zur Geschichte der «Revue Internationale de Théologie» und der «Internationalen Kirchlichen Zeitschrift»: Martin Bürgin, Theologische Tribes and Territories. Die Revue Internationale de Théologie als Medium multipler Allianzbildungen, in: Internationale Kirchliche Zeitschrift 109 (2019), 309–339; Angela Berlis, «Unterbrochene kirchliche Internationalität». Die Internationale Kirchliche Zeitschrift im Ersten Weltkrieg, in: Internationale Kirchliche Zeitschrift 109 (2019), 340–373.
379 Ewald Kessler, Adolf Thürlings und die Internationale Kirchliche Zeitschrift nach den Briefen im Nachlass von Eduard Herzog, in: Internationale Kirchliche Zeitschrift 110 (2020), 249–280.

Die RITh und die IKZ waren und sind immer international vernetzt und ökumenisch ausgerichtet gewesen. Im Ersten Weltkrieg wurde die IKZ zur Drehscheibe der ökumenischen Bewegung für Glauben und Kirchenverfassung.[380] Immer förderte sie auch massgeblich die Wahrnehmung orthodoxer Theologie und Kirche in Westeuropa. Der russisch-orthodoxe General Alexander Kirejew (1833–1910) hatte sie 1892 mitinitiiert und bis zu seinem Tod finanziell unterstützt. Bis weit nach dem Zweiten Weltkrieg war sie in der westlichen kirchlichen Medienlandschaft eine wichtige Plattform, um orthodoxe Theologie und ostkirchliche Entwicklungen bekannt zu machen sowie Beiträge orthodoxer Wissenschafter zu veröffentlichen. Auch heute erscheinen regelmässig Beiträge zur und aus der Orthodoxie. So spielt die IKZ eine zentrale Rolle für die internationale und ökumenische Vernetzung altkatholischer Theologie.[381]

Eine **Webseite** der Christkatholischen Kirche der Schweiz besteht seit 1998; sie ist hervorgegangen aus einem Studierendenprojekt von Adrian Suter, damals Lernvikar in Zürich, und seinem Lehrpfarrer Harald Rein, der zu jener Zeit das Medienkomitee präsidierte.[382] Die Webseite wurde seither mehrfach umgestaltet und professionalisiert. Auch die Webauftritte vieler Gemeinden, Institutionen und Vereine und andere Internet-Projekte wie die Mailingliste der Pastoralkonferenz begannen als Freiwilligenprojekte aufgrund von persönlichem Enthusiasmus Einzelner; doch sie wuchsen und erlangten allgemeine Akzeptanz, wurden professionell überarbeitet und in die reguläre Kommunikationstätigkeit der kirchlichen Institutionen übernommen. In den sozialen Medien hängt die Präsenz bis in die Gegenwart hinein stark von engagierten Einzelpersonen ab, mit und ohne offiziellen Auftrag.[383]

2.11 Wichtige synodale Entscheidungen

Die Geschichte der christkatholischen Kirche kann auch mittels der Meinungsbildungsprozesse und Beschlüsse ihrer Synoden geschrieben werden. Die Sessionen der Nationalsynoden als aktuelle Versammlung und höchstes Organ der Kirche spiegeln wider, was die christkatholische Kirche bewegte und beschäftigte.[384] Die

---

380 ANGELA BERLIS, «Disrupted ecclesial internationality». The Old Catholic «Internationale Kirchliche Zeitschrift» during the First World War, in: Kirchliche Zeitgeschichte/Contemporary Church History 31 (2018) 146–168. Vgl. DIES., Unterbrochene.
381 S. u. Kap. 6.7, S. 239f.
382 Vgl. ADRIAN SUTER, Kirche und Neue Medien. Vorbildliche Nutzung neuer Kommunikationsmöglichkeiten, in: Christkatholisches Kirchenblatt 123 (2000) Nr. 12, 194.
383 Zur Bedeutung und Weiterentwicklung der elektronischen und insbesondere sozialen Medien während der Corona-Pandemie s. u. Kap. 6.10, S. 252.
384 Eine detaillierte Darstellung aller Synodenbeschlüsse ist hier nicht intendiert (wäre aber als Überblick über die Meinungsbildung in der christkatholischen Kirche und als Repositorium

zweite Synode (1876) verpflichtete sich auf die Alte Kirche als Richtschnur für ihr Kirchesein und jegliche Reform.[385] In ihren jährlichen Sessionen beschloss die Synode in diesem Geist die Durchführung von Reformen in Liturgie, Verfassung und Kirchenwesen: die Einführung der Volkssprache, die Schaffung von Gebet- und Gesangbüchern, von Katechismen und Material zur Unterweisung, aber auch die Schaffung von Vereinen und Hilfswerken, die zur Vernetzung von Generationen und Geschlechtern führten. Im 20. Jahrhundert waren es erneut liturgische Reformen und andere Fragen zur Gestaltung des kirchlichen Lebens; oft waren es auch gesellschaftlich relevante Themen, die bei Synoden verhandelt wurden, so die Hilfe für Geflüchtete oder das Stimmrecht für Frauen, das vor 1971 wiederholt auf der Synodenagenda stand. Seit seinen Anfängen 1916/17 hat sich der Verband Christkatholischer Frauenvereine, vertreten durch seine Zentralpräsidentinnen, stark gemacht für das kirchliche Mitbestimmungsrecht bzw. das kirchliche und politische Stimm- und Wahlrecht für Frauen. Der Zentralvorstand des Verbandes richtete Anträge an Kantonalsynoden und an den Synodalrat. Er wirkte daran mit, dass Frauen ab 1955 als Synodale in die Synode Einzug halten konnten.

Die Synode ratifizierte auch ökumenische Texte; so nahm sie 1992 die «Koinonia»-Texte des Dialogs der altkatholischen Kirchen der Utrechter Union mit allen Kirchen der Orthodoxie an.[386] 1989 wurde nach vielen Jahren der Vorarbeit eine Totalrevision der Verfassung beschlossen. Auch die liturgischen Bücher werden von der Synode genehmigt: 2017 wurden die von der Kommission zur Revision der liturgischen Bücher erarbeiteten Texte für den Gottesdienst als verbindlich für die gesamte Kirche festgelegt und damit ein zweiter Reformprozess abgeschlossen, der 1957 begonnen hatte.

Die Synode begleitete gesellschaftliche und kirchliche Zäsuren und historische Entwicklungen, wie etwa die Öffnung von Diakonat und Priesteramt für Frauen, der eine längere Diskussion über die Frauenordination vorangegangen war.[387] Im

---

wünschenswert). Sie müsste zudem vieles wiederholen, was an anderer Stelle unter anderer Perspektive gesagt wird. Darin widerspiegelt sich die umfassende Zuständigkeit der Nationalsynode für alle Fragen des kirchlichen Lebens. Näheres dazu in Kap. 6.1 bis 6.3, S. 223–229.

385 Vgl. die Erklärung der Nationalsynode der Christkatholischen Kirche der Schweiz am 8. Juni 1876 in Olten, in: Protokoll der zweiten Session der Christkatholische Nationalsynode der Schweiz, 7., 8. Juni 1876, Olten (Buchdruckerei des «Volksblatt vom Jura») 1876, 20–29, hier 12–14 (Anträge und Diskussion) und 20 f. (definitiver Text und Beschluss). Ein Auszug ist abgedruckt im Anhang, S. 344.

386 Protokoll der 121. Session der Nationalsynode (1992), 83–103. Mit Dank an Urs von Arx für seine Hinweise. Die Texte und ihre Bedeutung werden in Kap. 5.5, S. 199–201, behandelt.

387 An dieser Stelle wird lediglich der äussere Weg der Entscheidungsfindung nachgezeichnet. Zu den theologischen Gründen, die zur Frauenordination führten, und den Implikationen für das kirchliche Selbstverständnis s. u. Kap. 3.9, S. 153–156.

Juni 1981 sprach sich die christkatholische Synode aus für einen ständigen Diakonat für Männer und für Frauen. 1982 nahm die Internationale Bischofskonferenz dazu Stellung und beauftragte die Internationale Liturgische Kommission mit der Erarbeitung eines Formulars, das 1985 zur Verwendung frei gegeben wurde.[388] Die Schweizer Synode öffnete 1984 den ständigen Diakonat für Frauen und rezipierte damit den Beschluss der Bischofskonferenz. Gleichzeitig ersuchte sie die Gemeinden, «die Möglichkeit einer Anstellung von Diakoninnen und Diakonen zu überprüfen»[389]. In der Folge hat sich der ständige Diakonat als eigenständiges Amt etabliert, wenn es auch in der Praxis nur die grösseren Gemeinden waren, die eine Diakonin oder einen Diakon anstellen konnten. Am 28. Mai 1987 wurde Doris Zimmermann[390] nach einer besonderen Ausbildung als erste Frau in der gesamten Utrechter Union von Bischof Hans Gerny zur Diakonin geweiht. Weitere Diakonatsweihen folgten in den Jahren danach.[391] In der Schweiz wird der ständige Diakonat de facto mehrheitlich von Frauen ausgeübt, was auch daran liegt, dass die Zulassung von Frauen zum Diakonat fünfzehn Jahre vor der Zulassung zum Priesteramt beschlossen wurde, das Amt der Diakonin also anderthalb Jahrzehnte lang das einzige apostolische Amt war, das Frauen offenstand.

Nach der Öffnung des Diakonats für Frauen richtete sich die Diskussion auf das Priesteramt für Frauen.[392] Die 119. Session der Nationalsynode 1991 wünschte mir grosser Mehrheit (bei 3 Neinstimmen) «dass die Frauenordination in der

---

388 Vgl. dazu ANGELA BERLIS, Restoring the Female Diaconate in the Old Catholic Churches of the Union of Utrecht, in: Gunter M. Prüller-Jagenteufel/Sharon Bong/Rita Perintfalvi (Hg.), Towards just gender relations. Rethinking the role of women in church and society, Göttingen (Vienna University Press) 2019, 47–60.
389 111. Session der Nationalsynode der Christkatholischen Kirche der Schweiz. 31. Mai und 1. Juni 1984 in Basel, Olten (Dietschi) [1984], 14.
390 Doris Zimmermann wurde 1946 geboren. NIKLAUS REINHART/DORIS ZIMMERMANN, Eine neue Mitarbeiterin. Die erste Diakonin im Dienst für unsere Kirche. Interview, in: Christkatholisches Kirchenblatt 110 (1987) Nr. 13, 164.
391 1989 Karin Schaub (Basel), 1990 Denise Deluz (Genf), 1991 Marianne Stirnimann (Solothurn), 2001 Stephanie Meier (St. Gallen), im Jahr 2014 folgte auch Susanne Cappus (Baselland). Daneben wurden auch mehrere Männer zu ständigen Diakonen geweiht: Wilfred Jeanneret (1998), Olivier Vogt (2001), Patrick Zillig (2011) und Stephan Feldhaus (2022).
392 URS VON ARX, Die Debatte über die Frauenordination in den Altkatholischen Kirchen der Utrechter Union, in: Denise Buser/Adrian Loretan (Hg.), Gleichstellung der Geschlechter und die Kirchen. Ein Beitrag zur menschenrechtlichen und ökumenischen Diskussion, Fribourg (Universitätsverlag) 1999, 165–211. Ausserdem wegweisend: URS VON ARX/ANASTASIOS KALLIS (Hg.), Bild Christi und Geschlecht. «Gemeinsame Überlegungen» und Referate der Orthodox-Altkatholischen Konsultation zur Stellung der Frau in der Kirche und zur Frauenordination als ökumenischem Problem, Internationale Kirchliche Zeitschrift 88 (1998) Nr. 2. Der Band wurde durch Duncan Reid ins Englische übersetzt: URS VON ARX/ANASTASIOS KALLIS (Hg.), Gender and the Image of Christ, in: Anglican Theological Review 84 (2002) Nr. 3, 489–755.

Christkatholischen Kirche der Schweiz ermöglicht werde».[393] 1994 sprach sich die christkatholische Synode erneut zugunsten der Frauenordination aus, ebenso 1997, hielt aber jeweils daran fest, eine Entscheidung nur unter Berücksichtigung der internationalen Diskussionslage vornehmen zu wollen. Dafür war 1998 die Zeit gekommen: Bei ihrer 129. Session beriet die Nationalsynode in erster Lesung über eine Hinzufügung zur Art 27bis in der Verfassung: «Mit dem apostolischen Amt von Bischof, Priester und Diakon werden durch die Kirche sowohl Männer als auch Frauen betraut.» Erhielt diese Ergänzung 1998 85 Jastimmen (bei 5 Neinstimmen und 4 Enthaltungen), so bestätigte die Synode sie ein Jahr später in zweiter Lesung mit einer noch grösseren Mehrheit vom 90 Ja- und zwei Neinstimmen bei einer Enthaltung. Damit trat die Verfassungsänderung in Kraft. Am 19. Februar 2000 wurde schliesslich die Diakonin Denise Wyss[394] in der Franziskanerkirche Solothurn durch den eine Woche zuvor in den Ruhestand getretenen Erzbischof von Utrecht, Antonius Jan Glazemaker, zur Priesterin geweiht. Er vertrat Bischof Gerny, der damals aus gesundheitlichen Gründen eine Auszeit genommen hatte. Die Christkatholische Kirche der Schweiz war nach Deutschland (1996), Österreich (1998) und den Niederlanden (1999) die vierte Kirche in der Utrechter Union, die Frauen in das Priesteramt einbezog. Die nächsten Weihen christkatholischer Diakoninnen zu Priesterinnen folgten ab 2005. Durch den langen synodalen Prozess wurde gewährleistet, dass die Frauenordination sich am Ende sehr schnell einbürgern konnte und breit akzeptiert worden ist. Seit 2000 sind gleich viele Frauen und Männer ins geistliche Amt in der Christkatholischen Kirche der Schweiz aufgenommen worden.

2.12 Erneuerungsprozesse und Aussichten ins 21. Jahrhundert

Bischof Urs Küry plädierte in seinem Hirtenbrief anlässlich seines Rücktritts 1972 dafür, den «Weg der Erneuerung von Grund auf, […] den Weg der fortschreitenden katholischen Kirchwerdung im Geiste der Freiheit des Evangeliums mutig vorwärts [zu] gehen».[395] Dieser Aufforderung ist die christkatholische Kirche in verschiedenen Zeiten nachgekommen, indem sie sich als Kirche der Reform verstand. Hinzu kam aber auch die innere Reform, oder – wie Bischof und Synodalrat es einmal formulierten: «[D]ie Grundlage jeglicher struktureller Reformen der Kirche und

---

393 Der Synodenbeschluss ist im Anhang abgedruckt: S. 332f. Vgl. zur Debatte um die Frauenordination auch die weiteren Texte im Anhang, auf internationaler Ebene: S. 313 f.; sowie in der Christkatholischen Kirche der Schweiz: S. 333–337.
394 Denise Wyss wurde 1965 geboren.
395 KÜRY, Eigenexistenz, 54.

der Erneuerung der Kirche im umfassenden Sinn [ist] die spirituelle Bildung und Weiterbildung aller Mitglieder.»[396]

Als die altkatholischen Bistümer nach dem Ersten Vatikanum entstanden, kam es nicht zur Gründung von Orden oder Kongregationen, da deren Geschichte ebenfalls von einer – wie es damals hiess – «strengkirchlichen», romzentrierten Frömmigkeit geprägt war. Im Sommer 1968 wurde auf die Initiative von Andreas Amiet, Margret Koch und Urs von Arx (alle aus Solothurn) die «Gemeinschaft des Hl. Johannes des Täufers» gegründet. Bischof Urs Küry gab seinen Segen dazu. Rektor der damals noch «Bruderschaft» genannten Gruppe wurde bis 1980 Franz Ackermann, Pfarrer in Olten. Danach war der Priester Urs von Arx bis zu seinem Rücktritt im August 2021 41 Jahre lang Rektor der Gemeinschaft, seither ist es der emeritierte Pfarrer Christoph Bächtold.[397] Das «Anliegen ist die kirchliche Erneuerung im gottesdienstlichen Leben».[398] Die Mitglieder dieser Gemeinschaft verpflichten sich zur Teilnahme am Gottesdienst an ihrem Ort und zur Pflege des täglichen Stundengebets (Laudes oder Vesper) allein oder gemeinsam mit anderen. Die Gemeinschaft hat damit auch Anregungen zur Erneuerung des Stundengebets in der gesamten christkatholischen Kirche gegeben. Zweimal im Jahr finden Retraiten mit geistlichen Impulsen im Kloster Namen Jesu in Solothurn statt. Diese stehen auch Nicht-Mitgliedern der Gemeinschaft offen.

Nach der umfassenden Renovierung der ehemaligen Klosterkirche in Olsberg im Jahr 1981, die durch die christkatholische Kirchgemeinde benutzt wird, gründeten Peter Bürgi, Maria Göttisheim-Neuhaus sowie die Pfarrer Peter Hagmann (damals Olsberg) und Christoph Bächtold (damals Wallbach) die Vereinigung Hortus Dei Olsberg (VHDO).[399] Das wichtigste Anliegen war, den Sakralraum der Barockkirche zu erhalten und weiterhin zugänglich zu machen als Ort der Begegnung zwischen Gott und Mensch einerseits, Mensch und Mensch andererseits. Die

---

396 Communiqué [zur Erneuerung der Kirche], in: Christkatholisches Kirchenblatt 121 (1998), 281.
397 Vgl. JÖRG MARTIN DIETSCHI/CHRISTOPH BÄCHTOLD, Ein Herrscher – kein Herrscher. Urs von Arx wurde als Rektor der Gemeinschaft des Hl. Johannes des Täufers verabschiedet, in: Christkatholisch 144 (2021) Nr. 19, 8. Der Beitrag gibt einen guten Überblick über die Ausrichtung und das Programm der Gemeinschaft. Bei der Retraite 2021 beleuchtete der emeritierte Berner Alttestamentler Walter Dietrich das Bild König Davids als Herrscher.
398 Gemeinschaft des Hl. Johannes des Täufers, Statuten vom 1. Juni 1968. Das 32. Generalkapitel änderte am 26. Juni 1999 den Namen von «Bruderschaft» in «Gemeinschaft». Die Statuten und weitere Informationen zu dieser Gemeinschaft sind auf der offiziellen Webseite der Christkatholischen Kirche der Schweiz unter https://gjt.christkatholisch.ch zu finden.
399 Weitere Angaben sind zu finden auf der offiziellen Webseite der Christkatholischen Kirche der Schweiz unter https://christkatholisch.ch/hortusdei. Die derzeit geltenden Statuten des Vereins stammen vom 4. Mai 2007, ergänzt um kleine textliche Anpassungen infolge der Fusion der Gemeinden Magden und Olsberg vom 1.1.2011.

Vereinigung greift spirituelle Themen auf, die anschliessen an die zisterziensische Tradition des Ortes; sie organisiert zudem gottesdienstliche Anlässe, insbesondere die Feier des Patroziniums der Kirche, das jeweils am Fest Mariae Entschlafen (15. August) gefeiert wird. Der erste Präsident war Peter Bürgi[400]. Seit Mai 2014 ist die Priesterin und Professorin Angela Berlis Präsidentin von VHDO.

In verschiedenen Gemeinden wurden neue Formen geistlicher Angebote für Einzelne oder Gruppen entwickelt. Dazu gehören auch die am Nikolaustag 2001 in der Augustinerkirche begonnenen Zürcher «Sternschnuppen über Mittag»[401], die unter dem gleichen Namen in Basel, Genf und zeitweise auch in Luzern und Solothurn aufgegriffen wurde, sowie die in der Osterzeit des Jahres 2010 eröffnete Berner Spurensuche[402]. Diese finden in den jeweiligen christkatholischen Kirchen in der Advents- oder Osterzeit statt und sind gedacht als geistliche Oasen und Verschnaufpausen im hektischen Alltag. Alle diese Initiativen greifen geistliche Elemente aus der Tradition der West- und Ostkirche auf und versuchen, sie heutigen Menschen für ihren eigenen Weg mitzugeben.

Bei der 127. Session der Nationalsynode 1997 rief Bischof Hans Gerny die Kirche zu einer Synode der Erneuerung auf.[403] Verschiedene Faktoren spielten im Hintergrund eine Rolle, nicht zuletzt die Fusion der Kirchgemeinden Starrkirch-Dulliken und Olten, wodurch die Eigenständigkeit der ältesten Kirchgemeinde verloren ging. Die Diskussion der Folgejahre zeigte, dass in der Kirche ein breiter angelegter Erneuerungsprozess anstelle einer einmalig angesetzten, punktuellen Synodesession favorisiert wurde. Verschiedene Gruppen bildeten sich, um die Erneuerung zu reflektieren oder Projekte durchzuführen, darunter die Gruppe «Was Not tut»[404] und die Projektgruppe «Erneuerung» rund um Winfried Kramny. Der Laientheologe Stephan Burkhardt und Christoph Führer, damals Pfarrer in Zürich, erlebten den Erneuerungsprozess als zu stark auf Strukturen ausgerichtet und gründeten deswegen 1999 die Spurgruppe spirituelle Erneuerung (SPER), der sich weitere Personen anschlossen. Die Gruppe SPER organisierte, dass eine Tafel mit Kreuzdarstellungen aus Barock und Gegenwart auf den Weg durch die christkatholischen Kirchgemeinden der Schweiz geschickt wurde. Dabei wurden in jeder Gemeinde spezielle Gebete und Veranstaltungen zur Erneuerung durchgeführt,

---

400 Peter Bürgi aus Magden wurde 1941 geboren. Er war 1983–1987 Jugendbetreuer der Christkatholischen Kirche der Schweiz.
401 Vgl. dazu CHRISTKATHOLISCHE KIRCHGEMEINDE ZÜRICH, Sternschnuppen über Mittag. Referate aus den Jahren 2010–2015, Zürich (Eigenverlag) 2015.
402 Vgl. dazu BERNHARD GIGER, 10 Jahre Berner Spurensuche, hg. von der Christkatholischen Kirchgemeinde Bern, Bern (Eigenverlag) 2019.
403 Protokoll der Nationalsynode der Christkatholischen Kirche der Schweiz. 127. Session. 30. und 31. Mai 1997 in Solothurn, [Christkatholische Kirche der Schweiz, 1998], 21.
404 RUEDI MOLL, «Was Not tut». Für die kirchliche Erneuerung suchen wir nach tragenden und vertrauensbildenden Impulsen, in: Christkatholisches Kirchenblatt 121 (1998), 280.

wenn die Kreuztafel bei ihr Station machte.[405] Weitere Projekte in den folgenden Jahren waren «Segel im Wind»[406] und «Aufwind»[407], die als «Weg der Glaubenserfahrung» mit Impulstagen, einem Begleitbuch mit Wochenimpulsen und regelmässigem Gebet konzipiert waren. Über den Erneuerungsprozess wurde an mehreren Sessionen der Nationalsynode zwischen 1999 und 2001 berichtet.[408] Der Prozess ging einher mit bewussten Überlegungen zur Spiritualität in der christkatholischen Kirche und entsprechenden Initiativen zu deren Stärkung auf der Ebene der Gemeinden.[409] Diese Verwurzelung des Erneuerungsprozesses in den Kirchgemeinden erhielt einen neuen Impuls mit der Wahl von Fritz-René Müller zum Bischof, als jede Gemeinde dem Bischof ein Erneuerungsprojekt «schenkte». Die Projekte wurden auf einem Stoffstück symbolisch dargestellt und diese zu einem Antependium zusammengenäht, das der Bischof in den folgenden Jahren zu den Gemeindebesuchen mitbrachte und im Gottesdienst den Ambo damit schmückte. Dieser Versuch der «Förderung eines Lebens aus dem Glauben» (so der Arbeitsauftrag an die betreffende Projektgruppe) wurde zudem sichtbar in der kirchlichen Presse: Zum Antependium und den Erneuerungsprojekten gab es eine Serie im Christkatholischen Kirchenblatt; das Jahrbuch 2006 widmete sich dem Thema «Sprudelnde Quellen/Sources jaillissantes» und wollte damit zur Rückbesinnung auf die Quellen christlichen Lebens hinführen.[410]

Auch in den 2010er Jahren gab es immer wieder Initiativen, die die zukünftige Gestalt der Christkatholischen Kirche der Schweiz und die geistliche Zurüstung ihrer Mitglieder als Teil eines umfangreichen kirchlichen Veränderungsprozesses ins Gespräch brachten und bringen. Speziell zu erwähnen sind die freien Diskussions-

---

405 Zur Eröffnung des Weges mit einer Gebetsnacht in Rheinfelden am 5./6. November 1999 sind mehrere Artikel im Christkatholischen Kirchenblatt 122 (1999) Nr. 22 erschienen. Der aktuelle Standort der Kreuztafel wurde in den folgenden anderthalb Jahren immer im Kirchenblatt erwähnt.
406 Projektankündigung im Christkatholischen Kirchenblatt 123 (2000), 224.
407 Projektankündigung im Christkatholischen Kirchenblatt 125 (2002), 9; für einen Projektbericht vgl. BRIGITTE HEGG PARZY, Zum SPER-Projekt «Aufwind 03». Ein Spe(e)rwurf zu meinem «Sein», in: Christkatholisches Kirchenblatt 126 (2003) Nr. 25–26, 9.
408 Protokoll der Nationalsynode der Christkatholischen Kirche der Schweiz. 130. Session. 4. und 5. Juni 1999 in Luzern, [Christkatholische Kirche der Schweiz, 2000], 49–57; Protokoll der Nationalsynode der Christkatholischen Kirche der Schweiz. 131. Session. 16. und 17. Juni 2000 in Bern, [Christkatholische Kirche der Schweiz, 2000], 68–72; Protokoll der Nationalsynode der Christkatholischen Kirche der Schweiz. 132. Session. 8. und 9. Juni 2001 in Genf, [Christkatholische Kirche der Schweiz, 2002], 59–64.
409 Vgl. etwa STEFAN BURKHARDT, «Ich will hintreten zum Altare Gottes, zu Gott, meiner frohlockenden Freude!». Gedanken zu einer Kirche, die gerne darüber klagt, sie hätte keine Spiritualität, in: Gerny u. a., Wurzel, 261–282.
410 Jahrbuch der Christkatholischen Kirche der Schweiz 116 (2006). Redaktion Stephan Burkhardt.

runden zur Zukunft der Kirche an den Synodesessionen von Bern 2014, Möhlin 2017 und Basel 2018.

In den letzten Jahren werden alle Kirchen in der Schweiz und in Europa damit konfrontiert, dass Mitgliederzahlen zurückgehen und finanzielle Möglichkeiten sinken, dass Staat und Kirche sich weiter voneinander entfernen,[411] dass neue religiöse Player auf der Bildfläche erscheinen und die religiöse Landschaft bunter wird. Eine kleine Kirche wie die christkatholische hat sich der Zukunft zu stellen. Was sind die Aussichten, was die Ressourcen, derer sie sich bedienen kann? Es sind dies: ihr Selbstverständnis als kirchliche Reformbewegung, aus dem heraus sie sich im 19. Jahrhundert kirchlich organisierte; ihre theologische Programmatik der Orientierung an der alten Kirche, die in einem interkulturellen und religiös pluralen Umfeld lebte; ihr ökumenisches Anliegen einer Verständigung und Wiedervereinigung mit anderen Kirchen; ihre eigenen spirituellen Quellen in der Liturgie und im individuellen geistlichen Glaubensweg ihrer Mitglieder. Und zuletzt vielleicht auch die schon seit langem bestehende soziologische Erfahrung als Minderheitskirche, die unter den neuen – schwierigeren – Umständen im 21. Jahrhundert neu theologisch reflektiert und in das kirchliche Selbstverständnis integriert werden kann?[412]

---

411 So etwa im Kanton Bern, der 2018 ein neues Kirchengesetz einführte, das am 1.1.2020 in Kraft trat (s. Anhang S. 338–341).

412 Diese und andere Herausforderungen für die christkatholische Kirche werden in Kap. 6.10, S. 251–256, näher betrachtet.

4 Vinzenz von Lérins. Ikone von Pfr. em. Teunis Wijker.
Privatbesitz
Foto: Jakob Ineichen

3 Schwerpunkte altkatholischer Lehre

Nach den beiden Kapiteln zur Geschichte kommen wir nun zur Lehre der christkatholischen, bzw. allgemeiner, der altkatholischen Kirchen: Was ist der Glaube der altkatholischen Kirchen? Wie verstehen sie ihren Glauben, welche theologische Haltung, welche theologischen Anliegen vertreten sie? Wie positionieren sie sich in umstrittenen theologischen Fragestellungen? Eine Darstellung, die systematisch solchen Fragen nach dem Glaubensverständnis nachgeht, wird Dogmatik genannt.

Dogmatiken sind oft umfangreiche Bücher, die sich mit Für und Wider, mit biblischen, historischen und philosophischen Argumenten, mit den Überlegungen dieser Theologin, jenes Kirchenvaters und dieses Konzils befassen. Eine Dogmatik erläutert, was nach Meinung und Beschluss der Kirche unabdingbar und verbindlich zum Glauben dazugehört (= Dogma), sie legt dar, was als Lehre allgemein anerkannt, aber auch, was umstritten ist und unterschiedlich verstanden wird. Daher ist Dogmatik ein komplexes Unterfangen, das – dessen sind wir uns als Autorin und Autoren bewusst – nicht immer leicht zu verstehen ist.

3.1 Von den Schwierigkeiten einer altkatholischen Dogmatik

Für die zusammenfassende Darstellung altkatholischer Lehre ergeben sich mehrere Schwierigkeiten, drei sollen kurz näher erläutert werden. Erstens ist zurzeit kein aktueller, umfassender theologischer Entwurf einer Dogmatik aus altkatholischer Perspektive vorhanden.[413] Bestehende Literatur vermag heutigen Anforderungen nicht (mehr) zu genügen: Entweder ist sie – wie etwa das Standardwerk von Urs Küry[414] – stark in die Jahre gekommen und nicht mehr auf dem aktuellen Stand der Diskussion; oder sie behandelt nur ausgewählte Fragen der Dogmatik, wie viele Einzelbeiträge altkatholischer Theologinnen und Theologen in Fachzeitschriften und Sammelbänden zeigen. Anders als die Kirchen der Reformation, die ihren Glauben in eigenen Bekenntnisschriften festgehalten haben, hat die altkatholische Bewegung aus theologischer Überzeugung auf ein solches konfessionelles Bekennt-

---

413 Im Erscheinen begriffen ist GOLLER u. a., Alt-katholische Theologie. In diesem Sammelband wird unter anderem versucht, verstreut publizierte altkatholische Positionen und Perspektiven zu dogmatischen Fragen aufzuarbeiten und eine Zusammenfassung systematisch-theologischer Arbeit aus altkatholischer Perspektive zu präsentieren, aber keinen dogmatischen Gesamtentwurf vorzulegen.

414 Eine kurze Beschreibung dieses Werks findet sich in Kap. 2.7, S. 94 f.

nis verzichtet. Das altkatholische Bekenntnis ist das altkirchliche, allen Kirchen gemeinsame Glaubensbekenntnis, insbesondere das nicäno-konstantinopolitanische. Altkatholische Grunddokumente und offizielle Erklärungen haben nicht den Charakter von Bekenntnissen des Glaubens, sondern sind Stellungnahmen zu aktuellen theologischen Fragen, die nicht das Ganze des Glaubens abdecken. Dies gilt selbst für die Utrechter Erklärung von 1889,[415] obwohl sie insofern einer konfessionellen Bekenntnisschrift am nächsten kommt, als sie für alle altkatholischen Bischöfe der Utrechter Union als verbindlich angesehen wird. Da die Utrechter Erklärung und andere Grunddokumente aber die wesentlichen Grundfragen des Glaubens nur ausschnittsweise behandeln, können sie auch nicht als Gesamtdarstellung des altkatholischen Glaubensverständnisses dienen. Einem – äusserst knappen – dogmatischen Gesamtentwurf am nächsten kommen die Dokumente des Dialogs zwischen den altkatholischen und orthodoxen Kirchen.[416]

Die zweite Schwierigkeit einer zusammenfassenden Darstellung altkatholischer Lehre besteht darin, dass Beiträge aus altkatholischer Feder nur in manchen Gebieten der Dogmatik konfessionsspezifisch geprägt sind, während in anderen Teilbereichen die altkatholische Perspektive wenig zum Tragen kommt. Ekklesiologie, Sakramententheologie, das Verständnis des kirchlichen Amtes und die ökumenische Dimension des Kircheseins sind die beliebtesten Themen altkatholisch-theologischer Reflexion und werden daher in diesem Kapitel auch eigens behandelt. In expliziter Auseinandersetzung mit römisch-katholischer Theologie sind ausserdem die Diskussion von Fragen der Mariologie und dem päpstlichen Primat häufig. In anderen Teilgebieten der Dogmatik wie Gotteslehre oder Schöpfungslehre, Christologie oder Anthropologie[417] verlaufen theologische Kontroversen oft nicht entlang der Konfessionsgrenzen.[418] Entsprechend kommt bei den Reflexionen altka-

---

415 Abgedruckt im Anhang, S. 303–305.
416 URS VON ARX (Hg.), Koinonia auf altkirchlicher Basis. Deutsche Gesamtausgabe der gemeinsamen Texte des orthodox-altkatholischen Dialogs 1975–1987 mit französischer und englischer Übersetzung, Bern (Stämpfli) 1989.
417 Eine neuere Untersuchung aus altkatholischer Feder zur Anthropologie ist: KLAUS ROHMANN, Selbstwerdung in Würde. Philosophisch-theologisches Nachdenken über das Menschsein heute, Darmstadt (wbg Academic) 2019.
418 In Ermangelung eines aktuellen altkatholischen Dogmatik-Lehrbuchs wird in Ausbildung und Studium auf Lehrbücher anderskonfessioneller Autorinnen und Autoren verwiesen. Folgende kamen unter anderem zum Einsatz: KLAUS VON STOSCH, Einführung in die Systematische Theologie, Paderborn (Ferdinand Schöningh) 2006; ALISTER EDGAR MCGRATH, Der Weg der christlichen Theologie. Eine Einführung, hg. v. Heinzpeter Hempelmann, Giessen (Brunnen) ²2007; ROCHUS LEONHARDT, Grundinformation Dogmatik. Ein Lehr- und Arbeitsbuch für das Studium der Theologie, Göttingen (Vandenhoeck & Ruprecht) ⁴2009. Im altkatholischen Studium werden diese Gesamtdarstellungen oft ergänzt durch Aufsätze zu Einzelfragen von altkatholischen Theologinnen und Theologen, etwa Herwig Aldenhoven oder Kurt Stalder.

tholischer Theologinnen und Theologen in diesen Fragestellungen das altkatholische Profil weniger deutlich zum Tragen.

Drittens sind die altkatholischen Kirchen trotz ihrer Kleinheit heterogen. Innerhalb altkatholischer Theologie existieren unterschiedliche Positionen mit Anleihen bei anderskonfessionellen Entwürfen. Es lässt sich zwar, speziell in der Ekklesiologie, eine altkatholische «Mainstream-Theologie» erheben, doch es gibt darin unterschiedliche Akzentsetzungen und in den letzten Jahrzenten auch einzelne Positionen, die diesem Mainstream kritisch gegenüberstehen.[419] Inneraltkatholische Unterschiede und Spannungen ergeben sich zum Beispiel daraus, dass die Berufung auf altkirchliche Tradition Anleihen bei der orthodoxen Theologie nahelegt, während gleichzeitig das Wissenschaftsverständnis altkatholischer Theologie und ihr Verständnis von Kirche und Gesellschaft klar westlich geprägt sind. Letzteres führt dazu, dass altkatholische Theologie in wissenschaftstheoretischen und gesellschaftsbezogenen Fragen oft auf Ansätze anglikanischer, gelegentlich auch lutherischer oder nachkonziliar-liberaler römisch-katholischer Theologie zurückgreift.

3.2 Fundamentaltheologische Prämissen: Der altkatholische Denkstil

Hier wird die These vertreten, dass sich altkatholisches Theologisieren durch einen eigenen Denkstil[420] auszeichnet, für den verschiedene Aspekte wichtig sind. Erstens die zentrale Rolle der Alten Kirche als Kriterium der Theologie: Es ist ein grundlegendes Anliegen altkatholischer Lehre, festzuhalten «an dem Glauben der alten Kirche, wie er in den ökumenischen Symbolen und in den allgemein anerkannten dogmatischen Entscheidungen der ökumenischen Synoden der ungeteilten Kirche des 1. Jahrtausends ausgesprochen ist».[421] Als Begründung herange-

---

419 Vgl. dazu MATTIJS PLOEGER, Celebrating Church. Ecumenical Contributions to a Liturgical Ecclesiology, Groningen (Instituut voor Liturgiewetenschap) – Tilburg (Liturgisch Instituut) 2008.
420 Der Begriff des Denkstils wurde 1935 vom Mediziner Ludwik Fleck geprägt, der damit eine soziologische Komponente in die Wissenschaftstheorie einführte. Gemeint ist damit eine Sammlung von oft impliziten Weisen des Denkens, Argumentierens und Forschens, die einer kleineren oder grösseren Wissenschaftlergemeinschaft gemeinsam ist. Vgl. LUDWIK FLECK, Entstehung und Entwicklung einer wissenschaftlichen Tatsache. Einführung in die Lehre vom Denkstil und Denkkollektiv, Frankfurt a. M. (Suhrkamp) 1980.
421 So die Utrechter Erklärung, abgedruckt im Anhang, S. 303–305. «Ökumenische Symbole» bezieht sich auf die Glaubensbekenntnisse der Alten Kirche, mit den «ökumenischen Synoden der ungeteilten Kirche des 1. Jahrtausends» sind die sieben Ökumenischen Konzile gemeint: Nizäa 325, Konstantinopel 381, Ephesus 431, Chalcedon 451, Konstantinopel 553, Konstantinopel 680 und Nicäa 787. Für eine allgemeine Einführung zu den Konzilien vgl. z. B. CHRISTIAN LANGE, Einführung in die allgemeinen Konzilien, Darmstadt (Wissenschaftliche Buchgesellschaft) 2012. Die Konzilsentscheidungen sind zugänglich bei JOSEF

zogen wird der Grundsatz des Vinzenz von Lérins, es sei festzuhalten an dem, was «überall, immer und von allen geglaubt worden ist».[422] Die Berufung auf die Alte Kirche hat für altkatholische Kirche und Theologie neben der inhaltlichen eine nicht minder wichtige hermeneutische Dimension: Für die Wahrheitssuche und die Entscheidungsfindung in der Kirche gilt für die altkatholischen Kirchen, nach dem Vorbild der Alten Kirche, das Prinzip der Konziliarität bzw. Synodalität – dies das zweite Element des altkatholischen Denkstils. Synodalität beschreibt nicht nur eine Kirchenstruktur,[423] sondern auch ein *theologisches* Selbstverständnis: Sie schreibt einer im Dialog gefundenen, auf Konsens beruhenden theologischen Sichtweise besonders hohe Verbindlichkeit zu. Es war zwar stets altkatholische Überzeugung, dass über die Wahrheit nicht in einem demokratischen Prozess entschieden werden könne. Synodal (vom griechischen *syn-hodos*, d. h. «gemeinsamer Weg») meint, dass man unterschiedliche Positionen zu versöhnen sucht. Wenn dies gelingt, wird ein synodal erarbeiteter Konsens als Ermutigung verstanden, in diesem synodalen Geschehen den Heiligen Geist am Werk zu sehen und diesen Konsens entsprechend hochzuhalten.

Ein dritter Aspekt eines altkatholischen Denkstils ist der wesentlich ekklesiale Charakter des Glaubens: Das «Credo» («ich glaube») ist in altkatholischer Liturgie ein «Credimus» («wir glauben»). Das Bekenntnis wird nicht als Glaubenszeugnis des Einzelnen, sondern als gemeinschaftsstiftendes Bekenntnis der Kirche aufgefasst. Die Verantwortung des bzw. der Einzelnen wird zwar gegen jede Bevormundung hochgehalten, doch handelt es sich besonders in Fragen des Glaubens um eine Mit-Verantwortung, die eingebunden ist in den Glauben der Kirche.

Viertens ist der Grundsatz *lex orandi – lex credendi* zu nennen, das «Gesetz des Betens» entspricht dem «Gesetz des Glaubens». Das heisst: Die Liturgie, die Art, wie man betet, und was man im Gebet zum Ausdruck bringt, entspricht dem Glauben.[424] Dies gilt in zweifacher Weise: Das Gebet und die Liturgie bringen zum

---

WOHLMUTH (Hg.), Dekrete der Ökumenischen Konzilien. Bd. 1: Konzilien des ersten Jahrtausends. Vom Konzil von Nizäa (325) bis zum vierten Konzil von Konstantinopel (869/70), Paderborn (Ferdinand Schöningh) ²1998.

422 So der «Kanon» des Vinzenz von Lérins in seiner Schrift «Commonitorium» 2,5. Vgl. VINZENZ VON LÉRINS, Commonitorium. Mit einer Studie zu Werk und Rezeption. Herausgegeben und kommentiert von Michael Fiedrowicz; übersetzt von Claudia Barthold, Mülheim (Mosel) (Carthusianus) 2011, 187. Für eine Auslegung zum Vinzenz-Zitat s. u. 3.3, S. 133–135.

423 S. u. Kap. 3.6, S. 141–145.

424 Vgl. WOLFGANG MÜLLER, «Lex orandi, lex credendi». Wo Systematik und Liturgiewissenschaft heute zusammenarbeiten können, in: Münchener Theologische Zeitschrift 49 (1998), 145–154; MATTIJS PLOEGER, Kirchlichkeit, Gebundenheit und Freiheit der Liturgie in altkatholischer Sicht, in: Luca Baschera/Angela Berlis/Ralph Kunz (Hg.), Gemeinsames Gebet. Form und Wirkung des Gottesdienstes, Zürich (Theologischer Verlag Zürich) 2014, 209–229, hier 214.

Ausdruck, was die Kirche glaubt, schöpfen also aus dem Glauben und setzen ihn in eine spirituelle und gottesdienstliche Praxis um. Zugleich dient die Liturgie als Quelle für die dogmatische Reflexion: Was in den altkatholischen Kirchen geglaubt wird, lässt sich an ihrer Liturgie erkennen.[425] Einem altkatholischen Denkstil entspricht fünftens der Gedanke einer offenen, grundsätzlich unabschliessbaren Rezeption christlicher Lehre; sowie sechstens das Wissenschaftsethos und die Freiheit des Denkens, die den Vernunftgebrauch auch in Glaubensfragen ausdrücklich bejaht und jedes Aufzwingen einer uniformen Lehrmeinung per formaler Autorität ausschliesst. Dabei können Glaube und Wissenschaftsanspruch, kirchliche und wissenschaftliche Autorität in ein Spannungsverhältnis geraten: Theologie als Wissenschaft kann nicht praktiziert werden, ohne sich auf den Glauben zu beziehen. Der persönliche Glaube der Theologin, des Theologen ist wichtig für die Motivation zur theologischen Forschung, aber kein Kriterium zur Beurteilung von deren Ergebnissen.[426]

3.3 Schrift und Tradition

Als Kirche, die in der katholischen Tradition des Westens steht, teilt die altkatholische Kirche das «sola scriptura» der Reformation nicht, sondern hat stets die Bedeutung von Schrift *und* Tradition unterstrichen. Allerdings werden Schrift und Tradition nicht als zwei gleichbedeutende und voneinander unabhängige Offenbarungsquellen betrachtet. Vielmehr stehen beide in einer dynamischen Beziehung zueinander, wobei die Schrift erste Glaubensregel ist, die aber in der Tradition der Kirche ausgelegt wird und zur Geltung kommt.

Dieses Verständnis von Schrift und Tradition hat seine Wurzeln in der Alten Kirche. Es findet sich in besonders reflektierter Weise bei Vinzenz von Lérins, einem Mönch und theologischen Autor aus dem fünften Jahrhundert:[427] Um sich davor zu schützen, im Glauben in die Irre zu gehen, müsse man sich zunächst auf die Schrift, dann aber auch auf die Tradition der Kirche beziehen. Es genüge nicht, so Vinzenz, sich allein auf die Schrift zu beziehen, da auch die Häretiker ihre Lehren als Auslegungen der Schrift entwickeln. Deswegen habe sich, wer im rechten Glau-

---

425 Zur liturgischen Praxis in den einzelnen altkatholischen Kirchen s. u. Kap. 4.2, S. 174–179. Dort wird auch der Grundsatz *lex orandi – lex credendi* aus liturgiewissenschaftlicher Sicht noch einmal aufgenommen.
426 ADRIAN SUTER, Zur Glaubensbindung der Theologie, in: Internationale Kirchliche Zeitschrift 99 (2009), 106–125.
427 Das Titelbild dieses Kapitels zeigt eine Ikone des Vinzenz von Lérins, «geschrieben» von Pfarrer em. Teunis Wijker. Vinzenz hält eine Schriftrolle mit dem lateinischen Text des «Kanons» aus dem Commonitorium in der Hand. S. o. S. 128.

ben verharren wolle, «bei der Auslegung jener Schriften der Propheten und der Apostel die Richtschnur nach der Norm des kirchlichen und katholischen Verständnisses auszurichten»[428]. Kirchliche Tradition dient also als Auslegungstradition dem rechten Verständnis der Schrift. Vinzenz betrachtet es weiter als Auftrag der Kirche, «dafür Sorge zu tragen, dass wir festhalten, was überall, was immer, was von allen geglaubt wurde; das ist nämlich wahrhaft und eigentlich katholisch» – so lautet sein berühmter, oft zitierter Satz. In der altkatholischen Theologie wird dieser Kanon des Vinzenz bis heute oft herangezogen.[429] In der Frühzeit des Altkatholizismus wurde auffälligerweise die Reihenfolge der drei Kriterien vertauscht und das «immer» vor dem «überall» genannt. Altkatholische Reflexion nannte also das Traditionsprinzip und damit denjenigen Aspekt an erster Stelle, der für das altkatholische Denken besonders bedeutsam war: Die Zentralgewalt des Papstes und seine Unfehlbarkeit sind durch die Tradition nicht gedeckt, wurden nicht «immer» geglaubt, wie altkatholische Theologinnen und Theologen zu betonen nicht müde wurden. Die aktuelle Forschung zu Vinzenz macht aber deutlich, dass die Reihenfolge der drei Kriterien – überall, immer, von allen geglaubt – nicht zufällig ist. Sie sind kaskadierend zu verstehen: Es soll bei einer kontroversen Frage zuerst das erste Kriterium herangezogen werden, was überall geglaubt wird, also der synchrone Konsens der Gegenwart. Wenn dieses Kriterium keine Entscheidung bringt, so kommt das zweite zum Tragen: was immer geglaubt worden ist, also das Traditionsprinzip, der diachrone Konsens. Und wenn auch dies nicht eindeutig ist, wird auf das dritte zurückgegriffen: Von allen geglaubt in dem Sinn, dass es sich um den Hauptstrom der Überlieferung handelt, nicht um versprengte Einzelmeinungen. Vinzenz' «von allen» ist also genaugenommen ein «von fast allen». – Vinzenz und mit ihm die altkatholische Kirche verstehen die Berufung auf altkirchliche Tradition nicht als inhaltliche Ergänzung der Heiligen Schrift.[430] Vielmehr wird Tradition als Auslegungstradition verstanden, die zum rechten Verständnis der Heiligen Schrift anleitet. Beides, Schrift und Tradition, kommt im Glauben der Alten Kirche zum Tragen. Der dynamische Zusammenhang wird zudem dadurch deutlich, dass sich die Kirche selbst der Botschaft der Heiligen Schrift verdankt, andererseits aber auch darüber entscheiden muss, welche Schriften sie dem Kanon der Heiligen Schrift zurechnet.

---

428 VINZENZ VON LÉRINS, Commonitorium 2,4.
429 MARTIEN PARMENTIER, Ignaz von Döllinger und Vinzenz von Lérins, in: Internationale Kirchliche Zeitschrift 81 (1991), 41–58.
430 Zum christkatholischen Verständnis von Vinzenz vgl. auch : ADRIAN SUTER, «Ce qui a été cru partout, toujours et par tous». La catholicité selon la théologie catholique-chrétienne, in: François-Xavier Amherdt (Hg.), Vers une catholicité œcuménique ? Actes du colloque «Ensemble et divers – Vers une catholicité œcuménique ?» à l'Institut œcuménique de Bossey, les 6 et 7 septembre 2010, Fribourg (Fribourg Academic Press) 2013, 61–70.

Beim Verständnis von beidem, Schrift und Tradition, wurde in altkatholischer Theologie immer Wert auf die historische, wissenschaftlich-kritische Herangehensweise gelegt. Biblischer Fundamentalismus liegt dem Altkatholizismus fern – altkatholische Exegetinnen und Exegeten versuchen stets, die biblischen Bücher aus ihrem historisch-literarischen Kontext heraus zu verstehen und die wissenschaftlichen Standards der Gegenwart zu beachten. Das Gleiche gilt für die Interpretation der Werke der Kirchenväter. Auch bei der Betrachtung der eigenen Geschichte legen altkatholische Kirchenhistorikerinnen und -historiker grossen Wert darauf, gemäss den aktuellen methodischen Standards der Geschichtswissenschaft zu arbeiten. Dies nicht zuletzt, weil in der Frühphase der altkatholischen Eigenständigkeit als Kirche hervorragende Kirchenhistoriker das altkatholische Anliegen vertraten und engagiert die methodischen Schwächen der Argumente für den päpstlichen Zentralismus anprangerten. Der bekannteste unter ihnen war Ignaz von Döllinger, der auch bei den Theologen der Ostkirche hohes Ansehen genoss.

Die Auseinandersetzung mit der eigenen, altkatholischen Geschichte ist charakterisiert durch das Verhältnis von Kontinuität und Diskontinuität: Die altkatholische Kirche sieht sich einerseits in Kontinuität mit der Alten Kirche und mit denjenigen katholischen Bewegungen, die schon immer den römischen Zentralismus kritisch betrachtet haben.[431] Andererseits ist sie sich der Diskontinuitäten und Brüche in der eigenen Geschichte sehr wohl bewusst. Die eigene selbstständige Existenz als Kirche resultiert aus einem Schisma, einem Bruch. Der Grund für dieses Schisma ist nicht eine plötzlich auftauchende Irrlehre, sondern eine jahrhundertelange Entwicklung hin zu einem römischen Zentralismus, welche die Altkatholikinnen und Altkatholiken im Rückblick als Fehlentwicklung betrachten. Deswegen will sich die altkatholische Kirche in Kontinuität mit der Alten Kirche theologisch und kirchlich weiterentwickeln, indem sie an eine verlorene frühere Tradition anknüpft. Sie bezieht sich auf die altkirchliche Tradition also nicht nur im Modus des Bewahrens, sondern ganz bewusst auch im Modus des Wiederentdeckens. Aus dieser Wiederentdeckung leitet sie die Legitimation zu kirchlichen Reformen ab.

3.4 Berufung auf die Alte Kirche

Charakteristisch für den altkatholischen Denkstil ist die Berufung auf die Alte Kirche.[432] Zwei Funktionen, welche diese Berufung auf Alte Kirche in der altkatholischen Theologie hat, wurden bereits genannt: Einerseits die Selbstlegitimation des Protestes gegen Rom und der Legitimation der eigenen Kirche als Bewahrerin der

---

431 Zu diesen zentralismuskritischen Traditionen s. o. Kap. 1.7, S. 46–52.
432 Vgl. ADRIAN SUTER, «Altkatholische Identität – altkirchliche Identität?». Ein Workshopbericht, in: Internationale Kirchliche Zeitschrift 104 (2014), 353–362.

alten Überlieferung; andererseits die Funktion als Reformprogramm, das dabei hilft, angesichts von Fehlentwicklungen in der Gegenwart zurück zu den Wurzeln zu gehen und so Reformen zu begründen. Beides, Selbstlegitimation und Reformprogramm, ist darauf angelegt, sich von anderen kirchlichen Traditionen und Positionen, insbesondere der römisch-katholischen, abzugrenzen. Doch bereits im 19. Jahrhundert trat eine dritte Funktion hinzu: die Überwindung der Zwistigkeiten durch Berufung auf ein gemeinsames Erbe. In der jüngeren Vergangenheit dient die Berufung auf Alte Kirche vor allem der Selbstvergewisserung. Alle vier Funktionen der Berufung auf Alte Kirche seien hier näher erläutert:

Besonders jene altkatholischen Kirchen, die ihre Eigenständigkeit im 19. Jahrhundert erlangten, ziehen ihre Selbstlegitimation aus der Berufung auf Alte Kirche: Sie begründeten ihren Protest gegen die Dogmen des Ersten Vatikanums unter anderem damit, dass die Tradition der Alten Kirche die Dogmen nicht stütze, sondern ihnen entgegenstehe. Damit sei die römisch-katholische Kirche eine neue geworden, gegen die man sich als Katholik wehren dürfe und müsse, wenn man dem alten, überlieferten Glauben anhänge.[433] Doch die Berufung auf die Alte Kirche dient nicht nur der Begründung des gegenwärtigen kirchlichen Selbstverständnisses, sondern ist genauso kritisches Korrektiv, das dazu anleitet, die kirchliche Praxis der Gegenwart in ihrer Selbstverständlichkeit zu hinterfragen. So wird die Berufung auf die Alte Kirche im Altkatholizismus zum Reformprogramm. Reformen in der Zeit der Konstituierung des Altkatholizismus als eigenständige kirchliche Existenzform geschehen bewusst im Rückgriff auf den altkirchlichen Glauben und die altkirchliche Praxis: Aufhebung der Zölibatsverpflichtung für Priester, Volkssprache in der Liturgie, Aufhebung der Verpflichtung zur Einzelbeichte. Dabei etablieren die Altkatholikinnen und Altkatholiken aber nicht eine Kopie der Alten Kirche, sondern passen die im Rückgriff auf die Alte Kirche durchgeführten Reformen dem Kontext der Zeit an: So folgt die Leitung der Kirche durch Synoden altkirchlichem Vorbild; die konkrete Funktionsweise der Synoden und das grosse Gewicht der Laien sind hingegen dem Parlamentarismus des 19. Jahrhunderts entliehen. Von Anfang an spielt im Altkatholizismus der Rekurs auf Alte Kirche aber auch in den ökumenischen Beziehungen eine Rolle. Es geht nicht nur darum, sich selbst unter Berufung auf die Alte Kirche von anderen konfessionellen Traditionen abzugrenzen, sondern genauso darum, Gemeinsames zu benennen: Die Besinnung auf die gemeinsame Vergangenheit, die Erforschung des gemeinsamen Ursprungs verbindet die Kirchen. Damit hat die Berufung auf die Alte Kirche

---

433 So mit grossem Pathos die Münchener Pfingsterklärung von 1871: «Treu der unverbrüchlichen und auch von Papst und Bischöfen nicht bestrittenen Pflicht jedes katholischen Christen, am alten Glauben festzuhalten und jede Neuerung, würde sie auch von einem Engel des Herrn verkündet, abzuweisen, beharren wir auf der Verwerfung der Vaticanischen Dogmen.» Zitiert nach SCHULTE, Altkatholizismus, 16.

auch eine versöhnende, irenische⁴³⁴ Funktion. Schon früh wurden ökumenische Beziehungen zu anderen kirchlichen Traditionen gesucht, die das altkirchliche Anliegen teilen. Deshalb pflegten die altkatholischen Kirchen schon in der Zeit ihrer Konstituierung im 19. Jahrhundert die Kontakte und den Dialog mit den anglikanischen und orthodoxen Kirchen.⁴³⁵

Auch heute noch bezieht sich der Altkatholizismus in programmatischer Weise auf die Alte Kirche, jedoch unter veränderten Vorzeichen. Wenn man, wie die altkatholischen Kirchen heute, ökumenische Dialoge mit neuen Partnern führt, und Reformvorhaben anpackt, die kein Vorbild in der Alten Kirche haben, wenn das Anliegen der Abgrenzung nicht mehr so wichtig scheint, so verschiebt sich die Funktion der Berufung auf die Alte Kirche hin zu einer Selbstvergewisserung: Es geht darum, sich selbst zu vergewissern, mit der eigenen Kirche in all ihren Entwicklungen weiterhin auf dem Boden der Alten Kirche zu stehen. Dies gilt in der Diskussion von Reformanliegen, die sich aufgrund gesellschaftlicher Entwicklungen und kritischer Anfragen an die Kirche ergeben – die Frauenordination ist das bekannteste, aber keineswegs das einzige Beispiel. In solchen Fällen bekommt die Berufung auf die Alte Kirche eine neue Qualität: Einerseits widerspricht es altkatholischem Verständnis, die Reformfrage einfach mit Hinweis auf eine weitgehend gegenläufige Überlieferung altkirchlicher Praxis abzulehnen; andererseits ist es genauso wenig legitim, die Alte Kirche willkürlich zu ignorieren. Vielmehr gilt es, sich zu vergewissern, ob die angestrebten Reformen mit den grundlegenden Glaubensanliegen der Alten Kirche kompatibel sind. Diese Frage nahm in der Frauenordinationsdebatte breiten Raum ein, besonders zu Beginn der 1990er Jahre.⁴³⁶ – Auch in der Ökumene dient der Rückgriff auf Alte Kirche heute oft der Selbstvergewisserung. Ein Beispiel ist die Diskussion um die Marienverehrung im Dialog mit Partnerkirchen, die die Marienverehrung besonders hochhalten, wie die orthodoxen Kirchen oder die römisch-katholische Kirche. In einer solchen Dialogkommission müssen sich die Delegierten der altkatholischen Kirchen vergewissern, wie weit sie selbst in Aussagen zur Marienverehrung auf der Basis des Glaubens der Alten Kirche zu gehen bereit sind. Gleichzeitig stehen die altkatholischen Kirchen in Beziehungen mit anderen Kirchen, welche die Marienverehrung noch kritischer als sie selbst sehen, wie die Kirche von Schweden oder die Mar-Thoma-Kirche. Hier mussten sich die altkatholischen Delegierten im Rückgriff auf die Alte Kirche vergewissern, welchen Stellenwert den eigenen Glaubensaussagen zu Maria beizumessen ist.

---

434 «Irenik» oder «Irenismus» stammt vom griechischen Wort *eirene*, das «Friede» heisst und für die Aufarbeitung von Konfessionskonflikten in der frühen Neuzeit verwendet wird.
435 Zu den ökumenischen Dialogen mit diesen und anderen Kirchen s. u. Kap. 5.5, S. 196–209.
436 Näheres zur theologischen Diskussion um die Frauenordination in den altkatholischen Kirchen siehe in Kap. 3.9, S. 153–156, zum Prozess der Entscheidungsfindung in Kap. 2.11, S. 121–123.

Unter dem Strich ist jeder ökumenische Dialog jeweils für beide Kirchen eine Selbstvergewisserung und zugleich eine Prüfung der anderen Kirche: Steht die eigene Kirche, steht der Dialogpartner mit den gegenwärtigen Glaubensaussagen und der aktuellen Glaubenspraxis auf einem gemeinsamen Fundament? Für die altkatholischen Kirchen ist die Alte Kirche dieses gemeinsame Fundament. Selbstvergewisserung meint, dass das *eigene* Stehen auf diesem Fundament nicht einfach als gegeben angesehen wird, sondern immer wieder neu, auch im Dialog mit anderen, gesucht und benannt werden muss.[437]

3.5 Die trinitarische und christologische Grundentscheidung

Wie die altkatholischen Kirchen kein Bekenntnis neben dem altkirchlichen kennen, so vollzieht altkatholische Theologie ihre dogmatischen Reflexionen stets auf der Basis der grossen Grundentscheidungen der Alten Kirche: dem trinitarischen und dem christologische Dogma.[438] Der altkirchliche Ansatz, wie altkatholische Theologie ihn versteht, bedeutet, sich an diesen zentralen Dogmen der Alten Kirche zu orientieren und sie als richtungsweisend für jede weitere theologische Reflexion anzusehen. Oft reservieren altkatholische Theologinnen und Theologen den Begriff «Dogma» für diese beiden Grundentscheidungen, in denen das dreifaltige Wesen Gottes und die Menschwerdung Gottes in Jesus Christus ausgesagt werden. Alle weitere kirchliche Lehre wird gegenüber diesen beiden christologischen und trinitarischen Grundentscheidungen als weniger zentral angesehen und muss sich an ihnen messen lassen. Implizit vertritt die altkatholische Kirche damit die Existenz einer «Hierarchie der Wahrheiten», wie es das Ökumenismusdekret[439] des Zweiten Vatikanischen Konzils festhält.[440]

---

437 Diese Haltung wird in der heutigen ökumenischen Diskussion «receptive ecumenism» genannt. Der Begriff wurde geprägt von Paul Murray (Durham). Vgl. DOUGLAS PRATT, Inter-(ecclesial-)cultural Learning as Receptive Ecumenism. Prospects for an Intra-Christian Dialogue, in: Internationale Kirchliche Zeitschrift 109 (2019), 39–50.
438 Eine wichtige altkatholische Stimme dazu ist ARNOLD GILG, Weg und Bedeutung der altkirchlichen Christologie, München (Kaiser) 1989.
439 Das Ökumenismusdekret heisst nach seinen Anfangsworten auch «Unitatis redintegratio». Die Aussage zur «Hierarchie der Wahrheiten» steht in Punkt 11. Vgl. PETER HÜNERMANN (Hg.), Die Dokumente des Zweiten Vatikatnischen Konzils. Konstitutionen, Dekrete, Erklärungen. Lateinisch-deutsche Studienausgabe, Freiburg i. Br. (Herder) 2004, 211–241, hier 227.
440 Zur Auseinandersetzung mit dem theologischen Begriff der «Hierarchie der Wahrheiten» vgl. ADRIAN SUTER, Vernetzung und Gewichtung christlicher Lehraussagen. Die Vorstellung einer Hierarchie der Wahrheiten und ihre Beziehung zum wissenschaftstheoretischen Selbstverständnis der Theologie, Zürich (LIT Verlag) 2011.

3.5 Die trinitarische und christologische Grundentscheidung

Die trinitarische Grundentscheidung stammt vom zweiten Ökumenischen Konzil von 381 in Konstantinopel. Die dort versammelten 150 Konzilsväter erklärten, am überlieferten Glauben festzuhalten, von dem sie sagen: «Er ist sehr alt, geht aus der Taufe hervor, und lehrt uns, an den Namen des Vaters, des Sohnes und des Heiligen Geistes zu glauben. Dabei wird eindeutig an *eine* Gottheit, *eine* Macht und *ein* Wesen des Vaters, des Sohnes und des Heiligen Geistes sowie an ihre gleiche Ehre und Würde und gleichewige Herrschaft, in drei vollkommenen Hypostasen, das heisst drei vollkommenen Personen, geglaubt.»[441] Die theologische Nähe zur Orthodoxie führte im Altkatholizismus zu einer Wiederentdeckung der Kirchenväter des Ostens und ihrer Theologie. Altkatholische Trinitätstheologie ist daher stark vom altkirchlich-ostkirchlichen Gedanken der Perichorese der drei göttlichen Hypostasen geprägt:[442] Vater, Sohn und Heiliger Geist durchdringen einander gegenseitig in einem dynamischen Geschehen, so dass die drei ein Gott sind, eine Einheit ohne Verschmelzung. Die komplexen Spekulationen über die innergöttlichen Beziehungen und die Eigenheiten der drei Personen der Trinität, welche im Westen die scholastische Theologie des Mittelalters kennzeichnen, liegen altkatholischer Theologie eher fern.

In den altkatholischen Kirchen wird das nicäno-konstantinopolitanische Bekenntnis ohne das Filioque gesprochen: «Wir glauben […] an den Heiligen Geist, der Herr ist und lebendig macht, der aus dem Vater ausgeht, der zusammen mit dem Vater und dem Sohne angebetet und verherrlicht wird, der geredet hat durch die Propheten.» Diese Fassung folgt dem Originaltext des Bekenntnisses, wie es auf dem Konzil von Konstantinopel 381 beschlossen worden war. In der lateinisch-westlichen Kirche wurde seit dem 6. Jahrhundert ein Zusatz üblich, dass der Heilige Geist «aus dem Vater *und dem Sohn*» (lateinisch «ex patre *filioque*») ausgehe, was 1013 im Westen kirchenamtlich bestätigt, im Osten aber stets abgelehnt wurde. Die altkatholischen Kirchen sind zur ursprünglichen Fassung des Bekenntnisses zurückgekehrt und halten, wie die orthodoxen Kirchen, am Ausgang des Heiligen Geistes allein aus dem Vater fest, nicht aus dem Vater und dem Sohn. Dies wird zunächst unter Hinweis auf Tradition und Kirchenrecht begründet, weil «die Art und Weise, in welcher das Filioque in das nizäische [sic!] Glaubensbekenntnis eingeschoben wurde, ungesetzlich war»[443]. Genauso wichtig ist aber die theologische Begründung, die sich auf die Lehre des Johannes von Damaskus[444] über den Heili-

---

441 Zitiert nach WOHLMUTH (Hg.), Dekrete Bd. 1, 28.
442 VON ARX (Hg.), Koinonia, 49–51.
443 So die Erklärung der ersten Bonner Unionskonferenz von 1874. Vgl. REUSCH (Hg.), Bericht; KÜRY, Altkatholische Kirche, 464.
444 Johannes von Damaskus war ein Theologe des 7./8. Jahrhunderts, bedeutend vor allem, weil er die Werke früherer Kirchenväter zu einer theologischen Gesamtschau verband. Er starb 754.

gen Geist beruft. Der wesentliche theologische Kritikpunkt am Filioque ist, dass dadurch zwei Anfänge, zwei Ursprungsprinzipien innerhalb der göttlichen Trinität behauptet würden. – Die orthodox-altkatholischen Dialogtexte unterscheiden den ewigen Ausgang des Geistes allein aus dem Vater von seiner zeitlichen Offenbarung und Aussendung in die Welt, die durch den Sohn geschieht; sie setzen den ewigen Ausgang aus dem Vater allein und die zeitliche Sendung durch den Sohn aber nicht miteinander in Beziehung, was als Defizit angesehen werden kann.[445]

Auch in der zweiten wichtigen Grundentscheidung der alten Kirche, der christologischen Fragestellung, denkt altkatholische Theologie in altkirchlicher Tradition. Mit dem Ökumenischen Konzil von Chalcedon 451 wird die volle Gottheit und die volle Menschheit Christi bekannt – die sogenannte Zweinaturenlehre: «Unser Herr Jesus Christus ist als ein und derselbe Sohn zu bekennen, vollkommen derselbe in der Gottheit, vollkommen derselbe in der Menschheit, wahrhaft Gott und wahrhaft Mensch derselbe, aus Vernunftseele und Leib, wesensgleich dem Vater der Gottheit nach, wesensgleich uns derselbe der Menschheit nach, in allem uns gleich ausser der Sünde, [...] ein und derselbe Christus, Sohn, Herr, Einziggeborener, in zwei Naturen unvermischt, unverändert, ungeteilt und ungetrennt zu erkennen [...]»[446] Altkatholische Theologie kann sehr stark im Denkkontext und in der Terminologie der altkirchlichen Zweinaturenlehre sprechen und deren komplexe Reflexionen zur hypostatischen Union übernehmen, so zum Beispiel in den orthodox-altkatholischen Dialogtexten.[447] Sie kann sich aber auch von diesem Denkkontext und dieser Terminologie lösen, um in anderen Begriffen von der vollen Göttlichkeit und Menschlichkeit Christi zu reden. Dabei bewegt sie sich weiterhin innerhalb des Raumes, den die altkirchliche Grundentscheidung zur Christologie erschliesst: Weder soll die Göttlichkeit Christi auf Kosten seines Menschseins, noch das Menschsein Christi auf Kosten seiner Göttlichkeit überbetont werden.[448]

Damit wird zugleich deutlich, wie die Dogmen der Alten Kirche in altkatholischer Theologie verstanden werden: Ein Dogma ist eine verbindliche kirchliche Lehrentscheidung, die eine Frage des christlichen Glaubens betrifft, die nach Überzeugung der Kirche so zentral ist, dass eine grundsätzliche Ablehnung dieser Lehre die Integrität des Glaubens (= Katholizität) bedroht. Einerseits eröffnet das Dogma

---

445 Vgl. zu diesem Problem HERWIG ALDENHOVEN, Das Filioque aus altkatholischer Sicht, in: Centre orthodoxe du Patriarcat oecuménique Chambésy-Genève (Hg.), La signification et l'actualite du IIe concile oecumenique pour le monde chrétien d'aujourd'hui, Chambésy (Editions du Centre Orthodoxe du Patriarcat Oecuménique) 1982, 229–308, hier 307. Der Beitrag ist wiederabgedruckt in ALDENHOVEN, Lex orandi, 200–211.
446 Zitiert nach WOHLMUTH (Hg.), Dekrete Bd. 1, 86.
447 VON ARX (Hg.), Koinonia, 52–55.
448 Alt-Katholische Kirchen der Utrechter Union – Mar Thoma Syrian Church of Malabar. Dokumentation der Dialogtexte. Herausgegeben vom Katholischen Bistum der Alt-Katholiken in Deutschland, Bonn (Eigenverlag) 2015, 28–32.

damit einen Denkraum, in dem sich die weitere Reflexion des Glaubens entfalten kann. Nicht jede Detailfrage soll dogmatisiert werden, sondern nur die zentralen Fragen des Glaubens. Andererseits schliesst das Dogma gewisse Positionen aus. Die Annahme einer dogmatisierten Lehre ist wesentlich für die kirchliche Gemeinschaft. Wer ein Dogma explizit verwirft, stellt sich damit ausserhalb der Gemeinschaft der Kirche. Wohlverstanden: Es geht dabei um den Fall ausdrücklicher Verwerfung, nicht um kritische Rückfrage oder Gleichgültigkeit gegenüber einem Dogma. Diese Verwerfung bedingt, dass die oder der Verwerfende das Dogma in dem Sinn versteht, in dem es die Kirche lehrt. Wer das christologische Dogma nicht verstanden hat, kann es auch nicht verwerfen. Ob eine solche Verwerfung kirchenrechtliche Konsequenzen hat (Exkommunikation oder eine andere Form von Ausschluss), ist damit nicht festgelegt. Vielmehr ist gesagt, dass diejenigen, die ein Dogma verwerfen, sich durch diese Verwerfung selbst ausserhalb des Konsenses der Kirche stellen. Wenn altkatholische Theologie bisweilen anmerkt, dass man nur die trinitätstheologische und die christologische Grundentscheidung der Alten Kirche als Dogmen in diesem strengen Sinn betrachten solle, dann heisst dies zugleich, dass in anderen theologischen Fragen ein gewisses Spektrum an theologischen Standpunkten und persönlichen Meinungen möglich ist, ohne dass dies den gemeinsamen Glauben infrage stellt.

3.6 Ortskirchenekklesiologie

Die Ekklesiologie, das heisst die «Lehre von der Kirche», ist das am eingehendsten behandelte Thema altkatholischer Theologie.[449] In den knapp anderthalb Jahrhunderten ihrer eigenständigen Existenz wurden ekklesiologische Fragen besonders intensiv theologisch reflektiert und fanden dabei ihren Niederschlag in einer Reihe von Textgattungen: in wissenschaftlichen Aufsätzen und Tagungsbeiträgen, in ökumenischen Dialogtexten, in liturgischen und kirchenrechtlichen Texten. Der aktuelle, kirchenamtlich abgesicherte Reflexionsstand findet sich in Texten der Internationalen Altkatholischen Bischofskonferenz der jüngeren Zeit, insbesondere in der Präambel zum Statut der Utrechter Union[450] und in der Standortbestimmung zur ökumenischen Aufgabe der altkatholischen Kirchen. Letztere charakterisiert die Kirche aus altkatholischer Sicht grundlegend als Heilsgemeinschaft, in der «das von Gott dem Menschen geschenkte Heil realisiert» wird; als eucharistische Versammlung, die «Quelle und tiefster Ausdruck der als Glaubensgemeinschaft getaufter

---

449 Einen Überblick zu altkatholischen Forschungen und Positionen bietet PLOEGER, Celebrating Church, 161–233. Dort auch Angaben zu weiterer Literatur.
450 Abgedruckt im Anhang, S. 309–311.

Menschen verstandenen Kirche» ist; und als «Dienst an der von Gott gewirkten Versöhnung», der in der Sendung der Kirche in die Welt zum Ausdruck kommt.[451]

Da sich altkatholische Theologie auf den Glauben der Alten Kirche beruft, sind ihr die vier Wesensmerkmale der Kirche, wie sie im nicäno-konstantinopolitanischen Glaubensbekenntnis zum Ausdruck gebracht werden, sehr wichtig: Die Kirche wird verstanden als die eine, heilige, katholische und apostolische. Wie es nur einen Gott, einen Herrn Jesus Christus, einen Geist gibt, so gibt es nur *eine* Kirche, einen Glauben, eine Taufe. Die Kirche hier ist ihrem Wesen nach nicht eine andere als die Kirche anderswo. Diese Einheit bedeutet nicht Uniformität, sondern ein organisches Band zwischen allen Ortskirchen, die den Reichtum ihrer Verschiedenheiten umfasst. Die eine Kirche ist *heilig*, das heisst: Die Kirche ist ein besonderer, der freien Verfügungsgewalt der Menschen entzogener, göttlicher Raum; ihr Fundament ist Jesus Christus selbst. Die Menschen können nicht nach ihrem eigenen Gutdünken mit der Kirche verfahren, dürfen aber zugleich darauf vertrauen, dass Gott die Kirche nicht im Stich lassen wird. Das schwierigste der vier Merkmale der Kirche ist das dritte: *katholisch*. Im Glaubensbekenntnis bezeichnet «katholisch» nicht eine bestimmte Konfession, wie auch Altkatholikinnen und Altkatholiken das Wort generell nicht in einem konfessionellen Sinn verwenden, sondern als «römisch-katholisch», «altkatholisch» oder «christkatholisch» präzisieren. Ein Grossteil der Verwirrung rund um das Wort «katholisch» entspringt dem Umstand, dass das Adjektiv zwei Substantiven zugeordnet ist: «Katholizismus» und «Katholizität». «Katholizismus» meint in einem soziologischen oder konfessionellen Sinn die sich als katholisch bezeichnenden Kirchen und Kirchenfamilien und das dazugehörende kirchliche Milieu. Katholizität meint eine generelle Eigenschaft der Kirche, die von allen Kirchen für sich beansprucht wird, wenn sie den Glauben der Alten Kirche weiterführen: Wenn die Kirche katholisch ist, so ist sie dem Ganzen des Glaubens treu, sie achtet auf die Integrität des Glaubens und wählt nicht einzelne Aspekte des Glaubens aus, um diese absolut zu setzen. Damit ist die Kirche zu allen Zeiten und an allen Orten gemeint, die katholisch ist, wobei jede Kirche an ihrem Ort und zu ihrer Zeit die Katholizität in ihrem Glauben und Leben verwirklicht – oder sich, wenn sie sich selbst eingesteht, davon abgewichen zu sein, durch Reform darauf zurückbesinnt. Darauf bezieht sich der Begriff «katholisch» im Glaubensbekenntnis. Das griechische *kat'holos* bedeutet wörtlich «gemäss dem Ganzen», oft wird es mit «allgemein» oder «umfassend» übersetzt, wobei es der Glaube ist, der allgemein und umfassend ist, nicht die Kirchenstruktur. Das Gegenteil der katholischen Kirche wäre eine «häretische» Kirche, da sie aus dem Ganzen

---

451 INTERNATIONALE ALTKATHOLISCHE BISCHOFSKONFERENZ, Die ökumenische Aufgabe der Altkatholischen Kirchen der Utrechter Union heute. Eine Standortbestimmung der Internationalen Altkatholischen Bischofskonferenz, in: Internationale Kirchliche Zeitschrift 102 (2012), 305–313, hier 306–307.

des Glaubens eine Auswahl (griechisch *hairesis*) trifft und diese absolut setzt. *Apostolisch* heisst die Kirche schliesslich, weil sie ihren Anfang in den Aposteln nimmt und diesem Ursprung treu bleiben soll. Einheit, Heiligkeit, Katholizität und Apostolizität werden auch die *notae ecclesiae*, die Wesensmerkmale der Kirche genannt.

Altkatholische Theologie lehrt eine Ortskirchenekklesiologie: «Es ist somit jede an einem ‹Ort› von Gott in Christus und durch den Geist vereinigte und geordnete Gemeinschaft eine vollständige, ganze und selbstverantwortliche Kirche. Sie heisst ‹katholisch›, weil in ihr einerseits Gott und Mensch, Himmel und Erde, Gegenwart und Verheissung und somit alles Heil und alle Wahrheit umfasst ist, und weil sie andererseits auch mit allen Kirchen in der Welt in Einheit verbunden ist.»[452] Die Ortskirche wird nicht als für sich unvollständiger «Teil» der einen, heiligen, katholischen und apostolischen Kirche des Glaubensbekenntnisses verstanden, sondern als deren Repräsentation, Vergegenwärtigung und Verwirklichung.[453] «Die Ortskirche ist ganz Kirche, aber nicht die ganze Kirche»:[454] Einerseits umfasst die Ortskirche alle Wesensmerkmale der Kirche, in ihr verwirklicht sich die eine, heilige, katholische und apostolische Kirche; andererseits weiss sie um die Existenz anderer Ortskirchen und um ihren Auftrag, mit diesen in Gemeinschaft zu stehen. In der Ortskirche sind die Grundvollzüge des Kircheseins konkret erleb- und erfahrbar, in der Ortskirche wird Gottes Wort verkündigt (*martyria*), wird in der Eucharistie

---

452 Verfassung der Christkatholischen Kirche der Schweiz, Präambel. Die Verfassung ist abgedruckt im Anhang, S. 314–321. Die jeweils aktuelle Version des Verfassungstextes ist im Internet zu finden: https://christkatholisch.ch/wpdm-package/01-verfassung-der-christkatholischen-kirche-der-schweiz/, zuletzt geprüft: 31.12.2021.

453 So zum Beispiel: Kirche und Kirchengemeinschaft. Erster und Zweiter Bericht der Internationalen Römisch-Katholisch – Altkatholischen Dialogkommission 2009 und 2016, Paderborn (Bonifatius) 2017, 24 f.: «Die Ortskirche ist hinsichtlich ihres Wesens und ihrer Sakramentalität nicht ein defizienter Teil der Universalkirche, noch ist diese die Summe der Ortskirchen, sondern beide sind eine Vergegenwärtigung der einen, heiligen, katholischen und apostolischen Kirche, die ihre Vollendung finden wird in der künftigen Einbeziehung der ganzen Schöpfung in die himmlische *doxa*, wenn Gott alles in allem sein wird.»

454 Der Grundsatz stammt aus dem Französischen: Er lautet im Original «Une Église locale est entièrement Église, mais elle n'est pas toute l'Église» und wurde geprägt von JEAN-JACQUES VON ALLMEN, L'Église locale parmi les autres Églises locales, in: Irénikon 43 (1971), 512–537, hier 512. Er erfuhr grosse Verbreitung durch die Aufnahme in ein Dokument der gemeinsamen Arbeitsgruppe des Ökumenischen Rates der Kirchen und der Römisch-Katholischen Kirche: Die Kirche: lokal und universal. Ein von der Gemeinsamen Arbeitsgruppe der Römisch-Katholischen Kirche und des Ökumenischen Rates der Kirchen in Auftrag gegebenes und entgegengenommenes Studiendokument, 1990, in: HARDING MEYER/ DAMASKINOS PAPANDREOU/HANSJÖRG URBAN/LUKAS VISCHER (Hg.), Dokumente wachsender Übereinstimmung. Sämtliche Berichte und Konsenstexte interkonfessioneller Gespräche auf Weltebene. Bd. 2, 1982–1990, Paderborn (Bonifatius) 1992, 732–750. Im römisch-katholisch-altkatholischen Dialog wurde die Aussage aufgegriffen: Kirche und Kirchengemeinschaft, 24.

Gottes Gegenwart gefeiert (*leitourgia*), wird Solidarität mit dem oder der Nächsten erfahren (*diakonia*).[455] All dies geschieht aus dem Glauben an den dreieinen Gott und im Vertrauen auf seine in Jesus Christus ergangene Verheissung, nicht aufgrund der Teilhabe an einer universalkirchlichen Struktur.[456] Der «Ort» ist definiert «durch die Zuordnung der Glieder der Kirche zu dem einen Bischof als dem eigentlichen Vorsteher der Eucharistiefeier und dem Träger der personalen *episkopé* für das Bleiben der Ortskirchen in der Wahrheit».[457] Der Begriff *episkopé* heisst übersetzt «Aufsicht» und meint die Verantwortung für das Bleiben der Kirche in der Wahrheit. Neben der personalen *episkopé* des Bischofs ist in der Ökumene und im Altkatholizismus auch von der kollegialen *episkopé* aller kirchlichen Amtsträgerinnen und Amtsträger und von der gemeinschaftlichen *episkopé* aller Kirchenglieder die Rede.[458] Die Ortskirchenekklesiologie ist also eine eucharistische Ekklesiologie,[459] das heisst: Die Kirche ist, idealtypisch, die sich an einem Ort zur Feier der Eucharistie um ihren Bischof versammelnde Gemeinde. Altkatholische Theologinnen und Theologen beziehen sich in der Begründung altkatholischer Ortskirchenekklesiologie gern auf die Arbeiten orthodoxer Theologen wie Nikolaj Afanasjew oder Ioannis Zizioulas zur eucharistischen Ekklesiologie.[460]

Ortskirche ist nicht die Gemeinde, sondern das Bistum unter der Leitung des Ortsbischofs. Nur als Bistum kann eine Kirche alle ihre Aufgaben vor Ort eigenständig erfüllen, insbesondere auch die Förderung ihres eigenen geistlichen Nachwuchses.[461] Diese Ortskirche ist nach altkatholischem Verständnis ganz Kirche, katholische Kirche, und wird dies nicht erst durch ihre Mitgliedschaft in einem weltweiten Verband. Diese Katholizität der Ortskirche heisst aber nicht, dass altkatholische Ekklesiologie die Ortskirche als einsame, beziehungslose, auf sich selbst gestellte Monade versteht; vielmehr ist die Ortskirche «mit anderen Ortskirchen, in denen sie ihr eigenes Wesen erkennt und anerkennt, in Einheit und Gemeinschaft verbunden»[462]. Das genannte Kriterium der Einheit und Gemeinschaft nimmt auf

---

455 Zur Art und Weise, wie dies in der Christkatholischen Kirche der Schweiz konkret geschieht, s. u. Kap. 6.5, S. 233–235.
456 Herwig Aldenhoven, Trinitarische Analogien und Ortskirchenekklesiologie, in: Internationale Kirchliche Zeitschrift 92 (2002), 65–75. Wiederabdruck in: Aldenhoven, Lex orandi, 320–329.
457 Kirche und Kirchengemeinschaft, 23.
458 Zum Verständnis des kirchlichen Amts s. u. Kap. 3.7, S. 145–151.
459 Dies ist, nicht nur aus altkatholischer Sicht, das zentrale Thema von Ploeger, Celebrating Church.
460 Vgl. z. B. Herwig Aldenhoven, Orthodoxes und altkatholisches Kirchenverständnis, in: Hundert Jahre Christkatholisch-theologische Fakultät der Universität Bern, Beiheft zur Internationalen Kirchlichen Zeitschrift 64 (1974), 41–55 (Wiederabdruck in: Aldenhoven, Lex orandi, 231–243); Ploeger, Celebrating Church, 35–69.
461 Zur Ausbildung für das geistliche Amt s. u. Kap. 6.9, S. 246–251.
462 Von Arx/Weyermann (Hg.), Statut, 13.

das grundlegende Wesen der Kirche Bezug, nicht auf je verschiedene konkrete Ausgestaltungen, wo Differenzen legitim sind. Nicht umsonst wurde der Grundsatz «im Notwendigen Einheit, in Zweifelsfragen Freiheit, in allem die Liebe»[463] für die altkatholische Kirche und Theologie zentral; er steht als Leitsatz über der Verfassung der Christkatholischen Kirche der Schweiz. Zugleich impliziert die Rede vom Erkennen und Anerkennen des eigenen Wesens in der anderen Ortskirche ein umfassendes Kennenlernen, das mehr als nur die bekenntnishaften Glaubensaussagen umfasst: Auch in der Verkündigungspraxis, den kirchlichen Leitungs- und Entscheidungsstrukturen, der liturgisch-sakramentalen Praxis muss, bei aller erlaubten Vielfalt, jede Ortskirche das eigene Wesen in der anderen wiedererkennen.

Weiter bedeutet Ortskirchenekklesiologie nicht, dass eine grössere Gemeinschaft von mehreren Ortskirchen nicht auch als Kirche bezeichnet werden kann: «Auch die Einheit und Gemeinschaft von Ortskirchen in ihrer bistumsübergreifenden Verbindung – also üblicherweise in Zusammenschlüssen wie Nationalkirchen, Kirchenprovinzen, Patriarchaten – ist eine Vergegenwärtigung der ‹einen, heiligen, katholischen und apostolischen Kirche›; sie ist es aber nicht in Gestalt einer Art von Super-Bistum mit überregionaler oder gar universaler Ausdehnung, sondern als Gemeinschaft von bischöflich-synodalen Ortskirchen.»[464] Deswegen ist es legitim, je nach Kontext von «den altkatholischen Kirchen» im Plural oder auch von «der altkatholischen Kirche» im Singular zu sprechen. – Die historische Tatsache, dass es sich im Zeitalter der getrennten Christenheit bei dieser Einheit und Gemeinschaft von Ortskirchen um eine vielfach gebrochene und teilweise verlorene Einheit handelt, bezeichnet die Präambel des Statuts der Utrechter Union als «Folge menschlicher Beschränktheit und Sünde»[465].

3.7 Das dreifache apostolische Amt und die Rolle der Laien

Die altkatholischen Kirchen kennen die Ordnung des dreifachen apostolischen Amtes von Bischof, Priester und Diakon. Aufgrund der eucharistisch verstandenen Ortskirchenekklesiologie begründet altkatholische Theologie das kirchliche Amt vom Bischofsamt her: Der Bischof[466] ist der eigentliche Vorsteher der Eucharistie in

---

463 «In necessariis unitas, in dubiis libertas, in omnibus caritas» – der Grundsatz wurde oft dem Kirchenvater Augustinus zugeschrieben; er stammt aber aus dem 17. Jahrhundert und findet sich erstmals 1617 beim kroatischen Bischof und Gelehrten Markantun de Dominis und wurde bei den sogenannten irenischen Theologen des 17. Jahrhunderts wichtig, die für die Versöhnung zwischen den verschiedenen Konfessionskirchen eintraten.
464 VON ARX/WEYERMANN (Hg.), Statut, 13.
465 Ebd.
466 In der Christkatholischen Kirche der Schweiz und in den anderen westeuropäischen altkatholischen Kirchen sind Priesterinnen zu Bischöfinnen wählbar. Die erste Wahl und Weihe

der Ortskirche, der Erstverantwortliche für ihre Verkündigung und ihr Zeugnis, «Hüter und Symbol der Einheit»[467]. Altkatholische Theologie hat das neutestamentliche und altkirchliche Verständnis des Bischofsamtes intensiv reflektiert.[468] Seit der frühen Kirche trägt der Bischof seine Verantwortung nicht allein, sondern gemeinsam mit dem Kollegium der Priester (Presbyterium) und mit dem ganzen Volk Gottes. «Der Unterschied zwischen dem Bischofs- und dem Presbyteramt besteht nicht in erster Linie in einem Verhältnis von Über- und Unterordnung, sondern in dem Spannungsverhältnis zwischen Repräsentation der Einheit durch einen einzigen Amtsträger und der Repräsentation des in den Aposteln grundgelegten Gemeinschaftscharakters des kirchlichen Amtes durch ein Kollegium von Amtsträgern.»[469]

Priesterinnen und Priester sind Mitarbeitende des Bischofs und wirken vor allem in den Kirchgemeinden. Sie verkünden das Evangelium und spenden die Sakramente, was in der Weiheliturgie sowohl in der Beauftragung als auch im Weihegebet zum Ausdruck kommt. Wer zur Priesterin bzw. zum Priester geweiht wird, verspricht, «im Einklang mit dem Bischof» zu handeln und «in Treue zu Christus und zu seinem Evangelium gemeinsam mit mir [= dem Bischof] und meinen Nachfolgern für die Kirche Gottes Sorge zu tragen und ihre Ordnungen zu achten»[470]. In der christkatholischen Kirche wird die Mitarbeit der Priesterinnen und Priester mit dem Bischof als kritische Loyalität verstanden. Strukturen von Befehl und Gehorsam werden diesem Verständnis nicht gerecht. Die christkatholische Kirchenverfassung sieht vor, dass eine Kirchgemeinde eine Priesterin oder einen Priester zur Pfarrerin oder zum Pfarrer wählt. Die Wahl an der Urne oder an der Kirchgemeindeversammlung und die Amtseinsetzung durch den Bischof bringen zum Ausdruck, dass Pfarrer bzw. Pfarrerin nicht Angestellte der Kirchgemeinde sind, sondern in einem Leitungsamt delegierte bischöfliche Funktionen ausüben. Die christkatholische Kirche vermeidet die Gemeindeleitung durch Laientheologinnen und Laientheologen, ohne dies als Klerikalismus zu empfinden. Wird die Kirche von der

---

einer Frau ins Bischofsamt erfolgte 2023, als Maria Kubin Bischöfin der Altkatholischen Kirche Österreichs wurde. Vgl. dazu auch Kap. 3.9, S. 153–156.
467 Verfassung der Christkatholischen Kirche der Schweiz, Präambel. Siehe Anhang S. 314 f.
468 Z. B. Küry, Altkatholische Kirche, 281–322; Kurt Stalder, ΕΠΙΣΟΠΟΣ, in: Ders., Die Wirklichkeit Christi erfahren. Ekklesiologische Untersuchungen und ihre Bedeutung für die Existenz von Kirche heute, Zürich (Benziger) 1984, 11–39; Herwig Aldenhoven, Einheit und Verschiedenheit von Bischofs- und Priesteramt im Licht eines trinitarischen Kirchenverständnisses, in: Internationale Kirchliche Zeitschrift 72 (1982), 145–151. Der Beitrag von Aldenhoven ist wiederabgedruckt in Aldenhoven, Lex orandi, 277–282.
469 Aldenhoven, Einheit, 148.
470 Gebet- und Gesangbuch der Christkatholischen Kirche der Schweiz. Band I. Herausgegeben von Bischof und Synodalrat der Christkatholischen Kirche der Schweiz, Basel (Christkatholischer Schriftenverlag) o. J. [2004], 255 f.

Eucharistie her verstanden, dann ist es nicht sinnvoll, die Gemeindeleitung und die Leitung der eucharistischen Feier auseinanderzureissen.

Der Diakonat wurde in den altkatholischen Kirchen bis Anfang der 1980er Jahre als «Übergangsamt» praktiziert: Priesteramtskandidaten wurden zunächst zu Diakonen geweiht[471], versahen einige Monate dieses Amt und erhielten anschliessend die Priesterweihe. Wie in der römisch-katholischen Kirche in der Folge des Zweiten Vatikanischen Konzils, so wurde auch in den altkatholischen Kirchen der ständige Diakonat wiederbelebt.[472] Er wurde 1982 durch die Internationale Altkatholische Bischofskonferenz für beide Geschlechter geöffnet und erhielt in der christkatholischen Kirche der Schweiz einen eigenen Ausbildungsgang.[473] Wichtig ist der christkatholischen Kirche, und nicht zuletzt den Diakoninnen und Diakonen selbst, dass der ständige Diakonat als Amt von eigenem Profil und Wert verstanden wird, nicht als «Priesteramt light». Charakteristisch für das Amt der Diakonin, des Diakons ist der Dienst am Nächsten: «Der Diakon kümmert sich um die Armen, die Kranken und die Notleidenden. Er stärkt die Gläubigen, nimmt sich der Zweifelnden an und bemüht sich um die Gleichgültigen.»[474] Neutestamentliches Vorbild für den Diakonat sind die sieben Männer aus Apostelgeschichte 6,1–7, die sich in der Urgemeinde um den Tischdienst, besonders um die Versorgung der (Griechisch sprechenden) Witwen kümmerten. Im Weiheformular wird auf diese Bibelstelle allerdings nur bei der Weihe eines Mannes zum Diakon Bezug genommen. Bei der Weihe einer Frau wird auf Lukas 8,1–3 verwiesen, auf die Frauen, die Jesu Tätigkeit unterstützten – bemerkenswerterweise nicht auf Römerbrief 16,1, wo eine Frau, Phoebe, als *diakonos* bezeichnet wird. Ein weiterer Unterschied im Diakonatsweiheformular liegt darin, dass bei Männern eine Bezugnahme auf Christus, bei Frauen auf den Heiligen Geist gemacht wird.[475] In den 1980er Jahren, in der

---

471 Die früher üblichen niederen Weihen und die Weihe zum Subdiakon, die der Diakonatsweihe vorausging, werden seit vielen Jahrzehnten nicht mehr praktiziert.
472 Zum Prozess der Einführung s. o. Kap. 2.11, S. 120–123.
473 Siehe ANGELA BERLIS, La rinascita del diaconato femminile – la via delle chiese vetero-cattoliche dell'Unione di Utrecht, in: Serena Noceti (Hg.), Diacone. Quale ministero per quale Chiesa?, Brescia (Queriniana) 2017, 269–288. Der Ausbildungsgang ist in jeder altkatholischen Kirche anders geregelt. In der christkatholischen Kirche wurde 2018 durch die Nationalsynode ein revidiertes Ausbildungsreglement beschlossen: Reglement für die Ausbildung zum ständigen Diakonat in der Christkatholischen Kirche der Schweiz (Diakonatsausbildungsreglement), https://christkatholisch.ch/wpdm-package/11-reglement-fuer-die-ausbildung-zum-staendigen-diakonat, zuletzt geprüft: 31.12.2021. Der Darstellung des Ausbildungsgangs in Kap. 6.9, S. 250 f., liegt dieses Reglement zugrunde.
474 Christkatholisches Gebet- und Gesangbuch I, 258. Die Formulierung im Gebet- und Gesangbuch ist beim Bischofsamt auf einen zu weihenden Mann, beim Priesteramt auf eine zu weihende Frau und beim Diakonenamt auf einen zu weihenden Mann bezogen.
475 Bei der Priester- und Bischofsweihe wird keine solche Unterscheidung nach Geschlecht gemacht.

Frühzeit der Wiedereinführung des ständigen Diakonats und der Öffnung des Amtes für Frauen, wurde anhand dieser Unterschiede noch kontrovers diskutiert, ob es sich um das gleiche oder zwei unterschiedliche Ämter handle. Doch seit November 1988, der Weihe von Angela Berlis zur Diakonin und Ralf Kirscht zum Diakon durch Bischof Dr. Sigisbert Kraft im gleichen Gottesdienst in Essen, hat es sich allgemein durchgesetzt, dass es sich bei den Unterschieden um Varianten der gleichen Weiheliturgie ins gleiche Amt handelt. Aufgrund des neutestamentlichen Vorbilds der sieben Männer in der Apostelgeschichte gehört die Assistenz im Gottesdienst, besonders bei der Austeilung der heiligen Kommunion, zum Kernauftrag der Diakoninnen und Diakone. Die liturgische Aufgabe des Austeilens der Gaben hängt eng mit dem sozialen Auftrag des Diakonats zusammen und prägt so das Profil dieses Amtes. – Neben dem ständigen Diakonat existiert der Übergangsdiakonat für die Anwärterinnen und Anwärter auf das Priesteramt weiterhin.

Obwohl sie den apostolischen Ursprung der Ämterordnung der Kirche anerkennen, sind altkatholische Theologinnen und Theologen zurückhaltend, konkrete Ausgestaltungen dieser Ämterordnung als göttliche Setzung (*ius divinum*) zu betrachten. Episkopat, Presbyterat und Diakonat sind zwar schon im Neuen Testament genannt, doch lässt sich aus den biblischen Texten keine konkrete Gemeindestruktur mit einer klaren Aufgabenverteilung der Ämter erheben.[476] Allerdings halten die altkatholischen Kirchen daran fest, das Amt «apostolisch» zu nennen: weil es auf die apostolische Zeit zurückgeht, weil es in Kontinuität mit der apostolischen Verkündigung steht, weil es die Aufgaben der Apostel im Zeugnis für Christus weiterführt. Konsequenterweise haben die altkatholischen Kirchen auch an der apostolischen Sukzession festgehalten: Amtsträgerinnen und Amtsträger werden durch Handauflegung und Gebet durch den Bischof geweiht, der seinerseits von seinen Mitbischöfen geweiht worden ist, so dass sich das Amt immer in Kontinuität mit dem Ursprung weiss. Im Altkatholizismus versteht man diese Sukzession aber nicht als Weitergabe einer wie auch immer gearteten Amtsgnade, welche den geweihten Amtsträgerinnen und Amtsträgern besondere (beinahe magische) Kompetenzen übergibt, sondern als Kontinuität im Glauben. Diese Kontinuität kommt grundsätzlich der ganzen Kirche zu, aber in der Weihe der Amtsträgerinnen und Amtsträger kommt sie in besonders deutlicher Weise zum Ausdruck. Neben der Kontinuität im Glauben mit der Vergangenheit ist in der Weihe auch die Gemeinschaft der Kirchen in der Gegenwart wichtig. Deswegen nehmen in der Regel alle altkatholischen Bischöfe an der Weihe eines neu gewählten altkatholischen Bischofs teil, auch wenn zur Aufrechterhaltung der apostolischen Sukzession nur ein Bischof nötig wäre.[477]

---

476 STALDER, ΕΠΙΣΟΠΟΣ; DERS., Zur Frage nach dem Amt in der Kirche, in: Stalder, Wirklichkeit, 77–104.
477 Vgl. Kap. 2.4, S. 76.

Allerdings kann man im Altkatholizismus von Anfang an neben der Hochschätzung des apostolischen Amtes auch eine grosse ekklesiologische Bedeutung der Laien feststellen: Geistliche und Laien bilden gemeinsam das Volk Gottes; die Verantwortung der geweihten Amtsträgerinnen und Amtsträger entlässt die Laien nicht aus ihrer eigenen Verantwortung und umgekehrt. Dies war insbesondere für die altkatholische Protestbewegung gegen das Erste Vatikanum selbstverständlich: Im Protest engagierten sich massgeblich Laien, Menschen aus der Politik und der Rechtswissenschaft, wie denn der Protest auch eine starke gesellschaftlich-politische Stossrichtung hatte.[478] Die Rolle, welche die Laien im Leben der altkatholischen Kirchen spielen, ist jedoch nicht nur gesellschaftlich, sondern auch theologisch wichtig. Die kirchenpolitische Bedeutung der Laien war, oft mit antiklerikaler Spitze, von Anfang an gegeben; das theologische Verständnis der Laien entwickelte sich in der Geschichte des Altkatholizismus kontinuierlich weiter.

Das Verhältnis von Geistlichen und Laien wurde im Lauf der Geschichte in unterschiedlicher Weise reflektiert. Wichtig war dabei stets: Das apostolische Amt steht nie für sich allein, sondern immer im Kontext der Kirche. Es steht auch nicht über den Laien. Es ist dem Altkatholizismus fremd, das Gegenüber in Form von Macht und Gehorsam zu denken. Man will das Volk Gottes nicht aufspalten in eine lehrende Kirche und eine hörende Kirche, denn dadurch würden die Amtsträgerinnen und Amtsträger über die Laienschaft gestellt. Vielmehr stehen sich Laienschaft und apostolisches Amt gegenüber, sind aufeinander angewiesen. Sie tragen in gleicher Würde, mit unterschiedlichen Aufgaben, gemeinsam Verantwortung.[479] Die Kirchen der Reformation bringen dies mit ihrer Betonung des «allgemeinen Priestertum der Gläubigen» zum Ausdruck: Die Getauften benötigen keine Amtsträger als Vermittler, sondern stehen selbst in Beziehung zu Gott. Dieser Gedanke ist im Altkatholizismus ebenfalls wichtig. Der Begriff «allgemeines Priestertum der Gläubigen» hat aber hier nicht die individuelle Gottesbeziehung im Blick. Vielmehr wird die kirchliche Dimension des Amtes betont. Nach altkatholischem Verständnis rückt das Priestertum nicht die Priesterin oder den Priester näher zu Gott, sondern gibt ihr bzw. ihm eine besondere Aufgabe in der Gemeinschaft der Kirche. Das Amt ist stets auf die Gemeinschaft der Gläubigen und damit auf die Kirche verwiesen. Dieses aufeinander Bezogensein von apostolischem Amt und Laienschaft kann auf unterschiedliche Art zum Ausdruck kommen: In der Verkündigung steht die geweihte Amtsperson der Gemeinde gegenüber, im Gebet stehen Geistliche und Laien gemeinsam vor Gott. «Der ordinierte Amtsträger

---

478 Beispiele sind in Kap. 2.3 genannt, S. 66–69.
479 Vgl. zum Verhältnis von apostolischem Amt und Laienschaft KURT STALDER, Ämter in der Kirche, in: Stalder, Wirklichkeit, 126–141.

repräsentiert sowohl Christus, den Sohn Gottes, als auch die Gemeinde, den Tempel des Heiligen Geistes.»[480]

In altkatholischer Theologie kann also, wie in anderen Kirchen katholischer Tradition, das Gegenüber von apostolischem Amt und Laien in trinitätstheologisch-symbolischer Sprechweise ausgedrückt und das apostolische Amt so verstanden werden, dass darin Christus den Menschen als Offenbarer Gottes gegenübertritt. Man drängt aber die Laien dadurch nicht in eine passiv-hörende Rolle, sondern hält im gleichen Atemzug fest, dass die Gemeinde der Tempel des Heiligen Geistes ist, dass die Laien Trägerinnen und Träger des Heiligen Geistes sind, der im Menschen wirksam ist und ihn befähigt, in Christus Gott zu erkennen.[481] In der Taufe wird darum gebetet, dass der Täufling mit dem Heiligen Geist erfüllt werde, in der Firmung um die Entfaltung der Gaben des Heiligen Geistes, in jeder Eucharistiefeier wird der Heilige Geist nicht nur auf die Gaben, sondern auch auf die versammelte Gemeinde herabgerufen. Doch die trinitätstheologische Deutung des Verhältnisses von Geistlichen und Laien ist dynamisch zu verstehen und widersetzt sich einer starren Zuordnung. Denn die Gemeinde ist nach Paulus der Leib Christi, und in der Weiheliturgie bittet der Bischof um den Heiligen Geist für die Geweihten zur Ausübung ihres Amtes. Daher wäre eine feste Zuordnung – Geistliche repräsentieren Christus, die Gemeindeglieder sind Trägerinnen und Träger des Heiligen Geistes – einseitig. Geistliche und Gemeinde verweisen einander gegenseitig auf Gott.

Infolgedessen wird das Gegenüber von Geistlichen und Laien nicht durch eine wie auch immer verstandene Verfügungskompetenz über geistliche Gnadengaben begründet, sondern durch das Wechselspiel von personaler und gemeinschaftlicher Verantwortung.[482] Dies wird besonders deutlich im Verhältnis zwischen Bischof und Synode: Eine Beziehung im Gegenüber, in der nicht geistliches Amt und Laien einander gegenüberstehen, sondern der Bischof als Erstverantwortlicher und die aus Laien und Geistlichen zusammengesetzte Synode als gemeinschaftlich Verantwortliche. Auf der Ebene der Kirchgemeinden ist das Gegenüber nicht durch die Weihe der Priesterin oder des Priesters konstituiert, sondern durch die Wahl bzw. Einsetzung als Pfarrerin oder Pfarrer.

Entsprechend kennen die altkatholischen Kirchen ausgesprochene Laienämter (z. B. Kirchgemeinderäte, Synodedelegierte), «durch welche sich die Laienschaft als selbstverantwortliche Gruppe ordnet, ihre Meinungsbildung ermöglichen hilft und ihre Verwaltungsaufgaben erfüllt, damit sie ein vollgültiger Partner des apostolischen Amtes zu sein vermag.»[483] Darüber hinaus können Laien auch in Spezialäm-

---

480 Thesen der 24. Internationalen Altkatholischen Theologenkonferenz (1984), abgedruckt im Anhang, S. 313.
481 Vgl. STALDER, Ämter 131.
482 Vgl. KURT STALDER, Das Recht in der Kirche, in: Stalder, Wirklichkeit, 245–257.
483 STALDER, Ämter, 134.

ter berufen werden, in denen sie Anteil an speziellen Aufgaben des apostolischen Amtes haben, z. B. als Katechetin an der Verkündigung, als Lektor an der Liturgie oder als Mitglied einer Besuchsgruppe an der Seelsorge.[484] Dadurch kommt einmal mehr zum Ausdruck, dass die Grundvollzüge der Kirche niemals dem apostolischen Amt allein anvertraut sind, sondern immer dem ganzen Volk Gottes.

3.8 Autorität, Entscheidungen und die Haltung zum Papsttum

Wer hat nun aber in der christkatholischen Kirche, im Zusammenspiel von Geistlichen und Laien, im Gegenüber von Bischof und Synode, das letzte Wort? Wer ist die oberste Autorität in der christkatholischen Kirche, wenn die oberste Autorität des Papstes abgelehnt wird? Von Anfang an haben Altkatholikinnen und Altkatholiken betont, dass sie den Papst als oberste Instanz nicht einfach durch etwas anderes ersetzen wollten: Weder die Synode noch die Internationale Bischofskonferenz noch ein allgemeines Konzil werden als letzte Instanz und damit als «Kollektivpapst» angesehen.[485] Im christkatholischen Kirchenverständnis gibt es keine «oberste Instanz» ausser Christus selbst, daher auch der Name «christkatholisch». Dieses Fehlen einer obersten Instanz haben christkatholische Theologinnen und Theologen auf unterschiedliche Weise zum Ausdruck gebracht: Urs Küry spricht von einem Kirchenbegriff, der «nach oben offen» sei, Herwig Aldenhoven unterstreicht die Notwendigkeit der Rezeption aller Entscheidungen – Rezeption als Prozess, von dem man niemals sagen könne, ob er definitiv abgeschlossen sei oder nicht.

Hier sei nun die Auffassung vertreten, dass bereits die *Frage* nach einer obersten Instanz christkatholischem Kirchenverständnis nicht entspricht: Typisch christkatholisch ist nicht die Frage «Wer entscheidet?», sondern die Frage «Wie kommen wir zu einer Entscheidung?» Der Entscheidungsprozess steht im Zentrum, er soll, unter Einbezug verschiedener Beteiligter, synodal verlaufen. An solchen Entscheidungsprozessen ist grundsätzlich die ganze Kirche beteiligt: Laien und Geistliche, Gemeindeglieder, kirchliche Behörden und theologische Fachleute, Bischof und Synode. Bei Entscheidungen, die über die eigene Ortskirche hinaus Bedeutung haben, sind auch die Internationale Bischofskonferenz, verschiedene internationale Gesprächsforen sowie gegebenenfalls die ökumenischen Partner beteiligt. Gut christkatholisch muss man diesen Diskussionsprozess nicht als Vorgeplänkel zur eigentlichen Entscheidung ansehen, sondern als umfassendes synodales Geschehen. In diesen Entscheidungsprozess muss die Frage der Einheit des Glaubens und der Gemeinschaft der Kirche einbezogen werden – dies die zen-

---

484 STALDER, Ämter, 137. Der Sache nach ist die Unterscheidung von «Laienämtern» und «Spezialämtern» berechtigt, auch wenn sich Stalders Terminologie nicht durchgesetzt hat.
485 Vgl. ADRIAN SUTER, Fallible authority, in: Ecclesiology 13 (2017), 161–178.

trale Aufgabe des Bischofs und des Presbyteriums. Der Blick auf die biblische Botschaft und in die Tradition der Alten Kirche ist unabdingbar, weswegen die Stimmen von Theologinnen und Theologen Gewicht haben. Der Glaubenssinn der gläubigen Menschen in der Kirche und die lebendige Tradition der Gegenwart sind wichtige Indikatoren, ob die theologischen Überlegungen der Fachleute auch ausserhalb der akademischen Welt standhalten. Die Konsequenzen für das kirchliche Leben müssen bedacht werden, weshalb Kirchenräte, Kirchenpflegen, Kommissionen und Arbeitsstellen gehört werden müssen. – Keine dieser Instanzen ist, für sich genommen, unfehlbar, keine ist die oberste, die alle anderen überstimmen kann. Alle sind in den Prozess eingebunden und aufeinander angewiesen. Für diesen Entscheidungsprozess gibt es zwar gewisse Spielregeln, die in Kirchenverfassungen, Gemeindeordnungen und im Statut der Internationalen Bischofskonferenz festgehalten sind,[486] doch diese Spielregeln legen den Verlauf des Prozesses nicht vollständig fest. Auch der genaue Verlauf des synodalen Geschehens wird im Prozess gesucht. Das Einhalten von Verfahren und Ordnungen garantiert nicht die Wahrheit, es hilft aber dabei, dass alle Stimmen gehört werden können. Und wenn die Kirche diesen Stimmen Raum gibt und im synodalen Geschehen um eine Entscheidung ringt, dann darf sie darauf vertrauen, dass der Heilige Geist in ihr am Werk ist. Nicht die oberste Autorität ist Träger des Heiligen Geistes und garantiert das Bleiben der Kirche in der Wahrheit, sondern im synodalen Prozess, im Zusammenspiel des ganzen Volkes Gottes, wird der Heilige Geist die Kirche leiten – so die christkatholische Überzeugung.

Damit erscheint auch die Rolle des Papstes in der Kirche in neuem Licht. Die altkatholischen Kirchen haben den Papst stets als den *primus inter pares*, den «Ersten unter Gleichgestellten» betrachtet. Als Bischof von Rom, der antiken Reichshauptstadt, hat ihm bereits die Alte Kirche einen besonderen Vorrang der Ehre zugesprochen – diesen Ehrenvorrang haben die altkatholischen Kirchen nie bestritten, sondern wiederholt bezeugt und anerkannt. Bestritten wurde die Unanfechtbarkeit seiner Autorität – bei jurisdiktionellen Entscheidungen wie auch bei Entscheidungen über Fragen des Glaubens und der Sitte. – Wenn man nun in der Frage von Autorität und Entscheidung statt der römisch-katholischen Frage «Wer entscheidet in letzter Instanz?» die christkatholische Frage «Wie kommt die Kirche zu einer Entscheidung?» stellt, dann kommt dem Papst nicht mehr die Rolle des Entscheiders, sondern des Initiators und Moderators zu. Seine Aufgabe ist es dann, auf weltweiter Ebene Entscheidungsprozesse anzustossen und voranzutreiben. Als Primas – Erstverantwortlicher – der weltweiten Kirche muss er darauf achten, inwiefern Fragen der einzelnen Ortskirchen oder auch Weltregionen die ganze Christenheit betreffen. Seine Aufgabe ist es, solche Fragen international auf die Tagesordnung

---

486 Zur praktischen Umsetzung bischöflich-synodaler Strukturen s. u. Kap. 6.

zu setzen und dafür Sorge zu tragen, dass alle relevanten Stimmen dazu gehört werden. Nicht die Dogmatisierung einer Lehre gegen abweichende Meinungen ist sein Amt, sondern die Einleitung und Begleitung eines synodalen Entscheidungsprozesses, in dem unterschiedliche Meinungen zu Wort kommen, wenn ein solcher Prozess im weltweiten Kontext nötig ist. Die Rolle des Papstes ist aus altkatholischer Sicht damit die gleiche, die jeder Primas hat, auch der Erzbischof von Utrecht als Primas der Altkatholischen Kirchen der Utrechter Union, der Erzbischof von Canterbury als Primas der Anglikanischen Kirchengemeinschaft oder der Patriarch von Konstantinopel als Primas der Orthodoxie. Im Rahmen der weltweiten Christenheit, in der die heute getrennten Kirchen wieder in voller Gemeinschaft stehen, würde diese Rolle des Primas nach altkatholischer Auffassung dem Papst zukommen. Dieses Verständnis des Papsttums findet durchaus auch in römisch-katholischer Theologie Widerhall: Es wird in den beiden Berichten der Internationalen Römisch-katholisch – Altkatholischen Dialogkommission vertreten und von den römisch-katholischen Mitgliedern dieser Kommission mitgetragen.[487]

3.9 Die Frauenordination als Nagelprobe altkatholischen Selbstverständnisses

Funktioniert die dargestellte bischöflich-synodale Entscheidungsfindung auch im Krisenfall? Die Diskussion über die Zulassung von Frauen zum dreifachen apostolischen Amt in den 1970er bis 1990er Jahren erwies sich als Nagelprobe für die praktische Anwendung und Umsetzung altkatholischer Grundüberzeugungen: Kann eine Kirche, die so grossen Wert auf die Tradition der Alten Kirche legt, gegen die altkirchliche Praxis Frauen zum Priesteramt zulassen?[488] Handelt es sich um eine Frage, welche das Wesentliche des Glaubens betrifft oder um eine blosse Frage kirchlicher Praxis? Greifen die bischöflich-synodalen Entscheidungsstrukturen und können sie zu einem gemeinsamen Weg führen, wenn eine solch umstrittene Frage zur Debatte steht? Übersteht die Utrechter Union unbeschadet einen Konflikt in dieser Frage?

---

487 Die Berichte sind veröffentlicht in: Kirche und Kirchengemeinschaft, 17–50 (erster Bericht, 2009) und 93–152 (zweiter Bericht, 2016). Zum Dialog zwischen der römisch-katholischen und der altkatholischen Kirche s. Kap. 5.5, S. 201–205.

488 Zum Prozess der Diskussion und zur Entscheidungsfindung, ebenso wie für die theologischen Argumente siehe URS VON ARX, Die Debatte über die Frauenordination in den Altkatholischen Kirchen der Utrechter Union, in: Wolfgang Bock/Wolfgang Lienemann (Hg.), Frauenordination. Prof. Dr. Dr. h.c. Peter Landau zum 65. Geburtstag, Heidelberg (Forschungsstätte der Evangelischen Studiengemeinschaft) 2000, 157–200. Der Beitrag war zuvor erschienen in: BUSER/LORETAN (Hg.), Gleichstellung, 165–211. Vgl. auch ANGELA BERLIS, Frauenordination – ökumenische Konflikte und ihre Bewältigung – am Beispiel der Alt-Katholischen Kirche, in: Ökumenische Rundschau 55 (2006), 16–25.

Der Diskussionsprozess um die Frauenordination geriet überhaupt erst mit deren Ablehnung durch die Internationale Altkatholische Bischofskonferenz so richtig in Gang: Diese erklärte 1976, allerdings mit einer Gegenstimme, sie könne «in Übereinstimmung mit der alten, ungeteilten Kirche, einer sakramentalen Ordination von Frauen zum katholisch-apostolischen Amt eines Diakons, Presbyters und Bischofs nicht zustimmen»[489]. Die Erklärung der IBK erfolgte in Reaktion auf die Diskussion über die Frauenordination in der Anglikanischen Kirchengemeinschaft seit den 1960er Jahren; ab Mitte der 1970er Jahre wurden in der Episkopalkirche in Amerika Frauen zu Priesterinnen geweiht. Die Polnisch-Katholische Nationalkirche in den USA und Kanada beendete daraufhin ohne Rücksprache mit der Internationalen Altkatholischen Bischofskonferenz einseitig die Kirchengemeinschaft mit der Episkopalkirche.

In den westeuropäischen altkatholischen Kirchen waren viele Mitglieder nicht bereit, den Entscheid der IBK positiv zu rezipieren. Auf Studientagungen, in der kirchlichen Presse und auf den Synoden wurde diskutiert – zunächst über den Diakonat für Frauen,[490] mehr und mehr auch über die Priesterweihe für Frauen – so etwa an der Internationalen Altkatholischen Theologenkonferenz von 1984.[491] In den westeuropäischen Kirchen zeichneten sich klare Mehrheiten für die Frauenordination ab. 1991 hielten die altkatholischen Bischöfe in Wislikofen AG eine Sondersession ab, bei der auch Theologinnen und Theologen aus der Ökumene gehört wurden. Die Bischöfe kamen überein, in den einzelnen altkatholischen Kirchen Studientage durchzuführen und Konsultationen mit ökumenischen Partnerkirchen zu halten.[492] In der deutschen altkatholischen Kirche votierte die Bistumssynode 1989, 1991 und 1994 für die Zulassung von Frauen zum Priesteramt; an Pfingsten 1996 wurden in Konstanz die ersten beiden Frauen – Angela Berlis und Regina Pickel-Bossau – zu Priesterinnen geweiht. Dies hatte ein vorübergehendes Ruhen des Stimmrechtes des deutschen Bischofs in der IBK zur Folge. An der Weihe in Konstanz nahmen auch viele christkatholische Gläubige aus der Schweiz teil. Die Polnisch-Katholische Nationalkirche in Amerika betrachtete die Frauenordination weiterhin als eine Verletzung des Wesentlichen des katholischen Glaubens, lehnte sie deswegen mit unverminderter Vehemenz ab und stellte fest, dass sie nicht in Gemeinschaft mit einer altkatholischen Kirche stünde, in der Frauen in das Priesteramt zugelassen würden.

---

489 Küry, Altkatholische Kirche, 460.
490 Angela Berlis, «Diakonin soll sie sein …!». Die Frauenordination im Gespräch der (altkatholischen) Kirche, in: Berlis/Gerth, Christus spes, 47–62.
491 Die Thesen dieser Konferenz sind im Anhang abgedruckt: S. 313.
492 Eine solche Konsultation fand mit altkatholischen und orthodoxen Theologinnen und Theologen statt: von Arx/Kallis (Hg.), Bild Christi.

Eine zweite Sondersession der Internationalen Altkatholischen Bischofskonferenz 1997, wiederum in Wislikofen AG, endete ob dieser unterschiedlichen theologischen Positionen der einzelnen Kirchen mit einer Pattsituation. Die Schlusserklärung der IBK konnte nur festhalten, «dass in der Frage der Frauenordination zur Zeit keine einstimmige Entscheidung möglich ist».[493] Vielmehr sei festzustellen, «dass einige altkatholische Kirchen die Ordination von Frauen aus Gründen der Glaubwürdigkeit ihrer Sendung in ihrer gesellschaftlichen und religiösen Umwelt für notwendig halten und deshalb möglichst bald verwirklichen möchten, während andere Kirchen davon überzeugt sind, dass die Ordination von Frauen ihre Glaubwürdigkeit nach innen und aussen beeinträchtigen würde»[494]. Zwar wurde ein Antrag gestellt, die Einführung der Ordination von Frauen zum priesterlichen Dienst in die Verantwortung jeder altkatholischen Orts- und Nationalkirche zu stellen. Dem Antrag fehlte erwartungsgemäss die für eine Verbindlichkeit notwendige Einstimmigkeit, doch zeigte er die klaren Mehrheitsverhältnisse zugunsten einer ortskirchlichen Autonomie. Auch anerkannte die IBK, «dass die nicht einstimmig angenommene IBK-Erklärung zur Frauenordination aus dem Jahre 1976 nicht als eine in den altkatholischen Kirchen allgemein angenommene Äusserung der IBK betrachtet werden kann»[495]. Ein für die ganze Utrechter Union verbindlicher Beschluss zur Frauenordination war also nicht möglich, und der Beschluss von 1976 war nicht allgemein rezipiert worden – die Erklärung macht aber deutlich, dass die IBK sich bewusst war, dass die Mehrheit der altkatholischen Kirchen das Priester- und Bischofsamt für Frauen öffnen würde, wie es die deutsche Kirche 1996 bereits getan hatte.

Tatsächlich vergingen nur wenige Jahre, bis auch die altkatholischen Kirchen in den Niederlanden, der Schweiz und Österreich die Einführung der Frauenordination beschlossen und die ersten Frauen zu Priesterinnen geweiht wurden. Die Polnisch-Katholische Nationalkirche in Amerika verliess 2003 die Utrechter Union. Die Polnisch-Katholische Kirche in Polen blieb Mitglied, führte die Frauenordination aber selbst nicht ein. Die tschechische altkatholische Kirche führte 2003 die Diakonatsweihe für Frauen ein; nach dem Grundsatzentscheid der Synode im Oktober 2022 empfingen im August 2023 zwei Diakoninnen die Weihe zur Priesterin. Da die polnische und die tschechische Kirche die Einführung der

---

493 Urs von Arx, IBK-Sondersession in Wislikofen Juli 1997, in: Internationale Kirchliche Zeitschrift 87 (1997), 225–240, hier 237.
494 Von Arx, IBK-Sondersession, 236.
495 Von Arx, IBK-Sondersession, 237. – In den Debatten an der Bischofskonferenz hatten Theologinnen und Theologen der westeuropäischen altkatholischen Kirchen weniger die juristische Frage der Einstimmigkeit und stärker die theologische Frage der Nicht-Rezeption betont. Die Aufnahme dieses Aspektes scheiterte aber am Widerstand der PNCC, welche den IBK-Beschluss von 1976 als verbindlich ansah.

Frauenordination in den westeuropäischen altkatholischen Kirchen akzeptierten, kam es trotz dieser unterschiedlichen Praxis zwischen den europäischen altkatholischen Kirchen nicht zum Bruch: Die kirchliche Gemeinschaft blieb bestehen, obwohl sie in bestimmten Situationen – wenn eine altkatholische Priesterin sich in Polen aufhält und dort nicht amtieren darf – nicht vollständig gelebt werden kann.[496] Welche Folgen die Wahl und Weihe einer Bischöfin in einer der altkatholischen Kirchen für die inneraltkatholische Gemeinschaft hat, wird sich in der Praxis erweisen.

Bemerkenswert ist, dass der lange Diskussions- und Reflexionsprozess nicht nur zu einer Verschiebung der Mehrheitsverhältnisse, sondern auch zu einer Veränderung der Argumentationslinien geführt hat. So begründete etwa die Nationalsynode der Christkatholischen Kirche der Schweiz die Einführung der Frauenordination bei ihren beiden Abstimmungen 1998 und 1999 nicht mit der Gleichberechtigung der Geschlechter, sondern mit der Glaubwürdigkeit der Verkündigung im Kontext der Kirche der Gegenwart: Die Botschaft, dass Gott den Menschen als Mann und als Frau gleichermassen liebt und beide, Mann und Frau, in Christus erlöst sind, wirkt zumindest im westeuropäischen Kontext unglaubwürdig, wenn das Priester- und Bischofsamt weiterhin Männern vorbehalten bleibt.[497]

3.10 Sakramententheologie

Als Kirche katholischer Tradition kennt die altkatholische Kirche sieben Sakramente: Taufe, Eucharistie, Firmung, Busse, Ehe, Ordination und Krankensalbung. Dabei gelten Taufe und Eucharistie als die beiden zentralen und grundlegenden Sakramente. Insbesondere die Eucharistie wird als das lebensspendende Zentrum des kirchlichen Handelns betrachtet. Die Rede von der Kirche als Ur- oder Grundsakrament, obwohl in altkatholischer Theologie nicht gängig, ist doch sachlich richtig: Wenn wir die Kirche als Leib Christi, als gott-menschliche Gemeinschaft verstehen, dann ist sie der Ort, an dem Gottes Gnade am Menschen wirksam wird.[498] Die Kirche ist jener Raum der liebenden Zuwendung Gottes, in den der Mensch durch das Sakrament hineingenommen wird. Die *Zahl* der Sakramente hat in der altkatholischen Theologie allerdings nie die gleiche Rolle gespielt wie in der römisch-katholischen Theologie. So erklärte bereits die erste Bonner Unionskonferenz von 1874: «Wir erkennen an, dass die Zahl der Sakramente erst im 12. Jahrhundert auf sieben

---

496 Diesem Umstand trägt die Innere Ordnung der Utrechter Union in einer Fussnote zu Art. 1 lit. c Rechnung. VON ARX/WEYERMANN (Hg.), Statut, 16.
497 Der Entscheid der Nationalsynode ist im Anhang abgedruckt, S. 333–337.
498 ADRIAN SUTER, Gottes Werk im Menschenwerk. Überlegungen zur Struktur des Sakramentalen, in: Internationale Kirchliche Zeitschrift 107 (2017), 1–22.

festgesetzt und dann in die allgemeine Lehre der Kirche aufgenommen wurde, und zwar nicht als eine von den Aposteln oder von den ältesten Zeiten kommende Tradition, sondern als das Ergebnis theologischer Spekulation.»[499] Die altkatholischen Kirchen haben keine neuen Sakramente eingeführt oder bestehende kirchliche Handlungen neu als Sakramente bezeichnet.[500] Vielmehr impliziert die genannte Prägung alles kirchlichen Handelns durch die Eucharistie, dass jedes kirchliche Handeln in elementarer Weise sakramentalen Charakter hat; eine strikte Trennlinie zwischen Sakramenten einerseits und den übrigen kirchlichen Symbolhandlungen andererseits ist vor diesem Hintergrund theologisch fragwürdig.[501]

Wenn ekklesiologisch das Verhältnis zwischen Kirche und Christus so zu beschreiben ist, dass die Kirche der Leib Christi und Christus das Haupt der Kirche ist, so bedeutet das auch, dass Jesus Christus selbst als der eigentliche Spender der Sakramente anzusehen ist. Sakramente «wirken» nach altkatholischer Überzeugung nicht magisch, aufgrund der materiellen Elemente und Handlungen, sondern von der Zusage und Kraft Gottes her, welche die Freiheit und den Mut des Glaubens auf Seiten der Menschen respektiert. Sie schaffen und erneuern in unterschiedlichen Lebensfeldern Beziehungen zu Gott und zu den Mitmenschen, die Brüder und Schwestern auf demselben Weg sind. Vollzogen werden die Sakramente in den altkatholischen Kirchen durch geweihte kirchliche Amtsträgerinnen und Amtsträger, also durch Personen, die von der Kirche eigens dafür beauftragt worden sind: Christus ist der *Spender* der in den Sakramenten wirksamen Gnade – die Kirche *verwaltet* als Treuhänderin die Sakramente – die geweihten Geistlichen *vollziehen* sie im Auftrag der Kirche. Der kirchliche Auftrag wird selbst in Form eines Sakramentes, nämlich der Ordination, erteilt.[502] Die Weihe ist dabei nicht als eine Übertragung einer Art magischen Weihevollmacht zu verstehen, die dem Geweihten die Verfügungskompetenz über Gottes Gnade gibt, sondern als Übertragung der Verantwortung und Beauftragung zum Handeln im Namen der Kirche.[503] Dies entspricht dem generellen altkatholischen Anliegen, den Gemeinschaftsbezug der Sakramente zu betonen.

Die Taufe ist das zentrale Sakrament des Einbezugs in die Gemeinschaft. Sie wird durch Übergiessen mit Wasser vollzogen und bedeutet die «Reinigung von Sünden, Befreiung aus der Macht des Bösen und Wiedergeburt zum neuen Leben»[504]. Die Eucharistie ist das Sakrament der Gemeinschaft zwischen Gott und

---

499 REUSCH (Hg.), Bericht, 17; KÜRY, Altkatholische Kirche, 463.
500 Eine Ausnahme bildet die Polnisch-katholische Nationalkirche in Amerika, die 1921 per Synodenbeschluss die Wortverkündigung zum Sakrament erhob, gleichzeitig aber Taufe und Firmung zu einem Sakrament zusammenfasste, um die Siebenzahl beizubehalten.
501 SUTER, Gottes Werk, 19.
502 Zum altkatholischen Amtsverständnis s. o. Kap. 3.7, S. 145–151.
503 STALDER, Recht.
504 Christkatholisches Gebet- und Gesangbuch I, 207.

Mensch und den Menschen untereinander im gemeinsamen Mahl. Im Eucharistieverständnis wird auf die Gegenwart Christi («Realpräsenz») Wert gelegt, ohne diese durch Transsubstantiation oder in anderen Modellen einer mittelalterlich rezipierten aristotelischen Substanzphilosophie erklären zu wollen. Der Opfercharakter der Eucharistie liegt nach altkatholischem Verständnis in der Vergegenwärtigung des Kreuzesopfers Christi, nicht in dessen unblutiger Wiederholung.[505] Einen eigentlichen Konsekrationsmoment kennt altkatholische Theologie nicht, vielmehr wird dem ganzen Eucharistiegebet, in dem die Bitte um den Heiligen Geist von zentraler Bedeutung ist, konsekratorische Kraft zugeschrieben. Die Kommunion wird unter beiderlei Gestalten gespendet.[506]

Zu den übrigen Sakramenten ist in aller Kürze Folgendes zu sagen:[507] Taufe und Firmung gehören eng zusammen; die Firmung bildet den Abschluss der Eingliederung in die Kirche, die mit der Taufe beginnt. In diesem Zusammenhang hat speziell die Christkatholische Kirche der Schweiz ein Verständnis der Eingliederung in die Kirche erarbeitet, das sich an die Praxis der Alten Kirche anlehnt und zugleich heutige pastorale Bedürfnisse berücksichtigt: Seit 2004 wird die Bitte um die *Gabe* des Heiligen Geistes und die Chrisamsalbung wieder im Zusammenhang der Taufe vollzogen, während bei der Firmung später im Jugendalter die Begegnung mit dem Bischof, die Handauflegung und die Bitte um die *Entfaltung* der Gaben des Heiligen Geistes im Hinblick auf das Erwachsenwerden im Mittelpunkt stehen.[508] – Bei der Eheschliessung bildet nicht der Vertrag zwischen den Ehegatten, sondern der Segen über dem Ehebund das sakramentale Geschehen. Das Bewusstsein für dieses Verständnis der Ehe ist aber nicht in allen altkatholischen Ortskirchen gleich ausgeprägt.[509] – Das Busssakrament wird regelmässig in Form einer gemeinsamen Bussfeier vollzogen, so etwa im Rahmen von Eucharistiefeiern in der Advents- und Fastenzeit, am Hohen Donnerstag und am eidgenössischen Dank-, Buss- und Bettag.[510] Diese Form der Busse bringt den Gemeinschaftsbezug des Busssakraments –

---

505 So die Utrechter Erklärung im Anhang, S. 303–305.
506 Näheres zur eucharistischen Praxis im Kapitel über die Liturgie, s. u. Kap. 4.2, S. 174–179.
507 Vgl. VON ARX (Hg.), Koinonia, 86–98; Kirche und Kirchengemeinschaft, 20–23.
508 Vgl. Gebet- und Gesangbuch der Christkatholischen Kirche der Schweiz, Bd. I 2004, 208.
509 Vgl. KLAUS ROHMANN, Die Sakramentalität der Ehe. Ein Plädoyer für die Unterstreichung des ekklesialen Bezugs, in: Angela Berlis/Matthias Ring (Hg.), Im Himmel Anker werfen. Vermutungen über Kirche in der Zukunft. Festschrift für Bischof Joachim Vobbe, Bonn (Alt-Katholischer Bistumsverlag) 2007, 249–264.
510 Die gemeinsame Bussfeier ist im Christkatholischen Gebet- und Gesangbuch I bei der Nummer 267 zu finden, die Form für den Hohen Donnerstag im Band für die Heilige Woche, CG II, 351. Die «Gemeinsame Vorbereitung mit Schuldbekenntnis und Vergebungsbitte», die in CG I, 101 steht und in der Regel die Eucharistiefeier eröffnet, ist keine sakramentale Busse, da die Vergebungsbitte keine Lossprechung enthält. Es ist allerdings zu vermuten, dass die pastorale Relevanz dieser Unterscheidung gering ist.

es geht um die Heilung verletzter Gemeinschaft – besonders deutlich zum Ausdruck. Daneben ist auch die Einzelbusse möglich, aber faktisch die Ausnahme. – Die Ordination wird durch Handauflegung und Gebet vollzogen. Die Ordination und das dreigestufte apostolische Amt werden vom Bischofsamt her verstanden. Die (nur im Westen bekannte) Praxis, dass bei einer Priesterweihe nicht nur der Bischof, sondern alle anderen Mitglieder des Presbyteriums ebenfalls die Hände auflegen, bezeugt die Aufnahme des Ordinanden oder der Ordinandin ins Kollegium der Presbyter. Die Akklamation der Gemeinde unterstreicht die Verantwortung der ganzen Kirche für die Weihe. – Die Krankensalbung wird ausdrücklich als Stärkung der Kranken und nicht als Sterbesakrament verstanden und praktiziert.

3.11 Der Umgang mit gleichgeschlechtlichen Partnerschaften als aktuelle Nagelprobe altkatholischen Selbstverständnisses

Eine weitere Nagelprobe altkatholischen Selbstverständnisses ist während der Arbeit an diesem Buch höchst aktuell und in einem Klärungsprozess begriffen. Mit der wachsenden gesellschaftlichen Anerkennung der Homosexualität sind gleichgeschlechtliche Paare in der Kirche stärker sichtbar geworden. Dies wirft die Frage nach der Segnung gleichgeschlechtlicher Partnerschaften und nach dem Verhältnis solcher Segnungen zum Ehesakrament auf. So ist in jüngster Vergangenheit die Sakramententheologie in den altkatholischen Kirchen wieder in den Mittelpunkt der Diskussion gerückt. Wie generell in der Gesellschaft, so hat es natürlich auch in den altkatholischen Kirchen schon immer homosexuell empfindende Menschen gegeben, doch viele haben ihre Neigung unterdrückt oder im Verborgenen gelebt. Mit der wachsenden Sichtbarkeit und Anerkennung in der Gesellschaft ging auch eine wohlwollendere Sicht auf homosexuelle Menschen in der Kirche und eine veränderte theologische Beurteilung von Homosexualität einher. Dies gilt längst nicht für alle Gesellschaften und schon gar nicht für alle kirchlichen Traditionen, sehr wohl aber für die westeuropäische Gesellschaft und die in ihr verwurzelten altkatholischen Ortskirchen. Um die Wende zum 21. Jahrhundert ist die Diskussion um die Segnung gleichgeschlechtlicher Partnerschaften in den altkatholischen Kirchen stärker geworden. In der Schweiz haben Bischof und Synodalrat sich bereits 2000 zustimmend geäussert zur zivilrechtlichen Möglichkeit einer eingetragenen Partnerschaft, was in der Schweizer Gesetzgebung auch umgesetzt wurde, allerdings erst 2007 in Kraft trat. Im Jahr 2004 hat die Nationalsynode eine Kommission zum Thema eingesetzt und zwei Jahre später deren Bericht entgegengenommen, in dem unter anderem festgehalten worden ist, dass die sexuelle Orientierung (wie schon bis anhin) kein Kriterium für die Erteilung einer Weihe sein solle. Gleichzeitig gab Bischof Fritz-René Müller ein liturgisches Formular für eine Partnerschaftssegnung zur Erprobung frei.

Aus damaliger Sicht muss die Einführung dieses Segensformulars als Fortschritt gewertet werden. Aus heutiger Sicht sind die Erfahrungen jedoch gemischt: Während die Möglichkeit einer Segnung meist sehr geschätzt wird, erfährt das konkrete Formular auch Kritik, da es gewisse Worte und Riten, die bei der Einsegnung einer Ehe wichtig sind, bewusst vermeidet. Damit hatte man eine Unterscheidung zwischen der Segnung gleichgeschlechtlicher Partnerschaften und dem Ehesakrament aufbauen wollen, und genau dies ist der aktuelle Hauptdiskussionspunkt in den altkatholischen Kirchen: Wie ist das Verhältnis von Partnerschaftssegnungen zum Ehesakrament?[511] In der Schweiz und international ist der synodale Diskussionsprozess zur Zeit der Drucklegung dieses Buches in vollem Gang.[512] In der Schweiz forderte der Zentralvorstand der Christkatholischen Jugend der Schweiz mit einem vielbeachteten Votum an der 150. Session der Nationalsynode 2018 in Basel ein Statement, dass die Christkatholische Kirche der Schweiz die zivilrechtliche Öffnung der Ehe für gleichgeschlechtliche Paare befürworte und solche Paare im Fall einer entsprechenden staatlichen Regelung kirchlich trauen werde. Dem ersten Anliegen hat die Nationalsynode ein Jahr später bei ihrer 151. Session in Grand-Lancy entsprochen und eine positive Stellungnahme zur zivilrechtlichen Ehe für alle abgegeben. Für das zweite Anliegen, die kirchliche Trauung gleichgeschlechtlicher Paare, hat sie eine vertiefte theologische Reflexion für nötig befunden. Eine ausserordentliche Session der Nationalsynode, an der alle Kirchenmitglieder mit Rederecht teilnehmen konnten, hat sich am 22. August 2020 in Zürich damit befasst. Die Synodeunterlagen stellten klar, dass es nicht darum gehe, ob ein gleichgeschlechtliches Paare den Segen empfangen dürfe oder solle, sondern um die Frage: «In welchem Verhältnis steht eine Segnung gleichgeschlechtlicher Partnerschaften zum Sakrament der Ehe? Ist sie das Gleiche oder etwas anderes? Und wie kommt das im Ritus zum Ausdruck?»[513] An der Synodesession wurden vier verschiedene Modelle diskutiert: Erstens die Beibehaltung des Status quo mit einer nicht-sakramentalen Segnung gleichgeschlechtlicher Paare; zweitens ein sakramental verstandener, an den Eheritus angelehnter, aber vom Ehesakrament unterschiedener Ritus. Das dritte Modell sah die faktische Gleichbehandlung gleichgeschlechtlicher Paare ohne eine theologisch verbindliche Deutung der Segenshandlung vor: Es würde

---

511 Mattijs Ploeger, Die Segnung gleichgeschlechtlicher Partnerschaften und das Sakrament der Ehe(einsegnung). Ein Beitrag zur aktuellen Diskussion in der altkatholischen Kirche und Theologie, in: Internationale Kirchliche Zeitschrift 108 (2018), 87–109.
512 Andreas Krebs/Matthias Ring (Hg.), Mit dem Segen der Kirche. Die Segnung gleichgeschlechtlicher Partnerschaften in der theologischen Diskussion, Bonn (Alt-Katholischer Bistumsverlag) 2018.
513 Protokoll der 152. (ausserordentlichen) Session der Nationalsynode der Christkatholischen Kirche der Schweiz. 22. August 2020 in Zürich, [Christkatholische Kirche der Schweiz, 2022]. Die Erläuterung wurde im Auftrag der Vorbereitungsgruppe im Wesentlichen von Adrian Suter verfasst.

unterschiedliche Segnungsriten geben, die sich aber nicht durch das Geschlecht, sondern vielmehr durch die Lebenssituation des Paares unterschieden. Das vierte Modell schliesslich schlug die Öffnung des Ehesakraments für gleichgeschlechtliche Paare vor. In einer Konsultativabstimmung sprach sich eine grosse Mehrheit der Anwesenden für dieses vierte Modell aus, wobei die Synode den anwesenden Gästen – interessierten christkatholischen Laien – in dieser Konsultativabstimmung ebenfalls das Stimmrecht erteilt hatte. In einer Stellungnahme und in seinem Hirtenbrief auf die Fastenzeit 2021[514] unterstrich Bischof Harald Rein, dass man die Reflexion in Bezug auf Schrift und Tradition vertiefen müsse und dabei auch die ökumenische Dimension der Frage zu berücksichtigen habe. Die Sondersynode hatte die ökumenische Dimension bewusst ausgeklammert, um sich auf inhaltliche Fragen zu konzentrieren. Bischof und Synodalrat erarbeiteten im Hinblick auf die Synodesession 2021 einen Bericht und leiteten das Verfahren zur Stellungnahme in Glaubensfragen nach Art. 22 der Kirchenverfassung ein.[515] Aufgrund dieser Stellungnahme beschloss die Nationalsynode an ihrer 155. Session am 11. Juni 2022 die Einführung der sakramentalen «Ehe für alle» in der Christkatholischen Kirche der Schweiz und setzte das angepasste liturgische Formular in Kraft.

Insgesamt ist die Diskussion zur Ehe für alle getragen vom Wunsch, gleichgeschlechtlichen Partnerschaften gerecht zu werden und ihre Segnung nicht als zweitklassig anzusehen, verbunden mit dem Anliegen, der katholischen Sakramentstradition treu zu bleiben und den Altkatholizismus in der weltweiten Ökumene nicht zu isolieren. Inwiefern dies gelingen wird, ist offen. Es zeigt sich, dass die Diskussion neue Einsichten zum Verständnis des Ehesakraments und generell zum Sakramentenverständnis erschliesst.[516] So regt sie dazu an, die Frage von Fruchtbarkeit und Weitergabe des Lebens im Kontext der Ehe in einem breiteren Horizont zu reflektieren. Sie sollte jedenfalls nicht auf Zeugung und Geburt von Kindern eingeschränkt werden. Dies ist für das Eheverständnis allgemein von Bedeutung, nicht nur für die Ehe gleichgeschlechtlicher Paare.

---

514 HARALD REIN, Ehe für Alle. Vorwärts machen. Aber mit Rücksicht auf Bibel, Tradition und Andersdenkende. Hirtenbrief auf die Fastenzeit 2021, in: Christkatholisch 144 (2021) Nr. 7, 2–5.
515 Bericht und Antrag des Synodalrates für die Synodesessionen 2021 und 2022 wurden von Adrian Suter verfasst.
516 Vgl. KREBS/RING (Hg.), Segen; LOTHAR HAAG, Das Sakrament der Ehe. Alt-katholisches Eheverständnis in Geschichte und Gegenwart, Bonn (Alt-Katholischer Bistumsverlag) 2016; SUTER, Gottes Werk; JÜRGEN WERBICK, Sakrament und Sakramentalität in der Sicht römisch-katholischer Theologie, in: Internationale Kirchliche Zeitschrift 107 (2017), 23–43.

3.12 Verehrung von Maria und den Heiligen

Die Frage der Verehrung Marias war im 19. Jahrhundert neben der Stellung des Papsttums eine wichtige Streitfrage zwischen dem an Rom orientierten («ultramontanen») und dem liberalen Katholizismus. Dieser Hintergrund des 19. Jahrhunderts mit seiner überbordenden Marienfrömmigkeit in ultramontanen Kreisen prägt das altkatholische Marienverständnis bis heute. Fragen zur kirchlichen Lehre über Maria wurden in der altkatholischen Theologie teils polemisch-abgrenzend, teils mit positiver Haltung zur Marienverehrung reflektiert. Dies entspricht dem variablen Stellenwert, welche die Marienverehrung bei den altkatholischen Kirchenmitgliedern geniesst: Begegnet man einerseits Altkatholikinnen und Altkatholiken, besonders in der Schweiz, in Österreich und in Deutschland, für die eine Ablehnung der Marienverehrung geradezu ein altkatholisches Identitätsmerkmal zu bilden scheint, so gibt es andere, vor allem in Polen, die eine starke Marienfrömmigkeit leben. Es gibt Zeiten des Verschwindens von Marienliedern aus den liturgischen Büchern und Zeiten ihrer Wiederentdeckung. Gegenwärtig wird die Marienverehrung im Altkatholizismus wieder stärker positiv gewürdigt: Es «zeigt sich in den liturgischen Büchern der Gegenwart eine grössere Offenheit für Maria erwähnende und lobende Texte. So wird vermehrt Marias Glaubensweg in Liedern und Gebeten neu gepriesen (Typos der Kirche, Bild unserer künftigen Vollendung in Gott; Modell der Glaubenden, in denen Christus Gestalt gewinnt; Schwester im Leiden; andere, poetische Bilder). Auch ihre Rolle als Fürbitterin [...] wird neu gesehen. Ausserdem finden sich vermehrt Marienbildnisse und -statuen in altkatholischen Kirchengebäuden.»[517]

Nach altkirchlicher Tradition und mit dem dritten Ökumenischen Konzil von Ephesus 431 anerkennen die altkatholischen Kirchen Maria als «Gottesgebärerin» (griechisch *theotókos*). Dies bringt zum Ausdruck, dass sie das Fleisch gewordene Wort Gottes in seiner irdischen Gestalt in die Welt gesetzt hat. Die christkatholische Liturgie verwendet auch den Begriff der «Gottesmutter»; sie möchte ihn heilsgeschichtlich und nicht wesenhaft verstehen. Aussagen über Maria unterstreichen nach altkirchlichem und altkatholischem Verständnis christologische Glaubenssätze und stehen nicht losgelöst von ihnen, das heisst: Maria wird verehrt, weil sie als Mutter Jesu Christi auf diesen verweist, die Marienverehrung ist immer in Abhängigkeit von der Christusverehrung zu verstehen. Ausserdem ist Verehrung niemals Anbetung; diese gebührt allein dem dreieinigen Gott. Ein mariologischer Maximalismus, eine übersteigerte Marienfrömmigkeit, welche Maria gar als Miterlöserin bezeichnen möchte, wurde im Altkatholizismus stets abgelehnt.

---

517 INTERNATIONALE ALTKATHOLISCHE THEOLOGENKONFERENZ, Erklärung zur Stellung Marias im Heilswerk Gottes und zur Frage einer altkatholischen Marienfrömmigkeit, in: Internationale Kirchliche Zeitschrift 99 (2009), 2–3, hier 2.

3.12 Verehrung von Maria und den Heiligen

Die Dogmen der Unbefleckten Empfängnis Marias (1854) und ihrer leiblichen Himmelfahrt (1950) wurden von den Altkatholikinnen und Altkatholiken als Äusserungen eines mariologischen Maximalismus verstanden und deswegen verworfen. Allerdings zeigt der jüngste Dialog mit der römisch-katholischen Kirche, dass eine theologische Annäherung möglich sein könnte: Viele römisch-katholische und altkatholische Theologinnen und Theologen, und insbesondere die gemeinsame Dialogkommission sind der Meinung, dass erstens beide Kirchen Maria in Ehren halten und dass zweitens die römisch-katholischen Mariendogmen eher Nebenfragen betreffen. Das Hauptproblem ist daher gar nicht so sehr der Inhalt der Dogmen, den man als Meinungsverschiedenheit unterschiedlicher theologischer Schultraditionen betrachten könnte, sondern in erster Linie der Status der mariologischen Aussagen als Dogma in der römisch-katholischen Kirche bzw. deren ausdrückliche und offizielle Verwerfung durch die altkatholischen Kirchen.[518] «Aufgrund der festgestellten Offenheit für die Gestalt Marias und im Kontext bilateraler ökumenischer Dialoge scheint es nicht ausgeschlossen zu sein, dass bei neuen verbindlichen römisch-katholischen Interpretationen der beiden Dogmen diese Verwerfungen neu bedacht werden.»[519]

Die Frage der Heiligenverehrung hängt mit der Marienverehrung zusammen, ist aber nicht identisch mit ihr.[520] Auch hier sehen wir im Altkatholizismus eine Ablehnung übersteigerter und maximalistischer Formen der Volksfrömmigkeit. Hingegen spielt das Gedächtnis der Heiligen eine wichtige Rolle in der altkatholischen liturgischen Tradition.[521] Dieses Gedächtnis ist ein Ausdruck der diachronen, das heisst, der über die Gegenwart hinaus in Vergangenheit und Zukunft hineinreichenden Gemeinschaft der Kirche. Fürbittgebet und Anrufung von Heiligen für bestimmte Anliegen werden im Altkatholizismus zwar praktiziert, sie haben aber einen niedrigen Stellenwert. Theologische Aussagen oder Frömmigkeitspraktiken, die Heilige als zusätzliche Mittler neben Christus oder als besonders wirksame Fürbitten vor Gott betrachten, lehnen die altkatholischen Kirchen ausdrücklich ab.[522]

---

518 Vgl. Kirche und Kirchengemeinschaft, 119–131. Vgl. dazu Kap. 5.5, S. 201–205.
519 INTERNATIONALE ALTKATHOLISCHE THEOLOGENKONFERENZ, Maria, 3.
520 Vgl. dazu: ANGELA BERLIS, Heilige und Heiligenverehrung in der Alt-Katholischen Kirche, in: Marcel Barnard/Paul Post/Else Rose (Hg.), A Cloud of Witnesses. The Cult of Saints in Past and Present, Leuven u. a. (Peeters) 2005, 297–323.
521 Zu den Heiligen in der liturgischen Praxis s. u. 4.2, S. 178.
522 Erklärung von St. Hippolyt der zweiten Konsultation der Syrischen Mar-Thoma-Kirche und der Alt-Katholischen Kirchen der Utrechter Union, Bildungshaus St. Hippolyt, St. Pölten, Österreich, 1.–6. Oktober 2012, Alt-Katholische Kirchen der Utrechter Union – Mar Thoma Syrian Church of Malabar. Dokumentation der Dialogtexte. Herausgegeben vom Katholischen Bistum der Alt-Katholiken in Deutschland, Bonn 2015, 22–38, hier 37.

Die christkatholische Kirche hat Heilige aus der gemeinsamen kirchlichen Tradition übernommen. Als Heilige werden Menschen verstanden, die den christlichen Glauben in vorbildlicher Weise gelebt haben. Eine solche Verehrung von Menschen als Vorbilder im Glauben geschieht bis heute. Die christkatholische Kirche kennt kein Heiligsprechungsverfahren, keinen definierten Weg, allgemein verbindlich über die Verehrung neuer Heiliger zu entscheiden. Aus römisch-katholischer Sicht bedeutet Heiligsprechung eine verbindliche Entscheidung, die besagt: Es besteht Gewissheit darüber, dass ein bestimmter Verstorbener sich im Zustand der Gottesschau befindet, auf Anrufung Wunder getan hat und deswegen als Heilige oder Heiliger verehrt werden darf. Altkatholische Theologie sieht hier mindestens zwei Probleme: Erstens die Bindung der Heiligkeit einer Person an ein durch sie gewirktes Wunder; zweitens der Umstand, dass eine bestimmte Instanz, der Papst, für die ganze Kirche verbindlich und unwiderruflich entscheidet und dies nicht – wie im ersten Jahrtausend – durch die jeweilige Ortskirche geschieht.[523] Auch die kirchenpolitische Inanspruchnahme der Heiligen sehen altkatholische Theologinnen und Theologen oft kritisch: Es wurden in der römisch-katholischen, aber auch in den orthodoxen Kirchen schon Menschen heiliggesprochen, die umstritten waren, und deren Heiligsprechung eine kirchenpolitische Stellungnahme darstellt.[524]

Dieser Gang durch einzelne Themen der Dogmatik, mit denen sich altkatholische Theologie besonders beschäftigt und eigene Positionen entwickelt hat, hat gezeigt: Altkatholische Theologie ist nicht einfach römisch-katholische oder orthodoxe Theologie mit punktuellen Abweichungen, sondern ein eigenständiges Unterfangen. So ist die unterschiedliche Sichtweise des Papsttums ist nicht nur ein Dissens in einer Randfrage. Vielmehr verbirgt sich hinter der altkatholischen Kritik am Jurisdiktionsprimat ein eigenes Verständnis von Kirchesein und hinter der Kritik an der Lehrunfehlbarkeit ein eigener Ansatz, Theologie zu betreiben. Da sich hinter dem an der Oberfläche wahrnehmbaren Dissens ein Tiefendissens verbirgt, kann ein ökumenischer Dialog nicht eine Liste von Einzelfragen abarbeiten, sondern hat die Einzelfragen im grösseren Zusammenhang des ekklesiologischen und fundamentaltheologischen Selbstverständnisses zu betrachten.[525]

---

523 Es waren nicht die Päpste, die Heiligsprechungsverfahren nach Rom zogen, sondern einzelne Kirchen – wie erstmals die Diözese Augsburg für ihren verstorbenen Bischof Ulrich (890–973), die sich davon eine Höherbewertung ihrer Pilgerstätte und damit einen grösseren Pilgerstrom erhofften. Ulrich von Augsburg wurde 993 durch Papst Johannes XV. heiliggesprochen.
524 Vgl. ADRIAN SUTER, Ausverkauf der Heiligkeit. Zur Heiligsprechung umstrittener Personen, in: Christkatholisches Kirchenblatt 118 (2002) Nr. 23, 353.
525 Zum Verhältnis von Oberflächendissens und Tiefendissens vgl. SUTER, Vernetzung, 373–378.

5 Gottesdienst der Kirchgemeinden des Kantons Solothurn in der Stadtkirche St. Martin in Olten am 26. September 2021, mit Pfrn. Denise Wyss und Pfr. em. Roland Lauber. Foto: Kurt Schibler

4 Liturgie

Eine einheitliche, das gottesdienstliche Leben aller altkatholischen Kirchen prägende Liturgie existiert nicht. Die Ortskirchenekklesiologie des Altkatholizismus wird gerade in der Liturgie wirksam, da das *ius liturgicum*[526] den Ortskirchen zukommt.[527] So hat sich in den altkatholischen Kirchen vor ihrem jeweiligen Traditionshintergrund ein vielfältiges liturgisches Leben entfaltet. Einige in diesem Buch bereits angesprochene, gemeinsame dogmatische Grundentscheide aller altkatholischen Kirchen sind aber dennoch gerade auch für die Liturgie bestimmend geworden. Dazu gehören das Festhalten am dreifachen apostolischen Amt[528] und an den Sakramenten in ihrer Siebenzahl[529] sowie die Ablehnung einer als unblutige Wiederholung des Kreuzesopfers Christi verstandenen Eucharistie. Die Einführung der Volkssprache war – anfänglich insbesondere in den deutschsprachigen altkatholischen Kirchen – ein gemeinsames Anliegen, das die Vielfalt der altkatholischen Liturgie tendenziell gefördert hat.

Trotz Vielfalt und liturgischem Primat der altkatholischen Ortskirchen gibt es einige gemeinsame liturgische Texte. Dazu gehören einheitliche Weiheformulare für die Weihen ins dreistufige apostolische Amt (Episkopat, Presbyterat, Diakonat)[530] und ein gemeinsames Eucharistiegebet. Dieses gemeinsame Eucharistiegebet geht auf den Wunsch der Internationalen Altkatholischen Theologenkonferenz 1979 in Altenberg zurück. Leider folgt gerade dieses gemeinsame Eucharistiegebet nicht vollständig dem Konsens, der an dieser Konferenz erarbeitet worden ist. Es weicht besonders in einem Punkt vom Konsens ab: Es fehlt eine Kommunionepiklese, also eine Herabrufung des Heiligen Geistes auf die Kommunizierenden.[531] Die Interna-

---

526 Dies meint das Recht zum Erlassen von Gottesdienstordnungen.
527 ANGELA BERLIS, Die Sprache des Gebets im alt-katholischen Eucharistiebuch, in: Birgit Jeggle-Merz/Benedikt Kranemann (Hg.), Liturgie und Konfession. Grundfragen der Liturgiewissenschaft im interkonfessionellen Gespräch, Freiburg i. Br. (Herder) 2013, 125–139, hier 125.
528 S. o. Kap. 3.7, S. 145–151.
529 S. o. Kap. 3.10, S. 156–159.
530 SIGISBERT KRAFT, Die neugefasste Weiheliturgie der altkatholischen Kirchen und ihre ekklesiologische Bedeutung, in: ders., Danksagung. Gesammelte Aufsätze zur Liturgie. Herausgegeben von Matthias Ring und Florian Groß, Bonn (Alt-Katholischer Bistumsverlag) 2015, 113–125.
531 Zur Begrifflichkeit s. S. 176. INTERNATIONALE ALTKATHOLISCHE THEOLOGENKONFERENZ (IATHK), Konsens der Internationalen Altkatholischen Theologenkonferenz. Altenberg bei Köln 24.–28. September 1979, in: Internationale Kirchliche Zeitschrift 70 (1980), 226–229.

tionale Altkatholische Theologenkonferenz 2012 in Neustadt an der Weinstrasse (Deutschland) resümierte die Entwicklungen bezüglich der Eucharistiegebete. Dabei wurde festgestellt, dass neuere liturgiewissenschaftliche Erkenntnisse und Einsichten diesen Konsens zur Struktur des Eucharistiegebets zwar bestätigten, eine Bestandsaufnahme der Praxis in den jeweiligen altkatholischen Kirchen allerdings die Frage aufwerfe, inwieweit dieser Konsens tatsächlich rezipiert worden sei.[532]

Im Folgenden werden in einem ersten Schritt einige Schlaglichter auf die Geschichte der Liturgie in den einzelnen altkatholischen Kirchen geworfen (4.1). Bei der Darstellung der heutigen liturgischen Praxis konzentriert sich dieses Kapitel in der Fortsetzung aber vorwiegend auf die Liturgie der Christkatholischen Kirche der Schweiz (4.2),[533] auf eine generelle Darstellung der unterschiedlichen altkatholischen Liturgien wird weitgehend verzichtet.[534] Die altkatholische Liturgie wird vielmehr am Beispiel der Christkatholischen Kirche der Schweiz exemplarisch erläutert.[535] Überlegungen zu Kirchengebäuden als Orte der liturgischen Feier schliessen das Kapitel ab (4.3).

---

532 INTERNATIONALE ALTKATHOLISCHE THEOLOGENKONFERENZ (IAThK), Erklärung der 43. Internationalen Altkatholischen Theologenkonferenz, in: Internationale Kirchliche Zeitschrift 103 (2013), 3.
533 Die liturgischen Bücher der Christkatholischen Kirche der Schweiz werden in einem jüngst erschienen Beitrag aus römisch-katholischer Sicht sehr positiv gewürdigt: FRIEDRICH LURZ, Die neuen liturgischen Bücher der Christkatholischen Kirche der Schweiz. Resultat einer umfassenden Liturgiereform, in: Archiv für Liturgiewissenschaft 61 (2019), 129–149.
534 Aktuell zur Liturgie in den altkatholischen Kirchen (mit Schwerpunkt auf dem Eucharistiegebet): IRMGARD PAHL/STEFAN BÖNTERT (Hg.), Sacrum Convivium. Die Eucharistiegebete der westlichen Kirchen im 20. und 21. Jahrhundert. Band II: Römisch-Katholische Kirche, Alt-Katholische Kirche, Kirchen der Reformation, Münster (Aschendorff) 2022. Der Band enthält Beiträge von Angela Berlis, Joachim Pfützner, Wietse van der Velde und Thomas Zellmeyer. Im Beitrag zur christkatholischen Kirche von Thomas Zellmeyer werden die Eucharistiegebete I und IV aus dem Christkatholischen Gebet- und Gesangbuch Band I (Nr. 111 und 114) abgedruckt und erläutert.
535 Die Feier der Eucharistie ist in allen altkatholischen Kirchen ein Mittelpunkt des kirchlichen Lebens. Die Abbildung am Beginn dieses Kapitels (s. o. S. 166) zeigt einen christkatholischen Gottesdienst, der am 26. September 2021 in der Stadtkirche St. Martin zu Olten gefeiert worden ist. Auf dem Bildausschnitt sichtbar ist ein Teil der stehenden Gottesdienstgemeinde; im Altarraum stehen vor dem Jugendorchester der Vorsteher der Eucharistie, Pfr. em. Roland Lauber im Messgewand, und die assistierende Priesterin, Pfarrerin Denise Wyss in Albe und Stola, sowie ein jugendlicher Ministrant.

4.1 Geschichte der altkatholischen Liturgie in den einzelnen Kirchen

Trotz der unterschiedlichen historischen Entwicklung in den einzelnen altkatholischen Kirchen haben sich die altkatholischen Kirchen in ihren Liturgien nie von der Tradition der westlichen katholischen Kirche entfernt.[536] Verschiedene Traditionsstränge des westlichen Katholizismus haben aber in den verschiedenen Kirchen unterschiedlich starke Auswirkungen – gerade auch im liturgischen Leben – gezeitigt. Dies gilt etwa für gallikanische Einflüsse in den Niederlanden oder für den Einfluss der pastoral-liturgischen Erneuerungsbestrebungen des Generalvikars des Bistums Konstanz, Ignaz Heinrich von Wessenberg, in der Schweiz und im süddeutschen Raum.[537] In diesen Bestrebungen spielten sowohl die Erneuerung der Liturgie als auch die Einführung der Volkssprache in den Gottesdienst eine wichtige Rolle.[538]

Die altkatholischen Bistümer der **Niederlande** hielten lange an der tridentinischen (lateinischen) Messe fest.[539] Im Jahr 1910 wurde ein Messbuch in niederländischer Sprache herausgegeben, bei dem es sich allerdings um eine fast wörtliche Übersetzung des römischen Ritus handelte; die Messordnung entsprach fast genau der tridentinischen.[540] 1987 erschien in den Niederlanden «De orde van de eucharistie», eine bereits in den siebziger Jahren entwickelte Neuordnung des *ordo missae*[541] mit zwölf Eucharistiegebeten, die von altkirchlichen Texten bis zu Neufassungen aus der Ökumene und der liturgischen Erneuerung in den Niederlanden reichen.[542] Das aktuelle Gesangbuch[543] der niederländischen altkatholischen Kirche stammt aus dem Jahre 1990, neu aufgelegt 2006, das aktuelle Messbuch[544] aus dem Jahre 1993.

---

536 KOENRAAD OUWENS, Der Ort des Glaubensbekenntnisses in der Eucharistiefeier, in: Gerny u. a., Wurzel, 242–260, hier 242.
537 Zu diesen innerkatholischen Reformbestrebungen, die die altkatholischen Kirchen als Vorläuferbewegungen betrachten, s. o. Kap. 1.7, S. 46–52.
538 OUWENS, Ort, 242.
539 SIGISBERT KRAFT, Die Erneuerung der Liturgie in den alt-katholischen und anglikanischen Kirchen, in: Kraft, Danksagung, 71–84, hier 77.
540 OUWENS, Ort, 243. Die Bezeichnung «tridentinisch» leitet sich vom Konzil von Trient (1545–1563) ab.
541 Deutsch: Messordnung.
542 KRAFT, Erneuerung, 77.
543 Gezangboek van de Oud-Katholieke Kerk van Nederland. In opdracht van het Collegiaal Bestuur samengesteld door de Bisschoppelijke Commissie voor de Liturgische Muziek en de Bisschoppelijke Commissie voor de Liturgie, Hilversum (Gooi en Sticht) 1990, Neuaufl. Kampen 2006.
544 Kerkboek van de Oud-Katholieke Kerk van Nederland. In opdracht van het Collegiaal Bestuur samengesteld door de Bisschoppelijke Commissie voor de Liturgie en de Bisschoppelijke Commissie voor de Liturgische Muziek, Baarn (Gooi en Sticht) 1993.

Niederländische altkatholische Gläubige haben im Gottesdienst ein weiteres Buch bei sich, das Lektionar mit allen Lesungen (ebenfalls 1993 erschienen).[545]

Im Katholischen Bistum der Alt-Katholiken in **Deutschland** erfolgte die Einführung der Volkssprache im Gottesdienst – grundsätzlich von Anfang an, nämlich von den Synoden ab 1874 befürwortet – in mehreren Etappen. Zuerst wurden die Kasualien[546] in deutscher Sprache gefeiert. Eine wichtige Rolle für die Liturgiereform, mit Auswirkungen in die Schweiz und in die Niederlande, spielte der Theologe und Musikwissenschaftler Adolf Thürlings,[547] der von 1872 bis 1887 Pfarrer in Kempten (Allgäu) war und danach bis zu seinem Tod an der Berner Fakultät Systematische Theologie lehrte. Er gab – noch als Pfarrer – im Jahre 1885 das «Liturgische Gebetbuch» heraus. Der Gebrauch eines deutschsprachigen Kanons[548] wurde im Deutschen Reich aber erst 1888 gestattet. Angefügt war dieser Übertragung des römischen Kanons auch ein von Thürlings verantwortetes «Liederbuch vom Reiche Gottes». Kurz vor dem Zweiten Vatikanischen Konzil wurde ein neues Altarbuch veröffentlicht, das weitgehend die Handschrift von Kurt Pursch[549] trug. Die Thürlings-Tradition wurde mit Erfahrungen und Erkenntnissen aus der Liturgischen Bewegung verbunden[550] – unter anderem durch Sigisbert und Erentrud Kraft, Konrad Liebler und Edgar Nickel, alle zeitweise Mitglied der Liturgischen Kommission. Sigisbert Kraft[551] war zudem Dozent für Liturgiewissenschaft am Bischöflichen Seminar in Bonn, Mitglied in der Arbeitsgemeinschaft für ökumenisches Liedgut und der Einheitsgesangbuch-Kommission (Subkommission für «Neue Lieder» für das Gotteslob); von 1985 bis 1995 war er der achte Bischof der deutschen altkatholischen Kirche. Im Jahre 1986 wurde ein neues Gesangbuch «Lobt Gott, ihr Christen»[552] veröffentlicht, das sich stark an das römisch-katholische «Gotteslob» anlehnt. Es enthält viele ökumenische Lieder, vor allem dank des Engagements von Sigisbert Kraft. Im Jahr 1995 konnte das neue Buch für die Feier der Eucharistie den deut-

---

545 Lectionarium bij het Kerkboek van de Oud-Katholieke Kerk van Nederland. In opdracht van het Collegiaal Bestuur samengesteld door de Bisschoppelijeke Commissie voor de Liturgie, Baarn (Gooi en Sticht) 1993.
546 Kasualien sind kirchliche Amtshandlungen aus besonderem Anlass, in der Regel zu einem Ereignis mit persönlicher Bedeutung im Leben eines Menschen. Klassische Kasualien sind die Taufe, die kirchliche Trauung und die Bestattung.
547 Vgl. BERLIS (Hg.), Kirchenreform.
548 Kanon meint hier in erster Linie das Eucharistiegebet (Hochgebet).
549 Kurt Pursch lebte 1914–1991.
550 KRAFT, Erneuerung, 73.
551 Sigisbert Kraft lebte 1927–2006. Zu ihm: ANGELA BERLIS, Kraft, Sigisbert Otto Franziskus (1927–2006), in: Fred Ludwig Sepaintner (Hg.), Baden-Württembergische Biografien. Bd. 4, Stuttgart (Kohlhammer) ²2008, 187–190.
552 Lobt Gott, ihr Christen. Gesangbuch des Katholischen Bistums der Alt-Katholiken für Christen heute, Bonn (Alt-Katholischer Bistumsverlag) 1986. Derzeit ist ein neues Gesangbuch in Vorbereitung.

schen Altkatholikinnen und Altkatholiken übergeben werden, 2006 erschien es in einer leicht revidierten dritten Auflage.[553] Im deutschen Eucharistiebuch fällt die Vielfalt an Eucharistiegebeten auf: Das Buch enthält 23 verschiedene Gebete.

In der Christkatholischen Kirche der **Schweiz** stiess die Einführung der Volkssprache im Gottesdienst nirgendwo auf Widerstand. Im Gegenteil, die Forderung, dass alle Gottesdienste in der Volkssprache zu feiern seien, gehörte zu den ersten Anträgen, die auf eine Reform des kirchlichen Lebens in der neu entstandenen «Notkirche» zielten.[554] Dank der Initiative von Bischof Eduard Herzog erschien bereits 1879 ein provisorisches «Christkatholisches Gebetbuch für gemeinsamen Gottesdienst». Es enthielt auch eine vom damaligen Basler Pfarrer Otto Hassler verantwortete «Sammlung religiöser Lieder», allerdings ohne Noten. Ein erstes Gesangbuch im eigentlichen Sinne wurde 1884 veröffentlicht. Verbreitete Verwendung fand dieses bistumsweite Gesangbuch allerdings erst nach seiner Neubearbeitung durch Adolf Thürlings im Jahre 1893.[555] Die Synode beschloss 1957 die Erneuerung der liturgischen Bücher; dabei wurde auch ein neues Gesangbuch ins Auge gefasst. Das 1978 veröffentlichte Gesangbuch sollte sich allerdings als ein «Gesangbuch im Übergang»[556] erweisen. 1993 erteilte die Synode den Auftrag, ein neues Gebet- und Gesangbuch zu schaffen, das 2004 veröffentlicht wurde.[557] Das integrale Gebet- und Gesangbuch umfasst neben dem Gesangbuchteil auch die wichtigsten liturgischen

---

553 Die Feier der Eucharistie im Katholischen Bistum der Alt-Katholiken in Deutschland. Für den gottesdienstlichen Gebrauch erarbeitet durch die liturgische Kommission und herausgegeben durch Bischof und Synodalvertretung, Bonn (Alt-Katholischer Bistumsverlag) 2006, 3. überarbeitete und revidierte Ausgabe.

554 Bei der Darstellung der Geschichte der Gebet- und Gesangbücher der Christkatholischen Kirche der Schweiz folgen wir den Beiträgen von URS VON ARX, Christkatholische Gesangbücher in der deutschsprachigen Schweiz, in: Ökumenischer Liederkommentar zum Katholischen, Reformierten und Christkatholischen Gesangbuch der Schweiz, Fribourg (Paulusverlag), 2009 (Lieferung 6), Sachreferenz C5; DERS., Formeller Abschluss der Liturgiereform in der Christkatholischen Kirche der Schweiz, in: Internationale Kirchliche Zeitschrift 107 (2017), 149–156.

555 Zum Einfluss von Adolf Thürlings auf die Liturgie der Christkatholischen Kirche der Schweiz vgl. KLAUS WLOEMER, Adolf Thürlings und die Einführung der Volkssprache in den Gemeindegesang und den priesterlichen Gesang der christkatholischen Liturgie, in: Angela Berlis (Hg.), Kirchenreform durch die Erneuerung des Gottesdienstes. Die liturgischen und ekklesiologischen Anliegen von Adolf Thürlings (1844–1915) und ihre Wirkung bis heute. Internationale Kirchliche Zeitschrift 110 (2020), 170–194.

556 VON ARX, Christkatholische Gesangbücher, 3.

557 Christkatholisches Gebet- und Gesangbuch I. Im Buch ist das Erscheinungsjahr nicht angegeben. Es wurde Anfang 2004 gedruckt und gebunden, doch aufgrund von Mängeln musste die Weiterproduktion und Auslieferung gestoppt werden. Nach langwierigen Verhandlungen wurde die Produktion im Herbst 2004 wieder aufgenommen und die Auflage fertiggestellt, mit Auslieferung im Januar 2005 und einer Buchvernissage am 18. März 2005. In der Sekundärliteratur wird als Erscheinungsjahr stets das Produktionsjahr angegeben, also 2004.

Formulare. Zusätzlich enthält es einen Abschnitt mit Gebeten für den privaten Gebrauch. Ein zweiter Band mit der Liturgie der Heiligen Woche erschien 2008,[558] die dazu gehörenden Rollenbücher für die Geistlichen (Missale, Rituale[559]) in den Jahren 2013 bis 2015.[560] An der Synodesession 2016 in Solothurn wurde die Liturgiereform formell abgeschlossen und die Arbeit der «Kommission zur Revision der Liturgischen Bücher» (RevKo) und der weiteren Kommissionen für den Gesangbuchteil, für die Gebete für den persönlichen Gebrauch und für die Produktion des Buches gewürdigt.[561] Die Arbeit der RevKo hatte sich damit über sechs Jahrzehnte erstreckt.[562] Die «Gruppe für liturgische Abschlussarbeiten» kümmert sich seither um Druck und Auslieferung der bereits beschlossenen Texte, darunter 2020 das Evangeliar.[563] Ein Evangeliar ist das Buch zum Vorlesen des Evangeliums im Gottesdienst. Das christkatholische Evangeliar ist insofern aussergewöhnlich, als es alle vier kanonischen Evangelien vollständig und fortlaufend umfasst, nicht nur die Evangelien-Abschnitte gemäss der Leseordnung. Die im Gottesdienst gelesenen Perikopen sind im Bibeltext jeweils hervorgehoben.

Vgl. zum verzögerten Produktionsprozess: Christkatholisches Kirchenblatt 127 (2004) Nr. 6, 4 f.; Nr. 7, 5; Nr. 14, 5; Nr. 22, 4; sowie 128 (2005) Nr. 7, 12.

558 Gebet- und Gesangbuch der Christkatholischen Kirche der Schweiz. Band II: Heilige Woche: Palmsonntag bis Ostern. Herausgegeben von Bischof und Synodalrat der Christkatholischen Kirche der Schweiz, Allschwil (Christkatholischer Medienverlag) 2008.

559 Missale und Rituale sind liturgische Bücher, die die liturgischen Ordnungen und Texte enthalten, die in erster Linie die Geistlichen benötigen. Das Missale enthält die Texte für die Eucharistiefeier, das Rituale die liturgischen Formulare für die Feier der übrigen Sakramente und weiteren sakramentalen Handlungen, Segnungen, Beauftragungen und Amtseinsetzungen.

560 Missale der Christkatholischen Kirche der Schweiz. Band I. Herausgegeben von Bischof und Synodalrat der Christkatholischen Kirche der Schweiz, Allschwil (Christkatholischer Medienverlag) 2013; Missale der Christkatholischen Kirche der Schweiz. Band II. Heilige Woche: Palmsonntag bis Ostern. Herausgegeben von Bischof und Synodalrat der Christkatholischen Kirche der Schweiz, Allschwil (Christkatholischer Medienverlag) 2013; Rituale der Christkatholischen Kirche der Schweiz. Herausgegeben von Bischof und Synodalrat der Christkatholischen Kirche der Schweiz, Allschwil (Christkatholischer Medienverlag) 2015.

561 VON ARX, Formeller Abschluss; Nationalsynode der Christkatholischen Kirche der Schweiz, 148. Session. 27./28. Mai 2016 in Solothurn. Protokoll und Dokumentation, [Christkatholische Kirche der Schweiz, 2017], 33–46.

562 In der letzten Phase und zum Teil über mehrere Jahrzehnte gehörten ihr die Pfarrer Roland Lauber, Viktor Jungo und Peter Hagmann sowie Professor Urs von Arx an. Weitere prägende Persönlichkeiten in früherer Zeit waren die Professoren Albert Emil Rüthy und Herwig Aldenhoven sowie der orthodoxe Priester Hans Elias Herter. Hans Hohler, Kommissionsmitglied der ersten Stunde von 1957 bis 1991, durfte 99-jährig den formellen Abschluss der Liturgiereform noch miterleben.

563 Evangeliar der Christkatholischen Kirche der Schweiz. Herausgegeben von Bischof und Synodalrat der Christkatholischen Kirche der Schweiz, Allschwil (Christkatholischer Medienverlag) 2020.

Die altkatholische Liturgie in **Österreich** war in ihren Anfängen geprägt durch die insgesamt schwierige Situation der Altkatholikinnen und Altkatholiken in der Habsburgermonarchie.[564] Die staatliche Anerkennung erfolgte erst 1877, die Wahl eines Bischofs wurde verweigert. Die altkatholische Gemeinschaft in Österreich übernahm von der deutschen Kirche 1882 das Rituale und 1888 das von Adolf Thürlings geschaffene Altarbuch. Nach der Teilung des Bistums im Zuge der Auflösung des Habsburgerreiches nach dem Ende des Ersten Weltkriegs erschienen für die Wiener Gemeinde neue Gebet- und Gesangbücher. Nach dem Zweiten Weltkrieg erschienen 1952 ein Gebetbuch und 1962 ein Gesangbuch, die erstmals von der Synode verabschiedet wurden und damit für das ganze Bistum offiziell galten. In der Gegenwart wird in der Altkatholischen Kirche Österreichs aber zumeist die deutsche, vereinzelt auch die Schweizer Liturgie verwendet.

Die altkatholische Kirche in **Polen** hat weitgehend die tridentinische Ordnung in polnischer Sprache bewahrt.[565] Zu einer eigentlichen Liturgiereform kam es nach den liturgischen Reformen im Gefolge des Zweiten Vatikanischen Konzils.[566] Die Liturgie der Polnisch-Katholischen Kirche weist eine grosse Nähe zur römisch-katholischen Liturgie auf.[567] Dies zeigt sich auch in der Übernahme neuerer römisch-katholischer Ideenfeste (z.B. Herz Jesu) und in polnischen Eigenfesten (Blut Jesu, göttliche Vorsehung), in der Feier zahlreicher Marienfeste sowie in der Praxis von Prozessionen.

In der tschechischen Liturgie spielt der Gebrauch der Volkssprache ebenfalls eine grosse Rolle. Die Liturgie der altkatholischen Kirche in der **Tschechischen Republik** hat zwei Messordnungen: «Ordo missae A» ähnelt dem römisch-katholischen «Novus ordo missae» und zudem dem deutschen altkatholischen Missale. «Ordo B» ist von anglikanischen Texten und vor allem von der ökumenisch ausgerichteten Liturgischen Bewegung inspiriert.[568] Die tschechische Liturgie zeichnet sich durch die hohe Anzahl von 48 Eucharistiegebeten und 56 möglichen Präfationen aus,[569] in der Praxis werden allerdings nur wenige regelmässig verwendet.

---

564 Über die Geschichte der altkatholischen Liturgie in Österreich, Polen und der Tschechischen Republik informiert Urs von Arx, Die Altkatholischen Kirchen und ihre Liturgie, in: Goller u. a., Alt-katholische Theologie.
565 Kraft, Erneuerung, 77 f.
566 Jerzy Bajorek, Liturgiereformen in der polnischen Tradition des Altkatholizismus, in: Internationale Kirchliche Zeitschrift 103 (2013), 185–192, hier 189.
567 Bajorek, Liturgiereformen, 192.
568 David R. Holeton/Petr Jan Vinš, Anglican Influence on Old Catholic Liturgy, in: Revue Française de Civilisation Britannique 22 (2017) Nr. 1, rfcb.revues.org/1233, zuletzt geprüft: 31.12.2021.
569 Eucharistická slavnost starokatoické církve, Prag (Biskupský ordinariát a synodní rada Starokatolické církve v ČR) 2011. Vgl. David R. Holeton, Old Catholic Eucharistic Prayers in

4.2 Praxis des gottesdienstlichen Lebens

Im Folgenden wird das gottesdienstliche Leben der Christkatholischen Kirche der Schweiz dargestellt. Die christkatholische Liturgie darf dabei insofern als exemplarisch für altkatholische Liturgie allgemein angesehen werden, als in der Schweiz die Liturgie seit den 1870er Jahren kontinuierlich aufgrund altkatholischer Grundprinzipien reflektiert und reformiert wurde. Auch hat die Christkatholische Kirche der Schweiz viele neuere liturgiewissenschaftliche Ergebnisse, insbesondere der Internationalen Altkatholischen Theologenkonferenz von 1979 zum Eucharistiegebet, umgesetzt.[570]

Synodalität gehört zum Antrittsgesetz und zu den fundamentaltheologischen Prämissen[571] der altkatholischen Kirchen. Liturgisch gewendet bedeutet dies, dass der aktiven Partizipation der ganzen Gemeinde am Gottesdienst eine elementare Wichtigkeit zukommt. Als wichtige Voraussetzung eines bewussten Verstehens und Mitfeierns des Gottesdienstes gilt die Verwendung der Volkssprache als Liturgiesprache – in der mehrsprachigen Schweiz eine besondere Herausforderung. Kritisch festzuhalten ist allerdings, dass die Partizipation der Gemeinde auch in der Christkatholischen Kirche der Schweiz nicht von Anbeginn der kirchlichen Eigenexistenz in einem umfassenden Verständnis umgesetzt wurde. So wurden etwa liturgische Laienämter (z. B. Lektorinnen und Lektoren) erst ab den 1970er Jahren eingeführt. Im Rahmen der Liturgiereform, die zum Gebet- und Gesangbuch von 2004 führte, erhielt allerdings die Frage der liturgischen Partizipation der Laien und der ganzen Gemeinde am Gottesdienst grosses Gewicht. Die Einführung zahlreicher Responsorien in den zentralen Gebeten der Liturgie intensiviert nun deren tätige Teilnahme. Dem Gemeindegesang kommt in der Christkatholischen Kirche der Schweiz eine hohe Bedeutung zu.[572] Kirchenchöre existieren in verschiedenen Gemeinden und bereichern die musikalische Gestaltung der Gottesdienste, sie ersetzen aber nicht den Gemeindegesang. Die Chöre nehmen also ihre liturgische Aufgabe nicht in Stellvertretung der Gesamtgemeinde wahr.

Ecumenical Context. Some Current Questions, in: Internationale Kirchliche Zeitschrift 103 (2013), 53–79, hier 62 f.

570 Es wurden an der Theologenkonferenz die folgenden Referate von altkatholischen Vortragenden gehalten: SIGISBERT KRAFT, Gratias agamus. Neuere Eucharistiegebete in der ökumenischen Christenheit und die altkirchliche Prex Eucharistica, in: Internationale Kirchliche Zeitschrift 70 (1980), 154–190; CHRISTIAN OEYEN, Altkatholische Stellungnahmen zur Theologie des eucharistischen Hochgebets, in: Internationale Kirchliche Zeitschrift 70 (1980), 191–211; HERWIG ALDENHOVEN, Die spirituell-theologischen Konsequenzen der Struktur des Eucharistiegebetes, in: Internationale Kirchliche Zeitschrift 70 (1980), 212–225. Aldenhovens Beitrag ist erneut abgedruckt in: ALDENHOVEN, Lex orandi, 135–151.

571 S. o. Kap. 3.2, S. 131–133.

572 WLOEMER, Geschichte.

4.2 Praxis des gottesdienstlichen Lebens

Ein weiteres Anliegen der ersten christkatholischen Generation war, die zentrale Bedeutung der Heiligen Schrift in der Liturgie sichtbar zu machen. Der Wortgottesdienst ist zu einem wesentlichen und gegenüber dem Sakramentsgottesdienst gleichrangigen Bestandteil jeder Eucharistiefeier geworden, die Wichtigkeit der Predigt wird hervorgehoben.[573] Bei den Lesungen – eine Lesung aus dem Alten Testament, eine aus den Briefen des Neuen Testaments und eine aus dem Evangelium – folgt die Christkatholische Kirche der Schweiz einer Perikopenordnung mit drei Lesejahren.

Die sonntägliche Feier der Eucharistie bildet im altkatholischen Verständnis die Mitte des kirchlichen Lebens. In Theologie und Liturgie des Altarsakramentes zeigen sich dabei gewichtige Unterschiede zum römisch-katholischen Eucharistieverständnis. Verworfen wurde schon in den Anfangsjahren der kirchlichen Eigenständigkeit das Verständnis der Eucharistie als unblutiger Wiederholung des Opfertods Jesu Christi. Stattdessen wurde schon in der Utrechter Erklärung von 1889 unter Hinweis auf den Hebräerbrief (Hebr 9,11 f.) unterstrichen, dass die Eucharistie «das bleibende Gedächtnis» des Kreuzestods Christi ist, die «auf Erden stattfindende reale Vergegenwärtigung».[574]

Wie bereits erläutert,[575] geht altkatholische Sakramententheologie von der Vorstellung der Realpräsenz Christi in den Gaben aus. Die Frage nach dem «Wie» der realen Gegenwart Christi in den Gaben, das heisst der Wandlung von Brot und Wein in Leib und Blut Jesu Christi, wird hingegen bewusst offengelassen. Deshalb lehnt die altkatholische Sakramententheologie die Vorstellung einer Transsubstantiation ab. Diese theologische Entscheidung hat insbesondere für das Verständnis des Eucharistiegebets und dessen liturgischer Gestalt Konsequenzen. Auf eine genaue Festlegung des Konsekrationsmomentes, in dem die Wandlung von Brot und Wein in Leib und Blut Christi geschieht, wurde aus theologischen Gründen verzichtet. Denn nach altkatholischer Auffassung hat das Eucharistiegebet als Ganzes konsekratorischen Charakter. Das bedeutet, dass die Einsetzungsworte («Dies ist mein Leib […], dies ist mein Blut […]») nicht als «Wandlungsworte» verstanden werden. Sie sind vielmehr in den anamnetischen[576] Teil des Eucharistiegebets eingebettet und damit Teil des Lobes und Dankes an Gott für seine Heilstaten an der

---

573 So betont noch Urs Küry in seiner Unterscheidungslehre für den Unterricht, dass in der Christkatholischen Kirche Predigt und Abendmahl gleichermassen gefordert und notwendig seien – dies in Abgrenzung zur römisch-katholischen Kirche, in deren Gottesdiensten die Predigt zwar gefordert, aber nicht im gleichen Mass für notwendig gehalten werde wie das Abendmahl. Küry, Kirchengeschichte, 82 f.
574 Die Utrechter Erklärung ist im Anhang abgedruckt: S. 303–305.
575 S. o. Kap. 3.10, S. 156–159.
576 Anamnese bezeichnet den Teil eines Gebetes, in dem der Heilstaten Gottes gedacht wird und sie so vergegenwärtigt werden.

Menschheit. Die epikletische[577] Dimension des Eucharistiegebets als Konsekrationsgebet erhält damit tendenziell mehr Gewicht. Damit ist die Bitte um den Heiligen Geist gemeint, der die eucharistischen Gaben von Brot und Wein weihen (in der Liturgiewissenschaft «Konsekrationsepiklese» genannt) und alle, die sie empfangen, mit seiner Kraft erfüllen und ihre Gemeinschaft stärken soll («Kommunionepiklese»). Dies wiederum bleibt nicht ohne amtstheologische und spirituelle Folgen: Dadurch wird betont, dass nicht der Priester oder die Priesterin *in persona Christi* durch das Sprechen der Einsetzungsworte die Gaben konsekriert, sondern er oder sie die Wandlung der Gaben in Leib und Blut Christi vielmehr *in persona ecclesiae*, also als Vorsteher oder Vorsteherin der betenden Gemeinde, von Gott erbittet.[578] Die Realpräsenz Christi in den eucharistischen Gaben wird so der menschlichen Verfügbarkeit entzogen. Das Eucharistiegebet erhält damit auch verstärkt den Charakter eines Gebets der ganzen feiernden Gemeinde. Dieses Eucharistieverständnis verdankt seine Entwicklung und Präzisierung der Arbeit des Systematikers und Liturgiewissenschaftlers Herwig Aldenhoven, der von 1971 bis 2000 an der Christkatholisch-Theologischen Fakultät der Universität Bern lehrte. Seine Dissertation von 1971, «Darbringung und Epiklese im Eucharistiegebet»[579], war dafür massgebend. Entscheidend war, dass Aldenhoven, wie auch andere Liturgiewissenschaftler seiner Zeit, ihre Quellenbasis verbreiterten. Zum eigentlichen Referenztext wurde dabei das Hippolyt zugeschriebene Eucharistiegebet der «Traditio Apostolica» (4,4–13). Die fünf Eucharistiegebete des christkatholischen Ritus folgen alle diesem sogenannten antiochenisch-westsyrischen Typus.[580] Demgegenüber gibt es in der niederländischen altkatholischen Kirche zwölf, in der deutschen 23 und in der tschechischen sogar 48 verschiedene Eucharistiegebete. Es gibt ein Eucharistiegebet, das allen Kirchen der Utrechter Union gemeinsam ist.

Die Eucharistie wird den Gläubigen in allen altkatholischen Kirchen unter beiderlei Gestalt – Brot und Wein – gespendet. Die Taufe ist die Voraussetzung für den Empfang der Eucharistie. Grundsätzlich ist der Kommunionempfang schon

---

577 Epiklese bezeichnet den Teil eines Gebetes, in dem Gott angerufen wird, und im Besonderen die Herabrufung des Heiligen Geistes (etwa auf die Gaben der Eucharistie).

578 Die Frage nach dem Handeln des Priesters *in persona Christi* oder *in persona ecclesiae* ist in der christkatholischen Diskussion über die Frauenordination aufgekommen, z.B. HERWIG ALDENHOVEN, Der Vorsitz bei der Eucharistie im Kontext der Bildtheologie. Fragen zur ekklesialen Christusrepräsentation durch das Priestertum, in: Internationale Kirchliche Zeitschrift 88 (1998), 301–311; Aldenhovens Beitrag ist erneut abgedruckt in: ALDENHOVEN, Lex orandi, 309–318. Vgl. auch PETER-BEN SMIT, Volk Gottes unterwegs. Zur Frage der Gebetsrichtung in der Eucharistiefeier, in: Internationale Kirchliche Zeitschrift 102 (2012) 159–179.

579 ALDENHOVEN, Darbringung.

580 URS VON ARX, Überlegungen zum Vollzug des Eucharistiegebetes, in: BERLIS/RING, Himmel, 83–95, hier 82. Als Beispiel ist im Anhang das Eucharistiegebet I abgedruckt: S. 337f.

für Kinder im Vorschulalter möglich. Aus pastoralen und katechetischen Gründen wird Kindern die Kommunion in den allermeisten Fällen aber erst nach einer Vorbereitungszeit und einem feierlichen Kommunionfest gespendet. Eucharistiefeiern finden vorwiegend am Sonntag statt. Aufgrund praktischer Bedingungen (Anzahl der teilnehmenden Gläubigen, Diasporasituation) sind Eucharistiefeiern an Werktagen oder andere Werktagsgottesdienste wie etwa gemeinsame Tagzeitenfeiern eher selten.

Die Neubelebung der Tradition der Tagzeitengebete war allerdings ein Anliegen der christkatholischen Liturgiereform. So enthält das «Christkatholische Gebet- und Gesangbuch» jeweils zwei unterschiedliche Formen der *Laudes* und der *Vesper:* eine Form in der monastischen Tradition, die andere im sogenannten Kathedralritus.[581] Diese beiden sogenannten «grossen Tagzeiten» sind als Gemeindegottesdienste konzipiert und werden auch als solche gefeiert. Dazu kommen liturgische Formulare für die *Terz,* die *Sext* und die *Non* sowie für die *Komplet.* Diese «kleinen Tagzeiten» sind aus praktischen Gründen eher für die Feier von kleinen Gruppen bei bestimmten Anlässen (etwa Pastoralkonferenzen) oder für das private Gebet vorgesehen.

Höhepunkt und Mitte der liturgischen Gestaltung des Jahresrhythmus ist die dreitägige Osterfeier (*Triduum paschale*).[582] Sie hat in der christkatholischen Liturgiereform seit Ende der 1970er-Jahre eine deutliche Aufwertung erfahren – dies durchaus analog zu den zeitgleichen Reformen des *Triduum sacrum*[583] in der römisch-katholischen Kirche in der Folge des Zweiten Vatikanischen Konzils. Aufgewertet wurde insbesondere die Osternachtfeier mit ihren zentralen Bestandteilen Lichtfeier, Vigilfeier, Tauffeier und Eucharistiefeier. Das Bewusstsein für den Gottesdienst der Osternacht als Höhe- und Mittelpunkt des liturgischen Jahres ist dadurch vertieft worden.

Das liturgische Jahr folgt in seinen Grundzügen allgemeinen katholischen Gesichtspunkten. Es besteht eine Grundeinteilung in einen kürzeren Weihnachts- und einen längeren Osterfestkreis. Diese Festkreise sind geprägt von den eigentlichen Festzeiten (Weihnachtszeit bzw. Osterzeit) und den vorbereitenden Zeiten, die einen Busscharakter haben (Advent vor dem Weihnachtsfest bzw. Fastenzeit vor Ostern). Das Kirchenjahr findet auch in der Verwendung unterschiedlicher Farben

---

581 Vgl. hierzu den Einleitungstext zum Tagzeitengebet: Christkatholisches Gebet- und Gesangbuch I, 28–31.
582 Vgl. hierzu: Gebet- und Gesangbuch der Christkatholischen Kirche der Schweiz. Band II. Heilige Woche: Palmsonntag bis Ostern. Herausgegeben von Bischof und Synodalrat der Christkatholischen Kirche der Schweiz, Allschwil (Christkatholischer Schriftenverlag) 2008.
583 *Triduum paschale* und *Triduum sacrum* werden synonym verwendet für die Dreitagesfeier vom Leiden und Sterben, der Grabesruhe und der Auferstehung Jesu Christi (Karfreitag bis Ostersonntag).

der liturgischen Gewänder und Paramente seinen Ausdruck. Die liturgische Farbe Weiss ist vorgesehen für die Festzeiten (Weihnachtszeit/Osterzeit) und für Marien- und Heiligenfeste, sofern es sich bei den Heiligen nicht um Märtyrerinnen oder Märtyrer handelt. Violett ist für die vorbereitenden Busszeiten reserviert, Schwarz für Karfreitag und den Gedenktag aller Verstorbenen (Allerseelen). Rot ist die liturgische Farbe für das Pfingstfest und Trinitatis[584] (Oktavtag von Pfingsten) sowie für die Feste der Märtyrinnen und Märtyrer. Die Farbe der nicht geprägten Zeiten ist Grün. Die Christkatholische Kirche der Schweiz hält an der ursprünglichen Benennung der Sonntage in den nicht liturgisch geprägten Zeiten (den sogenannten «grünen Sonntagen») fest und nennt diese entsprechend: Sonntage nach Epiphanie, Sonntage vor der Fastenzeit und Sonntage nach Pfingsten.[585]

Bezüglich der Heiligenverehrung kennt die Christkatholische Kirche der Schweiz sowohl das Gedächtnis der Heiligen in der Eucharistiefeier als auch einen Heiligenkalender (*Sanctorale*). Zentrale Bedeutung haben die Marienfeste, die aber primär als Christusfeste verstanden und gefeiert werden.[586] Neben biblischen — unter ihnen auch alttestamentliche – Heiligen, Heiligen der Alten Kirche (etwa Katharina von Alexandrien oder Nikolaus von Myra) sind in das christkatholische Sanctorale auch wichtige Glaubensboten (zum Beispiel Martin von Tours, Willibrord von Utrecht, Kyrill und Method, Gallus) und für die Schweiz bedeutsame Heilige (etwa Niklaus von Flüe, Urs und Viktor, Felix und Regula, Wiborada) aufgenommen worden. Da Gottesdienste an Wochentagen selten sind und in der sonntäglichen Eucharistiefeier aufgrund des Vorrangs des Sonntags-Herrenfestes die Heiligen nur kommemoriert[587] werden, gibt es kaum eigentliche Heiligengottesdienste. Eine besondere Bedeutung kommt lediglich dem Tag der Geburt von Johannes dem Täufer (24. Juni) und dem Tag der Apostel Petrus und Paulus (29. Juni) zu. Diese beiden Heiligenfeste werden jeweils an den Sonntagen gefeiert, die diesen Daten am

---

584 Trinitatis wird als Fest der Dreifaltigkeit am Sonntag nach Pfingsten gefeiert.
585 Im Gegensatz dazu spricht die römisch-katholische Kirche in der Folge der Liturgiereform nach dem Zweiten Vatikanischen Konzil von der «Zeit im Jahreskreis». Es sind dies 33/34 Sonntage ohne besondere Prägung, vom Sonntag nach dem 6. Januar bis zum Sonntag vor dem Aschermittwoch; unterbrochen durch die jährliche Osterfeier (österliche Busszeit, Triduum Sacrum und Osterzeit) setzt sich die Reihe fort am Sonntag nach Pfingsten und endet mit dem letzten Sonntag vor dem ersten Adventssonntag). Die gleiche Praxis wie die römisch-katholische Kirche kennt auch die altkatholische Kirche Deutschlands, während die niederländische altkatholische Kirche die grünen Sonntage analog zur Schweizer Kirche zählt und benennt. In einem liturgischen Detail zeigt sich hier wieder die Vielfalt der altkatholischen Liturgie. Vgl. zur römisch-katholischen «Zeit im Jahreskreis»: HANSJÖRG AUF DER MAUR, Feiern im Rhythmus der Zeit I. Herrenfeste in Woche und Jahr, Regensburg (Pustet) 1983, 213.
586 In altkirchlicher Tradition sieht altkatholische Theologie Maria immer in ihrer Beziehung zu Christus, s. Kap. 3.12, S. 162–164.
587 Das bedeutet, dass sie im Gedächtnis der Eucharistiefeier genannt werden.

nächsten sind. Dies gilt auch für den Gedenktag der Engel an Michael und alle Engel (29. September). Ausserdem feiern die einzelnen Kirchgemeinden meistens ihre Kirchenpatrone in besonderer Weise, gelegentlich auch die Ortspatrone.

Die zentrale Bedeutung, die dem Grundsatz *lex orandi – lex credendi* in der altkatholischen Dogmatik und Liturgie zukommt, zeigt sich besonders deutlich in der Sakramentenpraxis:[588] Das dogmatische Verständnis der Sakramente findet in der liturgischen Gestaltung seinen Ausdruck.[589]

Von den eigentlichen Sakramenten sind die sakramentalen Handlungen (Sakramentalien) zu unterscheiden.[590] Die sakramentalen Handlungen betreffen zum einen das, was zur pastoralen Begleitung von Menschen im Sterben und zur Bestattung von Verstorbenen gehört. Zum anderen zählen dazu Segnungen (Benediktionen) bestimmter Gegenstände. Dies können kirchliche Objekte sein, die im Gottesdienst dauerhafte Verwendung finden (etwa die Segnung einer neuen Hostienschale) oder im Zusammenhang mit einem besonderen Fest stehen (etwa die Segnung der Kerzen am Fest der Darstellung Jesu im Tempel oder der Palmen am Palmsonntag). Gesegnet können aber auch Dinge werden, die im Alltagsleben der Gläubigen eine wichtige Rolle spielen (etwa eine neue Wohnung). Insgesamt ist die christkatholische Liturgie in ihrer Praxis der Segnung von Gegenständen eher zurückhaltend, ein eigenes Benediktionale[591] fehlt in der Reihe der liturgischen Bücher.

4.3 Kirchengebäude als Orte gottesdienstlichen Feierns

In der Phase der eigenständigen Organisation der Christkatholischen Kirche der Schweiz in den 1870er Jahren war an manchen Orten die Mehrheit der katholischen Gläubigen christkatholisch gesinnt und bildete in der Folge christkatholische Gemeinden. Dadurch kamen verschiedene christkatholische Gemeinden (insbesondere im aargauischen Fricktal, aber auch im Kanton Solothurn und in der Region Basel) in den Besitz der Dorf- bzw. Stadtkirchen.[592] Dazu gehören zum Beispiel die Stadtkirchen St. Martin in Olten und Rheinfelden, die Dorfkirche

---

588 Aus liturgiewissenschaftlicher Sicht hat sich Sigisbert Kraft besonders mit diesem Grundsatz auseinandergesetzt. SIGISBERT KRAFT, Lex orandi – Lex credendi. Altkatholische Überlegungen 20 Jahre nach der Veröffentlichung der Dokumente und der Eucharistischen Liturgie von Lima, in: Internationale Kirchliche Zeitschrift 92 (2002), 235–244.
589 Zur altkatholischen Sakramententheologie und -praxis s. o. Kap. 3.10, S. 156–159.
590 Vgl. hierzu v. a. die Einführung, in: Rituale der Christkatholischen Kirche der Schweiz, 8.
591 Das Benediktionale ist ein liturgisches Buch, das Segnungen zum Inhalt hat.
592 Einige christkatholische Kirchengebäude sind kunsthistorisch bedeutend. Daher gibt es zu ihnen Kunstführer, hg. von der Schweizerischen Gesellschaft für Kunstgeschichte. Viele Gemeinden haben auch eigene Broschüren zu ihrer Kirche erstellt.

St. Peter und Paul in Allschwil und die Stiftskirche St. Leodegar in Schönenwerd.[593] Auch die Kirche St. Peter und Paul in Bern war im 19. Jahrhundert die einzige katholische Kirche am Ort. Sie ist seit 1875 Pfarrkirche der christkatholischen Kirchgemeinde und zugleich Kathedralkirche am Bischofssitz.[594] An anderen Orten gab es in einem städtischen Umfeld bisweilen mehrere bestehende Kirchen, von denen dann eine christkatholisch wurde – etwa die Franziskanerkirche in Solothurn oder die Kirche Saint-Germain in Genf. In St. Gallen konnte die Kirchgemeinde ein bestehendes Gebäude, das «Concerthaus auf dem Rosenberg», kaufen und zur Kirche umbauen. In Basel wurde die Predigerkirche übernommen und 1876/77 grundlegend renoviert. Ihr Kirchenschiff hatte seit 1614 der französischsprachigen reformierten Gemeinde als Gottesdienstraum gedient, während der Chorraum, durch eine Holzwand abgetrennt, fast zweihundert Jahre lang als Salzlager genutzt worden war.

An verschiedenen Orten gab es Versuche der politischen Behörden, eine paritätische Nutzung von Kirchengebäuden zu etablieren – sie scheiterten. Der Hauptgrund war, dass der Papst 1873 römischen Katholiken eine gemeinsame Benutzung von Kirchengebäuden mit Christkatholiken untersagt hatte. In den meisten Fällen kam es daher zum Auszug der römisch-katholischen Gläubigen, die dann ein eigenes Gotteshaus errichteten. Umgekehrt war es in Biel, wo die christkatholische Kirchgemeinde aus St. Maria auszog und 1904 die Epiphaniekirche errichtete, nachdem beide Kirchgemeinden die von der Einwohnergemeinde Biel vorgeschlagene paritätische Nutzung abgelehnt hatten.

In späterer Zeit kamen an verschiedenen Orten Kirchengebäude, die zunächst von der christkatholischen Gemeinde (mit-)benutzt worden waren, aufgrund der sich verändernden Mehrheitsverhältnisse in römisch-katholische Hand. So geschah es etwa in St. Imier im Kanton Bern, wo die christkatholische Kirchgemeinde 1912 die Kirche Saint-Paul erbaute, nachdem die an Mitgliedern gewachsene römischkatholische Kirchgemeinde 1908 die Teilung der Kirchengüter und die alleinige Benutzung der Kirche Saint-Martin beansprucht hatte.[595] Viele der Auseinander-

---

593 Zu den St. Martinskirchen in christkatholischer Hand sowie zu St. Leodegar in Schönenwerd vgl. die Beiträge von Angela Berlis, https://www.theos.unibe.ch/kirche-st.martin, und Adrian Suter, https://www.theos.unibe.ch/stiftskirche-st.-leodegar, zuletzt geprüft: 29.09.2022.

594 Vgl. dazu Katherine Laura Jennings, French Stranger – Spiritual Home: A Material Biography of the Church of Saint Peter and Paul (Bern) 1864–2022, unveröff. Dissertation am Institut für Christkatholische Theologie, Universität Bern 2022.

595 Vgl. Moser, César, 120–124; allgemein zur Thematik: Angela Berlis, Contested Holiness: Conflicts About Sacred Places in Culture Wars, in: Mortaza Shams (Hg.), Cross-cultural Dialogue in the Age of Disruptive Interconnectedness: Essays in Honor of Douglas Pratt, Springer (Cham) 2023 [im Druck]. Zu den Konflikten zwischen Christ- und römischen Katholiken, s. o. Kap. 2.4, S. 69–77.

setzungen um die Kirchennutzung wurden mit harten Bandagen ausgetragen, mit hochgehenden Emotionen, öffentlicher Polemik und zähen Verhandlungen. Die Erzählungen darüber – war es ein freiwilliger Auszug der einen Kirchgemeinde, ein Rauswurf oder ein Wegnehmen? – differieren zum Teil bis heute.

Da auf diese Weise viele bestehende, zum Teil altehrwürdige Kirchengebäude in den Besitz der christkatholischen Kirche gelangten, kam es nur an relativ wenigen Orten zum Bau eigener neuer Kirchen. Die erste von einer christkatholischen Kirchgemeinde selbst erbaute Kirche ist die Christuskirche Luzern, die 1892 nach einjähriger Bauzeit geweiht wurde; zwei weitere, die Epiphaniekirche Biel und die Kirche Saint-Paul in St. Imier, wurden bereits genannt. Weitere christkatholische Kirchenneubauten finden sich in Zürich (Elisabethenkirche 1912, seit 1994 von der serbisch-orthodoxen Gemeinde genutzt), Hägendorf (Christuskirche 1937, heute nicht mehr in Gebrauch), Zürich-Oerlikon (Christuskirche 1942), Hellikon (Christuskirche 1948) und Neuenburg (Jean-Baptiste 1967). Dass die Kirchen häufig auf das Patrozinium von Christus geweiht sind, ist kein Zufall, sondern als programmatische Aussage der Christkatholischen Kirche zu sehen. Christkatholische Kirchenbauten sind von einer gewissen Nüchternheit und Schlichtheit geprägt. Inwieweit sich anhand der Eigenbauten und ihren Einrichtungen eine spezifisch christkatholische kirchenarchitektonische Programmatik ablesen lässt, müsste genauer untersucht werden.

6 Unterzeichnung der Vereinbarung von Uppsala (2016) durch Erzbischof Joris Vercammen von Utrecht und Erzbischöfin Antje Jackelén von Uppsala, in der dortigen Kathedrale.
Foto: Magnus Aronson

5 Altkatholische Kirche in der Ökumene

Das Wort «Ökumene» stammt vom Griechischen *oikoumene* und bedeutet, «der Erdkreis, die (bewohnte) Erde». «Ökumenisch» bezeichnet also die weltumspannende Dimension des Kircheseins. In diesem Sinn ist der Begriff schon in der Alten Kirche gebräuchlich, wenn Konzile «ökumenisch» genannt werden und damit zum Ausdruck gebracht wird, dass auf einem solchen Konzil die gesamte Christenheit vertreten ist. In der Zeit der getrennten Konfessionen hat der Begriff «Ökumene» eine neue Bedeutung bekommen, die sich aber eng an die genannte anlehnt. Heute bezeichnet man damit die Bemühungen, als christliche Kirchen mit einer Stimme zu sprechen, die Zusammenarbeit unter den getrennten Kirchen zu stärken, die Einheit der Kirche wiederherzustellen, kurz: die gesamte Christenheit näher zusammenzuführen.

Bemühungen, die getrennten konfessionellen Traditionen wieder zu vereinen, gab es schon immer. Bereits Paulus tadelte die Gemeinde von Korinth für ihre Spaltungen. Die ökumenischen Konzile waren trotz unterschiedlicher theologischer Schulmeinungen stets um die Einheit bemüht, aus theologischen genauso wie aus politischen Gründen. Wenn es doch zur Spaltung kam, so wurde an späteren Konzilen versucht, diese Spaltung zu überwinden. Nach der Trennung zwischen Ost- und Westkirche im Jahr 1054 wurden die Konzile zwar nicht mehr in der gesamten Christenheit anerkannt, doch gab es auch im Spätmittelalter Unionskonzile, bei denen eine Annäherung gesucht wurde. Das Ziel der Einheit war damals allerdings hauptsächlich politischen Motiven geschuldet. Nach der Reformation, der grossen Kirchenspaltung im Westen im 16. Jahrhundert, bemühten sich im 17. Jahrhundert die sogenannten Ireniker (übersetzt so viel wie «die Friedlichen») um eine Überwindung der Konfessionskonflikte. Im 19. Jahrhundert reihte sich auch die noch junge altkatholische Bewegung in die Bestrebungen ein, zwischen den Konfessionen eine Verständigung zu erzielen und die Wiederherstellung der Einheit der Kirche voranzutreiben. In diesem altkatholischen Engagement war manches bereits angelegt, das wesentlich war für die moderne ökumenische Bewegung, die sich im 20. Jahrhundert bilden sollte.

Die moderne ökumenische Bewegung ist von einer schwer überschaubaren Vielfalt. Ökumene wird in verschiedenen geografischen Kontexten betrieben – lokal, national, auf einem Kontinent und weltweit. Sie wird von Kirchenleitungen betrieben, die offizielle Delegierte in ökumenische Räte entsenden, aber genauso von Fachgremien und Basisorganisationen, die ökumenische Initiativen ergreifen und in einem bestimmten Themenbereich zusammenarbeiten. Es gibt bilaterale ökumenische Dialoge, wo zwei Kirchen miteinander im Gespräch sind, aber auch ökumenische Organisationen und Programme, an denen viele Kirchen beteiligt sind. Und schliesslich stellt sich heute mehr und mehr die Frage, ob man das Feld nicht ausweiten und neben den christlichen Kirchen auch andere Religionen in den Dialog integrieren soll. Dieses Kapitel versucht, dieser Vielfalt gerecht zu werden, behält dabei aber immer die Frage im Blick, wie sich altkatholische Kirchen an diesen zahlreichen Formen der Ökumene beteiligen und welche Anliegen sie dabei vertreten.

5.1 Der Ursprung der modernen ökumenischen Bewegung im 20. Jahrhundert

Die Frage nach dem Ursprung der ökumenischen Bewegung wird hier unter zwei Gesichtspunkten beleuchtet. Einerseits historisch: Welche Ereignisse waren es, die zu einer ökumenischen Bewegung führten, wie sie 1948 in der Gründung des Ökumenischen Rates der Kirchen eine institutionelle Form gewann? Andererseits systematisch-theologisch: Welche Themen und Ideen stehen am Ursprung der ökumenischen Bewegung?

Als Geburtsstunde der modernen ökumenischen Bewegung wird meist die **Weltmissionskonferenz** von 1910 in Edinburgh angesehen. Im 19. Jahrhundert hatten sich verschiedene grosse Missionsgesellschaften gebildet, deren Ziel es war, die christliche Botschaft auf der ganzen Welt zu verbreiten. Wenn die Missionsgesellschaften sich gegenseitig als Konkurrenten ansahen, schadete dies dem gemeinsamen Ziel: Wie soll man Menschen für den Glauben gewinnen, wenn man sich gegenseitig den Glauben abspricht? Auf diesem Hintergrund ist die Weltmissionskonferenz von 1910 als ein Ursprung der ökumenischen Bewegung zu sehen. Die Missionsgesellschaften wollten nicht als Konkurrenten auftreten, sondern mit einer Stimme sprechen, sie suchten ein gemeinsames christliches Profil und Zeugnis.

Etwa zeitgleich entwickelte sich die «**Bewegung für Glauben und Kirchenverfassung**» («Faith and Order»). Denn es zeigte sich, dass für das gemeinsame christliche Profil und Zeugnis eine vertiefte Auseinandersetzung mit dem Glauben nötig war. Kommt dazu, dass die Kirchen unglaubwürdig sind, wenn sie zwar gemeinsam missionieren, sich aber gegenseitig den rechten Glauben absprechen. Es war also nötig, die ökumenische Frage nicht nur im Zusammenhang mit der Mission – also als Frage der Einheit nach aussen –, sondern auch im Zusammenhang mit dem Kirchesein, also als Frage der Einheit nach innen zu stellen. Daraus erwuchs die Bewegung für Glauben und Kirchenverfassung, die ab 1910 vor allem von der (anglikanischen) Episkopalkirche in den USA ausging. Im Jahr 1927 fand in Lausanne die erste Weltkonferenz für Glauben und Kirchenverfassung statt.[596] Weitere Welt-

---

[596] Dokumente zur Lausanner Konferenz über Glauben und Verfassung, in: Internationale Kirchliche Zeitschrift 17 (1927), 193–216; ERNST GAUGLER, Bericht über die Weltkonferenz über Glauben und Verfassung. Lausanne, 3.–21. August 1927, in: Internationale Kirchliche Zeitschrift 17 (1927), 217–280.

5.1 Der Ursprung der modernen ökumenischen Bewegung im 20. Jahrhundert

konferenzen folgten 1937 in Edinburgh, 1952 in Lund, 1963 in Montreal und 1993 in Santiago de Compostela; die nächste ist für 2025 geplant, dem 1700-Jahr-Jubiläum des Ökumenischen Konzils von Nizäa. In diesen Konferenzen, in der Arbeit der ständigen Kommission für Glauben und Kirchenverfassung, in den unzähligen Tagungen und Studienprojekten werden die Glaubenslehren der Kirchen miteinander verglichen und versucht, einen gemeinsamen Nenner zu finden.

Es ging und geht in der Bewegung für Glauben und Kirchenverfassung um das Verständnis des Glaubens, genauer um die theologischen Differenzen zwischen den Konfessionen. Dieser theologische Dialog entspringt dem Wunsch, die Kontroversen zu überwinden und den gemeinsamen Glauben zu finden. Dieser gemeinsame Glaube kann dann die Basis bilden für die zu findende Einheit der getrennten Kirchen – so die Hoffnung der Bewegung für Glauben und Kirchenverfassung, so das Ziel vieler bilateraler ökumenischer Gespräche. Doch für diese kirchliche Einheit ist nicht nur der gemeinsame Glaube wesentlich, sondern auch das Verständnis des Kircheseins. Die Kirchen haben nicht nur Glaubensdifferenzen, sondern auch ein unterschiedliches Verständnis davon, in welchen kirchlichen Strukturen sie ihren Glauben leben wollen und sollen. Insbesondere gibt es weit auseinanderliegende Auffassungen davon, wie die Einheit der Kirchen aussehen soll. Das Kirchenverständnis hängt eng mit dem Glaubensverständnis zusammen. Aus diesem Grund thematisierte die Bewegung beides: nicht nur den Glauben, sondern auch das Kirchenverständnis, was in der Doppelbezeichnung «Glauben und Kirchenverfassung» zum Ausdruck kommt. Damit ist aber keiner Uniformität der Kirche das Wort geredet. Die gesamte ökumenische Bewegung beruht auf der Idee einer «Einheit in der Vielfalt»: Auf der Basis des gemeinsamen Glaubens sind verschiedene Ausgestaltungen des kirchlichen Lebens und der kirchlichen Ordnung legitim, haben unterschiedliche Traditionen, theologische Schulmeinungen und Ansichten ihren Platz.

Wichtige Themen der Bewegung für Glauben und Kirchenverfassung waren zum Beispiel: das Verhältnis von Schrift und Tradition;[597] das Verständnis von Taufe, Eucharistie und kirchlichem Amt – dies fand im sogenannten Lima-Dokument von 1982 seinen Höhepunkt;[598] das Glaubensbekenntnis;[599] Kirche und Kir-

---

597 VIERTE WELTKONFERENZ FÜR GLAUBEN UND KIRCHENVERFASSUNG, Schrift, Tradition und Traditionen, in: Patrick C. Rodger/Lukas Vischer (Hg.), Montréal 1963, Bericht der vierten Weltkonferenz für Glauben und Kirchenverfassung, Montréal, 12.–26. Juli 1963, Zürich (EVZ-Verlag) 1963, 42–53.
598 KOMMISSION FÜR GLAUBEN UND KIRCHENVERFASSUNG, Taufe, Eucharistie und Amt. Konvergenzerklärung der Kommission für Glauben und Kirchenverfassung des Ökumenischen Rates der Kirchen («Lima-Dokument»), in: HARDING MEYER u. a. (Hg.), Dokumente wachsender Übereinstimmung Bd. 1, 545–585.
599 ÖKUMENISCHER RAT DER KIRCHEN, Gemeinsam den einen Glauben bekennen. Eine ökumenische Auslegung des apostolischen Glaubens, wie er im Glaubensbekenntnis von Nizäa-Konstantinopel (381) bekannt wird. Studiendokument der Kommission für Glauben und Kirchenverfassung, Frankfurt a. M. (Otto Lembeck) ²1993.

chengemeinschaft.[600] Das jüngste Kongruenzdokument ist «Die Kirche: Auf dem Weg zu einer gemeinsamen Vision.»[601] Inzwischen liegen die Reaktionen aus den Kirchen, von ökumenischen Organisationen und Einzelpersonen auf diesen Text vor.[602] Sie zeigen, dass die Kirchen seit «Lima» voneinander gelernt haben. Sie zeigen aber auch, dass die traditionellen ekklesiologischen Themen der Erweiterung bedürfen: Ethische Fragen, die sich aus aktuellen gesellschaftlichen Herausforderungen ergeben, haben für die Kirchen heute einen hohen Stellenwert und beschäftigen sie auch im ökumenischen Kontext. Heute liegen die Differenzen im ökumenischen Gespräch oft mehr bei Fragen der Ethik als bei den klassischen dogmatischen Kontroversfragen. Doch auch ethische Differenzen können ihre Wurzel darin haben, dass die Kirchen angesichts neuer ethischer Herausforderungen die für ihre kirchliche Identität typischen theologischen Referenzgrössen in unterschiedlicher Weise heranziehen: Wie ist eine bestimmte Kirche in der Vergangenheit unter Berufung auf Schrift, Tradition, Vernunft, Gewissen, Autorität mit einer bestimmten ethischen Frage umgegangen? Wie können die Kirchen in der Gegenwart auf der Grundlage dieser Referenzgrössen auf ethische Fragestellungen angemessen reagieren? Dies ist die Frage des «ethischen Unterscheidens» (im Englischen «moral discernment»), mit der sich die Kommission für Glauben und Kirchenverfassung aufgrund der Einsicht, dass die traditionellen ekklesiologischen Themen der Erweiterung bedürfen, befasst.[603] Ziel all dieser Reflexionen auf die eigenen theologischen Grundlagen ist und bleibt, die heute noch getrennten Kirchen einer Kirchengemeinschaft (Koinonia) näher zu bringen.

---

600 Die Kirche: lokal und universal. Ein von der Gemeinsamen Arbeitsgruppe der Römisch-Katholischen Kirche und des Ökumenischen Rates der Kirchen in Auftrag gegebenes und entgegengenommenes Studiendokument, 1990, in: Meyer u. a., Dokumente Bd. 2, 732–750.

601 Die Kirche: Auf dem Weg zu einer gemeinsamen Vision. Eine Studie der Kommission für Glauben und Kirchenverfassung des Ökumenischen Rates der Kirchen (ÖRK), Gütersloh (Gütersloher Verlagshaus) 2014.

602 Vgl. ELLEN WONDRA/STEPHANIE DIETRICH/ANI GHAZARYAN DRISSI (Hg.), Churches Respond to the Church: Towards a Common Vision, Geneva (World Council of Churches) 2021, 2 Bde. Vgl. ausserdem die Analysen der Reaktionen: DIES., Common Threads. Key Themes from Responses to The Church: Towards a Common Vision, Geneva (World Council of Churches) 2022.

603 Vgl. MYRIAM WIJLENS/VLADIMIR SHMALIY (Hg.), Churches and Moral Discernment, Bd. 1: Learning from Traditions, (Faith and Order Paper 228), Geneva (World Council of Churches) 2021; MYRIAM WIJLENS/VLADIMIR SHMALIY/SIMONE SINN (Hg.), Churches and Moral Discernment, Bd. 2: Learning from History, (Faith and Order Paper 229), Geneva (World Council of Churches) 2021; [WIJLENS, MYRIAM/SHMALIY, VLADIMIR/SINN, SIMONE], with a Preface by IOAN SAUCA and SUSAN DURBER, Churches and Moral Discernment, Bd. 3: Facilitating Dialogue to Build Koinonia, (Faith and Order Paper 235), Geneva (World Council of Churches) 2021.

Altkatholische Theologie hatte stets ein besonderes Interesse an den Themen rund um Glauben und Kirchenverfassung. Die Internationale Kirchliche Zeitschrift und ihr Chefredaktor Adolf Küry, der eng mit Eduard Herzog zusammenarbeitete, wurden in den 1910er Jahren zu wichtigen Vermittlern dieser Bewegung in Europa.[604] Die Vorkonferenz in Genf 1920 eröffnete der christkatholische Bischof Eduard Herzog, der in jenem Jahr seinen Hirtenbrief dazu verfasste.[605] Das besondere Interesse für die Themen der Kommission für Glauben und Kirchenverfassung schlägt sich unter anderem in den altkatholischen Stellungnahmen zu wichtigen Dokumenten nieder, etwa zur Konvergenzerklärung von Lima zu Taufe, Eucharistie und Amt[606] oder zum Dokument «Die Kirche auf dem Weg zu einer gemeinsamen Vision»[607]. Im Engagement und in diesen Stellungnahmen wurde stets ein eigenes, für das altkatholische Kirchenverständnis typisches Anliegen vertreten: Als Kriterium für den Glauben und die Verfassung der Kirche soll das Vorbild der Alten Kirche dienen. Urs Küry nannte diese Gestalt der Ökumene, die sich auf die «ungeteilte Kirche des ersten Jahrtausends» bezieht, wo die Einheit der Kirche geschichtliche Wirklichkeit war, die «altkirchliche Ökumene». Von ihr unterschied er die «Genfer Ökumene», der es «in erster Linie daran [liegt], die heutigen, über den ganzen Erdkreis zerstreuten Kirchen zur Einheit zu rufen, also vor allem die räumliche Ganzheit der Kirche in der Gegenwart wiederherzustellen»[608]. Als dritte Gestalt unterschied Küry die «vatikanische Ökumene», die jedoch schon zu seiner Zeit auf dem Rückzug war: Heute «Rückkehr-Ökumene» genannt, propagierte diese Form der Ökumene, dass es Einheit der Kirche nur durch Anerkennung der universalen Jurisdiktion des römischen Papstes geben könne.[609]

---

604 Vgl. dazu Berlis, Unterbrochene.
605 Eduard Herzog, Unsere Stellung zu den kirchlichen Unionsbestrebungen. Hirtenbrief anlässlich der Genfer Vorkonferenz über Glauben und Kirchenverfassung, in: Internationale Kirchliche Zeitschrift 10 (1920), 161–177.
606 Christ-(alt-)katholische Stellungnahme zu den sogenannten «Lima-Texten», in: Internationale Kirchliche Zeitschrift 78 (1988), 197–212.
607 Die Stellungnahme der IBK wurde bei einer Sitzung vom 14.–18. September 2014 in Utrecht erarbeitet und in der IKZ veröffentlicht: Ausserordentliche Sitzung der Internationalen Altkatholischen Bischofskonferenz (IBK) in Utrecht, 14. bis 18. September 2014, in: Internationale Kirchliche Zeitschrift 105 (2015), 72–82. Die IBK erarbeitete die Stellungnahme gemeinsam mit Vertretern der Iglesia Filipina Independiente und der Mar-Thoma-Kirche. Letztere veröffentlichte später eine eigene Stellungnahme. Inzwischen sind alle Reaktionen von Kirchen durch den Weltkirchenrat veröffentlicht. Die Stellungnahme der IBK war die erste, die auf die Aufforderung zur Stellungnahme an die Mitgliedskirchen hin beim Weltkirchenrat in Genf eintraf. Sie ist abgedruckt in: Wondra u. a. (Hg.), Churches, Bd. 1, 214–218.
608 Küry, Altkatholische Kirche, 359.
609 Zur Rückkehr-Ökumene und zur Veränderung der römisch-katholischen Haltung zur Ökumene s. u. Kap. 5.5, S. 202–203.

Neben dem Bedürfnis, sich im Dialog über die gemeinsame Glaubensbasis näher zu kommen, bestand und besteht genauso das Bedürfnis, im Alltag praktisch zusammenzuarbeiten. Und dies auch dann, wenn man über die Einzelheiten des Glaubens und der Kirchenverfassung noch nicht genügend Einigkeit erzielt hat, um eine Wiedervereinigung der Kirchen zu beschliessen. Daraus entstand die «**Bewegung für Praktisches Christentum**», englisch «Life and Work», als dritte Säule der modernen ökumenischen Bewegung neben den Bewegungen für Mission sowie Glauben und Kirchenverfassung. Auch die Bewegung für Praktisches Christentum hat eigene Weltkonferenzen durchgeführt: 1925 in Stockholm und 1937 in Oxford. Sie hat sich tatkräftig für den Weltfrieden eingesetzt. Treibende Kraft war Nathan Söderblom, Erzbischof von Uppsala und Friedensnobelpreisträger.

Das Anliegen der Bewegung für Praktisches Christentum ist in der ökumenischen Bewegung lebendiger denn je. Theologische Konsenspapiere, wie die Bewegung für Glauben und Kirchenverfassung sie erarbeitete, hatten weniger praktische Konsequenzen als erhofft. Gerade deswegen wird von vielen Menschen an der Basis, aber auch von prägenden Gestalten der ökumenischen Bewegung die praktische Zusammenarbeit der Kirchen stärker ins Zentrum gerückt. Dies geschieht auch aus der Überzeugung, dass gemeinsames Auftreten in gesellschaftlichen und politischen Fragen den Kirchen mehr Gewicht und Glaubwürdigkeit verleiht. Damit wird das Anliegen der ersten Wurzel der modernen ökumenischen Bewegung aufgegriffen – gemeinsames christliches Profil und Zeugnis, wie an der Weltmissionskonferenz 1910 formuliert –, und der thematische Kreis schliesst sich.

Die drei Anliegen des gemeinsamen Zeugnisses nach aussen, des gemeinsamen Glaubens nach innen und der Zusammenarbeit in der Praxis hängen eng miteinander zusammen. Theologischer Dialog ohne praktische Konsequenzen ist unbefriedigend: Wenn sich Kirchen im Glauben einig sind, sollen sie nicht getrennt weiterleben. Praktische Zusammenarbeit ohne theologischen Dialog ist möglich, bleibt aber auf halbem Weg stehen: Man kooperiert, findet sich aber mit der faktischen Trennung der Christenheit ab. Dies widerspricht dem Gebet Christi, «dass alle eins seien» (Joh 17,21), und dem Bekenntnis von Nicäa-Konstantinopel, dass die Kirche eine sei. Einheit der Kirche, so hat die ökumenische Bewegung immer wieder deutlich gemacht, ist kein Zusatz zum Kirchesein, etwas, das man tun, aber nach Belieben auch lassen kann, sondern sie gehört zum Kern der Sendung der Kirche.[610] Die altkatholischen Kirchen haben sich dieses Anliegen in besonderer Weise auf die Fahnen geschrieben.

---

610 Vgl. z. B. KONFERENZ EUROPÄISCHER KIRCHEN/RAT DER EUROPÄISCHEN BISCHOFSKONFE-RENZEN, Charta oecumenica. Leitlinien für die wachsende Zusammenarbeit der Kirchen in Europa, in: Viorel Ionita/Sarah Numico (Hg.), Charta oecumenica. Ein Text, ein Prozess und eine Vision der Kirchen in Europa, Genf – St. Gallen (Eigenverlag) 2003, 7–17.

5.2 Ökumenische Organisationen und Räte

In ökumenischen Organisationen und ökumenischen Räten sind die Kirchen – idealerweise alle Kirchen, die in einem geografischen Raum präsent sind – durch formelle Mitgliedschaft vertreten. Solche ökumenischen Räte führen alle oben vorgestellten inhaltlichen Anliegen der ökumenischen Bewegung weiter, mit einem Schwerpunkt auf dem gemeinsamen Profil und Zeugnis. Die Mitgliedschaft geschieht aufgrund des gemeinsamen Bekenntnisses zu Jesus Christus, wie kontrovers auch immer einzelne theologische Themen zwischen den beteiligten Kirchen sein mögen. Besonders wirkungsmächtig als gemeinsamen Glaubensgrund des ökumenischen Miteinanders hat sich die Basisformel des Ökumenischen Rates der Kirchen erwiesen: «Der Ökumenische Rat der Kirchen ist eine Gemeinschaft von Kirchen, die den Herrn Jesus Christus gemäss der Heiligen Schrift als Gott und Heiland bekennen und darum gemeinsam zu erfüllen trachten, wozu sie berufen sind, zur Ehre Gottes, des Vaters, des Sohnes und des Heiligen Geistes.»[611] Dieser Formel müssen alle Kirchen zustimmen, die im Rat Mitglied sein wollen. Sie wurde an der dritten Vollversammlung in Neu-Delhi 1961 beschlossen und ist seither gültig. Andere ökumenische Organisationen wie zum Beispiel die Konferenz Europäischer Kirchen haben die Basisformel übernommen. Damit bildet sie einen theologisch interessanten (und erfolgreichen) Versuch, einen minimalen Glaubenskonsens über die Konfessionsgrenzen hinaus zu formulieren.

Der Ökumenische Rat der Kirchen (ÖRK) wurde 1948 in Amsterdam gegründet. Bereits 1920 hatte das Ökumenische Patriarchat von Konstantinopel in einer Enzyklika vorgeschlagen, einen «Kirchenbund» (*League of Churches*) nach dem Vorbild des Völkerbundes (*League of Nations*) zu gründen. 1937 wurde beschlossen, die Bewegungen für Glauben und Kirchenverfassung und für Praktisches Christentum unter einem Dach zu vereinen, doch wegen des Zweiten Weltkriegs konnte dies erst 1948 umgesetzt werden. Fast 150 Kirchen aus allen konfessionellen Traditionen ausser der römisch-katholischen waren der Einladung zur ersten Vollversammlung des Ökumenischen Rates der Kirchen nach Amsterdam gefolgt. Im ÖRK flossen inhaltlich und strukturell die bisherigen ökumenischen Bestrebungen der Bewegung für Glauben und Kirchenverfassung und der Bewegung für Praktisches Christentum zusammen. Das Anliegen des gemeinsamen Zeugnisses war ebenfalls von

---

611 So die deutsche Fassung auf der Webseite des ÖRK: www.oikoumene.org/de/resources/documents/constitution-and-rules-of-the-world-council-of-churches, zuletzt geprüft: 31.12.2021. Das englische Original der Basisformel lautet: «The World Council of Churches is a fellowship of churches which confess the Lord Jesus Christ as God and Saviour according to the scriptures and therefore seek to fulfil together their common calling to the glory of the one God, Father, Son and Holy Spirit.» The New Delhi Report. The Third Assembly of the World Council of Churches 1961, London (SCM Press) 1962, 37 f. und 426.

Anfang an stark, doch zu einer strukturellen Vereinigung mit dem aus der Weltmissionskonferenz entstandenen Internationalen Missionsrat kam es erst 1961. Alle sechs bis acht Jahre fand eine weitere Vollversammlung statt, die letzte 2013 im südkoreanischen Busan.[612] Heute umfasst der ÖRK Kirchen fast aller konfessioneller Traditionen: orthodoxe, reformierte, lutherische, anglikanische, altkatholische Kirchen sowie verschiedene weitere Kirchen evangelischer Prägung wie Methodisten, Baptisten und Pfingstkirchen. Die römisch-katholische Kirche ist nicht Mitglied im ÖRK. Sie arbeitet aber in der Kommission für Glauben und Kirchenverfassung mit, die Teil des Ökumenischen Rates ist.

Der ÖRK ist eine globale Organisation und wird deswegen auch «Weltkirchenrat» genannt. Es gibt aber weitere ökumenische Räte unterschiedlicher geografischer Reichweite. Eine Reihe von sogenannten «Regionalen Ökumenischen Organisationen»[613], die jeweils eine Weltregion abdecken, fördern die ökumenische Zusammenarbeit auf internationaler Ebene. Die für den Altkatholizismus wichtigste ist die Konferenz Europäischer Kirchen (KEK), die den ganzen Kontinent abdeckt. Andere dieser Regionalen Ökumenischen Organisationen arbeiten nicht auf kontinentaler Ebene, sondern in einem geografisch-kulturellen Raum, so etwa der Kirchenrat des Mittleren Ostens. Zwischen dem Ökumenischen Rat der Kirchen und den Regionalen Ökumenischen Organisationen wird enge Zusammenarbeit gepflegt.

Wichtig sind die Regionalen Ökumenischen Organisationen unter anderem auch deswegen, weil die Aufnahmekriterien für den Ökumenischen Rat der Kirchen recht streng sind und insbesondere eine Mindestgrösse für neue Mitgliedskirchen vorschreiben. Diese Mindestgrösse würde heute eine Neuaufnahme der altkatholischen Kirchen verhindern, doch gehören die meisten Mitgliedskirchen der Utrechter Union zu den Gründungsmitgliedern des ÖRK, als diese Kriterien noch nicht galten.[614] Heute können kleine Kirchen, welche die Mindestgrösse für den Ökumenischen Rat der Kirchen nicht erreichen, durch die Regionalen Ökumenischen Organisationen trotzdem in internationalen ökumenischen Räten mitarbeiten.

---

612 Liste aller elf bisherigen Vollversammlungen: 1948 in Amsterdam, 1954 in Evanston, 1961 in Neu-Delhi, 1968 in Uppsala, 1975 in Nairobi, 1983 in Vancouver, 1991 in Canberra, 1998 in Harare, 2006 in Porto Allegre, 2013 in Busan; die für 2021 geplante Vollversammlung in Karlsruhe fand pandemiebedingt erst im Jahr 2022 statt.

613 Englisch: «Regional Ecumenical Organisations». Die Grossschreibung deutet an, dass es sich um einen festen Titel handelt. Der Kreis der Regionalen Ökumenischen Organisationen ist klar definiert und unter anderem durch das Verständnis von regional im Sinn von auf eine Weltregion bezogen eingegrenzt.

614 Keine Gründungsmitglieder des ÖRK sind die Altkatholische Kirche Österreichs, die 1967 aufgenommen wurde, und die tschechische altkatholische Kirche, die aufgrund ihrer Grösse nicht Mitglied des ÖRK werden kann.

Regionale Ökumenische Organisationen arbeiten oft enger mit der römisch-katholischen Kirche zusammen als der Ökumenische Rat der Kirchen. Die Konferenz Europäischer Kirchen pflegt eine intensive Zusammenarbeit mit dem Rat der Europäischen Bischofskonferenzen (CCEE).[615] Früchte dieser Zusammenarbeit sind unter anderem die drei Europäischen Ökumenischen Versammlungen von 1989 in Basel (Schweiz), 1997 in Graz (Österreich) und 2007 in Sibiu (Rumänien). Ebenfalls ein gemeinsames Projekt von KEK und CCEE ist die «Charta Oecumenica» von 2001, ein Dokument, das grundlegende ökumenische Aufgaben beschreibt und daraus eine Reihe von Leitlinien und Verpflichtungen ableitet.[616] Sie bildet einen ökumenischen Verhaltenskodex, eine Selbstverpflichtung, die viele Kirchen unterschrieben haben, darunter auch die Christkatholische Kirche der Schweiz.

Als kleine Kirche ist das Engagement der Altkatholikinnen und Altkatholiken in den grossen internationalen ökumenischen Gremien stets vom Einsatz von Einzelpersonen abhängig. Die Rolle der Bischöfe Eduard Herzog und Adolf Küry wurde bereits erwähnt. Der christkatholische Pfarrer Hans A. Frei[617] nahm als Delegierter an den Vollversammlungen des Ökumenischen Rates der Kirchen von Evanston (1954) bis Vancouver (1983) teil; er wurde 1968 bei der Vollversammlung in Uppsala in den Zentralausschuss gewählt, wo er die altkatholischen Kirchen bis 1983 vertrat. Der Zentralausschuss (derzeit 150 Mitglieder) ist das oberste Organ des Ökumenischen Rates der Kirchen zwischen den Vollversammlungen. Nach Freis Rücktritt waren die altkatholischen Kirchen von 1983 bis 1991 durch den niederländischen Juristen Govaert Christiaan Kok vertreten[618], danach fünfzehn Jahre lang durch den Bischof der Christkatholischen Kirche der Schweiz, Hans Gerny, und von 2006 bis 2022 durch den Erzbischof von Utrecht, Joris Vercammen.[619] Als die Vollversammlung des ÖRK in Harare 1998 eine Sonderkommission zur orthodoxen Mitarbeit im ÖRK einsetzte, wurde auch Bischof Hans Gerny in diese Kommission berufen, wo er eine wichtige Vermittlerrolle wahrnahm. In der Kommission für Glauben und Kirchenverfassung (seit 2014 reduziert auf 55 Mitglieder) arbeitet jeweils ein altkatholischer Theologe bzw. eine altkatholische Theologin mit;

---

615 Die Abkürzung leitet sich aus dem lateinischen Namen ab: Consilium Conferentiarum Episcoporum Europae.
616 KONFERENZ EUROPÄISCHER KIRCHEN/RAT DER EUROPÄISCHEN BISCHOFSKONFERENZEN, Charta Oecumenica. Leitlinien für die wachsende Zusammenarbeit der Kirchen in Europa, in: Ionita/Numico, Charta, 7–17.
617 Hans A. Frei lebte 1922–2011. Vgl. zu ihm: URS VON ARX, Frei, Hans Alfred. Version vom 28.07.2011, in: Historisches Lexikon der Schweiz, https://hls-dhs-dss.ch/de/articles/028163/2011-07-28, zuletzt geprüft: 31.12.2021.
618 Govaert Christiaan Kok lebte 1935–2021.
619 Joris Vercammen trat auf den 11. Januar 2020 als Erzbischof von Utrecht zurück und blieb bis 2022 im Zentralausschuss des ÖRK; die Vollversammlung in Karlsruhe wählte im Sommer 2022 Christoph Schuler, Pfarrer in Bern, zu seinem Nachfolger.

früher war dies Martien Parmentier, seit 2009 ist es Angela Berlis. Im Zentralausschuss der Konferenz Europäischer Kirchen waren die altkatholischen Kirchen 1992–2003 mit Adrian Suter und 2003–2013 mit Carole Soland vorwiegend durch jüngere Laien vertreten.[620]

In vielen Ländern existieren nationale ökumenische Organisationen, die man zusammenfassend «Nationale Kirchenräte» nennt.[621] In der Schweiz ist dies die «Arbeitsgemeinschaft Christlicher Kirchen der Schweiz» (AGCK). Anders als auf Welt- und Europaebene ist in der AGCK die römisch-katholische Kirche als Vollmitglied dabei. Die AGCK trifft sich zweimal jährlich zu einer Plenarversammlung und nimmt das Jahr hindurch ihre Aufgaben durch das Büro (eine Art Vorstand) und das (Teilzeit-)Sekretariat wahr. Sie bildet einen wichtigen Ansprechpartner für die staatlichen Behörden. – In manchen Kantonen existieren vergleichbare Arbeitsgemeinschaften mit unterschiedlichen Organisationsformen und Bezeichnungen. Der Kreis der Mitglieder in solchen kantonalen ökumenischen Arbeitsgemeinschaften ist dabei sehr verschieden: In manchen Kantonen beschränkt er sich auf die öffentlich-rechtlich anerkannten Landeskirchen, in anderen Kantonen umfassen die Arbeitsgemeinschaften auch orthodoxe Kirchen, evangelische Freikirchen und die anglikanische Kirche.

5.3 Ökumenischer Pioniergeist im Altkatholizismus

Es erfüllt Altkatholikinnen und Altkatholiken nicht selten mit Stolz, dass die Begründerinnen und Begründer der altkatholischen Bewegung von Beginn an ökumenisch orientiert waren. Noch vor der Etablierung eigener kirchlicher Strukturen suchte die altkatholische Bewegung im 19. Jahrhundert den Kontakt mit anderen Kirchen. Schon auf den für die altkatholische Kirchwerdung grundlegenden Altkatholikenkongressen von München (1871), Köln (1872) und Konstanz (1873) waren prominente ökumenische Gäste vertreten. In den Beschlüssen dieser Kongresse wird das ökumenische Anliegen deutlich: Im Münchener Programm[622] wird die Hoffnung auf kirchliche Einheit zum Ausdruck gebracht. Der Kölner Kongress setzte eine Kommission ein, die sich durch Kontakte, wissenschaftliche Untersu-

---

620 Adrian Suter war bei seiner ersten Wahl an der Vollversammlung 1992 in Prag 22 Jahre alt, er erhielt die Priesterweihe während seiner zweiten Amtszeit. Carole Soland war bei ihrer ersten Wahl bei der Vollversammlung 2003 in Trondheim 33 Jahre alt. Zur Vollversammlung mit dem Amtswechsel vgl. ADRIAN SUTER, Jesus Christus heilt und versöhnt. Die 12. Vollversammlung der Konferenz Europäischer Kirchen, in: Christkatholisches Kirchenblatt 126 (2003) Nr. 15–16, 6–7. – Der Zentralausschuss wurde 2013 deutlich verkleinert, seither sind die altkatholischen Kirchen in diesem Gremium nicht mehr vertreten.
621 Manchmal mit «NCC» abgekürzt, von englisch «National Councils of Churches».
622 Programm des Katholiken-Congresses in München, abgedruckt im Anhang, S. 297–299.

chungen und allgemeinverständliche Publikationen um besseres Verständnis zwischen den Konfessionen und eine Überwindung der Spaltungen bemühen sollte.[623] Sie wurde 1873 in zwei Kommissionen aufgeteilt, je eine für die Kontakte zu den Orthodoxen und zu den Anglikanern. Ignaz von Döllinger war federführend; 1874 und 1875 berief er Unionskonferenzen nach Bonn ein.[624] Das Münchener Programm und die Präsenzliste der Bonner Unionskonferenzen zeigen deutlich die ökumenischen Zielvorstellungen und Prioritäten: Schon damals glaubte man, sich mit der Orthodoxie und den anglikanischen Kirchen dogmatisch einig zu sein – mit anderen kirchlichen Traditionen musste diese Einigkeit erst erarbeitet werden, doch war auch hier Zuversicht zu spüren.

In der Utrechter Erklärung von 1889, jenem Dokument, das zur heute noch gültigen Gründungsurkunde der Utrechter Union werden sollte, steht in Punkt 7 ein Bekenntnis zur Ökumene.[625] Ökumene wird darin als theologisches Unterfangen angesehen, auf der gemeinsamen Glaubensbasis der ungeteilten Kirche die Spaltungen zu überwinden. Bemerkenswert ist die Ermahnung insbesondere an die Geistlichen, in Unterricht und Predigt die zentralen Glaubensinhalte zu betonen, die den getrennten Kirchen gemeinsam sind, und «jede Verletzung der Wahrheit und der Liebe sorgfältig zu vermeiden»[626] – das heisst: Bei allem Festhalten an der eigenen Überzeugung soll auf Polemik verzichtet werden. Nicht immer haben sich die Kirchen und ihre Vertreterinnen und Vertreter an diese Mahnung gehalten – weder die altkatholischen Kirchen noch ihre Schwesterkirchen.

Aber nicht nur in der «vor-ökumenischen» Zeit haben die altkatholischen Kirchen Pionierarbeit geleistet. Auch später, als andere Kirchen das Anliegen der kirchlichen Einheit zwar entdeckt hatten, die Ökumene aber immer noch einen schweren Stand hatte und das gegenseitige Misstrauen gross war, haben die altkatholischen Kirchen eine wichtige Rolle gespielt. Das Verständnis der altkatholischen Kirche als «Brückenkirche», die verschiedene konfessionelle Traditionen verbindet, entspringt dieser Pionierrolle. Durch die enge theologische Verwandtschaft mit den orthodoxen Kirchen konnten die Altkatholikinnen und Altkatholiken auch international eine solche Brückenfunktion wahrnehmen. Unter Fachleuten gilt die von den altkatholischen Kirchen getragene Internationale Kirchliche Zeitschrift (IKZ)[627] als hervorragende Quelle für die Frühzeit der ökumenischen Bewegung. Kaum eine andere theologische Fachzeitschrift hat so konsequent über ökumenische Konferenzen berichtet und ökumenische Dokumente veröffentlicht wie die IKZ. Für die

---

623 Antrag, betreffend das Verhältnis zu den anderen Confessionen, abgedruckt in: SCHULTE, Altkatholizismus, 28 f.; vgl. BERLIS, Frauen, 172 f.
624 REUSCH (Hg.), Bericht.
625 Abgedruckt im Anhang, S. 303–305.
626 S. u. S. 273.
627 S. Kap. 2.10, S. 119 f., und 6.7, S. 239 f.

Dokumente bilateraler Dialoge mit altkatholischer Beteiligung, für altkatholische Stellungnahmen zur Ökumene und für Konferenzen, an denen die altkatholischen Kirchen eine wesentliche Rolle spielten, hat die IKZ diese Rolle bis heute.

Für das ökumenische Bewusstsein der altkatholischen Bewegung bereits im 19. Jahrhundert gibt es einerseits psychologische Gründe: Jene Generation hatte gerade am eigenen Leib erfahren, wie schmerzlich eine Kirchenspaltung ist. Sie hatte nicht freiwillig «Altar gegen Altar» gestellt, sondern weil sie wegen ihres Protestes gegen die Dogmen des Ersten Vatikanischen Konzils aus der römisch-katholischen Kirche ausgeschlossen worden waren. Diese Trennung war und blieb ein Trauma. Ignaz von Döllinger stand der Bildung eigener kirchlicher Strukturen zunächst reserviert gegenüber. Nach seiner persönlichen Exkommunikation 1871 verzichtete er darauf, sein Priesteramt auszuüben, da dies der Trennung für ihn persönlich einen endgültigen Charakter verliehen hätte. Faktisch betrachtete er sich weiter als Katholik, blieb dem altkatholischen Anliegen verbunden und vertrat es in ökumenischen Kontexten. Konsequenterweise wurde er die treibende Kraft hinter den Bonner Unionskonferenzen. Er war aber nicht der einzige, dem die Kirchenspaltung persönlich zu schaffen machte. Die niederländische altkatholische Kirche hatte seit dem Schisma von 1723 Rom jede Bischofswahl angezeigt, da sie selbst das Bischofswahlrecht habe und Rom dies anerkennen solle. Damit brachte sie das Selbstverständnis zum Ausdruck, dass nicht sie, sondern Rom die Verantwortung für die Trennung trage. Anfangs war die niederländische altkatholische Kirche auch gegenüber der christkatholischen Kirche der Schweiz recht reserviert, da sie ihr zu liberal schien und in den Augen der Niederländer zu sehr auf die Abgrenzung zu Rom bedacht war. Dies stand dem holländischen Bemühen entgegen, von Rom anerkannt zu werden.

Kurz: Die erste Generation der altkatholischen Bewegung hatte die Trennung nicht gesucht, sondern sie wurde ihr aufgezwungen. Dies war eine schmerzliche Erfahrung, die dazu führte, dass die altkatholischen Kirchen sich früh um ökumenischen Dialog bemühten mit anderen Kirchen, die ihnen nahestanden.

Doch nicht nur psychologische, sondern auch eminent theologische Gründe stehen hinter dem altkatholischen Engagement für die Einheit der Kirchen: Die Einheit gehört theologisch zum Wesen der Kirche, ist eine ihrer *notae*, ihrer Eigenschaften.[628] Wer sich zur einen, heiligen, katholischen und apostolischen Kirche bekennt, kann sich aus Gründen des Glaubens nicht mit der Trennung der Kirche abfinden. Ökumene ist damit ein Grundauftrag des Kircheseins. Ökumene ist nicht die Marotte von ein paar Liebhaberinnen und Liebhabern, etwas, das man pflegen, aber genauso gut auch bleiben lassen kann. Ökumene gehört zum Kern des Kircheseins, weil die Kirche dazu gerufen ist, ihre Einheit, zu der sie sich bekennt,

---

628 S. o. Kap. 3.6, S. 141–145.

auch sichtbar und erfahrbar zu machen. Denn solange die Kirchen getrennt sind, ist die Einheit ein theoretisches Konzept. Man kann sie theologisch postulieren, indem man von einer «unsichtbaren Kirche» spricht, die geeint ist, doch man kann sie im kirchlichen Leben nicht erfahren. Es war die theologische Überzeugung der führenden theologischen Köpfe des Altkatholizismus im 19. Jahrhundert, dass die Einheit der Kirche sichtbar werden müsse. Dies macht den ökumenischen Pioniergeist der altkatholischen Kirchen auch theologisch nachvollziehbar.

5.4 Das ökumenische Selbstverständnis der altkatholischen Kirchen

Aus dem Gesagten ist leicht verständlich, dass die Internationale Altkatholische Bischofskonferenz in einer Standortbestimmung zur ökumenischen Aufgabe des Altkatholizismus heute festhalten kann: «Das ökumenische Engagement gehört zu den Antrittsgesetzen des Altkatholizismus.»[629] Die ökumenische Verpflichtung ergibt sich bereits aus dem ekklesiologischen Selbstverständnis der altkatholischen Kirchen als Ortskirchen, die Gemeinschaft mit anderen Ortskirchen pflegen oder suchen, in denen sie ihr eigenes Wesen wiedererkennen. Daraus ergeben sich die ökumenischen Grundprinzipien der altkatholischen Kirchen: «Der Glaube der Alten Kirche bietet die Orientierungsgrundlage, um Einheit und Gemeinschaft mit anderen Kirchen zu suchen und festzustellen.»[630] Diese Orientierungsgrundlage betrifft nicht nur den Sachgehalt des Glaubens, sondern auch die Verfassung der Kirche, und diese «vertraut den Bischöfen eine besondere Rolle bei der Aufrechterhaltung der Communio und der Einheit an [...]. Für die altkatholische Ekklesiologie gehört der Episkopat zur vollständigen Katholizität.»[631] Das altkirchliche Modell einer Gemeinschaft von Ortskirchen ist ausserdem geeignet, die Einheit in der Vielfalt, die in der Ökumene stets gewünscht wird, zu verwirklichen. Denn bei allem Streben nach Einheit impliziert der ökumenische Dialog «die Annahme des Andersseins der anderen und der anderen Kulturen»[632]. Bilaterale Dialoge zu Fragen des Glaubens und der Kirchenverfassung sowie darauf aufbauende zwischenkirchliche Abkommen und Vereinbarungen betreffen die gesamte Utrechter Union und sind daher Sache der Internationalen Bischofskonferenz. Die Bischöfe sind sowohl für eine Rückbindung nationaler ökumenischer Dialoge an die Internationale

---

629 INTERNATIONALE ALTKATHOLISCHE BISCHOFSKONFERENZ, Ökumenische Aufgabe, 307.
630 INTERNATIONALE ALTKATHOLISCHE BISCHOFSKONFERENZ, Ökumenische Aufgabe, 308.
631 INTERNATIONALE ALTKATHOLISCHE BISCHOFSKONFERENZ, Ökumenische Aufgabe, 309. *Communio*, lateinisch für Gemeinschaft, ist ein zentraler Begriff (nicht nur) altkatholischer Ekklesiologie. Episkopat meint sowohl in abstrakter Weise das Bischofsamt als auch die Gemeinschaft der Bischöfe.
632 Ebd.

Bischofskonferenz als auch für die Partizipation der Ortskirchen an den ökumenischen Dialogen der Utrechter Union verantwortlich.

Zur schwierigen und ökumenisch umstrittenen Frage der eucharistischen Gemeinschaft erklärt die Internationale Bischofskonferenz: «Die gemeinsame Feier der Eucharistie hat im Rahmen einer vollen Kirchengemeinschaft ihren angemessenen Ort.»[633] Dies gilt für generelle bzw. zwischenkirchlich vereinbarte Regelungen, schliesst aber den Kommunionempfang Einzelner keineswegs aus, auch wenn sie keiner altkatholischen oder in voller Kirchengemeinschaft stehenden Kirche angehören. Die altkatholischen Kirchen propagieren zwar keine «offene Kommunion», praktizieren aber eucharistische Gastfreundschaft gegenüber anderskonfessionellen Christen, die den Glauben, wie er in der altkatholischen Liturgie gefeiert wird, teilen. Dies erfolgt in der Eigenverantwortung der anderskonfessionellen Christinnen und Christen, die ihrem Gewissen folgend beurteilen können, ob sie diesen Glauben teilen oder nicht.[634] Eine solche eucharistische Gastfreundschaft wird als Ausdruck der ökumenischen Offenheit und aus pastoralen Gründen in den meisten westlichen Kirchen praktiziert und stösst dort auf grosse gesellschaftliche Akzeptanz.

5.5 Bilaterale Dialoge und ihr Ertrag

Ursprünglich strebten die altkatholischen Kirchen eine trilaterale orthodox-anglikanisch-altkatholische Verständigung an: In der Orthodoxie und im Anglikanismus sahen sie seelenverwandte Kirchen, die wie sie selbst am altkirchlichen Glauben festhielten. Sie erkannten in diesen Kirchen ihre eigene Ortskirchenekklesiologie wieder, die in altkirchlicher Weise das Bischofsamt hochhält, ohne einem päpstlichen Zentralismus anzuhangen – von Urs Küry «altkirchliche Ökumene» genannt.[635] In der Praxis waren es in der Orthodoxie vor allem die griechische und die russische Kirche, im Anglikanismus die Kirche von England und die nordamerikanische Episkopalkirche, mit denen intensive Kontakte gepflegt wurden. Waren die Bonner Unionskonferenzen von 1874 und 1875 noch vor allem trilateral ausgerichtete Konferenzen, so wurden in der Folge doch recht bald bilaterale Dialoge mit der Anglikanischen Kirchengemeinschaft und den orthodoxen Kirchen geführt.[636]

---

633 Ebd.
634 Küry, Altkatholische Kirche, 465.
635 Küry, Altkatholische Kirche, 361 f.
636 Vgl. Harald Rein, Kirchengemeinschaft. Die anglikanisch-altkatholisch-orthodoxen Beziehungen von 1870 bis 1990 und ihre ökumenische Relevanz, Bern (P. Lang) 1993; ders., Kirchengemeinschaft. Die anglikanisch-orthodoxen Beziehungen, die orthodox-altkatholischen Beziehungen, das ekklesiologische Selbstverständnis und die Beziehungen dieser drei zu anderen Kirchen, Bern – Berlin – Frankfurt a. M. (P. Lang) 1994.

5.5 Bilaterale Dialoge und ihr Ertrag   197

Das Interesse war dabei durchaus beidseitig. Der Dialog mit der anglikanischen Kirche wurde in der ersten Hälfte des 19. Jahrhunderts durch das wachsende Interesse anglikanischer Theologen an den Kirchen auf dem europäischen Kontinent vorbereitet. So verfasste der Anglikaner John Mason Neale Bücher über die altkatholische Kirche der Niederlande und über die östliche Orthodoxie. Später griff die 1853 gegründete «Anglo-Continental Society» dieses Anliegen auf; nach 1871 kam es zu vertieftem Austausch durch Informationsschriften und persönliche Freundschaften. So engagierte sich etwa der erste christkatholische Bischof der Schweiz, Eduard Herzog, sehr für die Beziehungen zu Grossbritannien und in die USA.

Dabei wurde das Gespräch mit den Orthodoxen und den Anglikanern aber dadurch erschwert, dass die altkatholische Kirche der Niederlande erst 1922 offiziell ihr theologisches Urteil über die Orthodoxie veränderte[637] und sich erst 1925 zu einer Anerkennung der anglikanischen Weihen durchringen konnte. Letzteres ebnete den Weg für das «**Bonner Abkommen» mit den Anglikanern** von 1931.[638] Es umfasst drei kurze Punkte und erklärt die gegenseitige Anerkennung der Katholizität und Selbstständigkeit; die gegenseitige Zulassung zu den Sakramenten; die weiterhin erlaubte Vielfalt in Lehrmeinungen, sakramentaler Frömmigkeit und liturgischer Praxis, wobei jede Kirche der anderen vertraut, das Wesentliche des katholischen Glaubens festzuhalten. Das Erreichte wurde zunächst «Interkommunion» genannt, seit 1958 aufgrund einer Präzisierung der Lambeth-Konferenz der anglikanischen Bischöfe «full communion».[639] Durch diesen Ausdruck soll die Breite der Kirchengemeinschaft zum Ausdruck kommen, die sich in *allen* Sakramenten äussert, unter anderem in der gegenseitigen Teilnahme an Bischofsweihen. Die Gemeinschaft wird seit 1998 gepflegt durch die Zusammenarbeit im Rahmen des «Anglican – Old Catholic International Coordinating Council» (Anglikanisch/Altkatholischer Koordinierungsrat, AOCICC),[640] durch gemeinsame Projekte im Rahmen der in mehreren Ländern bestehenden Willibrord-Gesellschaften, durch –

---

637 Das Utrechter Provinzialkonzil hatte die Orthodoxen 1763 in Übereinstimmung mit dem damaligen Standpunkt Roms als «Schismatiker» bezeichnet. In einer Erklärung vom 7. Juni 1922 hielt der Erzbischof von Utrecht fest, dass man sich vom Standpunkt Roms gelöst habe und die Orthodoxe Kirche als Teil der «Catholica» betrachte. Die Erklärung ist abgedruckt, in: De Oud-Katholiek NF 2 (1922), 114; vgl. auch den erläuternden Beitrag «De Oostersche kerk en de onze» dazu in der gleichen Nummer, 114–116.
638 Abgedruckt im Anhang, S. 345.
639 Vgl. HARDING MEYER u. a. (Hg.), Dokumente wachsender Übereinstimmung, Bd. 1, 78 f.
640 Der Koordinierungsrat hat 2011 einen gemeinsamen Text verabschiedet: ANGLICAN OLD CATHOLIC INTERNATIONAL COORDINATING COUNCIL, Belonging Together in Europe. A Joint Statement on Aspects of Ecclesiology and Mission, in: One in Christ 46 (2012) 336–355. Deutsche Übersetzung: ANGLIKANISCH-ALTKATHOLISCHER INTERNATIONALER KOORDINATIONSRAT, Zusammengehören in Europa. Eine gemeinsame Erklärung zu Aspekten von Ekklesiologie und Mission (2011), in: Johannes Oeldemann/Friederike Nüssel/ Uwe Swarat/ Athanasios Vletsis (Hg.), Dokumente wachsender Übereinstimmung. Sämtliche Berichte

auch länderübergreifende – diakonische und missionarische Zusammenarbeit und nicht zuletzt durch die Teilnahme anglikanischer bischöflicher Beobachter bei der Internationalen Altkatholischen Bischofskonferenz.[641] Auf der gleichen Basis, dem Bonner Abkommen, besteht seit 1965 auch Kirchengemeinschaft mit der Philippinischen Unabhängigen Kirche, der Spanisch-Reformierten Episkopalkirche und der Lusitanisch-Katholischen Kirche Portugals.

Durch die Willibrord-Gesellschaften wollen die anglikanischen und altkatholischen Kirchen das Bonner Abkommen mit Leben füllen und die Begegnung zwischen Menschen beider Kirchen fördern. Diese Gesellschaften pflegen den Austausch zwischen Personen und Gemeinden, führen Veranstaltungen durch, bei denen die anglikanisch-altkatholische Begegnung im Mittelpunkt steht, und publizieren Informationsschriften zum Thema. Die erste Willibrord-Gesellschaft wurde schon vor Abschluss des Bonner Abkommens im Jahr 1908 in England gegründet. Der heilige Willibrord wird als Schutzpatron der anglikanisch-altkatholischen Beziehungen gesehen, weil er schon früh die Kirchen von England und Utrecht verband: Er stammte aus dem angelsächsischen Kleinkönigreich Northumbria, kam im 7. Jahrhundert als Missionar auf den europäischen Kontinent und wurde im Jahr 695 erster Erzbischof von Utrecht.

Ungeklärt geblieben ist bisher das Problem der «overlapping jurisdictions», das heisst des Phänomens, dass beide Kirchengemeinschaften auf dem europäischen Kontinent sich teilweise überschneidende kirchliche Strukturen unterhalten. Dadurch wird das Territorialprinzip, dass es an einem Ort jeweils nur eine Ortskirche und nicht mehrere geben soll, infrage gestellt.[642] Das Problem besteht nicht nur zwischen der altkatholischen und anglikanischen Kirche, sondern auf dem europäischen Festland auch inneranglikanisch zwischen den vier anglikanischen Jurisdiktionen (Kirche von England, amerikanische Episkopalkirche, Spanisch-Reformierte Episkopalkirche und Lusitanisch-Katholische Kirche Portugals). Seit Beginn des 21. Jahrhunderts haben die altkatholischen und anglikanischen Schwesterkirchen ernsthafte Bemühungen unternommen, das Problem zu lösen: So haben seit 2005 die Bischöfe der anglikanischen Kirchen der Iberischen Halbinsel Beobachterstatus in der Internationalen Altkatholischen Bischofskonferenz. Umgekehrt trägt der

---

und Konsenstexte interkonfessioneller Gespräche auf Weltebene, Band 5: 2010–2019, Leipzig (Evangelische Verlagsanstalt) – Paderborn (Bonifatius) 2022, 36–52.

641 Vgl. ANGELA BERLIS, 1931–2006: 75 Jahre Bonner Abkommen zwischen Alt-Katholiken und Anglikanern, in: Ökumenische Rundschau 55 (2006), 526–535; INTERNATIONALE ALTKATHOLISCHE BISCHOFSKONFERENZ, Ökumenische Aufgabe, 310.

642 Man könnte das Problem mit dem Diasporaproblem der Orthodoxen Kirchen vergleichen, wo ebenfalls mehrere orthodoxe Kirchen auf dem gleichen Territorium tätig sind. Die Synode von Kreta (2017) will dieses Problem mit dem Modell einer orthodoxen Bischofssynode in jedem Land lösen, an der alle kanonischen orthodoxen Bischöfe des jeweiligen Landes Mitglied sind und somit mit einer Stimme nach aussen treten sollen.

Bischof der Christkatholischen Kirche der Schweiz den Titel eines «Honorary Assistant Bishop» der anglikanischen Diözese von Gibraltar. Die vertiefte Zusammenarbeit kommt in der Schweiz unter anderem darin zum Ausdruck, dass die Geistlichen der anglikanischen Gemeinden in der Schweiz am Hohen Donnerstag an der christkatholischen Chrisammesse in Bern teilnehmen und die heiligen Öle verwenden, die vom christkatholischen Bischof in diesem Gottesdienst geweiht werden.

In den **Beziehungen zu den Orthodoxen** können mehrere Phasen unterschieden werden.[643] Höhepunkt der ersten Phase waren die Bonner Unionskonferenzen von 1874 und 1875, an denen auch Theologen der griechisch- und russisch-orthodoxen Kirche teilnahmen. Die Bedeutung dieser Konferenzen und ihres Initiators Ignaz von Döllinger wird nicht nur von altkatholischen, sondern auch von orthodoxen Ökumenikern sehr hochgeschätzt.[644] In der zweiten Phase folgte eine innerorthodoxe Diskussion über den theologischen Stellenwert des Dialogs zwischen Orthodoxen und Altkatholiken. In der Patriarchal- und Synodalenzyklika an alle orthodoxen Ortskirchen von 1902 drückte das Ökumenische Patriarchat den Wunsch nach einer Union mit der altkatholischen Kirche aus. Bereits zwei Jahre später, in der Patriarchal- und Synodalenzyklika von 1904, wurde dieser Wunsch stark relativiert, wohl deshalb, weil mehrere orthodoxe Kirchen zurückhaltend reagiert hatten. Der Dialog wurde zwischen 1893 und 1913 in einem Austausch theologischer Gutachten auf dem Korrespondenzweg zwischen der orthodoxen St. Petersburger Kommission und der altkatholischen Rotterdamer Kommission fortgeführt.[645] Nachdem der Erste Weltkrieg dieser zweiten Phase des Dialogs ein Ende gesetzt hatte, wurde das Ökumenische Patriarchat von Konstantinopel erneut aktiv. Am Rande der sich formierenden Bewegung für Glauben und Kirchenverfassung fanden bei den Konferenzen von 1920 in Genf und von 1927 in Lausanne sowie am Rande der Lambeth-Konferenz 1930 Gespräche zwischen den dort anwesenden altkatholischen und orthodoxen Vertretern statt. Am 27. und 28. Oktober 1931 fand eine weitere Bonner Unionskonferenz statt, an der alle orthodoxen Ortskirchen teilnahmen, mit Ausnahme der russischen, was den dortigen politischen Verhältnissen geschuldet war. Dabei wurden «die wichtigsten Differenzpunkte

---

643 Vgl. URS VON ARX, Kurze Einführung in die Geschichte des orthodox-altkatholischen Dialogs, in: von Arx, Koinonia, 11–26; ESSER, Alt-Katholische Kirchen, 91–97; KÜRY, Altkatholische Kirche, 111–117.

644 Auch auf orthodoxer Seite wird zu den orthodox-altkatholischen Beziehungen geforscht und publiziert. Eine neuere Veröffentlichung aus orthodoxer Sicht, in griechischer Sprache, ist: GREGORIOS LIANTAS, Διορθοδόξος διακονία του Οικουμενικού Πατριαρχείου και της Εκκλησίας της Ελλάδος και η συμβολή των δύο Εκκλησιών στους διμερείς θεολογικούς διαλόγους με την Ρωμαιοκαθολική Εκκλησία και την Εκκλησία των Παλαιοκαθολικών, Thessaloniki (Sfakianaki Kornilia) 2004.

645 Vgl. die Beiträge zum 100-Jahr-Jubiläum der Rotterdamer und Petersburger Kommission in: Internationale Kirchliche Zeitschrift 87 (1997), 129–224.

durchbesprochen und theoretisch in allen wesentlichen Dingen eine Einigung erzielt.»[646] Die Frage der Kirchengemeinschaft mit den Anglikanern wurde von orthodoxer Seite damals den Altkatholiken gegenüber nicht aufgeworfen. Trotzdem kam es, wohl auch bedingt durch die Zeitumstände, nicht zu einem Abkommen. Der Prozess geriet ins Stocken. Erst die Panorthodoxe Konferenz von 1961 ebnete den Weg für die vierte Phase des Dialogs: Die beiden Kirchen riefen eine Gemischte Orthodox-Altkatholische Theologische Kommission ins Leben. Diese nahm 1975 nach einem längeren Prozess getrennter Vorbereitung ihre Arbeit auf. Frucht dieser Arbeit sind 26 Konsenstexte[647] – Konsens, nicht etwa nur Konvergenz![648] – zur Gotteslehre, Christologie, Ekklesiologie, Soteriologie, Sakramentenlehre, Eschatologie sowie zu den Voraussetzungen und Folgen von Kirchengemeinschaft.[649]

Nach Abschluss der Kommissionsarbeit 1987 begann die fünfte und jüngste Phase: Die Konsenstexte wurden zwar von allen Synoden der altkatholischen Ortskirchen im Grundsatz rezipiert.[650] Dennoch existiert bisher und wohl auch in naher Zukunft kein Abkommen über kirchliche Gemeinschaft. Offizielle Stellungnahmen orthodoxer Kirchen zu den Dialogtexten gibt es bisher keine, auch das Panorthodoxe Konzil von 2016 äusserte sich nicht dazu.[651] Dafür gibt es eine Reihe von Gründen. Der am häufigsten genannte Grund ist die Einführung der Frauenordination in den westeuropäischen altkatholischen Kirchen.[652] Andere Gründe sind

---

646 So KÜRY, Altkatholische Kirche, 114 f.
647 Siehe VON ARX (Hg.), Koinonia. Eine Neuausgabe in weiteren Sprachen durch Urs von Arx ist derzeit in Vorbereitung.
648 Viele ökumenische Dokumente, vor allem des Ökumenischen Rates der Kirchen, aber auch viele bilaterale Dialogpapiere, dokumentieren ein vertieftes gegenseitiges Verständnis und eine Annäherung der Positionen. Dies wird mit dem Begriff Konvergenz umschrieben. Konsens ist demgegenüber ein höherer Anspruch: Nicht nur Annäherung, sondern Einigkeit, Übereinstimmung.
649 Vgl. HERWIG ALDENHOVEN, Charakter, Bedeutung und Ziel der Dialogtexte, in: von Arx, Koinonia, 27–44.
650 In der Schweiz geschah dies 1992: Protokoll der 121. Session der Nationalsynode (1992), 83–103.
651 Im offiziellen Dokument des Konzils, «Relations of the Orthodox Church with the Rest of the Christian World», ist zwar von bilateralen Dialogen die Rede, aber nicht davon, dass derjenige mit den altkatholischen Kirchen erfolgreich abgeschlossen worden ist. Generell dient das Dokument der innerorthodoxen Klärung, warum und wie sich die Kirchen an ökumenischen Dialogen beteiligen, ohne zu den Ergebnissen solcher Dialoge Stellung zu nehmen. Vgl. Relations of the Orthodox Church with the Rest of the Christian World (Holy and Great Council of the Orthodox Church) 2016, www.holycouncil.org/-/rest-of-christian-world, zuletzt geprüft: 31.12.2021.
652 Allerdings haben namhafte orthodoxe Theologinnen und Theologen im Rahmen einer orthodox-altkatholischen Konsultation zum Thema der Erklärung zugestimmt, «dass keine zwingenden dogmatisch-theologischen Gründe vorliegen, dass Frauen nicht zum priesterlichen Dienst geweiht werden». VON ARX/KALLIS (Hg.), Bild Christi, 82.

weniger offensichtlich, aber gleichermassen wichtig:[653] Die grosse kulturelle Distanz zwischen der ostkirchlichen Tradition der Orthodoxie und dem westkirchlich und vom Gedankengut der Aufklärung geprägten Selbstverständnis der altkatholischen Kirchen kann auf beiden Seiten zur Befürchtung führen, bei einem Abkommen würden eigene wichtige Anliegen ins Hintertreffen geraten. Geklärt werden sollten zudem die Konsequenzen, die das anglikanisch-altkatholische Bonner Abkommen und neuerdings auch die Vereinbarung von Uppsala zwischen den altkatholischen Kirchen und der Kirche von Schweden auf eine orthodox-altkatholische Kirchengemeinschaft hätten.[654] Die Kirchengemeinschaft mit den orthodoxen Kirchen bleibt im Übrigen das theologisch vorrangige Ziel altkatholischen ökumenischen Bemühens. Eine gemischte orthodox-altkatholische Arbeitsgruppe mit je drei Vertretern beider Kirchen ist seit 2004 an der Arbeit, um zukunftsträchtige Wege zu suchen. Sie beschäftigt sich nicht nur mit den bekannten kulturellen Unterschieden, sondern diskutiert auch neuere gemeinsame gesellschaftliche Herausforderungen wie etwa die Säkularisierung. Solche Diskussionen sind nicht auf die Arbeitsgruppe beschränkt, sondern auch Thema öffentlicher Tagungen.[655] Daneben gibt es – etwa in den Niederlanden und in der Schweiz – regelmässig Initiativen zum gemeinsamen Austausch über theologische und spirituelle Fragen oder zum gemeinsamen Feiern von Gebetszeiten.[656]

Die **Beziehungen der altkatholischen Kirchen zur römisch-katholischen Kirche** gestalteten sich lange Zeit schwierig. Der Grund war einerseits die Ablehnung ökumenischer Dialoge von Seiten Roms vor dem Zweiten Vatikanischen Konzil

---

653 Vgl. SUTER, Vernetzung, 378.
654 Siehe dazu die Überlegungen von URS VON ARX, Kirchliche Gemeinschaft auf der Basis einer eucharistischen Ortskirchentheologie – illustriert am Dialog mit der Orthodoxen Kirche, der Römisch-katholischen Kirche und der Kirche von Schweden, in: Internationale Kirchliche Zeitschrift 105 (2015), 259–287.
655 So etwa folgende zwei Tagungen: «Wandel der Gesellschaft – Leben der Kirche. Orthodoxe und altkatholische Perspektiven im Gespräch» in Bern 2013, organisiert durch das Departement für Christkatholische Theologie in Bern, vgl. dazu Internationale Kirchliche Zeitschrift 104 (2014), 262f. Die Beiträge von Ian Moga, Ioannis G. Kourempeles und Peter-Ben Smit wurden veröffentlicht in: Internationale Kirchliche Zeitschrift 106 (2016), 2–40. Des Weiteren die – von der orthodox-altkatholischen Arbeitsgruppe in Zusammenarbeit mit dem Departement für Christkatholische Theologie durchgeführten – Tagung in Zürich (2015) zum Thema «Die orthodoxe und die altkatholische Kirche und ihre Verantwortung für ein zusammenwachsendes Europa», vgl. Internationals Kirchliche Zeitschrift 123 (2015), 250 f., bei der zehn Vorträge gehalten wurden (bisher veröffentlicht wurden die Beiträge von Konstantinos Delikonstantis, Grigorios Larentzakis, Mattijs Ploeger und Urs von Arx, a. a. O., 259–328).
656 Vgl. dazu etwa ANGELA BERLIS, Zur Rezeption der orthodox-altkatholischen Dialogtexte von 1975–1987 in den Niederlanden, in: Internationale Kirchliche Zeitschrift 94 (2004), 135–139.

und die von den Päpsten vertretene Rückkehr-Ökumene, die für altkatholische Gläubige – wie auch für andere Christinnen und Christen ausserhalb der römisch-katholischen Kirche – unannehmbar war.[657] Andererseits hat die scharfe altkatholische Polemik gegen Rom, die auch im 20. Jahrhundert immer wieder aufflammte, die Beziehungen nicht erleichtert. Neue Zugänge zueinander wurden durch Entwicklungen in beiden Kirchen erschlossen: Mit dem Ökumenismusdekret «Unitatis redintegratio» des Zweiten Vatikanischen Konzils[658] öffnete sich die römisch-katholische Kirche zur ökumenischen Bewegung hin;[659] vertiefte Reflexionen zum Verständnis des Papstes als *primus inter pares*, als «Erster unter Gleichen», ermöglichten den altkatholischen Kirchen eine positivere Sicht des päpstlichen Primates. Mit dem Ökumenismusdekret anerkannte die römisch-katholische Kirche, dass es ausserhalb der römisch-katholischen Kirche nicht nur einzelne Christinnen und Christen, sondern «Kirchen und kirchliche Gemeinschaften»[660] gibt, die ihre positive Bedeutung für die Spiritualität der Menschen haben. Früher, zu Zeiten der Rückkehr-Ökumene, waren andere Konfessionen noch als Hindernis auf dem Weg zum Heil betrachtet worden, weil sie die Menschen von der Rückkehr in den Schoss der römisch-katholischen Mutterkirche abhielten. In der altkatholischen Theologie wurde diese Änderung der römisch-katholischen Haltung sehr aufmerksam wahrgenommen und begrüsst,[661] nicht zuletzt durch die altkatholischen Beobachter am Konzil.[662] Konzilsbeobachter war damals der niederländische Theologe Petrus Johannes Maan, sein Stellvertreter war Werner Küppers (Bonn),

---

657 Ihren deutlichen Ausdruck findet die Rückkehr-Ökumene in der Enzyklika von Pius XI., «Mortalium animos», in: Hans-Ludwig Althaus (Hg.), Ökumenische Dokumente. Quellenstücke über die Einheit der Kirche, Göttingen (Vandenhoeck & Ruprecht) 1928, 163–174.
658 Hünermann (Hg.), Dokumente, 211–241.
659 Vgl. Suter, Vernetzung, 17–45.
660 Vgl. «Unitatis redintegratio», Überschrift zu Kap. III. «Kirchen» wird dabei für Denominationen verwendet, die der römisch-katholischen Kirche näher stehen, etwa weil sie das Bischofsamt und die apostolische Sukzession beibehalten haben, wie etwa die orthodoxen und altkatholischen Kirchen. Mit «kirchlichen Gemeinschaften» sind in «Unitatis redintegratio» in erster Linie Protestanten gemeint, bei denen das Zweite Vatikanum den Begriff «Kirche» vermeidet, um keine Aussage über deren theologischen Status zu implizieren. Im Protestantismus ist die Verwendung des Begriffs «Kirche» als Selbstbezeichnung uneinheitlich: Manche verstehen sich selbst als Kirche und bezeichnen sich auch so, während andere diesen Begriff als Selbstbezeichnung ablehnen.
661 Vgl. zu dieser positiven Aufnahme: Angela Berlis, Das Zweite Vatikanische Konzil – eine alt-katholische Perspektive, in: Bulletin ET. Journal for Theology in Europe 17 (2007) Nr. 2, 67–77.
662 Frühe Reaktionen sind z. B.: Werner Küppers, Das Schema «De Oecumenismo». Die Aussprache auf der 2. Session des II. Vatikanischen Konzils, in: Ökumenische Rundschau 13 (1964) 166–181; Aldenhoven, Was bedeutet das Zweite Vatikanische Konzil,

der sich wiederum einmal von Herwig Aldenhoven (damals Pfarrer in Wallbach) vertreten liess.[663]

Die altkatholischen Kirchen wurden nun von Rom neu wahrgenommen. Symbolisch fand dies Ausdruck in einer 1966 gemeinsam von den beiden Erzbischöfen von Utrecht, Johannes Kardinal Alfrink und Andreas Rinkel, in der altkatholischen Kathedrale St. Gertrudis gefeierten Vesper, die beide Erzbischöfe mit einem Segen abschlossen.[664] Seit 1965 nahmen Vertreter des vatikanischen Sekretariats bzw. Rats für die Einheit der Christen an Internationalen Altkatholikenkongressen teil. Der 2017 verstorbene luxemburgische Kirchenhistoriker Victor Conzemius war der erste römische Katholik, der in nicht-polemischer Weise ein ganzes Buch über den Altkatholizismus schrieb.[665] Auch von altkatholischer Seite wurde die römisch-katholische Kirche und das Papsttum nach dem Zweiten Vatikanum differenzierter gesehen. 1970 jährte sich das Erste Vatikanum zum 100. Mal. Dazu veröffentlichte die Internationale Altkatholische Bischofskonferenz eine Erklärung, in der sie aufzeigte, wie weit man aus altkatholischer Sicht den Bischof von Rom als *primus inter pares* betrachten und so dem Papst eine positive Rolle in der Christenheit zusprechen könne.[666] Für die Schweiz würdigte Bischof Urs Küry 1970 in seinem Hirtenbrief den tiefgreifenden Wandel der christkatholisch–römisch-katholischen Beziehungen, der nur möglich geworden sei durch die Veränderungen in beiden Kirchen.[667]

In verschiedenen Ländern pflegten bilaterale Gesprächskommissionen den Dialog, so auch in der Schweiz: Seit 1966 besteht die Christkatholisch–Römischkatholische Gesprächskommission (CRGK), die sich in der ersten Phase ihrer Zusammenarbeit, bis 1993, 81-mal traf. Doch es gab auch Rückschläge: Der römisch-katholische, aus Sursee stammende Professor Hans Küng hatte sich mehr-

---

663 PETER-BEN SMIT, Farewell to Rome! A Personal Perspective on the Final Days of the Old Catholic Observer at the Second Vatican Council, in: Dries Bosschaert/Johan Leemans (Hg.), «Res opportunae nostrae aetatis». Studies on the Second Vatican Council. Offered to Mathijs Lamberigts, Leuven (Peeters) 2020, 225–243; DERS., Liturgical Observations on the Second Vatican Council by a Forgotten Catholic. The Old Catholic Observer's Perspective on the Liturgical Developments at the Second Vatican Council, in: Questions Liturgiques 97 (2016) 84–103. Zu Küppers: HENSMANN-ESSER, Abenteuer.
664 Über die Vesper berichtete die landesweite, links orientierte Tageszeitung De Volkskrant am 8. November 1966 mit einem Bild auf der Titelseite und einem Bericht auf S. 11. Die Feierlichkeit setze einen Strich unter eine feindliche Vergangenheit und öffne den Weg zu einem ehrlichen Gespräch der Annäherung mit dem möglichen Ziel der Einheit – so fasste der Berichterstatter die neue Beziehung zusammen.
665 CONZEMIUS, Katholizismus.
666 INTERNATIONALE ALTKATHOLISCHE BISCHOFSKONFERENZ, Der Primat in der Kirche. Erklärung der Altkatholischen Bischöfe zum 18. Juli 1970, in: Internationale Kirchliche Zeitschrift 60 (1970) Nr. 2, 57–59.
667 KÜRY, Hirtenbriefe, 229–253.

fach in Büchern[668] kritisch zur päpstlichen Unfehlbarkeit geäussert. Nach einem zehn Jahre schwelenden Konflikt wurde ihm 1979 die kirchliche Lehrerlaubnis entzogen. Der «Fall Küng» gab auch in der christkatholischen Kirche zu reden.[669] Später war man in der christkatholischen Kirche, wie in vielen anderen auch, irritiert über Aussagen in der Erklärung der Glaubenskongregation «Dominus Iesus», die hinter die positive Würdigung anderer Kirchen, die das Zweite Vatikanum vorgenommen hatte, zurückfiel. Andererseits störte sich die römisch-katholische Seite an den «anti-römisch-katholischen Töne[n]» von christkatholischer Seite im Fall Röschenz.[670] Infolge solcher Irritationen auf beiden Seiten kam es 1993 zur zeitweiligen Stilllegung der Christkatholisch–Römisch-katholischen Gesprächskommission in der Schweiz. 2002 nahm die Gesprächskommission ihre Arbeit erneut auf. Vorsitzende auf christkatholischer Seite waren Kurt Stalder und Urs von Arx, seit 2018 ist es Adrian Suter. Themen der Arbeit waren und sind die Fragen zur Stellung des Papstes und andere Kontroversthemen, in neuerer Zeit auch die Frauenordination, die Frage der Weitergabe des Glaubens in der heutigen pluralen Gesellschaft, das Marienverständnis und das Verständnis der Sakramente.

Die Internationale Römisch-katholisch–Altkatholische Dialogkommission (IRAD) hatte nach einer längeren Vorbereitungszeit 2004 ihre Arbeit aufnehmen können. Sie legte 2009 ihren ersten[671] und 2016 ihren zweiten Bericht unter dem Titel «Kirche und Kirchengemeinschaft» vor.[672] Bei ihrer Arbeit hat die Dialogkommission die Methode des differenzierten Konsenses angewandt: gemeinsam sagen,

---

668 Hans Küng, Unfehlbar? Eine unerledigte Anfrage, Zürich (Piper) 1989. Es handelt sich dabei um eine erweiterte Neuauflage des ursprünglich 1970 publizierten Buches. Auf Kritik an seinem Ansatz reagierte Küng mit dem Werk: ders., Fehlbar? Eine Bilanz, Zürich (Benziger) 1973. Inzwischen sind seine Schriften zur Unfehlbarkeit in der Ausgabe seiner Werke erschienen: ders., Unfehlbarkeit, Freiburg i. Br. – Basel – Wien (Herder) 2016.
669 Kurt Stalder/Herwig Aldenhoven/Léon Gauthier, Rom, Küng und die Zukunft der Ökumene in christkatholischer Sicht, in: Internationale Kirchliche Zeitschrift 70 (1980), 71–83.
670 Als «Fall Röschenz» bezeichnet man den inner-römisch-katholischen Konflikt zwischen Pfarradministrator Franz Sabo von Röschenz und dem damaligen Bischof von Basel, Kurt Koch, der vor dem Hintergrund des staatskirchenrechtlichen, dualen Systems ausgetragen wurde. Vgl. dazu Urs Brosi, Fallstudie «Röschenz», in: Libero Gerosa/Ludger Müller (Hg.), Katholische Kirche und Staat in der Schweiz, Münster, Zürich (LIT Verlag) 2010, 200–208; sowie im gleichen Band Arturo Cattaneo, Lehren aus dem «Fall Röschenz», 209–216. Die Angelegenheit fand ein grosses Echo in den Medien. In der Öffentlichkeit äusserten sich auch verschiedene Christkatholiken, etwa der christkatholische Bischof oder auch der ehemalige bischöfliche Vikar, Pfr. em. Peter Hohler. Dies löste offizielle römisch-katholische Reaktionen wie die im Text erwähnte aus.
671 Kirche und Kirchengemeinschaft, 11–50. Der Abschnitt zum Verständnis des Papsttums aus diesem Bericht ist im Anhang abgedruckt: S. 352–356.
672 Kirche und Kirchengemeinschaft, 95–152.

was gemeinsam gesagt werden kann; bei allen Punkten, in denen Dissens festgestellt wird, diesen ehrlich benennen und die Frage stellen, ob er kirchentrennenden Charakter habe oder nicht. Als Konsens konnte festgestellt werden, dass die bischöfliche Verantwortung für die Einheit und Katholizität auf jeder Ebene eine personale, kollegiale und gemeinschaftliche Dimension hat. Auf Weltebene kommt die personale Verantwortung für die Einheit dem Papst zu, doch bedarf sie wie auf allen anderen Ebenen eines kollegialen und gemeinschaftlichen Gegenübers. Ein so verstandener Primat äussert sich nicht in einer unmittelbaren Jurisdiktion in allen Ortskirchen, sondern darin, dass er Reflexions- und Diskussionsprozesse zur Wahrung, Sicherung oder Wiedererlangung der Einheit initiiert und moderiert. An kontroversen Punkten, die in den römisch-katholisch-altkatholischen Beziehungen der weiteren Reflexion bedürfen, nennt das erste IRAD-Dokument (2009) vor allem die Mariologie, die Frauenordination, sowie verschiedene offene Fragen, die sich aus dem römisch-katholischen Kirchenrecht ergeben. Der zweite, 2016 abgeschlossene Bericht geht auf einen Teil dieser Fragen ein. Unter anderem legt der zweite Bericht Überlegungen zu den römisch-katholischen Mariendogmen vor, die durch die Christkatholisch–Römisch-katholische Gesprächskommission in der Schweiz 2013–2015 erarbeitet worden waren. Darin legen die altkatholischen Kommissionsmitglieder ein Marienverständnis vor, das gewisse Anliegen der römisch-katholischen Mariendogmen von 1854 und 1950 in altkirchlicher Weise interpretiert; woraufhin die römisch-katholischen Kommissionsmitglieder des IRAD bekräftigen, dass dieses Verständnis in ihren Augen nicht durch die Anathema-Aussagen der Dogmen – die offizielle Verwerfung als Irrlehre – betroffen sind.

Dieses Vorgehen ist deswegen bemerkenswert, weil ein gewichtiges Problem der Beziehungen zwischen der altkatholischen und der römisch-katholischen Kirche die gegenseitige Verwerfung ist: Einerseits ist man sich zwar einig, dass die theologischen Differenzen beispielsweise im Marienverständnis nur Punkte betreffen, die von geringem Gewicht sind;[673] andererseits hat man gerade diese eigentlich nachrangigen Differenzen mit feierlichen Erklärungen und hoher Autorität festgehalten und damit gewissermassen zementiert. Wenn die beiden Kirchen gemeinsam feststellen können, dass das theologische Anliegen des anderen von den Verwerfungen gar nicht betroffen ist, dann ist dies ein bedeutender Fortschritt. Aus altkatholischer Sicht wäre eine Bestätigung dieser Feststellung durch das römisch-katholische Lehramt wichtig.

Bereits im 19. Jahrhundert wurden Altkatholikinnen und Altkatholiken gelegentlich auf die **Kirche von Schweden** aufmerksam.[674] Der anglikanische Bischof von Salisbury, John Wordsworth, veröffentlichte 1911 als Mitglied einer Kommission der Kirche von England ein Buch über die Kirche von Schweden; die Stellung-

---

673 Vgl. SUTER, Vernetzung, 92–95.
674 Vgl. BERLIS/FEENSTRA, Kirche von Schweden, 11–19.

nahme dieser Kommission führte zu einer Annäherung zwischen der Anglikanischen Kirchengemeinschaft und der Kirche von Schweden. Wordsworths Buch wurde auch in christkatholischen Kreisen gelesen und führte auf längere Sicht zu einer Wahrnehmung der Kirche von Schweden als einer Kirche in katholischer Tradition.[675] Viele Jahrzehnte blieb es bei dieser zwar freundlichen, aber doch distanzierten Wahrnehmung.

Eine neue ökumenische Situation ergab sich, als 1992 das Porvoo-Abkommen geschlossen wurde. Die Porvoo-Gemeinschaft ist ein Zusammenschluss von ursprünglich zehn, mittlerweile 13 europäischen Kirchen anglikanischer und lutherischer Konfession, letztere vor allem aus Skandinavien und dem Baltikum. Die Porvoo-Erklärung von 1992 begründet die Kirchengemeinschaft zwischen den beteiligten Kirchen.[676] Altkatholische Theologinnen und Theologen setzten sich bei zwei Internationalen Theologenkonferenzen 1999 und 2003 unter Einbeziehung evangelisch-lutherischer, griechisch-orthodoxer und anglikanischer Referenten mit dem Thema auseinander und regten eine Beziehungsaufnahme mit der Kirche von Schweden an.[677] Von 2005 bis 2013 wurde ein theologischer Dialog mit der Kirche von Schweden geführt. Es fanden insgesamt 12 Sitzungen statt, bei denen ein umfangreicher Bericht erstellt wurde. Der Dialog erwies sich als fruchtbar, indem er die weitgehende Übereinstimmung im ekklesiologischen Selbstverständnis feststellen konnte.[678] Obwohl sie in evangelisch-lutherischer Tradition steht, hat die Kirche von Schweden das geweihte Bischofsamt beibehalten und steht in apostolischer Sukzession.[679] In ihrem nationalkirchlichen Selbstverständnis zeigen sich viele ekklesiologische Anliegen, die auch für die altkatholischen Kirchen charakteristisch sind. Der Bericht der Dialogkommission stieß in der Kirche von Schweden und in den altkatholischen Kirchen der Utrechter Union auf ein positives Echo; in der Schweiz lag der Bericht in deutscher Übersetzung der 146. Session der Nationalsynode im Juni 2014 vor.[680] Am 23. November 2016 unterzeichneten der altkatholische Erzbischof von Utrecht, Joris Vercammen, und die evangelisch-lutherische

---

675 Vgl. BERLIS/FEENSTRA, Kirche von Schweden, 19. John Wordsworth lebte 1843–1911.
676 Vgl. GÜNTHER GASSMANN, Das Porvoo-Dokument als Grundlage anglikanisch-lutherischer Kirchengemeinschaft im nördlichen Europa, in: Ökumenische Rundschau 44 (1995), 172–183.
677 Zu den Hintergründen und Erwägungen auf altkatholischer Seite vgl. BERLIS/FEENSTRA, Kirche von Schweden, 31–35.
678 Utrecht und Uppsala auf dem Weg zu kirchlicher Gemeinschaft. Bericht des offiziellen Dialogs zwischen den Altkatholischen Kirchen der Utrechter Union und der Kirche von Schweden, in: Berlis, Utrecht 136–212.
679 Zum altkatholischen Verständnis der apostolischen Sukzession s. o. Kap. 3.7, S. 148.
680 Vgl. BERLIS/FEENSTRA, Kirche von Schweden, 42–44 zur Aufnahme des Dialogberichts in anderen altkatholischen Kirchen.

Erzbischöfin von Uppsala, Antje Jackelén, die Vereinbarung von Uppsala.[681] Am 20. Januar 2018 wurde die volle kirchliche Gemeinschaft zwischen den altkatholischen Kirchen der Utrechter Union und der Kirche von Schweden im Rahmen eines Festaktes und einer Eucharistiefeier in der Kathedrale der hl. Gertrudis in Utrecht feierlich ratifiziert.[682]

Die Vereinbarung von Uppsala ist ökumenisch wie ekklesiologisch von hoher Relevanz. Ihre ökumenische Bedeutung weit über die beteiligten Kirchen hinaus liegt darin, dass hier eine Kirche, die sich der katholischen Tradition zugehörig fühlt, und eine Kirche, die durch die Reformation gegangen ist, miteinander Kirchengemeinschaft vereinbaren. Für das Kirchenverständnis relevant ist die Vereinbarung aus altkatholischer Perspektive, weil sie auf knappem Raum darlegt, wie breit und umfassend kirchliche Gemeinschaft zu verstehen ist. Die Gemeinschaft beschränkt sich nicht auf Bischöfe und Abendmahlsgemeinschaft, sondern beruht auf der umfassenden Selbstverpflichtung, «getaufte Glieder der beiden Kirchen [...] als Glieder der eigenen Kirche zu betrachten»[683].

Ein weiterer, noch junger Dialog der altkatholischen Kirchen ist derjenige mit der **Malankara Mar Thoma Syrian Church**, einer Kirche in Indien, die mit den anglikanischen Kirchen in voller Gemeinschaft steht.[684] Sie versteht sich als autonome Kirche und als keiner der grossen Konfessionsfamilien zugehörig. Mit Wurzeln in der syrisch-orthodoxen Tradition, war die Mar-Thoma-Kirche in der Kolonialzeit unter portugiesische Hegemonie geraten und römisch-katholisch beeinflusst worden, hielt aber an ihrer Eigenständigkeit fest. Im 19. Jahrhundert vollzog sie

---

681 Vereinbarung von Uppsala (23. November 2016), in: Berlis, Utrecht, 215 f. Die Vereinbarung ist auch im Anhang abgedruckt: S. 356 f. Das Titelbild dieses Kapitels (s. o. S. 182) zeigt Erzbischöfin Antje Jackelén und Erzbischof Joris Vercammen bei der Unterzeichnung.
682 Zu dieser Gelegenheit erschien Berlis, Utrecht in erster Auflage.
683 Vereinbarung von Uppsala, Punkt 5, im Anhang S. 356. Vgl. dazu auch von Arx, Kirchliche Gemeinschaft.
684 Das Schlussdokument des Dialogs erscheint in IKZ 113 (2023) Nr. 1, im Internet ist es zu finden: Commission for the Dialogue between the Malankara Mar Thoma Syrian Church and the Old Catholic Churches of the Union of Utrecht, Concluding Common Joint Statement 2019, www.utrechter-union.org/fman/1108.pdf, zuletzt geprüft: 31.12.2021. Die drei früheren (vorläufigen) Erklärungen, die inhaltlich vollständig in das Schlussdokument übernommen worden sind, wurden in der Internationalen Kirchlichen Zeitschrift veröffentlicht: *Santhigiri Statement*, in: IKZ 102 (2012), 315–320; *Hippolytus Statement*, in: IKZ 103 (2013), 324–331; *Munnar Statement*, in: IKZ 105 (2015), 159–166. Vgl. zum Hintergrund Adrian Suter, Einführung zu den Dialogtexten, in: Alt-Katholische Kirchen der Utrechter Union – Mar Thoma Syrian Church of Malabar, Dokumentation der Dialogtexte, hg. vom Katholischen Bistum der Alt-Katholiken in Deutschland, Bonn (Eigenverlag) 2015, 3–9. Dort sind auch alle drei vorläufigen Erklärungen im englischen Original und in deutscher Übersetzung abgedruckt.

unter dem Einfluss anglikanischer Missionare wichtige Reformen. Altkatholische Menschen können in ihrer Struktur leicht bischöflich-synodale Prinzipien wiedererkennen, auch wenn der Begriff «Synode» in der Mar-Thoma-Kirche anders verwendet wird. Eine besondere Herausforderung für den Dialog bestand darin, dass die Mar-Thoma-Kirche nur die drei ersten ökumenische Konzile als verbindlich anerkennt, und nicht die sieben Konzile des ersten Jahrtausends. Da sie insbesondere das Konzil von Chalcedon (451) nicht anerkennt, zählt sie zu den «vorchalcedonensischen» oder «nichtchalcedonensischen» Kirchen. Allerdings legten ihre Vertreter im Dialog Wert darauf, dass die thomaschristliche Tradition in Indien im 5. Jahrhundert gar nicht an den theologischen Kontroversen beteiligt gewesen sei, die auf dem Konzil von Chalcedon ausgetragen worden sind, die Mar-Thoma-Kirche daher nicht «anti-chalcedonensisch» sei. Der Ansatz im Dialog bestand darin, den Fokus von der formellen Anerkennung der Konzile weg- und auf die inhaltlich theologischen Fragen der Konzile hinzubewegen.[685] Damit steht dieser Dialog im Einklang mit anderen Dialogen zwischen Kirchen, die das Ökumenische Konzil von Chalcedon angenommen haben und Kirchen, die dies nicht tun. In diesen Dialogen chalcedonensischer und nichtchalcedonensischer Kirchen wurden ebenfalls inhaltlich-theologischen Fragen über die Frage der historischen Beurteilung der Autorität der Konzile gestellt.[686]

An drei Treffen der gemischten Dialogkommission wurden drei vielversprechende gemeinsame Erklärungen erarbeitet. An einer Konferenz in Bern im Jahr 2017, die unter anderem von der Nationalsynode der Christkatholischen Kirche der Schweiz angeregt worden war, wurde der Dialog im weiteren Kontext der Begegnung von indischem und europäischem Christentum betrachtet.[687] An einem vierten Treffen der Dialogkommission 2018 in Bern wurden kritische Analysen aus der Konferenz zu den drei Erklärungen rezipiert. Die Kommission hat dann den theologischen Ertrag der früheren Erklärungen in einem einzigen Dokument, der abschliessenden Erklärung der Kommission zu Handen der beiden Bischofskonfe-

---

685 Vgl. PETER-BEN SMIT/ADRIAN SUTER, Chalcedon on the Road to Justice and Peace. The Case of the Mar Thoma – Old Catholic Dialogue, in: Ecumenical Review 73 (2021), 261–280.
686 Vgl. z. B. den Dialog der orientalisch-orthodoxen Kirchen (vorchalcedonensische Orthodoxie) mit der römisch-katholischen Kirche, in: MEYER u. a. (Hg.), Dokumente, Bd. 1, 527–542.
687 Mehrere der dort gehaltenen Vorträge sind in einem Themenheft der Internationalen Kirchlichen Zeitschrift erschienen: Indian and European Christianity in Dialogue. Ecumenical Relations between Mar Thoma and Old Catholic Churches as a Source of Intercultural Learning. Internationale Kirchliche Zeitschrift 109 (2019) Nr. 1. Dort ist auch ein Bericht über die Konferenz zu finden: ADRIAN SUTER, Ökumenische Beziehungen zwischen den altkatholischen Kirchen und der Mar-Thoma-Kirche. Bericht zur internationalen Konferenz (2017) und zum Rezeptionsprozess des Dialogs, in: Internationale Kirchliche Zeitschrift 109 (2019), 73–75.

renzen, systematisch zusammengefasst. Von altkatholischer Seite hat die Internationale Bischofskonferenz die Ergebnisse dieses Dialogs gutgeheissen und festgestellt, dass einer Kirchengemeinschaft nichts im Weg stehe.[688] Am 1. September 2023 stimmte das oberste Entscheidungsgremium der Mar-Thoma-Kirche, das «Sabha Prathinidhi Mandalam», in Thiruvalla (Kerala) ebenfalls zu.

Der Dialog mit der Orthodoxie hatte bisher die orientalisch-orthodoxen Kirchen nicht berücksichtigt. Erst in der jüngeren Vergangenheit wurden Sondierungsgespräche – kein formeller Dialog – mit der **Armenischen Apostolischen Kirche** geführt. Diese Kirche hat, wie die Mar-Thoma-Kirche, das vierte Ökumenische Konzil von Chalcedon von 451 nicht angenommen. Ähnlich wie in anderen Dialogen, wird auch hier die altkatholische Theologie mit grossem Gewinn die Erkenntnisse anderer Dialogkommissionen zur Kenntnis nehmen.

Bei all ihren Dialogen ist sich die Internationale Bischofskonferenz bewusst, dass «diese nur dann zu einem Zeugnis für das ökumenische Anliegen der altkatholischen Kirche werden, wenn durch ortskirchliche Initiativen sich auch die betreffenden Kirchengemeinden auf eine sinnvolle Weise daran beteiligen und so ihrerseits Impulse geben können».[689] Die bilateralen Dialoge sind von Fragen rund um Glauben und Kirchenverfassung dominiert; doch wenn diese Dialoge ins Leben der Kirche vor Ort ausstrahlen sollen, dürfen die Kirchen sich nicht auf diese theologischen Themen beschränken, sondern müssen sich im Alltag begegnen, die Zusammenarbeit in der Verkündigung und im Dienst in der Gesellschaft pflegen sowie gegenseitig Solidarität zeigen.[690]

5.6 Kirchengemeinschaft und ihre Folgen

Im Rahmen ihrer bilateralen ökumenischen Dialoge hat die altkatholische Kirche, nach intensiven theologischen Reflexionen und der Feststellung einer Übereinstimmung im Glauben, mit verschiedenen Kirchen Vereinbarungen voller kirchlicher Gemeinschaft geschlossen. Das Bonner Abkommen mit der Anglikanischen Kirchengemeinschaft wurde bereits erwähnt. Ebenso pflegte die altkatholische Kirche Beziehungen mit der Philippinischen Unabhängige Kirche,[691] der Lusitanische Kirche von Portugal und der Reformierten Episkopalkirche Spaniens, ohne mit ihnen

---

688 INTERNATIONALE ALTKATHOLISCHE BISCHOFSKONFERENZ (IBK), Communiqué der Internationalen Altkatholischen Bischofskonferenz (IBK) anlässlich ihrer Sitzung 2019 in Lublin/Polen, in: Internationale Kirchliche Zeitschrift 109 (2019), 148–150.
689 INTERNATIONALE ALTKATHOLISCHE BISCHOFSKONFERENZ, Ökumenische Aufgabe, 312.
690 Wie dies in der Schweiz zwischen der Christkatholischen Kirche und den orthodoxen Kirchen praktiziert wurde und wird, ist in Kap. 5.9, S. 219–221, näher ausgeführt.
691 SMIT, Ecclesiologies.

einen eigenen theologischen Dialog zu führen. Als die anglikanische Kirche mit den genannten Kirchen eine Kirchengemeinschaft eingegangen ist, hat die altkatholische Kirche dies 1965 übernommen. Die jüngste Kirchengemeinschaft wurde 2016 mit der Kirche von Schweden geschlossen.[692] Die volle kirchliche Gemeinschaft bedeutet in der Praxis unter anderem, dass jede Kirche den Mitgliedern der anderen Kirche uneingeschränkten Zugang zu Sakramenten und pastoralen Diensten ermöglicht, dass Ordinierte der einen Kirche ohne Re-Ordination in den Dienst der anderen aufgenommen werden können, dass die Bischöfe der anderen Kirche eingeladen werden, sich bei Bischofsweihen an der Handauflegung zu beteiligen, dass man Sendung und Dienst der Kirche wo immer möglich als gemeinsames Anliegen versteht. Beide Kirchen verschmelzen aber nicht zu einer, sondern behalten ihre Unabhängigkeit, pflegen weiter ihre liturgischen Traditionen und erhalten ihre eigene kirchliche Verwaltung aufrecht.

Angesichts dieser vielfältigen Vereinbarungen von Kirchengemeinschaft stellt sich die Frage der Transitivität von Kirchengemeinschaft: Ist Kirchengemeinschaft von der einen Kirche auf die andere übertragbar? Wenn eine Kirche A mit Kirche B in voller kirchlicher Gemeinschaft steht, und Kirche B wiederum mit Kirche C, was bedeutet dies dann für A und C und die Beziehung zwischen ihnen? Wenn man mit einer Partnerkirche Kirchengemeinschaft schliesst, hat man dann automatisch mit allen anderen Kirchen, mit denen diese Partnerkirche bereits in Gemeinschaft steht, ebenfalls Gemeinschaft? Die Frage der Transitivität ist keineswegs rein akademisch, sondern für die altkatholischen Kirchen in mehreren ökumenischen Zusammenhängen relevant: Ist die altkatholische Kirche automatisch mit jenen Kirchen, mit denen die anglikanische Kirche in Gemeinschaft steht, auch in Gemeinschaft? Während die altkatholischen Bischöfe dies 1965 im Fall der Philippinischen Unabhängigen Kirche noch bejahten, ist die Antwort heutiger altkatholischer Theologie ein klares Nein: Kirchengemeinschaft ist nicht transitiv, sie überträgt sich nicht von einer Kirche auf die andere. Wohl aber fordert diese Situation die beiden bisher nicht in Gemeinschaft stehenden Kirchen heraus, nun auch miteinander in den Dialog zu treten und die Möglichkeit einer Kirchengemeinschaft zu prüfen – was im Fall der Mar-Thoma-Kirche ja tatsächlich unternommen wurde.

Ähnlich und doch anders stellt sich die Frage in den orthodox-altkatholischen Beziehungen: Wenn die altkatholische Kirche bereits eine volle kirchliche Gemeinschaft mit der anglikanischen Kirchengemeinschaft und mit der Kirche von Schweden pflegt, was bedeutet dies für die orthodoxen Kirchen, falls sie ebenfalls eine Vereinbarung mit den Altkatholiken schliessen? Stehen sie dann «automatisch» auch mit den Anglikanern und mit der Kirche von Schweden in Gemeinschaft? Wiederum würde dies von altkatholischer Seite verneint werden, doch birgt dies für

---

692 Vereinbarung von Uppsala, abgedruckt im Anhang, S. 356f. Das angestrebte Abkommen mit der Mar-Thoma-Kirche wird erst 2024 unterzeichnet.

die orthodoxe kirchliche Tradition und Theologie Schwierigkeiten. In orthodoxer Perspektive ist eine Kirchengemeinschaft mit den Altkatholikinnen und Altkatholiken ekklesiologisch schwierig begründbar, wenn nicht gleichzeitig eine Kirchengemeinschaft mit der anglikanischen Kirchengemeinschaft und der Kirche von Schweden geschlossen wird, und dazu sind die orthodoxen Kirchen nicht bereit. Das Verständnis von Kirchengemeinschaft und die Frage der Transitivität bedarf daher der weiteren Diskussion im ökumenischen Dialog zwischen der altkatholischen und der orthodoxen Kirchenfamilie.

5.7 Ökumenische Initiativen und themenbezogene Zusammenarbeit

Die bisher dargestellten Formen der Ökumene bezogen sich auf ökumenische Räte und auf bilaterale Dialoge; sie sind den Leitungsgremien der Kirchen zugeordnet und in der Regel von ihnen initiiert. Neben dieser Ökumene auf Kirchenleitungsebene existiert eine Vielfalt von ökumenischen Initiativen, in denen andere kirchliche Institutionen, Gruppierungen und Einzelpersonen sich engagieren. Solche ökumenischen Initiativen verfolgen vor allem die Anliegen der Bewegung für Praktisches Christentum weiter. Ihr Ziel ist es, in bestimmten Themenbereichen über die Konfessionsgrenzen hinaus zusammenzuarbeiten.

Ein Blick in die ökumenische Welt unter diesem Gesichtspunkt offenbart eine schier unüberschaubare Fülle von Beteiligten und von Themen: Jugendorganisationen, theologische Verlage, Kirchenchöre, Kirchenmusikvereine, kirchliche Zeitschriften, Frauenvereine, Hilfswerke, theologische Fakultäten und viele andere arbeiten ökumenisch zusammen. Sie führen gemeinsame Veranstaltungen durch, organisieren ökumenische Begegnungen, Workshops, Kurse, Kirchentage, Konferenzen, Konzerte, Ausstellungen und Feste, treten an staatlichen oder gesellschaftlichen Anlässen gemeinsam auf, publizieren gemeinsame Stellungnahmen, Liederbücher, Gebetstexte und Lehrmittel. An vielen solchen ökumenischen Initiativen und themenbezogener Zusammenarbeit sind auch christkatholische Delegierte und Gruppierungen beteiligt.

Ein wichtiges Beispiel für die christkatholische Mitarbeit ist die jährliche Fastenkampagne der Hilfswerke, die in der Entwicklungszusammenarbeit und Katastrophenhilfe tätig sind: die römisch-katholische «Fastenaktion», die bis 2021 «Fastenopfer» hiess; das «Hilfswerk der Evangelischen Kirchen der Schweiz» (HEKS), das im Jahr 2022 mit «Brot für alle» fusionierte; und das christkatholische Hilfswerk «Partner sein».[693] Während früher das christkatholische Hilfswerk, damals allerdings noch nicht unter dem Namen «Partner sein», seine jährliche Sammlung im Advent

---

693 Zur geschichtlichen Entwicklung des Hilfswerks «Partner sein» s. o. Kap. 2.9, S. 113 f.

durchgeführt hatte, beschloss die Nationalsynode 1991 nach engagiert geführter Debatte, die Sammlung in die Fastenzeit zu verlegen.[694] Der Synodenbeschluss wurde zur Erfolgsgeschichte: Die Gemeinden beteiligen sich an ökumenischen Suppentagen, «Partner sein» wurde von den anderen Hilfswerken mehr und mehr in die ökumenische Zusammenarbeit hineingenommen. – Ein vollkommen anderes Beispiel für christkatholische Mitarbeit bei ökumenischen Initiativen ist das ökumenische Liedgut: 238 Gesänge sind dem christkatholischen, evangelisch-reformierten und römisch-katholischen Gesangbuch gemeinsam und in Melodie und Text übereinstimmend; sie sind in den Gesangbüchern mit einem «+» markiert.

Oft kann die christkatholische Kirche von dieser ökumenischen Zusammenarbeit für ihre eigenen kirchlichen Tätigkeiten profitieren. Durch die Beteiligung an der ökumenischen Katechetikausbildung OekModula konnte der Ausbildungsstandard für Katechetinnen und Katecheten gehoben werden. Umgekehrt leisten christkatholische Vertreterinnen und Vertreter durch ihre besondere Expertise einen Beitrag zur Ökumene, so dass alle beteiligten Kirchen Nutzen daraus ziehen – eine echte Win-Win-Situation. Ein Beispiel unter vielen ist die Theologische Fakultät der Universität Bern: Die christkatholische Kirche profitiert davon, ihre Pfarrerinnen und Pfarrer an einer staatlichen Universität ausbilden zu können, was seit 2001 nur im Kontext einer grösseren theologischen Fakultät möglich ist, die in Bern von der evangelisch-reformierten Mehrheit geprägt ist. Umgekehrt leistet das Institut für Christkatholische Theologie durch seine thematischen Schwerpunkte in der Lehre, seine Forschungsprojekte und seine theologischen Fachtagungen und Konferenzen einen wichtigen Beitrag, die Vielfalt der Theologie an der Fakultät zu verankern und sichtbar zu machen. So trägt das Institut entscheidend zum ökumenischen Profil der Fakultät bei.

Im Bildungskontext ist Ökumene nicht nur an der Universität, sondern auch in der Schule, im Religionsunterricht, in der Erwachsenenbildung, in Seminaren und Kursen wichtig. Zu den ökumenischen Errungenschaften gehören deshalb auch Lehrmittel, in denen nicht für die eine Seite Propaganda gemacht wird, sondern geschichtliche Entwicklungen ohne einseitige Schuldzuweisungen verdeutlicht werden. Auch das vorliegende Buch, obwohl klar und ausdrücklich aus christkatholischer Perspektive geschrieben, will einseitige Propaganda vermeiden und stattdessen ökumenisches Verständnis für geschichtliche Entwicklungen und theologische Standpunkte fördern.

Trotz dieser Beispiele: Für eine kleine Kirche wie die christkatholische ist eine Beteiligung an der grossen Fülle von Initiativen nur schwer zu meistern. Deswegen engagiert sich die christkatholische Kirche vorwiegend dort ökumenisch, wo sie auch präsent ist: in der Ökumene am Ort.

---

694 120. Session der Nationalsynode der Christkatholischen Kirche der Schweiz. 7. und 8. Juni 1991 in Liestal, [Christkatholische Kirche der Schweiz, 1992], 108–115.

5.8 Ökumene am Ort

Da Ökumene nach dem Wortsinn die ganze Welt im Blick hat, sucht sich die altkatholische Kirche ihre primären Dialogpartner im Kontext der weltweiten Christenheit. Doch über den eigenen konfessionellen Tellerrand schauen kann und soll man auch bei sich zu Hause. Und lokal drängen sich andere ökumenische Partner auf als im weltweiten Kontext: Christkatholische Kirchgemeinden in der Schweiz haben vor allem römisch-katholische und evangelisch-reformierte Nachbargemeinden. Mit ihnen wird die ökumenische Zusammenarbeit am Ort gepflegt. Auch auf kantonaler und schweizerischer Ebene sind diese Kirchen wichtige Partner. Dies liegt nicht nur an ihrer Grösse und Präsenz, sondern auch daran, dass sie Landeskirchen sind. Diesen Status der öffentlich-rechtlichen Anerkennung teilt die christkatholische Kirche in denjenigen Kantonen, wo sie eigene Gemeinden hat, mit der evangelisch-reformierten und der römisch-katholischen Kirche. In einigen Kantonen ist auch die jüdische Gemeinschaft öffentlich-rechtlich anerkannt.

Häufig beeinflussen ökumenische Kooperationen auf nationaler oder internationaler Ebene auch das ökumenische Miteinander am Ort. So wird etwa die Gebetswoche für die Einheit der Christen im Januar an vielen Orten durch ökumenische Gottesdienste und Gebete begangen. Auch der Weltgebetstag, ursprünglich und in manchen Ländern bis heute «Weltgebetstag der Frauen» genannt, wird an vielen Orten der Schweiz jedes Jahr am ersten Freitag im März gefeiert. Er ist eine ökumenische Basisinitiative, die kirchlich engagierte Frauen und Frauenorganisationen ergriffen haben. Basierend auf früheren nationalen Gebetstagen in Nordamerika, fand der erste Weltgebetstag 1927 statt. Zunächst wurde er in dreissig Ländern gefeiert, breitete sich aber immer weiter aus und wird heute in 170 Ländern gefeiert. Verantwortlich ist das Internationale Weltgebetstagskomitee sowie weitere, lokale und nationale Komitees. Jedes Jahr wird die Liturgie von Frauen aus einem anderen Land erarbeitet.

Die Fastenkampagne der Hilfswerke und der Eidgenössische Dank-, Buss- und Bettag[695] sind weitere Anlässe, die den ökumenischen Jahreskalender an vielen Orten prägen. Daneben existiert in den Gemeinden eine Fülle von ökumenischen Lokaltraditionen. Zum Teil entwickeln sich solche rund um öffentliche Veranstaltungen in der Stadt oder im Dorf, an denen sich die Kirchen gemeinsam beteiligen. Zum Teil entspringen sie auch der Initiative der engagierten Menschen in den Kirchgemeinden vor Ort, die das ökumenische Zusammenleben fördern wollen,

---

695 Vgl. dazu Eva-Maria Faber/Daniel Kosch (Hg.), Dem Bettag eine Zukunft bereiten. Geschichte, Aktualiät und Potenzial eines Feiertags, Zürich (Theologischer Verlag Zürich) 2017. Aus christkatholischer Feder darin der Beitrag: Karin Schaub Bangert, Lasst uns danken dem Herrn, unserem Gott. Ein christkatholischer Beitrag zum Eidgenössischen Dank-, Buss- und Bettag, 241–244.

oder die ein Projekt zusammen verwirklichen wollen, das für eine einzelne Kirche vielleicht zu gross ist. Eine Frucht des ökumenischen Miteinanders ist nicht zuletzt auch, anderen Kirchen Gastrecht in den eigenen kirchlichen Gebäuden zu gewähren. Dadurch wachsen auch Kontakte zu Kirchen, die den Christkatholikinnen und Christkatholiken bisher wegen der geografischen Distanz eher unbekannt waren, zum Beispiel der eritreisch-orthodoxen oder der syrisch-orthodoxen Kirche.

5.9 Interreligiöser Dialog

Ökumene und interreligiöser Dialog werden heutzutage oft in einem Atemzug genannt, haben auch einige Gemeinsamkeiten, sind aber von ihren Voraussetzungen und ihrer Zielsetzung her unterschiedliche Dinge.[696] Gemeinsam ist natürlich, dass in beiden Fällen Glaubensgemeinschaften und Menschen unterschiedlicher Glaubensüberzeugungen einander begegnen. Gemeinsam ist vor allem, dass diese Begegnung von Interesse und Respekt gegenüber den Andersgläubigen geprägt sein soll. Zwar gab und gibt es bis heute Kontexte, in denen die Begegnung zwischen Religionen als Kampfzone und die Andersgläubigen als Feinde betrachtet und auch behandelt werden – diese Art des Gegeneinanders von Religionen, oft durch Fundamentalismus und Extremismus befeuert, ist aber nicht Thema dieses Kapitels. Hier geht es um das konstruktive interreligiöse Miteinander, das von der gleichen Dialogbereitschaft geprägt ist, die der christkatholischen Kirche auch in der innerchristlichen Ökumene wichtig ist.[697] Deswegen dient hier der Begriff «interreligiöser Dialog» als Oberbegriff, auch wenn interreligiöse Beziehungen mehr umfassen als den Dialog im engeren Sinn, mehr als Gespräche über Themen des Glaubens, der religiösen Praxis und des Zusammenlebens.

Hauptunterschied zwischen innerchristlicher Ökumene und interreligiösen Begegnungen jeder Art ist, dass bei Letzteren die Zielsetzung und die Motivation

---

696 Einführend zur ganzen Thematik: MARIANNE MOYAERT, Interreligious Dialogue, in: David Cheetham/Douglas Pratt/David Thomas (Hg.), Understanding Interreligious Relations, Oxford (OUP Oxford) 2013, 193–217; PAUL KNITTER, Bleibende Differenz oder kreatives Potenzial? Am Beispiel des christlich-buddhistischen Dialogs, in: Ulrich Dehn/Ulrike Caspar-Seeger/Freya Bernstorff (Hg.), Handbuch Theologie der Religionen. Texte zur religiösen Vielfalt und zum interreligiösen Dialog, Freiburg i. Br. – Basel – Wien (Herder) 2017, 296–316.

697 Vgl. zur christkatholischen Beteiligung am interreligiösen Dialog besonders MIRIAM SCHNEIDER, Das interreligiöse Engagement der Altkatholischen Kirchen der Utrechter Union am Beispiel der Christkatholischen Kirche der Schweiz, in: Andreas Krebs (Hg.), Interreligiöser Dialog, Bonn (Alt-Katholischer Bistumsverlag) 2019, 51–62. – Die Autoren und die Autorin danken Miriam Schneider, Beauftragte für Interreligiöse Fragestellungen der Christkatholischen Kirche der Schweiz, für ihre kritische Lektüre dieses Unterkapitels und wertvolle Hinweise.

der Beteiligten sehr viel offener und nicht von vornherein festgelegt sind.[698] Im ökumenischen Dialog beziehen sich alle Beteiligten auf Jesus Christus und nehmen für sich selbst in Anspruch, in seiner Nachfolge zu stehen. Sie beziehen die in Christus ergangenen Verheissungen auf sich, insbesondere verstehen sie sich selbst als Kirche im Sinn der neutestamentlichen Botschaft und teilen damit das Verständnis ihrer eigenen Identität. Dies wirft die Frage kirchlicher Einheit auf, die für jedes ökumenische Gespräch zumindest als Fernziel relevant ist. – Wenn man sich interreligiös gegenübertritt, ist dies nicht der Fall: Hier sind die Beteiligten Angehörige unterschiedlicher Religionen mit einem je eigenen Selbstverständnis. Was man im Rahmen eines interreligiösen Gesprächs, vielleicht sogar eines Dialogs über Glaubensfragen, überhaupt erreichen möchte, ist keineswegs von vornherein klar – ja, bereits die Frage, ob man überhaupt in einen interreligiösen Dialog einsteigen möchte, ist nicht selbstverständlich und bedarf einer eigenen Begründung. Auch die Frage einer institutionellen Einheit der Religionsgemeinschaften drängt sich nicht als Ziel auf.

Eine Sonderstellung in den (bilateralen) interreligiösen Beziehungen nimmt der jüdisch-christliche Dialog ein: Beide, Judentum wie Christentum, anerkennen die hebräische Bibel als Heilige Schrift und beziehen ihre Verheissungen auf sich selbst; für das Judentum ist es die einzige und ganze Heilige Schrift, für das Christentum als Altes Testament ein Teil.[699] Dadurch bekommt das jüdisch-christliche Gespräch eine einzigartige theologische Relevanz. Aus christlich-theologischer Sicht ist eigentlich seit den Tagen des Apostels Paulus klar, dass der jüdische Glaube ein von Gott gegebener Heilsweg ist, doch hat dies einen schrecklichen christlichen Antijudaismus nicht verhindert.

Für viele Menschen heute steht weniger die theologische als vielmehr die gesellschaftliche Bedeutung des interreligiösen Dialogs im Vordergrund. Aufgrund der Migration und der Globalisierung hat das interreligiöse Gespräch in der jüngeren Vergangenheit massiv an Bedeutung gewonnen. Das reale Zusammenleben der Menschen unterschiedlicher Religionsgemeinschaften wirft im gesellschaftlichen Alltag Fragen auf, die diskutiert werden müssen – vom Schulunterricht über die Feiertagsregeln bis hin zur Beerdigungspraxis. Hier ist das interreligiöse Gespräch

---

698 Zu den theologischen Gemeinsamkeiten und Unterschieden zwischen innerchristlicher Ökumene und interreligiösem Dialog vgl. ADRIAN SUTER, Ecumenical and Interreligious Dialogue: Lindbeck's Cultural-Linguistic Model, in: Internationale Kirchliche Zeitschrift – Bern Interreligious Oecumenical Studies 1 (2014), 41–64.

699 Eine aktuelle Methode des jüdisch-christlichen Dialogs bzw. des jüdisch-christlich-muslimischen Trialogs ist das «Scriptural Reasoning», eine besondere Art der gemeinsamen Reflexion von Texten aus den Heiligen Schriften. Zur Methode vgl. PETER OCHS/DAVID F. FORD, Religion without violence. The practice and philosophy of scriptural reasoning, Eugene, Oregon (Cascade Books) 2019. *Scriptural Reasoning* wurde auch in der christkatholischen Kirche schon praktiziert, vgl. SCHNEIDER, Engagement, 59 f.

wichtig, um Vorurteile abzubauen, gegenseitiges Verständnis zu fördern und Bedürfnisse zu erkennen. Ergebnis solcher Gespräche können Impulse und Handreichungen für das religiöse Miteinander in praktischen Alltagsfragen sein.[700] Oft geht es dabei nicht nur um religiöse, sondern genauso um kulturelle Fragen. Doch auch, wenn ausdrücklich religiöse und theologische Fragen zum Gegenstand des Gesprächs gemacht werden – religiöse Symbole und Handlungen, Glaubens- und Lebensregeln, Gottes- und Glaubensverständnis – dient der Dialog in diesem Kontext in erster Linie dem gegenseitigen Verständnis der je unterschiedlichen Identität. Anders als die innerchristliche Ökumene ist der interreligiöse Dialog nicht auf das Ziel der Überwindung der Glaubensspaltung und der sichtbaren Einheit der Religionsgemeinschaften gerichtet.

Doch wie gesagt: Ziele und Motivation der Beteiligten im interreligiösen Gespräch stehen keineswegs von vornherein fest. Neben den erläuterten gesellschaftspolitischen Zielen des gegenseitigen Verständnisses und friedlichen Zusammenlebens haben viele Menschen des christlichen Abendlandes den Wunsch, sich in ihrem eigenen religiös-spirituellen Leben von der Glaubenspraxis anderer Religionen inspirieren zu lassen. Sie nehmen diesen Wunsch zum Anlass persönlicher interreligiöser Begegnung. Manche hegen auch die Hoffnung, im interreligiösen Dialog einer Wahrheit ausserhalb der eigenen Religion auf die Spur zu kommen, im Idealfall einer übergeordneten, den unterschiedlichen religiösen Traditionen gemeinsamen Wahrheit. Dieses Interesse führt über das eigene spirituell-religiöse Leben hinaus in das weite Feld religionstheologischer Theoriebildung.

Um die unterschiedlichen Zielsetzungen von innerchristlicher Ökumene und interreligiösem Dialog an einem Beispiel zu illustrieren: Im interreligiösen Dialog kann man sich darüber austauschen, ob es in den verschiedenen Religionen rituelle Waschungen oder Mahlzeiten gibt und welche Bedeutung sie innerhalb der Religionsgemeinschaften haben, um einander besser zu verstehen. Ein solches gegenseitiges Verständnis ist bereits eine gesellschaftspolitisch wichtige Errungenschaft. Man kann im Anschluss daran fragen: Wer kann in welcher Weise, unter welchen Bedingungen, bis wie weit, an welchem Ritual teilnehmen oder eben nicht? Wenn rituelle Partizipation möglich ist, wenn interreligiöse oder multireligiöse Feiern und

---

700 Vgl. z.B. ARBEITSGRUPPE INTERRELIGIÖSER DIALOG DER LUZERNER LANDESKIRCHEN, Das Leben teilen. Impulse für den interreligiösen Dialog, Luzern (Ley Druck GmbH) 2014; REFORMIERTE KIRCHEN BERN-JURA-SOLOTHURN/KATHOLISCHE KIRCHE REGION BERN/ CHRISTKATHOLISCHE LANDESKIRCHE DES KANTONS BERN, Christlich-muslimische Trauerfälle. Eine Handreichung für die christliche Seelsorge, Bern 2017; Von den Verpflichtungen des interreligiösen Dialogs. Die St. Galler Erklärung für das Zusammenleben der Religionen und den interreligiösen Dialog, St. Gallen (Sabon-Verlag) 2007. Eine vergleichende Untersuchung solcher Handreichungen findet sich bei MIRIAM SCHNEIDER, Religious Communities and Interreligious Dialogue. Two Guidelines for Living Together in a Multi-faith Society, in: Studies in Interreligious Dialogue 27 (2017) Nr. 2, 117–130.

Gebete möglich sind,[701] erschliessen sich den beteiligten Menschen neue Gelegenheiten religiöser Erfahrung. Weiter kann ein interreligiöser Dialog zum Schluss führen, dass Waschungen und Mahlzeiten religiöse Grundstrukturen sind, und dabei zur Reflexion darüber anregen, was solche übergreifenden religiösen Grundstrukturen für den eigenen Glauben und das Verständnis Gottes bedeuten. Was sich aber im interreligiösen Dialog keineswegs aufdrängt, ist die Frage, ob man die Waschungen oder Mahlzeiten anderer Religionen als christliche Taufe oder Eucharistie anerkennt. In der innerchristlichen Ökumene ist diese Frage, ob die Riten einer anderen Kirche mit dem eigenen Verständnis kompatibel sind, zentral; in interreligiösen Beziehungen würde eine solche Gleichstellung nicht als wertschätzend, sondern als vereinnahmend empfunden.[702]

In der Praxis finden interreligiöse Begegnungen in der Schweiz auf vielen verschiedenen Ebenen statt, informell im persönlichen Umfeld, aber auch formell organisiert und durch die Religionsgemeinschaften offiziell getragen. Im Schweizerischen Rat der Religionen sind die monotheistischen Religionsgemeinschaften vertreten, die in der Schweiz existieren: Judentum, Christentum und Islam. Die Christkatholische Kirche der Schweiz ist in diesem Rat durch ihren Bischof vertreten und an Projekten des Rates aktiv beteiligt. Eine wichtige Errungenschaft des Rates der Religionen aus jüngerer Vergangenheit ist die interreligiöse Erklärung zu Flüchtlingsfragen «Gegenüber ist immer ein Mensch», die 2018 in Kooperation mit dem Uno-Hochkommissariat für Flüchtlinge (UNHCR), Büro für die Schweiz und Liechtenstein, erarbeitet und veröffentlicht wurde.[703]

Interreligiöse Veranstaltungen auf lokaler Ebene haben eine weniger weit zurückreichende Tradition als ökumenische Veranstaltungen, etablieren sich aber aufgrund der erwähnten gesellschaftlichen Entwicklungen immer mehr. Eine wichtige Rolle für die interreligiöse Vernetzung in der Schweiz und für die Förderung konkreter Projekte am Ort spielt die IRAS COTIS, Interreligiöse Arbeitsgemeinschaft in der Schweiz. Zu ihren bekanntesten Projekten gehört die «Woche der Religionen», die an verschiedenen Orten in der Schweiz im November begangen wird. Wie bei der lokalen Ökumene, so gilt auch hier: Die christkatholische Kirche

---

701 Multireligiös nennt man eine Feier, wenn darin Elemente verschiedener religiöser Traditionen vorkommen, interreligiös, wenn die Feier von den Angehörigen unterschiedlicher Religionsgemeinschaften gemeinsam erarbeitet worden ist. In der Praxis ist die Zuordnung nicht immer eindeutig, da es auch Mischformen gibt.
702 Zur Gefahr der Vereinnahmung und wie man sie in der Praxis vermeidet, vgl. DORIS STRAHM (Hg.), Leitfaden für den interreligiösen Dialog, Basel (Interreligiöser Think-Tank) ³2014.
703 SCHWEIZERISCHER RAT DER RELIGIONEN, Gegenüber ist immer ein Mensch. Interreligiöse Erklärung zur Flüchtlingsfragen 2018, www.ratderreligionen.ch/wp-content/uploads/Interreligi%C3%B6se-Erkl%C3%A4rung-zu-Fl%C3%BCchtlingsfragen_DE.pdf, zuletzt geprüft: 31.12.2021. Die Christkatholische Kirche der Schweiz war bei diesem Projekt durch Miriam Schneider beteiligt.

beteiligt sich an interreligiösen Initiativen dort, wo sie selbst präsent ist.[704] Die innerchristkatholische Vernetzung der Menschen, die sich mit oder ohne Auftrag der Kirche im interreligiösen Dialog oder in interreligiösen Projekten engagieren, ist bisher gering. Ein Schritt zur Stärkung wurde mit dem interreligiösen Netzwerktag vom 20. März 2021 gemacht.

Auch das Institut für Christkatholische Theologie an der Universität Bern ist in Fragen des Interreligiösen Dialogs aktiv. Davon zeugen die bisher fünf internationalen Konferenzen «Interreligious Relations and Ecumenical Issues» (IREI), die zwischen 2011 und 2018 unter Federführung von Douglas Pratt und Angela Berlis organisiert wurden,[705] Lehrveranstaltungen zur Thematik sowie die 2017 zusammen mit dem Schweizerischen Rat der Religionen und der Schweizerischen Theologischen Gesellschaft organisierte Tagung «Wenn meine Wahrheit nicht deine Wahrheit ist» – Wahrheitsanspruch und Pluralität der Religionen in der Schweiz.[706] Ausgewählte Beiträge der IREI-Konferenzen wurden in der Reihe «Bern Interreligious and Oecumenical Studies» publiziert. Die ersten beiden der bisher fünf Bände erschienen 2014 und 2015 als Unterreihe der Internationalen Kirchlichen Zeitschrift, der dritte bis fünfte Band in den Jahren 2016, 2017 und 2020 als «IKZ bios»-Themenhefte der Zeitschrift «Studies in Interreligious Dialogue». Mit den Konferenzen und der Publikationsreihe leistet das Institut einerseits einen Beitrag zum Forschungsprofil der Theologischen Fakultät, die einen eigenen Studiengang «Interreligiöse Studien» bewirtschaftet, andererseits stellt es sicher, dass christkatholische Theologie sich mit interreligiösen Fragestellungen befasst. Es ist ein erklärtes Ziel der Konferenzen und der Reihe, das ökumenische Anliegen des Altkatholizismus auch im Kontext kultureller und religiöser Diversität zu untersuchen und zu verstehen. Religiöse Diversität wird sowohl als Phänomen «zwischen den Religionen (interreligiös) als auch innerhalb der Religionen (intra-religiös, ökumenisch)»[707] verstanden. Konferenzen und Reihe wollen ein «Forum für aktuelle Untersuchungen und Diskussionen an der Schnittstelle zwischen ökumenischen und interreligiösen Diskursen» bieten.[708]

---

704 So z. B. bei der «St. Galler Erklärung für das Zusammenleben der Religionen und den interreligiösen Dialog», vgl. SCHNEIDER, Religious Communities.
705 Viele Vorträge dieser Konferenzen sind in der Reihe IKZ-bios (Bern Interreligious Oecumenical Studies) erschienen, vgl. www.ikz-bios.unibe.ch (zuletzt geprüft: 31.12.2021).
706 ANGELA BERLIS/MIRIAM SCHNEIDER, «Wenn meine Wahrheit nicht deine Wahrheit ist». Wahrheitsanspruch und Pluralität der Religionen in der Schweiz, in: Schweizerische Akademie der Geistes- und Sozialwissenschaften (Hg.), Islam in der Schweiz – L'Islam en Suisse. Gesammelte Berichte zur wissenschaftlichen Veranstaltungsreihe, unterstützt von der SAGW und durchgeführt von ihren Mitgliedgesellschaften 2018, 35–38.
707 So der Einführungstext zur Reihe IKZ-bios: www.ikz-bios.unibe.ch (zuletzt geprüft: 31.12.2021).
708 Ebd.

5.10 Exkurs: Kontakte der Christkatholischen Kirche der Schweiz zur Orthodoxie

Die ökumenischen Beziehungen zwischen den altkatholischen Kirchen und der Orthodoxie nehmen im ökumenischen Engagement beider Kirchen eine Sonderstellung ein. Schon 1931 in Bonn schien eine Kirchengemeinschaft in greifbarer Nähe. Mehr noch zeigte der offizielle theologische Dialog von 1975 bis 1987 die besondere Beziehung der beiden Kirchen. Für die Orthodoxie ist es bis heute der einzige theologische Dialog, der erfolgreich von allen orthodoxen Kirchen mit einer theologischen Übereinstimmung über den gemeinsamen Glauben abgeschlossen worden ist.[709] Dass dies mit der altkatholischen Kirche, einer Kirche des Westens gelungen ist, ist ein wertvoller Brückenschlag zwischen Ost und West, der auch auf praktischer und auf wissenschaftlicher Ebene viele Früchte getragen hat und trägt. Dies gilt ganz besonders für die Schweiz.

Die Beziehungen der Christkatholischen Kirche der Schweiz zur Orthodoxie sind so alt wie die christkatholische Kirche als eigenständige Kirche selbst es ist: Bereits im 19. Jahrhundert pflegten vor allem Eugène Michaud, Professor für Dogmatik und Kirchengeschichte in Bern, und Eduard Herzog gute Kontakte zur Orthodoxie. Letzterer war als Professor für Neues Testament auch Doktorvater des serbisch-orthodoxen Theologen Nikola Velimirović, der in seiner Kirche heute als Heiliger verehrt wird.[710] Viele weitere orthodoxe Studierende erwarben in Bern ein Doktorat in christkatholischer Theologie. Die Anwesenheit orthodoxer Studierender seit den Anfängen der 1874 gegründeten Christkatholisch-Theologischen Fakultät der Universität Bern (heute Institut für Christkatholische Theologie) sowie der akademische Austausch mit orthodoxen theologischen Fakultäten, etwa in Belgrad, Sibiu oder Thessaloniki, und universitären orthodoxen Ausbildungsstätten wie der in München halten den intensiven Dialog auf wissenschaftlicher Ebene ebenso lebendig wie die Freundschaft auf persönlicher Ebene.

Bis zur Mitte des 20. Jahrhunderts herrschte zwischen der christkatholischen Kirche und Orthodoxie in der Schweiz eine Ökumene der Universitäten vor, während die Ökumene der Kirchen noch schwach ausgeprägt war. Dies änderte sich, als

---

709 Vgl. Euangelos Barella, Διορθόδοξοι και οικουμενικαί σχέσει του Πατριαρχείου Κωνσταντινουπόλεως κατά τον Κ΄ αιώνα, Thessaloniki (Patriarchikon Idrima Paterikon Meleton) 1994, 231 f.

710 Mit seiner Mönchsweihe 1909 wurde Nikola zu Nikolaj Velimirović. Siehe zu ihm Urs von Arx, Bischof Nikolaj Velimirović (1880–1956) und sein Studium in Bern im Rahmen der christkatholisch – serbisch-orthodoxen Beziehungen, in: Philotheos 7 (2007), 435–455; Angela Berlis, Serbian Orthodox presence in Switzerland in the early twentieth century. Nikolaj Velimirović and his doctoral theses at the University of Bern, in: Bogdan Lubardić/ Marc C. Chapman (Hg.), Serbia and the Church of England: The First World War and a new Ecumenism, Palgrave (McMillan) 2022, 53–73.

während des Zweiten Weltkriegs zunächst Flüchtlinge, in den Nachkriegsjahren immer mehr auch Arbeitsmigrantinnen und -migranten orthodoxen Glaubens aus Ost- und Südeuropa in die Schweiz kamen. Während des Zweiten Weltkriegs war die Flüchtlingshilfe eine konfessionelle Angelegenheit. Das christkatholische Hilfswerk schloss sich 1943 der schweizerischen Zentralstelle für Flüchtlingshilfe in Zürich an und übernahm in der Folge auch die Betreuung von Geflüchteten orthodoxen Glaubens und das Patronat über die Kommission für orthodoxe Flüchtlinge der genannten Zentralstelle.[711] Was anfangs als Hilfe in einer Krisenzeit gedacht war, entwickelte sich zu einer auch längerfristig notwendigen Institution: 1970 beschloss die Nationalsynode der Christkatholischen Kirche der Schweiz eine jährliche «Gabe an die Flüchtlinge» von 50 Rappen pro Gemeindeglied, die der Kommission für orthodoxe Flüchtlinge zugutekam. Da die Kommission sich im Lauf der 1970er Jahre nicht mehr auf die Unterstützung orthodoxer Flüchtlinge beschränkte, wurde sie 1978 umbenannt in «Schweizerische Ökumenische Flüchtlingshilfe» und bestand unter diesem Namen weiter bis 1992. Das Patronat blieb bei der Christkatholischen Kirche der Schweiz.

Christkatholische Kirchgemeinden stellten den wachsenden orthodoxen Gemeinden in der Schweiz ihre Kirchen zur Mitbenutzung zur Verfügung: Jahrzehntelang durften die orthodoxen Serbinnen und Serben ihre Liturgie in der christkatholischen Kirche St. Peter und Paul in Bern feiern, bis sie im Jahr 2009 ein eigenes Gotteshaus in Bern-Belp fertigstellten. In Zürich wurde die christkatholische Elisabethenkirche in den 1970er Jahren der griechisch-orthodoxen Kirchgemeinde vermietet, und ab 1996, als diese eine eigene Kirche einweihen konnten, der serbisch-orthodoxen Gemeinde. Da die christkatholische Kirchgemeinde selbst keine Gottesdienste mehr in der Elisabethenkirche feierte, konnte sie innen in ein orthodoxes Gotteshaus umgestaltet und 2001 neu eingeweiht werden. Die christkatholische Kirche in Niedergösgen wird ebenfalls von der serbisch-orthodoxen Kirche mitbenutzt, sie feiert dort sogar häufiger Gottesdienste als die christkatholische Gemeinde. – Diese Beispiele zeigen, wie die ersten orthodoxen Einwanderergenerationen im Sinn der Gastfreundschaft in der Schweiz einen Ort des liturgischen Feierns erhielten, der zugleich zu einem Ort der «kleinen Heimat» wurde. Auch wenn viele orthodoxe Gemeinden seither, oft mit christkatholischer Unterstützung, eigene Kirchen erbaut haben, gibt es bis heute orthodoxe Gemeinden, die christkatholische Kirchenräume für ihren Gottesdienst nutzen.

Die guten Beziehungen, die in der Schweiz zwischen Christkatholiken und Orthodoxen bestehen, sind sicherlich nicht nur auf die gefühlte Affinität zurückzuführen, die sich im theologischen Dialog zu gemeinsam verantworteten Texten über

---

711 72. Sitzung der Nationalsynode der Christkatholischen Kirche der Schweiz, Montag, den 24. Juni 1946 in St. Gallen. St. Gallen (Buchdruckerei Karl Weiss) 1946, 38.

den Glauben verdichteten,⁷¹² sondern auch auf die vielen persönlichen Kontakte zwischen orthodoxen und christkatholischen Gläubigen und Würdenträgern. Eine zentrale Rolle spielte dabei der orthodoxe Bischof und Metropolit der Schweiz, Damaskinos Papandreou⁷¹³, der als Leiter des orthodoxen Zentrums von Chambésy bei Genf regelmässig Gastgeber der Sitzungen der Gemischten orthodox-altkatholischen Dialogkommission war. Er war ein steter Förderer der orthodox-altkatholischen Beziehungen, international und in der Schweiz. Im Jahr 1987 verlieh ihm die Christkatholisch-Theologische Fakultät die Ehrendoktorwürde. Mit dem fünften Bischof der Christkatholischen Kirche der Schweiz, Hans Gerny, verband ihn eine langjährige persönliche Freundschaft.

An der Berner Theologischen Fakultät schlagen heute regelmässig anwesende orthodoxe Studierende und orthodoxe Lehrbeauftragte oder Gastprofessorinnen bzw. –professoren immer wieder Brücken zwischen der Christkatholischen Kirche und verschiedenen orthodoxen Ortskirchen. Christkatholische Professoren wie Herwig Aldenhoven oder Urs von Arx galten und gelten als ausgewiesene Kenner der orthodoxen Theologie und Geschichte und geniessen einen exzellenten Ruf in verschiedenen orthodoxen Ländern. So wurde etwa Urs von Arx am 19. Juni 2014 von der Lucian-Blaga-Universität im rumänischen Sibiu auf Antrag der dortigen Orthodoxen Theologischen Fakultät die Würde eines Ehrendoktors verliehen. Studienreisen (z. B. 1996 nach Russland und Griechenland), wissenschaftliche Kontakte und in jüngeren Jahren die Exkursionen der christkatholischen Ausbildungsstätte nach Thessaloniki (2010), Belgrad (2013 und 2019)⁷¹⁴ und Sibiu (2021) halten den Austausch mit diesen und anderen orthodoxen Fakultäten lebendig, ebenso gemeinsame wissenschaftliche Tagungen wie die über «Orthodoxie in der Schweiz» im Herbst 2019, die vom Institut für Christkatholische Theologie mit der serbisch-orthodoxen Kirche durchgeführt wurde.⁷¹⁵

---

712 VON ARX (Hg.), Koinonia.
713 Damaskinos Papandreou lebte 1936–2011. Vgl. MARIA BRUN/CONSTANTINA PEPPA, Damaskinos Papandreou. Erster Metropolit der Schweiz 1969–2003, Athen 2011.
714 Frucht der Beziehungen zur Universität Belgrad ist das serbische Buch über den Altkatholizismus, das eine Vorgängerversion des vorliegenden Buches ist: SUTER/BERLIS/ZELLMEYER/ KOSTREŠEVIĆ/WEYERMANN/ATHANASIOU/MOSER, Старокатоличка црква. – Auch an der Universität Sofia wird an Studienliteratur zum Altkatholizismus gearbeitet.
715 Vgl. dazu ANGELA BERLIS/MILAN KOSTREŠEVIĆ (Hg.), Orthodoxie in der Schweiz, Zürich (Theologischer Verlag Zürich) 2024 [in Vorbereitung].

7 152. (ausserordentliche) Session der Nationalsynode der Christkatholischen Kirche der Schweiz am 22. August 2020 in der Augustinerkirche Zürich.
Foto: Claudia Zollinger

6 Christkatholisches Kirchenverständnis in der Praxis

6.1 Der Grundsatz: Bischöflich-synodale Kirchenstruktur

Die Christkatholische Kirche der Schweiz versteht sich als katholische Kirche, die ihre Katholizität primär in der Ortskirche (Bistum) lebt.[716] Um die früher vorgestellte Ortskirchenekklesiologie[717] in die Praxis umzusetzen, existieren sowohl auf der Ebene der Utrechter Union als auch auf der Ebene der einzelnen Ortskirchen bischöflich-synodale Kirchenstrukturen. Bischöflich heisst dabei, dass die altkatholischen Kirchen das historische Bischofsamt in apostolischer Sukzession bewahrt haben und der Bischof erstverantwortlich für das Bleiben der Kirche in der Überlieferung des Glaubens und der Einheit in Verkündigung und Liturgie ist. Synodal bedeutet, dass der Bischof zwar erstverantwortlich, aber nicht alleinverantwortlich ist, denn die Kirche muss stets einen gemeinsamen Weg suchen – das griechische *syn-hodos* meint seiner Grundbedeutung nach genau dies: «gemeinsamer Weg». Deswegen halten die altkatholischen Kirchen die Mitverantwortung aller hoch, deswegen benötigen sie partizipatorische Strukturen der Entscheidungsfindung, keine Strukturen von Befehl und Gehorsam. Dabei bedeutet Synodalität, gelegentlich Entscheidungen mithilfe demokratischer Instrumente wie Wahlen oder Abstimmungen herbeizuführen, doch legen Christkatholikinnen und Christkatholiken Wert darauf, dass «synodal» nicht einfach mit «demokratisch» gleichgesetzt wird: Synodalität meint vielmehr, den breiten Konsens zu suchen – nicht die 51%-Mehrheit, sondern die Einstimmigkeit. Wenn eine solche Einstimmigkeit nicht erreicht werden kann, dann wird man in einer synodalen Kirche einen Mehrheitsentscheid anstreben, der auf Minderheiten Rücksicht nimmt, um ihnen zu erleichtern, den Mehrheitsentscheid zu akzeptieren und mitzutragen.

---

[716] Vgl. JEAN-CLAUDE MOKRY/ADRIAN SUTER, L'église catholique-chrétienne et sa catholicité. Vie et perspectives, in: Amherdt, Catholicité, 71–90.
[717] S. o. Kap. 3.6, S. 141–145.

6.2 Die Kirchenleitung der Christkatholischen Kirche der Schweiz gemäss ihrer Verfassung

Die konkrete Ausgestaltung der bischöflich-synodalen Kirchenstruktur unterscheidet sich von Ortskirche zu Ortskirche. In der Christkatholischen Kirche der Schweiz ist sie in der Kirchenverfassung folgendermassen festgeschrieben:[718] Die Verfassung beschreibt zunächst das Bistum und hält fest, dass die Kirchenleitung in der gemeinsamen Verantwortung der Nationalsynode, des Bischofs und des Synodalrates liegt (Art. 3) – dies der bischöflich-synodale Grundsatz –, und dass Geistliche und Laien beide Verantwortung für das kirchliche Leben tragen (Art. 4).[719] Die hohe Verantwortung des Bischofs wird von Anfang an betont: «Dem Bischof obliegt die Sorge für das Bleiben der Kirche in der Überlieferung des Glaubens und für die Einheit des Bistums in Verkündigung, Liturgie und Sakramentenspendung.» (Art. 5). Die weiteren Artikel der Verfassung, insbesondere die Aufzählung der Aufgaben der Nationalsynode, machen aber deutlich, dass damit gemäss bischöflich-synodalem Grundsatz keine Alleinverantwortung gemeint ist, sondern eine personale Erstverantwortung, die durch kollegiale und gemeinschaftliche Verantwortung ergänzt wird.[720]

Die Nationalsynode besteht aus Geistlichen und Laien; die Laien als gewählte Vertreterinnen und Vertreter der Gemeinden sind in der Mehrheit.[721] Es sind zwar alle Geistlichen Mitglieder der Nationalsynode, aber höchstens fünfzig von ihnen sind stimmberechtigt (wobei selten so viele anwesend sind), gegenüber siebzig Laiendelegierten mit Stimmrecht (Art. 16). Die Nationalsynode wählt den Bischof und das kirchliche Exekutivorgan, den Synodalrat, der ebenfalls aus Laien und Geistlichen besteht. Zusammen mit dem Bischof berät und entscheidet die Nationalsynode alle Fragen des kirchlichen Lebens: Sie erlässt «Grundsätze für das kirchliche Leben, namentlich für Verkündigung, Liturgie, Seelsorge, Ausbildung der Geistlichen, Religionsunterricht, Jugendarbeit, Erwachsenenbildung und kirchliche Disziplin» (Art. 15 lit. e), sie genehmigt die liturgischen Texte und die Lehrmittel für den Religionsunterricht. Diese Aufgaben zeigen klar, dass die Synode nicht nur ein administratives Organ ist, das sich auf Kirchenverwaltung beschränkt, sondern die theologisch-geistliche Ausrichtung des Bistums massgeblich prägt. Sie kann auch in einem speziellen Verfahren in zwei Lesungen zu Glaubensfragen Stel-

---

718 Die Verfassung der Christkatholischen Kirche der Schweiz ist im Anhang abgedruckt: S. 314–321.
719 Zum altkatholischen Verständnis des Verhältnisses von Laien und Geistlichen s. o. Kap. 3.7, S. 149–151.
720 Zur personalen, kollegialen und gemeinschaftlichen Verantwortung s. o. Kap. 3.6, S. 144.
721 Das Titelbild dieses Kapitels (s. o. S. 222) zeigt die Nationalsynode anlässlich ihrer 152. (ausserordentlichen) Session 2020 in der Augustinerkirche in Zürich bei der Abstimmung.

lung nehmen (Art. 22).⁷²² Nicht zuletzt hat die Nationalsynode auch die Finanzhoheit: Sie beschliesst über das Budget und genehmigt die Rechnung des Bistums (Art. 15 lit. k).

Das Verhältnis von Bischof und Nationalsynode ist durch den einfachen Grundsatz festgelegt: «Die Nationalsynode berät und entscheidet zusammen mit dem Bischof.» (Art. 14) Der Bischof berichtet der Nationalsynode über seine Arbeit und über die Situation der Kirche, er kann von der Synode zur Rechenschaft gezogen werden und bei Verletzung seiner Amtspflichten im Extremfall sogar seines Amtes enthoben werden. Aber es gibt in der Verfassung keine Regelung, wie bei einer inhaltlichen Differenz zwischen Bischof und (der Mehrheit der) Nationalsynode zu verfahren ist. Weder hat der Bischof ein Vetorecht, noch legt die Verfassung eine qualifizierte Mehrheit fest, mit der die Synode den Bischof überstimmen könnte. Vielmehr sind Bischof und Nationalsynode stets aufeinander verwiesen und müssen einen gemeinsamen Weg finden. Diese Verhältnisbestimmung ist typisch schweizerisch und hängt mit der historischen Entwicklung der Christkatholischen Kirche der Schweiz in den 1870er Jahren zusammen. In anderen altkatholischen Kirchen ist die rechtliche Stellung des Bischofs stärker.

Der Synodalrat hat als ausführendes Organ der Nationalsynode (Art. 3) eine Reihe administrativer Aufgaben (Art. 23), beschränkt sich aber keineswegs darauf: So entscheidet er etwa auch zusammen mit dem Bischof über die Erteilung von Weihen und die Aufnahme in die Geistlichkeit (Art. 8). Im gesamten kirchlichen Leben wird die gemeinsame Verantwortung von Geistlichen und Laien betont: «Bischof, Priester und Diakone üben ihr Amt so aus, dass die Laien ihre eigene Verantwortung wahrnehmen und selbst aktiv werden können.» (Art. 27) Strukturell kommt diese gemeinsame Verantwortung unter anderem dadurch zum Ausdruck, dass Geistliche und Laien abwechselnd ins Präsidium der Nationalsynode gewählt werden und dass das Präsidium des Synodalrates immer bei einer Laiin oder einem Laien, das Vizepräsidium immer bei einer oder einem Geistlichen liegt.

Es ist leicht, bischöflich-synodale Grundsätze in kirchlichen Rechtstexten festzuschreiben, doch ungleich schwieriger, sie in der Praxis zu leben. Bischöflich-synodale Entscheidungsprozesse benötigen ein konstruktives Miteinander der Beteiligten, Sorgfalt bei der Prozessgestaltung und nicht zuletzt Geduld. Da weder Bischof noch Nationalsynode *allein* das letzte Wort haben, muss der Bischof die Synode und die Synode den Bischof überzeugen. Das funktioniert nur, wenn der Bischof nicht ständig das volle Gewicht seiner Amtsautorität in die Waagschale wirft, sondern nur bei jenen Fragen, bei denen «das Bleiben der Kirche in der Überlieferung des Glaubens und […] die Einheit des Bistums in Verkündigung, Liturgie und Sakramentenspendung» (Art. 5) auf dem Spiel stehen. So erkärt sich unter anderem

---

722 Siehe dazu Kap. 6.3, S. 227–229.

das hohe Gewicht, das Bischof Hans Gerny in der Diskussion um die Frauenordination der Einheit mit den anderen altkatholischen Kirchen der Utrechter Union beigemessen hat; das Engagement, mit dem Bischof Fritz-René Müller die regionale Zusammenarbeit und die gegenseitige Solidarität der Gemeinden gefördert hat; und Bischof Harald Reins Anliegen, die kirchliche Gemeinschaft mit den Anglikanern im kirchlichen Alltag in der Schweiz konkret zu gestalten.

Oft greift ein bischöflich-synodaler Prozess weit über die einmal jährlich tagende Nationalsynode und den Synodalrat als Exekutivorgan hinaus und beschäftigt Kommissionen, Arbeitsgruppen und informelle Versammlungen. Eine Nationalsynode kann selbst weder Texte liturgischer Bücher revidieren noch ein Lehrmittel für den Unterricht redigieren. Die konkrete Knochenarbeit wird selbstverständlich auch in der christkatholischen Kirche von Fachleuten und Fachgremien geleistet. Doch diese Fachleute müssen nicht nur ein kleines kirchliches Leitungsgremium von der Qualität ihrer Arbeit überzeugen, sondern die mehr als hundertköpfige Nationalsynode. Sie kommen somit nicht umhin, die christkatholische Öffentlichkeit in geeigneter Weise in die Arbeit einzubeziehen. So hat die Kommission zur Revision der liturgischen Bücher verschiedene von ihr erarbeitete Liturgien zunächst provisorisch herausgegeben, damit in den Gemeinden damit Erfahrungen gesammelt und Rückmeldungen verarbeitet werden konnten. Die Arbeitsstelle für Katechetik und ihre Nachfolgerin, die Fachstelle Bildung, haben in der Erarbeitung von Lehrplan und Lehrmitteln immer wieder Rückmeldungen der Unterrichtenden eingeholt, etwa im Rahmen der Pastoralkonferenz oder von Katechetiktagen. Dies alles geschieht nicht nur aus pragmatischen Gründen, als Mittel der Qualitätssicherung, sondern auch, weil solche partizipativen Prozesse tief im christkatholischen kirchlichen Selbstverständnis verankert sind.

Für die Geduld, die bischöflich-synodale Entscheidungsprozesse bisweilen benötigen, ist wiederum die Frauenordination das sprechendste Beispiel: Der (wegen fehlender Einstimmigkeit später nicht mehr als verbindlich angesehene) Entscheid der Internationalen Bischofskonferenz, dass die Weihe von Frauen ins Priesteramt nicht mit dem katholischen Glauben vereinbar sei, wurde 1976 gefasst. Die Verfassungsänderung, welche das dreigestufte apostolische Amt in der Christkatholischen Kirche der Schweiz für Frauen öffnete, wurde 1999 endgültig beschlossen. Der ganze Prozess dauerte also mehr als zwei Jahrzehnte. Während dies in jenen Jahren die Geduld vieler Kirchenmitglieder strapazierte, kann im Rückblick festgehalten werden, dass die eingehende Diskussion im Lauf der Zeit an theologischer Tiefe gewonnen hat. Dies hat sich schliesslich im Synodenentscheid und seiner Begründung niedergeschlagen.[723]

---

723 S. o. Kap. 3.9, S. 153–156, sowie im Anhang S. 333–337.

6.3 Das Verfahren zur Stellungnahme in Glaubensfragen

Eine Sonderstellung in der christkatholischen Kirchenverfassung nimmt das Verfahren zur Stellungnahme in Glaubensfragen ein.[724] Nach altkatholischer Überzeugung kann keine Instanz eine Glaubensfrage letztverbindlich entscheiden. Ein Dekret eines wahrhaft ökumenischen Konzils kommt einer solchen letztverbindlichen Entscheidung am nächsten, doch auch dieses ist der Rezeption der Kirche unterworfen.[725] Hingegen nimmt die Christkatholische Kirche der Schweiz für sich in Anspruch, dass sie zu Glaubensfragen Stellung beziehen und aus dieser Stellungnahme Folgerungen für das kirchliche Leben ableiten kann.

Das Verfahren wurde mit der Revision der christkatholischen Kirchenverfassung von 1989 neu eingeführt und verläuft folgendermassen:[726] Die Glaubensfrage wird der Nationalsynode in zwei Lesungen vorgelegt. Unter Namensaufruf geben alle Mitglieder der Nationalsynode ihre Stellungnahme ab. Nicht nur Ja und Nein sind möglich, die Synodalen können auch eine eigene Formulierung zu Protokoll geben. Nach der ersten Lesung wird das Ergebnis der Internationalen Bischofskonferenz mitgeteilt und sie wird zur Stellungnahme eingeladen. In der zweiten Lesung geben die Synodalen wiederum unter Namensaufruf ihre Stimme ab, diesmal im Wissen um die Haltung der IBK. Eine Stellungnahme zu Glaubensfragen hat an sich noch keine praktischen Konsequenzen. Die Synode entscheidet selbst, was aus ihrer Stellungnahme zur Glaubensfrage folgen soll, und zwar im ordentlichen Verfahren, mit Antrag, Debatte und Abstimmung.

In den 1990er Jahren, als die Frauenordination debattiert wurde, war die Auffassung verbreitet, bei einer Glaubensfrage könne eine Ortskirche nicht selbstständig entscheiden, insbesondere seien unterschiedlichen Auffassungen zu einer Glaubensfrage nicht möglich, wenn Kirchen miteinander in Gemeinschaft stehen. Aus diesem Grund war die Anwendung des Verfahrens zur Stellungnahme in Glaubensfragen in der Frauenordinationsdebatte umstritten: Viele fürchteten, die Anwendung des Verfahrens bedeute eine Vorentscheidung, dass diese Frage im Fall unterschiedlicher Auffassungen kirchentrennend sei. Verbreitet war die Auffassung, in der Kirche würden lediglich zwei Arten von Fragen existieren: einerseits Glaubensfragen, bei denen zwischen den Kirchen Einigkeit herrschen müsse, und andererseits Fragen der kirchlichen Disziplin und Praxis, wo Vielfalt möglich sei.

---

724 Vgl. ADRIAN SUTER, Was ist eine Glaubensfrage?, in: Christkatholisch 144 (2021) Nr. 4, 9–10.
725 Zur grundsätzlich unabschliessbaren Rezeption s. o. Kap. 3.8, S. 151–153.
726 Das Verfahren ist in Art. 15 lit. d der Kirchenverfassung als Aufgabe der Nationalsynode genannt und der Ablauf in Art. 22 geregelt. Vgl. im Anhang, S. 316–318.

Dem liegt, wie die spätere theologische Reflexion zeigte,[727] ein Missverständnis zugrunde. Es war bereits früher vielfach belegte altkatholische Überzeugung, dass eine Uneinigkeit in einer Glaubensfrage nur dann kirchentrennend ist, wenn es sich um eine zentrale Frage handelt. Viele weniger zentrale Fragen können, obwohl es Fragen des Glaubens sind, von verschiedenen Ortskirchen unterschiedlich beantwortet werden, ohne dass dies die Kirchengemeinschaft infrage stellt.[728]

Die gegenteilige Auffassung ist nicht altkatholisch, sondern entspricht der römisch-katholischen Haltung vor dem Zweiten Vatikanum. In seiner Enzyklika «Mortalium animos» von 1928 hat sich Papst Pius XI. zur ökumenischen Bewegung geäussert:[729] Einheit der Kirche könne es nur geben, wenn es Einheit des Glaubens, der Lehre und der Leitung gebe. Dabei sei es «absolut unstatthaft, den [...] Unterschied zwischen den so genannten ‹grundlegenden› und ‹nichtgrundlegenden› Glaubenswahrheiten zu machen»; vielmehr müssten die anderen Christinnen und Christen, die bisher nicht der römisch-katholischen Kirche angehören, «sich der Lehre und der Leitung des Stellvertreters Christi unterwerfen und ihm gehorchen». Es ging Pius XI. also um die gesamte römisch-katholische Lehre – billiger sei Einheit der Kirche nicht zu haben.

Die altkatholischen Kirchen haben dies bereits damals anders gesehen: 1931 hielten sie im Bonner Abkommen mit den Anglikanern fest, die Vereinbarung kirchlicher Gemeinschaft verlange «von keiner Kirchengemeinschaft die Übernahme aller Lehrmeinungen, sakramentalen Frömmigkeit oder liturgischen Praxis, die der anderen eigentümlich ist, sondern schliesst in sich, dass jede glaubt, die andere halte alles Wesentliche des christlichen Glaubens fest.»[730] Nicht jede Lehrmeinung gehört zum Wesentlichen des christlichen Glaubens. Nicht jede Glaubensfrage ist so zentral, dass eine Meinungsverschiedenheit gleich die kirchliche Gemeinschaft infrage stellt. Ob es ein Fegefeuer gibt, wie wir in der Kirche Maria verstehen, welche Symbolhandlungen wir zu den Sakramenten zählen: Das alles sind Fragen des Glaubens, aber sie gehören nicht zum *Wesentlichen* des Glaubens. Verschiedene Kirchen und konfessionelle Traditionen können hier unterschiedlicher Meinung sein und sind es tatsächlich auch – und doch ist kirchliche Gemeinschaft trotz dieser Unterschiede möglich.

Trotz des Gesagten erfordern Fragen, die den Glauben betreffen, besondere Sorgfalt. Das Verfahren zur Stellungnahme in Glaubensfragen trägt dem Rechnung: Die Abstimmung unter Namensaufruf in zwei Lesungen und das Einholen der Stel-

---

727 Vgl. SUTER, Vernetzung, 125–129.
728 Vgl. auch das oben zum trinitarischen und christologischen Dogma Gesagte: Kap. 3.5, S. 138–141.
729 Vgl. ALTHAUS (Hg.), Ökumenische Dokumente, 163–174.
730 Das Bonner Abkommen ist im Anhang abgedruckt: S. 345.

lungnahme der Internationalen Bischofskonferenz sollen garantieren, dass in Glaubensfragen nicht überstürzt gehandelt wird. Wenn das Verfahren auch vor 2021 nie vollständig, in der Frauenordinationsfrage nur in analoger Weise zur Anwendung gekommen ist,[731] so ist es doch eine bedeutende Errungenschaft im Hinblick auf das christkatholische Selbstverständnis: Es ist nicht ein kleines Grüppchen, sondern die Nationalsynode, die zu Glaubensfragen Stellung nimmt. Dies unterstreicht ihre theologische Bedeutung als kirchenleitendes Organ, das gemeinsam mit dem Bischof berät und entscheidet: Auch und gerade in Glaubensfragen ist die christkatholische Kirche bischöflich-synodal.

Mit ihrem Statut hat die Internationale Bischofskonferenz 2000 ein Verfahren für die Utrechter Union etabliert, wie «in strittigen Fragen des Glaubens und des damit zusammenhängenden ethischen Verhaltens sowie der Kirchenordnung Stellung» genommen werden kann.[732] Das Verfahren sieht eine Frist vor, «innerhalb derer in allen Nationalkirchen – gegebenenfalls auch auf gesamtaltkatholischen Gesprächsforen – zur anstehenden Frage eine Konsultation durchgeführt wird, deren Ergebnisse sowohl den Mitgliedern der IBK als auch den synodalen Leitungsinstanzen der Nationalkirchen bekannt gemacht werden».[733] Genauso wie in der Schweizer Kirchenverfassung zeigt sich die gegenseitige Verwiesenheit von Ortskirche und Utrechter Union, wobei jede in ihrer Entscheidung die Stellungnahme der anderen einzuholen verpflichtet ist. Das Verfahren gemäss IBK-Statut war aufgrund der Debatte über die Frauenordination erarbeitet worden, wurde aber bis 2021 noch nicht im konkreten Zusammenspiel mit dem schweizerischen Verfahren zur Stellungnahme in Glaubensfragen praktisch erprobt. Hier besteht insofern eine Herausforderung, als das gegenseitige Einholen von Stellungnahmen und Abwarten der Reaktion des anderen nicht den ganzen Prozess blockieren darf. Eine Blockade kann vermieden werden, indem die IBK das internationale Verfahren anstösst und die Christkatholische Kirche der Schweiz das Ergebnis der ersten Lesung ihres nationalen Verfahrens der IBK als Stellungnahme mitteilt.[734]

---

731 Vgl. 118. Session der Nationalsynode der Christkatholischen Kirche der Schweiz, 15. und 16. Juni 1990 in Bern, 18. August 1990 in Olten, [Christkatholische Kirche der Schweiz, 1991], 92–117. Nach längerer Diskussion folgte die Synode dem Vorschlag ihres Präsidenten, Pfarrer Roland Lauber, den Punkt «nicht als Glaubensfrage zu behandeln, aber nach der Art und Weise, die für Glaubensfragen vorgesehen ist, vorzugehen» (Protokoll, 107). Statt einer Abstimmung unter Namensaufruf folgte eine schriftliche Stellungnahme aller Mitglieder der Nationalsynode; eine zweite Lesung fand nicht statt.
732 IBK-Statut Art. 3 lit. b, vgl. VON ARX/WEYERMANN (Hg.), Statut, 16.
733 IBK-Statut Art. 6 lit. b, vgl. VON ARX/WEYERMANN (Hg.), Statut, 18 f.
734 So wurde es im Diskussionsprozess zur «Ehe für alle» gehandhabt. S. o. Kap. 3.11, S. 159–161.

6.4 Kirchgemeinden, Landeskirchen, Regionen und Diaspora

Christkatholikinnen und Christkatholiken in der Schweiz «sind entweder in Gemeinden organisiert oder gehören zur Diaspora», so hält die Verfassung fest (Art. 4). **Kirchgemeinden** sind selbstständige Körperschaften, die auf ihrem Gebiet für das kirchliche Leben verantwortlich sind, für Gottesdienst, Religionsunterricht und Seelsorge sorgen, Gemeinschaft fördern, öffentliche und soziale Aufgaben übernehmen, die notwendigen Gebäude unterhalten und zu diesem Zweck ihre Gemeindebehörden und ihre Pfarrerin bzw. ihren Pfarrer selbst wählen (Art. 35–36). Gemeinden organisieren und finanzieren sich selbstständig (Art. 37–38). In vielen Kantonen sind Kirchgemeinden staatskirchenrechtliche Körperschaften, für die – anders als etwa für Vereine – die gesetzlichen Regelungen für politische Gemeinden analog gelten.

Die Kirchgemeinden sind also sowohl für das kirchliche Leben als auch für die Verwaltung in gleicher Weise verantwortlich. Die Christkatholische Kirche der Schweiz kennt keine Doppelstruktur von Kirchgemeinde einerseits, die auf der Basis von staatskirchenrechtlichen Regelungen für Finanzen und Verwaltung zuständig ist, und Pfarrei andererseits, die sich um das kirchliche Leben und die Seelsorge kümmert. Die Kirchgemeinde ist für beides verantwortlich, der Begriff der «Pfarrei» ist dem Christkatholizismus fremd. Auf der Ebene der Kirchgemeinde widerspiegeln sich also die Aufgaben der Nationalsynode: Beide sind sowohl für Administration und Finanzen als auch für kirchliches Leben in Verkündigung, Gottesdienst und Seelsorge zuständig.[735]

Auf Gemeindeebene kommt die bischöflich-synodale Grundstruktur in veränderter Weise erneut zum Tragen: Die Pfarrerin oder der Pfarrer ist nicht einfach Angestellte oder Angestellter der Gemeinde oder des Kirchgemeinderates[736], sondern hat die geistliche Leitung der Gemeinde inne. Die Pfarrperson ist von der Gemeinde gewählt und vom Bischof installiert, gewissermassen als Statthalterin oder Statthalter des Bischofs. Ähnlich wie im Bistum gibt es auch auf Gemeindeebene das synodale Gegenüber, in der Kirchgemeindeversammlung und im Kirchgemeinderat.

Zur Zeit gibt es in der Christkatholischen Kirche der Schweiz 29 Kirchgemeinden und Teilgemeinden.[737] Diese Zahl kann sich ändern, wenn Gemeinden sich zusammenschliessen, so zuletzt 2019 Aarau und Zofingen, oder wenn neue Gemeinden entstehen, was aber deutlich seltener geschieht. Gelegentlich verändern

---

735 Zu den Grundfunktionen der Kirche s. u. Kap. 6.5, S. 233–235.
736 Je nach Gemeinde gibt es unterschiedliche Begriffe für das Exekutivgremium einer Kirchgemeinde. Mancherorts ist «Kirchenpflege» üblich, oder auch «Kirchenrat», dies besonders in jenen Gemeinden, die einen ganzen Kanton umfassen.
737 Zur Gemeindebildung s. o. Kap. 2.5, S. 77–81.

Gemeinden ihre Grösse, indem weitere Gebiete eingemeindet werden, die bisher nicht zu ihr gehörten. In den Kantonen Basel-Stadt, Luzern, Neuenburg, Schaffhausen, St. Gallen und Zürich gehört jeweils das ganze Kantonsgebiet zur Kirchgemeinde. Zum Stadt-Land-Verhältnis ist zu sagen, dass die meisten christkatholischen Kirchgemeinden städtisch sind. Lediglich in den Kantonen Aargau, Basel-Landschaft, Bern, Genf und Solothurn gibt es Land- oder Dorfgemeinden. Letztere sind traditionellerweise stark im Dorfleben verankert und spielen eine wichtige Rolle für die lokale Identität der ganzen Bevölkerung – nicht nur für die Christkatholikinnen und Christkatholiken im Dorf.

In den Deutschschweizer Kantonen Zürich, Bern, Luzern, Solothurn, Basel-Stadt, Basel-Landschaft, Schaffhausen, Aargau und Sankt Gallen ist die christkatholische Kirche öffentlich-rechtlich anerkannt, also **Landeskirche** – oder «dritte Landeskirche», wie Christkatholikinnen und Christkatholiken mit einem gewissen Selbstbewusstsein sagen. In der Romandie sieht die Regelung etwas anders aus: In Genf ist die christkatholische Kirche «öffentlich anerkannt», im Kanton Neuenburg eine «Institution von öffentlichem Interesse»; in beiden Fällen entspricht ihr Status demjenigen der evangelisch-reformierten und der römisch-katholischen Kirche.[738] Da das Kirchenwesen in der Schweiz in die Verantwortung der Kantone fällt, ist es nicht die Christkatholische Kirche *der Schweiz*, die dritte Landeskirche ist, sondern die jeweilige *Kantonalkirche*. Sie sind gemäss der Gesetzgebung der Kantone organisiert. In jenen Kantonen, wo mehr als eine christkatholische Kirchgemeinde existiert, gibt es kantonalkirchliche Gremien mit unterschiedlichen Bezeichnungen: Kantonalsynode (Solothurn, Aargau, Genf), Landeskirchenrat (Basel-Land; seit 2020 auch Bern, davor seit dem 19. Jahrhundert «Christkatholische Kommission» genannt). Der Status einer Landeskirche bedeutet, abhängig von der kantonalen Gesetzgebung, gewisse Privilegien wie die Möglichkeit, Kirchensteuern zu erheben. Es bedeutet aber auch, dass die Kantonalkirchen und Kirchgemeinden gemäss den gesetzlichen Vorgaben der Kantone organisiert sein müssen, was zum Beispiel die Wahl ihrer Behörden und die Kontrolle ihrer Finanzen betrifft.

Neben der Zusammenarbeit auf kantonaler Ebene aufgrund der staatlichen Gesetzgebung hat in den letzten zwei Jahrzehnten die **regionale Zusammenarbeit** zur Stärkung des kirchlichen Lebens einen weiteren Aufschwung erlebt: Die christkatholischen Kirchgemeinden im Fricktal haben einen Gemeindeverband gegründet, die Gemeinden der Kantone Basel-Stadt und Basel-Land einen Regionalrat. In anderen Regionen gibt es eine weniger formelle, jedoch bewährte Zusammenarbeit. Diese Art der Zusammenarbeit erstreckt sich auch über Kantonsgrenzen, so bei den

---

738 Im Kanton Neuenburg sind die Beziehungen des Staates zu den anerkannten Kirchen seit 2002 in einem einzigen Kirchenvertrag (Konkordat) geregelt. Neuenburg erhebt für natürliche und für juristische Personen Kirchenbeiträge, deren Bezahlung jedoch in beiden Fällen fakultativ ist.

Gemeinden Aarau-Zofingen, Schönenwerd-Niedergösgen und Region Olten. Eine besonders gut verankerte und langlebige regionale Kooperation erstreckt sich über eine ganze Sprachregion: Bereits seit 1943 arbeitet das «Comité romand» daran, die Zusammenarbeit der französischsprachigen Gemeinden zu fördern und die Stimme der Romandie im Bistum hörbar zu machen.

Als **Diaspora** werden diejenigen Gebiete des Bistums bezeichnet, die nicht durch eine Kirchgemeinde abgedeckt sind. Der Begriff «Diaspora» kommt aus dem Griechischen und bedeutet «Zerstreuung»; ursprünglich ist damit die Existenz religiöser, aber auch nationaler oder kultureller Gemeinschaften ausserhalb ihrer angestammten Heimat gemeint. Christkatholikinnen und Christkatholiken, die in der Diaspora wohnen, werden durch diejenigen Geistlichen pastoral betreut, die ihnen geografisch nahe sind, oder die – in der mehrsprachigen Schweiz ein wichtiges Thema – die Sprache des Diasporagebietes gut beherrschen. Manche Gebiete waren traditionell einer bestimmten Kirchgemeinde zugeordnet, die für die Betreuung der Menschen in der Diaspora sorgte. Diaspora-Arbeit war aber stets auch ein gesamtkirchliches Anliegen: 1905 wurde der «Schweizerische Verein für die Christkatholische Diaspora» gegründet, 1965 in «Diasporawerk» umbenannt, das die Pastoration der Diasporagebiete finanziell unterstützte.[739] Es wurde 2013 in dieser Form aufgelöst und in das Bischöfliche Hilfswerk integriert, allerdings nur für eine Übergangsfrist von zehn Jahren, in der die betroffenen Gemeinden und Diasporagebiete Lösungen suchen müssen, die Diaspora-Arbeit eigenständig zu leisten und zu finanzieren.[740]

Lange Zeit war das Verhältnis der Diaspora und der dort lebenden Menschen zur Kirche ein Betreuungsverhältnis: Der Pfarrer kam zu einem Hausbesuch und für Taufen, Hochzeiten und Beerdigungen in die Diaspora, es gab gelegentlich Diasporagottesdienste, der Religionsunterricht fand am Esszimmertisch statt – doch hatten die Menschen in der Diaspora nur wenig Möglichkeiten, Mitverantwortung für das kirchliche Leben zu übernehmen. Dies hat sich in den letzten zwei Jahrzehnten verändert: Bei manchen Diasporagebieten, zum Beispiel in der Ostschweiz, wurde die Zuordnung zur Kirchgemeinde verbindlich in der Kirchgemeindeordnung festgeschrieben und den Menschen in der Diaspora stärkeres Mitspracherecht eingeräumt, bis hin zum Stimm- und Wahlrecht. Andere Diasporagebiete wie der Tessin sind einen anderen Weg gegangen und versuchen, durch eigene Leitungsstrukturen in der Diaspora ihr kirchliches Leben stärker selbst in die Hand zu nehmen.

Die Kirchenverfassung verwendet «Diaspora» in einem kirchenrechtlichen Sinn: Gebiete, die nicht eingemeindet sind. Häufig wird «Diaspora» auch in einem pastoralen Sinn verstanden: Gebiete, wo die Christkatholikinnen und Christkatho-

---

739 S. o. Kap. 2.8, S. 111.
740 Protokoll der Nationalsynode der Christkatholischen Kirche der Schweiz, 145. Session vom 31. Mai und 1. Juni 2013 in Allschwil BL, [Christkatholische Kirche der Schweiz, 2014], 72–80.

liken in der Zerstreuung leben, das heisst weit weg von der nächsten eigenen Kirche. Natürlich sind die meisten Gebiete, die kirchenrechtlich Diaspora sind, weit entfernt von den christkatholischen Zentren und deswegen auch im pastoralen Sinn Diaspora.[741] Es gibt aber auch Gebiete, die rechtlich eingemeindet sind, wo die Menschen aber ebenfalls grosse Distanzen zurücklegen müssen, bis sie in ihrer christkatholischen Kirche sind. Die Situation der Zerstreuung bildet eine Herausforderung für die Seelsorge und die Teilnahme am kirchlichen Leben: Laien haben weite Wege zurückzulegen, wenn sie an Veranstaltungen der Kirchgemeinde teilnehmen möchten, Geistliche sind viel unterwegs, wenn sie Hausbesuche machen, Tauf- oder Trauergespräche führen. Speziell bei Beerdigungen lernen christkatholische Geistliche immer wieder neue Kirchen und Friedhöfe kennen und passen sich an die örtlichen Gegebenheiten an. Dies gilt nicht nur für Gemeinden, denen ein Diasporagebiet zugeordnet ist, sondern auch für eingemeindete Gebiete, die in einem pastoralen Sinn ebenfalls den Charakter einer Diaspora haben.

6.5 Die Aufgaben der Kirche und ihre Verwirklichung

Die Aufgaben der Kirche ergeben sich aus den Grundvollzügen des Kircheseins: Die Kirche verkündigt die frohe Botschaft (*martyria*), sie macht Gottes Fürsorge für die Benachteiligten spürbar (*diakonia*), sie feiert Gottes Gegenwart (*leitourgia*) und pflegt die Gemeinschaft der Menschen untereinander und mit Gott (*koinonia*). Diese Aufgaben prägen das Leben in den Gemeinden, das Berufsfeld der Geistlichen und die Fachstellen und Gremien der Gesamtkirche. Vieles, wenn nicht alles von dem, was hier zu sagen ist, zeichnet christliche Kirchen generell aus und ist nicht spezifisch christkatholisch. Die folgenden Beispiele wollen in erster Linie zeigen, dass die christkatholische Kirche ihren Anspruch, im vollen Sinn des Wortes Kirche zu sein, nicht nur theoretisch vertritt, sondern in ihrer Praxis auch verwirklicht.

Jeder der Grundvollzüge des Kircheseins umfasst seinerseits wieder ein weites Feld von Themen und Aufgaben: Die **Verkündigung** geschieht klassischerweise in der Predigt.[742] Der Bischof nimmt seinen Verkündigungsauftrag ausserdem durch

---

741 Vereinzelt gibt es (kirchenrechtliche) Diasporagebiete, von denen der Weg zur nächsten christkatholischen Kirche vergleichsweise kurz ist, zum Beispiel gewisse Gebiete in den Kantonen Nidwalden (zu Luzern) und Appenzell Ausserrhoden (zu St. Gallen). Das ist aber die Ausnahme.
742 Die Predigtlehre (Homiletik) bildet einen wichtigen Aspekt der Ausbildung in Praktischer Theologie, vgl. ADRIAN SUTER, Die homiletische Ausbildung an der Christkatholisch-Theologischen Fakultät der Universität Bern. Die Predigt im Spannungsfeld zwischen Theorie und Praxis, persönlicher Glaubenswelt und wissenschaftlicher Textauslegung, in: Gerny u. a., Wurzel, 58–68. Seit der Publikation dieses Artikels wurden die Studienpläne insbesondere in Praktischer Theologie grundlegend umgestaltet.

den jährlichen Hirtenbrief und andere Schreiben wahr. Doch auch Religionsunterricht und Erwachsenenbildung, Öffentlichkeits- und Medienarbeit haben Anteil am Verkündigungsauftrag der Kirche, so etwa durch das Medienkomitee und die Fachstelle Bildung der Christkatholischen Kirche der Schweiz. Sie verwirklichen eigene Aufgaben, zum Beispiel durch Publikation von Zeitschriften oder Lehrmitteln, und unterstützen die Gemeinden dabei, ihre Verkündigungsauftrag in geeigneter Weise wahrzunehmen.

Von der kirchlichen Pressearbeit und eigenen Publikationstätigkeit war bereits im Kapitel zur Geschichte die Rede.[743] Genauso wichtig für den Verkündigungsauftrag der Kirche ist aber die Präsenz in säkularen Medien. Viele christkatholische Kirchenglieder schätzen christkatholische Medienpräsenz (und ärgern sich, wenn in den Medien die christkatholische Kirche als Landeskirche vergessen geht). In manchen lokalen Tageszeitungen kann die christkatholische Gemeinde am Ort profiliert auftreten, doch nicht alle Zeitungen räumen kirchlichen und religiösen Themen angemessen Raum ein. Christkatholische Kirchenglieder legen oft Wert darauf, dass christkatholische Amtsträgerinnen und Amtsträger in den säkularen Medien präsent sind, zum Beispiel mit Kolumnen oder als Radiopredigerinnen und Radioprediger. Die Mitwirkung christkatholischer Geistlicher beim «Wort zum Sonntag» des Schweizer Fernsehens wird sehr geschätzt. In der Regel ist dies in jenen Monaten, die fünf Sonntage haben, der Fall, während vier Sonntage für die evangelisch-reformierten und römisch-katholischen Sprecherinnen und Sprecher reserviert sind. Das Auswahlverfahren wird aber vom Schweizer Fernsehen vorgenommen und folgt den Kriterien des Mediums, nicht der Kirche. Einmal jährlich wird ein Fernsehgottesdienst aus einer christkatholischen Kirche im Schweizer Fernsehen ausgestrahlt. Gewöhnlich kommen dabei grössere städtische Kirchgemeinden zum Zug, häufig Zürich, Bern oder Olten. Gelegentlich besucht das Schweizer Fernsehen aber auch dörfliche Kirchgemeinden, zuletzt 2015 die Stiftskirche Schönenwerd.

In der **Diakonie**, im Dienst am Nächsten, besonders an den Benachteiligten, engagiert sich die christkatholische Kirche am Ort, gesamtschweizerisch und international: Hilfskassen in den Gemeinden, Pfarrämter und manche Frauenvereine können unkompliziert Unterstützung gewähren.[744] Auch die Seelsorge hat einen diakonischen Aspekt, wenn sie Menschen aufrichtet, ihnen Mut zuspricht und ihnen dadurch hilft, ihren Alltag zu bewältigen. Das Kinder- und Jugendhilfswerk kann Unterstützung anbieten, wenn die staatliche soziale Absicherung nicht genügend greift. Auf internationaler Ebene schliesslich ermöglicht das christkatholische Hilfswerk «Partner sein» Solidarität im weltweiten Kontext: Hier leistet die christkatholische Kirche Hilfe in Ländern des globalen Südens, die der verarmten Bevöl-

---

743 S. o. Kap. 2.10, S. 115–120.

744 Ein guter Teil des diakonischen Engagements der christkatholischen Kirche verwirklichte sich in Vereinen, s. o. Kap. 2.8 und 2.9, S. 103–115.

kerung direkt zugutekommt. Der Name des Hilfswerks ist Programm: «Partner sein» arbeitet immer mit lokalen Projektpartnern zusammen, und legt Wert darauf, dass die Hilfe vor Ort der nachhaltigen Entwicklung dient. So werden zum Beispiel beim Bau eines Schulhauses in Uganda lokale Handwerksbetriebe berücksichtigt, die dadurch ein Einkommen haben, so dass nicht nur die Schülerinnen und Schüler, sondern weitere Teile der Bevölkerung von der Unterstützung profitieren.

Von **Liturgie** war bereits ausführlich die Rede.[745] Hier sei lediglich ergänzt, dass die liturgischen Bücher und Formulare nicht toter Buchstabe bleiben dürfen, sondern die gottesdienstliche Praxis anleiten sollen. Im kirchlichen Alltag ist dies immer wieder ein Suchprozess, der die örtlichen Gegebenheiten und die spirituellen Bedürfnisse der Menschen in den Gemeinden berücksichtigen muss. Diskussionen unter Christkatholikinnen und Christkatholiken – als offizielles Traktandum an der Nationalsynode oder informell beim Kirchenkaffee – zeigen immer wieder, dass der Gottesdienst und die Art, wie er gefeiert wird, den Menschen wichtig ist. Dies ist ebenfalls ein Beispiel für Synodalität; auch abseits der formellen Entscheidungsprozesse ist christkatholisches Kirchenverständnis geprägt von der Suche des gemeinsamen Weges.

Gemeinschaft ist ein Stichwort, das für das gesamte kirchliche Leben von grosser Bedeutung ist: Verkündigung ist Aufbau der Gemeinschaft, Diakonie ist Solidarität in der Gemeinschaft, Liturgie ist Feier der Gemeinschaft. Um dies für die einzelnen Menschen persönlich erfahrbar zu machen, nimmt in der christkatholischen Kirche und in ihren Kirchgemeinden auch die Geselligkeit ihren Raum ein. Besonderen Anteil daran haben die Vereine:[746] Die Kirchenchöre pflegen nicht nur den Gesang, sondern auch die Gemeinschaft. Frauenvereine und Jugendgruppen bringen Menschen mit ähnlichen Interessen zusammen. Mit Gemeindefesten und Ausflügen gelingt es, Menschen anzusprechen, die keine regelmässigen Kirchgängerinnen oder Kirchgänger sind, denen aber das Miteinander in der Kirche und die Pflege der Gemeinschaft dennoch wichtig sind.

6.6 Die Utrechter Union als Gemeinschaft von Ortskirchen

Die altkatholischen Kirchen der Niederlande, Deutschlands, der Schweiz, Österreichs, Polens und Tschechiens bilden zusammen die Utrechter Union. Von ihrer Entstehung war bereits die Rede.[747] Ursprünglich handelte es sich um einen Zusammenschluss der altkatholischen *Bischöfe*, der aber auch die Kirchen verpflichtete, die

---

745 S. o. Kap. 4, S. 167–181.
746 Zur historischen Entwicklung und Bedeutung des Vereinswesens in der christkatholischen Kirche s. o. Kap. 2.8, S. 103–112.
747 S. o. Kap. 1.3, S. 29 f.

durch diese Bischöfe geleitet wurden; faktisch wurde die Utrechter Union daher seit jeher als Gemeinschaft von *Kirchen* angesehen. Die Präambel zum Statut der Utrechter Union trägt dem Charakter der Kirchengemeinschaft Rechnung: «Die Utrechter Union ist eine Gemeinschaft von Kirchen und der sie leitenden Bischöfe, die entschlossen sind, den Glauben, den Kultus und die wesentliche Struktur der ungeteilten Kirche des ersten Jahrtausends zu bewahren und weiterzutragen [...] In ihrer Vereinigung zu einer Bischofskonferenz, der später weitere Bischöfe beitraten, kam zudem die volle kirchliche Gemeinschaft der von ihnen repräsentierten Kirchen zum Ausdruck.»[748]

Mit dem Statut hat die Internationale Bischofskonferenz im Jahr 2000 eine neue Rechtsgrundlage für die Utrechter Union geschaffen: Die *Präambel* stellt die ekklesiologischen Grundlagen der Utrechter Union dar; die *Innere Ordnung* bildet eine Art Verfassung der Utrechter Union und regelt die Mitgliedschaft, die Aufgaben, die Wege der Entscheidungsfindung und die Verpflichtungen der Bischöfe; die *Geschäftsordnung* regelt die Diskussions- und Entscheidungsprozesse. *Abschliessende Bestimmungen* regeln das Inkrafttreten und die Möglichkeit der Revision, und der *Anhang* umfasst die unveränderte Utrechter Erklärung von 1889, die damit als historischer Referenztext weiterhin relevant bleibt. Neu gewählte Bischöfe müssen das Statut und die Utrechter Erklärung unterzeichnen, damit die Internationale Bischofskonferenz ihre Zustimmung zur Weihe gibt.

Der bischöflich-synodale Charakter der Kirche kommt auch in der Utrechter Union zum Tragen, insofern die Internationale Bischofskonferenz nichts anderes als eine Bischofssynode ist. Die Bischöfe stehen in einer doppelten Verantwortung: In ihrer Ortskirche sind sie als Einzelne Träger der personalen Erstverantwortung; in der Bischofskonferenz tragen sie als Kollegium gemeinsame Verantwortung für die Gemeinschaft der Orts- und Nationalkirchen. Deswegen sind es in erster Linie die Bischöfe, als Einzelne und als Kollegium, die «der Bewahrung der Katholizität der Kirche in der Einheit der Glaubensüberlieferung [...] dienen»[749], deswegen obliegt es der Bischofskonferenz, über Kirchengemeinschaft der altkatholischen Kirchen mit anderen Kirchen zu entscheiden. Jedoch fehlt hier offensichtlich das in der altkatholischen Kirche so wichtige Moment der gemeinsamen Verantwortung von Geistlichen und Laien. Dem trägt die Utrechter Union dadurch Rechnung, dass in gut katholischer Tradition grosses Gewicht auf die *Rezeption* der Beschlüsse der Internationalen Bischofskonferenz gelegt wird. Der Bischof handelt auch in der Bischofskonferenz nie isoliert, sondern stets eingebettet in ein synodales Geschehen in seiner Ortskirche, welche die Entscheidungen der Internationalen Bischofskonferenz rezipiert. Dabei ist Rezeption keineswegs nur die nachträgliche Ratifizierung

---

748 Die ganze Präambel zum Statut ist im Anhang abgedruckt: S. 309–311.
749 Aus der Präambel, s. im Anhang, S. 311.

eines fertig vorliegenden Beschlusses. Vielmehr unterstreicht die Präambel, dass die Entscheidungen der Bischöfe schon in einem umfassenden synodalen Prozess vorbereitet werden. Im ganzen Vorgang, das heisst in der Vorbereitung und in der Annahme und Umsetzung der Entscheidung der Internationalen Bischofskonferenz, sind die Gläubigen, Geistliche und Laien, beteiligt – auf nationaler Ebene durch Synoden und andere verantwortliche Organe, auf internationaler Ebene durch «gesamtaltkatholische Gesprächsforen»[750]. In einem solchen Rezeptionsprozess, in dem die Bischöfe als Erstverantwortliche in eine breit abgestützte Entscheidungsfindung eingebettet sind, sieht der Glaube die Führung der Kirche durch den Heiligen Geist. Rechtsverbindliche Kriterien lassen sich für die erfolgte oder nicht erfolgte Rezeption allerdings nicht anlegen: «Es ist aber als ein vom Geist Gottes geleitetes Geschehen rechtlich nicht umfassend und schon gar nicht abschliessend zu regeln.»[751]

In der Regel tagt die Internationale Bischofskonferenz einmal jährlich. Die Ergebnisse jeder Sitzung werden in einem Communiqué publiziert. Diese Communiqués sind die wichtigste Quelle zum Nachvollziehen der Entwicklungen der altkatholischen Kirchen international.[752] Bei Bedarf fasst die Bischofskonferenz Beschlüsse, welche die Aufrechterhaltung der Gemeinschaft der Ortskirchen, Stellungnahmen zu strittigen Fragen des Glaubens und der Kirchenordnung, Grundsatzerklärungen sowie die Beziehungen zu anderen Kirchen und Religionsgemeinschaften betreffen.

6.7 Foren und Formen internationaler Zusammenarbeit

Der Zusammenschluss der Bischöfe in einer Bischofskonferenz begründet die Kirchengemeinschaft, reicht aber nicht aus, um sie im Leben der Kirche zur Geltung zu bringen. Dazu sind weitere Formen des Austauschs und der Zusammenarbeit nötig, die über die Grenzen der Ortskirchen hinausgehen.

Das älteste internationale Gesprächsforum sind die **Internationalen Altkatholikenkongresse** (IAKK). Die ersten drei (Alt-)Katholikenkongresse von 1871 bis 1873 waren internationale und ökumenisch ausgerichtete Zusammenkünfte. Sie versammelten vor allem jene Katholiken, die den Dogmen des Ersten Vatikanischen Konzils von 1870 aus Gewissengründen nicht zustimmen konnten und fassten zukunftsweisende Beschlüsse, welche die theologische und ökumenische Pro-

---

[750] Von Arx/Weyermann (Hg.), Statut, 17. Die wichtigsten dieser internationalen Gefässe der Partizipation werden unten in Kap. 6.7, S. 237–242, vorgestellt.
[751] Von Arx/Weyermann (Hg.), Statut, 14 f.
[752] Vgl. www.utrechter-union.org/seite/84/communiqués, zuletzt geprüft: 31.12.2021. Die Communiqués der Internationalen Bischofskonferenz werden seit je auch in der «Kirchlichen Chronik» in Internationalen Kirchlichen Zeitschrift veröffentlicht.

grammatik des Altkatholizismus festlegten.[753] Die Zusammenkunft, 1871 zunächst als «Katholikenkongress» bezeichnet, hiess ab der zweiten Durchführung 1872 «Altkatholikenkongress».[754] Sie übernahm damit die seit etwa 1871 regelmässig verwendete Selbstbezeichnung der Bewegung.

Die Altkatholikenkongresse zwischen 1874 und der Gründung der Utrechter Union 1889 waren vornehmlich Tagungen des Bistums für die Altkatholiken in Deutschland, das sich 1873 bildete. Die Kongresse dienten der inneren Festigung und äusseren Ausbreitung der altkatholischen Bewegung. Mit der Gründung der Utrechter Union im Jahr 1889 veränderte sich der Charakter der Kongresse: Die von Rom unabhängigen katholischen Kirchen Westeuropas begründeten mit der Schaffung der Internationalen Altkatholischen Bischofskonferenz de facto eine altkatholische Kirchenfamilie.

Ein Jahr nach der Gründung der Utrechter Union konstituierte sich der 10. Altkatholikenkongress 1890 in Köln als «Erster Internationaler Altkatholikenkongress». Der zweite IAKK von 1892 in Luzern arbeitete die gemeinsamen Prinzipien altkatholischer Kirchlichkeit mit einer Reihe von richtungsweisenden Thesen heraus. Dort wurde auch die Gründung einer gemeinsamen wissenschaftlichen Zeitschrift beschlossen (s. u.). An allen Altkatholikenkongressen wurde von Anfang an auch eine Annäherung an die befreundeten Kirchen gesucht, deren Vertreter an den Beratungen immer aktiv teilnahmen.

Die Kongressorte wechseln in der Regel in einem Turnus Deutschland – Schweiz – Niederlande – Österreich. Einziger Kongress in einem osteuropäischen Land war bisher derjenige von Prag im Jahr 2002. Die Kongresse fanden zunächst alle zwei bis drei, später alle vier Jahre statt, mit vereinzelten Unregelmässigkeiten und insbesondere grösseren Unterbrechungen zur Zeit der beiden Weltkriege. Häufigster Austragungsort war Wien mit sechs Kongressen. In der Schweiz fanden Internationale Altkatholikenkongresse in Luzern (1892, 1974), Olten (1904), Bern (1925), Zürich (1938, 2010) Rheinfelden (1957) und Genf (1990) statt.[755]

Nach dem Zweiten Weltkrieg griffen die Kongresse vermehrt Fragen des Gemeindelebens auf. Mit dem Internationalen Altkatholikenkongress von 1990 in Genf erfolgte die Ausweitung der Thematik auf allgemeine soziale und ethische Fragen. Die Altkatholikenkongresse haben keinen kirchenamtlichen Charakter, sie

---

753 S. o. Kap. 1.2, S. 26 f. Vgl. Zu diesen Kongressen auch BERLIS, Frauen, 124–215.
754 Faktisch führten diese Kongresse die Katholikenversammlungen in Deutschland fort, unter deren Mitbegründern 1848 mehrere spätere Alt-Katholiken waren. Auf römisch-katholischer Seite bestehen diese Kongresse bis heute als alle zwei Jahre stattfindende «Katholikentage». Vgl. dazu EWALD KESSLER, Vom Katholikentag zum Alt-Katholikenkongreß, in: Kirchliches Jahrbuch für die Alt-Katholiken in Deutschland 69 (1970), 63–66.
755 Eine Liste aller bisherigen Kongresse findet sich auf der Webseite der Utrechter Union: www.utrechter-union.org/pagina/49/die_internationalen_altkatholike, zuletzt geprüft: 31.12.2021.

haben aber in der Vergangenheit oft eine wesentliche Rolle bei der Meinungsbildung und der Thematisierung wichtiger Fragen für die gesamte Utrechter Union gespielt. So hielt etwa der 25. Internationale Altkatholikenkongress in Genf 1990 in einer Resolution fest, die Regelung, dass jede altkatholische Ortskirche nach eigenem Ermessen Frauen zum Diakonat zulassen könne, solle auf das ganze dreifache apostolische Amt ausgedehnt werden.[756] Eine solche Resolution hat keine Rechtskraft, kann aber nach altkatholischem Selbstverständnis von der Internationalen Bischofskonferenz auch nicht einfach ignoriert werden. In den letzten Jahrzehnten traten neben ökumenische Themen auch pastorale und gesellschaftliche Fragestellungen. In jüngerer Vergangenheit ähnelten die Altkatholikenkongresse stärker Kirchentagen, wobei der Eventcharakter auch kritisch hinterfragt wird. Die inhaltliche Verantwortung der Kongresse lag jahrzehntelang beim «Ständigen Kongressausschuss», in dem die altkatholischen Kirchen durch Delegierte vertreten waren. Daneben kümmerte sich der (von Kongressort zu Kongressort wechselnde) Ortsausschuss um die organisatorischen und praktischen Fragen. Dieses Konzept wurde 2011 geändert: Der «Ständige Kongressausschuss» wurde auf Beschluss der Internationalen Bischofskonferenz aufgelöst, der jeweilige Ortsausschuss wird nun von Fall zu Fall um zwei bis drei internationale Delegierte ergänzt und ist für den ganzen Kongress verantwortlich, inhaltlich wie organisatorisch. Über das Kongressthema entscheidet die Internationale Bischofskonferenz gemeinsam mit dem Ortsausschuss. Dieser Entscheid hat der Internationalen Bischofskonferenz auch Kritik eingetragen, unter anderem, weil eine von der Bischofskonferenz unabhängige Themensetzung nun nicht mehr möglich ist.

Ein weiteres Format internationaler Zusammenarbeit ist die **Internationale Kirchliche Zeitschrift** (IKZ).[757] Sie erscheint seit 1893 vierteljährlich im Stämpfli Verlag in Bern, zunächst unter dem Namen «Revue Internationale de Théologie» (RITh), seit 1911 unter dem heutigen Namen. Als einziges gemeinsames wissenschaftliches Organ der Altkatholischen Kirchen der Utrechter Union ist sie der erste und wichtigste Ort, um sich über die Entwicklung altkatholischer Theologie und über die Ergebnisse wissenschaftlicher Forschung auf dem Gebiet des Altkatholizismus auf dem Laufenden zu halten. Durch ihre internationale Ausrichtung fördert sie den wissenschaftlichen Austausch altkatholischer Theologinnen und Theologen über die Grenzen des eigenen Bistums und der eigenen Wissensgemeinschaft hinaus. Im Weiteren berichtet die IKZ über die Wahrnehmung des ökumenischen Anliegens der altkatholischen Kirche. Für die ökumenische Bewegung in der ersten Hälfte des 20. Jahrhunderts gilt die IKZ als wichtige historische Quelle, da viele Dokumente und Konferenzberichte hier veröffentlicht wurden. Von Anfang an,

---

756 Die Resolution ist abgedruckt im Anhang, S. 313.
757 Zur geschichtlichen Entwicklung s. o. Kap. 2.10, S. 119 f. Die Webseite der IKZ ist an der Universität Bern angesiedelt: www.ikz.unibe.ch, zuletzt geprüft: 31.12.2021.

besonders aber für die Zeit des Kalten Krieges, ist die IKZ eine bedeutende Quelle für Entwicklungen in den orthodoxen Kirchen des Ostens. Bei Themen, die die altkatholischen Kirchen theologisch beschäftigen, kommen in der IKZ immer wieder auch Stimmen der Schwesterkirchen zu Wort. Durch diese ökumenische Ausrichtung war und ist die IKZ auch über die Grenzen der altkatholischen Kirchen hinaus theologisch relevant.

In der «Kirchlichen Chronik» der IKZ werden offizielle Verlautbarungen der Internationalen Bischofskonferenz und wichtige Beschlüsse der altkatholischen Ortskirchen veröffentlicht. Auch Ereignisse aus der weltweiten Ökumene, die für den Altkatholizismus von Bedeutung sind, werden aufgegriffen und mitgeteilt. Die IKZ dokumentiert zudem die regelmässig stattfindenden Internationalen Altkatholikenkongresse, die Internationalen Altkatholischen Theologenkonferenzen und andere Tagungen altkatholischer universitärer Institutionen. So ist die IKZ nicht nur selbst ein Forum des internationalen Austauschs, sondern unterstützt auch andere gesamtaltkatholische Gesprächsforen, indem sie deren Ausstrahlung über den Anlass hinaus fördert.

Die gesamte IKZ und ihre Vorgängerzeitschrift RITh wurden retrodigitalisiert. Alle Jahrgänge seit 1893 sind online zugänglich, mit Ausnahme der jeweils neuesten Jahrgänge, die erst nach Ablauf einer Frist freigeschaltet werden.[758]

Die erste **Internationale Altkatholische Theologenkonferenz** (IAThK) fand auf Initiative des Utrechter Kapitels Ende August 1950 in Amersfoort (Niederlande) statt; etwa 30 Personen nahmen daran teil. Nach den Erfahrungen des Zweiten Weltkriegs, in dem altkatholische Kernländer zu gegnerischen Nationen gehörten, waren diese «Studientagungen», wie sie anfangs genannt wurden, ein wichtiger Schritt auf dem Weg der Wiederannäherung und Versöhnung. Mit dem Wiederaufbau der Beziehungen wurde die «Notwendigkeit intensiver, gemeinsamer theologischer Arbeit immer stärker empfunden».[759] Die Theologenkonferenzen stehen nur Theologinnen und Theologen offen.[760] Sie haben keinen kirchenamtlichen Charakter, da die Teilnehmenden ihre Kirchen nicht in offizieller Funktion vertreten. Gleichwohl gehen von den Theologenkonferenzen bedeutende Impulse für die Verständigung über die Anliegen altkatholischer Theologie aus. Aktuelle theologische

---

758 Vgl. www.e-periodica.ch/digbib/volumes?UID=ikz-002 (die Beiträge lassen sich als seitengetreue PDF-Dateien herunterladen). Über die eigene Webseite www.ikz.unibe.ch kann gezielt nach Autorinnen bzw. Autoren und Themen gesucht werden.

759 So WERNER KÜPPERS, Bericht über die 2. Studientagung altkatholischer Theologen, in: Internationale Kirchliche Zeitschrift 42 (1952), 34–39, hier 39. Die Referate der Konferenzen werden in der Regel zusammen mit einem Bericht in der Internationalen Kirchlichen Zeitschrift veröffentlicht.

760 In der Anfangszeit benutzten Pfarrer die Theologenkonferenzen als Teil ihres Jahresurlaubs und nahmen ihre Ehefrauen zu den Tagungen mit. Seit den 2000er Jahren ist dies nicht mehr üblich.

Fragen, die die Utrechter Union beschäftigen, etwa die Diskussion ökumenischer Dialoge, ekklesiologische Fragestellungen oder liturgiewissenschaftliche und praktisch-theologische, seelsorgerlich relevante Themen werden hier im internationalen Rahmen diskutiert. Die Erklärungen dieser Konferenzen dienen regelmässig auch der Internationalen Bischofskonferenz für die Bestimmung ihrer eigenen Position in einer Frage. Die Theologenkonferenzen werden durch Vertretungen der Lehranstalten von Bern, Bonn und Utrecht zusammen mit einer Koordinatorin oder einem Koordinator vorbereitet.[761] Einige Jahrzehnte lang bestanden zudem anglikanisch-altkatholische Theologenkonferenzen, zu denen Theologen beider Kirchengemeinschaften offiziell delegiert wurden.[762] Seit den 2000er Jahren finden derartige Konferenzen (die nun keinen offiziellen Charakter mehr haben) in einem lockeren Rhythmus im Rahmen der Internationalen Altkatholischen Theologenkonferenzen statt. Anglikanischen Theologen steht die IAThK seit je auch offen.

Internationale Jugendkontakte gab es bereits bald nach der Gründung der Utrechter Union. Die beiden Weltkriege erschwerten die Kontakte aber oder führten zu ihrer zeitweiligen Unterbrechung. Erst ab Anfang der 1980er Jahre wurden sie dauerhaft wiederbelebt. Es wurde ein Verband mit einem Vorstand und einer Vollversammlung gegründet. Mitglieder der Internationalen Altkatholischen Jugend (IAKJ) sind die Jugendverbände Deutschlands, der Niederlande, der Schweiz, Österreichs, Polens und Tschechiens. Gegenwärtig arbeiten die Jugendverbände aber nur über die Kontaktpersonen in den verschiedenen Ländern zusammen. In erster Linie organisiert die IAKJ internationale Ferienlager im Sommer und im Winter, die mit gemeinsamen Meditationen und Gottesdiensten bereichert werden. – Seit einigen Jahren kooperieren auch die Jugendpfarrerinnen und Jugendpfarrer der einzelnen Kirchen bei besonderen internationalen Projekten wie den Jugendkongressen oder einer vom Internationalen Anglikanisch-Altkatholischen Koordinierungsrat angestossenen Pilgerreise nach Echternach.

---

761 Für die inhaltliche Vorbereitung sind derzeit Angela Berlis (Bern, seit 2010), Peter-Ben Smit (Utrecht) und seit 2019 Theresa Hüther (Bonn) zuständig. Die Funktion der Sekretärin wurde viele Jahre lang von Claire Aldenhoven-Gauthier (1938–2020) und anschliessend von Katja Nickel (*1934) wahrgenommen, danach 1988–2000 durch Angela Berlis (damals IJmuiden, ab 1991 Bonn). Ende der 1990er Jahre wurde die Funktion in «Koordination» umbenannt und ab 2001 von je zwei Personen übernommen: durch Robert Frede (derzeit Haarlem, er war bereits seit 1993 für die Finanzen zuständig) gemeinsam mit Maja Weyermann (Bern) von 2001 bis 2007, anschliessend mit den wissenschaftlichen Mitarbeiterinnen am Bonner Universitätsseminar, Anja Goller (Bonn) von 2012 bis 2020 und seitdem Ruth Nientiedt.

762 Für eine Übersicht über die behandelten Themen vgl. KLAUS HEINRICH NEUHOFF, Building on the Bonn Agreement. An Historical Study of Anglican – Old Catholic Relations Before and After the 1931 Bonn Agreement with Special Reference to the Anglican – Old Catholic Theologicans' Conferences 1957–2005, Amersfoort (Stichting Oud-Katholiek Seminarie) – Sliedrecht (Merweboek) ²2016.

Anfang der 1930er Jahre schlossen sich die Dachverbände altkatholischer **Frauenvereine** in Deutschland, der Schweiz, in Österreich und den Niederlanden zu einer «Liga» zusammen. Federführend war dabei Anny Peter, die damalige Präsidentin des Verbands Christkatholischer Frauenvereine.[763] Mit dem Ausbruch des Zweiten Weltkrieg konnte die Liga nicht mehr weitergeführt werden und versandete nach einem kurzen Aufleben nach 1945 in den 1950er Jahren. Heute bestehen lediglich lockere Kontakte zwischen den einzelnen nationalen Frauenverbänden. Ein wichtiger Treffpunkt sind die Frauentreffen des deutschen Frauenbundes «baf», an denen regelmässig auch Altkatholikinnen aus den Niederlanden, aus Österreich und der Schweiz teilnehmen.

Das **Internationale Laienforum** geht auf eine Initiative von Laien Anfang der 1990er Jahre zurück. Durch die Diskussionen rund um die Frauenordination wurde vielen Menschen die unterschiedliche Haltung der altkatholischen Nationalkirchen bewusst. Dabei wurde der Ruf nach einer stärkeren Einflussnahme der Laien innerhalb der Utrechter Union laut. Aus strukturellen, ekklesiologischen und finanziellen Gründen war die Idee eines «Internationalen Laienrates» jedoch nicht umsetzbar. Daraufhin wurde das Internationale Laienforum ins Leben gerufen. Jährlich treffen sich Interessierte aus allen Kirchen und tauschen sich über ein selbstgewähltes Thema aus. Auch dieses Forum hat keinen amtlichen Charakter, spielt aber eine wichtige Rolle für die Vernetzung der Laien und ihr Bewusstsein, auch über die Ortskirche hinaus Mitverantwortung für die Gemeinschaft zu tragen.

1998 wurde auf Initiative von Angela Berlis (damals Universität Bonn), Urs von Arx (Universität Bern) und Jan Hallebeek (Universität Amsterdam) der **Internationale Arbeitskreis Altkatholizismusforschung** (IAAF) gegründet, ein Zusammenschluss altkatholischer Forscherinnen und Forscher, die sich einmal jährlich in Bonn zum Austausch und für gemeinsame Projekte treffen.[764] Eingeladen sind Forschende aus allen Kirchen der Utrechter Union, regelmässig nehmen auch Gäste teil, die Forschungsergebnisse präsentieren, die für die Altkatholizismusforschung von Bedeutung sind. Jährlich wird eine Zusammenstellung relevanter Neuerscheinungen aus der Feder altkatholischer Forscherinnen und Forscher im Netz veröffentlicht.

Der jüngste internationale Zusammenschluss altkatholischer Institutionen ist die **Internationale Altkatholische Diakonie und Mission**. 1998 begannen die altkatholischen Hilfswerke mit einer Kooperation, seit 2004 arbeiten sie unter diesem Namen zusammen. Ihr gehören Hilfswerke aus den Niederlanden, Deutschland, Österreich und der Schweiz an sowie Beauftragte der altkatholischen Kirchen von Tschechien, Kroatien, Polen und Frankreich.

---

763 Zu den christkatholischen Frauenvereinen s. o. Kap. 2.8, S. 103–106.
764 Vgl. dazu BERLIS, Desiderate, 208 f. Der Internationale Arbeitskreis Altkatholizismusforschung (IAAF) informiert über seine Arbeit auf folgender Webseite: www.christkath.unibe.ch/forschung/forschung_vernetzt, zuletzt geprüft: 31.12.2021.

6.8 Von der Katechese zur Erwachsenenbildung: Christkatholizismus als Lerngemeinschaft

Bildung spielte in der christkatholischen Kirche und generell im Altkatholizismus von Anfang an eine zentrale Rolle. Schon das Münchener Programm von 1871 betont, für die Bildung der Geistlichen sei die Pflege der Wissenschaft unentbehrlich.[765] Diese Bildung solle nicht allein in kircheninternen Lehranstalten geschehen. Doch nicht nur für die Heranbildung des geistlichen Nachwuchses, sondern für alle Kirchenglieder ist Bildung nach altkatholischem Verständnis essenziell.

Bildung im Zusammenhang mit Glauben und Kirche verfolgt eine Reihe von Zielen: Sie soll Menschen helfen, in den Glauben hineinzuwachsen, das eigene Glaubensleben zu verstehen und zu vertiefen. Sie soll den Einzelnen nahebringen, wie sich die Kirche als Gemeinschaft der Glaubenden versteht und wie sie funktioniert. Sie soll Menschen, die einen bestimmten Glauben *nicht* teilen, nachvollziehen helfen, worauf sich dieser Glaube gründet und was ihm wichtig ist. Sie soll so Missverständnisse abbauen und das gegenseitige Verständnis fördern. Sie soll den Menschen, gleich welchen Hintergrunds, verstehbar machen, wie unsere Gesellschaft von Glaubensüberzeugungen und Glaubensgemeinschaften geprägt wird. Sie soll die Menschen, die einen bestimmten Glauben teilen, befähigen, ihre eigene Glaubensgemeinschaft mitzugestalten[766] – vielleicht sogar bis hin zu einer beruflichen Tätigkeit in der Kirche.

Die christkatholische Kirche hebt das synodale Prinzip hervor, das Prinzip des gemeinsamen Weges, bei dem auch die Entscheidung, welcher von mehreren möglichen Wegen denn zu gehen sei, nicht einem Einzelnen überlassen wird. Vielmehr ist das Mitdenken, Mitreden und Mitbestimmen aller Gläubigen über den Weg, den die Kirche einschlägt, ein wichtiges christkatholisches Anliegen. Doch dieses «Mitreden dürfen» kann nur funktionieren, wenn ihm ein «Mitreden können» entspricht. Aus diesem Grund ist religiöse und theologische Bildung auf allen Ebenen – vom kirchlichen Religionsunterricht bis zum theologischen Hochschulstudium – für das christkatholische Selbstverständnis als Kirche von besonderer Bedeutung.

In den meisten christkatholischen Kirchgemeinden wird konfessioneller **Religionsunterricht** erteilt. Dieser ist wichtig für die Entwicklung der christkatholischen Identität bei Kindern und Jugendlichen, kann aber in den meisten Fällen nicht die religiöse Bildung generell abdecken. Im besten Fall kann der Religionsunterricht auf eine religiöse Sozialisation im Elternhaus und der Familie aufbauen. Ausserdem besuchen christkatholische Kinder und Jugendliche häufig, wo es ihn

---

765 Das Programm des Münchener Kongresses, Abschnitt IV, ist im Anhang abgedruckt: S. 297–299.
766 Vgl. ADRIAN SUTER, Den gemeinsamen Weg beurteilen. Bildung heisst nicht nur Wissen, sondern Fähigkeiten vermitteln, in: Christkatholisches Kirchenblatt 130 (2007) Nr. 22, 2 f.

gibt, den ökumenischen Religionsunterricht. Gelegentlich wird auch empfohlen, auf der Unterstufe zusätzlich zum christkatholischen Unterricht den konfessionellen Unterricht einer anderen Konfession zu besuchen, sofern es keinen ökumenischen Unterricht gibt. So können Kinder und Jugendliche mit der Breite des christlichen Glaubens in Kontakt kommen, wenn der christkatholische Unterricht aus Zeitgründen nur bestimmte Schwerpunktthemen abdecken kann. Im Kindesalter stehen im Religionsunterricht vor allem die religiöse Entwicklung und Sozialisation im Mittelpunkt: Die Kinder sollen in den christlichen Glauben hineinwachsen, die überlieferten Erzählungen über die Beziehung von Gott und Mensch kennenlernen und Basiswissen über Bibel, Kirche und christliches Handeln erwerben.

Für den Unterricht liegt ein von der Nationalsynode genehmigter Lehrplan[767] vor, der die Lernziele des christkatholischen Religionsunterrichts in folgenden sechs Themenbereichen festhält: Bibel, theologische Themen, Glauben leben und feiern, Kirche, Religionen sowie Ethik. Lehrmittel und Unterrichtshilfen wurden von der Arbeitsstelle für Katechetik und seit 2015 von der Fachstelle Bildung zur Verfügung gestellt: In den 1980er Jahren gedruckt, später als Kopiervorlagen in Ringbuchform und seit den 2010er Jahren nur noch in digitaler Form. Eine Neubearbeitung des Lehrplans und der Unterrichtshilfen wurde 2020 angefangen.

Genauso wie in anderen Zusammenhängen geht auch im religiösen, kirchlichen und speziell christkatholischen Bereich das Lernen weiter: Bildung wird heute verstanden als lebenslanges Lernen, das in der Kindheit beginnt und sich im Erwachsenenleben bis ins Alter fortsetzt. In der **Erwachsenenbildung** stehen dabei immer mehr die kritische Auseinandersetzung mit dem Glauben und die theologische Urteilskraft im Mittelpunkt. Erwachsenenbildung kann dabei auch Eltern helfen, die religiöse Sozialisation ihrer Kinder zu fördern.

Erwachsenenbildung wird in der christkatholischen Kirche auf unterschiedlichen Ebenen geleistet. In vielen Gemeinden gibt es Vorträge, Gesprächsabende und Bildungsreisen. Gesamtkirchliche Verbände (Frauen-, Jugend-, Kirchenchorverband) und Vereinigungen (Gemeinschaft Johannes des Täufers, Vereinigung Hortus Dei Olsberg) bieten Tagungen und Versammlungen mit Bildungscharakter an.[768] Kirchgemeinden, Kantonalkirchen, Hilfswerke und andere christkatholische Institutionen beteiligen sich an ökumenischen Bildungsangeboten. Das Institut für Christkatholische Theologie organisiert, zum Teil in Zusammenarbeit mit Partnern wie zum Beispiel dem Kompetenzzentrum Liturgik der Berner Universität, öffentliche Tagungen, die auch einem allgemein interessierten Publikum offenstehen.

---

767 Arbeitsstelle für Katechetik der Christkatholischen Kirche der Schweiz, Lehrplan für den christkatholischen Religionsunterricht, o. O. (Eigenverlag) 2008.
768 Zur Geschichte der Vereine und Verbände s. o. Kap. 2.8, S. 103–112, zu den genannten Vereinigungen Kap. 2.12, S. 124 f.

6.8 Von der Katechese zur Erwachsenenbildung: Christkatholizismus als Lerngemeinschaft

Den verschiedenen Ebenen entspricht eine grosse Themenvielfalt. Die Themen ergeben sich einerseits aus der Aktualität dessen, was die Menschen in der Kirche oder als Christinnen und Christen in der Welt beschäftigt, andererseits aus den Interessen und Anliegen der Menschen und Institutionen, welche die Bildungsanlässe organisieren und durchführen.

Seit 2015 existiert die Fachstelle Bildung für Erwachsenenbildung und Religionsunterricht, welche die frühere Katechetikstelle, die nur den Religionsunterricht für Kinder und Jugendliche im Blick hatte, abgelöst und inhaltlich erweitert hat. Die Fachstelle bietet Erwachsenenbildung mit ausdrücklichem christkatholischem Fokus an.[769] Die Teilnehmenden sollen Themen des Glaubens reflektieren und so einen vertieften Einblick in die Funktionsweise des Glaubens erlangen. Damit will die Fachstelle Bildung Christkatholikinnen und Christkatholiken zum Mitreden in kirchlichen Diskussionsprozessen befähigen – programmatisch dazu ist der Kurs «Christkatholisch zum Mitreden».[770] Die Fachstelle versteht Erwachsenenbildung weder als Werbeveranstaltung für einen unkritischen Glauben noch als Wohlfühloase, in der die Teilnehmenden den mitgebrachten Glauben samt damit verbundener Vorurteile bekräftigen. Vielmehr hat Erwachsenenbildung die Glaubens- und Kirchenkompetenz der Gläubigen im Fokus, die ihr Selbstverständnis von Glauben und Kirche reflektieren und so gestärkt werden sollen, sich am synodalen Geschehen in der christkatholischen Kirche zu beteiligen. Entsprechend ist die Rolle der Kursleitung zu verstehen: Sie macht Informationsangebote, zeigt Interesse und Akzeptanz gegenüber den Teilnehmenden, gibt Hilfestellung, deren Haltungen und Meinungen theologisch einzuordnen. Kritische Rückmeldungen an die Teilnehmenden sind möglich und sinnvoll, etwa in der Art, dass eine bestimmte Teilnehmerposition einseitig sei und ein Gegengewicht benötige. Verurteilungen von Positionen der Teilnehmenden sind hingegen zu vermeiden.

Man kann die Grundidee dieser Art von Erwachsenenbildung mit der Metapher des Glaubens als Muttersprache erläutern:[771] Zielgruppe sind Menschen, die

---

[769] Zum folgenden vgl. ADRIAN SUTER, Erwachsenenbildung: Aktuelle Projekte in der Schweiz, in: Internationale Kirchliche Zeitschrift 107 (2017), 123–125.

[770] Dieser Kurs wurde 2005 von den damaligen Geistlichen der Kirchgemeinden St. Gallen (Adrian Suter, Stephanie Meier), Zürich (Niklaus Reinhart) und Schaffhausen (Martin Bühler) gemeinsam erarbeitet und anschliessend in weiteren Gemeinden durchgeführt. Er wird von den ursprünglichen Entwicklern als «Open Source» betrachtet, wurde von anderen Geistlichen (u. a. Viktor Jungo, Christoph Bächtold) um weitere Materialien ergänzt und ins Französische übersetzt. Der Kurs umfasst sechs Abende. 2018 wurde er von Adrian Suter überarbeitet und erneut in mehreren Gemeinden durchgeführt.

[771] Diese Metapher legt Adrian Suter vielen Erwachsenenbildungsprojekten zugrunde. Er verdankt sie GEORGE A. LINDBECK, Christliche Lehre als Grammatik des Glaubens. Religion und Theologie im postliberalen Zeitalter, Gütersloh (Chr. Kaiser) 1994.

im Glauben sozialisiert sind, sich in der Glaubensgemeinschaft bewegen können wie Muttersprachler in ihrer Sprachgemeinschaft, aber die Grammatikregeln ihrer Muttersprache nicht erklären können: Sie beherrschen sie intuitiv, erfassen sie aber nicht kognitiv. Die Kurse der Fachstelle Bildung wollen Menschen, deren religiöse Muttersprache das Christliche ist, die Grammatik des Glaubens näherbringen. Im Prozess der Weitergabe des Glaubens dienen sie der vertiefenden Reflexion des überlieferten Glaubens, die diesen auch kritisch hinterfragen, aber gerade dadurch auch zur Aneignung des Glaubens beitragen können. Dies kommt zum Beispiel in bewusst provokativen Kurstiteln wie «Kann ich das wissen oder muss ich das glauben?» oder «Was Sie schon immer über Gott wissen wollten, aber nie zu fragen wagten» zum Ausdruck.

Am Schnittpunkt von Erwachsenenbildung und Religionsunterricht liegt die **Katechetikausbildung**: Katechetinnen und Katecheten, die neben oder zusammen mit den Geistlichen Religionsunterricht erteilen, wurden bis 2013 im Rahmen eines eigenen christkatholischen Katechetikkurses ausgebildet. Seither beteiligt sich die christkatholische Kirche an der ökumenischen Katechetikausbildung «OekModula».[772] 2021 ist sie der Trägerschaft von OekModula beigetreten und hat die Federführung im neu angebotenen Modul «Firmung» übernommen. Der Fachausweis, den man sich über OekModula erwerben kann, ist auch in der römisch-katholischen und evangelisch-reformierten Kirche in vielen Kantonen anerkannt. Die Ausbildung ist modular aufgebaut und wird berufsbegleitend absolviert. In der Regel kann man nach ungefähr zwei Jahren zu unterrichten beginnen, auch wenn man noch nicht alle Module absolviert hat.

Wesentlich für die Bildungsarbeit der Christkatholischen Kirche der Schweiz bleibt stets die altkatholische Grundüberzeugung: Mündige Christinnen und Christen leben ihren Glauben nicht aus der Verpflichtung, die Lehren des Lehramtes gehorsam anzunehmen, sondern aus der Mitverantwortung, sich den Glauben für die Gegenwart anzueignen und in synodalen Prozessen mitzugestalten.

6.9 Theologiestudium und Ausbildung zum geistlichen Amt

Einen besonderen Stellenwert hat christkatholische Bildung für Menschen, die eine berufliche Tätigkeit in der Kirche anstreben. Im Folgenden sind die Schweizer Verhältnisse im Blick, wie sie sich derzeit darstellen. Ausbildungsfragen sind häufig Diskussionsthema in der christkatholischen Kirche, Reglemente und Angebote können sich daher ändern. In anderen altkatholischen Kirchen bestehen eigene Anforderungen und Ausbildungsgänge.

---

772 Vgl. www.oekmodula.ch, zuletzt geprüft 31.12.2021.

6.9 Theologiestudium und Ausbildung zum geistlichen Amt

In der Christkatholischen Kirche der Schweiz ist das **theologische Vollstudium** Voraussetzung dafür, als Pfarrerin oder Pfarrer in den kirchlichen Dienst zu treten. Schon im 19. Jahrhundert hatte die altkatholische Bewegung grossen Wert auf die wissenschaftlich-theologische Ausbildung der Geistlichen gelegt – das war einer der Gründe, warum die Protestbewegung im Ruf stand, eine «Professorenkirche» zu sein. In der Schweiz existiert seit 1874 eine christkatholische Lehranstalt an der Universität Bern.[773]

Heute wird an der der Theologischen Fakultät der Universität Bern ein Bachelor- und Masterstudienprogramm in Theologie mit christkatholischem Schwerpunkt angeboten. Man studiert dabei die fünf theologischen Hauptfächer: Altes Testament, Neues Testament, Kirchengeschichte, Systematische Theologie und Praktische Theologie. Dazu kommen kleinere Fächer wie Judaistik, Ökumenische Theologie, Kirchenrecht und empirische Religionsforschung, die nur zum Teil verpflichtend sind. Für das Theologiestudium sind Kenntnisse der alten Sprachen Latein, Griechisch und Hebräisch notwendig, die in der Anfangsphase des Studiums in entsprechenden Kursen erworben werden.

An der Theologischen Fakultät in Bern besteht ein eigenes Institut für Christkatholische Theologie.[774] Das Institut deckt heute nur noch einen Teil der theologischen Fächer ab: Kirchen- und Theologiegeschichte, Systematische Theologie, Ökumenische Theologie und Liturgiewissenschaft. Der Studiengang mit christkatholischem Schwerpunkt gleicht in vielem dem Studiengang mit evangelischem Schwerpunkt, setzt aber in den genannten vier Fächern besondere Akzente: In der Kirchen- und Theologiegeschichte liegt der Schwerpunkt besonders auf der Geschichte des Altkatholizismus, seines ökumenischen Anliegens sowie weiterer katholischer Reformbewegungen. In der Systematischen Theologie werden spezielle Akzente gesetzt in Bezug auf Fundamentaltheologie katholischer Tradition und altkatholische Dogmatik in ökumenischem Kontext. Liturgiewissenschaft wird stark gewichtet und auf dem Boden der liturgischen Traditionen der Ost- und Westkirche und unter Einbeziehung heutiger Fragestellungen unterrichtet. In der Ökumenischen Theologie wird grosses Gewicht auf die anglikanischen und orthodoxen Kirchen, ihre ökumenischen Beziehungen und theologischen Anliegen gelegt. – In der Kapiteleinteilung dieses Buches ist die inhaltliche Nähe zu Lehre und Forschung am Institut für Christkatholische Theologie leicht wiederzuerkennen.

Punktuell können durch Privatdozenten bzw. Privatdozentinnen sowie durch Lehrbeauftragte in weiteren Fächern besondere Akzente gesetzt werden, zum Bei-

---

773 Zur Geschichte der Lehranstalt s. o. Kap. 2.7, S. 90–103.
774 Vgl. www.christkath.unibe.ch, zuletzt geprüft: 31.12.2021. Auf dieser Webseite sind sehr umfangreiche Informationen zum Studium, aber auch zu Forschungsprojekten und aktuellen Konferenzen sowie zur internationalen Vernetzung des Instituts für Christkatholische Theologie zu finden.

spiel im Bereich Kirchenmanagement, Kirchenrecht oder interreligiöse Studien. Im Masterstudium kann das sogenannte Praktische Semester absolviert werden, das verschiedene praxisbezogene Lehrveranstaltungen, praktische Übungen in einer christkatholischen Kirchgemeinde sowie Praxisreflexionen umfasst. Für Studierende, die eine Tätigkeit im Pfarramt anstreben, ist das Praktische Semester obligatorisch.

Theologie mit christkatholischem Schwerpunkt ist nach aktuellem Reglement ein Vollstudium im Monofach, das heisst ohne Nebenfächer (Minor). Die Studierenden absolvieren dafür verschiedene Pflichtmodule und Wahlveranstaltungen, für die sie Kreditpunkte nach dem Europäischen System zur Übertragung und Akkumulierung von Studienleistungen (European Credit Transfer and Accumulation System, ECTS) erwerben. Ein Kreditpunkt entspricht einer Studienleistung von 25 bis 30 Stunden. Für den Bachelor-Abschluss erbringt man Studienleistungen im Umfang von 180 ECTS-Kreditpunkten (drei Jahre Studium in Vollzeit), für den Master-Abschluss weitere 120 ECTS-Kreditpunkte (zwei Jahre), darin eingeschlossen ist eine Masterarbeit.

Theologie ist ein breites Fach, das in verschiedene fachliche Bereiche einführt. Manche Abgängerinnen oder Abgänger wählen nach dem Abschluss den Weg in die Wissenschaft (s. u.) oder in einen kulturaffinen Beruf.

Wer eine berufliche Laufbahn als Pfarrerin oder Pfarrer in der Christkatholischen Kirche der Schweiz anstrebt, absolviert nach dem Masterabschluss ein Lernvikariat von vierzehn Monaten. Das Lernvikariat ist ein klar strukturiertes Praktikum in einer christkatholischen Kirchgemeinde und wird durch eine Lehrpfarrerin bzw. einen Lehrpfarrer begleitet. Im Vikariat erwerben die Lernvikarinnen und Lernvikare die grundlegenden Kenntnisse, Einsichten und Fertigkeiten, die sie zur selbstständigen Führung eines Pfarramts brauchen. Wer einen Masterabschluss in Theologie an einer anderen Universität erworben hat, absolviert ein Ergänzungsstudium und kann danach ebenfalls zum Lernvikariat und in den kirchlichen Dienst zugelassen werden. Umfang und Inhalt dieses Ergänzungsstudiums hängen von der Vorbildung ab. Bis einschliesslich 2019 haben alle christkatholischen Pfarrerinnen und Pfarrer das bernische Staatsexamen (oder ein Äquivalenzverfahren) absolviert, was von der Christkatholischen Kirche der Schweiz stets als Qualitätsmerkmal für den eigenen Ausbildungsstandard betrachtet wurde. Seit dem Inkrafttreten des Berner Landeskirchengesetzes am 1. Januar 2020 hat sich dies verändert: Der theologische Masterabschluss mit christkatholischem Schwerpunkt in Bern, ein Lernvikariat in einer christkatholischen Kirchgemeinde und das Staatsexamen bleiben für die ganze Schweiz der Regelfall zur Wählbarkeit ins Pfarramt. Hingegen ist bei Theologinnen und Theologen mit einem Studienabschluss von einer anderen Universität die Beurteilung der Gleichwertigkeit ihres Abschlusses seit 2020 abhängig vom angestrebten Ort der Tätigkeit: Wenn sie ein Pfarramt im Kanton Bern anstreben, ist die christkatholische Prüfungskommission des Kantons Bern für die Beurteilung der Gleichwertigkeit zuständig, bei der Tätigkeit in einem Pfarramt in

6.9 Theologiestudium und Ausbildung zum geistlichen Amt

allen anderen Kantonen die von Bischof und Synodalrat eingesetzte Gleichwertigkeitskommission.[775]

Am Ende entscheiden Bischof und Synodalrat über die Erteilung der Weihe zum Priester bzw. zur Priesterin und über die Aufnahme in die Geistlichkeit der Christkatholischen Kirche der Schweiz.[776] Beides ist Voraussetzung für die Wählbarkeit als Pfarrerin oder Pfarrer. Die Förderung des eigenen geistlichen Nachwuchses ist ein wesentliches Anliegen der christkatholischen Kirche. Bereits Bischof Eduard Herzog hat sich immer wieder – etwa in seinen Hirtenbriefen – darum bemüht, Menschen zu finden, die ihrer Berufung zum geistlichen Amt folgen. Seine Nachfolger haben Appelle dieser Art wiederholt ausgesprochen. Bischof Gerny hatte die Frage des Pfarrermangels schon zu Beginn seiner Amtszeit aufgeworfen und 2001 in seinem letzten Hirtenbrief «Pfarrmangel? Jawohl – Pfarrmangel!» mit grossem Engagement in Erinnerung gerufen: «Wir haben immer wieder Priester von aussen bekommen. Sie haben unserer kleinen Kirche oft eine willkommene und notwendige Blutauffrischung spiritueller und theologischer Art gebracht [...] Aber trotzdem glaube ich nicht, dass wir uns allein auf Nachwuchs von aussen verlassen dürfen. Das würde heissen, dass wir unserer Kirche gar nicht mehr so viel Attraktivität und Zukunft zutrauen, dass unsere eigenen jungen Leute in ihr arbeiten wollen.»[777] Die darauffolgende Artikelserie «Pfarrerinnen und Pfarrer für das 21. Jahrhundert»[778] im Christkatholischen Kirchenblatt war die grösste gesamtkirchliche Werbeaktion für das geistliche Amt in den letzten drei Jahrzehnten.

Wer einen Masterabschluss in Theologie mit christkatholischem Schwerpunkt mit der Mindestnote «gut» erwirbt, dem oder der steht das **Doktoratsstudium in christkatholischer Theologie** offen. Es kann in allen theologischen Disziplinen absolviert werden, nicht nur in den Fächern, die am Institut für Christkatholische Theologie gelehrt werden. Es umfasst die selbstständige Abfassung einer grösseren wissenschaftlichen Arbeit (Dissertation), die mit 150 ECTS-Kreditpunkten veranschlagt ist, sowie weitere 30 Kreditpunkte, die durch Lehrveranstaltungen, den

---

775 Synodalrat der Christkatholischen Kirche der Schweiz, Reglement über die Zugehörigkeit zur Geistlichkeit der Christkatholischen Kirche der Schweiz und die Zulassung zu geistlichen Amtshandlungen, https://christkatholisch.ch/wpdm-package/09-reglement-ueber-die-zugehoerigkeit-zur-geistlichkeit-und-die-zulassung-zu-geistlichen-amtshandlungen.

776 Im Normalfall sind die Erteilung der Priesterweihe und die Aufnahme in die Geistlichkeit ein und derselbe Akt. Kandidatinnen und Kandidaten, die bereits in einer anderen Kirche eine altkatholischerseits als gültig anerkannte Priesterweihe empfangen haben, werden durch einen entsprechenden Beschluss von Bischof und Synodalrat in die Geistlichkeit aufgenommen.

777 GERNY, Predigt, 171–178, hier 175.

778 HARALD REIN, Pfarrerinnen und Pfarrer für das 21. Jahrhundert. Geistlicher Nachwuchs für die Kirche, in: Christkatholisches Kirchenblatt 124 (2001), 94 f.

Besuch von Konferenzen, das Halten von Vorträgen und die mündliche Schlussprüfung erworben werden.

Das Doktoratsstudium steht auch Absolventinnen und Absolventen mit einem Masterabschluss in Theologie einer anderen Universität oder einem Masterabschluss in einem theologienahen Fach offen. In diesen Fällen werden zusätzliche Studienleistungen verlangt, die im Einzelfall festgelegt werden. Auch die **Habilitation** in christkatholischer Theologie, die der Lehrberechtigung als Privatdozentin bzw. Privatdozent dient, kann an der Theologischen Fakultät Bern erworben werden. Es besteht eine Tradition seit den Anfängen der christkatholischen Theologischen Fakultät, dass Doktorierende altkatholischer und befreundeter Kirchen einen Doktortitel in christkatholischer Theologie in Bern erwerben und Doktorierte allenfalls die Habilitation anstreben. Dies spiegelt auf universitärer Ebene die ökumenischen Beziehungen wieder, die im Altkatholizismus gepflegt werden.

Studierende anderer Fakultäten an der Universität Bern können sich im Masterstudium für einen **Master minor «Geschichte und Theologie des Altkatholizismus»** einschreiben. In diesem Nebenfachstudium erwerben die Studierenden vertiefte Kenntnisse in der Geschichte der altkatholischen Kirchen der Utrechter Union und ihrer theologischen Programmatik. Sie beschäftigen sich mit ihrer Ekklesiologie und Sakramentenlehre, ihrer Liturgie sowie ihrem ökumenischen Profil. Die Studierenden lernen, diese Kenntnisse theologisch und historisch zu verorten und zu kirchlicher und ökumenischer Praxis in Beziehung zu setzen. Der Master Minor kann mit allen Studienfächern kombiniert werden. Er eignet sich besonders als Ergänzung und Vertiefung zu Studiengängen wie Interreligiöse Studien, Geschichte, Philosophie, Religionswissenschaft oder klassische Philologie.

Der Diakonat ist zusammen mit dem Presbyterat (Priesteramt) und dem Episkopat (Bischofsamt) Teil des dreigestuften apostolischen Amtes.[779] Seit etwa vierzig Jahren wird der Diakonat stärker als zuvor als eigenständiges geistliches Amt angesehen, für das es in der christkatholischen Kirche einen eigenen **Diakonatsausbildungsgang** gibt. Die Nationalsynode der Christkatholischen Kirche der Schweiz hat 2018 ein neues Reglement für diese Ausbildung genehmigt.[780] Die Ausbildung zum ständigen Diakonat erfolgt nicht durch ein fest umschriebenes Studienprogramm, vielmehr wird für jede Kandidatin, jeden Kandidaten ein individueller Stu-

---

779 S. o. Kap. 3.7, S. 145–151.
780 Nationalsynode der Christkatholischen Kirche der Schweiz, 150. Session vom 01./02. Juni 2018 in Basel. Protokoll und Dokumentation, [Christkatholische Kirche der Schweiz, 2019], 68–81 (Debatte) und 140–145 (beschlossenes Reglement). Das Diakonatsausbildungsreglement ist auch online zugänglich: https://christkatholisch.ch/wpdm-package/11-reglement-fuer-die-ausbildung-zum-staendigen-diakonat, zuletzt geprüft: 31.12.2021.

dienplan erstellt, der die Vorbildung und die angestrebte Tätigkeit in der Kirche berücksichtigt. Die Kandidatinnen und Kandidaten absolvieren Kurse bei verschiedenen Anbietern, die zusammengenommen die Ausbildung zum ständigen Diakonat bilden. Folgende vier Themenbereiche sind in der Ausbildung verpflichtend: Theologische Grundlagen, Altkatholizismus, Praktische Theologie und sozialdiakonische Themen. Die Ausbildung und der ständige Diakonat stehen Christkatholikinnen und Christkatholiken offen, die eine abgeschlossene Berufsausbildung und mindestens fünf Jahre Berufspraxis sowie Erfahrung in ehrenamtlicher oder bezahlter Arbeit in der Christkatholischen Kirche der Schweiz haben. Üblicherweise wird die Ausbildung berufsbegleitend absolviert und dauert drei Jahre. Bischof und Synodalrat entscheiden am Anfang über die Aufnahme in die Ausbildung und am Ende über die Erteilung der Diakonatsweihe und die damit verbundene Aufnahme in die Geistlichkeit.

6.10 Christkatholisch sein als Herausforderung und Chance

Ihr Selbstverständnis und ihre bischöflich-synodale Struktur stellen die altkatholischen Kirchen durch ihre Geschichte hindurch und bis heute vor eine Reihe von Herausforderungen. Einige dieser Herausforderungen werden durch die gesellschaftlichen Entwicklungen verstärkt, bei anderen eröffnen sich gerade aus diesen Entwicklungen neue Chancen.

Die bischöflich-synodale Kirchenstruktur, wie generell jede partizipative Struktur, stellt hohe **Anforderungen an die Beteiligten**: Geistliche wie auch Laien müssen gut informiert sein über kirchliche Anliegen und Entwicklungen, sie benötigen Hintergrundwissen zu Theologie und zu gesellschaftlichen Fragen. Wenn man einen breiten Konsens anstrebt, müssen die Einzelnen auf die Anliegen der anderen hören, sie aufgreifen und integrieren. Solche Prozesse können arbeitsintensiv und zeitaufwändig sein. Die Diskussion um die Frauenordination bis zu ihrer Einführung dauerte zweieinhalb Jahrzehnte, was bei nicht wenigen Christkatholikinnen und Christkatholiken zu verständlicher Ungeduld führte. Gleichzeitig ist die Frauenordination ein Beispiel für eine Entscheidung, bei der der partizipative Prozess zu einer hohen Akzeptanz führte.

Es war insbesondere die internationale Einbindung in die Utrechter Union und die ökumenischen Beziehungen zu Schwesterkirchen, welche die Entscheidungsfindung verlängerte. Deswegen wurde und wird die internationale Zugehörigkeit wie auch die ökumenische Selbstverpflichtung bisweilen als Hindernis für eigene Anliegen empfunden. Die besondere Herausforderung ist dabei, nicht nur als Ortskirche, sondern auch international und im ökumenischen Kontext Synodalität zu leben und den Menschen die Bedeutung der internationalen Beziehungen als Ausdruck gelebter Katholizität zu vermitteln.

Die **internationale Zugehörigkeit**, obwohl sie theologisch und gemäss dem eigenen kirchlichen Selbstverständnis von grosser Bedeutung ist, lässt sich im kirchlichen Alltag nicht ohne Weiteres leben. Die internationalen Verbindungen im lokalen Leben der Kirche zu verankern, ist deswegen eine bleibende Herausforderung. Chancen ergeben sich, wenn die Menschen vor Ort die Erfahrung machen, dass sie Anliegen einbringen können, die auch national und international Gehör finden und aufgegriffen werden. Die internationalen Gesprächsforen[781] sind dazu geeignet und im Prinzip niederschwellig, aber nicht überall in der Kirche genügend bekannt. Chancen ergeben sich weiter durch die grosse Mobilität der Gegenwart. Viele engagierte Christkatholikinnen und Christkatholiken empfinden gerade die internationalen Kontakte, das Reisen in andere Länder und die Begegnung mit altkatholischen Glaubensgeschwistern als besonders bereichernd. Die Erfahrung, mit dem eigenen Glauben Teil einer grösseren Gemeinschaft zu sein, ist angesichts der Kleinheit der christkatholischen Kirche besonders wichtig. Auch die Kommunikationsmittel des Internet-Zeitalters erleichtern den Kontakt zwischen Altkatholikinnen und Altkatholiken verschiedener Länder.

Ähnliches lässt sich auch auf nationaler Ebene sagen: Hier ist die Herausforderung die **Zerstreuung**, in der Christkatholikinnen und Christkatholiken leben, die Diasporasituation und damit verbunden die Distanzen, die sie überwinden müssen, um am kirchlichen Leben teilzunehmen. Auch hier bieten die Mobilität und die elektronischen Kommunikationsmedien Chancen, die in der christkatholischen Kirche genutzt werden.

Mit der **Corona-Pandemie** wurde seit 2020 die Verkündigung über elektronische Medien noch viel wichtiger, da Gottesdienste und andere Veranstaltungen wegen der behördlichen Massnahmen zur Pandemiebekämpfung ausfallen mussten oder die Teilnahme beschränkt wurde. In einigen Regionen wurden ökumenische Gottesdienste im Lokalfernsehen ausgestrahlt, oft mit gleichberechtigter christkatholischer Beteiligung. Innovative Projekte wie Audiopredigten über das Internet, Telefon oder als Podcast,[782] Bibelgesprächsabende und Diskussionsrunden per Videokonferenz[783] und ein Adventskalender der Pastoralkonferenz wurden in der Krisensituation rasch umgesetzt. Regelmässig äusserten Christkatholikinnen und Christkatholiken den Wunsch, solche neuen Angebote der Verkündigung auch nach Abklingen der Pandemie weiterzuführen. Speziell in der Diasporasituation

---

781 S. o. Kap. 6.7, S. 237–242.
782 Vgl. ADRIAN SUTER, Die Predigt hören, wenn man Zeit hat. Christkatholische Audiopredigten, in: Christkatholisches Kirchenblatt 143 (2020) Nr. 9, 2; sowie www.christkatholisch.ch/audiopredigt, zuletzt geprüft: 31.12.2021.
783 Zum Beispiel der regelmässige Digitreff für Mitarbeitende oder die Gesprächsreihe «Fasten – mehr als nur Verzicht!» der Kirchgemeinden Luzern und Schönenwerd-Niedergösgen. Vgl. Christkatholisch 144 (2021) Nr. 5, 20.

wird die Möglichkeit, über elektronische Medien am kirchlichen Leben teilnehmen zu können, mehr und mehr geschätzt. Handkehrum hat die Pandemiesituation aber auch deutlich vor Augen geführt, dass der Kontakt über elektronische Medien zwar eine Ergänzung, aber auf Dauer kein Ersatz für die persönliche Begegnung sein kann. Die Chancen der neuen Medien können die sich aus der Zerstreuung ergebenden Probleme entschärfen, aber nicht aufwiegen.

Als zahlenmässig **kleine Minderheitenkirche** steht die christkatholische Kirche aber noch vor viel grundlegenderen Herausforderungen, die weit über das Thema Diasporasituation hinausgehen: Wie kann die christkatholische Kirche weiterhin ihre gesellschaftliche Verantwortung wahrnehmen und nicht nur nach innen gekehrte Splittergruppe sein? Wie kann sie als kleine Gemeinschaft ihren Glauben, ihre Art, den Glauben zu leben, und ihr kirchlich-theologisches Anliegen weitergeben? Kann sie mit ihren personellen und materiellen Ressourcen kirchliche Arbeit in der Professionalität leisten, die heute von einer Kirche erwartet wird? Kann sie geistlichen und akademischen Nachwuchs hervorbringen, der das theologische, ökumenische und spirituelle Anliegen des Altkatholizismus im 21. Jahrhundert pflegen und weiterentwickeln kann – nach innen wie nach aussen?

In einer kleinen Kirche besteht in besonderem Mass die Gefahr von Verfilzung und Vetternwirtschaft. Das Seelsorgegeheimnis benötigt spezielle Sorgfalt, wenn viele aktive Kirchenglieder sich über die Gemeindegrenzen hinaus kennen. Kleine lokale Konflikte zwischen Einzelpersonen können ganze Gemeinden oder Regionen spalten. Machtmissbrauch und sexuelle Übergriffe lassen sich in einer kleinen Kirche viel schwieriger anonym thematisieren oder bewältigen, nicht zuletzt, da sich die Beteiligten häufig in anderen Kontexten wieder begegnen werden.[784] In den letzten zwanzig Jahren ist in der christkatholischen Kirche das Bewusstsein geschärft worden, dass in solchen Situationen eine Supervision oder Mediation durch eine externe Fachstelle hilfreich sein kann. – Die christkatholische Kirche steht mit all diesen Fragen nicht allein, im Gegenteil: In den säkularisierten Gesellschaften Westeuropas stehen alle Kirchen vor ähnlichen Herausforderungen, doch treffen diese eine Minderheitenkirche wie die christkatholische in besonderer Weise und sie hat ihnen in besonderer Weise zu begegnen.

---

784 Fragen dieser Art wurden thematisiert bei der Tagung: Nähe, Distanz und Macht. Kirche und Seelsorge im #MeToo-Zeitalter. 46. Internationale Altkatholische Theologenkonferenz in Wislikofen vom 26. bis 30. August 2019, in: Internationale Kirchliche Zeitschrift 111 (2021), 97 und 158–241. Insbesondere: Christoph Morgenthaler, Macht, Ermächtigung und Missbrauch in der Seelsorge, in: IKZ 111 (2021), 188–206; Angela Berlis, Überlegungen zu Macht, Amt und Geschlecht in altkatholischen Kontexten, in: IKZ 111 (2021), 171–187. Die Tagungsteilnehmenden waren sich einig, dass die Problematik weiterer Auseinandersetzung bedürfe und in den einzelnen altkatholischen Kirchen «zu vertiefter Sensibilisierung und allenfalls weiteren konkreten Handlungsleitlinien führen» solle. Ebd., 170.

Doch hat die Kleinheit auch ihre Chancen. Zugegeben, es reicht nicht aus, die familiäre Atmosphäre zu glorifizieren. Doch es liegt eine Chance darin, wenn in der christkatholischen Kirche die Dienstwege kurz und die Verantwortlichen persönlich bekannt sind. Fragen, die keinen formellen Beschluss benötigen, können in einer kleinen Kirche unkompliziert, im direkten Kontakt und ohne grossen administrativen Aufwand geklärt werden. Wenn sich die christkatholische Kirche stärker als «Kirche der kurzen Dienstwege» versteht, wird sie ihre bischöflich-synodalen Überzeugungen noch besser ins kirchliche Leben umsetzen können.

Manche Herausforderungen sind auch ganz profan. Dazu gehört der Unterhalt von **Kirchengebäuden und Liegenschaften**. Da einige christkatholische Kirchgemeinden alte Sakralbauten als ihre Gotteshäuser übernehmen konnten, wo der Zahn der Zeit an der Bausubstanz nagt, können sie Unterhalt und Renovationsarbeiten finanziell nicht allein stemmen. Verhandlungen mit der Denkmalpflege und die Suche nach Sponsoren gewinnen mehr und mehr an Bedeutung. Seit 1960 unterstützt das jährliche Bistumsopfer mit einer gesamtkirchlichen Sammlung kostspielige Bau- und Renovationsprojekte in den Gemeinden. Gelegentlich – der Plan ist alle fünf Jahre, in der Realität schwankt es – wird ein nichtbauliches Projekt vom Bistumsopfer unterstützt. In den vergangenen Jahrzehnten wurden zum Beispiel die Publikation der liturgischen Bücher in deutscher und französischer Sprache sowie die Arbeit der «Plattform Jugend» unterstützt. Der Zeitpunkt für Sammlungen wurde mehrmals verschoben. Viele Jahre wurde die Sammlung in der Fastenzeit durchgeführt, bis sich die christkatholische Kirche 1993 mit ihrem Hilfswerk «Partner sein» der jährlichen Fastenkampagne der kirchlichen Hilfswerke zugunsten der Entwicklungszusammenarbeit anschloss. Das Bistumsopfer wurde in den Advent verlegt. Aus der Unzufriedenheit, ausgerechnet im Advent, wenn die Menschen für soziale Anliegen besonders offen sind, für Bauprojekte zu sammeln, entstand der Wunsch einer Adventssammlung für Projekte in der Kinder- und Jugendarbeit. Diese wurde von der 148. Session der Nationalsynode 2016 in Solothurn eingeführt und per 2017 die Bistumsopfersammlung in den September verschoben.

Doch es gibt nicht nur Kirchgemeinden, die ein Gebäude unterhalten müssen und dafür auf die Solidarität im Bistum und auf die Unterstützung durch die öffentliche Hand und durch Sponsoren angewiesen sind; es gibt auch christkatholische Kirchgemeinden ohne eigenes Gotteshaus, die ihre Gottesdienste in den Gebäuden anderer Kirchen feiern. Hervorzuheben ist hier die Stadtkirche Aarau, die der reformierten Kirchgemeinde gehört, wo die christkatholische Kirchgemeinde aber seit 1876 ein im Grundbuch eingetragenes Mitnutzungsrecht hat. Weitere christkatholische Kirchgemeinden ohne eigenes Kirchengebäude – Baden, Birsigtal, Baselland, Schaffhausen, Lausanne, Chêne und bis zur Fusion mit Aarau auch Zofingen – sind bis heute auf die regelmässige Mitnutzung von fremden Kirchen angewiesen. Kompromisse bei der Verfügbarkeit und Einrichtung der Kirche, Verhandlungen mit der Kircheneigentümerin über die Nutzungsbedingungen bis hin zu ganz praktischen Fragen wie der Aufbewahrung liturgischer Gewänder, Geräte und Gesangbücher, stellen in dieser Situation eine besondere Herausforderung dar. In welchen Kirchen diese Gemeinden ihre Gottesdienste feiern, war im Lauf der Geschichte nicht immer gleich. Dasselbe gilt für die punktuelle Nutzung fremder Kirchen für Gottesdienste in der Diaspora. Umgekehrt haben christkatholische Kirchgemeinden häufig ihre Kirchen den Gläubigen anderer Konfessionen für deren Gottesdienste zur Verfügung gestellt, meist den griechisch- oder serbisch-orthodoxen sowie anglikanischen Gemeinden, vereinzelt auch reformierten (Schönenwerd), syrisch-orthodoxen (Niedergösgen), eriträischen (Bern) und anderen. Durch diese ökumenische Gastfreundschaft kann die christkatholische Kirche gegenüber Menschen aus anderen Kulturen offen sein und ihnen Heimat geben.

Eine weitere Herausforderung ist der Verwurzelung der christkatholischen Kirche im liberalen Denken geschuldet: Wenn die christkatholische Kirche aus ihrer Glaubensüberzeugung heraus betont, dass der Mensch, dass die einzelne Christin, der einzelne Christ selbst verantwortlich ist für ihre oder seine Lebensführung; wenn sie die Freiheit und nicht den Zwang zum Glauben predigt; wenn sie ökumenische Offenheit gegenüber anderen Kirchen und die Wertschätzung anderer Religionen unterstreicht; dann steht sie vor der Herausforderung, wie **Verbindlichkeit des Glaubens** gelebt werden kann. Liberales Denken kann dazu verleiten, den Glauben als beliebig anzusehen. Die Herausforderung liegt auf der Hand, doch auch die Chance eines liberalen Glaubensverständnisses ist deutlich: Der Glaube, den jemand aus Freiheit annimmt und nicht aus Zwang, der aus Überzeugung gelebt wird und nicht aufgrund von Autorität, ist authentischer Glaube. Altkatholische Theologie und kirchliche Praxis betonen deswegen nicht nur die Freiheit, sondern genauso die Verantwortung des glaubenden Menschen. Auch in den altkatholischen Kirchen gibt es Strukturen von Macht und Einfluss; doch werden diese Strukturen nicht verstanden als System von Verfügungskompetenzen (Wer darf was?), sondern als System von Verantwortungen und Verpflichtungen (Wer hat welche Aufgabe?).[785] Auch in den altkatholischen Kirchen gibt es Autorität; doch diese Autorität muss sich stets bewusst sein, dass sie auf Überzeugungskraft beruht und daher Einsicht und nicht Gehorsam anstrebt,[786] dass sie das Gegenüber einbeziehen und stärken soll, und dass sie menschlich und fehlbar ist.[787]

Wie soll die Christkatholische Kirche der Schweiz, 150 Jahre nachdem sie ihre kirchliche Eigenexistenz erlangt hat, **in die Zukunft gehen**? Jubiläen können leicht dazu verleiten, die Vergangenheit zu glorifizieren. Das Gedenken fordert uns indes-

---

785 STALDER, Recht.
786 Vgl. Christkatholische Kirche der Schweiz, Richtlinien über die bischöfliche Amtsführung, https://christkatholisch.ch/wpdm-package/08-richtlinien-ueber-die-bischoefliche-amtsfuehrung, zuletzt geprüft: 31.12.2021, Art. 23 Abs. 2.
787 SUTER, Fallible.

sen heraus, nicht nur den Weg von damals, von den freisinnigen Katholikenvereinen bis zur Bischofsweihe von Eduard Herzog, sondern auch den Weg von heute zu reflektieren. Das vorliegende Buch ist der Geschichte und Gegenwart gleichermassen verpflichtet. Sein Anliegen besteht darin, den Leserinnen und Lesern Orientierungshilfe auf dem Weg der christkatholischen Kirche in die Zukunft zu geben. Mit vergleichbarer Intention haben Bischof und Synodalrat für die Jahre 2021 bis 2026 einen Reflexionsprozess eingeleitet, der mittels einer Wanderausstellung mit dem Titel «unterwegs» in die Gemeinden und Regionen getragen wird. Dazu wurden folgende vier Spannungsfelder benannt, in denen historischen Entwicklungen bleibende Herausforderungen für heute gegenübergestellt werden: «Tradition & Erneuerung», «Auseinandersetzung & Konsens», «Verbindlichkeit & Freiheit» und «Individuum & Gemeinschaft». Dies ist ein Beispiel, wie sich die christkatholische Kirche der Herausforderung stellt, die ihr eigene Weise, den christlichen Glauben zu leben, für die Gegenwart und Zukunft immer neu zu suchen.

«Bildteil»

8

9

10

8 Bischof Eduard Herzog, Gemälde im bischöflichen Haus in Bern. Maler unbekannt.
   Foto: Reto Camenisch
9 Bischof Adolf Küry, Gemälde im bischöflichen Haus in Bern. Maler unbekannt.
   Foto: Reto Camenisch
10 Bischof Urs Küry, Gemälde im bischöflichen Haus in Bern. Maler laut Aufschrift
   «Griesbach», Vorname unbekannt. Foto: Reto Camenisch

11

12

13

11 Bischof Leon Gauthier. Gemälde im bischöflichen Haus in Bern, gemalt von Franz Budweiser. Foto: Reto Camenisch
12 Bischof Hans Gerny. Gemälde im bischöflichen Haus in Bern, gemalt von Guido Nussbaum. Foto: Reto Camenisch
13 Bischof Fritz-René Müller. Gemälde im bischöflichen Haus in Bern, gemalt von Beatrice Steudler. Foto: Reto Camenisch

14

14 Weihe von Harald Rein zum siebten Bischof der Christkatholischen Kirche
der Schweiz am 12. September 2009 in der Augustinerkirche in Zürich. Der Erzbischof
von Utrecht, Joris Vercammen, überreicht ihm den Bischofsstab. Foto: Annelis Studer

15

16

17

15 Augustin Keller, liberaler Politiker aus dem Kanton Aargau. Zeichnung durch unbekannt. Christkatholisches Kirchgemeindehaus Bern. Foto: Jakob Ineichen
16 Walther Munzinger, Jurist an der Universität Bern. Zeichnung durch unbekannt. Christkatholisches Kirchgemeindehaus Bern. Foto: Jakob Ineichen
17 Peter Dietschi, Verleger in Olten. Foto: Archiv Dietschi Print & Design AG

18
19

18 Luise Lenz-Heymann, Förderin der (christkatholischen) Katholisch-Theologischen Fakultät in Bern. Fotografie mit Rahmen durch Unbekannt. Institut für Christkatholische Theologie, Universität Bern. Foto: Kurt Schibler

19 Ferdinand Lenz, Förderer der (christkatholischen) Katholisch-Theologischen Fakultät in Bern. Fotografie mit Rahmen durch Unbekannt. Institut für Christkatholische Theologie, Universität Bern. Foto: Kurt Schibler

20 Pfarrer Paulin Gschwind und Rosina Gschwind-Zeller geb. Hofer. Bildcollage aus dem Kochbuch «500 Rezepte von Frau Pfarrer Gschwind» (neu hg. von Stephan Burkhardt, ⁹2005). Digitalisierung: Jakob Ineichen

21

21 Johann Friedrich, Kirchenhistoriker, erster Dekan der (christkatholischen) Katholisch-Theologischen Fakultät der Universität Bern, 1874-1875. Das Foto zeigt den Kirchenhistoriker, der beim Ersten Vatikanum als theologischer Berater anwesend war, in hohem Alter in München, wohl nach 1910.
Foto in Privatbesitz.
Digitalisierung: Institut für Christkatholische Theologie

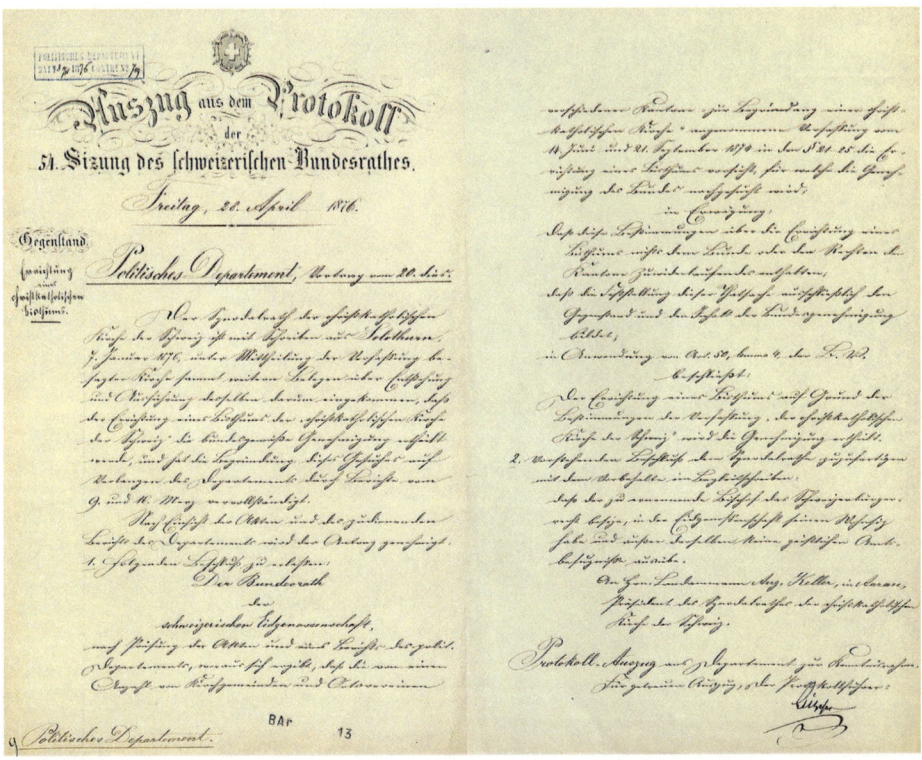

22 Auszug aus dem Protokoll der 51. Sitzung des schweizerischen Bundesrates vom 22. April 1876. Der Synodalrat hatte im Januar 1876 die Verfassung der Christkatholischen Kirche der Schweiz an den Bundesrat gesandt und um die Genehmigung zur Errichtung eines Bistums gebeten. Der positive Entscheid wurde dem Vorsitzenden des Synodalrats, Landammann Augustin Keller in Aarau, mitgeteilt.
Das Foto wurde vom Bundesarchiv in Bern zur Verfügung gestellt.

23 6. Internationaler Altkatholikenkongress in Olten, 1904, Ausflug in die Fridau
(Gemeinde Egerkingen SO) am 3. September 1904.
Bischöfliches Archiv Bonn, Bildarchiv.
Digitalisierung: Institut für Christkatholische Theologie

Erwin Kreuzer, damals Pfarrer von Kempten, kennzeichnete mittels Pauspapier folgende 30 Personen auf dem Gruppenfoto, eine unbekannte Person identifizierte Person Nr. 31:

1	Pfr. Paul Kaminsiki, Thiengen	17	Pfr. Josef Hülkart, Koblenz
2	Pfarrverweser Paul Engel, Bochum	18	Pfr. Friedrich Jaskowski, Blumberg
3	Joseph Fenn, Kempten	19	Pfr. Emil Bodenstein, Karlsruhe
4	Pfr. Dr. Alphonse Chrétien, Genf	20	Pfarrverweser Edmund Kreusch, Offenburg
5	Prof. Karl Drös, Mannheim	21	Margarete Hülsmann, geb. Goebbels, Köln
6	Pfr. Paul Christian, Mannheim	22	Willi Klein, Köln
7	Dr. iur. Otto Merkt, Kempten	23	Johann F. Tichy, Cleveland, Pfr. und Generalvikar PNCC
8	Pfr. Friedrich Seyfried, Heidelberg	24	Paul Dohmen, Köln
9	Vikar Karl Franz, Konstanz	25	Bistumsverweser und Pfr. Amandus Czech, Warnsdorf
10	Prof. Adolf Thürlings, Bern	26	General Alexander Kirejew, St. Petersburg
11	Heinrich Huber, Olten	27	Bischof Anton Kozlowski, Chicago
12	Bischof Dr. Eduard Herzog, Bern	28	Mgr. Gerardus Gul, Erzbischof von Utrecht
13	Pfr. Karl Richterich, Schönenwerd	29	Prof. Eugène Michaud, Bern
14	Pfr. Karl Gilg, Zürich	30	Lic. Friedrich Mülhaupt, Professor am Bischöflichen Seminar Bonn
15	Gerhard Mosebach, Köln		
16	Franz Poppelsdorf, Köln	31	Therese Christian verw. Walther, Mannheim?

24

25

24 Internationale Bischofskonferenz in Bern, 15. September 1924. V.l.n.r.: Georg Moog, Adolf Küry, Franciscus Kenninck, Henricus Th. J. van Vlijmen, Alois Paschek, Franciszek Bończak. Bischöfliches Archiv Bern, Bildarchiv. Digitalisierung: Institut für Christkatholische Theologie

25 Kutsche mit dem Sarg von Bischof Eduard Herzog. Der Trauerzug geleitete den Verstorbenen am 29. März 1924 nach der Abdankungsfeier von der Kirche St. Peter und Paul in der Altstadt zum Bremgartenfriedhof in Bern. Bischöfliches Archiv Bern, Bildarchiv. Digitalisierung: Institut für Christkatholische Theologie

26

27

26 Bischofsweihe von Urs Küry (links im Bild) am 25. September 1955 in Olten. Bischöfliches Archiv. Bern, Bildarchiv. Digitalisierung: Institut für Christkatholische Theologie

27 Feierlicher Einzug in die St. Martinskirche beim 17. Internationalen Altkatholikenkongress in Rheinfelden (1957). Vorne im Bild zwei orthodoxe Geistliche, ein russischer Archimandrit (rechts) und ein griechischer Bischof (links), dahinter anglikanische und altkatholische Bischöfe und Priester. Bischöfliches Archiv Bern, Bildarchiv. Digitalisierung: Institut für Christkatholische Theologie

28 Protokollbuch eines Frauenvereins. Die Übersicht anlässlich der Generalversammlung am 1. November 1916 zeigt die vielfältigen Aktivitäten eines Frauenvereins.
Archiv des Verbands Christkatholischer Frauenvereine (VCF)

Was lehrt das Leben? Gib mir bündigen Bescheid:
Hingeben, was dir lieb, Hinnehmen, was dir leid.

Frau Dr. A. Ducommun=Merz
1. Präsidentin des Schweiz. Verbandes christkatholischer Frauenvereine

29

30

29 Aline Ducommun-Merz war Mitbegründerin des Verbands Christkatholischer Frauenvereine und von 1916 bis 1920 dessen erste Präsidentin. Ausserdem war sie Verwalterin des «Christkatholischen Kinderfürsorgeamts». Die Abbildung findet sich auf einer Postkarte des «Verbands der christkatholischen Jugend»; ähnliche Postkarten gab es zu Eduard Herzog, Augustin Keller und Beda Stubenvoll (Gründer der Libertas Zürich). Foto zur Verfügung gestellt von Erika Moser

30 Anny Peter (Mitte), von 1920 bis 1948 die zweite Zentralpräsidentin des Verbandes Christkatholischer Frauenvereine, Stifterin des «Berghüsli», mit zwei nicht identifizierten Frauen. Archiv der Stiftung Berghüsli. Digitalisierung: Institut für Christkatholische Theologie, Universität Bern

31 32

31 Das Berghüsli in Heiligenschwendi. Postkarte, ohne Datum. Archiv der Stiftung Berghüsli. Digitalisierung: Institut für Christkatholische Theologie
32 Denise Bindschedler-Robert, Juristin und Richterin am Europäischen Gerichtshof für Menschenrechte in Strassburg, wurde 1966 als erste Frau Mitglied des Synodalrats der Christkatholischen Kirche der Schweiz. Familienstiftung Rudolf G. Bindschedler, Bern. Foto: Judith Burgdorfer

33

34

33 Vorstand des Verbandes christkatholischer Frauenvereine, aufgenommen bei einer Delegiertenversammlung (1995 oder 1996). V. l. n. r.: Katrin Vogt, Marlies Dellagiacoma, Käthi Böhm-Vogt, Christine Schmidt, Bernadette Metzger, Christa Fischler und Heidi Fürholz. Archiv des Verbands Christkatholischer Frauenvereine (VCF), zur Verfügung gestellt von Melanie Handschuh

34 Frauenverein der Augustinerkirche Zürich beim Binden von Adventskränzen, undatiert. Links: Lotti Stämpfli, Präsidentin; neben ihr Renate Ebner; hinten rechts Bernadette Pfister. Archiv des Verbands Christkatholischer Frauenvereine (VCF), zur Verfügung gestellt von Melanie Handschuh

35

36

35 Catholica Bernensis, der christkatholische Studentenverein, undatiert (19. Jh.).
   Bischöfliches Archiv Bern. Digitalisierung: Institut für Christkatholische Theologie
36 Christkatholisches Sommerlager (Chri-So-La) auf der Mörlialp (2020).
   Foto zur Verfügung gestellt von der Christkatholischen Jugend der Schweiz (CKJS)

XXIX. CHORTAGE
DER CHRISTKATHOLISCHEN
KIRCHENCHÖRE DER SCHWEIZ IN BERN
25./26. MAI 2013

38

37

37 Festabzeichen für den 9. Sängertag der christkatholischen Kirchenchöre am 25. Mai 1913 in Bern. Archiv Christkatholischer Kirchenchor Bern, zur Verfügung gestellt von Peter Trachsel
38 Briefkopf der 29. Chortage der christkatholischen Kirchenchöre am 25./26. Mai 2013 in Bern. Archiv Christkatholischer Kirchenchor Bern, zur Verfügung gestellt von Peter Trachsel

39 Konzert im Rahmen der 29. Chortage der christkatholischen Kirchenchöre am 25. Mai 2013 in der Französischen Kirche in Bern.
Archiv Christkatholischer Kirchenchor Bern, zur Verfügung gestellt von Peter Trachsel

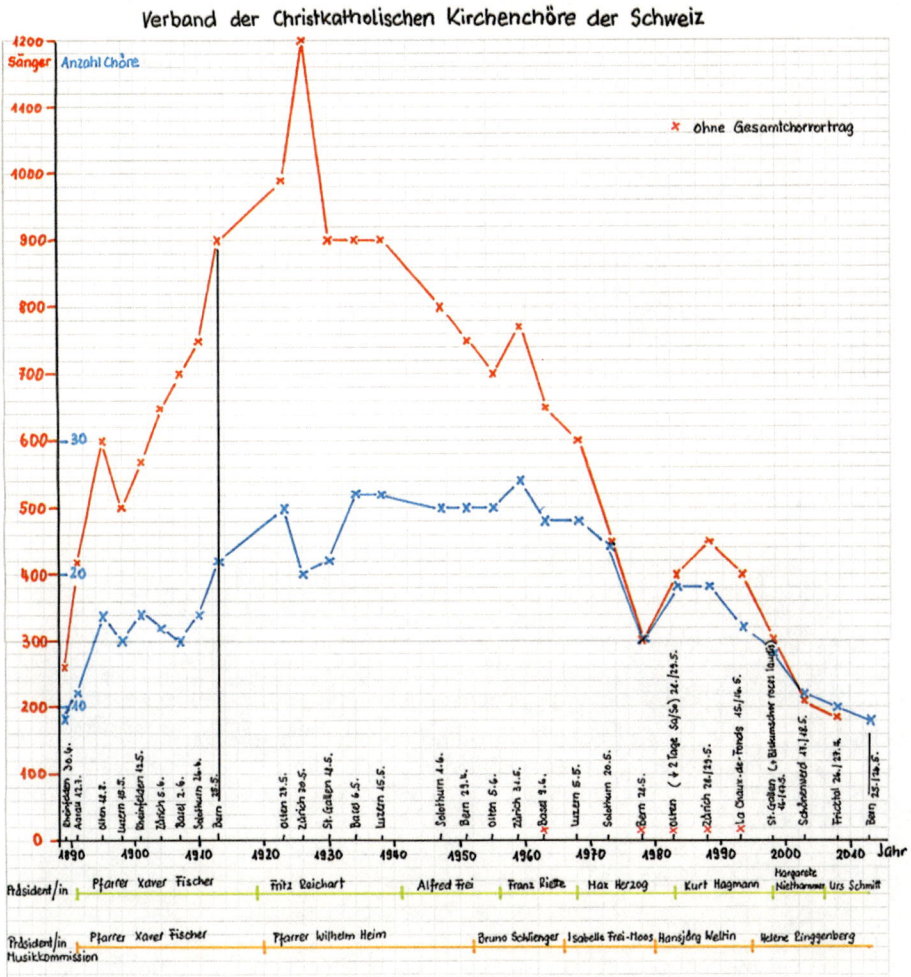

40

40 Entwicklung der Mitglieder des Verbands Christkatholischer Kirchenchöre (Chöre und Einzelpersonen) zwischen 1890 und 2013 inkl. Verzeichnis der Chortage, sowie der Präsidentinnen und Präsidenten des Verbandes und der Musikkommission. Statistik von Katja Flückiger. Archiv Christkatholischer Kirchenchor Bern

41

42

41 Erstes christkatholisches Missale von 1880. Foto: Jakob Ineichen
42 Kirche St. Peter und Paul in Bern. Foto: Kurt Schibler

43

44

43 Die alte Kathedra (Bischofssitz) mit Foto von Bischof Eduard Herzog. Sie steht heute neben der Kanzel im Chorraum der Kirche St. Peter und Paul in Bern.
Foto: Kurt Schibler

44 Die neue, von A. Furrer und Partner 1998 geschaffene Kathedra aus St. Margrethener Sandstein. Sie steht rechts neben dem Altar im Chorraum der Kirche St. Peter und Paul in Bern. Foto: Kurt Schibler

45

46

45 Stiftskirche St. Leodegar in Schönenwerd. Foto: Adrian Suter
46 Christuskirche in Luzern (1892), die erste von einer christkatholischen Kirchgemeinde selbst erbaute Kirche. Apsisbild von Steivan Könz (1973). Foto: Margherita Delussu

47

48

47 Stadtkirche St. Martin in Olten. Foto: Kurt Schibler
48 Die vormalige Stiftskirche im Chloster in Olsberg wird seit Dezember 1872 von der christkatholischen Kirchgemeinde am Ort als Gotteshaus benutzt. Postkarte, undatiert. Foto: Hans Vogt, Basel. Bischöfliches Archiv Bern, Bildarchiv. Digitalisierung: Institut für Christkatholische Theologie.

49

50

49 Firmung in La Chaux-de-Fonds im Jahr 1927. Bischöfliches Archiv Bern, Bildarchiv.
   Digitalisierung: Institut für Christkatholische Theologie
50 Grundsteinlegung der Christuskirche in Zürich Oerlikon am 22. Mai 1941.
   Bischöfliches Archiv Bern, Bildarchiv.
   Digitalisierung: Institut für Christkatholische Theologie

51

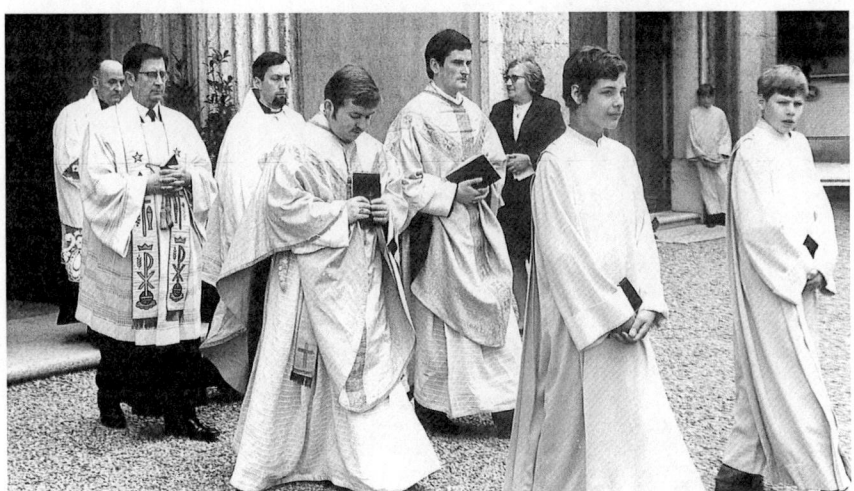

52

51 Priesterweihe von Fredy Soder und Urs von Arx in der Stadtkirche St. Martin in Olten am 25. April 1971. Privatbesitz. Digitalisierung: Institut für Christkatholische Theologie
52 Auszug aus der Stadtkirche Olten nach der Priesterweihe. V. l. n. r.: Pfr. Paul Heinz (ganz hinten), Pfr. Josef Fridolin Waldmeier, Pfr. Roland Lauber, davor die beiden Neupriester Fredy Soder und Urs von Arx, eine unbekannte Frau und Ministranten. Privatbesitz. Digitalisierung: Institut für Christkatholische Theologie

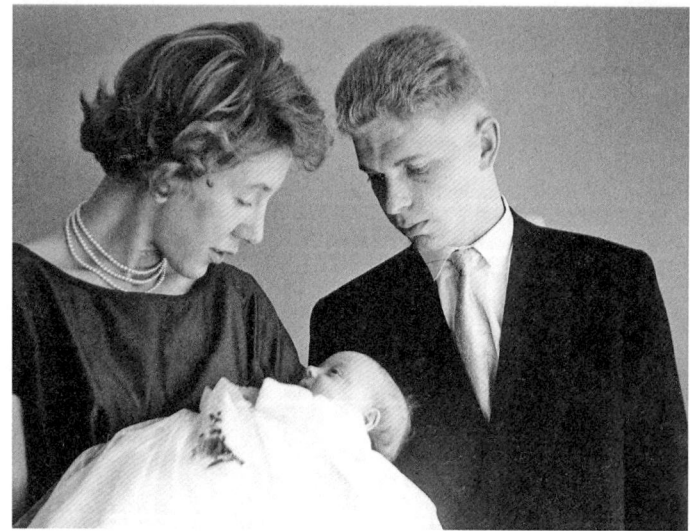

53

54

53 Taufe von Johanna Barbara Gassmann in der Stadtkirche Olten durch Pfarrer Franz Ackermann am 30. Oktober 1960. Auf dem Foto sind der Täufling mit der Patin (Dorothea Spycher) und dem Paten (Hans Gerny) zu sehen.
Foto: Hansheinrich Gassmann. Digitalisierung: Foto Zumstein, Bern

54 Bischof Urs Küry im Gespräch mit seiner Grossnichte Barbara Gassmann bei einem Besuch bei Familie Gassmann-Gerny in Rombach bei Aarau, Dezember 1968.
Foto: Hansheinrich Gassmann. Digitalisierung: Foto Zumstein, Bern

55

56

55 Erstkommunion in Zürich am 2. April 2022. Foto: Marcel Bruderer
56 Firmung in Zürich am 12. Juni 2022. Foto: Marcel Bruderer

57

57 Ein frühes Zeugnis der Ökumene: Die altkatholischen Bischöfe Joseph Hubert Reinkens und Eduard Herzog, Père Hyacinthe Loyson und der anglikanische Bischof von Edinburgh, Henry Cotterill (Scottish Epsicopal Church), feierten am 10. August 1879 gemeinsam die Eucharistie in der Kirche St. Peter und Paul in Bern. Das Foto hängt heute in der unteren Sakristei.
Christkatholische Kirchgemeinde Bern.
Digitalisierung: Jakob Ineichen

58

58 Im August 1920 fand in Genf eine Vorkonferenz zur Vorbereitung der ersten Weltkonferenz der Bewegung für Glaube und Kirchenverfassung (Lausanne 1927) statt. Unter den 137 Teilnehmenden aus 40 Ländern waren neben vielen protestantischen auch 20 anglikanische, 23 orthodoxe und vier altkatholische Vertreter anwesend. Im Kreis der führenden Ökumeniker seiner Zeit ist auch Bischof Eduard Herzog (auf dem Foto rechts neben dem Mann im hellen Anzug) zu erkennen. Bischof Charles Henry Brent von der Episkopalkirche (am Pult) hatte beim Altkatholikenkongress in Olten (1904) eine Rede gehalten. Auch zu Robert Halliwell Gardiner III, dem agilen Sekretär der Bewegung (rechts neben Brent), bestanden ausgezeichnete Kontakte.
Bischöfliches Archiv Bern, Bildarchiv.
Digitalisierung: Institut für Christkatholische Theologie

59

60

59 Besuch des serbischen orthodoxen Patriarchen und Metropoliten von Belgrad, Irinej I. (Gavrilović), am 3. September 2018 in Bern. Gemeinsam mit Bischof Harald Rein besuchte er die Kirche St. Peter und Paul und die Gedenkplakette für den im Jahr 2003 heiliggesprochenen Nikolaj Velimirović. Foto: Milan Kostrešević

60 Im Rahmen der Sitzung der Dialogkommission der Mar-Thoma-Kirche und der Altkatholischen Kirchen der Utrechter Union in Kerala (Indien) besuchten die Kommissionsmitglieder im Februar 2014 die 119. Maramon Convention, eine Missionsveranstaltung der Mar-Thoma-Kirche. Auf dem Bild v. l. n. r. die Bischöfe Isaac Mar Philoxenos (Indien), Harald Rein (Schweiz) und John Okoro (Österreich). Foto: Adrian Suter

Anhang

Wichtige Dokumente des Altkatholizismus

Inhaltsverzeichnis

I. Texte aus dem historischen Umfeld 293
    1. Konstitution «Cum occasione» an alle Gläubigen, 31. Mai 1653 (Auszug) 293
    2. Erste dogmatische Konstitution «Pastor Aeternus», 18. Juli 1870 (Auszug) 293

II. Altkatholische programmatische Texte aus der unmittelbaren Zeit nach dem Ersten Vatikanum 297
    3. Programm des Katholiken-Congresses in München, 22.–24. September 1871 297
    4. Brief von Eduard Herzog an Bischof Lachat, 23. September 1872 299
    5. Brief von Eduard Herzog an Bischof Lachat, 8. April 1873 302

III. Texte und Erklärungen der Internationalen Bischofskonferenz und von Organen der Utrechter Union 303
    6. Utrechter Erklärung vom 24. September 1889 303
    7. Zweiter Internationaler Altkatholikenkongress in Luzern, 13.–15. September 1892 305
    8. Erklärung der Internationalen Altkatholischen Bischofskonferenz zur Filioque-Frage (1970) 307
    9. Präambel [zum Statut der IBK von 2000]: Die ekklesiologischen Grundlagen der Utrechter Union 309
    10. Gemeinsames Eucharistiegebet der Kirchen der Utrechter Union (1982) 312
    11. Thesen der 24. Internationalen Altkatholischen Theologenkonferenz (1984) 313
    12. Resolution des 25. Internationalen Altkatholiken-Kongresses (1990) 313

IV. Für die Christkatholische Kirche der Schweiz relevante Rechtstexte und Stellungnahmen 314
    13. Verfassung der Christkatholischen Kirche der Schweiz [1989], Stand 2019 314
    14. Geschäftsordnung der Nationalsynode (1992) 321

15. Ordnung für die Bischofswahl (2002) 329
16. Beschlüsse der 119. Session der Nationalsynode zur Frauen-
    ordination (1991) 332
17. Stellungnahme der 129. Session der Nationalsynode
    zur Frauenordination (1998) (Auszug) 333
18. Eucharistiegebet I (2004) 337
19. Gesetz über die Bernischen Landeskirchen vom 21.3.2018
    (Auszug) 338

V. **Texte zur Wiedervereinigung der Kirchen und ökumenische
   Vereinbarungen** 341
20. Zweiter Alt-Katholikenkongress zu Köln. Beschluss
    vom 21. September 1872 341
21. Erste Bonner Unionskonferenz, 14. bis 16. September 1874.
    Angenommene Thesen 342
22. Zweite Bonner Unionskonferenz, 12.–16. August 1875.
    Angenommene Thesen 343
23. Erklärung der Nationalsynode der Christkatholischen Kirche
    der Schweiz, 8. Juni 1876 in Olten 344
24. Gebet von Eduard Herzog zur Eröffnung der Vorkonferenz
    von Glauben und Kirchenverfassung in Genf, 12. August 1920 .. 345
25. Bonner Abkommen von 1931 345
26. Kirchengemeinschaft: Voraussetzungen und Folgen
    (1987 – Auszug aus dem Orthodox-Altkatholischen Dialog) 345
27. Wesen und Eigenschaften der Kirche
    (1977 – Auszug aus dem Orthodox-Altkatholischen Dialog) 347
28. Die Einheit der Kirche und die Ortskirchen
    (1979 – Auszug aus dem Orthodox-Altkatholischen Dialog) 350
29. Personale, kollegiale und gemeinschaftliche Verantwortung
    für die Einheit der Kirche und ihr Bleiben in der Wahrheit
    (2009 – Auszug aus dem Internationalen Römisch-Katholisch –
    Altkatholischen Dialog) 352
30. Der Dienst des Papstes an der Einheit der Kirche und ihrem
    Bleiben in der Wahrheit (2009 – Auszug aus dem Inter-
    nationalen Römisch-Katholisch – Altkatholischen Dialog) 354
31. Vereinbarung von Uppsala 2016 356

I. Texte aus dem historischen Umfeld

1. Konstitution «Cum occasione» an alle Gläubigen, 31. Mai 1653 (Auszug)

Quelle: Heinrich Denzinger, Kompendium der Glaubensbekenntnisse und kirchlichen Lehrentscheidungen. Verbessert, erweitert, ins Deutsche übertragen und unter Mitarbeit von Helmut Hoping herausgegeben von Peter Hünermann, Freiburg i. Br. (Herder) ^{37}1991, Nr. 2001–2007.

Anmerkung: Es handelt sich hier um die fünf Sätze, von denen behauptet wurde, sie seien aus dem dem Buch «Augustinus» von Cornelius Jansen entnommen. Bis auf den ersten Satz sind sie – so Peter Hünermann im Vorspann vor Nr. 2001 in der genannten Quellenedition – «dem Augustinus nicht wörtlich entnommen, sondern aus seinen Prinzipien abgeleitet».

«Irrtümer des Cornelius Jansen über die Gnade»

1. Manche Gebote Gottes sind für die gerechten Menschen, auch wenn sie wollen und es versuchen, mit den Kräften, die sie gegenwärtig haben, unerfüllbar; es fehlt ihnen auch die Gnade, durch die sie erfüllbar würden.
2. Der inneren Gnade wird im Zustand der gefallenen Natur niemals widerstanden.
3. Für Verdienst und Missverdienst ist im Zustand der gefallenen Natur beim Menschen nicht die Freiheit von Notwendigkeit erforderlich, sondern es genügt die Freiheit von Zwang.
4. Die Semipelagianer gaben die Notwendigkeit der zuvorkommenden inneren Gnade für die einzelnen Akte, auch für den Anfang des Glaubens, zu; und sie waren darin häretisch, daß sie behaupteten, diese Gnade sei eine solche, der der menschliche Wille widerstehen oder gehorchen könne.
5. Es ist semipelagianisch zu sagen, dass Christus für schlechthin alle Menschen gestorben sei oder sein Blut vergossen habe.

[Zensur:] *Satz 1:* erklären Wir für leichtfertig, gottlos, lästerlich, durch das Anathema verurteilt und häretisch und verurteilen ihn als solchen. –
2: häretisch ... –
3: häretisch ... –
4: falsch und häretisch ... –
5: falsch, leichtfertig, anstössig, und in dem Sinne verstanden, dass Christus lediglich für das Heil der Vorherbestimmten gestorben sei, gottlos, lästerlich, schändlich, der göttlichen Barmherzigkeit abträglich und häretisch ...
Damit beabsichtigen Wir jedoch nicht, durch diese über die vorher erwähnten fünf Sätze ergangene Erklärung und Definition in irgendeiner Hinsicht andere Meinungen zu billigen, die in dem vorher erwähnten Buch des Cornelius Jansen enthalten sind.

2. Erste dogmatische Konstitution «Pastor Aeternus», 18. Juli 1870 (Auszug)

Quelle: Heinrich Denzinger, Kompendium der Glaubensbekenntnisse und kirchlichen Lehrentscheidungen. Verbessert, erweitert, ins Deutsche übertragen und unter Mitarbeit von Helmut Hoping herausgegeben von Peter Hünermann, Freiburg i. Br. (Herder) ^{37}1991, Nr. 3050–3075.

[3050]

Der ewige Hirte und Bischof unserer Seelen [vgl. 1 Petr 2,25] beschloß, um das heilsame Werk der Erlösung dauerhaft zu machen, die heilige Kirche zu bauen, in der, gleichsam als in dem Hause des lebendigen Gottes, alle Gläubigen durch das Band des einen Glaubens und der Liebe zusammengehalten werden sollten. Deshalb bat er, bevor er verherrlicht wurde, den Vater nicht nur für die Apostel, sondern auch für jene, die durch ihr Wort an ihn glauben würden, daß sie alle eins seien, wie der Sohn selbst und der Vater eins sind [vgl. Joh 17,20 f.]. Auf diese Weise also, in der er die Apostel, die er sich aus der Welt erwählt hatte [vgl. Joh 15,19], sandte, wie er selbst vom Vater gesandt worden war [vgl. Joh 20,21]: so wollte er, daß es in seiner Kirche «bis zur Vollendung der Zeit» [Mt 28,20] Hirten und Lehrer gebe.

[3051]

Damit aber der Episkopat selbst eins und ungeteilt sei und durch die untereinander eng verbundenen Priester die gesamte Menge der Gläubigen in der Einheit des Glaubens und der Gemeinschaft bewahrt werde, errichtete er, indem er den seligen Petrus an die Spitze der übrigen Apostel stellte, in ihm ein dauerhaftes Prinzip dieser zweifachen Einheit und ein sichtbares Fundament, auf dessen Stärke der ewige Tempel erbaut werden sollte; und die bis zum Himmel ragende Erhabenheit der Kirche sollte sich in der Kraft seines Glaubens aufrichten.

[3052]

Und weil sich die Pforten der Unterwelt, um – wenn möglich – die Kirche zu zerstören, mit täglich größerem Haß von überall her gegen ihr von Gott gelegtes Fundament erheben, erachten Wir es mit Zustimmung des heiligen Konzils zum Schutz, zur Erhaltung und zum Gedeihen der katholischen Herde für notwendig, die Lehre von der Einsetzung, Fortdauer und Natur des heiligen Apostolischen Primates, in dem die Kraft und Stärke der ganzen Kirche besteht, allen Gläubigen gemäß dem alten und beständigen Glauben der gesamten Kirche vorzulegen, damit sie geglaubt und festgehalten werde, und die entgegengesetzten, für die Herde des Herrn so verderblichen Irrtümer zu ächten und zu verurteilen.

Kap. 1. Die Einsetzung des apostolischen Primats im seligen Petrus

[3053]

Deshalb lehren und erklären Wir, daß gemäß den Zeugnissen des Evangeliums der Jurisdiktionsprimat über die gesamte Kirche Gottes von Christus, dem Herrn, unmittelbar und direkt dem seligen Apostel Petrus verheißen und übertragen wurde. Denn einzig Simon, dem er schon früher gesagt hatte: «Du wirst Kephas genannt werden» [Joh 1,42], hat der Herr, nachdem jener sein Bekenntnis ablegte, indem er sprach: «Du bist Christus, der Sohn des lebendigen Gottes», mit diesen feierlichen Worten angeredet: «Selig bist du, Simon, Sohn des Jona: denn nicht Fleisch und Blut hat dir (das) geoffenbart, sondern mein Vater, der in den Himmeln ist. Und ich sage dir, daß du Petrus bist, und auf diesen Felsen werde ich meine Kirche bauen, und die Pforten der Unterwelt werden keine Gewalt über sie haben: und ich werde dir die Schlüssel des Himmelreiches geben. Und alles, was du auf der Erde gebunden hast, wird auch in den Himmeln gebunden sein: und alles, was du auf der Erde gelöst hast, wird auch in den Himmeln gelöst sein» [Mt 16,16–19]. Und einzig Simon Petrus übertrug Jesus nach seiner Auferstehung die Jurisdiktion des obersten Hirten und Lenkers über seine ganze Herde, indem er sagte: «Weide meine Lämmer», «Weide meine Schafe» [Joh 21,15–11].

[3054]
Dieser so offenkundigen Lehre der heiligen Schriften, wie sie von der katholischen Kirche immer verstanden wurde, stehen die verkehrten Auffassungen derer offen entgegen, die die von Christus, dem Herrn, in seiner Kirche eingesetzte Regierungsform verkehren und leugnen, daß allein Petrus vor den übrigen Aposteln – ob einzeln für sich oder allen zugleich – von Christus mit dem wahren und eigentlichen Jurisdiktionsprimat ausgestattet wurde; oder die behaupten, ebendieser Primat sei nicht unmittelbar und direkt dem seligen Petrus selbst, sondern der Kirche und durch sie jenem als dem Diener dieser Kirche übertragen worden.

[3055]
[Kanon.] Wer also sagt, der selige Apostel Petrus sei nicht der von Christus, dem Herrn, eingesetzte Fürst aller Apostel und das sichtbare Haupt der ganzen streitenden Kirche; oder derselbe habe nur den Ehren-, nicht aber den wahren und eigentlichen Jurisdiktionsprimat von ebendiesem unserem Herrn Jesus Christus direkt und unmittelbar empfangen: der sei mit dem Anathema belegt.

Ausgelassen: [3056–3059]

[3060]
Wir lehren demnach und erklären, daß die Römische Kirche auf Anordnung des Herrn den Vorrang der ordentlichen Vollmacht über alle anderen innehat, und daß diese Jurisdiktionsvollmacht des Römischen Bischofs, die wahrhaft bischöflich ist, unmittelbar ist: ihr gegenüber sind die Hirten und Gläubigen jeglichen Ritus und Ranges – sowohl einzeln für sich als auch alle zugleich – zu hierarchischer Unterordnung und wahrem Gehorsam verpflichtet, nicht nur in Angelegenheiten, die den Glauben und die Sitten, sondern auch in solchen, die die Disziplin und Leitung der auf dem ganzen Erdkreis verbreiteten Kirche betreffen, so daß durch Wahrung der Einheit sowohl der Gemeinschaft als auch desselben Glaubensbekenntnisses mit dem Römischen Bischof die Kirche Christi eine Herde unter einem obersten Hirten sei [vgl. Joh 10,16]. Dies ist die Lehre der katholischen Wahrheit, von der niemand ohne Schaden für Glauben und Heil abweichen kann.

[3061]
So wenig aber beeinträchtigt diese Vollmacht des Papstes jene ordentliche und unmittelbare Vollmacht der bischöflichen Jurisdiktion, mit der die Bischöfe, die, eingesetzt vom Heiligen Geist [vgl. Apg 20,28], an die Stelle der Apostel nachgefolgt sind, als wahre Hirten die ihnen jeweils zugewiesenen Herden jeweils weiden und leiten, daß sie vielmehr vom obersten und allgemeinen Hirten bejaht, gestärkt und geschützt wird gemäß jenem (Wort) des heiligen Gregor des Großen: «Meine Ehre ist die Ehre der gesamten Kirche. Meine Ehre ist die ungebrochene Tatkraft meiner Brüder. Dann bin ich wahrhaft geehrt, wenn einem jeden einzelnen die gebührende Ehre nicht versagt wird.»

[3062]
Ferner folgt aus jener höchsten Vollmacht des Römischen Bischofs, die gesamte Kirche zu lenken, daß er das Recht hat, bei der Ausübung dieses seines Amtes frei mit den Hirten und Herden der ganzen Kirche zu verkehren, damit diese von ihm auf dem Weg des Heiles

belehrt und geleitet werden können. Deshalb verurteilen und verwerfen Wir die Auffassungen jener, die sagen, dieser Verkehr des Oberhauptes mit den Hirten und Herden könne erlaubtermaßen behindert werden, oder ihn von der weltlichen Gewalt abhängig machen, so daß sie darauf bestehen, was vom Apostolischen Stuhl bzw. seiner Autorität zur Leitung der Kirche festgelegt wird, habe keine Kraft und Gültigkeit, wenn es nicht durch die Zustimmung der weltlichen Gewalt bestätigt werde.

[3063]

Und weil der Römische Bischof kraft des göttlichen Rechtes des Apostolischen Primates der gesamten Kirche vorsteht, lehren Wir auch und erklären, daß er der höchste Richter der Gläubigen ist und man in allen Rechtsfragen, die der kirchlichen Prüfung unterliegen, sein Urteil einholen kann; das Urteil des Apostolischen Stuhles aber, über dessen Autorität hinaus es keine größere gibt, darf von niemandem neu erörtert werden, und keinem ist es erlaubt, über sein Urteil zu urteilen. Daher irren vom rechten Pfad der Wahrheit ab, die behaupten, man dürfe von den Urteilen der Römischen Bischöfe an ein ökumenisches Konzil als an eine gegenüber dem Römischen Bischof höhere Autorität Berufung einlegen.

[3064]

[Kanon.] Wer deshalb sagt, der Römische Bischof besitze lediglich das Amt der Aufsicht bzw. Leitung, nicht aber die volle und höchste Jurisdiktionsvollmacht über die gesamte Kirche, nicht nur in Angelegenheiten, die den Glauben und die Sitten, sondern auch in solchen, die die Disziplin und Leitung der auf dem ganzen Erdkreis verbreiteten Kirche betreffen; oder er habe nur einen größeren Anteil, nicht aber die ganze Fülle dieser höchsten Vollmacht; oder diese seine Vollmacht sei nicht ordentlich und unmittelbar sowohl über alle und die einzelnen Kirchen als auch über alle und die einzelnen Hirten und Gläubigen: der sei mit dem Anathema belegt.

Kap. 4. Das unfehlbare Lehramt des Römischen Bischofs

[3065]

Daß aber in diesem Apostolischen Primat, den der Römische Bischof als Nachfolger des Apostelfürsten Petrus über die gesamte Kirche innehat, auch die höchste Vollmacht des Lehramtes enthalten ist, hat dieser Heilige Stuhl immer festgehalten, beweist der ständige Brauch der Kirche und haben die ökumenischen Konzilien selbst erklärt, vor allem diejenigen, bei denen der Osten mit dem Westen zur Einheit des Glaubens und der Liebe zusammenfand.

Ausgelassen [3066]–[3072]

[3073]

Indem Wir Uns deshalb der vom Anfang des christlichen Glaubens an empfangenen Überlieferung getreu anschließen, lehren Wir mit Zustimmung des heiligen Konzils zur Ehre Gottes, unseres Erlösers, zur Erhöhung der katholischen Religion und zum Heile der christlichen Völker und entscheiden, daß es ein von Gott geoffenbartes Dogma ist:

[3074]

Wenn der Römische Bischof «ex cathedra» spricht, das heißt, wenn er in Ausübung seines Amtes als Hirte und Lehrer aller Christen kraft seiner höchsten Apostolischen Autorität entscheidet, daß eine Glaubens- oder Sittenlehre von der gesamten Kirche festzuhalten ist, dann besitzt er mittels des ihm im seligen Petrus verheißenen göttlichen Beistands jene Unfehlbarkeit, mit der der göttliche Erlöser seine Kirche bei der Definition der Glaubens- oder Sittenlehre ausgestattet sehen wollte; und daher sind solche Definitionen des Römischen Bischofs aus sich, nicht aber aufgrund der Zustimmung der Kirche unabänderlich.

[3075]

[Kanon.] Wer sich aber – was Gott verhüte – unterstehen sollte, dieser Unserer Definition zu widersprechen: der sei mit dem Anathema belegt.

II. Altkatholische programmatische Texte aus der unmittelbaren Zeit nach dem Ersten Vatikanum

3. Programm des Katholiken-Congresses in München, 22.–24. September 1871

Quelle: Stenographischer Bericht über die Verhandlungen des Katholiken-Congresses abgehalten vom 22. bis 24. September 1871 in München. Mit einer historischen Einleitung und Beilagen, München (Theodor Ackermann) 1871, 221–223

Wieder abgedruckt: Johann Friedrich von Schulte, Altkatholicismus: Geschichte seiner Entwicklung, inneren Gestaltung und rechtlichen Stellung in Deutschland: aus den Akten und anderen authentischen Quellen dargestellt, Giessen (Emil Roth) 1887 [Neudruck: Aalen 1965], 22–24

I. Im Bewusstsein unserer religiösen Pflichten halten wir fest an dem alten katholischen Glauben, wie er in Schrift und Tradition bezeugt ist, sowie am alten katholischen Cultus. Wir betrachten uns deshalb als vollberechtigte Glieder der katholischen Kirche, und lassen uns weder aus der Kirchengemeinschaft noch aus den durch diese Gemeinschaft uns erwachsenden kirchlichen und bürgerlichen Rechten verdrängen.
Wir erklären die wegen unserer Glaubenstreue über uns verhängten kirchlichen Censuren für gegenstandslos und willkürlich, und werden durch dieselben an der Bethätigung der kirchlichen Gemeinschaft in unserem Gewissen nicht beirrt und nicht verhindert.
Von dem Standpunkte des Glaubensbekenntnisses aus, wie es noch in dem sog. Tridentinischen Symbolum enthalten ist, verwerfen wir die unter dem Pontifikate Pius' IX. im Widerspruche mit der Lehre der Kirche und den vom Apostel-Concil an befolgten Grundsätzen zu Stande gebrachten Dogmen, insbesondere das Dogma von dem «unfehlbaren Lehramte» und von der «höchsten, ordentlichen und unmittelbaren Jurisdiction» des Papstes.

II. Wir halten fest an der alten Verfassung der Kirche. Wir verwerfen jeden Versuch, die Bischöfe aus der unmittelbaren und selbstständigen Leitung der Einzelkirchen zu verdrängen. Wir verwerfen die in den vaticanischen Decreten enthaltene Lehre, dass der Papst der einzige göttlich gesetzte Träger aller kirchlichen Autorität und Amtsgewalt sei, als im Widerspruche stehend mit dem Tridentinischen Canon, wonach eine göttlich gestiftete Hierarchie von Bischöfen, Priestern und Diaconen besteht. Wir bekennen uns zu dem Primate des römischen Bischofes, wie er auf Grund der Schrift von den Vätern und Concilien in der alten ungetheilten christlichen Kirche anerkannt war.

a) Wir erklären, dass nicht lediglich durch den Ausspruch des jeweiligen Papstes und die ausdrückliche oder stillschweigende Zustimmung der dem Papste zu unbedingtem Gehorsam eidlich verpflichteten Bischöfe, sondern nur im Einklange mit der hl. Schrift und der alten kirchlichen Tradition, wie sie niedergelegt ist in den anerkannten Vätern und Concilien, Glaubenssätze definirt werden können. Auch ein Concil, welchem nicht, wie dem vaticanischen, wesentliche äussere Bedingungen der Oecumenicität mangelten, welches aber in allgemeiner Uebereinstimmung seiner Mitglieder den Bruch mit der Grundlage und Vergangenheit der Kirche vollzöge, vermöchte durchaus keine die Glieder der Kirche innerlich verpflichtenden Dekrete zu erlassen.

b) Wir betonen, dass die Lehrentscheidungen eines Concils im unmittelbaren Glaubensbewusstsein des katholischen Volks und in der theologischen Wissenschaft sich als übereinstimmend mit dem ursprünglichen und überlieferten Glauben der Kirche erweisen müssen. Wir wahren der katholischen Laienwelt und dem Clerus wie der wissenschaftlichen Theologie bei Feststellung der Glaubensregeln das Recht des Zeugnisses und der Einsprache.

III. Wir erstreben unter Mitwirkung der theologischen und canonistischen Wissenschaft eine Reform in der Kirche, welche im Geiste der alten Kirche die heutigen Gebrechen und Missbräuche heben und insbesondere die berechtigten Wünsche des katholischen Volks auf verfassungsmässig geregelte Theilnahme an den kirchlichen Angelegenheiten erfüllen werde, – wobei, unbeschadet der kirchlichen Einheit in der Lehre, die nationalen Anschauungen und Bedürfnisse Berücksichtigung finden können.

Wir erklären, dass der Kirche von Utrecht der Vorwurf des Jansenismus grundlos gemacht wird, und folglich zwischen ihr und uns kein dogmatischer Gegensatz besteht.

Wir hoffen auf eine Wiedervereinigung mit der griechisch-orientalischen und russischen Kirche, deren Trennung ohne zwingende Ursachen erfolgte und in keinen unausgleichbaren dogmatischen Unterschieden begründet ist.

Wir erwarten unter Voraussetzung der angestrebten Reformen und auf dem Wege der Wissenschaft und der fortschreitenden christlichen Cultur allmälig eine Verständigung mit den protestantischen und den bischöflichen Kirchen.

IV. Wir halten bei der Heranbildung des katholischen Clerus die Pflege der Wissenschaft für unentbehrlich.

Wir betrachten die künstliche Abschliessung des Clerus von der geistigen Cultur des Jahrhunderts (in Knabenseminarien und einseitig von Bischöfen geleiteten höheren Lehranstalten) bei dessen grossem Einflusse auf die Volkscultur als gefährlich und höchst ungeeignet zur Erziehung und Heranbildung eines sittlich frommen, wissenschaftlich erleuchteten und patriotisch gesinnten Clerus.

Wir verlangen für den sog. niederen Clerus eine würdige und gegen jegliche hierarchische Willkür geschützte Stellung. Wir verwerfen die durch das französische Recht eingeführte und neuestens allgemeiner angestrebte willkürliche Versetzbarkeit (amovibilitas ad nutum) der Seelsorgsgeistlichen.

V. Wir halten zu den die bürgerliche Freiheit und humanitäre Cultur verbürgenden Verfassungen unserer Länder, verwerfen darum auch aus staatsbürgerlichen und culturhistorischen

Gründen das den Staat bedrohende Dogma von der päpstlichen Machtfülle und erklären, unseren Regierungen im Kampfe gegen den im Syllabus dogmatisirten Ultramontanismus treu und fest zur Seite zu stehen.

VI. Da offenkundig durch die sog. «Gesellschaft Jesu» die gegenwärtige unheilvolle Zerrüttung in der katholischen Kirche verschuldet worden ist; da dieser Orden seine Machtstellung dazu missbraucht, um in Hierarchie, Clerus und Volk culturfeindliche, staatsgefährliche und antinationale Tendenzen zu verbreiten und zu nähren; da er eine falsche und corrumpirende Moral lehrt und geltend macht: so sprechen wir die Ueberzeugung aus, dass Friede und Gedeihen, Eintracht in der Kirche und richtiges Verhältniss zwischen ihr und der bürgerlichen Gesellschaft erst dann möglich ist, wenn der gemeinschädlichen Wirksamkeit dieses Ordens ein Ende gemacht sein wird.

VII. Als Glieder der katholischen noch nicht durch die vaticanischen Decrete alterirten Kirche, welcher die Staaten politische Anerkennung und öffentlichen Schutz garantirt haben, halten wir auch unsere Ansprüche auf alle realen Güter und Besitztitel der Kirche aufrecht.

4. Brief von Eduard Herzog an Bischof Lachat, 23. September 1872

Quelle: Walter Herzog, Bischof Dr. Eduard Herzog. Ein Lebensbild, Laufen (Buchdruckerei Volksfreund) 1935, 54–60

Hochwürdigster Herr Bischof!

Mit gegenwärtigem Schreiben bringe ich Ihnen zur Kenntnis, dass ich mich dem altkatholischen Komitee in Köln zur Verfügung gestellt habe und damit die formelle Verpflichtung eingegangen bin, die Dekrete der vatikanischen Bischofs-Versammlung bezüglich einer angeblichen Vollgewalt und einer auch ohne Zustimmung der Kirche mit Unfehlbarkeit entscheidenden Lehrautorität des Papstes nach Kräften bekämpfen zu helfen.

Die Milde, infolge deren Sie mich bisher mein Amt als Priester und Lehrer der katholischen Theologie ungehindert ausüben liessen, trotzdem Ihnen meine Stellung zu den erwähnten Dekreten schon längst auch in offizieller Weise kund geworden war, hat mir Zeit gelassen, den Schritt, den ich nun tue, ruhig und ernst zu überlegen, und ich darf Ihnen die Versicherung geben, dass ich in der Ueberzeugung von der Unhaltbarkeit der vatikanischen Lehre nur immer mehr befestigt worden bin, denn wahrlich die Art und Weise, wie man jene Dekrete zu begründen sucht, kann kein Zutrauen erwecken.

Jeder, der mit der heil. Schrift nur einigermassen vertraut ist, weiss, dass die Infallibilisten auf gewisse Stellen der Bibel einen grossen Nachdruck legen, aber die vielen anderen Aussprüche des Heilandes und der Apostel, mit welchen sich die vatikanische Lehre vom Primate nicht verträgt, gänzlich unberücksichtigt lassen, dass sie jene Stellen aus dem Zusammenhange reissen, willkürlich auf die Päpste übertragen, was nur vom Apostel Petrus gesagt war, oder in ebenso leichtfertiger wie abgeschmackter Konsequenzmacherei aus gewissen bildlichen Ausdrücken eine Lehre abzuleiten suchen, die sich auf andere Weise biblisch nicht begründen lässt. Auch ist zur Evidenz erwiesen, dass die vatikanische Auffassung jener Bibelstellen nicht diejenige der Kirchenväter und der Kirchenschriftsteller der ersten Jahrhunderte ist. Ich erinnere in dieser Beziehung nur an die treffliche Schrift von Professor Langen: «Das vatikanische Dogma in seinem Verhältnis zum Neuen Testament und der patristischen Exegese». Das Konzil von Trient verlangt aber, dass die heil. Schrift in rebus fidei et morum juxta unanimem consensum patrum[788] erklärt werde.

In derselben willkürlichen Weise verfährt man mit den Aussprüchen der Kirchenväter, welche als Zeugen für die Ursprünglichkeit der vatikanischen Lehre angerufen werden. Man zitiert vereinzelte Aeusserungen jener Zeugen der christlichen Wahrheit, ohne Rücksicht darauf zu nehmen, dass dieselben Väter an vielen anderen Stellen in ganz anderer Weise sich aussprechen. Und doch müssten notwendig auch diese Aeusserungen in Betracht gezogen werden, wenn man aufrichtig die Anschauung jener Männer kennen lernen und nicht mit vereinzelten Sätzen die Augen der Unwissenden blenden wollte. Zudem beachtet man auch bei den patristischen Zitaten in der Regel weder den Zusammenhang, noch den vom Autor intendierten Sinn der betreffenden Stelle. Da hier nicht der Ort sein kann, meine Behauptung mit besonderen Beispielen zu begründen, verweise ich auch in dieser Beziehung auf oben erwähnte Schrift von Professor Langen. Während man in dieser Weise, mit und ohne Absicht, die gebildeten Katholiken in die Irre führt, beruft man sich gegenüber den weniger gebildeten einfach auf die Autorität eines allgemeinen Konzils, und indem man die vatikanische Synode als ein solches erklärt, glaubt man auch deren Dekret hinreichend glaubwürdig gemacht zu haben.

Man schweigt aber wohlweislich davon, dass ein Konzil doch wohl nicht mit Unfehlbarkeit entscheiden kann, nicht es, das entscheidende Konzil, sei mit der unfehlbaren Lehrautorität ausgerüstet, sondern der Papst. Und doch muss es auch dem Einfältigsten einleuchten, dass ein Konzil keine absolut bindende Autorität haben könne, wenn nicht es selbst, sondern der Papst unfehlbar ist.

Ueberdies ist ja nun durch eine Menge von authentischen Aktenstücken trotz aller Verheimlichung und Ableugnung bewiesen worden, dass die vatikanische Bischofs-Versammlung weder eine freie war, noch überhaupt so verlief, dass man sie im Ernste als das untrügliche Organ des göttlichen Geistes betrachten könnte. Man wagt zwar auch heute noch, selbst von der Kanzel herab, eine solche Behauptung als eine Verleumdung zu bezeichnen, die von Feinden der Kirche eifrig verbreitet werde. Aber Sie, Herr Bischof, wissen, dass, um wieder nur ein einziges Beispiel anzuführen, jene von 67 Erzbischöfen und Bischöfen unterzeichnete Protestation vom 8. Mai 1870 echt ist, worin es u. a. heisst: «Wir können es mit unserer bischöflichen Würde, mit dem Amte, welches wir auf dem Konzil verwalten, und mit den Rechten, die uns als Mitglieder des Konzils zustehen, nicht länger mehr in Einklang bringen, Bitten vorzutragen, da die Erfahrung uns hinlänglich und mehr als hinlänglich gelehrt hat, dass dergleichen Bitten nicht nur nicht berücksichtigt, sondern nicht einmal einer Antwort gewürdigt werden. Es bleibt uns also nichts übrig, als gegen das besagte Verfahren, welches unseres Erachtens für die Kirche und den heiligen apostolischen Stuhl im höchsten Grade verderblich ist, zu reklamieren und zu protestieren, um dadurch die Verantwortung für die unglücklichen Folgen, die daraus ohne Zweifel in kurzem hervorgehen werden und schon jetzt hervorgehen, vor den Menschen und vor dem furchtbaren Gerichte Gottes von uns abzulehnen. Dessen soll dieses Schreiben ein ewiges Zeugnis sein.» In der Tat, Herr Bischof, dieses Schreiben ist ein ewiges Zeugnis für die Unfreiheit und die Unregelmässigkeit der

---

788 Auf Deutsch: «in Sachen des Glaubens und der Sitten gemäss der einmütigen Übereinstimmung der Väter».

vatikanischen Synode und diese kann eben wegen ihrer Beschaffenheit nie und nimmer als ein ordentliches, mit göttlicher Autorität bindendes Konzil angesehen werden.

Obwohl ich nun niemals auch nur den leisesten Zweifel darüber hegte, ob die Lehre, welche ich in meinem Jugendunterricht empfangen habe, oder diejenige, welche heute gepredigt wird, den Vorzug verdiene, so habe ich mich doch redlich bemüht, auch solche Männer zu hören, welche als Verteidiger der neuen Dogmen auftreten, und zwar habe ich mich immer an diejenigen gehalten, welche in öffentlichen Blättern, von Bischöfen und vom Papste selbst am meisten empfohlen wurden. Aber ich habe leider immer die Erfahrung gemacht, dass man die historischen und dogmatischen Schwierigkeiten der neuen Lehre entweder ganz unberücksichtigt liess, oder dann mit einer Leichtfertigkeit beseitigte, welche Männern nicht geziemt, die es mit der Wahrheit redlich meinen. Dagegen sah ich, dass man in den bezüglichen Erörterungen mit grosser Emphase vielfach Dinge besprach, über welche unter Katholiken kein Streit ist, oder missverständliche Auffassungen der vatikanischen Lehren bekämpfte, welche faktisch gar nicht vorhanden sind, oder den Dogmen einen Sinn unterzuschieben suchte, welchen sie nach ihrem Wortlaut nicht haben können und nach den Erklärungen der einflussreichsten Mitglieder der vatikanischen Synode, sowie nach den vom Papste besonders gebilligten Kundgebungen auch wirklich nicht haben. Mit einem Wort: ich stiess sozusagen in jeder infallibilistischen Schrift, die mir in die Hände kam, auf Kunstgriffe, mit welchen man das Auge des Unbefangenen zu blenden, den Standpunkt zu verrücken, den Gegner vorläufig zu beschwichtigen und zum Schweigen zu bringen suchte.

Jeder ehrliche Mann muss aber einsehen, dass man solche Kunstgriffe nur deshalb nötig hat, weil man für eine Sache kämpft, die nicht auf Wahrheit beruht. Ich brauche Ihnen, Herr Bischof, die Namen jener Bischöfe und Theologen nicht zu nennen, welche vor dem Konzil und während desselben mit wissenschaftlichen Gründen die Unhaltbarkeit der neuen Lehre dartaten; Sie wissen auch, dass sich nun fast alle jene Bischöfe und auch einige Theologen den vatikanischen Dogmen unterworfen haben; ich bitte Sie aber, mir auch nur einen einzigen derselben zu nennen, welcher nach seiner Unterwerfung hätte zeigen können, dass seine frühere Bestreitung der päpstlichen Unfehlbarkeit wirklich eine grundlose, irrtümliche gewesen sei. Die, welche sich unterworfen haben, fügen sich stumm einer Lehre, welche sie in ihrer Unwahrheit lieber niemals gekannt haben möchten. Sie sind gebrochen und schweigen. Kühn sind nur noch unwissende Zeloten, die namentlich auch auf den Kanzeln mit ihrem widerlichen Gepolter über «unkirchlichen Geist», «Unglauben», «Hochmut» usw. die Gemüter zu ängstigen und vor ruhigem Nachdenken zurückzuschrecken suchen. Ich habe aber selbst es beobachtet, dass die Frucht aller dieser Anstrengungen selbst bei sehr vielen von denjenigen, welche sich äusserlich zu den vatikanischen Lehren bekennen, nur in einem mitleidigen Lächeln besteht und tatsächlich der Indifferentismus in erschreckendem Masse um sich greift. Bei solcher Sachlage hätte ich mich nun, wie bisher, der kirchlichen Bewegung gegenüber passiv verhalten können. Meine bisherige Stellung bot mir alles, was ich mir in meinen Studienjahren unter den Bedingungen zu einem glücklichen Leben vorgestellt habe. Ich habe auch wiederholt von massgebendster Seite die Zusicherung erhalten, dass meine Stellung durch meine anti-infallibilistische Anschauung nicht gefährdet sei, wenn ich mich nur hüte, im Kolleg oder auf der Kanzel die neuen Dogmen anzugreifen. In diese Lage habe ich mich gefügt und lange geschwiegen. Allein ich fühlte immer mehr, wie unwürdig es eines Mannes sei, dessen Beruf es ist, in seinem Kreise die christliche Heilslehre zu verkünden, aus Liebe zu einem bequemen, angenehmen Leben hochwichtige Wahrheiten äusserlich – wenn auch nur äusserlich – zu verleugnen. Dieses Gefühl ist für mich noch unerträglicher geworden, nachdem eine grosse Zahl derjenigen Männer, welche bis dahin durch ihr Leben und ihre Wissenschaft vor den Augen Aller als Zierden des Katholizismus dastanden und unserer Kirche auch bei anderen Konfessionen wieder Ansehen verschafft hatten, mit Suspension und Exkommunikation geächtet worden waren, aus keinem anderen Grunde als deswegen, weil sie mit männlicher Offenheit ihre christliche Ueberzeugung auch gegenüber der Gewalt nicht verleugnen wollten. Unter diesen Männern befinden sich auch meine teuersten Lehrer. Ich weiss mich mit ihnen verbunden durch einen Glauben und eine Liebe und bin glücklich, an ihrer Seite nun offen und ohne alle Rücksichten wieder einstehen zu dürfen für ein Christentum, das den Menschen frei macht und ihn nicht geistig knechtet, das ihn beseligt und ihm nicht zur unerträglichen Last wird, das die Wissenschaft erträgt und nicht fürchten und darum binden muss, das die freien Institutionen der neuen Zeit, welche der Papst als «moderne Ideen» verdammt hat, freudig anerkennt und zum Heile der Menschheit hegt und fördert. Der Gedanke, diesem befreienden, beseligenden, versöhnenden Christentum dienen zu dürfen, erquickt mich und macht es mir leicht, meine Heimat, meine Angehörigen, meine Freunde und eine Stellung zu verlassen, die ich liebgewonnen hatte.

Hochwürdigster Herr Bischof! Ich weiss, wie sehr es Sie schmerzt, durch Ihre hierarchische Stellung nun gezwungen zu sein, auch über mich die Exkommunikationsformel aussprechen zu müssen. Es gab eine Zeit, in der ich Ihr Anathem nicht ertragen hätte; heute jedoch gewärtige ich es mit der vollkommensten Seelenruhe, denn ich habe die freudige Zuversicht, trotz Ihrer Exkommunikation ein Glied zu sein an dem lebendigen Leibe unseres Herrn Jesus Christus. Wenn auch nicht mehr mit demselben Glauben mit Ihnen verbunden, so hoffe ich doch, dass Sie mir auch in Zukunft die Gemeinschaft der Liebe und des Gebetes gönnen werden. In dieser Gemeinschaft verbleibe ich, hochwürdigster Herr Bischof,

Ihr ergebenster
Ed. Herzog, Priester.

5. Brief von Eduard Herzog an Bischof Lachat, 8. April 1873

Quelle: Jahrbuch 1972 der Christkatholischen Kirche der Schweiz, Allschwil/Basel [1971], 26

Hochwürdigster Herr Bischof!
Gnädiger Herr.
In der Vorladung, die Sie mir zukommen liessen, erinnern Sie mich daran, dass Sie mir die Priesterweihe erteilt haben. Ich habe das nie vergessen und gestehe Ihnen gerne, dass es mir bei diesem Gedanken sehr wehe tut, heute diese Haltung gegen Sie einnehmen zu müssen. Dies umso mehr, weil ich auch heute noch gegen Ihre Person und Ihr Amt dieselben Gefühle der Ehrfurcht hege wie zur Zeit meiner Weihe. Die obedientia aber, die Sie erwähnen, hätte ich Ihnen niemals gelobt, wenn ich das vatikanische Concil und seine Dekrete vorher gesehen hätte. Ohne dieses Concil wäre ich heute noch Ihr gehorsamster und ergebenster Priester und dabei vielleicht glücklicher als ich es heute bin.
Wenn ich Ihnen aber heute den Gehorsam nicht mehr leiste, den Sie von mir erwartet haben und den ich Ihnen gerne bis zum letzten Hauche meines Lebens geleistet hätte, so rührt dies nicht aus Leichtfertigkeit oder Böswilligkeit her, sondern ist die Frucht einer langen und

ernsten Überlegung. Glauben Sie mir auch, dass mir mein Schritt durch viele persönliche Rücksichten äusserst schwer geworden ist. Aber so wenig ihn persönliche Rücksichten hindern konnten, so wenig vermögen sie ihn nunmehr zu ändern. Eine mündliche Unterredung mit Ihnen, hochwürdigster Bischof, müsste darum nur zu sehr peinlichen, aber gänzlich nutzlosen Scenen führen. Wenn ich Ihrer Vorladung keine Folge leiste, so geschieht es nur in der Absicht, Ihnen und mir solche Scenen zu ersparen und wahrlich nicht deswegen, um Ihnen durch diesen formellen Ungehorsam ein Zeichen der Missachtung zu geben.

Ich bitte Gott, dass er die traurige Lage, in der sich gegenwärtig die Kirche befindet und unter der so viele gläubige Christen, die es redlich meinen und doch sich gegenseitig bekämpfen, viel und bitter leiden, zur Förderung seines Reiches auf Erden möge gereichen lassen. Auch unter den heutigen Verhältnissen wage ich es, mich Ihrem Gebete zu empfehlen.

Gez. Eduard Herzog

III. Texte und Erklärungen der Internationalen Bischofskonferenz und von Organen der Utrechter Union

6. Utrechter Erklärung vom 24. September 1889

Quelle: Urs von Arx/Maja Weyermann (Hg.), Statut der Internationalen Altkatholischen Bischofskonferenz (IBK). Offizielle Ausgabe in fünf Sprachen (Beiheft zu IKZ 91), Bern (Stämpfli) 2001, 25–27. Französisch: ebd., 73–75. Englisch: ebd., 40–42.

In nomine ss. Trinitatis.[789]
Johannes Heykamp, Erzbischof von Utrecht,
Casparus Johannes Rinkel, Bischof von Haarlem,
Cornelius Diependaal, Bischof von Deventer,
Joseph Hubert Reinkens, Bischof der altkatholischen Kirche Deutschlands,
Eduard Herzog, Bischof der christkatholischen Kirche der Schweiz,
den vier und zwanzigsten September eintausend achthundert neun und achtzig, unter Anrufung des heiligen Geistes in der erzbischöflichen Wohnung zu Utrecht versammelt, erlassen nachfolgende Erklärung

an die katholische Kirche.

Infolge einer Einladung des mitunterzeichneten Erzbischofs von Utrecht zu einer Besprechung versammelt, haben wir beschlossen, fortan von Zeit zu Zeit zur Berathung gemeinsamer Angelegenheiten, unter Zuziehung unserer Gehülfen, Räthe und Theologen, zusammen zu kommen.

Wir halten es für angemessen, bei dieser ersten Zusammenkunft die kirchlichen Grundsätze, nach welchen wir bisher unser bischöfliches Amt verwaltet haben und auch in Zukunft ver-

---

789 Auf Deutsch: «Im Namen der hochheiligen Dreifaltigkeit».– Im folgenden Text wurde die ursprüngliche Rechtschreibung beibehalten.

walten werden und welche wir in Einzel-Erklärungen auszusprechen wiederholt Gelegenheit gehabt haben, in einer gemeinsamen Erklärung kurz zusammenzufassen.

1. Wir halten fest an dem altkirchlichen Grundsatze, welchen Vincentius von Lerinum in dem Satze ausgesprochen hat: *Id teneamus, quod ubique, quod semper, quod ab omnibus creditum est; hoc est etenim vere proprieque catholicum.*[790]
Wir halten darum fest an dem Glauben der alten Kirche, wie er in den ökumenischen Symbolen und in den allgemein anerkannten dogmatischen Entscheidungen der ökumenischen Synoden der ungetheilten Kirche des ersten Jahrtausends ausgesprochen ist.

2. Als mit dem Glauben der alten Kirche in Widerspruch stehend und die altkirchliche Verfassung zerstörend verwerfen wir die vatikanischen Dekrete vom 18. Juli 1870 über die Unfehlbarkeit und den Universal-Episkopat oder die kirchliche Allgewalt des römischen Papstes. Das hindert uns aber nicht, den historischen Primat anzuerkennen, wie denselben mehrere ökumenische Concilien und die Väter der alten Kirche dem Bischof von Rom als dem *primus inter pares* [dem ersten unter gleichen] zugesprochen haben mit Zustimmung der ganzen Kirche des ersten Jahrtausends.

3. Wir verwerfen auch als in der heiligen Schrift und der Überlieferung der ersten Jahrhunderte nicht begründet die Erklärung Pius IX. vom Jahre 1854 über die unbefleckte Empfängniss Mariä.

4. Was die anderen in den letzten Jahrhunderten von dem römischen Bischof erlassenen dogmatischen Dekrete, die Bullen *Unigenitus, Auctorem fidei*, den *Syllabus* von 1864 u. s. w. betrifft, so verwerfen wir dieselben, soweit sie mit der Lehre der alten Kirche in Widerspruch stehen, und erkennen sie nicht als massgebend an. Übrigens erneuern wir alle diejenigen Proteste, welche die alte katholische Kirche von Holland in früherer Zeit bereits gegen Rom erhoben hat.

5. Wir nehmen das Concil von Trient nicht an in seinen Entscheidungen, welche die Disciplin betreffen, und wir nehmen seine dogmatischen Entscheidungen nur insoweit an, als sie mit der Lehre der alten Kirche übereinstimmen.

6. In Erwägung, dass die heilige Eucharistie in der katholischen Kirche von jeher den wahren Mittelpunkt des Gottesdienstes bildet, halten wir es für unsere Pflicht, auch zu erklären, dass wir den alten katholischen Glauben von dem heiligen Altarsakramente unversehrt in aller Treue festhalten, indem wir glauben, dass wir den Leib und das Blut unseres Herrn Jesu Christi selbst unter den Gestalten von Brod und Wein empfangen.
Die eucharistische Feier in der Kirche ist nicht eine fortwährende Wiederholung oder Erneuerung des Sühnopfers, welches Christus ein für allemal am Kreuze dargebracht hat; aber ihr Opfercharakter besteht darin, dass sie das bleibende Gedächtniss desselben ist und eine auf Erden stattfindende reale Vergegenwärtigung jener Einen Darbringung Christi für das Heil der erlösten Menschheit, welche nach Hebr. IX, 11, 12 fortwährend im Himmel von Christus geleistet wird, indem er jetzt in der Gegenwart Gottes für uns erscheint (Hebr. IX, 24).

---

[790] Auf Deutsch: «Das lasst uns festhalten, was überall, was immer, was von allen geglaubt worden ist: das ist wahrhaft und im eigentlichen Sinne katholisch.»

Indem dies der Charakter der Eucharistie bezüglich des Opfers Christi ist, ist sie zugleich ein geheiligtes Opfermahl, in welchem die den Leib und das Blut des Herrn empfangenden Gläubigen Gemeinschaft miteinander haben. (I. Kor. X, 17.).

7. Wir hoffen, dass es den Bemühungen der Theologen gelingen wird, unter Festhaltung an dem Glauben der ungetheilten Kirche, eine Verständigung über die seit der Kirchenspaltung entstandenen Differenzen zu erzielen. Wir ermahnen die unserer Leitung unterstellten Geistlichen, in der Predigt und bei dem Unterrichte die wesentlichen christlichen Glaubenswahrheiten, zu welchen sich die kirchlich getrennten Confessionen gemeinsam bekennen, in erster Linie zu betonen, bei der Besprechung der noch vorhandenen Gegensätze jede Verletzung der Wahrheit und der Liebe sorgfältig zu vermeiden und die Mitglieder unserer Gemeinden durch Wort und Beispiel anzuleiten, Andersgläubigen gegenüber sich so zu verhalten, wie es dem Geiste Jesu Christi entspricht, der unser aller Erlöser ist.

8. Durch treues Festhalten an der Lehre Jesu Christi, unter Ablehnung aller durch die Schuld der Menschen mit derselben vermischten Irrthümer, aller kirchlichen Missbräuche und hierarchischen Bestrebungen, glauben wir am erfolgreichsten dem Unglauben und der religiösen Gleichgültigkeit, dem schlimmsten Übel unserer Zeit, entgegen zu wirken.

Gegeben zu Utrecht, 24. September 1889

Johannes Heykamp.
Casparus Johannes Rinkel.
Cornelis Diependaal.
Joseph Hubert Reinkens.
Eduard Herzog.

7. Zweiter Internationaler Altkatholikenkongress in Luzern, 13.–15. September 1892

Quelle: Der zweite internationale Altkatholiken-Kongress in Luzern, 13. bis 15. September 1892. Stenographischer Bericht. Offizielle Ausgabe, Luzern (Buchdruckerei J. Burkhardt) 1892[791]

Der Kongreß hat nicht das Recht und die Aufgabe, dogmatische Fragen zu entscheiden und sich in die besonderen Verhältnisse der einzelnen Kirchen einzumischen. Als dem Zweck des Kongresses angemessen erscheinen dagegen folgende grundsätzliche Erklärungen, die den Standpunkt der altkatholischen Kirche bezeichnen und zugleich geeignet sind, eine Übereinstimmung mit anderen Kirchen zu fördern und gegenüber dem einheitlichen Vorgehen der römischen Kirche ein geschlossenes Zusammenstehen der romfreien kirchlichen Gemeinschaften zu ermöglichen.

---

791 Die Anträge sind zu finden im Kongressband auf S. 4–7 (deutsch) und 7–10 (französisch). Im Folgenden sind die (zum Teil aufgrund der Diskussion veränderten und) vom Kongress angenommenen Thesen abgedruckt. Am Ende jeder These ist die Seitenzahl angegeben, wo sich die angenommene These im Kongressbericht findet. Die ursprüngliche Rechtschreibung wurde beibehalten.

1. Der Altkatholizismus (die katholische Reformbewegung) ist kein bloßer Protest gegen die neuen Dogmen des Vatikan und speziell gegen die päpstliche Unfehlbarkeit, sondern er ist die Rückkehr zu dem wahren Katholizismus der alten, einen und ungetheilten Kirche, hinweg über die Verderbnisse des papistisch-jesuitischen Kirchentums, und ein Mahnruf an alle christlichen Gemeinschaften zur Einigung auf altchristlichem Grunde. (5) Die Delegiertenversammlung stellt an die hochwürdigen Bischöfe Deutschlands, der Schweiz und Hollands das Ersuchen in ihrer amtlichen Eigenschaft mit den kirchlichen Autoritäten der übrigen uns befreundeten Kirchen in eine Verhandlung über Wiedervereinigung einzutreten. (43)

2. Verbindlich für den Christen ist die Lehre Christi, nicht theologische oder sogenannte fromme Meinungen. Als Lehre Christi aber, also als christliches Dogma, nehmen wir an, was als solches durch die allgemeine, beständige und einstimmige Überlieferung der christlichen Einzelkirchen anerkannt worden ist, in Uebereinstimmung mit dem Schreiben der altkatholischen Bischöfe von Holland, Deutschland und der Schweiz, datiert Utrecht, den 24. September 1889. (129)

3. Gestützt auf die alte Praxis der christlichen Nationalkirchen, welche bei vollkommener Anerkennung der allgemeinen Ordnungen der Gesammtkirche ihre Selbstbestimmung und ihre Besonderheiten wahrten, gemäß ihren eigentümlichen Bildungsverhältnissen, Bedürfnissen und Traditionen, gibt der Kongress dem Grundsatz Ausdruck: Es ist ein unveräusserliches Recht der christlichen Einzelkirchen des Orients wie des Okzidents, ungehemmt durch fremden Einfluss über das religiöse Denken und Leben zu walten und in ihren Einrichtungen der nationalen Sitte, Bildung und Tradition Rechnung zu tragen (5 und 129)

4. Angesichts der Thatsache, dass der Ultramontanismus, dank der vorsichtigen Politik Leo's XIII., unausgesetzt seine Thätigkeit steigert und fortfährt, die Menschheit zu berücken hier als religiöses System durch die Vorspiegelung, dass rechte christliche Frömmigkeit nur bei ihm gedeihe, dort als politisches System durch falsche Anpreisung seiner volksfreundlichen Tendenzen und durch Diskreditirung aller selbstständigen, weltlichen Gewalten, richtet der Kongress an die Mitglieder aller christlichen Kirchen die dringende Einladung, den Ultramontanismus in beiden Beziehungen zu entlarven: als pseudochristliches religiöses System und als bildungs-, volks- und staatsfeindliches politisches System. Mögen sie alle unter Hintansetzung ihrer untergeordneten Differenzen zur Vertheidigung sich einigen gegen diese disciplinirte und gewaltige Macht, welche jetzt insbesondere die sozialen Fragen zu ihrem Vortheil ausbeutet, nicht um eine einzige derselben zu lösen, sondern um die Arbeiterwelt sich unterthan zu machen, wie sie sich ehedem der Fürsten und Vornehmen bemächtigte. (6 und 159f.)

5. Indem wir anerkennen, dass es in der römischen Kirche auch heute noch der Gesinnung nach eine grosse Zahl von gläubigen Katholiken gibt, erklären wir jedoch, dass dem im vatikanischen Concil zum offiziellen Dogma erhobenen und jetzt geltenden ultramontanen System das altkirchliche Ehrenprädikat «katholisch» nicht zukommt, welches den Bekennern des allgemeinen christlichen Glaubens der alten ungetheilten Kirche gebührt.

III. Texte der Internationalen Bischofskonferenz und von Organen der Utrechter Union

An die Protestanten aller Denominationen ergeht daher die Einladung, nicht dem offiziellen System der römischen Kirche den Namen der katholischen Kirche zu geben und am allerwenigsten darin allein die katholische Kirche zu sehen, während es weder die allgemeine Lehre der alten Kirche repräsentiert, noch deren allgemeine christliche Sitte und Zucht. (249 f.)

6. Wünschenswert ist die Gründung einer internationalen theologischen Fakultät sowie einer internationalen theologischen Zeitschrift.
Es wird eine Kommission gewählt, welche die Ausführung der These VI in die Hand nimmt. (6, 138 und 250)

7. Da der Indifferentismus die grössten Dinge verdirbt und die besten Bestrebungen schädigt, so mahnt der Kongress zur Förderung der katholischen Reform durch die That; durch fliessige Theilnahme an den Versammlungen, durch Entfaltung einer regen Propaganda in Wort und Schrift, durch finanzielle Unterstützung entsprechender Unternehmungen u. s. w. (6 f. und 179)

8. Ganz besonders fordert der Kongress auf zur regelmässigen Theilnahme am sonn- und festtäglichen Gottesdienst und am Gemeindegesang beim Gottesdienst. Er drückt den Wunsch aus, dass die altkatholischen Kirchen danach trachten möchten, ihre offiziellen Gebetbücher möglichst einheitlich zu gestalten. Er würde es auch mit grosser Freude begrüssen, wenn Angehörige verschiedener christlicher Gemeinschaften sich brüderlich vereinigten zu Zwecken der Erbauung, der Wohlthätigkeit, der gegenseitigen Unterstützung und Förderung guter Werke ohne konfessionellen Charakter. (7 und 189)

9. Der Kongress ruft in Erinnerung, daß die Altkatholiken ihrerseits es niemals an Duldsamkeit und brüderlichem Entgegenkommen fehlen lassen wollen, und daß sie daher von Anfang an den Simultangebrauch ihrer Kirchen und Kapellen angeboten haben und in aller Aufrichtigkeit heute noch anbieten – unter der einzigen Bedingung einer ebenso aufrichtigen Gegenseitigkeit. Er legt auf diesen Punkt um so grösseres Gewicht, je mehr er davon überzeugt ist, daß die Benutzung der gleichen Kirchen durch Angehörige verschiedener Gemeinschaften ein Zeichen gegenseitiger Achtung und Liebe wäre und sehr viel dazu beitragen würde, den religiösen Frieden zu befestigen und die Glaubens- und Gewissensfreiheit zu schützen. (139 und 147).

8. **Erklärung der Internationalen Altkatholischen Bischofskonferenz zur Filioque-Frage (1970)**

Quelle: Urs Küry, Die altkatholische Kirche. Ihre Geschichte, ihre Lehre, ihr Anliegen (KW 3), Frankfurt a. M. (Evangelisches Verlagswerk) ³1982, hg. von Christian Oyen, 487 f.

Die Erklärung wurde im Juni 1970 durch eine altkatholische Delegation dem Patriarchen von Konstantinopel, Athenagoras, persönlich überreicht. Siehe auch den begleitenden «Glaubensbrief» an den Patriarchen. IKZ 61 (1971), 65.

Der im Geist der gegenseitigen Liebe und Achtung eingeleitete Dialog mit der ehrwürdigen Orthodoxen Kirche des Ostens gibt der Internationalen Altkatholischen Bischofskonferenz Anlaß, die kanonische und dogmatische Stellung der von ihr vertretenen Kirchen in der Frage des Ausganges des Heiligen Geistes in verbindlicher Weise darzulegen.

Dies erscheint um so notwendiger, als die Änderung des ursprünglichen Textes des Glaubenssymbols durch den Zusatz «filioque» im Westen in einer Zeit der gegenseitigen Entfremdung zwischen der morgenländischen und der abendländischen Kirche erfolgt ist und zu vielfältigen, noch immer nicht völlig überwundenen Streitfragen Anlaß gegeben hat.

I. Die Hinzufügung zum alten Symbol

In Übereinstimmung mit der auf der I. Bonner Unionskonferenz von 1874 angenommenen These, erklären wir erneut: die Art und Weise, in welcher das Filioque in das Nizäisch-Konstantinopolitanische Glaubensbekenntnis eingeschoben wurde, war unkanonisch. Dieser Überzeugung gemäß haben alle Kirchen der Utrechter Union (die Kirchen in Holland, Deutschland, der Schweiz, Österreich, Jugoslawien, Polen, der CSSR und in Amerika) durch offizielle Entscheidungen ihres Lehramtes im Laufe der Zeit das Filioque aus dem offiziellen und einzig zugelassenen Glaubensbekenntnis entfernt.

II. Das kirchliche Dogma

Über die Frage des ewigen Ausganges des Heiligen Geistes lehrt uns die Hl. Schrift, daß der Geist der Wahrheit vom Vater ausgeht (Joh 15,26). Das Konzil von Konstantinopel vom Jahre 381 hat diese Lehre des göttlichen Wortes in das Glaubensbekenntnis aufgenommen und ausgesprochen, daß der Heilige Geist aus dem Vater ausgeht. Die altkatholische Kirche hat diese Lehre des ökumenischen Konzils stets als ihre eigene angenommen und billigt ihr den höchsten Grad automatischer Autorität zu.

Ferner halten wir daran fest, daß es in der allerheiligsten Dreifaltigkeit nur ein Prinzip und eine Quelle gibt, nämlich den Vater. Wir bejahen die ostkirchliche Formulierung, daß der Heilige Geist «aus dem Vater allein» ausgeht, wenn hinzugefügt wird, sofern der Vater Grund und Quelle der Gottheit ist. Weitere Gedanken über das Verhältnis des Sohnes als der zweiten Person der Heiligen Dreifaltigkeit zum ewigen Ausgang des Heiligen Geistes müssen sich in den Grenzen halten, die durch das trinitarische Dogma der alten Kirche gezogen sind.

Indem wir der Überzeugung Ausdruck gebben, daß in der Glaubensfrage der Hl. Trinität zwischen der Orthodoxen und der Altkatholischen Kirche in den dogmatisch wesentlichen Punkten volle Übereinstimmung besteht, bitten wir Gott unseren Herrn, daß er uns durch seinen Heiligen Geist erleuchte und in der Wahrheit einige, damit wir gemeinsam in demselben Geist Gott den Vater durch seinen Sohn Jesus Christus anzubeten vermögen.

III. Texte der Internationalen Bischofskonferenz und von Organen der Utrechter Union

9. Präambel [zum Statut der IBK von 2000]: Die ekklesiologischen Grundlagen der Utrechter Union

Quelle: v. Arx/Weyermann, Statut, 12–15. Französisch: ebd., 60–63. Englisch: ebd., 28–31.

Online: www.utrechter-union.org

1
Die Utrechter Union ist eine Gemeinschaft von Kirchen und der sie leitenden Bischöfe, die entschlossen sind, den Glauben, den Kultus und die wesentliche Struktur der ungeteilten Kirche des ersten Jahrtausends zu bewahren und weiterzutragen. Am 24. September 1889 wurde dieser Entschluss von in Utrecht versammelten Bischöfen in drei Texten dokumentiert, die zusammen die «Utrechter Konvention» bilden: «Erklärung», «Vereinbarung» und «Reglement». In ihrer Vereinigung zu einer Bischofskonferenz, der später weitere Bischöfe beitraten, kam zudem die volle kirchliche Gemeinschaft der von ihnen repräsentierten Kirchen zum Ausdruck.

2
In der für altkatholische Lehre grundlegenden «Utrechter Erklärung» bekennt sich die im Umfeld des Ersten Vatikanischen Konzils gebildete Gemeinschaft der Utrechter Union zum katholischen Glauben, wie er in der Kirche in Ost und West von den sieben Ökumenischen Synoden ausgesprochen wurde. Sie bejaht den historischen Vorrang des Bischofs von Rom als *primus inter pares*, lehnt aber die Papstdogmen des genannten Konzils und eine Anzahl anderer päpstlicher Verlautbarungen, sofern sie mit der Lehre der Alten Kirche im Widerspruch stehen, ab. Sie bekräftigt ihren Glauben an Wesen und Geheimnis der Eucharistie. Im weiteren weiss sich die Utrechter Union auf die Aufgabe verpflichtet, alles zu tun, was die Spaltungen der Kirche überwinden hilft, und auf der Grundlage des Glaubens der ungeteilten Kirche Einheit und Gemeinschaft mit anderen Kirchen zu suchen und festzustellen.

3
Wie in der Folge immer deutlicher erkannt und ausgesprochen wurde, implizieren die bestehende Utrechter Union und die Utrechter Konvention (deren Teile «Vereinbarung» und «Reglement» 1952 und 1974 schon zweimal revidiert wurden) eine bestimmte Sicht der Kirche.

3.1 Sie setzt voraus, dass jede Gemeinschaft von Menschen, die durch die Versöhnung in Jesus Christus, und durch die Sendung und das andauernde Werk des Heiligen Geistes in einem Ortskreis um einen Bischof zur Einheit konstituiert ist und in der Eucharistie ihre Mitte hat, eine vollständige und ihre Aufgaben vor Ort eigenständig erfüllende Kirche ist. Jede im gemeinsamen Glauben lebende Ortskirche mit ihren unabdingbaren synodalen, Amt und Laienschaft miteinander verbindenden Strukturen, die Gemeinschaft und Einheit zur Geltung bringen, ist somit eine Vergegenwärtigung der «einen, heiligen, katholischen und apostolischen Kirche», von der das ökumenische Glaubenssymbol von Nizäa-Konstantinopel (381) spricht.

3.2 Jede Ortskirche ist «katholisch», weil sie einerseits an der ganzen, Gott und Mensch, Himmel und Erde umfassenden Wirklichkeit des Heils und der Wahrheit teilhat und darin ihre Einheit findet und weil sie andererseits mit anderen Ortskirchen, in denen sie ihr eigenes Wesen erkennt und anerkennt, in Einheit und Gemeinschaft verbunden ist. So erweist sich die Katholizität einer jeden Ortskirche in ihrer Einheit und Gemeinschaft mit anderen Ortskirchen, deren im Heilswirken des dreieinen Gottes gründende Identität im Glauben erkannt wird. Auch die Einheit und Gemeinschaft von Ortskirchen in ihrer bistumsübergreifenden Verbindung – also üblicherweise in Zusammenschlüssen wie Nationalkirchen, Kirchenprovinzen, Patriarchaten – ist eine Vergegenwärtigung der «einen, heiligen, katholischen und apostolischen Kirche»; sie ist es aber nicht in der Gestalt einer Art von Super-Bistum mit überregionaler oder gar universaler Ausdehnung, sondern als Gemeinschaft von bischöflich-synodalen Ortskirchen. In dieser Perspektive ist das Verhältnis von Eigenständigkeit der Ortskirche (in Bezug auf die Selbstverwaltung im weitesten Sinn) und überortskirchlicher Verpflichtung jeder Ortskirche (in Bezug auf die Gemeinschaft von Ortskirchen) zu sehen.

Dass diese Einheit und Gemeinschaft seit langem nicht universal unter allen Kirchen gegeben ist, ist Folge menschlicher Beschränktheit und Sünde, und dadurch wird verdunkelt, dass Gott in Jesus Christus die Menschen, die sich seinem Ruf öffnen, mit sich versöhnt und zur Partnerschaft berufen hat. Daraus erwächst für jede Kirche die Verpflichtung, in Gehorsam gegenüber dem Willen Gottes und in Treue zur gemeinsamen Tradition zu klären, ob bestehende Trennungen weiterhin als unumgänglich zu verantworten sind bzw. ob nicht vielmehr die eigene Katholizität in der getrennten Kirche zu erkennen ist.

3.3 Jede Ortskirche ist Leib Christi, in dem die im Namen des dreieinigen Gottes Getauften und Gefirmten und in der Eucharistie immer wieder Geeinten durch die verschiedenen Gaben des Heiligen Geistes zu einem vielfältigen, gemeinschaftlichen Lebensvollzug in *martyria, leitourgia* und *diakonia* berufen, ermächtigt und geheiligt werden. Sie ist in Gemeinschaft mit den anderen Ortskirchen das Volk desjenigen Gottes, der Israel als ein Zeichen des Heils erwählt und den Abraham verheissenen Segen in der Kraft des Evangeliums allen Völkern erschlossen hat. Sie ist als Zeichen der in Jesus Christus anbrechenden Erneuerung der Schöpfung auf einem Weg zur Vollendung, den all ihre Glieder in Umkehr und Hoffnung zu gehen haben.

3.4 Die Katholizität der Kirche wird in der Kontinuität mit ihrem soteriologisch-trinitarischen Ursprung durch diejenigen Elemente und Vorgänge wahrgenommen, die mit dem umfassenden Ausdruck «apostolische Sukzession» bezeichnet werden. Damit ist gemeint, dass das gesamte kirchliche Handeln in Wort und Sakrament, Lehre und Amt sich in Raum und Zeit von der vom Geist geleiteten Sendung Jesu Christi und der Apostel herleitet und herleiten muss. Dazu gehört vorrangig die Weitergabe des geistlichen Amtes durch Gebet und Handauflegung. Die apostolische Sukzession der Kirche verlangt die volle kirchliche Gemeinschaft der von den Bischöfen zusammen mit dem Presbyterkollegium geleiteten, synodal verfassten katholischen Kirchen. Sie kommt besonders deutlich in der Weihe eines ortskirchlich gewählten Bischofs durch die anderen Bischöfe zur Geltung.

4

4.1 Das alles bedeutet im Blick auf die Utrechter Union, dass in erster Linie den Bischöfen die Aufgabe übertragen ist, der Bewahrung der Katholizität der Kirche in der Einheit der Glaubensüberlieferung zu dienen, bei sich aufdrängenden neuen Fragen Stellung zu nehmen und im Hinblick auf die Beziehungen mit anderen Kirchen Beschlüsse zu fassen. Denn sie stehen im Schnittpunkt der primären Zuordnung zu ihrer Orts- oder Nationalkirche als Einzelne einerseits und der Erstverantwortung für die Gemeinschaft der Orts- und Nationalkirchen als Kollegium andererseits. In ihren synodalen Versammlungen, d. h. den IBK-Sitzungen, kommt die konziliar strukturierte Einheit und verbindliche Gemeinschaft eigenständiger katholischer Kirchen – seien diese Einzelbistümer oder nationale Zusammenschlüsse von Bistümern – zum Ausdruck.

4.2 In der Rezeption durch die Kirche erweist sich, dass die in einem umfassenden konziliaren Prozess vorbereiteten und getroffenen Entscheidungen der Bischöfe vom Geist Gottes angestossen sind und dem Willen Gottes für die Sendung seiner Kirche entsprechen. Das Geschehen der Rezeption schliesst mithin die Partizipation und Mitverantwortung der Getauften (Geistliche und Laien) am genannten Prozess sowohl innerhalb einer jeden Orts- oder Nationalkirche (Synoden oder andere verantwortliche Organe) als auch innerhalb der Utrechter Union als ganzer ein. Es ist aber als ein vom Geist Gottes geleitetes Geschehen rechtlich nicht umfassend und schon gar nicht abschliessend zu regeln.

5

Wo in Entsprechung zur ökumenischen Selbstverpflichtung der Utrechter Union mit Kirchen ausserhalb der Union kirchliche Gemeinschaft besteht oder auf Grund theologischer Klärungen eine solche als verantwortbar und gefordert erscheint, haben in Konsequenz der obigen Ausführungen die Bischöfe der Union dafür Sorge zu tragen, dass mit diesen Kirchen gegenseitige Konsultationen gepflegt werden.

6

Zur Aufrechterhaltung ihrer Gemeinschaft und zur Erfüllung gemeinsamer Aufgaben geben sich die Bischöfe der Utrechter Union in Entsprechung zu den oben aufgeführten Grundlagen die folgende «Innere Ordnung» und anschliessend die erforderliche «Geschäftsordnung». Dabei setzen sie voraus, dass sowohl sie als auch alle Gläubigen sich von der Gesinnung leiten lassen, wie sie in den Worten der hl. Bischöfe Cyprian von Karthago und Ignatius von Antiochien zum Ausdruck kommen: Nichts ohne den Rat des Presbyteriums und ohne die Zustimmung des Volkes entscheiden (Ep. 14,4); nichts ohne den Bischof tun (Phld. 7,2).

10. Gemeinsames Eucharistiegebet der Kirchen der Utrechter Union (1982)

Quelle: Gebet- und Gesangbuch der Christkatholischen Kirche der Schweiz, hg. von Bischof und Synodalrat der Christkatholischen Kirche der Schweiz, Bd. 1, Basel (Christkatholischer Schriftenverlag) [2004], 143–145, Nr. 112

Eucharistiegebet – Lobpreis und Dank – 2. Teil • Postsanctus

P: Gepriesen bist du, Gott und Vater unseres Herrn Jesus Christus, Vater des Erbarmens und Gott allen Trostes. Du hast die Welt so sehr geliebt, dass du deinen einzigen Sohn dahingabst, damit alle, die an ihn glauben, nicht verloren gehen, sondern das ewige Leben haben.

Er hat ein bleibendes Gedächtnis deiner Heilstaten gestiftet: In der Nacht, in der er ausgeliefert wurde, nahm er Brot, sprach das Dankgebet, brach das Brot und sagte: «Nehmt und esst: Das ist mein Leib, der für euch hingegeben wird.»

Ebenso nahm er nach dem Mahl den Kelch, dankte wiederum und sprach: «Nehmt und trinkt alle daraus: Das ist der Kelch des neuen und ewigen Bundes, mein Blut, das für euch und für alle vergossen wird zur Vergebung der Sünden. Tut dies zu meinem Gedächtnis, bis ich das Mahl neu mit euch feiern werde im Reiche Gottes.»

So gedenken wir vor dir, Vater, der Menschwerdung deines Sohnes, seiner Worte und Zeichen, seiner Erniedrigung, seines Gehorsams bis zum Tod am Kreuz und seiner Auferstehung in Herrlichkeit. Du hast ihn über alles erhöht und ihm den Namen verliehen, der grösser ist als alle Namen, damit alle im Himmel, auf der Erde und unter der Erde ihre Knie beugen vor dem Namen Jesu und jeder Mund bekennt:

G: Jesus Christus ist der Herr, zur Ehre Gottes des Vaters!

Darbringung und Bitte mit Epiklese

Die Gemeinde bleibt stehen oder kniet nieder.

P: Wir bringen mit Lobpreis und Dank diese Zeichen seines Opfers vor dein Angesicht und bitten dich: Sende deinen Heiligen Geist und erfülle diese Gaben mit seiner lebensspendenden Kraft, dass sie uns werden zum Leib und zum Blut deines geliebten Sohnes. So sei das Brot, das wir brechen, die Teilhabe am Leib des Herrn, und der Kelch, über dem wir Dank sagen, die Gemeinschaft mit dem Blut unseres Herrn Jesus Christus.

A: Mache uns alle zu einem Leib da wir teilhaben an dem einen Brot.

Abschliessender Lobpreis (Doxologie)

Der folgende Abschnitt entfällt, wenn die Gedächtnisse bereits im Offertorium gehalten wurden:

P: In Gemeinschaft mit der Gottesmutter Maria, mit den Aposteln und Märtyrern, mit dem heiligen Wilibrord und mit allen deinen Heiligen, vereint mit unserem Bischof *N,* (dem Erzbischof *N,*) mit unseren Brüdern und Schwestern im priesterlichen und diakonalen Dienst und …

Bei + bezeichnen sich alle mit dem Zeichen des Kreuzes.

P: Mit deiner ganzen Kirche preisen wir dich und erwarten voll Freude die Wiederkunft deines Sohnes, unseres Herrn Jesus Christus. Durch ihn und mit ihm und in ihm ist dir,

Gott, allmächtiger Vater, in der Einheit mit dem Heiligen Geiste alle Ehre + und Herrlichkeit von Ewigkeit zu Ewigkeit.

G: Amen.

11. Thesen der 24. Internationalen Altkatholischen Theologenkonferenz (1984)

Quelle: Angenommene Thesen der 24. Internationalen Altkatholischen Theologenkonferenz in Schöntal. Diskutiert im Plenum am 1. September 1984, in: IKZ 75 (1985), 70.

1. Die auf überholten nichttheologischen Voraussetzungen beruhende Argumentation der altkirchlichen Tradition gibt uns heute auf, die Frage der Ordination von Frauen zum Presbyterat neu zu bedenken.
2. Der ordinierte Amtsträger repräsentiert sowohl Christus, den Sohn Gottes, als auch die Gemeinde, den Tempel des Heiligen Geistes. Die Beschränkung dieser Repräsentation auf Männer allein wird als Mangel empfunden. Wir suchen nach einem Weg, diesen Mangel zu beheben.
3. Wir empfehlen eine reichere Entfaltung des Amtes im Sinn der Polarität von Mann und Frau. Mann und Frau ergänzen sich gegenseitig und sind aufeinander angewiesen, so dass sich in einem so erweiterten Amt die Fülle der Menschheit zeigt. Eine Konferenzminderheit legt Wert auf folgenden Zusatz: «Dabei ist auch die Bedeutung des bereits angenommenen ständigen Diakonats von Männern und Frauen zu bedenken.»
4. Der notwendige Bewusstseinswandel in der Einstellung zum Amt wird nicht allein durch die Zulassung von Frauen herbeigeführt. Der Abbau des Ein-Mann-Betriebs müsste damit verbunden sein: Die Gemeinde ist eine Angelegenheit aller.
5. Das Gespräch mit den anderen katholischen Kirchen soll gesucht werden im Hinblick auf einen möglichen Konsens. Wird dieser nicht erreicht, müssten wir uns fragen, ob wir eigenständig nach unserer Überzeugung zu handeln hätten. Eine solche Entscheidung wäre auch als Dienst an den anderen katholischen Kirchen zu verstehen.

12. Resolution des 25. Internationalen Altkatholiken-Kongresses (1990)

Der Kongress fand vom 27. bis zum 31. August 1990 in Genf statt.

Quelle: IKZ 80 (1990), 258

Wir gehen davon aus, dass die gesellschaftliche, kulturelle und kirchliche Situation in den einzelnen Mitgliedskirchen der Utrechter Union unterschiedlich ist.
Es gibt altkatholische Synoden, die beschlossen oder deutlich zu erkennen gegeben haben, dass die Zulassung von Frauen zum dreifachen apostolischen Amt möglich und gerecht ist. Um unnötige Spannungen zwischen den Schwesterkirchen zu vermeiden, erinnern wir an den Beschluss der Internationalen Bischofskonferenz: Jede Kirche der Utrechter Union kann nach eigenem Ermessen Frauen zum Diakonat zulassen.
Wir halten es für dringend notwendig, die gleiche Regelung auch für die Zulassung von Frauen zum apostolischen Amt ohne Einschränkung durchzuführen.

IV. Für die Christkatholische Kirche der Schweiz relevante Rechtstexte und Stellungnahmen

13. Verfassung der Christkatholischen Kirche der Schweiz [1989], Stand 2019

Quelle: https://christkatholisch.ch/post/bibliothek/reglemente-richtlinien/

In necessariis unitas	Im Notwendigen Einheit
In dubiis libertas	in Zweifelsfällen Freiheit
In omnibus caritas	in allem die Liebe

Präambel

1. Als Kirche Jesu Christi hat die Christkatholische Kirche der Schweiz ihren Grund in Jesus Christus. Gott der Vater, der Ursprung aller Dinge, hat in unsere von ihm abgefallene Welt seinen ewigen Sohn gesandt, ihn in Jesus von Nazareth Mensch werden lassen und ihn so mit uns in eins verbunden. Er liess ihn für uns sterben, weckte ihn auf von den Toten und erhöhte ihn zu seiner Rechten. So hat uns Gott in Jesus Christus mit sich selber und untereinander versöhnt und vereint. Durch seinen Heiligen Geist erleuchtet er Menschen, so dass sie die in Christus geschehene Versöhnung erkennen, im Glauben ergreifen und so an den einzelnen Orten zu Gemeinschaften vereinigt werden. Jede solche Gemeinschaft zeichnet sich dadurch aus, dass sowohl ihre Glieder untereinander wie auch sie als ganze mit den vom Heiligen Geist an andern Orten auferbauten Gemeinschaften in gegenseitiger Liebe verbunden sind, und das ist die Kirche Jesu Christi. Darum weiss sich die Christkatholische Kirche beauftragt zur Verkündigung des Evangeliums und demgemäss zum Dienst an den Mitmenschen und zur Bewahrung der Schöpfung. Im Gehorsam gegenüber dieser Sendung zu diakonalem und missionarischem Handeln stellt sie sich auf die Seite der Benachteiligten und tritt hier und überall auf der Welt ein für Versöhnung, Gerechtigkeit und Frieden. So ist in ihr lebendig gegenwärtig, was die Gnade Gottes in Christus erfüllt hat und durch seinen Heiligen Geist zu Inhalt und Verheissung unseres Lebens macht. Darum verehren wir Gott den Dreieinen und bekennen ihn mit den Worten des nizänischen ökumenischen Glaubensbekenntnisses.

2. Es ist somit jede an einem «Ort» von Gott in Christus und durch den Geist vereinigte und geordnete Gemeinschaft eine vollständige, ganze und selbstverantwortliche Kirche. Sie heisst «katholisch», weil in ihr einerseits Gott und Mensch, Himmel und Erde, Gegenwart und Verheissung und somit alles Heil und alle Wahrheit umfasst ist, und weil sie andererseits auch mit allen Kirchen in der Welt in Einheit verbunden ist. Diese Katholizität wollen wir festhalten.

3. Die Katholizität der Kirche aufrecht zu erhalten, ist Inhalt und Ziel der apostolischen Sukzession. Sie wird dadurch vollzogen, dass der Bischof mit den Priestern und Diakonen einerseits und die Laienschaft andererseits sich gegenseitig verpflichten, den Glauben der Apostel sowie die Liturgie und die Struktur der Alten Kirche zu bewahren, in der Gegenwart zu entfalten und in die Zukunft hinein und in alle Welt hinaus weiterzupflanzen. Das zeigt

sich betont in der Ordination; darum erfolgen Weihen zu apostolischen Ämtern nur im ausdrücklichen Zusammenhang der apostolischen Sukzession, in der die ganze Kirche steht.

4. Durch die aus apostolischer Sukzession gestaltete Struktur der Kirche ordnet der Heilige Geist die Träger des apostolischen Amtes und die Laienschaft einander in der Weise zu, dass sie in der Lage sind, in gegenseitiger Verantwortung und in synodalem Umgang einander bei der Erfüllung ihrer Aufgaben wie auch bei der Entdeckung und Entfaltung ihrer Gaben zu unterstützen und so eine Gemeinschaft zu sein, in der sich alle daran beteiligen, die Wahrheit des Evangeliums immer neu zu erkennen, zu bekennen und die nötigen Entscheidungen zu finden. Seinen besondern Ausdruck findet dieser synodale Prozess in der Nationalsynode. Die Zuordnung von apostolischem Amt und Laienschaft und ihre Einheit zeigt sich dabei vor allem im gemeinsam gefeierten eucharistischen Synodegottesdienst. Er wird grundsätzlich vom Bischof als Hüter und Symbol der Einheit geleitet. In dieser Feier wirken die Laien zusammen mit den Geistlichen aktiv mit und üben auch bestimmte liturgische Dienste aus.

5. Der Bischof der Christkatholischen Kirche der Schweiz ist Mitglied der Utrechter Union der altkatholischen Bischöfe, die der Bewahrung der Kirche in der Einheit der Glaubensüberlieferung dient, angesichts sich aufdrängender neuer Fragen Stellung bezieht und dabei Einheit und Gemeinschaft selbständiger katholischer Kirchen darstellt. Durch ihren Bischof ist auch die Christkatholische Kirche in der Utrechter Union in gleicher Weise verbindlich vertreten, wie jede Kirche durch ihren Bischof an einem Konzil vertreten ist.

6. Da Jesus Christus der Grund jeder Kirche und der Einheit aller Kirchen ist, weiss sich auch die Christkatholische Kirche von Anfang an verpflichtet, dafür zu beten und zu arbeiten, dass die Einheit der Kirchen wiederum der Katholizität entsprechend sichtbare Gestalt gewinnt. Soweit ihre Kräfte es ihr gestatten, beteiligt sie sich an jeder Bemühung, die für die Erlangung dieses Zieles als geeignet erscheint.

Auf Grund dieses Selbstverständnisses gibt sich die Christkatholische Kirche der Schweiz unter dem Vorbehalt der staatlichen Gesetzgebung folgende

Verfassung

A. Das Bistum

Art. 1 Die Christkatholische Kirche der Schweiz ist die Gemeinschaft der Personen, die in ihr getauft oder als bereits Getaufte in sie eingetreten sind und in der Schweiz ihren Wohnsitz haben.

Art. 2 Die Christkatholische Kirche der Schweiz bildet ein Bistum, welches das Gebiet der Eidgenossenschaft umfasst.

Art. 3 Die Leitung der Kirche obliegt der Nationalsynode, dem Bischof und dem Synodalrat gemeinsam. Der Synodalrat ist zugleich ausführendes Organ der Nationalsynode.

Art. 4 [1] Laien und Geistliche sind gleichermassen verantwortlich für das kirchliche Leben.
[2] Sie sind entweder in Gemeinden organisiert oder gehören zur Diaspora.

B. Die Kirchenleitung

I. Der Bischof

Art. 5 Dem Bischof obliegt die Sorge für das Bleiben der Kirche in der Überlieferung des Glaubens und für die Einheit des Bistums in Verkündigung, Liturgie und Sakramentenspendung.

Art. 6 Er ist verantwortlich für die Wahrung der kirchlichen Gemeinschaft mit den übrigen Bischöfen der Utrechter Union.

Art. 7 [1] Er hat die Aufsicht über die Ausbildung sowie die Amts- und Lebensführung der Geistlichen und plant deren Einsatz im Bistum.
[2] Er bespricht sich regelmässig mit den Gemeinden und ihren Behörden und fördert die regionale Zusammenarbeit.

Art. 8 Er entscheidet gemeinsam mit dem Synodalrat über Erteilung von Diakonats- und Priesterweihen, Zugehörigkeit zur Geistlichkeit, Beauftragung mit einem andern gesamtkirchlichen Amt, kirchliche Disziplin, öffentliche Erklärungen, Beziehungen zu andern Kirchen und zum Staat sowie Vertretung und Wahrung der Rechte der Kirche nach aussen.

Art. 9 Stellvertreter des Bischofs ist der bischöfliche Vikar. Er wird nach Anhören des Synodalrates vom Bischof ernannt.

Art. 10 Bei einer Vakanz im bischöflichen Amt oder wenn der Bischof für längere Zeit an der Ausübung seiner Funktionen verhindert ist, ernennt der Synodalrat einen Priester zum Bistumsverweser.

Art. 11 [1] Wählbar zum Bischof ist jeder Priester, welcher der Geistlichkeit der Christkatholischen Kirche der Schweiz angehört und Schweizer Bürger ist.
[2] Zur Wahl erforderlich ist die Zweidrittelsmehrheit der Stimmenden.

Art. 12 Der zum Bischof Gewählte wird von einem amtierenden Bischof unter Mitwirkung von mindestens zwei weitern Bischöfen der Utrechter Union geweiht.

Art. 13 Der Bischof kann wegen Verletzung seiner Pflichten von der Nationalsynode zur Verantwortung gezogen und nach Anhören der Internationalen Bischofskonferenz mit Zweidrittelsmehrheit der Stimmenden in geheimer Abstimmung seines Amtes enthoben werden.

II. Die Nationalsynode

Art. 14 Die Nationalsynode berät und entscheidet zusammen mit dem Bischof.

Art. 15 Die Aufgaben der Nationalsynode sind namentlich:
a) die Wahl des Bischofs gemäss der Ordnung für die Bischofswahl;
b) die Wahl
– ihres Präsidenten, ihres Vizepräsidenten und zweier Stimmenzähler aus ihren Mitgliedern;
– des Synodalrates und dessen Präsidenten;
– der Rekurskommission und deren Präsidenten;
– der Rechnungsprüfungskommission;
c) der Erlass ihrer Geschäftsordnung;
d) die Stellungnahme in Glaubensfragen;
e) der Erlass allgemeiner Grundsätze für das kirchliche Leben, namentlich für Verkündigung, Liturgie, Seelsorge, Ausbildung der Geistlichen, Religionsunterricht, Jugendarbeit, Erwachsenenbildung und kirchliche Disziplin;

IV. Für die Christkatholische Kirche der Schweiz relevante Rechtstexte und Stellungnahmen   317

f) die Genehmigung der liturgischen Texte und der Lehrmittel für den Religionsunterricht;
g) die Schaffung von kirchlichen Ämtern und Institutionen sowie die Genehmigung der entsprechenden Reglemente und Statute;
h) die Entgegennahme des Berichtes des Bischofs über seine Amtsführung und seines Wortes zur Lage der Kirche;
i) die Genehmigung des Jahresberichtes des Synodalrates;
k) die Genehmigung der Jahresrechnungen des Bistums und der diözesanen Institutionen sowie des Voranschlages;
l) die Festsetzung der Ausgabenbefugnis des Synodalrates;
m) der Erlass von Empfehlungen an die Gemeinden und die einzelnen Kirchenglieder.

Art. 16 Mitglieder der Synode sind:
a) 70 Delegierte der Gemeinden;
b) Bischof, Priester und Diakone;
c) die christkatholischen Professoren der theologischen Fakultät;
d) die Mitglieder des Synodalrates.

Art. 17 ¹ An Wahlen und Abstimmungen nehmen teil:
a) die Delegierten der Gemeinden;
b) höchstens 50 Priester und Diakone, die nicht Mitglieder des Synodalrates sind.
² Bei der Bischofswahl werden die Stimmen aller Mitglieder der Nationalsynode gezählt.

Art. 18 ¹ Die Delegierten werden den Gemeinden im Verhältnis zu deren Grösse zugeteilt, wobei jede Gemeinde mindestens einen Vertreter entsendet.
² Die Zuteilung der Delegierten sowie das Stimmrecht der Priester und Diakone werden in der Geschäftsordnung geregelt.
³ Die Wahl der Delegierten und Ersatzdelegierten erfolgt in der Gemeindeversammlung oder an der Urne.

Art. 19 ¹ In jedem Jahr findet eine ordentliche Session der Nationalsynode statt.
² Ausserordentliche Sessionen finden statt
a) auf Grund des Beschlusses einer ordentlichen Session der Nationalsynode;
b) auf schriftliches Begehren von mindestens einem Viertel sämtlicher Mitglieder der Nationalsynode;
c) auf Begehren des Bischofs oder des Synodalrates.

Art. 20 ¹ Anträge an die Nationalsynode können von jedem ihrer Mitglieder sowie von den Gemeinden, den kantonalkirchlichen Organisationen und den durch besonderen Synodebeschluss festgestellten bistumsweiten Verbänden eingereicht werden.
² Ein Antrag auf Amtsenthebung des Bischofs kann vom Synodalrat oder mindestens einem Viertel sämtlicher Mitglieder der Nationalsynode gestellt werden.

Art. 21 Bei Wahlen gilt das absolute Mehr der Stimmenden. Bei Abstimmungen entscheidet das relative Mehr.

Art. 22 ¹ Für Stellungnahmen in Glaubensfragen, die unter Namensaufruf aller Mitglieder der Nationalsynode erfolgen, sind zwei Lesungen erforderlich. Dazwischen werden vom Synodalrat die Internationale Bischofskonferenz und allenfalls auch Theologen und Kirchenleitungen anderer Kirchen zur Stellungnahme eingeladen.

² Dieses Verfahren findet Anwendung,
a) wenn der Bischof der Nationalsynode eine Stellungnahme der Internationalen Bischofskonferenz zu einer Glaubensfrage vorlegt;
b) wenn Bischof oder Synodalrat auf Grund innerer oder äusserer Entwicklungen einen entsprechenden Antrag stellen;
c) wenn bei der Behandlung eines Geschäftes ein entsprechender Ordnungsantrag vom Bischof oder von einer in der Geschäftsordnung festzulegenden Mindestanzahl von Mitgliedern der Nationalsynode unterstützt wird.
³ Nach Abschluss dieses Prozesses beschliesst die Nationalsynode im ordentlichen Verfahren, was aus ihrer Glaubensaussage folgen soll.

III. Der Synodalrat

Art. 23 Die Aufgaben des Synodalrates sind namentlich:
a) der Erlass seiner Geschäftsordnung;
b) das Vorlegen des Jahresberichtes über seine Amtsführung;
c) die Unterbreitung der Jahresrechnungen des Bistums und der diözesanen Institutionen sowie des Voranschlages an die Nationalsynode;
d) die Genehmigung der Verfassungen der kantonalen Landeskirchen und der Ordnungen der Gemeinden;
e) die Förderung der regionalen Zusammenarbeit;
f) die Aufsicht über die gesamtkirchlichen Stiftungen;
g) die Verwaltung der gesamtkirchlichen Liegenschaften.

Art. 24 ¹ Der Synodalrat besteht aus zehn Mitgliedern:
a) dem Präsidenten, der Laie ist;
b) fünf weiteren Laien;
c) vier Priestern oder Diakonen.
² Der Bischof nimmt an den Sitzungen des Synodalrates teil.

Art. 25 Die Amtsdauer beträgt vier Jahre; die Wiederwahl ist zulässig.

C. Die geistlichen Ämter

I. Bischof, Priester und Diakone

Art. 26 Der Bischof erfüllt zusammen mit den Priestern und Diakonen die geistlichen Aufgaben im Bistum und berät sich mit ihnen in den Fragen der Kirchenleitung.

Art. 27 Bischof, Priester und Diakone üben ihr Amt so aus, dass die Laien ihre eigene Verantwortung wahrnehmen und selbst aktiv werden können.

Art. 27bis Mit dem apostolischen Amt von Bischof, Priester und Diakon werden durch die Kirche sowohl Männer als auch Frauen betraut.

Art. 28 Den Priestern obliegt die Verkündigung sowie die sakramentale und seelsorgerliche Betreuung der Kirchenglieder.

Art. 29 Die Diakone werden vom Bischof für die Verkündigung und für seelsorgerliche und soziale Aufgaben in den Gemeinden beauftragt.

Art. 30 ¹ Die Aufnahme in die Geistlichkeit sowie die Entlassung erfolgt durch eine von Bischof und Synodalrat gemeinsam unterzeichnete Erklärung.
² Bedingungen für die Aufnahme in die Geistlichkeit sind:
a) die Fähigkeit und die Bereitschaft, die Aufgaben zu erfüllen, die mit der Ordination übertragen werden;
b) Handlungsfähigkeit und unbescholtene Sitten;
c) die vom Bischof zu erteilende oder eine andere von der Christkatholischen Kirche der Schweiz als gültig anerkannte Diakonats- oder Priesterweihe.

Art. 31 ¹ Bedingung für die Wählbarkeit eines Priesters als Pfarrer ist ein Nachweis über theologische und praktische Ausbildung, der von einer dem Synodalrat anerkannten Prüfungsbehörde ausgestellt ist.
² Die Pfarrwahl wird nach der Gemeindeordnung durchgeführt. Die Einsetzung eines neu gewählten Pfarrers in das Amt erfolgt durch den Bischof oder durch einen von ihm bezeichneten Vertreter.

Art. 32 ¹ Die Wahl oder Anstellung eines Diakons durch eine Gemeinde setzt voraus, dass zwischen ihm und der Gemeinde die gegenseitigen Verpflichtungen im Einvernehmen mit dem Bischof festgelegt sind.
² Die Einsetzung in das Amt erfolgt durch den Bischof oder einen von ihm bezeichneten Vertreter.

II. Andere geistliche Ämter

Art. 33 Die Nationalsynode kann weitere Ämter schaffen, die Anteil haben an der Erfüllung der geistlichen Aufgaben.

Art. 34 Für diese Ämter erlässt die Nationalsynode die notwendigen Bestimmungen über die Ausbildung, die Beauftragung, die Wählbarkeit und die Amtseinsetzung.

D. Die Gemeinden, die Diaspora und die kirchlichen Vereinigungen

Art. 35 ¹ Die Gemeinde ist die Gemeinschaft aller Mitglieder der Christkatholischen Kirche der Schweiz, die innerhalb eines bestimmten Gebietes wohnen.
² Sie ist eine selbständige Körperschaft, die ihre Behörden und ihren Pfarrer selber wählt.

Art. 36 ¹ Die Gemeinde ist auf ihrem Gebiet verantwortlich für das kirchliche Leben und den Aufbau von Gemeinschaft sowie für die Wahrnehmung ihrer öffentlichen und sozialen Verpflichtungen.
² Sie sorgt insbesondere für Gottesdienst, Religionsunterricht und Seelsorge. Sie errichtet und unterhält die notwendigen Gebäulichkeiten.
³ Sie stärkt die Einheit im Bistum durch regelmässige Kontakte mit dem Bischof.

Art. 37 ¹ Die Gemeinde erlässt eine Gemeindeordnung, die dem Synodalrat zur Genehmigung vorzulegen ist.
² Kantonalkirchliche Regelungen bleiben vorbehalten.

Art. 38 Die Gemeinde erhebt die notwendigen Geldmittel von ihren Mitgliedern als Steuern oder in Form freiwilliger Beiträge.

Art. 39 Die Bildung neuer Gemeinden, der Zusammenschluss bestehender Gemeinden oder Änderungen der Grenzen zwischen Gemeinden unterliegen der Genehmigung durch den Synodalrat und den Bischof.

Art. 40 Jede Gemeinde legt dem Bischof und dem Synodalrat alljährlich einen Bericht vor.

Art. 41 [1] Teilgemeinden innerhalb des Gebietes einer grösseren Gemeinde werden von Bischof und Synodalrat als solche anerkannt, wenn dort regelmässig Gottesdienste stattfinden und eine eigene Organisation besteht.
[2] Sie sind in ihren Beziehungen zum Bischof und zur Nationalsynode den Gemeinden gleichgestellt.

Art. 42 Die Gemeinden können zur Beratung und Erledigung gemeinsamer Angelegenheiten kantonale Landeskirchen oder Gemeindeverbände bilden. Deren Verfassung oder Statut unterliegt der Genehmigung des Synodalrates.

Art. 43 Die Diaspora umfasst alle Gebiete, in denen keine Gemeinde besteht. Ihre geistliche Betreuung wird von Bischof und Synodalrat in Absprache mit den in Betracht kommenden Priestern und deren Gemeinden geregelt. Bei der Erfüllung dieser Aufgaben werden sie vom Diasporawerk unterstützt.

Art. 44 Den Mitgliedern der Kirche ist das Recht gewährleistet, zur Verwirklichung kirchlicher Aufgaben besondere Gruppen und Vereinigungen zu bilden.

Art. 45 Vereinigungen, die in Übereinstimmung mit den Grundsätzen der Kirche wirken, können vom Synodalrat als christkatholische Organisationen anerkannt werden.

Art. 46 Vereinigungen, die für ihre Arbeit eine gesamtkirchliche Geldsammlung benötigen, haben für einmalige Sammlungen die Zustimmung des Synodalrates, für wiederkehrende diejenige der Nationalsynode einzuholen. Im übrigen sind sie finanziell selbständig.

E. Rekurse

Art. 47 [1] Entscheide des Bischofs und des Synodalrates können von Betroffenen innert 30 Tagen seit ihrer Eröffnung angefochten werden, wenn durch sie die Verfassung oder persönliche Rechte verletzt oder wenn vom Ermessen pflichtwidriger Gebrauch gemacht wurde.
[2] Die Beurteilung erfolgt durch die Rekurskommission. Für das Verfahren gilt sinngemäss die einschlägige Gesetzgebung des Bundes.
[3] Gemeinden oder kantonale Landeskirchen beziehungsweise Kantonalkirchen können für die Beurteilung von Beschwerden gegen Verfügungen und Beschlüsse ihrer Behörden, die sich auf das Recht der Christkatholischen Kirche stützen, die Rekurskommission als Beschwerdeinstanz vorsehen, wenn und soweit das jeweilige kantonale Recht dies ermöglicht. Für das Verfahren vor der Rekurskommission gelten die Art. 47–49 dieser Verfassung.

Art. 48 [1] Ein Rekurs hat aufschiebende Wirkung, wenn der Präsident der Rekurskommission ihm diese nicht aberkennt.
[2] Bei einer Gutheissung des Rekurses wird der Entscheid aufgehoben oder zur Neubeurteilung an die Vorinstanz zurückgewiesen.

Art. 49 [1] Die Rekurskommission besteht aus drei Laien und zwei Geistlichen. Bischof und Mitglieder des Synodalrates können ihr nicht angehören.
[2] Ihre Amtsdauer beträgt vier Jahre; die Wiederwahl ist zulässig.

³ Die Rekurskommission kann bei Bedarf eine Gerichtsschreiberin oder einen Gerichtsschreiber ernennen.

F. Verfassungsrevision

Art. 50 Diese Verfassung kann durch die Nationalsynode abgeändert werden. Erforderlich ist, dass die Mehrheit der Stimmenden an zwei aufeinanderfolgenden Sessionen der Revision zustimmt.

> Die obige «Verfassung der Christkatholischen Kirche der Schweiz» wurde von der 117. Session der Nationalsynode der Christkatholischen Kirche der Schweiz am 10. Juni 1989 in Trimbach beschlossen und in Kraft gesetzt (vgl. 117/1989/S. 80–115). Art. 15 Bst. b und 49 Abs. 2 verändert an der 125./126. Session der Nationalsynode (vgl. 125/1995/S. 148–149 und 126/1996/S. 60). Art. 27bis eingefügt an der 129./130. Session der Nationalsynode (vgl. 129/1998/S. 25–29 und 130/1999/S. 19). Art. 20 verändert an der 130./ 131. Session der Nationalsynode (vgl. 130/1999/S. 63 und 131/2000/S. 77). Art. 47 Abs. 2 verändert, Art. 47 Abs. 3 eingefügt, Art. 48 Abs. 2 verändert, Art. 49 Abs. 3 eingefügt an der 150./151. Session der Nationalsynode (vgl. 150/2018/S. 66–68 und 151/2019/S.).

14. Geschäftsordnung der Nationalsynode (1992)

> Quelle: 121. Session der Nationalsynode der Christkatholischen Kirche der Schweiz am 12. und 13. Juni 1992 in Starrkirch/Dulliken, [Bern 1992], 139–154

Die Nationalsynode, gestützt auf Artikel 15c der Verfassung der Christkatholischen Kirche der Schweiz vom 10. Juni 1989, erlässt folgende Geschäftsordnung:

I. Organisation der Nationalsynode

1. Zusammensetzung

§ 1
¹ Die 70 Delegierten der Gemeinden werden diesen auf Grund der Mitgliederzahlen der Gemeinden zugestellt.
² Bestehen in einer Gemeinde eine oder mehrere Teilgemeinden, so wird deren Mitgliederzahl aus der Totalzahl ausgesondert, worauf jeder Teil wie eine selbständige Gemeinde behandelt wird.

§ 2
¹ Der Synodalrat erhebt jeweils vor den Gesamterneuerungswahlen des Synodalrates in einer schriftlichen Umfrage bei den Gemeinden ihre am 1. Januar des Vorjahres registrierten Mitglieder. Die Gemeinden geben zur Verifizierung der durch sie selber erhobenen und gemeldeten Mitgliederzahlen wenn möglich die Ergebnisse der Zählung von christkatholischen Konfessionsangehörigen der jeweiligen politischer Gemeinde oder Kantone an. Dabei ist von Vergleichszahlen auszugehen, die möglichst denselben Zeitraum betreffen.
² Der Synodalrat ermittelt die neue Zuteilung, sobald die Ergebnisse der Umfrage bekannt sind.
³ Zwischen zwei Gesamterneuerungswahlen wird die Zuteilung korrigiert, wenn in der Zahl der Gemeinden eine Änderung eintritt.

§ 3
Bei der Zuteilung wird wie folgt verfahren: Jede Gemeinde erhält einen Sitz.
Die weiteren Sitze werden nacheinander derjenigen Gemeinde zugeteilt, die die grösste Seelenzahl pro bereits erhaltene Sitze aufweist.

§ 4

¹ Die Ergebnisse der Wahlen von Delegierten und Ersatzdelegierten werden von der Gemeinde vor Beginn der neuen Amtsdauer dem Präsidenten der Nationalsynode schriftlich mitgeteilt.

² Gemeinden mit mehreren Sitzen legen für ihre Delegierten und Ersatzdelegierten eine Reihenfolge fest, nach welcher die Zuteilung der Mandate vorgenommen wird. Die Reihenfolge richtet sich nach den erhaltenen Stimmenzahlen oder nach dem Platz auf der Wahlliste.

§ 5

¹ Diakone, welche den Diakonat transitorisch, d. h. im Rahmen der Ausbildung im Hinblick auf das Priesteramt ausüben, haben kein Stimmrecht.

² Wenn die Geistlichkeit mehr als 50 Priester und Diakone zählt, die weder dem Synodalrat angehören noch den Diakonat transitorisch ausüben, bestimmt eine Versammlung aller Mitglieder der Geistlichkeit, wer das Stimmrecht ausüben soll.

³ Art. 17 Abs. 2 und Art. 22 Abs. 1 der Kirchenverfassung bleiben vorbehalten.

2. Rechte und Pflichten der Synodalen

§ 6

Die Synodalen sind in ihren Entscheidungen frei. Sie sind aber verpflichtet, auch dann Anliegen und Anträge ihrer Gemeinden vorzubringen, wenn sie persönlich anderer Meinung sind.

§ 7

Ein Synodaler tritt in den Ausstand, wenn ein Gegenstand beraten wird, an dem er ein unmittelbares persönliches Interesse hat.

§ 8

Die Spesen für Sitzungen und Tätigkeiten des Synodebüros und der Kommissionen der Nationalsynode werden vom Bistum übernommen.

3. Wahl und Aufgaben des Büros der Nationalsynode

§ 9

Präsident, Vizepräsident und Stimmenzähler bilden das Synodebüro.

§ 10

¹ Die Amtsdauer der Büromitglieder beträgt zwei Jahre.

² Der Präsident kann für eine sofort anschliessende Amtsperiode wiedergewählt werden; nach einem Unterbruch ist eine weitere Wiederwahl möglich. Laien und Geistliche wechseln sich im Präsidium ab.

§ 11

Der Präsident leitet die Verhandlungen und unterzeichnet Protokolle und Mitteilungen. Er repräsentiert die Synode nach aussen.

§ 12

Der Vizepräsident vertritt den Präsidenten, wenn dieser abwesend ist oder in den Ausstand tritt. Sind Präsident und Vizepräsident verhindert, so übernimmt der frühere Präsident oder einer seiner Vorgänger im Amt den Vorsitz.

§ 13
¹ Die Stimmenzähler haben neben der Ermittlung der Wahl- und Abstimmungsergebnisse folgende Aufgaben:
a) Prüfung der Legitimation der Delegierten auf Grund der Wahlprotokolle der Gemeinden;
b) Ermittlung der Zahl der anwesenden Synodalen und Stimmberechtigten;
c) Vorbereitung des Materials für Wahlen und geheime Abstimmungen;
d) Gewährleistung der Diskretion bei geheimen Wahlen und Abstimmungen;
e) Aufbewahrung der Wahl- und Abstimmungszettel bis nach Genehmigung des Protokolls.
² Ersatz- oder zusätzliche Stimmenzähler werden bei Bedarf von der Nationalsynode zu Beginn der Session gewählt. Ihr Mandat erlischt mit dem Abschluss der Session.
§ 14 Das Synodebüro ist verantwortlich für die Organisation und die Durchführung der Synodesitzungen. Es bestimmt insbesondere die notwendigen Protokollführer und Übersetzer, die nicht Mitglieder der Synode sein müssen.

§ 15
Das Protokoll der Nationalsynode umfasst:
a) Ort und Zeit der Sitzungen in deutscher und französischer Sprache;
b) die anwesenden Mitglieder der Synode in deutscher und französischer Sprache und in folgender Reihenfolge: Bischof, Synodalrat, Delegierte der Gemeinden, übrige Geistliche;
c) die Mitglieder des Synodebüros und die offiziellen Gäste in deutscher und französischer Sprache;
d) die entschuldigten Mitglieder der Synode in deutscher und französischer Sprache;
e) die den Synodalen vorgelegten Texte in deutscher und französischer Sprache;
f) den Wortlaut aller eingereichten Anträge in deutscher und französischer Sprache;
g) eine Zusammenfassung aller mündlich vorgetragenen Voten in der jeweiligen Sprache, wobei die Reihenfolge systematisch geordnet werden kann;
h) die Ergebnisse aller Abstimmungen in deutscher und französischer Sprache und mit den genauen Stimmenzahlen, wenn diese ermittelt wurden.

§ 16
¹ Das Protokoll wird vom Synodepräsidium und von den Protokollführenden unterzeichnet.
² Es wird spätestens acht Monate nach der Synode in den elektronischen Medien veröffentlicht und auf Wunsch schriftlich oder per E-Mail zugestellt.
³ Den Bischöfen der Utrechter Union sendet der Bischof die Protokolle zu.

4. Sessionen

§ 17
¹ Die ordentliche Session der Nationalsynode findet in der Regel in den ersten Wochen nach Pfingsten statt.
² Ausserordentliche Sessionen werden gemäss Art. 19 Abs. 2 der Verfassung einberufen. Wird eine ausserordentliche Session zur Beratung einer Verfassungsänderung angesetzt, so muss zwischen den beiden Sessionen, an denen die zwei Lesungen durchgeführt werden, eine Zeit von mindestens vier Monaten liegen.

§ 18
Der Synodalrat bestimmt Ort und Datum.

§ 19
Die Einberufung erfolgt durch das Synodebüro mindestens zwei Monate vor Beginn der Session unter Beilage von Programm und Traktandenliste.

§ 20
Das Synodebüro, der Bischof, der Synodalrat und die gastgebende Gemeinde laden zu den Sessionen Gäste ein, deren Anwesenheit dem Anlass angemessen ist.

§ 21
Das Programm wird durch das Synodebüro erstellt in Absprache mit dem Büro des Synodalrates, dem Bischof und der gastgebenden Gemeinde.

§ 22
Die Traktandenliste wird durch das Synodebüro zusammen mit dem Büro des Synodalrates und dem Bischof aufgestellt.

§ 23
Ein Geschäft wird auf die Traktandenliste gesetzt, wenn ein Antrag mindestens drei Monate vor der Session dem Synodepräsidenten eingereicht wird.

§ 24
Berichte von Verbänden und Institutionen werden in der Regel schriftlich abgegeben und wenn immer möglich mit den Synodeunterlagen versandt. Eine mündliche Berichterstattung bedarf einer vor dem Versand der Synodeunterlagen erfolgten Absprache mit dem Synodepräsidenten, der die eingeräumte Zeit einvernehmlich und verbindlich festlegt.

§ 25
Die Unterlagen zu den Traktanden werden möglichst frühzeitig, jedoch spätestens einen Monat vor der Session versandt.

§ 26
[1] Die Sitzungen der Nationalsynode sind öffentlich. Die gastgebende Gemeinde sorgt zusammen mit den Beauftragten für Öffentlichkeitsarbeit für die Präsenz in den Medien.
[2] Das Synodebüro kann zur Aussprache über ein bestimmtes Traktandum zu einer offenen Sitzung mit Rederecht für alle einladen, an der konsultative Abstimmungen möglich sind.

§ 27
Die Session beginnt mit dem eucharistischen Synodegottesdienst. Ist das nicht möglich, wird sie mit einem Gebet eingeleitet.

§ 28
[1] Die Nationalsynode ist beschlussfähig, wenn zusammen mit dem Bischof mindestens die Hälfte der Stimmberechtigten anwesend ist. Ist der Bischof z. B. durch Krankheit oder Unfall verhindert, kann die Nationalsynode mit seiner Zustimmung über diejenigen Traktanden beschliessen, für deren Behandlung seine Mitwirkung nicht unbedingt nötig ist. Ist der Bischof nicht fähig, sich zu äussern, entscheidet die Nationalsynode, über welche Traktanden sie ohne Anwesenheit des Bischofs beschliessen will; dieses Vorgehen geschieht unter dem Vorbehalt, dass der Bischof nachträglich, sobald als möglich, zustimmt, dass die betreffenden Traktanden ohne seine Mitwirkung behandelt wurden.

² Die Beschlussfähigkeit wird zu Beginn jeder Sitzung und während der Verhandlungen auf Veranlassung des Präsidenten oder auf Verlangen von mindestens zehn Synodalen festgestellt.

§ 29
¹ Eine Umstellung der Traktandenliste erfordert die Zustimmung der einfachen Mehrheit.
² Für die Aufnahme eines zusätzlichen Traktandums ist die Zweidrittelsmehrheit nötig.

II. **Durchführung der Verhandlungen**

1. Verhandlungen

§ 30
¹ Der Präsident leitet die Versammlung mit strikter Neutralität. Er nimmt an den Beratungen nicht teil.
² Wenn der Präsident bei einem Traktandum in die Beratungen eingreifen möchte, so kann er die Leitung für das ganze Traktandum an den Vizepräsidenten abgeben, wenn die Synode zustimmt.

§ 31
¹ Die Beratung eines Traktandums wird eingeleitet mit dem Votum des Referenten, der auf der Traktandenliste aufgeführt werden soll.
² Danach eröffnet der Präsident die Eintretensdebatte. Diese entfällt bei den von der Verfassung vorgeschriebenen Traktanden (Berichte des Bischofs und des Synodalrates, Rechnungsablage, Voranschlag, Wahlen).
³ Wenn Eintreten beschlossen ist, wird die Detailberatung eröffnet. Bei längeren Vorlagen wird abschnittsweise vorgegangen.

§ 32
¹ Ordnungsanträge (Anträge auf Beschränkung der Redezeit, Schluss der Rednerliste, Schluss der Diskussion, Verhandlungsunterbruch, Anwendung des Verfahrens für Glaubensfragen) können jederzeit gestellt werden; sie werden sofort behandelt.
² Der Ordnungsantrag auf Anwendung des Verfahrens für Stellungnahmen in Glaubensfragen (Art. 22 Abs. 2 lit. c der Verfassung) ist angenommen, wenn der Bischof oder acht Geistliche und Theologen oder insgesamt zwanzig Synodale ihn unterstützen.
³ Beschliesst die Synode «Schluss der Rednerliste» oder «Schluss der Diskussion», haben der Bischof und der Berichterstatter in jedem Fall noch Gelegenheit zu einer kurzen Stellungnahme.

§ 33
¹ Vertreter der in Art. 20 Abs 1 der Verfassung genannten kantonalkirchlichen Organisationen und bistumsweiten Verbände haben das Rederecht, um ihre Anträge zu erläutern.
² Nicht-Mitgliedern und Gästen der Synode kann der Präsident in besonderen Fällen das Wort erteilen, wenn die Synode dagegen nicht Einspruch erhebt.

§ 34
Neue Anträge zu einem in Beratung stehenden Traktandum sowie Zusatz- oder Abänderungsanträge können von jedem Mitglied der Synode dem Präsidenten schriftlich eingereicht werden. Einfache Anträge kann der Präsident auch mündlich entgegennehmen.

§ 35
Der Präsident kann einem Redner das Wort entziehen, wenn dieser nicht zur Sache spricht oder sich in einer Weise äussert, die der Würde der Versammlung nicht angemessen ist. Wenn der Redner dagegen Einspruch erhebt, entscheidet die Synode sofort.

2. *Abstimmungen*

§ 36
Nach Schluss der Beratung wiederholt der Präsident die eingegangenen Anträge und legt die Reihenfolge der Abstimmungen fest. Wenn dagegen Einspruch erhoben wird, entscheidet die Synode sofort.

§ 37
[1] Die Abstimmungen werden wie folgt durchgeführt:
a) Unterabänderungsanträge kommen vor den Abänderungsanträgen, diese vor den Hauptanträgen zur Abstimmung.
b) Einander nicht ausschliessende Abänderungsanträge werden nacheinander in umgekehrter Reihenfolge ihrer Einreichung zur Abstimmung gebracht.
c) Einander ausschliessende Abänderungs- oder Hauptanträge werden einander gegenüber gestellt. Wenn drei oder mehr Varianten zur Entscheidung vorliegen, gilt nach der ersten Abstimmung diejenige als abgelehnt, die am wenigsten Stimmen erhält. Danach werden eine oder mehrere weitere Abstimmungen durchgeführt, bis eine Variante übrig bleibt.
[2] Vor der Schlussabstimmung kann die Verlesung des definitiven Textes und der Übersetzung verlangt werden, wenn der Präsident dies nicht von sich aus bestimmt. Auch dann kann eine Vorlage noch zur Neubearbeitung zurückgewiesen werden.

§ 38
Rückkommensanträge sind bis zur Schlussabstimmung zulässig und erfordern zur Annahme das absolute Mehr.

§ 39
Der Präsident nimmt an den Abstimmungen nicht teil; bei Stimmengleichheit gibt er den Stichentscheid.

§ 40
[1] Bei Abstimmungen wird sofort nacheinander nach zustimmenden und ablehnenden Stimmen gefragt; wenn die Stimmenzähler entscheiden, dass das Mehr unzweifelhaft ist, werden die Stimmen nicht gezählt. Wenn das Mehr zweifelhaft ist, wird die Abstimmung unter Zählung der Stimmen wiederholt.
[2] Wenn der Präsident es für angebracht hält oder wenn ein Synodaler es wünscht, werden die Stimmen sofort gezählt.

§ 41
Abstimmungen erfolgen durch Handerheben. Ein Viertel der anwesenden Stimmberechtigten kann eine geheime Abstimmung oder eine Abstimmung unter Namensaufruf verlangen. Der Namensaufruf wird mit Ja oder Nein oder Enthaltung beantwortet und protokolliert; die Reihenfolge des Aufrufs zur Stellungnahme richtet sich nach der Reihenfolge der Synodalen im Protokoll.

§ 42

¹ Bei Stellungnahmen in Glaubensfragen (Art. 22 der Verfassung) kann der aufgerufene Synodale mit Ja oder Nein antworten oder eine eigene Formulierung seiner Überzeugung zu Protokoll geben. Die Reihenfolge des Aufrufs zur Stellungnahme richtet sich nach der Reihenfolge der Synodalen im Protokoll.

² Der Bischof sorgt dafür, dass das Protokoll dieser Stellungnahmen den Bischöfen der Kirchen der Utrechter Union sowie den weiteren Kirchen und anderen Empfängern, die von der Synode gewünscht oder vom Bischof und vom Synodalrat bestimmt werden, zugesandt wird.

3. Wahlen

§ 43

¹ Die Mitglieder des Synodebüros, des Synodalrates, der Rekurskommission und der Rechnungsprüfungskommission werden geheim gewählt.

² Andere Kommissionen werden offen gewählt, sofern nicht mindestens ein Viertel der anwesenden Stimmberechtigten eine geheime Wahl verlangt.

§ 44

Ein Wahlgang ist ungültig, wenn mehr Stimmzettel eingehen als ausgeteilt worden sind.

§ 45

¹ Jeder Wähler hat so viele Stimmen, wie im Wahlgang Sitze zu vergeben sind.

² Ein Stimmzettel, der mehr Namen enthält als Sitze zu vergeben sind, ist gültig, wobei die letzten Namen – soweit sie überzählig sind – gestrichen werden.

³ Ein Stimmzettel, der weniger Namen enthält als Sitze zu vergeben sind, ist gültig.

⁴ Ein Stimmzettel, der anderes enthält als Namen von Kandidaten (Bemerkungen, Unterschrift usw.), ist ungültig.

⁵ Enthält ein Stimmzettel Namen von Personen, die nicht wählbar sind, so sind die betreffenden Stimmen ungültig. Enthält der Stimmzettel nur solche Namen, so ist der ganze Stimmzettel ungültig.

⁶ Unleserliche oder nicht identifizierbare Namen haben die Ungültigkeit der betreffenden Stimme zur Folge.

⁷ Kumulierte Namen werden nur einmal gezählt.

⁸ Enthält der Stimmzettel nur gestrichene Namen, so gilt er als leer.

§ 46

¹ Bei geheimen Wahlen wird von der Gesamtzahl der gültigen Stimmzettel die Zahl der leeren Zettel abgezogen und dann das erforderliche Mehr berechnet.

² Bei offenen Wahlen werden zur Berechnung des absoluten Mehrs alle Stimmen, die im gleichen Wahlgang abgegeben werden, zusammengezählt.

§ 47

¹ Bei geheimen Wahlen wird für jede Behörde ein eigener Stimmzettel verwendet.

² Die ersten zwei Wahlgänge sind frei. Im dritten Wahlgang ist nur noch wählbar, wer im zweiten Wahlgang mindestens zehn Stimmen erzielte. Nach den weiteren Wahlgängen scheidet jeweils der Kandidat mit der geringsten Stimmenzahl aus. Bei Stimmengleichheit entscheidet das Los.

§ 48
Werden bei offenen Wahlen für einen Sitz mehrere Kandidaten vorgeschlagen, so werden diese in alphabetischer Reihenfolge zur Wahl gebracht.

§ 49
Der Präsident nimmt an Wahlen teil; er zieht bei Stimmengleichheit das Los.

III. Kommissionen

1. Allgemeine Bestimmungen

§ 50
¹ Ständige Kommissionen sind:
a) die Rekurskommission (Art. 47–49 der Verfassung);
b) die Rechnungsprüfungskommission (§§ 36–38 der Finanzordnung);
c) die Nominationskommission.
² Eine gleichzeitige Mitgliedschaft in zweien dieser Kommissionen ist ausgeschlossen.

2. Die Nominationskommission

§ 51
Die Nominationskommission sorgt dafür, dass für jede Wahl mindestens ein Kandidat zur Verfügung steht. Sie veröffentlicht eingetretene Vakanzen umgehend in der kirchlichen Presse und bittet um Einreichung von Wahlvorschlägen. Diese sind nach Möglichkeit zu veröffentlichen.

§ 52
Die Nominationskommission besteht aus dem Präsidenten und dem Vizepräsidenten der Nationalsynode sowie einem Vertreter des Synodalrates.

IV. Schlussbestimmung

§ 53
Diese Geschäftsordnung kann von der Nationalsynode revidiert werden, wenn die absolute Mehrheit zustimmt.

§ 54
Diese Geschäftsordnung ersetzt diejenige vom 14. Juni 1874; sie tritt am 14. Juni 1992 in Kraft.

> Die obige «Geschäftsordnung der Nationalsynode» wurde von der 121. Session der Nationalsynode der Christkatholischen Kirche der Schweiz am 13. Juni 1992 in Dulliken beschlossen (vgl. 121/1992/ Starrkirch-Dulliken, 139–164).
>
> Die Paragraphen 1 (Abschnitt 1) und 2 wurden von der am 3./4. Juni 1994 in Möhlin versammelten 123. Session der Nationalsynode dei Christkatholischen Kirche der Schweiz verändert (vgl. 123/1994/ S. 58–60). Die neue Regelung wurde im Sinne einer Übergangsbestimmung für die ordentliche Session des Jahres 1995 angewendet und seit den Gesamterneuerungswahlen 1997 regulär angewendet.
>
> Paragraph 33 geändert an der 131. Session der Nationalsynode in Bern. Neu ist Par. 33(1); der alte Par. 33 wird zu 33(2) (vgl. 131/2000/Bern/S. 77).
>
> Paragraph 24 geändert von der 137. Session der Nationalsynode am 27./28. Mai 2005 in St. Gallen (vgl. 137/2005/S. 60–61).

IV. Für die Christkatholische Kirche der Schweiz relevante Rechtstexte und Stellungnahmen 329

Paragraph 5 geändert von der 144. Session der Nationalsynode in Zürich am 9. Juni 2012 (vgl. 144/2012/S. 97).
Die Paragraphen 15 und 16 wurden von der 154. Session der Nationalsynode vom 10. September 2021 in Thun geändert (vgl. 154/S. 165).

15. Ordnung für die Bischofswahl (2002)

Quelle: Protokoll der 134. Session der Nationalsynode der Christkatholischen Kirche der Schweiz 31. Mai / 1. Juni 2002 in Basel [Bern 2002], 50–52

Art. 1
¹ Eine Bischofswahl wird notwendig, wenn eine Vakanz im bischöflichen Amt eingetreten ist, nämlich
a) mit dem Tod des amtierenden Bischofs oder der amtierenden Bischöfin;
b) durch eine schriftliche Rücktrittserklärung des Bischofs an den Präsidenten der Nationalsynode; wobei der Rücktritt sofort oder auf einen bestimmten Zeitpunkt hin erfolgen kann;
c) wenn der Bischof sein 70. Altersjahr vollendet hat;
d) wenn die Nationalsynode auf Antrag des Synodalrates mit Zweidrittelsmehrheit der gültigen Stimmen feststellt, dass der Bischof aus gesundheitlichen Gründen bleibend an der Ausübung seines Amtes verhindert ist;
e) wenn die Nationalsynode den Bischof seines Amtes enthoben hat.
² Auf vorgängigen schriftlichen Antrag eines Drittels der Synodalen kann die Nationalsynode, wenn sie es im Interesse der Kirche für nötig erachtet, auf ihrer vorletzten ordentlichen Session vor dem Datum, da der Bischof sein 70. Altersjahr vollendet, mit einer Zweidrittelmehrheit der gültigen Stimmen den Bischof auffordern, weiterhin im Amt zu bleiben; stimmt dieser zu, so tritt er spätestens bei der Vollendung seines 75. Altersjahres von seinem Amt zurück.

Art. 2   Die Bischofswahl findet an der nächsten ordentlichen Session der Nationalsynode statt; ist die Frist bis zur nächsten ordentlichen Session länger als sechs Monate, ist eine ausserordentliche Session einzuberufen. Die notwendigen Vorbereitungen können noch während der Amtszeit des Bischofs eingeleitet werden.

Art. 3   Der Bistumsverweser unterrichtet unter Mithilfe des Sekretariats des Synodalrates die Internationale Altkatholische Bischofskonferenz von der eingetretenen Vakanz.

Art. 4   Spätestens drei Wochen nach Feststellung der eingetretenen oder bevorstehenden Vakanz orientiert der Präsident der Nationalsynode in den christkatholischen Medien über die anstehende Bischofswahl und veröffentlicht insbesondere
a) eine Liste mit den Namen der zum priesterlichen Dienst ordinierten Personen, die wählbar sind;
b) einen Aufruf an alle Glieder der Christkatholischen Kirche der Schweiz, ihm innerhalb von zwei Monaten Wahlvorschläge einzureichen;
c) die Daten der Wählerversammlung und der Synodesession, an der die Wahl erfolgt.

Art. 5

¹ Nach Ablauf der in Art. 4 Buchst. b erwähnten Frist veröffentlicht der Präsident der Nationalsynode in den christkatholischen Medien die eingegangenen Vorschläge.
² Gleichzeitig lädt er zu einer öffentlichen vorbereitenden Versammlung (der sog. Wählerversammlung) ein, die im Sinn eines Hearing der allgemeinen Aussprache und der Orientierung der Synodalen dient. Diese Versammlung darf erst nach eingetretener Vakanz und nicht früher als zwei Monate vor der Wahlsession stattfinden. Sie steht allen Gliedern der christkatholischen Kirche offen.

Art. 6 Das Präsidium der Nationalsynode legt der termingerechten Einladung zur Wahlsession das Verzeichnis der wählbaren Priester sowie die Liste der eingegangenen Vorschläge bei.

Art. 7

¹ Die Synodalen haben sich zu Beginn der Wahlsession bei den Stimmenzählern der Nationalsynode anzumelden, um ihre Eigenschaft als Mitglieder der Nationalsynode feststellen zu lassen. Die Namen der Synodalen werden in das über die Bischofswahl zu führende Protokoll eingetragen.
² Den so registrierten Synodalen wird eine besondere Legitimationskarte zur Teilnahme an der Bischofswahl ausgestellt. Diese trägt jeweils den Namen des Synodalen und eine Registernummer.

Art. 8 Der Präsident der Nationalsynode eröffnet den Wahlakt und stellt die Zahl der zur Wahl legitimierten Synodalen fest. Er gibt die vorliegenden Vorschläge bekannt und macht die Synodemitglieder darauf aufmerksam, dass sie nun noch weitere Wahlvorschläge machen können.

Art. 9

¹ Hierauf wählt die Nationalsynode auf Vorschlag des Synodebüros aus ihrer Mitte einen fünfköpfigen Wahlausschuss, der aus einem Laienmitglied als Vorsitzendem, einem Sekretär und drei Stimmenzählern besteht.
² Der Wahlausschuss leitet den Wahlakt bis zur erfolgten Wahl. Es werden ihm die Verzeichnisse der wählbaren Geistlichen und der registrierten Synodemitglieder übergeben sowie eine leere, abschliessbare Wahlurne.

Art. 10 Nachdem die Stimmenzähler die Wahlzettel ausgeteilt haben, werden die Synodalen entsprechend der Reihenfolge im Register vom Vorsitzenden einzeln zur Stimmabgabe aufgerufen. Sie weisen ihre Legitimationskarte dem ersten Stimmenzähler vor, der in der Namenliste der Wahlberechtigten einen Vermerk macht. Darauf wird der Wahlzettel vom zweiten Stimmenzähler auf der Rückseite gestempelt und von den Wählenden in die Urne gelegt. Anschliessend erhalten die Wählenden von dem dritten Stimmenzähler einen neuen Stimmzettel für einen allfälligen weiteren Wahlgang.

Art. 11
¹ Nach Beendigung des Wahlganges wird die Zahl der gültigen und der ungültigen Wahlzettel ermittelt.
² Ungültig sind Wahlzettel, die nicht abgestempelt sind, den Namen einer nicht wählbaren Person oder mehr als einen Namen aufweisen, nicht eindeutig einer wählbaren Person zugeordnet werden können, Bemerkungen enthalten oder unleserlich sind.
³ Leere Stimmen werden zur Ermittlung der erforderlichen Mehrheit mitgezählt.
⁴ Der Vorsitzende liest die Wahlzettel laut vor, und der Sekretär notiert die Stimmen. Anschliessend verkündet der Vorsitzende das Resultat.

Art. 12
¹ Für die Bischofswahl ist eine Zweidrittelmehrheit der gültigen Stimmen erforderlich.
² Wird die Zweidrittelmehrheit im ersten Wahlgang nicht erreicht, werden weitere Wahlgänge durchgeführt. Bleibt der dritte Wahlgang ergebnislos, wird der Wahlakt zur Durchführung einer Beratung unterbrochen, die vom Präsidenten der Nationalsynode geleitet wird.

Art. 13
¹ Auf die Aufforderung des Vorsitzenden des Wahlausschusses hin erklärt die zum Bischof gewählte Person, ob sie die Wahl annimmt.
² Diese kann sich eine Bedenkzeit von 24 Stunden ausbedingen. Ist die Nationalsynode dann nicht mehr versammelt, gibt sie vor dem Synodebüro eine Erklärung über Annahme oder Ablehnung der Wahl ab. Davon wird ein Protokoll erstellt.

Art. 14 Ist die zum Bischof gewählte Person an der Wahlsession nicht anwesend, wird sie vom Präsidium der Nationalsynode unverzüglich von der Wahl in Kenntnis gesetzt, worauf nach Art 13 Abs. 2 zu verfahren ist.

Art. 15 Nimmt die zum Bischof gewählte Person die Wahl nicht an, wird eine neue Wahl vorgenommen. Ist die Nationalsynode nicht mehr versammelt, beruft der Präsident eine neue Wahlsession ein. Er kann vorher nochmals eine Wählerversammlung durchführen.

Art. 16 Das Wahlprotokoll ist vom Wahlausschuss zu erstellen und zu unterzeichnen; es wird im Synodalratsarchiv aufbewahrt.

Art. 17
¹ Unmittelbar nach erfolgter Wahl informiert der Bistumsverweser unter Mithilfe des Sekretariats des Synodalrates die Mitgliedskirchen der Utrechter Union unter Beigabe einer Kopie des Wahlprotokolls und einer knappen Information über die zum Bischof gewählte Person.
² Desgleichen informiert das Sekretariat des Synodalrates die Regierungen derjenigen Kantone, in denen die Christkatholische Kirche der Schweiz oder ihre Kirchgemeinden öffentlich-rechtlich anerkannt ist, über die vollzogene Wahl und über die später ergehende Einladung zur Teilnahme an der Bischofsweihe und zur Mitwirkung bei der Proklamation des neuen Bischofs.

Art. 18

[1] Das weitere Vorgehen bis zur Erklärung des Präsidenten der Internationalen Altkatholischen Bischofskonferenz, dass diese der Vornahme der Bischofsweihe durch Mitglieder der Bischofskonferenz zustimmt, richtet sich nach Art. 9 des «Statuts der in der Utrechter Union vereinigten altkatholischen Bischöfe» vom 25. Mai 2000.

[2] Die Ansetzung des Weihegottesdienstes richtet sich nach Art. 1 Abs. 2 der «Ordnung der Konsekration, der Proklamation und der Amtseinführung des Bischofs» vom 4. Juni 1994.

Art. 19

[1] Diese Ordnung für die Bischofswahl tritt mit der Annahme durch die Nationalsynode am 1. Juni 2002 in Kraft.

[2] Die Ordnung für die Bischofswahl vom 13. Juni 1992 wird aufgehoben.

> Diese «Ordnung für die Bischofswahl» wurde von der 134. Session der Nationalsynode der Christkatholischen Kirche der Schweiz am 31. Mai/1. Juni 2002 in Basel beschlossen (vgl. 134/2002/Basel/S. 50–55).

16. Beschlüsse der 119. Session der Nationalsynode zur Frauenordination (1991)

> Quelle: 119. Session der Nationalsynode der Christkatholischen Kirche der Schweiz vom 15. und 16. März 1991 in Zürich, 30–31, 34–38.

Antrag 1:
Die auf der 119. Session vom 15./16. März 1991 versammelte Nationalsynode wünscht, dass die Frauenordination in der Christkatholischen Kirche der Schweiz ermöglicht werde. Sie bezieht sich dabei auf die Thesen der 24. Internationalen Altkatholischen Theologenkonferenz von 1984 in Schöntal BRD, auf die Erklärung des 25. Internationalen Altkatholikenkongresses von 1990 in Genf und auf die Stellungnahme der Synodalen auf der Synodesession vom 15./16. Juni 1990 in Bern.
Antrag 1 wird mit grosser Mehrheit – 3 Gegenstimmen, keine Enthaltungen – angenommen.

Antrag 2:
Die Synode beauftragt den Bischof, der IBK diesen Wunsch sowie die Stellungnahme der Synodalen auf der Session von 1990 mitzuteilen. Sie beauftragt den Bischof zudem, der IBK den dringenden Wunsch der Synode zu übermitteln, dass sie ihren Beschluss zur Priesterweihe von Frauen aus dem Jahr 1976 neu überdenkt und möglichst bald revidiert.
Antrag 2 wird mit grosser Mehrheit – 4 Gegenstimmen, keine Enthaltungen – angenommen.

Antrag 3:
Die Synode bekennt sich zur Aufgabe, kirchliche Einheit auf der Grundlage des altkirchlichen Glaubens zu bewahren und herzustellen, wie es der Utrechter Erklärung entspricht. Sie möchte deshalb die Priesterweihe von Frauen in Gemeinschaft mit allen altkatholischen Ortskirchen einführen und dabei Gewähr haben, dass deren Gültigkeit in der ganzen Utrechter Union anerkannt wird.
Antrag 3 wird mit grosser Mehrheit – 3 Gegenstimmen, 2 Enthaltungen – angenommen.

IV. Für die Christkatholische Kirche der Schweiz relevante Rechtstexte und Stellungnahmen   333

Antrag 4:
Die Synode anerkennt, dass das apostolische Amt der Kirche als ganzer und nicht nur einzelnen Ortskirchen anvertraut worden ist und deshalb jede wesentliche Entscheidung hinsichtlich des apostolischen Amtes – also auch der Frauenordination – die Einheit der Kirche betrifft. Sie ist sich bewusst, dass deshalb die Einführung der Priesterweihe von Frauen nur nach Gesprächen mit den Kirchen, die mit uns den altkirchlichen Glauben teilen, verantwortet werden kann. Sie sieht allerdings die Frage der Einheit der Kirche auch unter dem Gesichtspunkt der ortskirchlichen Einheit von Männern und Frauen im Sinn ihrer gleichen Würde und Rechte in Christus.
Antrag 4 wird mit dem von Herwig Aldenhoven beantragten Zusatz «Das schliesst ein, dass die Entscheidung dann von der eigenen Kirche getroffen werden muss» – mit 36 Ja-Stimmen, 32 Gegenstimmen – angenommen.

Antrag 5:
Die Nationalsynode ist sich bewusst, dass Entscheide über die Priesterweihe von Frauen – wie sie auch ausfallen – die Probleme der Stellung von Mann und Frau in der Kirche und die Probleme zwischen Amt und Gemeinde nicht lösen. Die Arbeit an beiden Fragen ist weiterhin eine vordringliche Aufgabe der Kirche.
Antrag 5 wird mit grosser Mehrheit angenommen (keine Gegenstimme, 2 Enthaltungen).

17. Stellungnahme der 129. Session der Nationalsynode zur Frauenordination (1998) (Auszug)

Quelle: Protokoll der Nationalsynode der Christkatholischen Kirche der Schweiz, 129. Session, 5. – 6. Juni 1998 in Thun, [Bern 1999], 22–25.

Antrag 3 wurde «mit großem Mehr genehmigt», die Abstimmung zu Antrag 3.5. über die Änderung des Verfassungsartikels wurde mit 85 Ja, 5 Nein und 4 Enthaltungen angenommen (vgl. ebd., 29).

3. Antrag von Bischof und Synodalrat zur Ordination von Frauen zum priesterlichen Dienst[792]

3.1. Vorbemerkung:

Seit 1977 wird in unserer Kirche in der Folge eines Beschlusses der Nationalsynode die Frage der Ordination von Frauen diskutiert. Auslöser war die Erklärung der Internationalen Altkatholischen Bischofskonferenz (IBK) von 1976, in der die Ordination von Frauen zum Amt von Bischof, Priester und Diakon für die altkatholische Kirche ausgeschlossen wurde. Die im Schoß der Synode und der ganzen Kirche über Jahre hinweg geführte Debatte ist als eine Reaktion auf diese Erklärung zu verstehen, wie sie in vergleichbarer Weise auch in anderen altkatholischen Kirchen erfolgte.

---

792 Abänderungen und Zusätze zum ursprünglichen, schriftlich vorliegenden Antrag sind in Kursiv-Schrift eingefügt.

Im Verlauf dieser Debatte schuf die Nationalsynode 1981 ein nicht durch die Ordination übertragenes, 1984 sogenanntes «Amt der Verkündigung und der seelsorgerlichen Leitung für die Frau»; im Anschluß an entsprechende Abklärungen der IBK beschloß 1984 bzw. 1985 die Nationalsynode, den ständigen Diakonat für Männer und Frauen einzuführen (dieser Beschluß würde durch die Ablehnung des vorliegenden Antrags nicht aufgehoben werden). Die wesentlich umstrittenere Frage der Ordination von Frauen zum priesterlichen Dienst (Bischof, Priester) war damit nicht erledigt. 1991 erklärte die Nationalsynode, a) dass sie die Einführung der Priesterweihe von Frauen wünscht, b) dass der Bischof dies der IBK übermitteln solle, c) dass die Einführung unter Aufrechterhaltung der vollen Gemeinschaft mit allen altkatholischen Ortskirchen geschehen solle und dass sie dabei die Gewähr haben wolle, dass die Gültigkeit dieser Weihen in der ganzen Utrechter Union anerkannt werde.

Aufgrund dieser Äußerungen und ähnlicher Stellungnahmen der Synoden anderer altkatholischer Kirchen fand 1991 in Wislikofen (AG) die Sondersitzung der IBK zur Frage der Ordination von Frauen zum priesterlichen Dienst statt. Dort wurde einstimmig beschlossen, dass man in dieser Frage einen gemeinsam verantworteten Weg suchen wolle. Zudem wurde ein Dialog mit anderen Kirchen, die das dreifache apostolische Amt bewahrt haben, in Aussicht genommen; dies geschah in Übereinstimmung mit einem weiteren Anliegen, das die Nationalsynode 1991 geäußert hatte. Die IBK einigte sich 1991 in Egmond aan Zee NL auf ein gemeinsames Vorgehen, bei dem u. a. ein koordinierter Meinungsbildungsprozess auf der Grundlage von ortskirchlichen Seminaren vorgesehen war – ein solches fand in unserer Kirche im August 1995 statt. Eine zweite Sondersession der IBK sollte nach Abschluß dieses Prozesses über das weitere Vorgehen beraten. Die Christkatholische Kirche stellte sich hinter diese Beschlüsse, indem sie zwei Mal (nämlich 1993 und 1995) bestätigte, dass für sie der in Wislikofen 1991 beschlossene Weg verbindlich bleibt.

1997 fand in Wislikofen die zweite Sondersitzung der IBK zur Frage der Ordination von Frauen zum priesterlichen Dienst statt. Dort mußte nun festgestellt werden, dass in der Utrechter Union die Frauenordination nach wie vor stark umstritten ist und auch keine Übereinstimmung darüber besteht, ob die volle Kirchengemeinschaft aufrecht erhalten werden kann, wenn ein Teil der Mitgliedkirchen die Ordination von Frauen zum priesterlichen Dienst einführt. Damit wurde klar, dass nicht mehr zwischen allen Kirchen volle kirchliche Gemeinschaft aufrecht erhalten werden kann. Volle kirchliche Gemeinschaft gehört aber unabdingbar zum Wesen der Utrechter Union.

3.2. Stellungnahme der Synode:

- Die Synode bedauert, dass die Ziele, die in den Beschlüssen von 1991 angestrebt wurden, nicht erreicht wurden.
- Sie wünscht nach wie vor, die Ordination von Frauen zum priesterlichen Dienst einzuführen.
- Sie ist sich bewußt, dass die Einführung der Ordination von Frauen zum priesterlichen Dienst erwünschte und unerwünschte Folgen haben wird.
- Sie weiss, dass ein solcher Beschluß grundsätzlich mit Zustimmung der ganzen Kirche gefaßt werden muss. Infolge ganz verschiedener gesellschaftlicher und kultureller Entwicklungen in der Christenheit liegt eine solche Zustimmung auf längere Zeit nicht im Bereich des Möglichen.

IV. Für die Christkatholische Kirche der Schweiz relevante Rechtstexte und Stellungnahmen   335

3.3. Begründung für ein Ja zur Ordination von Frauen zum priesterlichen Dienst:
– Die Prüfung theologischer Grundfragen ergab, dass es nach unserer Überzeugung keine durchschlagenden theologischen Gründe gegen die Ordination von Frauen zum priesterlichen Dienst gibt.
– In unserer geschichtlichen, kulturellen und sozialen Situation haben die Gläubigen ein besonderes Sensorium dafür, dass Gott den Menschen als Mann und als Frau gleichermaßen liebt und ernst nimmt. Denn nach christlichem Verständnis hat Gott den Menschen nach seinem Bild geschaffen, und zwar als Mann und als Frau. Dieses Menschsein hat Gott in Jesus Christus, dem menschgewordenen Wort Gottes, umfassend angenommen und so den Menschen, Mann und Frau, erlöst. Wenn nun das apostolische Amt – mit Ausnahme des Diakonats – weiterhin nur Männern anvertraut wird, erscheint es weithin als unglaubwürdig, dass Gott in Christus das ganze Menschsein angenommen hat. Es legt sich von daher dringend nahe, dass die Verkündigung des Heils in Wort und Sakrament gleichermaßen durch *«Männer und Frauen gemeinsam» (Antrag Aldenhoven)* im apostolischen Amt getragen wird.
Zusatz von Bischof Hans Gerny: «Mehr und mehr Frauen erklären, dass sie sich zum Priesteramt berufen fühlen. Die Kirche darf dies nicht übersehen, denn Berufungen sind in ihrer Geschichte immer ein Mittel gewesen, mit dem der Heilige Geist gewirkt hat. Wenn wir solche Berufungen als echt anerkennen, müssen wir für die Ordination von Frauen zum priesterlichen Dienst einstehen.»

3.4. Mögliche Folgen der Einführung der Ordination von Frauen zum priesterlichen Dienst:
– Die Einführung der Ordination von Frauen zum priesterlichen Dienst wird die Heilung bestehender Kirchenspaltungen, von Anfang an ein Grundanliegen der altkatholischen Bewegung, erschweren.
Antrag Aldenhoven: «Einer durch die bisherige Unmöglichkeit der Frauenordination verursachte Entfremdung vieler Kirchenglieder kann entgegengewirkt werden. Diese Entfremdung ist insbesondere bei Frauen und Jugendlichen festzustellen.»
Antrag Von Arx: «Die Berufung auf die Glaubenspraxis der «Alten ungeteilten Kirche», an der sich das christkatholische Selbstverständnis bei Reformen und den Bemühungen um die Wiederherstellung kirchlicher Einheit und Gemeinschaft seit dem grundlegenden (das Programm des Münchener Kongresses 1871 übernehmenden) Synodebeschluss von 1876 ausgerichtet hat, kann in der bisherigen Weise nicht mehr aufrechterhalten werden.»
– In der Christkatholischen Kirche der Schweiz wird eine lange und belastende Diskussion abgeschlossen; damit werden dringend benötigte Kräfte für andere Aufgaben frei.
– Es muss mit Austritten und Distanzierungen gerechnet werden; andererseits sind auch Beitritte nicht auszuschließen.
– Der umfassende Einbezug der Frau in das kirchliche Amt kann der Verkündigung und Seelsorge neue Impulse geben; das geistliche Potential von Frauen im apostolischen Amt wird voller zur Geltung kommen.
– Einzelne Kirchen der Utrechter Union werden die kirchliche Gemeinschaft mit der Christkatholischen Kirche der Schweiz abbrechen; damit wird sich der bereits bestehende Bruch zwischen den altkatholischen Kirchen zumindest vorläufig vertiefen.

- Es wird in der Christkatholischen Kirche zweierlei Geistliche geben: solche, die von allen Kirchen der Utrechter Union als geweiht anerkannt werden und solche, die nicht von allen Kirchen der Utrechter Union anerkannt werden.
- Die grössten katholischen Kirchen (die orthodoxe und die römisch-katholische) könnten unsere Katholizität in Frage stellen und uns also *«vielleicht»* (Antrag Aldenhoven) nicht mehr als altkatholisch betrachten.
- Es ist damit zu rechnen, dass die grössten katholischen Kirchen, die unsere Weihen bisher anerkannt haben, dies in Zukunft wohl nicht mehr tun werden. Die Anerkennung der altkatholischen Weihen durch diese katholischen Kirchen war für die Altkatholiken jedoch immer von grösster Bedeutung.
- Die Gemeinschaft mit *«einigen»* (Antrag Aldenhoven) anglikanischen Kirchen kann wieder uneingeschränkt gelebt werden.
- In der internationalen Ökumene wird unsere Position als katholischer Partner geschwächt.
- Die Einführung der Ordination von Frauen zum priesterlichen Dienst wird in den meisten protestantischen Kirchen Westeuropas und Nordamerikas wie auch in manchen römisch-katholischen Kreisen Sympathie erwecken.
- In der lokalen Ökumene und darüber hinaus in der weiteren Öffentlichkeit könnte unser Ansehen als zukunftsfreudige Kirche gestärkt werden.

Mögliche Folgen der Ablehnung des Antrags:
Sie ergeben sich in sinngemäßer Umkehrung aus dem, was oben als mögliche Folgen der Einführung der Ordination der Frauen zum priesterlichen Dienst angeführt wird. Eigens sei genannt:
- Es ist mit Resignation, Abwendung oder gar dem Austritt bisher engagierter Mitglieder der Kirche zu rechnen.
- Eine Ablehnung ist nicht irreversibel, und ein Antrag kann und wird wieder gestellt werden.
- Die volle kirchliche Gemeinschaft der Utrechter Union bleibt zur Zeit nach wie vor behindert, da unter den altkatholischen Kirchen der übliche uneingeschränkte Austausch der Geistlichen nicht gegeben ist.
- Die Beziehungen zu den grössten katholischen Kirchen wird nicht durch eine neue Differenz belastet, was aber nicht schon die Heilung bestehender Spaltung zur Folge hat.

3.5 Antrag

Die Nationalsynode beschließt, in die Verfassung der Christkatholischen Kirche der Schweiz den folgenden Artikel aufzunehmen:

Art. 27bis «Mit dem apostolischen Amt von Bischof, Priester und Diakon werden durch die Kirche sowohl Männer als auch Frauen betraut.»

(Im Papier, welches der Synode vorliegt, folgt ein Anhang mit folgenden Beschlüssen, Erklärungen und Literaturhinweisen zum Thema:

IV. Für die Christkatholische Kirche der Schweiz relevante Rechtstexte und Stellungnahmen

Anhang:
Beschluss der 104. Session der Nationalsynode Magden 1977
Erklärung der IBK zur Frauenordination 1976 [in dessen Folge die Nationalsynoden 1977 ihren Beschluss gefasst hat]
Beschlüsse der 119. Session der Nationalsynoden Zürich 1991
Erklärung der IBK Wislikofen I 1991
Communique der IBK Egmond aan Zee NL 1991
Resolution der 122. Session der Nationalsynode Aarau/Lenzburg 1993
Resolution der 124. Session der Nationalsynode Zürich 1995
Erklärung und Pressecommunique der IBK Wislikofen II 1997
Berichtigung des Pressecommuniques der IBK Wislikofen II, Chicago 1998
Hinweise auf Literatur zur theologischen Diskussion in der Christkatholischen Kirche und der Utrechter Union).

18. Eucharistiegebet I (2004)

Quelle: Gebet- und Gesangbuch der Christkatholischen Kirche der Schweiz, hg. von Bischof und Synodalrat der Christkatholischen Kirche der Schweiz, Bd. 1, Basel (Christkatholischer Schriftenverlag) [2004], 141–143, Nr. 111

Lobpreis und Dank – 2. Teil (Postsanctus)

P   Wahrhaft heilig, wahrhaft gepriesen ist dein Sohn Jesus Christus, unser Herr und Heiland, den du, ewiger Vater, gesandt hast, dass er deine Herrlichkeit und Liebe offenbare und die Welt errette durch seinen Gehorsam bis zum Tod am Kreuz. Ihn hast du für uns dahingegeben, damit er durch sein Opfer ein für allemal die Macht der Sünde und des Todes breche und der ganzen Schöpfung neues Leben schenke. Durch ihn hast du uns aufgetragen, in diesem Mahle das Geheimnis seines Todes und seiner Auferstehung zu feiern, bis er kommt in Herrlichkeit.
Denn am Abend vor seinem Leiden nahm er Brot, blickte auf zu dir, o Gott, seinem allmächtigen Vater, sagte dir Dank, brach es, gab es seinen Jüngern und sprach: «Nehmt und esst alle davon; dies ist mein Leib, der für euch hingegeben wird.»
In gleicher Weise nahm er nach dem Mahl auch den Kelch, dankte dir abermals, gab ihn seinen Jüngern und sprach: «Nehmt und trinkt alle daraus, dies ist mein Blut, das Blut des neuen und ewigen Bundes, das für euch und für alle vergossen wird zur Vergebung der Sünden. Tut dies zu meinem Gedächtnis, bis ich das Mahl neu mit euch feiern werde im Reiche Gottes.»

Darbringung

P   Darum also, Herr, bieten wir dieses Brot und diesen Kelch dir dar, eingedenk des heilbringenden Leidens deines Sohnes, wie auch seiner Auferstehung von den Toten und seiner Himmelfahrt in Herrlichkeit.
G   Den Tod des Herrn verkünden wir, und seine Auferstehung preisen wir, bis er kommt in Herrlichkeit.

Bitte mit Epiklese

P   Mit seinem Opfer treten wir vor dich und bitten: Schaue gnädig herab auf diese Gaben, wie du wohlgefällig herniederblicktest auf die Opfer Abels, Abrahams und Melchisedeks.

Sende deinen Heiligen Geist, den Spender allen Lebens und aller Heiligung, dass er diese Gaben segne, heilige und weihe, auf dass das Brot, das wir brechen, sei die Gemeinschaft des Leibes des Herrn, und der Kelch, über dem wir Dank sagen, die Gemeinschaft des Blutes Jesu Christi.

Erfülle uns alle, die wir von diesem Altare den Leib und das Blut deines Sohnes empfangen, mit der Kraft des Heiligen Geistes. Lass uns eins werden in der Gemeinschaft deines Volkes und Anteil erlangen am Leben deines kommenden Reiches.

A Gewähre uns dies, barmherziger, heiliger Gott, auf dass wir dich loben und preisen, durch Jesus Christus, deinen Sohn, unsern Herrn.

Abschliessender Lobpreis

P Durch ihn und mit ihm und in ihm ist dir, Gott, allmächtiger Vater, in der Einheit mit dem Heiligen Geiste, alle Ehre + und Herrlichkeit von Ewigkeit zu Ewigkeit.

G Amen.

19. Gesetz über die Bernischen Landeskirchen vom 21.3.2018 (Auszug)

Quelle: Online: https://www.belex.sites.be.ch/frontend/versions/1512

Landeskirchengesetz (LKG) vom 21.03.2018 (Stand 01.01.2020)

Der Grosse Rat des Kantons Bern,
gestützt auf Artikel 121 bis 125 der Kantonsverfassung, auf Antrag des Regierungsrates, beschliesst:

1. Allgemeines

Art. 1 Geltungsbereich
[1] Dieses Gesetz regelt die Stellung sowie die Grundzüge der Organisation und der Finanzierung der vom Kanton anerkannten evangelisch-reformierten, römisch-katholischen und christkatholischen Landeskirchen.
[2] Es regelt im weiteren die Stellung der Geistlichen, die von den Landeskirchen, ihren regionalen Einheiten oder den Kirchgemeinden angestellt werden.
[3] Für die Kirchgemeinden und Gesamtkirchgemeinden ergänzt es die Bestimmungen des Gemeindegesetzes vom 16. März 1998 (GG).

Art. 2 Rechtsstellung
[1] Die Landeskirchen sind öffentlich-rechtliche Körperschaften des kantonalen Rechts mit eigener Rechtspersönlichkeit.
[2] Sie sind im Rahmen des kantonalen Rechts selbstständig.
[3] Sie beachten die Grundsätze rechtsstaatlichen Handelns.

Art. 3 Gesamtgesellschaftliche Bedeutung
[1] Die Landeskirchen tragen im gesamtgesellschaftlichen Interesse zur solidarischen Gemeinschaft, zur Vermittlung grundlegender Werte, zum Frieden unter den Religionen, zur religiösen Bildung und zur Kulturpflege bei.

IV. Für die Christkatholische Kirche der Schweiz relevante Rechtstexte und Stellungnahmen

Art. 4 Partnerschaft
[1] Kanton und Landeskirchen arbeiten partnerschaftlich zusammen.
[2] Der Kanton kann den Bischof von Basel und den Bischof der christkatholischen Kirche der Schweiz in den sie betreffenden Angelegenheiten einbeziehen.

Art. 5 Vorberatungs- und Antragsrecht
[1] Die Landeskirchen haben ein Vorberatungs- und Antragsrecht in den sie betreffenden kantonalen und interkantonalen Angelegenheiten.
[2] Bei seinen Vernehmlassungsverfahren hört der Kanton die Landeskirchen an.
[3] Kanton und Landeskirchen verkehren in der Regel über deren Exekutiven.

Art. 6 Mitgliedschaft
[1] Die Zugehörigkeit zu einer Landeskirche richtet sich nach deren Recht.
[2] Dieses regelt insbesondere das Stimmrecht der Mitglieder der Landeskirchen, der Kirchgemeinden und der Gesamtkirchgemeinden.
[3] Der Austritt aus einer Landeskirche ist jederzeit durch schriftliche Erklärung möglich.

2. Organisation

2.1 Grundsätze

Art. 7
[1] Die Landeskirchen legen ihre Organisation nach demokratischen und rechtsstaatlichen Grundsätzen fest.
[2] Sie regeln die Grundzüge der Organisation sowie die Zuständigkeiten und die Mitwirkung der Stimmberechtigten in einem Erlass, der ihren Stimmberechtigten zu unterbreiten ist.
[3] Der Kanton wirkt auf Antrag einer Landeskirche bei der Organisation von Wahlen in deren Legislative mit.

2.2 Kirchengebiet

Art. 8
[1] Das Gebiet der Landeskirchen entspricht dem Kantonsgebiet.

[...]

3. Geistliche

Art. 14 Ausbildung
[1] Der Kanton sorgt für die universitäre Ausbildung der Geistlichen der evangelisch-reformierten und der christkatholischen Landeskirche.
[2] Die Universität Bern legt die Anforderungen an die universitäre Ausbildung der Geistlichen nach Anhören dieser beiden Landeskirchen fest.
[3] Der Kanton, die Universität Bern und diese beiden Landeskirchen können in Vereinbarungen ihr Zusammenwirken bei der praktischen Ausbildung der Geistlichen regeln.
[4] Der Kanton setzt für die drei Landeskirchen je eine Prüfungskommission ein.

Art. 15 Anstellungsverhältnis
¹ Das landeskirchliche Recht regelt das Anstellungsverhältnis der Geistlichen. Dieses ist öffentlich-rechtlicher Natur.
² Das landeskirchliche Recht kann die Geistlichen verpflichten, eine Dienstwohnung während der Dauer ihrer Anstellung zu bewohnen.
³ Soweit die Landeskirchen keine eigenen Bestimmungen erlassen, gilt sinngemäss die kantonale Personalgesetzgebung.

Art. 16 Anstellungsbehörde
¹ Die Kirchgemeinden stellen ihre Geistlichen an.
² Die Landeskirchen oder ihre regionalen Einheiten stellen die übrigen Geistlichen an, unter Vorbehalt von Absatz 3.
³ Spitäler und Institutionen des Justizvollzugs, die Geistliche anstellen, hören vorgängig das zuständige Organ der jeweiligen Landeskirche an.

Art. 17 Anstellungsvoraussetzungen
¹ Die Anstellung einer oder eines Geistlichen setzt voraus, dass die folgenden Voraussetzungen erfüllt sind:
a für deutschsprachige Geistliche der evangelisch-reformierten oder christkatholischen Landeskirche: das kantonale Staatsexamen oder ein gleichwertiger Abschluss,
b für alle übrigen Geistlichen: ein universitärer Mastertitel in Theologie oder ein gleichwertiger Abschluss und
c für alle Geistlichen: die kirchliche Ordination oder eine gültige Missio Canonica sowie der Abschluss der praktischen Ausbildung gemäss den Bestimmungen der jeweiligen Landeskirche.
[…]

6. Finanzen
6.2. Beiträge der Kirchgemeinden und Gesamtkirchgemeinden an die Landeskirchen und regionalen Einheiten
[…]

Art. 30 Betrag
¹ Die Sockelbeiträge betragen
a für die evangelisch-reformierte Landeskirche: 34,8 Millionen Franken,
b für die römisch-katholische Landeskirche: 8 Millionen Franken,
c für die christkatholische Landeskirche: 440 000 Franken.
² Sie werden jährlich an das Lohnsummenwachstum des Kantons angepasst.

6.3.2 Beiträge für Leistungen im gesamtgesellschaftlichen Interesse

Art. 31 Grundsatz
¹ Mit einem Beitrag unterstützt der Kanton die Landeskirchen für die von ihnen im gesamtgesellschaftlichen Interesse nach Artikel 3 erbrachten Leistungen.

² Als Leistungen im gesamtgesellschaftlichen Interesse gelten insbesondere
a   Kinder- und Jugendarbeit,
b   Angebote zu Ehe, Familie und Partnerschaft,
c   Angebote für Seniorinnen, Senioren und Betagte,
d   Angebote für Menschen mit Beeinträchtigung,
e   Angebote für sozial Schwache und Armutsbetroffene,
f   Angebote für Migrantinnen und Migranten sowie Asylsuchende,
g   Erwachsenenbildung,
h   kirchlicher Unterricht,
i   ökumenische Arbeit und Entwicklungszusammenarbeit,
k   Kultur,
l   Öffentlichkeitsarbeit betreffend soziale und gesellschaftliche Themen und
m   Seelsorge.
³ Jeweils drei Jahre vor Beginn der nächsten Beitragsperiode (Art. 32 Abs. 1) handeln die Landeskirchen mit der zuständigen kantonalen Direktion den Beitrag nach Absatz 1 aus.
[…]

Bern, 21. März 2018   Im Namen des Grossen Rates
Der Generalsekretär: Trees   Die Präsidentin: Zybach
Auszug aus dem Protokoll des Regierungsrates vom 29. August 2018

V. Texte zur Wiedervereinigung der Kirchen und ökumenische Vereinbarungen

20. Zweiter Alt-Katholikenkongress zu Köln. Beschluss vom 21. September 1872

Quelle: Die Verhandlungen des zweiten Altkatholiken-Congresses zu Köln. Officielle Ausgabe, Erste Abtheilung: Stenographischer Bericht über die vier Delegirten-Versammlungen am 20., 21. und 22. September 1872, Köln – Leipzig (Verlag von Eduard Heinrich Mayer) 1872, XI-XII

Der Kongreß wiederholt den in den Münchener Programmen von Pfingsten und vom September 1871 (…) enthaltenen Ausdruck der Hoffnung auf eine Wiedervereinigung der jetzt getrennten christlichen Glaubensgenossenschaften. Er spricht den Wunsch aus, daß die Theologen aller Konfessionen diesem Punkte ihre Aufmerksamkeit zuwenden mögen, und ernennt eine Kommission, welcher der Auftrag erteilt wird:

1. sich mit den bereits bestehenden oder sich bildenden Vereinen zur Hebung der kirchlichen Spaltung in Beziehung zu setzen;
2. wissenschaftliche Untersuchungen über die vorhandenen Differenzen und die Möglichkeit ihrer Beseitigung anzustellen und zu veranlassen und die Veröffentlichung der Ergebnisse dieser Untersuchungen in wissenschaftlichen Werken und Zeitschriften zu erleichtern;
3. durch populäre Schriften und Aufsätze die Kenntnis der Lehren, Einrichtungen und Zustände der getrennten Kirchen und Konfessionen, die richtige Würdigung der vorhande-

nen Einigungs- und Differenzpunkte zu fördern und überhaupt das Verständnis und Interesse für die wünschenswerte Verständigung in weiteren Kreisen zu wecken und zu erhalten.

(Es folgt eine Aufzählung der Mitglieder der Kommission: Döllinger, Friedrich, Langen, Lutterbeck, Michaud, Michelis, Reinkens, Reusch, Rottels, von Schulte).

21. Erste Bonner Unionskonferenz, 14. bis 16. September 1874. Angenommene Thesen

Quelle: Bericht über die am 14., 15. und 16. September zu Bonn gehaltenen Unions-Conferenzen, im Auftrage des Vorsitzenden Dr. von Döllinger, hg. Franz Heinrich Reusch, Bonn 1874, 15–18.33.38.41–42.47 [Der abgedruckte Text wurde an die heutige Rechtschreibung angepasst.]

Neudruck der Ausgabe in zwei Bänden von 1874 und 1875 mit einer Einführung von Günther Esser, Bonn 2002.

1. Wir stimmen überein, daß die apokryphischen oder deuterokanonischen Bücher des alten Testamentes nicht dieselbe Kanonizität haben wie die im hebräischen Kanon enthaltenen Bücher.
2. Wir stimmen überein, daß keine Übersetzung der Hl. Schrift eine höhere Autorität beanspruchen kann als der Grundtext.
3. Wir stimmen überein, daß das Lesen der Hl. Schrift in der Volkssprache nicht auf rechtmäßige Weise verboten werden kann.
4. Wir stimmen überein, daß es im Allgemeinen angemessener und dem Geist der Kirche entsprechender ist, daß die Liturgie in der vom Volke verstandenen Sprache gebraucht werde.
5. Wir stimmen überein, daß der durch Liebe wirksame Glaube, nicht der Glaube ohne Liebe, das Mittel und die Bedingung der Rechtfertigung des Menschen vor Gott ist.
6. Die Seligkeit kann nicht durch sogenannte «merita de condigno»[793] verdient werden, weil der unendliche Wert der von Gott verheißenen Seligkeit nicht im Verhältnis steht zu dem endlichen Werte des Menschen.
7. Wir stimmen überein, daß die Lehre von den «opera supererogationis»[794] und von einem «thesaurus meritorum sanctorum»[795], d.i. die Lehre, daß die überfließenden Verdienste der Heiligen, sei es durch die kirchlichen Obern, sei es durch die Vollbringer der guten Werke selbst, auf andere übertragen werden können, unhaltbar ist.
8. a) Wir erkennen an, daß die Zahl der Sakramente erst im 12. Jahrhundert auf sieben festgesetzt und dann in die allgemeine Lehre der Kirche aufgenommen wurde, und zwar nicht als eine von den Aposteln oder von den ältesten Zeiten kommende Tradition, sondern als das Ergebnis theologischer Spekulation.
b) Katholische Theologen, z.B. Bellarmin erkennen an und wir mit ihnen, daß die Taufe und die Eucharistie «principalia, praecipua, eximia salutis nostrae sacramenta»[796] sind.

---

793 Es handelt sich hier um einen bekannten, feststehenden Begriff aus der Morallehre. Auf Deutsch: «Verdienste nach der Entsprechung», d. h. «leistungsangemessene Verdienste».
794 Auf Deutsch: «Werke über Gebühr».
795 Auf Deutsch: «Schatz der Verdienste der Heiligen».
796 Auf Deutsch: «erstrangige, vorzügliche, hervorragende Sakramente unseres Heiles».

9. Während die Hl. Schrift anerkanntermaßen die primäre Regel des Glaubens ist, erkennen wir an, daß die echte Tradition, d.i. die ununterbrochene, teils mündliche, teils schriftliche Überlieferung der von Christus und den Aposteln zuerst vorgetragenen Lehre eine autoritative (gottgewollte) Erkenntnisquelle für alle aufeinanderfolgenden Generationen von Christen ist. Diese Tradition wird teils erkannt aus dem Consensus der großen in historischer Kontinuität mit der ursprünglichen Kirche stehenden Kirchenkörper, teils wird sie auf wissenschaftlichem Wege ermittelt aus den schriftlichen Denkmälern aller Jahrhunderte.

10. Wir verwerfen die neue römische Lehre von der unbefleckten Empfängnis der hl. Jungfrau Maria als in Widerspruch stehend mit der Tradition der ersten 13 Jahrhunderte, nach welcher Christus allein ohne Sünde empfangen ist.

11. Wir stimmen überein, daß die Praxis des Sündenbekenntnisses vor der Gemeinde oder einem Priester, verbunden mit der Ausübung der Schlüsselgewalt, von der ursprünglichen Kirche auf uns gekommen und, gereinigt von Mißbräuchen und frei von Zwang, in der Kirche beizubehalten ist.

12. Wir stimmen überein, daß «Ablässe» sich nur auf wirklich von der Kirche selbst auferlegte Bußen beziehen können.

13. Wir erkennen an, daß der Gebrauch des Gebetes für die verstorbenen Gläubigen, d.h. die Erflehung einer reichen Ausgießung der Gnade Christi über sie, von der ältesten Kirche auf uns gekommen und in der Kirche beizubehalten ist.

14. Die eucharistische Feier in der Kirche ist nicht eine fortwährende Wiederholung oder Erneuerung des Sühneopfers, welches Christus ein für allemal am Kreuze dargebracht hat; aber ihr Opfercharakter besteht darin, daß sie das bleibende Gedächtnis desselben ist und eine auf Erden stattfindende Darstellung und Vergegenwärtigung jener einen Darbringung Christi für das Heil der erlösten Menschheit, welche nach Hebräer 9, 11–12, fortwährend im Himmel von Christus geleistet wird, indem er jetzt in der Gegenwart Gottes für uns erscheint (Hebr 9, 24). Indem dies der Charakter der Eucharistie bezüglich des Opfers Christi ist, ist sie zugleich ein geheiligtes Opfermahl, in welchem die den Leib und das Blut des Herrn empfangenden Gläubigen Gemeinschaft miteinander haben (1 Kor 10, 17).

Zum Filioque-Streit
Wir geben zu, daß die Art und Weise, in welcher das Filioque in das nizäische Glaubensbekenntnis eingeschoben wurde, ungesetzlich war, und daß es im Interesse des Friedens und der Einigkeit sehr wünschenswert ist, daß die ganze Kirche es ernstlich in Erwägung ziehe, ob vielleicht die ursprüngliche Form des Glaubensbekenntnisses wieder hergestellt werden könne ohne Aufopferung irgendeiner wahren in der gegenwärtigen westlichen Form ausgedrückten Lehre.

22. Zweite Bonner Unionskonferenz, 12.–16. August 1875. Angenommene Thesen

Quelle: Bericht über die vom 10. bis 16. August zu Bonn gehaltenen Unions-Conferenzen, im Auftrage des Vorsitzenden Dr. von Döllinger hg. von Franz Heinrich Reusch. 80–81.92–93

Neudruck der Ausgabe in zwei Bänden von 1874 und 1875 mit einer Einführung von Günther Esser, Bonn 2002.

Online: https://www.alt-katholisch.de/oekumene/dokumente-auswahl.html

1. Wir stimmen überein in der Annahme der ökumenischen Symbole und der Glaubensentscheidungen der alten ungeteilten Kirche.
2. Wir stimmen überein in der Anerkennung, daß der Zusatz des Filioque zum Symbolum nicht in kirchlich rechtmäßiger Weise erfolgt sei.
3. Wir bekennen uns allerseits zu der Darstellung der Lehre vom Hl. Geiste, wie sie von den Vätern der ungeteilten Kirche vorgetragen wird.
4. Wir verwerfen jede Vorstellung und jede Ausdrucksweise, in welcher etwa die Annahme zweier Prinzipien oder ARCHAI oder AITIAI in der Dreieinigkeit enthalten wäre. Wir nehmen die Lehre des hl. Johannes von Damaskus über den Hl. Geist, wie dieselbe in den nachfolgenden Paragraphen ausgedrückt ist, im Sinne der Lehre der alten ungetrennten Kirche an:

1. Der Hl. Geist geht aus dem Vater als dem Anfang, der Ursache, der Quelle der Gottheit.
2. Der Hl. Geist geht nicht aus dem Sohne, weil es in der Gottheit nur Einen Anfang, Eine Ursache gibt, durch welche alles, was in der Gottheit ist, hervorgebracht wird.
3. Der Hl. Geist geht aus dem Vater durch den Sohn.
4. Der Hl. Geist ist das Bild des Sohnes, des Bildes des Vaters, aus dem Vater ausgehend und im Sohne ruhend als dessen ausstrahlende Kraft.
5. Der Hl. Geist ist die persönliche Hervorbringung aus dem Vater, dem Sohne angehörig, aber nicht aus dem Sohn, weil er der Geist des Mundes der Gottheit ist, welcher das Wort ausspricht.
6. Der Hl. Geist bildet die Vermittlung zwischen dem Vater und dem Sohn und ist durch den Sohn mit dem Vater verbunden.

23. Erklärung der Nationalsynode der Christkatholischen Kirche der Schweiz, 8. Juni 1876 in Olten

Quelle: Protokoll der zweiten Session der National-Synode der chriskatholischen Kirche in der Schweiz. Sitzungen vom 7. & 8. Juni 1876, Olten (Volksblatt vom Jura) 1876, 20–29, hier 20 f. [Auszug – Die historische Rechtschreibung wurde beibehalten].

Die Nationalsynode der christkatholischen Kirche der Schweiz erklärt: Sie begrüßt die Bestrebungen der altkatholischen Kirche in Deutschland, eine Einigung mit den protestantischen, griechischen und anglikanischen Kirchen herbeizuführen, als ein großes, bereits vom Stifter der christlichen Religion vorausgesagtes, mithin im Willen der göttlichen Vorsehung gelegenes Werk und wird nach Kräften für dessen Förderung und Vollendung ebenfalls einstehen. Sie anerkennt, um diese Einigung und in Übereinstimmung mit den Prinzipien der ungetheilten Kirche zu fördern, als einzigen Herrn der Kirche nur Jesus Christus, unter dem sie sich in Verbindung mit ihrem Episkopat, Priesterthum und Diakonat autonom regiert; als ökumenische, d. h. allgemeine Konzilien nur jene sieben, und auch diese nur in ihrem unverfälschten Texte, welche als solche von der ungetheilten Kirche des Morgen- und Abendlandes angenommen sind; als katholische Moral nur die Moral des Evangeliums, wie sie nach dem allgemeinen, beständigen und einstimmigen Zeugniß der christlichen Einzelkirchen aufgefaßt wird; als katholische Disziplin und Liturgie nur die Disziplin und Liturgie, wie sie allgemein in der ungetheilten Kirche gefeiert werden. Der Synodalrath ist beauftragt, diese Erklärung der Synodalrepräsentanz der altkatholischen Kirche Deutschlands für sich und zu weiteren Handen zur Kenntniß zu bringen.

24. Gebet von Eduard Herzog zur Eröffnung der Vorkonferenz von Glauben und Kirchenverfassung in Genf, 12. August 1920

Quelle: IKZ 10 (1920), 263–272, hier 263 (Text von E. Herzogs Ansprache und Eröffnungsgebet)

Herr Jesus Christum, in dessen heiligem Namen wir uns versammelt haben, um nach der Mahnung deines Apostels unter uns das Band des Friedens zu erneuern und zu befestigen, reinige unsere Herzen, auf dass wir vor allen Dingen dein Reich suchen und seine Gerechtigkeit. Verleihe uns Standhaftigkeit und Mut, damit wir beharren in der Lehre der Apostel, in der Gemeinschaft bei Brotbrechen und Gebet. Schenke uns deinen heiligen Geist, damit wir, was recht ist, erkennen und uns allezeit seines Trostes (264) erfreuen mögen. Flösse uns gegenseitig Nachsicht und Geduld ein, damit wir trotz der Verschiedenheit unserer Herkunft und unserer Sprachen einander verstehen und uns zusammenfinden in dir, der du unser Haupt bist, Jesus Christus, unser Herr.

Wir fassen diese Bitten zusammen, indem wir gemeinschaftlich unsere Herzen erheben und nach deiner Anweisung beten: Vater unser ...

25. Bonner Abkommen von 1931

Quelle: IKZ 21 (1931), 161

Auch in: Harding Meyer, Dokumente wachsender Übereinstimmung. Sämtliche Berichte und Konsenstexte interkonfessioneller Gespräche auf Weltebene 1931–1982, Paderborn (Bonifatius) – Frankfurt a. M. (Otto Lembeck) 1983, 78

Online: www.utrechter-union.org

1. Jede Kirchengemeinschaft anerkennt die Katholizität und Selbständigkeit der andern und hält ihre eigene aufrecht.
2. Jede Kirchengemeinschaft stimmt der Zulassung von Mitgliedern der andern zur Teilnahme an den Sakramenten zu.
3. Interkommunion[797] verlangt von keiner Kirchengemeinschaft die Annahme aller Lehrmeinungen, sakramentalen Frömmigkeit oder liturgischen Praxis, die der andern eigentümlich ist, sondern schliesst in sich, dass jede glaubt, die andere halte alles Wesentliche des christlichen Glaubens fest.

26. Kirchengemeinschaft: Voraussetzungen und Folgen (1987 – Auszug aus dem Orthodox-Altkatholischen Dialog)

Quelle: Urs von Arx (Hg.), Koinonia auf altkirchlicher Basis. Beiheft zu «Internationale Kirchliche Zeitschrift» 79 (1989), 103–105 (Kap. VII)[798]

1. Die Kirche ist der eine Leib Christi, belebt von dem einen Heiligen Geist. Durch sein Wirken sind in diesem Leib alle Gläubigen verbunden in der Einheit des Glaubens, des Gottesdienstes und der kirchlichen Ordnung.

---

797 Seit 1958 «full communion», d.h. volle Gemeinschaft, genannt.

798 Die orthodox-altkatholischen Dialogtexte können hier wegen ihrer Länge nur in wenigen Auszügen abgedruckt werden. Die angegebene Ausgabe ist mehrsprachig.

2. Jede Ortskirche hat ihre Mitte in der heiligen Eucharistie. Es ist Christus, der zu diesem seinem Mahl einlädt. Deshalb wird es von seiner Kirche unter der Leitung des Bischofs oder eines von ihm beauftragten Priesters gefeiert; und zwar ist es die Kirche als der eine Leib Christi, der diese Feier vollzieht, und alle, welche die Eucharistie empfangen, werden *ein* Leib, der Leib Christi. «Das Brot, das ihr auf dem Altar seht, geheiligt durch das Wort Gottes, ist der Leib Christi. Der Kelch oder vielmehr, was der Kelch enthält, geheiligt durch das Wort Gottes, ist das Blut Christi ... Wenn ihr recht empfangen habt, so seid ihr, was ihr empfangen habt. Denn der Apostel sagt: *Ein* Brot, *ein* Leib sind wir, die vielen» (Augustinus, Sermo 227: MPL 38, 1099). «Das Brot, das wir brechen, ist es nicht die Gemeinschaft des Leibes Christi? Warum sagt er (Paulus) nicht: Teilhabe? Weil er mehr als das sagen und andeuten will, wie tief die Verbindung ist. Denn kommunizieren ist nicht nur teilhaben und Anteil bekommen, sondern auch vereinigt werden. Wie jener Leib mit Christus vereinigt wird, so werden auch wir durch dieses Brot mit ihm vereinigt ... Denn nachdem er sagte: Gemeinschaft des Leibes, sucht er wiederum, die enge Beziehung auszudrücken; deshalb fügt er bei: Weil *ein* Brot, sind wir viele *ein* Leib. Was meine ich mit Gemeinschaft (*koinonia*)? Sagt er. Wir sind selbst jener Leib. Denn was ist das Brot? Leib Christi! Was aber werden die Anteilhabenden? Leib Christi! Nicht viele Leiber, sondern ein Leib ... Denn nicht wirst du aus einem Leibe genährt, jener aber aus einem anderen, sondern alle aus demselben Leib» (Johannes Chrysostomos, Hom 24, 2 in 1. Kor.: MPG 61, 200f.).

3. Weil es Christus ist, der einlädt, lädt die Kirche zur Teilhabe an den Mahlgemeinschaft ein. Diese schliesst die Teilhabe an der Aufgabe der Kirche ein, das Evangelium zu verkünden, den Leib Christi aufzubauen und seine Einheit im wahren Glauben und in der Liebe zu bewahren.

4. Wie die Aufnahme in die Kirche nicht ohne das Bekenntnis des wahren Glaubens geschieht, so lässt sich auch das Abendmahl als die Mitte der Kirche nicht ohne den wahren Glauben feiern. Der Christus des Sakramentes ist kein anderer als der des Glaubens, den die Kirche aller Zeiten und Orte einmütig bekennt.

5. Die Gemeinschaft umfasst das ganze Leben der Kirche. So heisst es von ihren Gliedern: «Sie hielten fest an der Lehre der Apostel und an der Gemeinschaft, am Brotbrechen und am Gebet» (Apg. 2, 42). Der heilige Ignatius schreibt: «... dass ihr alle Mann für Mann, jeder einzelne ohne Ausnahme, gemeinsam in Gnade zusammenkommt, in *einem* Glauben und in Jesus Christus, der dem Fleisch nach aus Davids Geschlecht stammt, dem Menschensohn und Gottessohn, um dem Bischof und dem Presbyterium zu gehorchen mit ungeteiltem Sinn, *ein* Bott brechend, das ist die Unsterblichkeitsarznei, Gegengift gegen den Tod, Gabe, um immerfort in Jesus Christus zu leben» (Ignatius von Antiochien, Eph. 20,2: MPG 5, 661).

6. Wo die Gemeinschaft zerbrochen ist, da kann auch das Herrenmahl nicht mehr gemeinsam gefeiert werden. Die Wiederherstellung der Eucharistiegemeinschaft bei fortdauernder Getrenntheit im Glauben ist in sich ein Widerspruch, weil man dann trotz gemeinsamen Eucharistieempfang in weiterhin voneinander getrennten Kirchen lebt. Ein solches Handeln nimmt die Existenz getrennter Kirchen als normal hin und kann dazu führen, dass Trauer und Reue, die doch zur Überwindung der Spaltung notwendig sind, als überflüssig erscheinen. Die Eucharistiegemeinschaft ist vielmehr der Ausdruck der Glaubensgemeinschaft der einen Kirche.

7. Wann immer die Gemeinschaft zerbrochen ist, entsteht für die Kirche die Verpflichtung, den Bruch zu heilen. Die Wiederherstellung der kirchlichen Gemeinschaft ist nicht ausserhalb des einen Leibes Christi möglich, denn nur in diesem Leib ist die Einheit des Glaubens und die Gemeinschaft des Heiligen Geistes gegeben. Dabei gilt es nicht nur sorgfältig zu prüfen, ob man einander nahe genug ist, um die Gemeinschaft wiederherzustellen, sondern auch, ob die Differenzen so schwerwiegend sind, dass die Trennung weiterhin bestehen bleiben muss.

8. Folge und Ausdruck der gemeinsam erkannten Glaubensgemeinschaft ist die volle, liturgisch-kanonische Gemeinschaft der Kirchen, die Verwirklichung der organischen Einheit in dem einen Leib Christi. Die liturgischen und die kanonischen Folgen, die sich aus der kirchlichen Gemeinschaft ergeben, werden von der Kirche auf Grund der Überlieferung der ungeteilten Kirche geklärt und geregelt. Diese Gemeinschaft bedeutet keine Uniformität in der liturgischen Ordnung und in den kirchlichen Gebräuchen, sondern kommt darin zum Ausdruck, dass die beteiligten Kirchen die je geschichtlich gewordene legitime Entfaltung des einen Glaubens der alten und ungeteilten Kirche bewahren. Diese Gemeinschaft bedingt auch nicht die Unterwerfung der einen Kirche mit ihrer Tradition unter die andere, denn dies würde der Wirklichkeit der Gemeinschaft gerade widersprechen. Die in der vollen Gemeinschaft vereinigten Kirchen erfüllen ihre Aufgaben in der Welt nicht isoliert voneinander, sondern grundsätzlich gemeinsam.

Der obige Text über «Kirchengemeinschaft: Voraussetzungen und Folgen» gibt nach Auffassung der Gemischten Orthodox-Altkatholischen Theologischen Kommission die Lehre der Orthodoxen und der Altkatholischen Kirche wieder.

Kavala, 17. Oktober 1987
[Unterschriften]

27. Wesen und Eigenschaften der Kirche (1977 – Auszug aus dem Orthodox-Altkatholischen Dialog)

Quelle: Urs von Arx (Hg.), Koinonia auf altkirchlicher Basis. Beiheft zu «Internationale Kirchliche Zeitschrift» 79 (1989), 59–62 (Kap. III/1)

I

1. Die Kirche steht ihrem Wesen nach in engem Zusammenhang mit dem Geheimnis des dreieinigen Gottes, der sich in Christus und dem Heiligen Geist offenbart (vgl. Eph. 5, 32). Sie ist «der Schatz der unaussprechlichen Geheimnisse Gottes» (Joh. Chrys. In ep. I. ad Cor. Hom. 16,3 – PG 61, 134).

In Schrift und Überlieferung wird keine direkte und umfassende Definition des Begriffs der Kirche gegeben, es finden sich in ihnen jedoch viele Bilder und Bezeichnungen, aus denen mittelbar hervorgeht, was die Kirche ihrem Wesen nach ist.

Nach der Schrift ist die Kirche «der Leib Christi» (Röm. 12, 4f.; 1. Kor. 12, 13.27), «das Volk Gottes» (1. Petr. 2, 10), «das Haus» oder «der Tempel Gottes» (1. Tim. 3, 15; Eph. 2, 19; 1. Kor. 3, 16f.), «die königliche Priesterschaft» (1. Petr. 2, 9), Die Braut Christi (vgl. Mk. 2, 20; Mat 25, 1ff; Apk. 21, 2), «der Weinberg» Gottes (Jes. 5, 7).

Auch in der Überlieferung gibt es Umschreibungen, wobei jeweils der eine oder andere Aspekt der Kirche hervorgehoben wird: sie hat eine bischöfliche Ordnung, einen priesterlichen und charismatischen Charakter, sie ist Gemeinschaft der Gläubigen, sie wird gebildet von allen Rechtgläubigen aller Zeiten, sie ist die im Gottmenschen geeinte Menschheit.

2. Ihrem Wesen nach ist die Kirche somit keine bloss menschliche Gemeinschaft, keine vergängliche Erscheinung der menschlichen Geschichte. Sie gründet in Gottes ewigem Ratschluss für die Welt und die Menschen, im Alten Bund wurde sie in Israel vorausdargestellt und von den Propheten im voraus verkündet als das zukünftige Gottesvolk des Neuen Bundes, in dem Gott seine endgültige und alle umfassende Herrschaft auf Erden errichten würde (Jes. 2,2; Jer. 31, 31), und in der Fülle der Zeit wurde sie verwirklicht in der Menschwerdung des Wortes Gottes, durch die Verkündigung des Evangeliums, die Auswahl der zwölf Apostel, die Einsetzung des Abendmahles, den Tod am Kreuz und die Auferstehung, sowie durch die Sendung des Heiligen Geistes an Pfingsten zur Heiligung der Kirche und zur Ausrüstung der Apostel für ihr Werk.

3. So ist die vom Herrn auf Erden gegründete Kirche der Leib Christi, dessen Haupt Christus ist, ein gottmenschlicher Organismus: eine beschreibbare und wahrnehmbare Gemeinschaft und zugleich eine innere und geistige Beziehung ihrer Glieder zu ihrem göttlichen Stifter und untereinander. Als wanderndes Gottesvolk lebt die Kirche auf Erden in der Erwartung ihres Herrn bis zur Vollendung des Gottesreiches. Sie besteht und lebt sowohl im Himmel in den schon Vollendeten und dort Triumphierenden als auch auf Erden in den Gläubigen, die den guten Kampf kämpfen (vgl. 2. Tim 4, 6). Nach dem einen Aspekt ist sie unsichtbar und himmlisch, nach dem anderen ist sie irdisch und sichtbar, eine Gemeinschaft und ein Organismus mit einem Hirten- und Priesteramt, das ordnungsgemäss von den Aposteln stammt, mit bleibenden dogmatischen und ethischen Grundsätzen und einem feststehenden, geordneten Gottesdienst, ein Leib, in dem Klerus und Laienschaft unterschieden werden.

In der Kirche vollzieht sich das neue, Christus gemässe Leben im Heiligen Geist, in ihr wird die Gnade und das göttliche Leben des Hauptes allen Gliedern des Leibes zu ihrer Heiligung und Rettung geschenkt.

4. Dementsprechend kann die vom Herrn auf Erden gegründete Kirche nicht nur etwas Innerliches sein, eine unsichtbare Gemeinschaft oder eine ideale und unbestimmbare Kirche, deren unvollkommene Abbilder die einzelnen Kirchen wären. Eine derartige Auffassung vom Wesen der Kirche widerspricht dem Geist der Schrift und der Überlieferung, sie zerstört den echten Gehalt der Offenbarung und den geschichtlichen Charakter der Kirche.

II.

Das Wesen der Kirche findet seinen dogmatischen Ausdruck im Nizäno-konstantinopolitanischen Glaubenssymbol, wie es von der 4. Ökumenischen Synode in Chalkedon bestätigt wurde. In diesem Symbol folgt auf dem Glauben an den dreieinigen Gott die Glaubensaussage über «die eine, heilige, katholische und apostolische Kirche».

5. Die Kirche ist «eine», denn so, wie Christus, das Haupt der Kirche, einer ist, gibt es auch *einen* vom Heiligen Geist belebten Leib, in dem Christus als Haupt und die Gläubigen als Glieder vereinigt werden. In diesem Leib sind alle Ortskirchen durch die Einheit des Glaubens, des Gottesdienstes und der Ordnung miteinander verbunden. Die Einheit des

Glaubens und des Gottesdienstes stellt das Band dar, das die Gläubigen mit dem Erlöser und untereinander in Liebe und Frieder verbindet, und kommt zum Ausdruck im Bekennen desselben Glaubens und im Feiern desselben Gottesdienstes, soweit er auf dem Dogma beruht.
Die Einheit der Ordnung zeigt sich darin, dass die Leitung auf Grund derselben Prinzipien ausgeübt wird und die Gläubigen *ein* Amt und *eine* Autorität den kanonischen Satzungen gemäss anerkennen, den Episkopat, der konziliär verfasst ist.
Wenn die Glieder der Kirche die Glaubenswahrheiten auf verschiedene Weise erkennen, ist das keine Aufhebung oder Beeinträchtigung der Einheit des Glaubens; auch nicht, wenn die Kirche manchmal gegenüber Menschen, die sich von der Einheit des Glaubens und der Ordnung entfernen, Geduld zeigt und sie aus Gründen der Fürsorge und der «Ökonomie» vom Leib der Kirche nicht ausschliesst.
Sind also in der Kirche, dem Leib Christi, auch viele Glieder, so bilden sie doch alle einen Leib und sind zu einer untrennbaren Einheit vereinigt. Für diese Einheit hat der Herr gebetet, wobei er die Einheit der Gläubigen in der Einheit von Vater und Sohn gründen liess (Joh. 17, 21), als Bild der Einheit des dreieinigen Gottes. «Vater, Sohn und Heiliger Geist haben einen Willen. Er will, das auch wir so sind, wenn er sagt: ‹damit alle eins seien, wie ich und du eins sind›» (Joh. Chrys. in Joan. Hom. 78, 3 – PG 59, 425).
6.   Die Kirche ist «heilig», da Christus, ihr Haupt, heilig ist und sich für sie hingegeben hat, «um sie zu heiligen, … damit er selbst die Kirche in herrlicher Gestalt vor sich hinstellte als eine, die weder Flecken noch Runzel oder etwas dergleichen hätte, sondern heilig und untadelig wäre» (Eph. 5, 25–27). Christus machte die Kirche zum «Haus Gottes» (1. Tim. 3, 15; Hebr. 3, 6), er hat ihr Gemeinschaft und Anteil an seiner Heiligkeit und Gnade und seinem göttlichen Leben gegeben, – er, «der das Volk geheiligt hat durch sein eigenes Blut» (Hebr. 13, 12). Daher werden auch die Christen Heilige genannt (Apg. 9, 13).
Die Tatsache, dass Glieder der Kirche sündigen, hebt die Heiligkeit der Kirche nicht auf. Die Väter haben übereinstimmend jene verurteilt, die aus übertriebenen und asketischen Tendenzen heraus der Auffassung waren, die Kirche sei eine Gemeinschaft, die nur aus vollkommen heiligen Gliedern bestehe.
7.   Die Kirche ist «katholisch», da Christus, ihr Haupt, der Herr des Alls ist. Es ist ihr vorausbestimmt, dass sie sich über die ganze Schöpfung erstrecke, über alle Völker und durch alle Zeiten (Mat. 28, 20; Mk. 16, 15; Apg. 1, 8). Das ist die äussere, quantitative Bedeutung der Katholizität. Nach der inneren, qualitativen Bedeutung des Wortes wird die Kirche «katholisch» genannt, da sie, obwohl über die ganze Erde verstreut, immer und überall dieselbe ist. Sie ist «katholisch», da sie die «gesunde Lehre» hat (Tit. 2, 1; vgl. 1. Tim. 6, 20), in der ursprünglichen Überlieferung der Apostel verbleibt und, «was überall, immer und von allen geglaubt worden ist» (Vinc. Ler. Comm. 2 – PL 50, 640), rechtgläubig fortführt und bewahrt. Die Kirche ist also «katholisch» in dem Sinn, dass sie die rechtgläubige, authentische und wahre Kirche ist.
Nach Kyrill von Jerusalem «wird (die Kirche) katholisch genannt, weil sie über den ganzen Erdkreis, von einem Ende der Erde bis zum andern (ausgebreitet) ist; weil sie vollständig und umfassend alle Glaubenswahrheiten, die zur Kenntnis der Menschen kommen sollen, lehrt – sowohl was das Sichtbare wie das Unsichtbare, das Himmlische wie das Irdische betrifft; weil sie das ganze Menschengeschlecht zur Gottesfurcht führt – die Herrscher und die Untertanen, die Gebildeten und Ungebildeten; und weil sie einerseits jede Art von Sünden, die mit

Seele und Leib begangen werden, umfassend behandelt und heilt, andererseits jedwelche Tugend, die man nennen kann, in sich besitzt – in Tat und Wort und in mannigfachen geistlichen Gnadengaben» (Cyr. Hier. Cat. 18, 23 – PG 33, 1044).

8. Die Kirche ist «apostolisch», da ihr göttlicher Stifter der erste «Apostel» war (Hebr. 3, 1; vgl. Gal. 4, 4) und da sie erbaut ist «auf dem Grund der Apostel und Propheten, wobei Christus Jesus der Eckstein ist « (Eph. 2, 20).

Die Sendung Jesu steht in einem weiteren Zusammenhang: der Sohn wird vom Vater in die Welt gesandt, er selbst sendet die Jünger (vgl. Joh. 20, 21), zu denen er sagt: «Wer euch hört, hört mich» (Luk. 10, 16). Nach ihrem Tod wird die Sendung von der Kirche fortgeführt, die das vom Herrn den Aposteln anvertraute Gut der Wahrheit festhält und weitergibt im geistlichen Leben, im Vollzug der Sakramente und in der Lehre. Die von der Kirche bewahrte apostolische Lehre ist die innere Seite ihrer Apostolizität. Deren anderes Element ist die von den Aposteln ausgehende ununterbrochene Reihe und Nachfolge der Hirten und Lehrer der Kirche, die das äussere Merkmal und gleichsam die Bürgschaft der Wahrheit der Kirche ist. Diese beiden Elemente der Apostolizität, das innere und das äussere, begründen und bedingen einander: fehlt das eine oder das andere, so wird das Wesen der Apostolizität und die Fülle der Wahrheit der Kirche beeinträchtigt.

Die vier dogmatischen Eigenschaften der Kirche durchdringen einander in unauflöslicher Einheit und weisen hin auf Unzerstörbarkeit und Untrüglichkeit der Kirche, der «Säule und Grundfeste der Wahrheit» (1. Tim. 3, 15).

Der obige Text über «Wesen und Eigenschaften der Kirche» gibt nach Auffassung der Gemischten Orthodox-Altkatholischen Theologischen Kommission die Lehre der Orthodoxen und der Altkatholischen Kirche wieder.

Chambésy/Genf, Orthodoxes Zentrum des Ökumenischen Patriarchats, 29. August 1977
[Unterschriften]

28. Die Einheit der Kirche und die Ortskirchen (1979 – Auszug aus dem Orthodox-Altkatholischen Dialog)

Quelle: Urs von Arx (Hg.), Koinonia auf altkirchlicher Basis. Beiheft zu «Internationale Kirchliche Zeitschrift» 79 (1989), 63–65 (Kap. III/2)

1. Die Kirche ist der eine, unteilbare Leib Christi, in dem die Gläubigen als die Glieder mit Christus als dem Haupt und untereinander vereint sind. Der höchste Ausdruck und zugleich die unversiegliche Quelle dieser Einheit ist das Sakrament der Eucharistie, die Kommunion mit dem Leib und Blut Christi: «Weil es *ein* Brot ist, sind wir, als die vielen, *ein* Leib; denn wir sind alle des einen Brotes teilhaftig» (1. Kor. 10, 17).

2. Die eine Kirche auf Erden existiert in den vielen Ortskirchen, deren Leben seinen Mittelpunkt in der Feier der heiligen Eucharistie hat, die in Verbindung mit dem rechtmässigen Bischof und seinem Presbyterium geschieht. «Folgt alle dem Bischof nach wie Christus Jesus dem Vater, und dem Presbyterium wie den Aposteln ... Jene Eucharistie ist anzuerkennen, die unter Leitung des Bischofs oder eines Beauftragten des Bischofs gefeiert wird» (Ign. v. Ant. Smyrn. 8, 1; PG 5, 852).

V. Texte zur Wiedervereinigung der Kirchen und ökumenische Vereinbarungen 351

3. Die Verbreitung des christlichen Glaubens in verschiedenen Ländern unter vielen Völkern und die Entstehung zahlreicher Ortskirchen haben die Einheit der Kirche keineswegs aufgehoben und heben sie weiterhin nicht auf, insofern die Ortskirchen den ihnen vom Herrn durch die Apostel überlieferten Glauben rein und unverfälscht in einmütiger Gesinnung aller bewahren. Die Einheit im Glauben ist der höchste Grundsatz der katholischen Kirche: «Die Kirche ... hat von den Aposteln und von ihren Schülern den Glauben empfangen, ... den Glauben an den einen Gott, den allmächtigen Vater, ... und an den einen Christus Jesus, den Sohn Gottes, ... und an den Heiligen Geist ... Sie hat diese Verkündigung empfangen ... Obwohl sie über die ganze Welt verstreut ist, bewahrt die Kirche diese Verkündigung sorgfältig ..., als ob sie ein Haus bewohnte. Sie glaubt so daran, als ob sie nur ein Herz und eine Seele hätte, sie verkündigt, lehrt und überliefert dies einstimmig, als ob sie nur einen Mund besässe» (Iren. Adv. Haer. I, 10, 1-2; PG 7, 549.552).

4. Jede Ortskirche als um den Bischof und das Presbyterium vereinigte Gemeinschaft der Gläubigen ist als Leib Christi die Manifestation des ganzen Christus an einem bestimmten Ort. Sie stellt die sakramentale Wirklichkeit der ganzen Kirche an ihrem Ort dar. Denn das Leben der Kirche, das ihr durch die Gegenwart Christi im Heiligen Geist von Gott, dem Vater, geschenkt wird, ist den einzelnen Ortskirchen nicht geteilt gegeben, sondern eine jede besitzt es in seiner Ganzheit. Das Leben der Ortskirchen ist also unbeschadet der Verschiedenheiten in ihren Sitten und Gebräuchen seinem Wesen nach ein und dasselbe: «Ein Leib und ein Geist, ... ein Herr, ein Glaube, eine Taufe, ein Gott und Vater aller» (Eph. 4, 4–6). Es ist nicht eine Vielzahl, sondern der eine Leib Christi, ungeteilt und ganz an jedem Ort. In dieser Einheit des Lebens der Ortskirchen bildet sich die Einheit der heiligen Dreifaltigkeit selbst ab.

5. Die Ortskirchen erkennen eine in der andern dieselbe Wirklichkeit und bekunden die Identität ihres Wesens vor allem durch die Einheit des Glaubens, weiter durch die Einheit des liturgisch-sakramentalen Lebens, durch die Einheit in den Grundprinzipien der kanonischen Ordnung und Leitung des kirchlichen Lebens sowie durch die Einheit des Episkopats. Diese Grundprinzipien haben in den Kanones der sieben ökumenischen und der anerkannten örtlichen Synoden authentischen Ausdruck gefunden oder sind bei den Kirchenvätern bezeugt. In der gegenwärtigen Zeit, da die Kirche noch darauf zu warten und darum zu beten hat, dass Gott sie erlöse von allem Übel, sie vollkommen mache in seiner Liebe und sie zusammenbringe von den Enden der Erde in sein Reich (Did. 10, 5; 9, 4), müssen die Ortskirchen mit aller Hingabe die ihnen geschenkte wesenhafte Einheit in ständigem Kampf gegen die Kräfte der Sünde und der Trennung bewahren.

6. Die Ortskirchen, die im Laufe der Zeit in bestimmten geographischen Gebieten umfassendere Einheiten mit einem der Bischöfe als erstem an der Spitze gebildet haben, bekunden und verwirklichen ihre Gemeinschaft im gemeinsamen Empfang der eucharistischen Gaben durch ihre Glieder, in gegenseitigen Besuchen ihrer Vorsteher und Vertreter, durch Austausch von Grussbotschaften sowie durch gegenseitige Hilfe und Fürbitte und auf andere Weise entsprechend den Gaben, die jede in ihrer Eigenart empfangen hat. Dabei beachtet jede von ihnen die Regel der Nichteinmischung und des Nichteingreifens in die inneren Angelegenheiten der andern.

7. Über Fragen des Glaubens und über andere Fragen von gemeinsamem Interesse, d. h. über Fragen, die sie insgesamt betreffen und die Zuständigkeit jeder einzelnen von ihnen

überschreiten, beraten und entscheiden die Ortskirchen unter Einhaltung der kanonisch festgelegten Ordnung der Ehre und des Ranges in der Kirche auf Synoden. Dies geschieht in vorzüglicher Weise auf der ökumenischen Synode, welche die höchste Autorität in der Kirche darstellt, das Organ und die Stimme, durch welche die katholische Kirche spricht, wobei sie stets die Wahrung und Festigung ihrer Einheit in der Liebe erstrebt.

Der obige Text über «Die Einheit der Kirche und die Ortskirchen» gibt nach Auffassung der Gemischten Orthodox-Altkatholischen Theologischen Kommission die Lehre der Orthodoxen und der Altkatholischen Kirche wieder.

Bonn. Griechisch-Orthodoxe Metropolie, 24. August 1979
[Unterschriften]

29. Personale, kollegiale und gemeinschaftliche Verantwortung für die Einheit der Kirche und ihr Bleiben in der Wahrheit (2009 – Auszug aus dem Internationalen Römisch-Katholisch – Altkatholischen Dialog)

Quelle: Kirche und Kirchengemeinschaft. Erster und Zweiter Bericht der Internationalen Römisch-Katholisch – Altkatholischen Dialogkommission 2009 und 2016, Paderborn (Bonifatius) 2017, 25–28 (Kap. 4)[799]

(20) Zu den Gaben, die Gott der Kirche für die Bewahrung ihrer Integrität als der in Jesus Christus und im Heiligen Geist geschaffene Heils- und Lebensraum auf ihrem Weg durch die Zeiten gegeben hat, zählen auch unterschiedliche Ämter und Dienste. Zu ihrer Sendung gehört es, die Einheit der Kirche und ihr Bleiben in der einen Wahrheit im steten Prozess der weltweiten Mission und Inkulturation des Evangeliums zum Ausdruck zu bringen und zu bewahren. Diese besonderen Aufgaben werden in personaler, kollegialer und gemeinschaftlicher Verantwortung (episkopē) wahrgenommen, und zwar sowohl in der Ortskirche als auch in der überörtlichen (regionalen und universalen) Gemeinschaft von Ortskirchen (vgl. A-RK/15, Nr. 35–40; NMC, Nr. 67; 90–98).

(21) In der Ortskirche ist der Bischof der Träger der personalen *episkopē*, der seinen Leitungsdienst in Verbindung mit den übrigen Teilhabern am apostolischen Amt (Presbyterkollegium, Diakonat) und mit dem Glaubenszeugnis aller Getauften wahrnimmt.

(22) In der überörtlichen (bis hin zur universalen) Gemeinschaft der Ortskirchen sind die Träger der *episkopē* in erster Linie Bischöfe, welche die Ortskirchen auf synodalen Versammlungen vertreten und gegebenenfalls zusammen mit anderen Gliedern des Gottesvolkes die Aufgabe des Suchens, Findens und Verkündens der Wahrheit übernehmen.
Dabei sind Primat (Leitungsdienst) und Synodalität (gemeinsame Verantwortung) gleichermassen erforderlich: Es ist die Aufgabe *eines* Bischofs, dafür zu sorgen, dass die *vielen* Bischöfe in einem synodalen Prozess die ihnen zugedachte Verantwortung wahrnehmen (vgl. A-RK/4, Nr. 19–23; NMC, Nr. 99–104).

---

[799] Wegen ihrer Länge können aus den Berichten dieses Dialogs hier lediglich Auszüge abgedruckt werden.

Je nach der Ausdehnung der überörtlichen Gemeinschaft von Ortskirchen, die sich den anstehenden Aufgaben der Bewahrung der Einheit der Kirche und der Bezeugung der Wahrheit zu stellen haben, hat es im Lauf der Kirchengeschichte verschiedene Bezeichnungen und Ausgestaltungen der primatialen Funktion gegeben. Für die universale Dimension kommt dieser Primat dem Papst zu.

Es ist zu beachten, dass im obigen Abschnitt der Ausdruck «Primat» für alle Bereiche von überörtlicher Gemeinschaft von Ortskirchen bis hin zur irdisch-universalen Gemeinschaft von Gemeinschaften von Ortskirchen verwendet wird, nicht nur für den Letztgenannten.

(23) Wo immer in personaler, kollegialer und gemeinschaftlicher *episkopē* die Aufgabe der Bewahrung der Gemeinschaft der Kirche und ihres Bleibens in der Wahrheit wahrgenommen wird, kommt es auf das *Zusammenwirken der Bezeugungsinstanzen* an. Darunter sind die verschiedenen Artikulationen des Glaubens zu verstehen, die zur Glaubenserkenntnis und Glaubensentscheidung beitragen. Diese sind die Heilige Schrift, die Tradition, der Glaubenssinn der Gläubigen, das kirchliche Lehramt und die Theologie. Sie manifestieren sich in unterschiedlicher Weise in der liturgischen Überlieferung, in den Symbolen und Glaubensentscheidungen der Ökumenischen Synoden, im einmütigen Lehramt der Bischöfe, im gemeinsamen Glaubensbewusstsein der Gläubigen und in den Einsichten der wissenschaftlichen Theologie. Sie alle haben ihren Fokus in der Heiligen Schrift als Zeugnis der Offenbarung des dreieinen Gottes und seines Heilswillens, wie sie in der Gemeinschaft der Kirche in vom Heiligen Geist initiierten Weisen empfangen und weitegegeben wird. Der geschichtliche Weg, den die Kirche auf ihre Vollendung im Reich Gottes hin zu gehen hat, führt zu vielgestaltigen Inkulturationen des Glaubens. Daher ist im jeweiligen Zusammenwirken der genannten Bezeugungsinstanzen sowohl eine kreative Kontinuität mit der Lehre und den geistlichen Erfahrungen der Väter und Mütter im Glauben als auch eine Offenheit für die Lebensfragen der Menschen in ihrer jeweiligen Zeit unabdingbar (AK-O/1a, Nr. [5] 4; AK-O/3d; CS; Nr. 72–73).

Bei den Bezeugungsinstanzen kann differenziert werden zwischen solchen, die zunächst als autoritative Text vorliegen (z. B. die Heilige Schrift, Glaubenssymbole) und solchen, in denen konkrete Personen (die Gläubigen, Träger des Lehramtes, Theologen) sich auf jene beziehen und sie durch ihre interpretativen Akte situativ zur Geltung bringen.

(24) In diesem Bezeugungs- und Erkenntnisgeschehen des Glaubens kommt die *Apostolizität* der Kirche darin zur Geltung, dass die Grundvollzüge der Kirche in Wort und Sakrament, in der Lehre und im Amt sich in Raum und Zeit von der Sendung Jesu Christi und der Apostel herleiten und vor ihr zu verantworten sind. Dabei ist die Weitergabe des apostolischen Amtes durch Gebet und Handauflegung ein wesentlicher Aspekt der apostolischen Sukzession, in der die Kirche mit all ihren wesentlichen Lebensäusserungen zu stehen hat (IBK-Statut, Nr. 3.4).

(25) Die Zeugnisse von synodalen Entscheidungsfindungen im Dienst der Einheit der Kirche und ihres Bleibens in der Wahrheit des apostolischen Glaubens erweisen sich in der faktischen Rezeption durch die Kirche als vom Geist Gottes angestossen und dem Willen Gottes entsprechend.

(26) Diese gemeinsame Sicht erneuert und erweitert die 1974 in Deutschland zwischen der Altkatholischen und der Römisch-Katholischen Kirche getroffene Feststellung, wonach die beiden Kirchen «in Dankbarkeit ihre weitgehende Gemeinschaft im Bekenntnis und im Verständnis des überlieferten katholischen Glaubens» erkennen und «sich ihrer Übereinstimmung hinsichtlich der göttlichen Offenbarung und ihrer Übermittlung durch das Zeugnis der Heiligen Schrift und der Kirche, der sieben Sakramente und des kirchlichen Amtes, das in apostolischer Sukzession ausgeübt wird», erfreuen (VPH).

30. Der Dienst des Papstes an der Einheit der Kirche und ihrem Bleiben in der Wahrheit (2009 – Auszug aus dem Internationalen Römisch-Katholisch – Altkatholischen Dialog)

Quelle: Kirche und Kirchengemeinschaft. Erster und Zweiter Bericht der Internationalen Römisch-Katholisch – Altkatholischen Dialogkommission 2009 und 2016, Paderborn (Bonifatius) 2017, 28–31 (Kap. 5)

(27) Alle bisherigen offiziellen *altkatholischen* Äusserungen und Erklärungen zum Primat des Bischofs von Rom (siehe Anhang) haben faktisch immer einen Primat des Papstes anerkannt, wie er der gemeinsamen Tradition der Kirche des Ostens und des Westens entspricht. Was abgelehnt wurde, ist die Definition des Universalprimates und der Lehrunfehlbarkeit des Papstes, wie sie in der Konstitution *Pastor Aeternus* des Ersten Vatikanischen Konzils vorliegt und in der Konstitution *Lumen Gentium* (Kap. 3) des Zweiten Vatikanischen Konzils, wenn auch innerhalb eines viel weiteren ekklesiologischen Kontextes, bestätigt wird und in den geltenden Rechtskodifizierungen des CIC 1983 und des CCEO 1990 in unterschiedlicher Weise Eingang gefunden hat. In den altkatholischen Stellungnahmen finden sich freilich auf Hinweise zur theologischen Begründung, zur Situierung im apostolischen Amt der Kirche und zur Funktion des päpstlichen Primates.

(28) Was die *Begründung* anbelangt, so wird einerseits auf geschichtliche Umstände wie die Zuerkennung eines Ehrenvorrangs des römischen Bischofs durch ökumenische Konzile auf Grund seines Sitzes in der Hauptstadt des Römischen Reiches (anno 325, c. 6; anno 381, c. 3; vgl. anno 451, c. 28: COD I, S. 8–9; 32; 99–100) oder durch die Vätertradition auf Grund der sozusagen doppelten Apostolizität Roms wegen der Gräber von Petrus und Paulus verwiesen. Andererseits werden auch die neutestamentlichen Zeugnisse einer besonderen Stellung des Petrus im vorösterlichen Jüngerkreis und in der ersten nachösterlichen Zeit der Kirche mitberücksichtigt. In diesem Sinn wird dann der neuere Ausdruck «Petrusamt» oder «Petrusdienst» aufgegriffen und damit eine Aufgabe anvisiert, die bei aller Einmaligkeit des geschichtlichen Petrus für die Kirche von bleibender Bedeutung ist, wenn auch eine direkte Nachfolge im altkatholischen Verständnis nicht gegeben zu sein scheint.

(29) Im Blick auf die *Situierung* des Papstes als eines Trägers eines universalen Primates macht der wiederkehrende Ausdruck *primus inter pares* deutlich, dass der Primat sich im Rahmen einer Synodalität und Kollegialität der Ortskirchen und ihrer Bischöfe bewegen muss; er wird näherhin im Licht einer Ortskirchentheologie bzw. der altkirchlichen «Patriarchatsverfassung» gesehen, so dass der Papst eben als erster der Patriarchen den universalen Primat ausübt.

(30) Aussagen über die Funktion des päpstlichen Primates zielen in erster Linie darauf, dass sein Inhaber zunächst ein personales Zeichen der universalen Einheit der Ortskirchen ist; sodann, dass er in Situationen, wo die Gemeinschaft der Ortskirchen vor Entscheidungen gestellt ist, die ihre Einheit und das Bleiben in der Wahrheit gefährden, mit die Ortskirchen verpflichtenden Initiativen vorangeht und gemeinsame Entscheidungsfindungen koordiniert; schliesslich, dass er in bestimmten Fällen Appellationen entgegennimmt. Wie auch immer seine Funktion nach Rechten und Pflichten im Einzelnen umschrieben werden, so ist damit nach altkatholischem Verständnis keine Jurisdiktion in dem Sinn verbunden, dass er ohne entsprechende Aufforderung direkt und jederzeit in Ortskirchen einzugreifen oder Entscheidungen in Fragen, welche die Bewahrung der Gemeinschaft der Ortskirchen in der Wahrheit und in der Liebe betreffen, allein zu treffen ermächtigt ist.

(31) Nach *römisch-katholischer Lehre* ist festzuhalten, dass spätestens nach dem Ersten Vatikanischen Konzil der Jurisdiktions- und Lehrprimat integraler und seinem Wesen nach, nicht aber in allen seinen konkreten Ausformungen, unaufgebbarer Bestandteil des Petrusdienstes ist (CS, Nr. 154). Diese Lehre impliziert, dass der Petrusdienst in personaler Nachfolge des Apostels Petrus ausgeübt wird. Die neutestamentlichen Aussagen über Petrus zeigen: «Die frühe Kirche hat mit der Gestalt des Petrus Funktionen eines Lehr- und Hirtendienstes verbunden, die sich auf die Gesamtheit der Gemeinden beziehen und in besonderem Masse ihrer Einheit dienen» (CS, Nr. 163, vgl. Nr. 158–163).

(32) Hieraus folgt nach römisch-katholischer Lehre:
- Das Amt der universalkirchlichen Verantwortung «… ist seinem Kern nach geschichtlich verwirklicht in Person und Aufgabenstellung des Bischofs von Rom, des römischen Papstes» (CS, Nr. 193).
- «Zum Kern dieses Amtes gehören alle die Funktionen und Vollzüge, die zur Erfüllung und Sicherung seines universalkirchlichen Auftrags erfordert werden. Das ist vor allem jene letztverbindliche Leitungs- und Lehrkompetenz, ohne welche der Amtsträger die ihm anvertraute Sorge für die Einheit der Kirche in der Wahrheit des Evangeliums nicht wirksam wahrnehmen könnte» (CS, Nr. 193).

(33) Im heutigen ökumenischen Gespräch anerkennt die römisch-katholische Seite die Berechtigung mancher Bedenken gegen diese Lehre und macht geltend, dass der Jurisdiktionsprimat seinen Ort immer nur innerhalb der *Communio*-Struktur der Kirche haben darf. Überdies ist sie der Überzeugung, dass die päpstliche Unfehlbarkeit lediglich in der absoluten Treue zum apostolischen Glauben ausgeübt werden kann, dergestalt, dass ein Papst, der diese Treue nicht wahrte, eo ipso seines Amtes verlustig ginge (CS, Nr. 198, vgl. Nr. 67–68;

A-RK/15, Nr. 46–48). Zudem wurde infolge der differenzierten Neubewertung des ekklesialen Status der nichtrömisch-katholischen Kirchen und kirchlichen Gemeinschaften durch das Zweite Vatikanische Konzil (vgl. UR Nr. 3; 15) die Verpflichtungskraft rein kirchlicher Gesetze in CIC 1983 (c. 11) auf römisch-katholische Christen und Christinnen beschränkt (im Gegensatz zum CIC 1917, der in c. 12 alle Getauften an die kirchlichen Gesetze der römisch-katholischen Kirche gebunden hat).

31. Vereinbarung von Uppsala 2016

> Quelle: Angela Berlis (Hg.), Utrecht and Uppsala on the Way to Communion. Report from the official dialogue between the Old Catholic Churches of the Union of Utrecht and the Church of Sweden (2013) with a revised translation «Utrecht und Uppsala auf dem Weg zu kirchlicher Gemeinschaft» (2018), Beiheft zu IKZ 108 (2018), 215 f. [2. Aufl.]

Vereinbarung

Die in der Utrechter Union vereinigten altkatholischen Kirchen, vertreten durch Joris Vercammen, Erzbischof von Utrecht und Präsident der Internationalen Altkatholischen Bischofskonferenz, und

die Kirche von Schweden, vertreten durch Antje Jackelén, Erzbischöfin von Uppsala, stimmen der Anerkennung der Gemeinschaft unserer beiden Kirchen auf der Basis unseres Dialogberichtes «Utrecht und Uppsala – auf dem Weg zu kirchlicher Gemeinschaft» zu.

Wir anerkennen,
1. dass jede der beiden Kirchen die eine, heilige, katholische und apostolische Kirche Jesu Christi verwirklicht;
2. dass abweichende Traditionen in unseren Kirchen, seien es strukturelle, liturgische, theologische oder disziplinäre, nicht ausschliessen, dass sie in der durch Jahrhunderte währenden Kontinuität der apostolischen Tradition stehen; sie bekunden vielmehr Vielfalt in einer fundamentalen Einheit, die in künftiger Gemeinschaft noch vertieft werden kann;
3. dass jede der beiden Kirchen ein liturgisch und eucharistisch reiches Leben hat, eine ungebrochene bischöfliche Struktur, eine tiefe Verpflichtung für die sichtbare Einheit der Kirche und daher auch für die Ökumenische Bewegung und eine offene und kritische Haltung gegenüber sich verändernden Werten in der Gesellschaft;
4. dass es ein festes Fundament auf spiritueller und institutioneller Ebene gibt, das künftige Beziehungen zwischen unseren Kirchen ermöglicht, und dass unser gemeinsamer Glaube und unsere gemeinsame Sendung Möglichkeiten dazu bietet, einander zu unterstützen, sei es in Europa, sei es durch unsere gemeinsamen Kontakte auf anderen Kontinenten.

Wir verpflichten uns dazu,
5. getaufte Glieder der beiden Kirchen in Übereinstimmung mit den geltenden Regeln als Glieder der eigenen Kirche zu betrachten;
6. die Glieder der je anderen Kirche zum Empfang der Sakramente und pastoraler Dienste willkommen zu heissen;
7. ein gemeinsames Leben in Sendung und Dienst zu teilen, für und mit einander zu beten und Ressourcen zu teilen;

8. eine in der Kirche von Schweden oder in einer der Altkatholischen Kirchen der Utrechter Union ordinierte Person willkommen zu heissen, ohne Reordination in einer unserer Kirchen zu amtieren, wenn dies auf Einladung und in Übereinstimmung mit den Regeln geschieht, die in der aufnehmenden Kirche gelten;
9. die Bischöfe beider Kirchen einzuladen, sich bei Bischofsweihen an der Handauflegung zu beteiligen;
10. Konsultationen von Repräsentanten unserer Kirchen anzuregen und in Theologie und Pastoral Lernprozesse und Austausch von Gedanken und Informationen zu fördern wie auch den Austausch von Studierenden;
11. Beobachter der je anderen Kirche zu grösseren Ereignissen einzuladen;
12. wo immer möglich eine Zusammenarbeit von Gemeinden der Altkatholischen Kirche und der Kirche von Schweden zu unterstützen.

Diese Vereinbarung tritt in Kraft, sobald sie von der Erzbischöfin von Uppsala und vom Erzbischof von Utrecht unterschrieben worden ist.

So geschehen in der Kathedrale von Uppsala am 23. November 2016.
[Unterschriften].

Abkürzungsverzeichnis

AGCK	Arbeitsgemeinschaft Christlicher Kirchen
AOCICC	Anglikanisch-Altkatholischer Koordinierungsrat (Anglican Old Catholic International Coordinating Council)
BABe	Bischöfliches Archiv Bern
BABo	Bischöfliches Archiv Bonn
CCEE	Rat der Europäischen Bischofskonferenzen (Consilium Conferentiarum Episcoporum Europae)
CG	Christkatholisches Gebet- und Gesangbuch
GThAK	Geschichte und Theologie des Altkatholizismus
HLS	Historisches Lexikon der Schweiz
IAAF	Internationaler Arbeitskreis Altkatholizismusforschung
IAKJ	Internationale Altkatholische Jugend
IAKK	Internationaler Altkatholikenkongress
IAThK	Internationale Altkatholische Theologenkonferenz
IBK	Internationale Altkatholische Bischofskonferenz
ICKath	Institut für Christkatholische Theologie, Universität Bern
IKZ	Internationale Kirchliche Zeitschrift
IRAD	Internationale Römisch-katholisch/Altkatholische Dialogkommission
IRAS COTIS	Interreligiöse Arbeitsgemeinschaft in der Schweiz
KEK	Konferenz Europäischer Kirchen
o. J.	ohne Angabe des Jahres
o. O.	ohne Angabe des Ortes
ÖRK	Ökumenischer Rat der Kirchen
PNCC	Polnisch-Katholische Nationalkirche in den USA und Kanada (Polish National Catholic Church)
RITh	Revue Internationale de Théologie
SPER	Spurgruppe spirituelle Erneuerung
TRE	Theologische Realenzyklopädie
UNHCR	UNO-Hochkommissariat für Flüchtlinge (United Nations High Commissioner for Refugees)

Quellen- und Literaturverzeichnis

Archive

Bischöfliches Archiv Bern [= BABe], Willadingweg 39, Bern.

Bischöfliches Archiv Bonn [= BABo], Gregor-Mendel-Str. 28, Bonn.

Archiv des Synodalrats der Christkatholischen Kirche der Schweiz, Staatsarchiv Bern, Falkenplatz 4, Bern.

Christkatholische Zentralbibliothek und Dokumentationsstelle der Utrechter Union, Bern, Hallerstrasse 6, Bern.

Häufig zitierte Periodika, Lexika und Internetquellen

Die im Folgenden genannten seriellen Veröffentlichungen, Lexika und Internetquellen werden im Text häufig herangezogen. Alle Internetquellen wurden am 31. Dezember 2021 noch einmal überprüft.

Protokolle der Nationalsynode der Christkatholischen Kirche der Schweiz, 1875 bis heute.
- In den Anmerkungen werden jeweils bei der ersten Zitation die genauen bibliografischen Angaben verzeichnet. Bei weiteren Zitationen des gleichen Protokolls wird der generische Kurztitel «Protokoll der n. Session der Nationalsynode (Jahr)» verwendet. In die Literaturliste wurden die Synodeprotokolle nicht aufgenommen. Die Protokolle sind bei jeder christkatholischen Kirchgemeinde der Schweiz verfügbar.
- Ab dem Protokoll der 136. Session von 2004 in Biel sind sie auch über das Internet zugänglich: https://christkatholisch.ch/post/bibliothek/synodeprotokolle/

Website der Christkatholischen Kirche der Schweiz: www.christkatholisch.ch
- Website zu den Jubiläen der Christkatholischen Kirche der Schweiz 2021–2026 und dem Reflexionsprozess zur christkatholischen Identität: www.christkatholisch-unterwegs.ch

Website des Instituts für Christkatholische Theologie der Universität Bern: www.christkath.unibe.ch
- Virtuelle Ausstellung: Die Rezeption des Ersten Vatikanums (1870 bis 2020) aus altkatholischer, anglikanischer und orthodoxer Perspektive: https://www.christkath.unibe.ch/forschung/virtuelle_ausstellung_die_rezeption_des_ersten_vatikanums_1870_bis_2020/index_ger.html

Website der Utrechter Union: www.utrechter-union.ch

«Der Katholik. Schweizerisches Organ für kirchlichen Fortschritt» (1878–1923), danach «Der Katholik. Schweizerisches Christkatholisches Wochenblatt» (1924–1952), «Christkatholisches Kirchenblatt» (1953–2009), «Christkatholisch. Zeitschrift der Christkatholischen Kirche der Schweiz» (ab 2010).
- Die Jahrgänge ab 2003 sind im Internet zugänglich: https://christkatholisch.ch/zeitschrift/

Revue Internationale de Théologie (RITh), erschienen 1893–1910 bei Stämpfli in Bern
- Alle Ausgaben sind über das Internet zugänglich: https://www.e-periodica.ch/digbib/volumes?UID=ikz-001
- https://www.ikz.unibe.ch. Auf dieser Website finden sich Informationen und Generalregister der erschienenen Jahrgänge.

Internationale Kirchliche Zeitschrift (IKZ)
- Die IKZ ist die Nachfolgerin der Revue Internationale de Théologie und erscheint seit 1911 bei Stämpfli in Bern.
- https://www.ikz.unibe.ch. Auf dieser Website finden sich auch Register für die Recherche von Autorinnen und Autoren sowie Inhaltsverzeichnisse der einzelnen Hefte und Beihefte.
- Die älteren Jahrgänge sind über das Internet zugänglich: https://www.e-periodica.ch/digbib/volumes?UID=ikz-002
- Die jüngsten Jahrgänge sind wegen einer Sperrfrist jeweils nur gedruckt zugänglich. Sie sind in den christkatholischen Pfarrämtern und im Institut für Christkatholische Theologie erhältlich.

Christkatholischer Hauskalender (1906–1970), danach Jahrbuch der Christkatholischen Kirche der Schweiz (1971–2016).

Historisches Lexikon der Schweiz, Basel (Schwabe) 2002–2014. Die Druckausgabe ist die Grundlage der Online-Ausgabe, die laufend aktualisiert und erweitert wird: https://hls-dhs-dss.ch/de

Theologische Realenzyklopädie, hg. von Gerhard Krause und Gerhard Müller, Berlin – New York (De Gruyter) 1977–2004.

Literatur

«… unsere Kirche hat ihre Unschuld verloren …». Bekenntnis zur Schuld in der NS-Zeit, in: Christen heute 44 (2000), 258–259.

Alt-Katholische Kirchen der Utrechter Union – Mar Thoma Syrian Church of Malabar. Dokumentation der Dialogtexte. Herausgegeben vom Katholischen Bistum der Alt-Katholiken in Deutschland, Bonn (Eigenverlag) 2015.

Ausserordentliche Sitzung der Internationalen Altkatholischen Bischofskonferenz (IBK) in Utrecht, 14. bis 18. September 2014, in: Internationale Kirchliche Zeitschrift 105 (2015), 72–82.

Bischofsweihe in Portugal, in: Internationale Kirchliche Zeitschrift 42 (1952), 213–215.

Christ-(alt-)katholische Stellungnahme zu den sogenannten «Lima-Texten», in: Internationale Kirchliche Zeitschrift 78 (1988), 197–212.

Christkatholischer Katechismus, Bern (K. J. Wyss) [10]1960.

Communiqué [zur Erneuerung der Kirche]. Bischof und Synodalrat der Christkatholischen Kirche der Schweiz, in: Christkatholisches Kirchenblatt 121 (1998), 281.

Die Kirche: lokal und universal. Ein von der Gemeinsamen Arbeitsgruppe der Römisch-Katholischen Kirche und des Ökumenischen Rates der Kirchen in Auftrag gegebenes und entgegengenommenes Studiendokument, 1990, in: Harding Meyer/Damaskinos Papandreou/Hansjörg Urban/Lukas Vischer (Hg.), Dokumente wachsender Übereinstimmung. Sämtliche Berichte und Konsenstexte interkonfessioneller Gespräche auf Weltebene, Bd. 2: 1982–1990, Paderborn (Bonifatius) 1992, 732–750.

Die romfreie Kirche auf den Philippinen, in: Internationale Kirchliche Zeitschrift 2 (1912), 540–545.

Die Unabhängige Kirche auf den Philippinen, in: Internationale Kirchliche Zeitschrift 38 (1948), 144–148.

Die Unabhängige Kirche der Philippinen wünscht Interkommunion mit der Bischöflichen Kirche der Vereinigten Staaten, in: Internationale Kirchliche Zeitschrift 50 (1960), 255–256.

Die Verhandlungen des zweiten Altkatholiken-Congresses zu Köln. Officielle Ausgabe, Erste Abtheilung: Stenografischer Bericht über die vier Delegirten-Versammlungen am 20., 21. und 22. September 1872, Köln – Leipzig (Verlag von Eduard Heinrich Mayer) 1872.

Dokumente zur Lausanner Konferenz über Glauben und Verfassung, in: Internationale Kirchliche Zeitschrift 17 (1927), 193–216.

Erklärung der PNCC zur Beziehung mit der Utrechter Union. Statement Regarding the Relationship of the Polish National Catholic Church with the Union of Utrecht. September 2006, in: Internationale Kirchliche Zeitschrift 97 (2007), 70 f.

Erklärung von St. Hippolyt der zweiten Konsultation der Syrischen Mar-Thoma-Kirche und der Alt-Katholischen Kirchen der Utrechter Union, Bildungshaus St. Hippolyt, St. Pölten, Österreich, 1.–6. Oktober 2012, in: zu Alt-Katholische Kirchen der Utrechter Union – Mar Thoma Syrian Church of Malabar. Dokumentation der Dialogtexte. Herausgegeben vom Katholischen Bistum der Alt-Katholiken in Deutschland, Bonn 2015, 22–38.

Etsi multa luctuosa. Enzyklika von Papst Pius IX., in: Acta Sanctae Sedis 7 (1872), 465–479 (englische Übersetzung: www.papalencyclicals.net/Pius09/p9etsimu.htm, zuletzt geprüft: 31.12.2021).

Eucharistia. Christkatholische Messliturgie mit slavischen Melodien nach orthodoxer Tradition. Für die Christkatholische Kirche der Schweiz ausgewählt, zusammengestellt und arrangiert von Urs von Arx und Peter Vitovec (Veröffentlichungen des VOM, Reihe 2, Musikalien), Gersau (VOM) 1986.

Evangeliar der Christkatholischen Kirche der Schweiz. Herausgegeben von Bischof und Synodalrat der Christkatholischen Kirche der Schweiz, Allschwil (Christkatholischer Medienverlag) 2020.

Freundesgabe für Professor Dr. theol., Dr. theol. h. c. Kurt Stalder Bern, zum 70. Geburtstags am 24. Juli 1982, in: Internationale Kirchliche Zeitschrift 72 (1982), 65–159.

Gebet- und Gesangbuch der Christkatholischen Kirche der Schweiz. Band I. Herausgegeben von Bischof und Synodalrat der Christkatholischen Kirche der Schweiz, Basel (Christkatholischer Schriftenverlag) o. J. [2004].

Gebet- und Gesangbuch der Christkatholischen Kirche der Schweiz. Band II: Heilige Woche: Palmsonntag bis Ostern. Herausgegeben von Bischof und Synodalrat der Christkatholischen Kirche der Schweiz, Allschwil (Christkatholischer Medienverlag) 2008.

Gesangbuch der Christkatholischen Kirche der Schweiz, Solothurn (Gassmann) 1893.

Gesetz über die bernischen Landeskirchen (Landeskirchengesetz, LKG) vom 21.03.2018, https://www.belex.sites.be.ch/frontend/versions/1512 (zuletzt geprüft: 31.12.2021) [auszugsweise im Anhang abgedruckt].

Gezangboek van de Oud-Katholieke Kerk van Nederland. In opdracht van het Collegiaal Bestuur samengesteld door de Bisschoppelijke Commissie voor de Liturgische Muziek en de Bisschoppelijeke Commissie voor de Liturgie, Hilversum (Gooi en Sticht) 1990, Neuauflage Kampen 2006.

Indian and European Christianity in Dialogue. Ecumenical Relations between Mar Thoma and Old Catholic Churches as a Source of Intercultural Learning, in: Internationale Kirchliche Zeitschrift 109 (2019) Nr. 1.

Kerkboek van de Oud-Katholieke Kerk van Nederland. In opdracht van het Collegiaal Bestuur samengesteld door de Bisschoppelijke Commissie voor de Liturgie en de Bisschoppelijke Commissie voor de Liturgische Muziek, Baarn (Gooi en Sticht) 1993.

Kirche und Kirchengemeinschaft. Erster und Zweiter Bericht der Internationalen Römisch-Katholisch – Altkatholischen Dialogkommission 2009 und 2016, Paderborn (Bonifatius) 2017 [auszugsweise im Anhang abgedruckt].

Lectionarium bij het Kerkboek van de Oud-Katholieke Kerk van Nederland. In opdracht van het Collegiaal Bestuur samengesteld door de Bisschoppelijke Commissie voor de Liturgie, Baarn (Gooi en Sticht) 1993.

Leitbild der Christkatholischen Kirche der Schweiz. Vorgelegt an der 114. Session der Nationalsynode vom 8./9. Juni 1986 in Biel, Allschwil (Christkatholischer Schriftenverlag) 1989.

Missale der Christkatholischen Kirche der Schweiz. Band I. Herausgegeben von Bischof und Synodalrat der Christkatholischen Kirche der Schweiz, Allschwil (Christkatholischer Medienverlag) 2013.

Missale der Christkatholischen Kirche der Schweiz. Band II. Heilige Woche: Palmsonntag bis Ostern. Herausgegeben von Bischof und Synodalrat der Christkatholischen Kirche der Schweiz, Allschwil (Christkatholischer Medienverlag) 2013.

Mortalium animos. Enzyklika von Papst Pius IX., in: Hans-Ludwig Althaus (Hg.), Ökumenische Dokumente. Quellenstücke über die Einheit der Kirche, Göttingen (Vandenhoeck & Ruprecht) 1928, 163–174.

Nähe, Distanz und Macht. Kirche und Seelsorge im #MeToo-Zeitalter. 46. Internationale Altkatholische Theologenkonferenz in Wislikofen vom 26. bis 30. August 2019, in: Internationale Kirchliche Zeitschrift 111 (2021), 97 (Editorial) und 158–241 (Aufsätze).

Pastor aeternus. Dogmatische Konstitution des Ersten Vatikanischen Konzils, in: Josef Wohlmuth (Hg.), Dekrete der Ökumenischen Konzilien. Bd. 3: Konzilien der Neuzeit. Konzil von Trient (1545–1563), Erstes Vatikanisches Konzil (1869/70), Zweites Vatikanisches Konzil (1962–1965), Indices, Paderborn (Schöningh) 2002, 811–816.

PNCC beschliesst Neufassung der Utrechter Erklärung von 1889. The Declaration of Scranton. A Profession of Faith and Declaration formulated by the Polish National Catholic Bishops Assembled at Lancaster. New York. April 28. 2008, in: Internationale Kirchliche Zeitschrift 98 (2008), 242–246.

Reglement für die Ausbildung zum ständigen Diakonat in der Christkatholischen Kirche der Schweiz (Diakonatsausbildungsreglement), https://christkatholisch.ch/wpdm-package/11-reglement-fuer-die-ausbildung-zum-staendigen-diakonat, zuletzt geprüft: 31.12.2022.

Relations of the Orthodox Church with the Rest of the Christian World (Holy and Great Council of the Orthodox Church) 2016, https://www.holycouncil.org/-/rest-of-christian-world, zuletzt geprüft: 31.12.2021.

Rituale der Christkatholischen Kirche der Schweiz. Herausgegeben von Bischof und Synodalrat der Christkatholischen Kirche der Schweiz, Allschwil (Christkatholischer Medienverlag) 2015.

Romfreie katholische Kirchen Spaniens und Portugals suchen Kirchengemeinschaft mit Utrechter Union, in: Internationale Kirchliche Zeitschrift 54 (1964), 251.

Schaufenster. Jubiläumsschrift der Christkatholischen Jugend der Schweiz, hg. 1981 anlässlich des 90-jährigen Jubiläums vom Zentralvorstand der Christkatholischen Jugend der Schweiz, Gossau (Pius Schaeffler) 1981.

The New Delhi Report. The Third Assembly of the World Council of Churches 1961, London (SCM Press) 1962.

Unabhängige Kirche der Philippinen, in: Internationale Kirchliche Zeitschrift 49 (1959), 191 f.

Utrecht und Uppsala auf dem Weg zu kirchlicher Gemeinschaft. Bericht des offiziellen Dialogs zwischen den Altkatholischen Kirchen der Utrechter Union und der Kirche von Schweden, in: Angela Berlis (Hg.), Utrecht and Uppsala on the way to communion. Report from the official dialogue between the Old Catholic Churches of the Union of Utrecht and the Church of Sweden (2013) / with a revised translation «Utrecht and Uppsala auf dem Weg zu kirchlicher Gemeinschaft» (2018), (Beiheft zu Internationale Kirchliche Zeitschrift 108), Bern (Stämpfli) ²2018, 136–212.

Vereinbarung von Uppsala (23. November 2016), in: Angela Berlis (Hg.), Utrecht and Uppsala on the way to communion. Report from the official dialogue between the Old Catholic Churches of the Union of Utrecht and the Church of Sweden (2013) / with a revised translation «Utrecht and Uppsala auf dem Weg zu kirchlicher Gemeinschaft» (2018), (Beiheft zu Internationale Kirchliche Zeitschrift 108), Bern (Stämpfli) ²2018, 215 f. [Im Anhang abgedruckt].

Von den Verpflichtungen des interreligiösen Dialogs. Die St. Galler Erklärung für das Zusammenleben der Religionen und den interreligiösen Dialog, St. Gallen (Sabon-Verlag) 2007.

ALDENHOVEN, HERWIG, Darbringung und Epiklese im Eucharistiegebet. Eine Studie über die Struktur des Eucharistiegebetes in den altkatholischen Liturgien im Lichte der Liturgiegeschichte, in: Internationale Kirchliche Zeitschrift 61 (1971), 79–117. 150–189; 62 (1972), 29–73. Wiederabdruck in: ALDENHOVEN, Lex orandi – lex credendi, 3–133.

ALDENHOVEN, HERWIG, Was bedeutet das Zweite Vatikanische Konzil für uns Alt-Katholiken?, in: Werner Schatz (Hg.), Was bedeutet das Zweite Vatikanische Konzil für uns? 6 Vorträge von Oscar Cullmann, Johannes Feiner, Herwig Aldenhoven, Patrik C. Rodger, Nikos A. Nissiotis, Ernst Ludwig Ehrlich, Basel (Friedrich Reinhardt) 1966, 97–136.

ALLMEN, JEAN-JACQUES von, L'Église locale parmi les autres Églises locales, in: Irénikon 43 (1971), 512–537.

ALDENHOVEN, HERWIG, Orthodoxes und altkatholisches Kirchenverständnis, in: Internationale Kirchliche Zeitschrift 64 (1974) Nr. Beiheft zu Nr. 4, 41–55. Wiederabdruck in: ALDENHOVEN, Lex orandi – lex credendi, 231–243.

ALDENHOVEN, HERWIG, Die spirituell-theologischen Konsequenzen der Struktur des Eucharistiegebetes, in: Internationale Kirchliche Zeitschrift 70 (1980), 212–225. Wiederabdruck in: ALDENHOVEN, Lex orandi – lex credendi, 135–151.

ALDENHOVEN, HERWIG, Das Filioque aus altkatholischer Sicht, in: Centre orthodoxe du Patriarcat oecuménique Chambésy-Genève (Hg.), La signification et l'actualite du IIe concile oecuméniqué pour le monde chrétien d'aujourd'hui, (Les études théologiques de Chambésy), Chambésy (Editions du Centre Orthodoxe du Patriarcat Oecuménique) 1982, 229–308. Wiederabdruck in: ALDENHOVEN, Lex orandi – lex credendi, 200–211.

ALDENHOVEN, HERWIG, Einheit und Verschiedenheit von Bischofs- und Priesteramt im Licht eines trinitarischen Kirchenverständnisses, in: Internationale Kirchliche Zeitschrift 72 (1982), 145–151. Wiederabdruck in: ALDENHOVEN, Lex orandi – lex credendi, 277–282.

ALDENHOVEN, HERWIG, Charakter, Bedeutung und Ziel der Dialogtexte, in: Urs von Arx (Hg.), Koinonia auf altkirchlicher Basis. Deutsche Gesamtausgabe der gemeinsamen Texte des orthodox-altkatholischen Dialogs 1975–1987 mit französischer und englischer Übersetzung. (Beiheft zu Internationale Kirchliche Zeitschrift 79/4), Bern (Stämpfli) 1989, 27–44.

ALDENHOVEN, HERWIG, Eduard Herzog, Eugène Michaud, Arnold Gilg, in: Stephan Leimgruber/Max Schoch (Hg.), Gegen die Gottvergessenheit. Schweizer Theologen im 19. und 20. Jahrhundert, Basel (Herder) 1990, 501–516.

ALDENHOVEN, HERWIG, Der Vorsitz bei der Eucharistie im Kontext der Bildtheologie. Fragen zur ekklesialen Christusrepräsentation durch das Priestertum, in: Internationale Kirchliche Zeitschrift 88 (1998), 301–311. Wiederabdruck in: ALDENHOVEN, Lex orandi – lex credendi, 309–318.

ALDENHOVEN, HERWIG, Trinitarische Analogien und Ortskirchenekklesiologie, in: Internationale Kirchliche Zeitschrift 92 (2002), 65–75. Wiederabdruck in: ALDENHOVEN, Lex orandi – lex credendi, 320–329.

ALDENHOVEN, HERWIG, Lex orandi – lex credendi. Beiträge zur liturgischen und systematischen Theologie in altkatholischer Tradition, herausgegeben von Urs von Arx (in Verbindung mit Georgiana Huian und Peter-Ben Smit), (Studia Oecumenica Friburgenisa, 106), Münster (Aschendorff) 2021.

ALTERMATT, URS, Katholizismus und Moderne. Zur Sozial- und Mentalitätsgeschichte der Schweizer Katholiken im 19. und 20. Jahrhundert, Zürich (Benziger) ²1991.

AMHERDT, FRANÇOIS-XAVIER (Hg.), Vers une catholicité œcuménique? Actes du colloque «Ensemble et divers – Vers une catholicité œcuménique?» à l'Institut œcuménique de Bossey, les 6 et 7 septembre 2010, (Théologie pratique en dialogue 38), Fribourg (Fribourg Academic Press) 2013.

AMIET, ANDREAS, Grundlagen zur Geschichte der Christkatholischen Kirche der Schweiz, in: Internationale Kirchliche Zeitschrift 78 (1988), 90–124.

AMIET, BRUNO, Bischof und Synodalrat, in: Der Katholik 72 (1949), 198–199.

AMIET, PETER, Zum altkatholischen Kirchenverständnis, in: Ökumenische Rundschau 30 (1981), 47–54.

AMIET, PETER, Ernst Gaugler. Version vom 20.11.2006, Historisches Lexikon der Schweiz, https://hls-dhs-dss.ch/de/articles/010624/2006-11-20, zuletzt geprüft: 31.12.2021.

ANGLICAN OLD CATHOLIC INTERNATIONAL COORDINATING COUNCIL, Belonging Together in Europe. A Joint Statement on Aspects of Ecclesiology and Mission, in: One in Christ 46 (2012), 336–355.

ANGLIKANISCH-ALTKATHOLISCHER INTERNATIONALER KOORDINIERUNGSRAT, Zusammengehören in Europa. Eine gemeinsame Erklärung zu Aspekten von Ekklesiologie und Mission (2011), in: Johannes Oeldemann/Friederike Nüssel/Uwe Swarat/Athanasios Vletsis (Hg.), Dokumente wachsender Übereinstimmung. Sämtliche Berichte und Konsenstexte interkonfessioneller Gespräche auf Weltebene, Band 5: 2010–2019, Leipzig (Evangelische Verlagsanstalt) – Paderborn (Bonifatius) 2022, 36–52.

ANKLI, REMO, Freisinnig und katholisch. Das Schwarzbubenland im Kulturkampf. (Religion, Politik, Gesellschaft in der Schweiz 55), Fribourg (Academic Press) 2010.

ARBEITSGRUPPE INTERRELIGIÖSER DIALOG DER LUZERNER LANDESKIRCHEN, Das Leben teilen. Impulse für den interreligiösen Dialog, Luzern (Ley Druck GmbH) 2014.

ARBEITSSTELLE FÜR KATECHETIK DER CHRISTKATHOLISCHEN KIRCHE DER SCHWEIZ, Lehrplan für den christkatholischen Religionsunterricht, o. O. (Eigenverlag) 2008.

VON ARX, URS (Hg.), Koinonia auf altkirchlicher Basis. Deutsche Gesamtausgabe der gemeinsamen Texte des orthodox-altkatholischen Dialogs 1975–1987 mit französischer und englischer Übersetzung (Beiheft zu Internationale Kirchliche Zeitschrift 79/4), Bern (Stämpfli) 1989 [Auszüge im Anhang abgedruckt].

VON ARX, URS, Kurze Einführung in die Geschichte des orthodox-altkatholischen Dialogs, in: Urs von Arx (Hg.), Koinonia auf altkirchlicher Basis. Deutsche Gesamtausgabe der gemeinsamen Texte des orthodox-altkatholischen Dialogs 1975–1987 mit französischer und englischer Übersetzung, (Beiheft zu Internationale Kirchliche Zeitschrift 79/4), Bern (Stämpfli) 1989, 11–26.

VON ARX, URS, Was wird bleiben? Ein Rückblick auf die Grundanliegen von Eduard Herzog, in: Internationale Kirchliche Zeitschrift 82 (1992), 206–232.

VON ARX, URS, IBK-Sondersession in Wislikofen Juli 1997, in: Internationale Kirchliche Zeitschrift 87 (1997), 225–240.

VON ARX, URS, Kurt Stalder (1912–1996). Theologie der Kirche in ökumenischem Engagement, in: Bruno Bürki/Stephan Leimgruber (Hg.), Theologische Profile. Schweizer Theologinnen und Theologen im 19. und 20. Jahrhundert, Fribourg (Universitäts-Verlag & Paulusverlag) 1998, 202–216.

VON ARX, URS/KALLIS, ANASTASIOS (Hg.), Bild Christi und Geschlecht. «Gemeinsame Überlegungen» und Referate der Orthodox-Altkatholischen Konsultation zur Stellung der Frau in der Kirche und zur Frauenordination als ökumenischem Problem, in: Internationale Kirchliche Zeitschrift 88 (1998) Nr. 2.

von Arx, Urs, Die Debatte über die Frauenordination in den Altkatholischen Kirchen der Utrechter Union, in: Denise Buser/Adrian Loretan (Hg.), Gleichstellung der Geschlechter und die Kirchen. Ein Beitrag zur menschenrechtlichen und ökumenischen Diskussion. (Freiburger Veröffentlichungen zum Religionsrecht 3), Fribourg (Universitätsverlag) 1999, 165–211.

von Arx, Urs, Vor 125 Jahren, in: Christkatholisches Kirchenblatt Jg. 119 (1996), 87, 110, 125, 148, 229, 294, 310, 324; Jg. 120 (1997), 336, 339, 376, 392, 396; Jg. 121 (1998), 32, 84, 88, 124, 156, 177, 327, 344, 366f., 404f.; Jg. 122 (1999), 161, 225f., 307, 316, 319f.; Jg. 123 (2000), 92, 108, 138–140; Jg. 124 (2001), 111f., 128–130, 181–183, 200–202, 234f., 252.

von Arx, Urs, Die Debatte über die Frauenordination in den Altkatholischen Kirchen der Utrechter Union, in: Wolfgang Bock/Wolfgang Lienemann (Hg.), Frauenordination. Prof. Dr. Dr. h.c. Peter Landau zum 65. Geburtstag, (Studien zu Kirchenrecht und Theologie III: Texte und Materialien, Reihe A 47), Heidelberg (Forschungsstätte der Evangelischen Studiengemeinschaft) 2000, 157–200.

von Arx, Urs/Schäublin, Christoph/Rose, Martin (Hg.), Symposion zur 125-Jahr-Feier der Christkatholisch-theologischen Fakultät der Universität Bern, zugleich Jahresversammlung der Schweizerischen Theologischen Gesellschaft am 19./20. November 1999 in Bern (Unitobler). Eine Dokumentation, in: Internationale Kirchliche Zeitschrift 91 (2001), 75–85.

von Arx, Urs/Weyermann, Maja (Hg.), Statut der Internationalen Altkatholischen Bischofskonferenz (IBK). Offizielle Ausgabe in fünf Sprachen (Beiheft zu IKZ 91), Bern (Stämpfli) 2001.

von Arx, Urs/Kallis, Anastasios (Hg.), Gender and the Image of Christ, in: Anglican Theological Review 84 (2002) Nr. 3, 489–755 [Übersetzt von Duncan Reid]

von Arx, Urs, Ein Portrait der christkatholischen Lehranstalt der Universität Bern, in: Günter Esser/Matthias Ring (Hg.), Zwischen Freiheit und Gebundenheit. Festschrift zum 100-jährigen Bestehen des Alt-katholischen Seminars der Universität Bonn, (GThAK Reihe B: Darstellungen und Studien 1), Bonn (Alt-Katholischer Bistumsverlag) 2002, 209–225.

von Arx, Urs, Deramey, Jules Paul. Version vom 19.03.2004, in: Historisches Lexikon der Schweiz, https://hls-dhs-dss.ch/de/articles/027541/2004-03-19, zuletzt geprüft: 31.12.2021.

von Arx, Urs, Gilg, Otto. Version vom 12.12.2006, in: Historisches Lexikon der Schweiz, https://hls-dhs-dss.ch/de/articles/027549/2006-12-12, zuletzt geprüft: 31.12.2021.

von Arx, Urs, Gschwind, Paulin. Version vom 06.03.2006, in: Historisches Lexikon der Schweiz, https://hls-dhs-dss.ch/de/articles/010648/2006-03-06, zuletzt geprüft: 31.12.2021.

von Arx, Urs, Bischof Nikolaj Velimirović (1880–1956) und sein Studium in Bern im Rahmen der christkatholisch – serbisch-orthodoxen Beziehungen, in: Philotheos 7 (2007), 435–455.

von Arx, Urs, Überlegungen zum Vollzug des Eucharistiegebetes, in: Angela Berlis/Matthias Ring (Hg.), Im Himmel Anker werfen. Vermutungen über Kirche in der Zukunft. Festschrift für Bischof Joachim Vobbe, Bonn (Alt-Katholischer Bistumsverlag) 2007, 83–95.

von Arx, Urs, [Rezension] Christian Halama: Altkatholiken in Österreich, in: Internationale Kirchliche Zeitschrift 97 (2007), 146–155.

von Arx, Urs, Christkatholische Kirche, Version vom 04.03.2010, in: Historisches Lexikon der Schweiz, https://hls-dhs-dss.ch/de/articles/011432/2010-03-04, zuletzt geprüft: 31.12.2021.

von Arx, Urs, Frei, Hans Alfred. Version vom 28.07.2011, in: Historisches Lexikon der Schweiz, https://hls-dhs-dss.ch/de/articles/028163/2011-07-28, zuletzt geprüft: 31.12.2021.

von Arx, Urs, Kapelle im Studentenheim, in: Christkatholisch 138 (2015) Nr. 11, 16.

von Arx, Urs, Kirchliche Gemeinschaft auf der Basis einer eucharistischen Ortskirchentheologie – illustriert am Dialog mit der Orthodoxen Kirche, der Römisch-katholischen Kirche und der Kirche von Schweden, in: Internationale Kirchliche Zeitschrift 105 (2015), 259–287.

von Arx, Urs, Formeller Abschluss der Liturgiereform in der Christkatholischen Kirche der Schweiz, in: Internationale Kirchliche Zeitschrift 107 (2017), 149–156.

von Arx, Urs, Peter Amiet (1936–2013). «Ich suche, was ich gefunden habe»: Unbeirrt der Spur folgen, in: Angela Berlis/Stephan Leimgruber/Martin Sallmann (Hg.), Aufbruch und Widerspruch. Schweizer Theologinnen und Theologen im 20. und 21. Jahrhundert, Zürich (Theologischer Verlag Zürich) 2019, 424–429.

von Arx, Urs, Anastasios Kallis (*1943). Westliche Orthodoxie östlicher Identität, in: Angela Berlis/Stephan Leimgruber/Martin Sallmann (Hg.), Aufbruch und Widerspruch. Schweizer Theologinnen und Theologen im 20. und 21. Jahrhundert, Zürich (Theologischer Verlag Zürich) 2019, 444–456.

von Arx, Urs, Albert Emil Rüthy (1901–1980). Sorgfalt im Umgang mit Text und Liturgie, in: Angela Berlis/Stephan Leimgruber/Martin Sallmann (Hg.), Aufbruch und Widerspruch. Schweizer Theologinnen und Theologen im 20. und 21. Jahrhundert, Zürich (Theologischer Verlag Zürich) 2019, 506–512.

von Arx, Urs, Herwig Aldenhoven (1933–2002). Altkirchliche Impulse für das Verständnis von Gott und Kirche, in: Angela Berlis/Stephan Leimgruber/Martin Sallmann (Hg.), Aufbruch und Widerspruch. Schweizer Theologinnen und Theologen im 20. und 21. Jahrhundert, Zürich (Theologischer Verlag Zürich) 2019, 536–549.

von Arx, Urs, Walter Frei (*1927). Das Unsagbare des Glaubens aufscheinen lassen, in: Angela Berlis/Stephan Leimgruber/Martin Sallmann (Hg.), Aufbruch und Widerspruch. Schweizer Theologinnen und Theologen im 20. und 21. Jahrhundert, Zürich (Theologischer Verlag Zürich) 2019, 592–602.

von Arx, Urs, Ein Bischof mit Herzblut für seine Kirche. Nachruf auf Bischof Hans Gerny, in: Christkatholisch 144 (2021) Nr. 4, 4–8.

von Arx, Urs, Die Altkatholischen Kirchen und ihre Liturgie, in: Anja Goller/Theresa Hüther/Andreas Krebs/Peter-Ben Smit (Hg.), Alt-katholische Theologie. Aktuelle Beiträge und weiterführende Perspektiven, Zürich (Theologischer Verlag Zürich) 2024 [im Druck].

Assmann, Aleida, Das neue Unbehagen an der Erinnerungskultur. Eine Intervention, 3., erweiterte und aktualisierte Auflage, München (Beck) 2020.

Auf der Maur, Hansjörg, Feiern im Rhythmus der Zeit I. Herrenfeste in Woche und Jahr (Handbuch der Liturgiewissenschaft 5), Regensburg (Pustet) 1983.

Bach, Elisabeth/Berlis, Angela/Thuringer, Siegfried J. (Hg.), Ignaz von Döllinger zum 125. Todestag. Spurensuche, Schlaglichter auf ein außergewöhnliches Leben, Bonn (Alt-Katholischer Bistumsverlag) 2015.

Bajorek, Jerzy, Liturgiereformen in der polnischen Tradition des Altkatholizismus, in: Internationale Kirchliche Zeitschrift 103 (2013), 185–192.

Bangert, Michael, Bild und Glaube. Ästhetik und Spiritualität bei Ignaz Heinrich von Wessenberg (1774–1860), (Studien zur christlichen Religions- und Kulturgeschichte 11), Fribourg (Academic Press) 2009.

Bär, Martina/Troi-Boeck, Nadja (Hg.), «Du stellst meine Füsse auf weiten Raum». Theologinnen im Porträt, Freiburg i. Br. (Herder) 2015.

Barton, Peter F., Josephinismus, in: TRE, Bd. 17 (1988) 249–255.

Bärtschi, Hans-Peter, Gotthardbahn. Version vom 09.01.2007, in: Historisches Lexikon der Schweiz, https://hls-dhs-dss.ch/de/articles/042006/2007-01-09, zuletzt geprüft: 31.12.2021.

Berger, Aline, Anny Peter (1882–1958). Christkatholische Frauenrechtlerin, Pazifistin und Pädagogin (katholon 2), Zürich (Theologischer Verlag Zürich) 2023.

Berlis, Angela, «Diakonin soll sie sein …!». Die Frauenordination im Gespräch der (alt-katholischen) Kirche, in: Angela Berlis/Klaus-Dieter Gerth (Hg.), Christus spes. Liturgie und

Glaube im ökumenischen Kontext. Festschrift Sigisbert Kraft, Frankfurt a. M. (P. Lang) 1994, 47–62.

BERLIS, ANGELA, Frauen im Prozess der Kirchwerdung. Eine historisch-theologische Studie zur Anfangsphase des deutschen Altkatholizismus (1850–1890), (Beiträge zur Kirchen- und Kulturgeschichte 6), Frankfurt a. M. (P. Lang) 1998.

BERLIS, ANGELA, Franciszek Hodur und die alt-katholischen Bischöfe der Utrechter Union bis 1907, in: Jacka Jeziersky (Hg.), Biskup Franciszek Hodur (1866–1953). Żyie – Dokonania – Znanczenie. Materialy seminarium naukowego Olsztyn 1–2 III 2000 r., Olsztyn (Studio Poligafii Komputerowej «SQL» s. c.) 2001, 73–91.

BERLIS, ANGELA, Tapfere Cherusker, tüchtige Theologen. Ausbildung alt-katholischer Theologen an der Universität Bonn bis 1902, in: Günter Esser/Matthias Ring (Hg.), Zwischen Freiheit und Gebundenheit. Festschrift zum 100-jährigen Bestehen des Alt-katholischen Seminars der Universität Bonn, (GThAK Reihe B: Darstellungen und Studien 1), Bonn (Alt-Katholischer Bistumsverlag) 2002, 49–105.

BERLIS, ANGELA, Desiderate und Aufgaben heutiger Altkatholizismusforschung, in: Hans Gerny/Harald Rein/Maja Weyermann (Hg.), Die Wurzel aller Theologie. Sentire cum Ecclesia. Festschrift zum 60. Geburtstag von Urs von Arx, Bern (Stämpfli) 2003, 208–229.

BERLIS, ANGELA, Zur Rezeption der orthodox-altkatholischen Dialogtexte von 1975–1987 in den Niederlanden, in: Internationale Kirchliche Zeitschrift 94 (2004), 135–139.

BERLIS, ANGELA, Heilige und Heiligenverehrung in der Alt-Katholischen Kirche, in: Marcel Barnard/Paul Post/Else Rose (Hg.), A Cloud of Witnesses. The Cult of Saints in Past and Present, (Liturgia condenda 18), Leuven u. a. (Peeters) 2005, 297–323.

BERLIS, ANGELA, Frauenordination – ökumenische Konflikte und ihre Bewältigung – am Beispiel der Alt-Katholischen Kirche, in: Ökumenische Rundschau 55 (2006), 16–25.

BERLIS, ANGELA, 1931 – 2006: 75 Jahre Bonner Abkommen zwischen Alt-Katholiken und Anglikanern, in: Ökumenische Rundschau 55 (2006), 526–535.

BERLIS, ANGELA, «Wir wollen das Gute für unser Geschlecht». Luise Lenz-Heymann und ihr verborgenes Engagement für den ADF, in: Stadt Leipzig, Referat für Gleichstellung von Frau und Mann (Hg.), Frauenaufbruch in die Moderne. Zum 140. Jahrestag der Gründung des Allgemeinen Deutschen Frauenvereins,1865–2005, Leipzig (Stadt Leipzig) 2006, 56–67.

BERLIS, ANGELA, Johann Friedrich von Schultes Stellung zu Zölibat und Priesterehe, in: Rüdiger Althaus/Klaus Lüdicke/Matthias Pulte (Hg.), Kirchenrecht und Theologie im Leben der Kirche, Festschrift für Heinrich J. F. Reinhardt zur Vollendung seines 65. Lebensjahrs, (Münsterischer Kommentar zum Codex Iuris Canonici, Beiheft 50), Essen (Ludgerus-Verlag) 2007, 51–71.

BERLIS, ANGELA, Das Zweite Vatikanische Konzil – eine alt-katholische Perspektive, in: Bulletin ET 17 (2007) Nr. 2, 67–77.

BERLIS, ANGELA, Hoiningen-Huene, Christine von. Version vom 23.10.2007, in: Historisches Lexikon der Schweiz, https://hls-dhs-dss.ch/de/articles/048395/2007-10-23, zuletzt geprüft: 31.12.2021.

BERLIS, ANGELA, Kraft, Sigisbert Otto Franziskus (1927–2006), in: Fred Ludwig Sepaintner (Hg.), Baden-Württembergische Biographien. Bd. 4, Stuttgart (Kohlhammer) ²2008, 187–190.

BERLIS, ANGELA, Peter, Anny. Version vom 23.01.2009, in: Historisches Lexikon der Schweiz, https://hls-dhs-dss.ch/de/articles/027555/2009-01-23, zuletzt geprüft: 31.12.2021.

BERLIS, ANGELA (Hg.), Eduard Herzog (1841–1924). Christkatholischer Bischof, Rektor der Universität, Wegbereiter der Ökumene. Neue Forschungsperspektiven zur Geschichte der Christkatholischen Kirche der Schweiz, in: Internationale Kirchliche Zeitschrift 101 (2011) Nr. 3–4.

BERLIS, ANGELA, Hyacinthe Loyson (1827–1912) dans le vieux-catholicisme. Un esprit libéré des frontières religieuses, in: Frédéric Amsler/Sarah Scholl (Hg.), L'apprentissage du pluralisme religieux. Le cas genevois au XIXe siècle, (Histoire et société 58) Genève (Labor et Fides) 2013, 189–214.

BERLIS, ANGELA, Die Sprache des Gebets im alt-katholischen Eucharistiebuch, in: Birgit Jeggle-Merz/Benedikt Kranemann (Hg.), Liturgie und Konfession. Grundfragen der Liturgiewissenschaft im interkonfessionellen Gespräch, Freiburg i. Br. (Herder) 2013, 125–139.

BERLIS, ANGELA, Überlegungen zur historischen Identität des Altkatholizismus in heutigen populären und wissenschaftlichen Narrativen, in: Internationale Kirchliche Zeitschrift 104 (2014), 293–309.

BERLIS, ANGELA, Sympathy for Mussulmans, Love for Jews. Emilie Loyson-Meriman (1833–1909), Hyacinthe Loyson (1827–1912) and their Efforts towards Interreligious Encounter, in: Studies in Church History 51 (2015), 285–301.

BERLIS, ANGELA, «Konstanz» als konziliarer Erinnerungsort. Eine alt-katholische Perspektive, in: Ökumenische Rundschau 64 (2015), 310–322.

BERLIS, ANGELA, Die Verantwortung der Theologie in der Kirche in der Sicht Ignaz von Döllingers und des Altkatholizismus, in: Daniel Benga/Constantin Pătuleanu (Hg.), Teologia Ortodoxă în dialog. Evocări, analize, perspective. Volum dediat Păinteluiprofessor doctor Viorel Ioniță la împlinirea vărstei de 70 de ani, București (Editura Universității din București) 2016, 333–352.

BERLIS, ANGELA, Einbruch in männliche Sphären? Der Aufbruch alt-katholischer Frauen im 19. und 20. Jahrhundert, in: Michaela Sohn-Kronthaler (Hg.), Feminisierung oder (Re-)Maskulinisierung der Religion im 19. und 20. Jahrhundert? Forschungsbeiträge aus Christentum, Judentum und Islam, Wien – Köln – Weimar (Böhlau) 2016, 179–198.

BERLIS, ANGELA, Spuren eines vielfältigen Einnerungsträgers. Martin von Tours und seine Kultorte (2016), in: https://www.theos.unibe.ch/kirche-st.martin, zuletzt geprüft: 29.09.2022.

BERLIS, ANGELA, «Frevelhaft, irrgläubig, ketzerisch» (Thomas Braun). Stellungnahmen gegen die Dogmatisierung der Unbefleckten Empfängnis (1854), in: Rüdiger Althaus/Judith Hahn/Matthias Pulte (Hg.), Im Dienste der Gerechtigkeit und Einheit. Festschrift für Heinrich J. F. Reinhardt zur Vollendung seines 75. Lebensjahres, (Münsterischer Kommentar zum Codex Iuris Canonici, Beiheft 325) Essen (Ludgerus Verlag) 2017, 531–554.

BERLIS, ANGELA, La rinascita del diaconato femminile – la via delle chiese vetero-cattoliche dell'Unione di Utrecht, in: Serena Noceti (Hg.), Diacone. Quale ministero per quale Chiesa?, Brescia (Queriniana) 2017, 269–288.

BERLIS, ANGELA, Mediale Trauer um einen streitbaren religiösen Aktivisten: Hyacinthe Loyson (1827–1912), in: Kirchliche Zeitgeschichte/Contemporary Church History 31 (2018), 363–380.

BERLIS, ANGELA, «Disrupted ecclesial internationality». The Old Catholic «Internationale Kirchliche Zeitschrift» during the First World War, in: Kirchliche Zeitgeschichte/Contemporary Church History 31 (2018), 146–168.

BERLIS, ANGELA (Hg.), Utrecht and Uppsala on the way to communion. Report from the official dialogue between the Old Catholic Churches of the Union of Utrecht and the Church of Sweden (2013)/with a revised translation «Utrecht and Uppsala auf dem Weg zu kirchlicher Gemeinschaft» (2018) (Beiheft zu Internationale Kirchliche Zeitschrift 108), Bern (Stämpfli) ²2018.

BERLIS, ANGELA, Adolf Thürlings (1844–1915). Kirchenreform durch die Erneuerung des Gottesdienstes, in: Angela Berlis/Stephan Leimgruber/Martin Sallmann (Hg.), Aufbruch und

Widerspruch. Schweizer Theologinnen und Theologen im 20. und 21. Jahrhundert, Zürich (Theologischer Verlag Zürich) 2019, 490–505.

Berlis, Angela, Restoring the Female Diaconate in the Old Catholic Churches of the Union of Utrecht, in: Gunter M. Prüller-Jagenteufel/Sharon Bong/Rita Perintfalvi (Hg.), Towards just gender relations. Rethinking the role of women in church and society. (Religion and transformation in contemporary European society), Göttingen (Vienna University Press) 2019, 47–60.

Berlis, Angela, «Unterbrochene kirchliche Internationalität». Die Internationale Kirchliche Zeitschrift im Ersten Weltkrieg, in: Internationale Kirchliche Zeitschrift 109 (2019), 340–373.

Berlis, Angela, Adolf Thürlings (1844–1915). Ein Leben für die Reform der Kirche durch die Erneuerung der Liturgie, in: Dies. (Hg.), Kirchenreform durch die Erneuerung des Gottesdienstes. Die liturgischen und ekklesiologischen Anliegen von Adolf Thürlings (1844–1915) und ihre Wirkung bis heute, in: Internationale Kirchliche Zeitschrift (110) 2020, 99–147.

Berlis, Angela (Hg.), Kirchenreform durch die Erneuerung des Gottesdienstes. Die liturgischen und ekklesiologischen Anliegen von Adolf Thürlings (1844–1915) und ihre Wirkung bis heute, in: Internationale Kirchliche Zeitschrift 110 (2020) Nr. 2–4.

Berlis, Angela, Überlegungen zu Macht, Amt und Geschlecht in altkatholischen Kontexten, in: Internationale Kirchliche Zeitschrift 111 (2021), 171–187.

Berlis, Angela, Serbian Orthodox presence in Switzerland in the early twentieth century. Nikolaj Velimirović and his doctoral theses at the University of Bern, in: Bogdan Lubardić/Marc C. Chapman (Hg.), Serbia and the Church of England: The First World War and a new Ecumenism, Palgrave (Macmillan) 2022, 53–73.

Berlis, Angela, Contested Holiness: Conflicts About Sacred Places in Culture Wars, in: Mortaza Shams (Hg.), Cross-cultural Dialogue in the Age of Disruptive Interconnectedness: Essays in Honor of Douglas Pratt, Springer (Cham) 2023 [im Druck].

Berlis, Angela/Bürgin, Martin/Ries, Markus (Hg,), Katholizismus am Scheideweg. Die katholischen Kirchen der Schweiz nach dem Ersten Vatikanischen Konzil, Zürich (Theologischer Verlag Zürich) 2024 [in Vorbereitung].

Berlis, Angela/Bürgin, Martin (Hg.), Eduard Herzog – Joseph Hubert Reinkens. Briefwechsel 1876–1896 [Erscheinen für 2025 geplant].

Berlis, Angela/Feenstra, Peter, Die Altkatholischen Kirchen der Utrechter Union und die Kirche von Schweden – historische Begegnungen und aktuelle Entwicklungen, in: Angela Berlis (Hg.), Utrecht and Uppsala on the way to communion. Report from the official dialogue between the Old Catholic Churches of the Union of Utrecht and the Church of Sweden (2013) / with a revised translation «Utrecht and Uppsala auf dem Weg zu kirchlicher Gemeinschaft» (2018). (Beiheft zu Internationale Kirchliche Zeitschrift 108), Bern (Stämpfli) ²2018, 10–46.

Berlis, Angela/Gerth, Klaus-Dieter (Hg.), Christus spes. Liturgie und Glaube im ökumenischen Kontext. Festschrift Sigisbert Kraft, Frankfurt a. M. (P. Lang) 1994.

Berlis, Angela/Kostrešević, Milan (Hg.), Orthodoxie in der Schweiz, Zürich (Theologischer Verlag Zürich) 2024 [in Vorbereitung].

Berlis, Angela/Leimgruber, Stephan/Sallmann, Martin (Hg.), Aufbruch und Widerspruch. Schweizer Theologinnen und Theologen im 20. und 21. Jahrhundert, Zürich (Theologischer Verlag Zürich) 2019.

Berlis, Angela/Ring, Matthias (Hg.), Im Himmel Anker werfen. Vermutungen über Kirche in der Zukunft. Festschrift für Bischof Joachim Vobbe, Bonn (Alt-Katholischer Bistumsverlag) 2007.

Berlis, Angela/Schneider, Miriam, «Wenn meine Wahrheit nicht deine Wahrheit ist». Wahrheitsanspruch und Pluralität der Religionen in der Schweiz, in: Schweizerische Akademie der Geistes- und Sozialwissenschaften (Hg.), Islam in der Schweiz – L'Islam en Suisse. Gesammelte Berichte zur wissenschaftlichen Veranstaltungsreihe, unterstützt von der SAGW und durchgeführt von ihren Mitgliedgesellschaften, (Swiss Academies Communications 13), [Bern] 2018, 35–38.

Bietenhard, Benedikt/Blaser, Stefanie (Hg.), Die Geschichte der Theologischen Fakultäten Bern 1834–2001, Zürich (Theologischer Verlag Zürich) 2020.

Bischof, Franz Xaver, Das Ende des Bistums Konstanz. Hochstift und Bistum Konstanz im Spannungsfeld von Säkularisation und Suppression (1802/03–1821/27), (Münchener kirchenhistorische Studien 1), Stuttgart – Berlin – Köln (Kohlhammer) 1989.

Bischof, Franz Xaver, Leu, Josef Burkhard. Version vom 20.07.2006, in: Historisches Lexikon der Schweiz, https://hls-dhs-dss.ch/de/articles/009908/2006-07-20, zuletzt geprüft: 31.12.2021.

Bischof, Franz Xaver, Müller, Thaddäus. Version vom 09.05.2008, in: Historisches Lexikon der Schweiz, https://hls-dhs-dss.ch/de/articles/009970/2008-05-09, zuletzt geprüft: 31.12.2021.

Bischof, Franz Xaver, Katholizismus. Version vom 29.05.2020, in: Historisches Lexikon der Schweiz, https://hls-dhs-dss.ch/de/articles/016505/2020-05-29, zuletzt geprüft: 31.12.2021.

Bloch, René S./Picard, Jacques (Hg.), Wie über Wolken. Jüdische Lebens- und Denkwelten in Stadt und Region Bern, 1200–2000, (Beiträge zur Geschichte und Kultur der Juden in der Schweiz 16), Zürich (Chronos) 2014.

Boer, Wim de/Smit, Peter-Ben, Die frühen Beziehungen zwischen der Iglesia Filipina Independiente und den altkatholischen Kirchen der Utrechter Union, in: Internationale Kirchliche Zeitschrift 98 (2008), 122–144.169–190.

Bossard-Borner, Heidi, Im Spannungsfeld von Politik und Religion. Der Kanton Luzern 1831 bis 1875, (Luzerner historische Veröffentlichungen 42, 1–2), Basel (Schwabe) 2008.

Bossard-Borner, Heidi, Vom Kulturkampf zur Belle Epoque. Der Kanton Luzern 1875 bis 1914, (Luzerner historische Veröffentlichungen 46), Basel (Schwabe) 2017.

Braun, Patrick, Die Entwicklung der katholischen Gemeinde Basel im Erleben ihres Pfarrers Burkard Jurt (1858–1900), in: Basler Zeitschrift für Geschichte und Altertumskunde 117 (2017), 155–185.

Brinkhues, Ilse, Mission als menschenverbindender Auftrag, in: Angela Berlis/Klaus-Dieter Gerth (Hg.), Christus spes. Liturgie und Glaube im ökumenischen Kontext. Festschrift Sigisbert Kraft, Frankfurt a. M. (P. Lang) 1994, 75–84.

Brosi, Urs, Fallstudie «Röschenz», in: Libero Gerosa/Ludger Müller (Hg.), Katholische Kirche und Staat in der Schweiz, (Kirchenrechtliche Bibliothek 14), Münster – Zürich (LIT Verlag) 2010, 200–208.

Brun, Maria/Peppa, Constantina, Damaskinos Papandreou. Erster Metropolit der Schweiz/1969–2003, Athen 2011.

Bürgin, Martin, Theologische Tribes and Territories. Die Revue Internationale de Théologie als Medium multipler Allianzbildungen, in: Internationale Kirchliche Zeitschrift 109 (2019), 309–339.

Burkhardt, Stefan, «Ich will hintreten zum Altare Gottes, zu Gott, meiner frohlockenden Freude!». Gedanken zu einer Kirche, die gerne darüber klagt, sie hätte keine Spiritualität, in: Hans Gerny/Harald Rein/Maja Weyermann (Hg.), Die Wurzel aller Theologie. Sentire cum Ecclesia. Festschrift zum 60. Geburtstag von Urs von Arx, Bern (Stämpfli) 2003, 261–282.

Bürki, Bruno/Leimgruber, Stephan (Hg.), Theologische Profile. Schweizer Theologinnen und Theologen im 19. und 20. Jahrhundert, Fribourg (Universitäts-Verlag & Paulusverlag) 1998.

Buser, Denise/Loretan, Adrian (Hg.), Gleichstellung der Geschlechter und die Kirchen. Ein Beitrag zur menschenrechtlichen und ökumenischen Diskussion, (Freiburger Veröffentlichungen zum Religionsrecht 3), Fribourg (Universitätsverlag) 1999.

Capus, Alex, Munzinger Pascha, Zürich (Diogenes) 1997, München (dtv) ⁵2012.

Capus, Alex, Patriarchen. Zehn Porträts. Über Bally, Lindt, Nestlé und andere Pioniere (dtv 14597), München (dtv) 42018.

Cattaneo, Arturo, Lehren aus dem «Fall Röschenz», in: Libero Gerosa/Ludger Müller (Hg.), Katholische Kirche und Staat in der Schweiz, (Kirchenrechtliche Bibliothek 14), Münster, Zürich (LIT Verlag) 2010, 209–216.

Christkatholische Kirche der Schweiz, Reglement über die Zugehörigkeit zur Geistlichkeit der Christkatholischen Kirche der Schweiz und die Zulassung zu geistlichen Amtshandlungen, https://christkatholisch.ch/wpdm-package/09-reglement-ueber-die-zugehoerigkeit-zur-geistlichkeit-und-die-zulassung-zu-geistlichen-amtshandlungen, zuletzt geprüft: 31.12.2021.

Christkatholische Kirche der Schweiz, Richtlinien über die bischöfliche Amtsführung, https://christkatholisch.ch/wpdm-package/08-richtlinien-ueber-die-bischoefliche-amtsfuehrung, zuletzt geprüft: 31.12.2021.

Christkatholische Kirche der Schweiz, Verfassung der Christkatholischen Kirche der Schweiz, https://christkatholisch.ch/wpdm-package/01-verfassung-der-christkatholischen-kirche-der-schweiz/ [Im Anhang abgedruckt].

Christkatholische Kirchgemeinde Zürich, Sternschnuppen über Mittag. Referate aus den Jahren 2010–2015, Zürich (Eigenverlag) 2015.

Commission for the Dialogue between the Malankara Mar Thoma Syrian Church and the Old Catholic Churches of the Union of Utrecht, Concluding Common Joint Statement 2019, in: Internationale Kirchliche Zeitschrift 113 (2023) Nr. 1; im Internet: https://www.utrechter-union.org/fman/1108.pdf, zuletzt geprüft: 31.12.2021.

Conzemius, Victor, Einleitung [zum Kapitel über Christkatholische Theologie], in: Stephan Leimgruber/Max Schoch (Hg.), Gegen die Gottvergessenheit. Schweizer Theologen im 19. und 20. Jahrhundert, Basel (Herder) 1990, 500.

Conzemius, Victor, Eugène Lachat – Bischof im Kulturkampf, in: Urban Fink/Stephan Leimgruber/Markus Ries u. a. (Hg.), Die Bischöfe von Basel 1794–1995, (Religion – Politik – Gesellschaft in der Schweiz 15), Fribourg (Universitäts-Verlag) 1996, 144–148.

Conzemius, Victor, Katholizismus ohne Rom. Die altkatholische Kirchengemeinschaft, Zürich – Einsiedeln – Köln (Benziger) 1969.

Conzemius, Victor, Philipp Anton von Segesser, 1817–1888. Demokrat zwischen den Fronten, Zürich (Benziger) 1977.

Cross, Anthony John, Père Hyacinthe Loyson, the Église Catholique Gallicane (1879–1893) and the Anglican Reform Mission. Ph. D. dissertation (University of Reading) 2011.

Dellsperger, Rudolf, Nippold, Friedrich. Version vom 06.08.2009, in: Historisches Lexikon der Schweiz, https://hls-dhs-dss.ch/de/articles/010771/2009-08-06, zuletzt geprüft: 31.12.2021.

Denzinger, Heinrich/Hünermann, Peter (Hg.), Kompendium der Glaubensbekenntnisse und kirchlichen Lehrentscheidungen. Enchiridion symbolorum definitionum et declarationum de rebus fidei et morum, Freiburg i. Br. – Basel – Wien (Herder) ⁴⁵2017.

Dietschi, Jörg Martin/Bächtold, Christoph, Ein Herrscher – kein Herrscher. Urs von Arx wurde als Rektor der Gemeinschaft des Hl. Johannes des Täufers verabschiedet, in: Christkatholisch 144 (2021) Nr. 19, 8.

Dodel, Franz, Das Sitzen der Wüstenväter. Eine Untersuchung anhand der Apophthegmata Patrum, (Paradosis 42), Fribourg (Universitätsverlag – Paulusdruck) 1997.

DODEL, FRANZ, Weisung aus der Stille. Sitzen und Schweigen mit den Wüstenvätern, Zürich – Düsseldorf (Benziger) 1998.

DÖLLINGER, IGNAZ VON, Der Papst und das Concil. Eine weiter ausgeführte und mit dem Quellennachweis versehene Neubearbeitung der in der Augsburger Allgemeinen Zeitung erschienenen Artikel: Das Concil und die Civiltà, Frankfurt (Minerva) 1968 [Erstveröffentlichung unter dem Pseudonym «Janus», Leipzig (Steinacker) 1869].

DUCOMMUN-MERZ, ALINE, Bericht über den Verband christkath. Frauenvereine der Schweiz, in: 43. Sitzung der National-Synode der christkatholischen Kirche der Schweiz. Montag, den 25. Juni 1917 in Olten, Olten (Buchdruckerei des «Oltner Tagblatt») 1917, 72–74.

EPISCOPAL CHURCH, Articles of Religion. As established by the Bishops, the Clergy, and the Laity of the Protestant Episcopal Church in the United States of America, in Convention, on the twelfth day of September, in the Year of our Lord, 1801, in: Church of England/Episcopal Church (Hg.), The book of common prayer, and administration of the sacraments and other rites and ceremonies of the Church. Together with The Psalter or Psalms of David / according to the use of the Episcopal Church, New York (The Church Hymnal Corp) 1979.

ESSER, GÜNTER, Die Alt-Katholischen Kirchen, (Bensheimer Hefte 116), Göttingen (Vandenhoeck & Ruprecht) 2016.

ESSER, GÜNTER/RING, MATTHIAS (Hg.), Zwischen Freiheit und Gebundenheit. Festschrift zum 100-jährigen Bestehen des Alt-katholischen Seminars der Universität Bonn, (Reihe B: Darstellungen und Studien 1), Bonn (Alt-Katholischer Bistumsverlag) 2002.

FABER, EVA-MARIA/KOSCH, DANIEL (Hg.), Dem Bettag eine Zukunft bereiten. Geschichte, Aktualität und Potenzial eines Feiertags, Zürich (Theologischer Verlag Zürich) 2017.

FASCHON, CHRISTIANE, Zwei Konfessionen, eine Priesterin. Eine aussergewöhnliche Kombination, in: Schweizerische Kirchenzeitung 181 (2013) Nr. 23, 375–377.

FASEL, URS, Bahnbrecher Munzinger. Gesetzgeber und Führer der katholischen Reformbewegung (1830–1873), Bern (Haupt) 2003.

FELCHLIN, ERNST, Die «Bischof-Herzog-Gruppe», Lokalbeilage zu [Flückiger/Jenzer], Christkatholisch. Die Christkatholische Kirche der Schweiz in Geschichte und Gegenwart. 100 Jahre Christkatholische Kirchgemeinde Solothurn, hg. von der Christkatholischen Kirchgemeinde Solothurn, Zürich (Benziger) o. J. [1978], 14–15.

FELDMANN, PHILIPP, Die Altkatholische Kirche der Mariawiten, Plock ³1940.

FINK, URBAN, Die Luzerner Nuntiatur 1586–1873. Zur Behördengeschichte und Quellenkunde der päpstlichen Diplomatie in der Schweiz, (Collectanea Archivi Vaticani 40), Luzern (Rex Verlag) 1997.

FINK, URBAN, Victor Conzemius (1929–2017) – Kirchenhistoriker mit Augenmass, in: Angela Berlis/Stephan Leimgruber/Martin Sallmann (Hg.), Aufbruch und Widerspruch. Schweizer Theologinnen und Theologen im 20. und 21. Jahrhundert, Zürich (Theologischer Verlag Zürich) 2019, 252–266.

FLECK, LUDWIK, Entstehung und Entwicklung einer wissenschaftlichen Tatsache. Einführung in die Lehre vom Denkstil und Denkkollektiv, (stw), Frankfurt a. M. (Suhrkamp) 1980 [Erstveröffentlichung Basel (Benno Schwabe & Co.) 1935].

FLÜCKIGER, WILHELM/JENZER, CARLO (Schriftleitung), Christkatholisch. Die Christkatholische Kirche der Schweiz in Geschichte und Gegenwart. Zum 100-Jahr-Jubiläum der Christkatholischen Kirchgemeinde Solothurn, hg. von der Christkatholischen Kirchgemeinde Solothurn, Zürich – Einsiedeln – Köln (Benziger) 1978.

FLÜGEL, CHRISTIAN, Die Utrechter Union und die Geschichte ihrer Kirchen, Norderstedt (Books on Demand) ²2014.

FREI, HANS A., Bindschedler-Robert, Denise. Version vom 16.07.2009, in: Historisches Lexikon der Schweiz, https://hls-dhs-dss.ch/de/articles/028759/2009-07-16, zuletzt geprüft: 31.12.2021.

FREI, HANS A., Einem Achtzigjährigen zum Gruss! Zur Diaspora-Sammlung 1986, in: Christkatholisches Kirchenblatt 109 (1986), 209–210.

FREI, HANS A. , Zum Gedenken an Frau Emmy Küry-Vogt (1906–1998) in Basel, in: Christkatholisches Kirchenblatt 121 (1998), 109.

FREI, HANS A., Urs Küry (1901–1976). Ein Leben für die Kirche, in: Bruno Bürki/Stephan Leimgruber (Hg.), Theologische Profile. Schweizer Theologinnen und Theologen im 19. und 20. Jahrhundert, Fribourg (Universitäts-Verlag & Paulusverlag) 1998, 218–230.

FREI, HANS A., Küry, Adolf. Version vom 05.11.2007, in: Historisches Lexikon der Schweiz, https://hls-dhs-dss.ch/de/articles/010718/2007-11-05, zuletzt geprüft: 31.12.2021.

FRIEDBERG, EMIL, Aktenstücke die altkatholische Bewegung betreffend, mit einem Grundriss der Geschichte derselben. Zugleich als Fortsetzung und Ergänzung der «Sammlung der Aktenstücke zum ersten vatikanischen Concil», Tübingen (H. Laupp) 1876.

FRIEDRICH, JOHANN, Geschichte des Vatikanischen Konzils, Bonn (P. Neusser) 1877–1887, 3 Bde.

GASSMANN, GÜNTHER, Das Porvoo-Dokument als Grundlage anglikanisch-lutherischer Kirchengemeinschaft im nördlichen Europa, in: Ökumenische Rundschau 44 (1995), 172–183.

GAUGLER, ERNST, Bericht über die Weltkonferenz über Glauben und Verfassung. Lausanne, 3.–21. August 1927, in: Internationale Kirchliche Zeitschrift 17 (1927), 217–280.

GAUGLER, ERNST, Der Epheserbrief, (Auslegung neutestamentlicher Schriften 6), Zürich (EVZ-Verlag) 1966.

GAUGLER, ERNST, Der Römerbrief, (Prophezei), Zürich (Zwingli Verlag), 2 Bde., Bd. 1: 1945, Neuaufl. 1958, Bd. 2: 1952.

GAUGLER, ERNST, Die Johannesbriefe, (Auslegung neutestamentlicher Schriften 1), Zürich (EVZ-Verlag) 1964.

GAUGLER, ERNST, Wir müssen! Ein Aufruf an die jungen Christkatholiken, in: Der Katholik 35 (1912), 143.

GENDRE, ANDRÉ/KAUFMANN, FRANCIS/NUSSBAUM, BLAISE/SCHULER, CHRISTOPH (Hg.), Les 125 ans de l'église catholique-chrétienne dans le canton de Neuchâtel. Entre Rome et Genève, (Collection romande 2), La Chaux-de-Fonds (Ed. catholique-chrétiennes) 2001.

GENOUD, FRANÇOIS, Badener Artikel. Version vom 06.11.2011. übersetzt aus dem Französischen, in: Historisches Lexikon der Schweiz, https://hls-dhs-dss.ch/de/articles/017236/2011-10-06, zuletzt geprüft: 31.12.2021.

GERBER, HANS ERHARD, Reinhart, Josef. Version vom 17.08.2010, in: Historisches Lexikon der Schweiz, https://hls-dhs-dss.ch/de/articles/009062/2010-08-17, zuletzt geprüft: 31.12.2021.

GERNY, HANS, Wo der Geist des Herrn ist, da ist Freiheit. Predigt zum 150. Geburtstag von Bischof Dr. Eduard Herzog. 30. November 1991 in der Kirche St. Peter und Paul, Bern, in: Christkatholisches Kirchenblatt 114 (1991) Nr. 26, 8–9.

GERNY, HANS, Predigt auf dem Marktplatz! Hirtenbriefe 1987–2001/Lettres pastorales 1987–2001, Basel (Christkatholischer Schriftenverlag) 2001.

GERNY, HANS, Glaube ist kein Leistungssport. Predigten, Vorträge, Schriften, Bern (Stämpfli) 2017.

GERNY, HANS/REIN, HARALD/WEYERMANN, MAJA (Hg.), Die Wurzel aller Theologie. Sentire cum Ecclesia. Festschrift zum 60. Geburtstag von Urs von Arx, Bern (Stämpfli) 2003.

[GERNY, MARIANNE/ROCCHI, HANNAH], Kunstprojekte in der christkatholischen Kirche St. Peter und Paul in Bern, hg. von der christkatholischen Kirchgemeinde Bern, Bern (Schneider Druck AG) 2012.

GEROSA, LIBERO/MÜLLER, LUDGER (Hg.), Katholische Kirche und Staat in der Schweiz (Kirchenrechtliche Bibliothek 14), Münster – Zürich (LIT Verlag) 2010.

GIGER, BERNHARD, 10 Jahre Berner Spurensuche, hg. von der Christkatholischen Kirchgemeinde Bern, Bern (Eigenverlag) 2019.

GILG, ARNOLD, Weg und Bedeutung der altkirchlichen Christologie (Kaiser-Taschenbücher 59), München (Kaiser) 1989.

GILG, OTTO, Christkatholizismus in Luzern. Ein Beitrag zur Luzerner Geistesgeschichte (Luzern – Geschichte und Kultur, II. Staats- und Kirchengeschichte, Kirchengeschichte 3), Luzern (Reuss-Verlag) 1946.

GILG, OTTO, «Katholik» und «Christkatholisches Kirchenblatt». Epilog und Prolog, in: Christkatholisches Kirchenblatt 76 (1953), 1–3.

GILG, OTTO, Unterbrochene kirchliche Internationalität, in: Christkatholischer Hauskalender 51 (1941), 69–71.

GILG, PETER, Anderwert, Joseph Fridolin, Neue Deutsche Biographie 1 (1953), 269, https://www.deutsche-biographie.de/pnd120577852.html, zuletzt geprüft: 31.12.2021.

GILG, PETER, Die Christkatholische Kirche der Schweiz in der Zeit des Dritten Reiches [in Vorbereitung].

GISI, MAX, Die staatsrechtliche Stellung der christkatholischen Kirche in der Schweiz, Aarau (H. R. Sauerländer) 1932.

GOLLER, ANJA/HÜTHER, THERESA/KREBS, ANDREAS/SMIT, PETER-BEN (Hg.), Alt-katholische Theologie. Aktuelle Beiträge und weiterführende Perspektiven, Zürich (Theologischer Verlag Zürich) 2024 [im Druck].

GOLLER, ANJA, Die Alt-Katholische Kirche in der DDR, Bonn (Alt-Katholischer Bistumsverlag) [in Vorbereitung].

GRIFÓ, MARCELLO, Il rapporto tra Paolo Miraglia e i Vetero-cattolici nella corrispondenza del vescovo Eduard Herzog. Una pagina poco noto del Cattolicesimo Nazionale Italiano, in: Schweizerische Zeitschrift für Religions- und Kulturgeschichte 111 (2017), 281–297.

GSCHWIND, PAULIN, Geschichte der Entstehung der christkatholischen Kirche der Schweiz, 2 Bde. Bd. 1: Bern (K. J. Wyss) 1904; Bd. 2: Solothurn (C. Gassmann) 1910.

GUTZWILLER, HELLMUT, Brosi, Albert, Version vom 07.01.2014, in: Historisches Lexikon der Schweiz, https://hls-dhs-dss.ch/de/articles/003036/2014-01-07, zuletzt geprüft: 31.12.2021.

HAAG, LOTHAR, Das Sakrament der Ehe. Alt-katholisches Eheverständnis in Geschichte und Gegenwart, (GThAK Reihe B: Darstellungen und Studien 7), Bonn (Alt-Katholischer Bistumsverlag) 2016.

HAGMANN, JÜRG, Augustin Keller und seine Beziehungen zur Kirchgemeinde Olsberg 1842 und 1872/73, in: Argovia. Jahresschrift der Historischen Gesellschaft des Kantons Aargau 123 (2011), 175–194.

HALAMA, CHRISTIAN, Altkatholiken in Österreich. Geschichte und Bestandsaufnahme, Wien (Böhlau) 2004.

HANDSCHUH, MELANIE/ULRICH, URSULA, 100 Jahre Verband Christkatholischer Frauen in der Schweiz 1916–2016, erschienen zur 100. Generalversammlung am 14. April 2016 in Olten, Zürich (Schneider Druck AG) 2016.

HANSEN, MARCUS LEE, The Problem of the Third Generation Immigrant (1938), in: Werner Sollors (Hg.), Theories of ethnicity. A classical reader, New York (New York Univ. Press) 1996, 202–215.

HAUZENBERGER, MARTIN, Franz Hohler. Der realistische Fantast, Zürich (Römerhof Verlag) 2015.

HEGG PARZY, BRIGITTE, Zum SPER-Projekt «Aufwind 03». Ein Spe(e)rwurf zu meinem «Sein», in: Christkatholisches Kirchenblatt 126 (2003) Nr. 25–26, 9.

H[EIM], W[ILHELM], Zum Eintritt ins 8. Lebensjahrzehnt, in: Der Katholik 63 (1940), 225 f.

HENRICH, MONIQUE, 125 Jahre Christkatholischer Frauenverein Zürich/Treff. Jubiläumsausgabe von 1881 bis 2006, Zürich (Druck: Dietschi, Olten) 2006.

HENSMANN-ESSER, ANNE, «Abenteuer in Rom». Texte aus dem Nachlass Werner Küppers im Alt-Katholischen Seminar der Universität Bonn, (GThAK Reihe A: Quellen 3), Bonn (Alt-Katholischer Bistumsverlag) 2017.

HERMANN, ADRIAN, The Early Periodicals of the Iglesia Filipina Independiente (1903–1904) and the Emergence of a Transregional and Transcontinental Indigenous-Christian Public Sphere, in: Philippine Studies. Historical and Ethnographic Viewpoints 62 (2014), 549–565.

HERZOG, EDUARD, Stiftspropst Josef Burkard Leu und das Dogma von 1854. Ein Beitrag zur Vorgeschichte des vatikanischen Konzils, Bern (K. J. Wyss) 1904.

HERZOG, EDUARD, Gott ist die Liebe. Andachtsbuch für katholische Christen. Zum privaten und häuslichen Gebrauch, Olten (Verlagsanstalt des Oltner Tagblattes) 1914.

HERZOG, EDUARD, Der religiöse Standpunkt der christkatholischen Kirche, in: Internationale Kirchliche Zeitschrift 9 (1919), 273–288.

HERZOG, EDUARD, Internationale Beziehungen der christkatholischen Kirche der Schweiz, in: Internationale Kirchliche Zeitschrift 9 (1919), 1–37.

HERZOG, EDUARD, Unsere Stellung zu den kirchlichen Unionsbestrebungen. Hirtenbrief anlässlich der Genfer Vorkonferenz über Glauben und Kirchenverfassung, in: Internationale Kirchliche Zeitschrift 10 (1920), 161–177.

HERZOG, WALTER, Bischof Dr. Eduard Herzog. Ein Lebensbild, Laufen (Buchdruckerei «Volksfreund») 1935.

HOLETON, DAVID R., Old Catholic Eucharistic Prayers in Ecumenical Context. Some Current Questions, in: Internationale Kirchliche Zeitschrift 103 (2013), 53–79.

HOLETON, DAVID R./VINŠ, PETR JAN, Anglican Influence on Old Catholic Liturgy, in: Revue Française de Civilisation Britannique 22 (2017) Nr. 1, rfcb.revues.org/1233, zuletzt geprüft: 31.12.2021.

HUIAN, GEORGIANA, Augustin. Le cœur et la crise du sujet, Paris (Cerf) 2020.

HÜNERMANN, PETER (Hg.), Die Dokumente des Zweiten Vatikanischen Konzils. Konstitutionen, Dekrete, Erklärungen. Lateinisch-deutsche Studienausgabe, (Herders Theologischer Kommentar zum Zweiten Vatikanischen Konzil 1), Freiburg i. Br. (Herder) 2005.

IGREJA LUSITANA CATÓLICA APOSTÓLICA EVANGÉLICA (Hg.), Anglicanos e velho-católicos em Portugal, Espanha e Europa. Historia, testemunho e missão / History, witness and Mission, Vila Nova de Gaia (Igreja Lusitana Católica Apostólica Evangélica, Instituto Anglicano de Estudos Teológicos) 2017.

INTERNATIONALE ALTKATHOLISCHE BISCHOFSKONFERENZ (IBK), Der Primat in der Kirche. Erklärung der Altkatholischen Bischöfe zum 18. Juli 1970, in: Internationale Kirchliche Zeitschrift 60 (1970), 57–59.

INTERNATIONALE ALTKATHOLISCHE BISCHOFSKONFERENZ (IBK), Die ökumenische Aufgabe der Altkatholischen Kirchen der Utrechter Union heute. Eine Standortbestimmung der Internationalen Altkatholischen Bischofskonferenz, in: Internationale Kirchliche Zeitschrift 102 (2012), 305–313.

INTERNATIONALE ALTKATHOLISCHE BISCHOFSKONFERENZ (IBK), Communiqué der Internationalen Altkatholischen Bischofskonferenz (IBK) anlässlich ihrer Sitzung 2019 in Lublin/Polen, in: Internationale Kirchliche Zeitschrift 109 (2019), 148–150.

INTERNATIONALE ALTKATHOLISCHE THEOLOGENKONFERENZ (IAThK), Konsens der Internationalen Altkatholischen Theologenkonferenz. Altenberg bei Köln 24.–28. September 1979, in: Internationale Kirchliche Zeitschrift 70 (1980), 226–229.

INTERNATIONALE ALTKATHOLISCHE THEOLOGENKONFERENZ (IAThK), Erklärung zur Stellung Marias im Heilswerk Gottes und zur Frage einer altkatholischen Marienfrömmigkeit, in: Internationale Kirchliche Zeitschrift 99 (2009), 2 f.

INTERNATIONALE ALTKATHOLISCHE THEOLOGENKONFERENZ (IAThK), Erklärung der 43. Internationalen Altkatholischen Theologenkonferenz, in: Internationale Kirchliche Zeitschrift 103 (2013), 3.

IONITA, VIOREL/NUMICO SARAH (Hg.), Charta oecumenica. Ein Text, ein Prozess und eine Vision der Kirchen in Europa, Genf – St. Gallen (Eigenverlag) 2003

JÄGGI, P. GREGOR/FINK, URBAN, Konfessionen und Religionen, in: Einwohnergemeinde der Stadt Solothurn 2020 (Hg.), Stadtgeschichte Solothurn 19. und 20. Jahrhundert, Solothurn (Lehrmittelverlag des Kantons Solothurn) 2020, 269–314.

JAHN, ANNEGRET, Katholisch und Deutsch. Die Alt-Katholische Kirche von 1930–1944, Bonn (unveröffentlichte Abschlussarbeit, Alt-Katholisches Seminar der Universität Bonn) 1986.

JENNINGS, KATHERINE LAURA, French Stranger – Spiritual Home: A Material Biography of the Church of Saint Peter and Paul (Bern) 1864-2022, (unveröff. Dissertation am Institut für Christkatholische Theologie, Universität Bern) 2022.

JANSSEN, LYDIA, God is groter dan ons hart. Antonius Jan Glazemaker (1931–2018) aartsbisschop in een tijd van verandering, Utrecht (KokBoekencentrum) 2020.

JORIS, ELISABETH, Wegbereiterinnen und Wegbegleiterinnen Augustin Kellers, in: Internationale Kirchliche Zeitschrift 108 (2018), 48–69.

JORIS, ELISABETH, Frauenbewegung. Version vom 23.02.2021, in: Historisches Lexikon der Schweiz, https://hls-dhs-dss.ch/de/articles/016497/2021-02-23, zuletzt geprüft: 31.12.2021.

KARTASHYAN, MARIAM, Zwischen kirchlicher Reform und Kulturimperialismus. Die Bulle Reversurus (1867) und das armenisch-katholische Schisma in seinen transnationalen Auswirkungen, Wiesbaden (Harrassowitz Verlag) 2020.

KELLER, ARNOLD, Augustin Keller, 1805–1883. Ein Lebensbild und Beitrag zur vaterländischen Geschichte des XIX. Jahrhunderts, Aarau (H. R. Sauerländer) 1922.

KELLER, ERICH Das kontaminierte Museum. Das Kunsthaus Zürich und die Sammlung Bührle, Zürich (Rotpunktverlag) 2021.

KESSLER, EWALD, Adolf Thürlings und die Internationale Kirchliche Zeitschrift nach den Briefen im Nachlass von Eduard Herzog, in: Angela Berlis (Hg.), Kirchenreform durch die Erneuerung des Gottesdienstes. Die liturgischen und ekklesiologischen Anliegen von Adolf Thürlings (1844–1915) und ihre Wirkung bis heute, in: Internationale Kirchliche Zeitschrift 110 (2020), 249–280.

KESSLER, EWALD, Vom Katholikentag zum Alt-Katholikenkongreß, in: Kirchliches Jahrbuch für die Alt-Katholiken in Deutschland 69 (1970), 63–66.

KIJAS, ZDZISŁAW J., Der Dialog zwischen der Polnisch-katholischen Kirche und der Römisch-katholischen Kirche in Polen. Die Arbeit der Gemeinsamen Kommission in den Jahren 1998–2003, in: Internationale Kirchliche Zeitschrift 94 (2004), 217–248.

KLUETING, HARM (Hg.), Der Josephinismus. Ausgewählte Quellen zur Geschichte der theresianisch-josephinischen Reformen, (Ausgewählte Quellen zur deutschen Geschichte der Neuzeit 12a), Darmstadt (Wissenschaftliche Buchgesellschaft) 1995.

KNITTER, PAUL, Bleibende Differenz oder kreatives Potenzial? Am Beispiel des christlich-buddhistischen Dialogs, in: Ulrich Dehn/Ulrike Caspar-Seeger/Freya Bernstorff (Hg.), Handbuch Theologie der Religionen. Texte zur religiösen Vielfalt und zum interreligiösen Dialog, Freiburg i. Br. – Basel – Wien (Herder) 2017, 296–316.

KOLÁČEK, KAREL, Entstehung und Entwicklung der altkatholischen Bewegung auf dem Gebiet von Nordböhmen bis zum Jahre 1946, in: Internationale Kirchliche Zeitschrift 98 (2008), 279–301.

KOMMISSION FÜR GLAUBEN UND KIRCHENVERFASSUNG, Taufe, Eucharistie und Amt. Konvergenzerklärung der Kommission für Glauben und Kirchenverfassung des Ökumenischen Rates der Kirchen («Lima-Dokument»), in: Harding Meyer/Damaskinos Papandreou/Hansjörg Urban/Lukas Vischer (Hg.), Dokumente wachsender Übereinstimmung. Sämtliche Berichte und Konsenstexte interkonfessioneller Gespräche auf Weltebene. Bd. 1, 1931–1982, Paderborn (Bonifatius) 1983, 545–585.

KOMMISSION FÜR GLAUBEN UND KIRCHENVERFASSUNG, Die Kirche: Auf dem Weg zu einer gemeinsamen Vision. Eine Studie der Kommission für Glauben und Kirchenverfassung des Ökumenischen Rates der Kirchen (ÖRK), Gütersloh (Gütersloher Verlagshaus) 2014.

KONFERENZ EUROPÄISCHER KIRCHEN/RAT DER EUROPÄISCHEN BISCHOFSKONFERENZEN, Charta Oecumenica. Leitlinien für die wachsende Zusammenarbeit der Kirchen in Europa, in: Viorel Ionita/Sarah Numico (Hg.), Charta oecumenica. Ein Text, ein Prozess und eine Vision der Kirchen in Europa, Genf – St. Gallen (Eigenverlag) 2003, 7–17.

KOSCHORKE, KLAUS, Weltmission, globale Kommunikationsstrukturen und die Vernetzung der indigen-christlichen Eliten Asiens und Afrikas im 19. und frühen 20. Jahrhundert, in: Ulrich van der Heyden (Hg.), Missionsgeschichte als Geschichte der Globalisierung von Wissen. Transkulturelle Wissensaneignung und -vermittlung durch christliche Missionare in Afrika und Asien im 17., 18. und 19. Jahrhundert, (Missionsgeschichtliches Archiv 19), Stuttgart (Franz Steiner Verlag) 2012, 193–212.

KOVAČ, MARTIN/VINŠ, PETER JAN/WAGNER, DAVID, Nástin dějin Starokatolické církve v Československu po roce 1968 (1. část) [= Outline of the History of the Old Catholic Church in Czechoslovakia after 1968 (Part 1)], in: Theologická revue 85 (2014), 590–606.

KRAFT, SIGISBERT, Gratias agamus. Neuere Eucharistiegebete in der ökumenischen Christenheit und die altkirchliche Prex Eucharistica, in: Internationale Kirchliche Zeitschrift 70 (1980), 154–190.

KRAFT, SIGISBERT, Lex orandi – Lex credendi. Altkatholische Überlegungen 20 Jahre nach der Veröffentlichung der Dokumente und der Eucharistischen Liturgie von Lima, in: Internationale Kirchliche Zeitschrift 92 (2002), 235–244.

KRAFT, SIGISBERT, Danksagung. Gesammelte Aufsätze zur Liturgie. Herausgegeben von Matthias Ring und Florian Groß, (GThAK Reihe B: Darstellungen und Studien 5), Bonn (Alt-Katholischer Bistumsverlag) 2015.

KRAFT, SIGISBERT, Die Erneuerung der Liturgie in den alt-katholischen und anglikanischen Kirchen, in: Ders., Danksagung. Gesammelte Aufsätze zur Liturgie. Herausgegeben von Matthias Ring und Florian Groß, (GThAK Reihe B: Darstellungen und Studien), Bonn (Alt-Katholischer Bistumsverlag) 2015, 71–84.

KRAFT, SIGISBERT, Die neugefasste Weiheliturgie der altkatholischen Kirchen und ihre ekklesiologische Bedeutung, in: Ders., Danksagung. Gesammelte Aufsätze zur Liturgie. Herausgegeben von Matthias Ring und Florian Groß, (GThAK Reihe B: Darstellungen und Studien 5), Bonn (Alt-Katholischer Bistumsverlag) 2015, 113–125.

KRAHL, WOLFGANG, Ökumenischer Katholizismus. Alt-katholische Orientierungspunkte und Texte aus zwei Jahrtausenden, Bonn (St. Cyprian) 1970.

Krebs, Andreas, «Die Kirche als Schutzhort der Freiheit». Der altkatholische Barthianer Ernst Gaugler zum Verhältnis von Kirche und Politik, in: Matthias Gockel/Andreas Pangritz/ Ulrike Sallandt (Hg.), Umstrittenes Erbe. Lesarten der Theologie Karl Barths, Stuttgart (Kohlhammer) 2020, 61–75.

Krebs, Andreas (Hg.), Die Wirklichkeit Gottes. Zur Aktualität der Theologie Kurt Stalders. Berner Symposium aus Anlass des 100. Geburtstages von Kurt Stalder (1912–1996) am 21. September 2012, Internationale Kirchliche Zeitschrift 103 (2012) Nr. 3–4.

Krebs, Andreas/Ring, Matthias (Hg.), Mit dem Segen der Kirche. Die Segnung gleichgeschlechtlicher Partnerschaften in der theologischen Diskussion, (GThAK Reihe B: Darstellungen und Studien 8), Bonn (Alt-Katholischer Bistumsverlag) 2018.

Kreis, Georg, Schweizer Erinnerungsorte. Aus dem Speicher der Swissness (NZZ Libro), Zürich (Verlag Neue Zürcher Zeitung) 2010.

Krüggeler, Michael/Weibel, Rolf, Vom antimodernen Katholizismus zum vielgestaltigen «Volk Gottes». Die Entwicklung der katholischen Kirche in der Schweiz, in: Martin Baumann/Jörg Stolz (Hg.), Eine Schweiz – viele Religionen. Risiken und Chancen des Zusammenlebens, (Kultur und soziale Praxis), Bielefeld (Transcript) 2007, 100–114.

Kubiak, Hieronim (Hg.), The Polish National Catholic Church in the United States of America from 1879 to 1980. Its social conditioning and social functions (Zeszyty naukowe Uniwersytetu Jagiellońskiego. Prace polonijne Zeszyt 6), Warszawa (Państwowe Wydawnictwo Naukowe) 1982.

Kull-Schlappner, Rosmarie, 50 Jahre Verband christkatholischer Frauenvereine der Schweiz, 1916–1966. Rückblick und Zusammenfassung, [Olten 1966].

Kull-Schlappner, Rosmarie, Anny Peter, o. O. [Basel] (Christkatholischer Schriftenverlag) 1960.

Kull-Schlappner, Rosmarie, Solothurnerinnen. Frauliches Wirken im Zeichen Solothurns, Olten (Dietschi) 1972.

Kull-Schlappner, Rosmarie, Seelenstündchen auf dem Berghüsli, in: Jahrbuch der Christkatholischen Kirche der Schweiz 102 (1992), 50–55.

Küng, Hans, Unfehlbarkeit, (Sämtliche Werke 5), Freiburg i. Br. – Basel – Wien (Herder) 2016.

Küng, Hans, Existiert Gott?, (Sämtliche Werke 9), Freiburg i. Br.– Basel – Wien (Herder) 2017.

Küppers, Werner, Das Schema «De Oecumenismo». Die Aussprache auf der 2. Session des II. Vatikanischen Konzils, in: Ökumenische Rundschau 13 (1964), 166–181.

Küry, Adolf, Die katholische, apostolische und evangelische Kirche in Portugal, in: Internationale Kirchliche Zeitschrift 3 (1913), 118–122.

Küry, Urs, Die altkatholische Kirche. Ihre Geschichte, ihre Lehre, ihr Anliegen, (KW 3), herausgegeben durch Christian Oeyen, Frankfurt a. M. (Evangelisches Verlagswerk) ³1982 [Erstveröffentlichung Stuttgart 1966; reprint von ²1978 = Berlin – Boston (De Gruyter) 2020].

Küry, Urs, Kirchengeschichte und Kleine Unterscheidungslehre für den christkatholischen Unterricht, Allschwil (Christkatholischer Schriftenverlag) 1968.

Küry, Urs, Wie es zur Bildung von Gemeinden und zur Konstituierung der christkatholischen Kirche der Schweiz kam, in: Jahrbuch der Christkatholischen Kirche der Schweiz 81 (1971), 19–23.

Küry, Urs, Nach 100 Jahren kirchlicher Eigenexistenz der Zukunft entgegen. Hirtenbrief zum Abschied vom bischöflichen Amt auf den Eidgenössischen Bettag 1972, Allschwil (Christkatholischer Schriftenverlag) 1972.

[Küry, Urs] (Hg.), Christkatholischer Katechismus, Allschwil (Christkatholischer Schriftenverlag) 1972.

Küry, Urs, Hirtenbriefe. Mit einem Lebensbild von Bischof Dr. Urs Küry, verfasst von Pfr. Dr. Hans A. Frei, Allschwil (Christkatholischer Schriftenverlag) 1978.
Küry, Urs, Kościół Starokatolicki. Historia – Nauka – Dążenia, Waszzawa (Chrześcijańska Akademia Teologiczna) 1996 [= polnische Übersetzung von «Die altkatholische Kirche»].
Lang, Josef, «Die Firma der zeitverständigen Geistlichen stirbt aus». Die Ultramontanisierung des Schweizer Klerus im langen Kulturkampf von 1830–1880, in: Traverse. Zeitschrift für Geschichte 7 (2000), 78–89.
Lange, Christian, Einführung in die allgemeinen Konzilien, (Einführung Theologie), Darmstadt (Wissenschaftliche Buchgesellschaft) 2012.
Lauber, Roland, Ein Leben für die Kirche, in: Christkatholisch 138 (2015) Nr. 12, 7.
Lebrun, Rémy, Le droit interne de l'Église catholique-chrétienne de la Suisse, in: Revue de Droit Canonique 64 (2014), 311–330.
Leimgruber, Stephan/Schoch, Max (Hg.), Gegen die Gottvergessenheit. Schweizer Theologen im 19. und 20. Jahrhundert, Basel (Herder) 1990.
Leimgruber, Yvonne, Pädagoge – Politiker – Kirchenreformer. Augustin Keller (1805–1883) und seine Zeit (Beiträge zur Aargauer Geschichte 14), Baden (hier + jetzt) 2005.
Leonhardt, Rochus, Grundinformation Dogmatik. Ein Lehr- und Arbeitsbuch für das Studium der Theologie (UTB 2214), Göttingen (Vandenhoeck & Ruprecht) ⁴2009.
Leu, Joseph Burkard, Warnung vor Neuerungen und Übertreibungen in der katholischen Kirche Deutschlands, Luzern (Kaiser) 1853.
Lindbeck, George A., Christliche Lehre als Grammatik des Glaubens. Religion und Theologie im postliberalen Zeitalter, Gütersloh (Chr. Kaiser) 1994.
Lurz, Friedrich, Die neuen liturgischen Bücher der Christkatholischen Kirche der Schweiz. Resultat einer umfassenden Liturgiereform, in: Archiv für Liturgiewissenschaft 61 (2019), 129–149.
Lustenberger, Werner, Oberst Abraham Stocker. Lebensbild eines Eidgenossen im jungen Bundesstaat (Schriftenreihe Bibliothek am Guisanplatz Nr. 59), Bern (Bibliothek am Guisanplatz) 2015.
Mallon, James, Divine Renovation – Wenn Gott sein Haus saniert. Von einer bewahrenden zu einer missionarischen Kirchengemeinde, Grünkraut (D&D Medien) 2017.
Marković, Stanko, Die Altkatholische Kirche in Jugoslawien. Eine geschichtliche Darstellung aufgrund der altkatholischen Literatur in serbokroatischer und deutscher Sprache, Bern (unveröffentlichte Abschlussarbeit, Christkatholisch-Theologische Fakultät der Universität Bern) 2001.
McGrath, Alister Edgar, Der Weg der christlichen Theologie. Eine Einführung, hg. v. Heinzpeter Hempelmann, Giessen (Brunnen) ²2007.
Mesmer, Beatrix, Ausgeklammert – eingeklammert. Frauen und Frauenorganisationen in der Schweiz des 19. Jahrhunderts, Basel (Helbing & Lichtenhahn) 1988.
Meyer, Harding/Papandreou, Damaskinos/Urban,Hansjörg/Vischer, Lukas (Hg.), Dokumente wachsender Übereinstimmung. Sämtliche Berichte und Konsenstexte interkonfessioneller Gespräche auf Weltebene. Bd. 1, 1931–1982, Paderborn (Bonifatius) 1983 (2., neubearb. Auflage 1991).
Michaud, Eugène, Catéchisme catholique, Bern (Jent & Reinert) 1876.
Michaud, Eugène, Discussion sur les sept conciles oecuméniques étudiés au point de vue traditionnel et libéral, Berne – Paris – Bruxelles 1878.
Michaud, Eugène, Louis XIV et Innocent XI d'après les correspondances diplomatiques inédites du ministère des affaires étrangères de France, Paris (Charpentier) 1882.

Milaneschi, Cesare, Ugo Janni. Ein ökumenischer Pionier, der altkatholisches Gedankengut in der Waldenserkirche fortsetzte, in: Internationale Kirchliche Zeitschrift 70 (1980), 118–134.

Milaneschi, Cesare, Luigi Prota-Giurleo und die Anfänge des Altkatholizismus in Italien, in: Internationale Kirchliche Zeitschrift 71 (1981), 179–197.

Milaneschi, Cesare, Il vecchio cattolicesimo in Italia, Cosenza (Pellegrini) 2014.

Mokry, Jean-Claude/Suter, Adrian, L'église catholique-chrétienne et sa catholicité. Vie et perspectives, in: François-Xavier Amherdt (Hg.), Vers une catholicité œcuménique? Actes du colloque «Ensemble et divers – Vers une catholicité œcuménique?» à l'Institut œcuménique de Bossey, les 6 et 7 septembre 2010, (Théologie pratique en dialogue 38), Fribourg (Fribourg Academic Press) 2013, 71–90.

Moll, Arnold, Wieder angebahnte Internationalität, in: Christkatholischer Hauskalender 57 (1947), 78–80.

Moll, Ruedi, «Was Not tut». Für die kirchliche Erneuerung suchen wir nach tragenden und vertrauensbildenden Impulsen, in: Christkatholisches Kirchenblatt 121 (1998), 280.

Moser, Erika, Furchen, Stimmen, Blätter. Die liberal- und christkatholische Presselandschaft in der Schweiz 1870 bis 1924, in: Internationale Kirchliche Zeitschrift 109 (2019), 277–308.

Moser, Erika, frei – gleich – solidarisch. Pierre César (1853–1912), Bern (Rudolf Gottfried Bindschedler-Familienstiftung) 2020.

Morgenthaler, Christoph, Macht, Ermächtigung und Missbrauch in der Seelsorge, in: Internationale Kirchliche Zeitschrift 111 (2021), 188–206.

Moser, Erika, Allverehrt und tiefbetrauert. Gender und Erinnerung in christkatholischen Nekrografien (1870–1924), (katholon 3), Zürich (Theologischer Verlag Zürich) 2023.

Moyaert, Marianne, Interreligious Dialogue, in: David Cheetham/Douglas Pratt/David Thomas (Hg.), Understanding Interreligious Relations, Oxford (OUP Oxford) 2013, 193–217.

Müller, Christoph, Entscheidende und befreiende Orientierungen. Einige Erinnerungs-Splitter, in: Andreas Krebs (Hg.), Die Wirklichkeit Gottes. Zur Aktualität der Theologie Kurt Stalders. Berner Symposium aus Anlass des 100. Geburtstages von Kurt Stalder (1912–1996) am 21. September 2012, in: Internationale Kirchliche Zeitschrift 103 (2013), 196–205.

Müller, Nathalie/Berlis, Angela, Hans Gerny (*1937). Kind des Konflikts, Bischof der Versöhnung, in: Angela Berlis/Stephan Leimgruber/Martin Sallmann (Hg.), Aufbruch und Widerspruch. Schweizer Theologinnen und Theologen im 20. und 21. Jahrhundert, Zürich (Theologischer Verlag Zürich) 2019, 782–793.

Müller, Wolfgang, «Lex orandi, lex credendi». Wo Systematik und Liturgiewissenschaft heute zusammenarbeiten können, in: Münchener Theologische Zeitschrift 49 (1998), 145–154.

Negroni, Francesco Maria, La chiesa cristiana Cattolica Nazionale Svizzera e l'indipendenza politica del Cantone Ticino. Un guanto di sfida racolto. Parte prima, Someo (presso il Sac. Francesco Maria Negroni) 1898.

Nellen, Henk J. M., De zinspreuk «In necessariis unitas, in non necessariis libertas, in utrisque caritas», in: Nederlands archief voor kerkgeschiedenis 79 (1999), 99–106.

Neuhoff, Klaus Heinrich, Building on the Bonn Agreement. An Historical Study of Anglican – Old Catholic Relations Before and After the 1931 Bonn Agreement with Special Reference to the Anglican – Old Catholic Theologians' Conferences 1957–2005 (Publicatieserie Stichting Oud-Katholiek Seminarie 46), Amersfoort (Stichting Oud-Katholiek Seminarie) – Sliedrecht (Merweboek) ²2016.

Nippold, Friedrich, Geschichte des Katholizismus seit der Restauration des Papstthums, (Handbuch der neuesten Kirchengeschichte Bd. 2), Elberfeld (Friderichs) 31883.

O'Brien, Charles H., Jansen/Jansenius, in: TRE 16 (1987), 502–509.

Ochs, Peter/Ford, David F., Religion without violence. The practice and philosophy of scriptural reasoning, Eugene, Oregon (Cascade Books) 2019.

Oeyen, Christian, Altkatholische Stellungnahmen zur Theologie des eucharistischen Hochgebets, in: Internationale Kirchliche Zeitschrift 70 (1980), 191–211.

Ökumenischer Rat der Kirchen, Gemeinsam den einen Glauben bekennen. Eine ökumenische Auslegung des apostolischen Glaubens, wie er im Glaubensbekenntnis von Nizäa-Konstantinopel (381) bekannt wird. Studiendokument der Kommission für Glauben und Kirchenverfassung, Frankfurt a. M. (Otto Lembeck) ²1993 [englisches Original: Confessing the One Faith. An Ecumenical Explication of the Apostolic Faith as it is Confessed in the Nicene-Constantinopolitan Creed (381), (Faith and Order Paper No. 153), Geneva (World Council of Churches) 1991].

Orzell, Laurence J., Zur Situation in der Utrechter Union. Zwei Texte der PNCC und ein Kommentar, in: Internationale Kirchliche Zeitschrift 91 (2001), 222–237.

Ouwens, Koenraad, Der Ort des Glaubensbekenntnisses in der Eucharistiefeier, in: Hans Gerny/Harald Rein/Maja Weyermann (Hg.), Die Wurzel aller Theologie. Sentire cum Ecclesia. Festschrift zum 60. Geburtstag von Urs von Arx, Bern (Stämpfli) 2003, 242–260.

Pahl, Irmgard/Böntert, Stefan (Hg.), Sacrum Convivium. Die Eucharistiegebete der westlichen Kirchen im 20. und 21. Jahrhundert. Band II: Römisch-Katholische Kirche, Alt-Katholische Kirche, Kirchen der Reformation (Spicilegium Friburgense 49), Münster (Aschendorff) 2022.

Panzera, Fabrizio, Cattolici e protestanti nel Ticino del XIX e XX secolo, in: Zeitschrift für Schweizerische Kirchengeschichte/Revue d'historie ecclésiastique suisse 94 (2000), 91–116.

Parker, Charles H., Faith on the margins. Catholics and Catholicism in the Dutch Golden Age, Cambridge, Mass. – London (Harvard University Press) 2008.

Parmentier, Martien, Ignaz von Döllinger und Vinzenz von Lérins, in: Internationale Kirchliche Zeitschrift 81 (1991), 41–58.

Parmentier, Martien, Rusten in de Geest. God houdt ons de spiegel voor, Utrecht (Stichting ‹Vuur›) 1992.

Peppa, Constantina, Die Töchter der Kirche Christi und die Frohe Botschaft des Sohnes Gottes. Eine Studie über die aktive Präsenz der Frauen und ihre besonderen Dienste im Frühchristentum und in Gemeinden der ungeteilten Alten Kirche, Katerini (Epektasi Verlag) 1998.

Peterkiewicz, Jerzy, The Third Adam, London (Oxford University Press) 1975.

Pitzer, Volker, Febronius/Febronianismus, in: TRE, 11 (1983), 67–69.

Plachetka, Felix, Der Altkatholizismus in der Schweiz, Kirchbichl/Tirol (Eigenverlag) 1937.

Ploeger, Mattijs, Celebrating Church. Ecumenical Contributions to a Liturgical Ecclesiology, (Netherlands studies in ritual and liturgy 7), Groningen (Instituut voor Liturgiewetenschap) – Tilburg (Liturgisch Instituut) 2008.

Ploeger, Mattijs, Die Segnung gleichgeschlechtlicher Partnerschaften und das Sakrament der Ehe(einsegnung). Ein Beitrag zur aktuellen Diskussion in der altkatholischen Kirche und Theologie, in: Internationale Kirchliche Zeitschrift 108 (2018), 87–109.

Ploeger, Mattijs, Kirchlichkeit, Gebundenheit und Freiheit der Liturgie in altkatholischer Sicht, in: Luca Baschera/Angela Berlis/Ralph Kunz (Hg.), Gemeinsames Gebet. Form und Wirkung des Gottesdienstes, (Praktische Theologie im reformierten Kontext 9), Zürich (Theologischer Verlag Zürich) 2014, 209–229.

Ploeger, Mattijs, The Churches of the Union of Utrecht in an Ecumenical Context, in: Internationale Kirchliche Zeitschrift 105 (2015), 31–36.

Pratt, Douglas, Christian Engagement with Islam: Ecumenical Journeys since 1910, Leiden (Brill) 2017.

Pratt, Douglas, Inter-(ecclesial-)cultural Learning as Receptive Ecumenism. Prospects for an Intra-Christian Dialogue, in: Internationale Kirchliche Zeitschrift 109 (2019), 39–50.

Pratt, Douglas, Religion and Extremism. Rejecting Diversity, London – New York (Bloomsbury) 2018.

Pucher, Georges, Carrier, Félix. Version vom 18.08.2003. Übersetzt aus dem Französischen, in: Historisches Lexikon der Schweiz, https://hls-dhs-dss.ch/de/articles/027538/2003-08-18, zuletzt geprüft: 31.12.2021.

Pucher, Georges, Chrétien Alphonse, Version vom 29.04.2009. Übersetzt aus dem Französischen, in: Historisches Lexikon der Schweiz, https://hls-dhs-dss.ch/de/articles/027539/2009-04-29, zuletzt geprüft: 31.12.2021.

Pucher, Georges, Gauthier, Léon. Version vom 03.07.2007. Übersetzt aus dem Französischen, in: Historisches Lexikon der Schweiz, https://hls-dhs-dss.ch/de/articles/027548/2007-07-03, zuletzt geprüft: 31.12.2021.

Rademacher, Stefan (Hg.), Religiöse Gemeinschaften im Kanton Bern. Ein Handbuch, Bern (Ott) 2008.

Reformierte Kirchen Bern-Jura-Solothurn/Katholische Kirche Region Bern/Christkatholische Landeskirche des Kantons Bern, Christlich-muslimische Trauerfälle. Eine Handreichung für die christliche Seelsorge, Bern (Eigenverlag) 2017.

Rein, Harald, Kirchengemeinschaft. Die anglikanisch-altkatholisch-orthodoxen Beziehungen von 1870 bis 1990 und ihre ökumenische Relevanz, Bern (P. Lang) 1993, Bd. 1.

Rein, Harald, Kirchengemeinschaft. Die anglikanisch-orthodoxen Beziehungen, die orthodox-altkatholischen Beziehungen, das ekklesiologische Selbstverständnis und die Beziehungen dieser drei zu anderen Kirchen, Bern – Berlin – Frankfurt a. M. (P. Lang) 1994, Bd. 2.

Rein, Harald, Die Frage nach der Zukunft stellen, in: Christkatholisches Kirchenblatt 115 (1992) Nr. 1, 3–4.

Rein, Harald, Pfarrerinnen und Pfarrer für das 21. Jahrhundert. Geistlicher Nachwuchs für die Kirche, in: Christkatholisches Kirchenblatt 124 (2001), 94–95.

Rein, Harald, Ehe für Alle. Vorwärts machen. Aber mit Rücksicht auf Bibel, Tradition und Andersdenkende. Hirtenbrief auf die Fastenzeit 2021, in: Christkatholisch 144 (2021) Nr. 7, 2–5.

Reinhart, Niklaus/Zimmermann, Doris, Eine neue Mitarbeiterin. Die erste Diakonin im Dienst für unsere Kirche. Interview, in: Christkatholisches Kirchenblatt 110 (1987) Nr. 13, 164.

Reinkens, Joseph Hubert, Katholisch, nicht päpstlich. Sechs Vorträge gehalten in den Tagen vom 1. bis 12. Dezember 1872. Mit einem Vorwort von Bischof Dr. Ed. Herzog, Olten (Buchdruckerei des «Oltner Tagblatt») 1903.

Reusch, Heinrich (Hg.), Bericht über die 1874 und 1875 zu Bonn gehaltenen Unions-Conferenzen. Mit einer Einführung von Günter Eßer, (GThAK Reihe A: Quellen 2), Bonn (Alt-Katholischer Bistumsverlag) 2002 [= Neudruck der Ausgabe in zwei Bänden von 1874 und 1875].

Ring, Matthias, Eine neue Periode. Ein Beitrag zur Geschichte des Alt-Katholischen Seminars der Universität Bonn, in: Günter Eßer/Matthias Ring (Hg.), Zwischen Freiheit und Gebundenheit. Festschrift zum 100-jährigen Bestehen des Alt-katholischen Seminars der Universität Bonn, (GThAK Reihe B: Darstellungen und Studien 1), Bonn (Alt-Katholischer Bistumsverlag) 2002, 164–172.

Ring, Matthias, «Katholisch und deutsch». Die alt-katholische Kirche Deutschlands und der Nationalsozialismus, (GThAK Reihe B: Darstellungen und Studien 3), Bonn (Alt-Katholischer Bistumsverlag) 2008.

RITSCHL, DIETRICH, Bemerkungen zur kulturellen Dimension bei ekklesiologischen Differenzen. Plädoyer für eine Hermeneutik des trans-intellektuellen Vertrauens, in: Internationale Kirchliche Zeitschrift 91 (2001), 60–74.

ROHMANN, KLAUS, Die Sakramentalität der Ehe. Ein Plädoyer für die Unterstreichung des ekklesialen Bezugs, in: Angela Berlis/Matthias Ring (Hg.), Im Himmel Anker werfen. Vermutungen über Kirche in der Zukunft. Festschrift für Bischof Joachim Vobbe, Bonn (Alt-Katholischer Bistumsverlag) 2007, 249–264.

ROHMANN, KLAUS, Selbstwerdung in Würde. Philosophisch-theologisches Nachdenken über das Menschsein heute, Darmstadt (wbg Academic) 2019.

ROHR, ADOLF, Troxler, Ignaz Paul Vital. Version vom 18.11.2015, in: Historisches Lexikon der Schweiz, https://hls-dhs-dss.ch/de/articles/009053/2015-11-18, zuletzt geprüft: 31.12.2021.

RÜTHY, ALBERT EMIL, Die Christkatholische Kirche der Schweiz im Jahre 1955, in: Internationale Kirchliche Zeitschrift 46 (1956) 49–54.

RUHIER, OTTO, Ist der Zusammenschluss unserer Männervereine notwendig?, in: Der Katholik 60 (1937), 336 f.

SALATHÉ, ANDRÉ, Anderwert, Fridolin. Version vom 16.07.2001, in: Historisches Lexikon der Schweiz, https://hls-dhs-dss.ch/de/articles/004052/2001-07-16, zuletzt geprüft: 31.12.2021.

SCALABRIN, CLAUSPETER/HEIM, PETER (Hg.), Pionier und Pfaffenschreck. Die Memoiren des Carl Franz Bally, Baden (hier + jetzt) 2009.

SCHATZ, KLAUS, Vaticanum I. 1869–1870, (Konziliengeschichte. Reihe A, Darstellungen), Paderborn – Zürich (Ferdinand Schöningh) 1992–1994, 3 Bde.

SCHAUB BANGERT, KARIN, Lasst uns danken dem Herrn, unserem Gott. Ein christkatholischer Beitrag zum Eidgenössischen Dank-, Buss- und Bettag, in: Eva-Maria Faber/Daniel Kosch (Hg.), Dem Bettag eine Zukunft bereiten. Geschichte, Aktualität und Potenzial eines Feiertags, Zürich (Theologischer Verlag Zürich) 2017, 241–244.

SCHEIBLER, THOMAS, Jüdisch-christliche Hoffnung im Abschied von antijüdischer Apathie. Eine Studie zu Ernst Gauglers Auslegung der Israelkapitel im Römerbrief, Herisau (Eigenverlag) 2015.

SCHIEK, FOLKMAR, Fridolin Anderwert. Eine politische Erfolgsgeschichte mit dramatischem Ausgang. Biografische Skizze des ersten Thurgauer Bundesrats, Kreuzlingen (Bodan AG) 2010.

SCHMELZER, ALOIS, Was ich noch sagen wollte …, in: Jahrbuch der Christkatholischen Kirche der Schweiz 126 (2016), 34–41.

SCHNEIDER, MIRIAM, Das interreligiöse Engagement der Altkatholischen Kirchen der Utrechter Union am Beispiel der Christkatholischen Kirche der Schweiz, in: Andreas Krebs (Hg.), Interreligiöser Dialog, (Alt-Katholische und Ökumenische Theologie 4), Bonn (Alt-Katholischer Bistumsverlag) 2019, 51–62.

SCHNEIDER, MIRIAM, Religious Communities and Interreligious Dialogue. Two Guidelines for Living Together in a Multi-faith Society, in: Studies in Interreligious Dialogue 27 (2017) Nr. 2, 117–130.

SCHOLL, SARAH, En quête d'une modernité religieuse. La création de l'Eglise catholique-chrétienne de Genève au cœur du «Kulturkampf» (1870–1907), Neuchâtel (Alphil) 2014.

SCHOON, DICK, Een aartsbisschop aangeklaagd in Rome. De dagboeken van aartsbisschop Petrus Codde en zijn metgezellen Jacob Krijs en Benedict de Waal over hun reis naar en hun verblijf in Rome, 1700–1703. inleiding en vertaling Dick Schoon, Hilversum (Uitgeverij Verloren) 2019.

SCHOON, DICK, Oude en nieuwe bisschoppen. De «oud-katholieken» en 1853, in: Jurjen Vis/Wim Janse (Hg.), Staf en storm. Het herstel van de bisschoppelijke hiërarchie in Nederland in 1853: actie en reactie, (Verzameling bijdragen van de Vereniging voor Nederlandse Kerkgeschiedenis 14), Hilversum (Verloren) 2002, 166–187.

Schoon, Dick, Van bisschoppelijke Cleresie tot Oud-Katholieke Kerk. Bijdrage tot de geschiedenis van het katholicisme in Nederland in de 19de eeuw, Nijmegen (Valkhof Pers) 2004.

Schoon, Dick, Wegwijs in de Oud-Katholieke Kerk, (Publicatieserie Stichting Oud-Katholiek Seminarie 48), Sliedrecht (Merweboek) 2011.

Schori, Kurt, Zur wissenschaftlichen Bedeutung de Saussures für Kurt Stalder, in: Andreas Krebs (Hg.), Die Wirklichkeit Gottes. Zur Aktualität der Theologie Kurt Stalders. Berner Symposium aus Anlass des 100. Geburtstages von Kurt Stalder (1912–1996) am 21. September 2012, in: Internationale Kirchliche Zeitschrift 103 (2013), 225–236.

Schuler, Christoph, The Mathew affair. The failure to establish an Old Catholic Church in England in the context of Anglican Old Catholic relations between 1902 and 1925, (Publicatieserie Stichting Oud-Katholiek Seminarie 30), Amersfoort (Stichting Centraal Oud-Katholiek Boekhuis) 1997.

Schuler, Christoph/Zellmeyer, Thomas, 100 Jahre und kein Ende, in: Jahrbuch der Christkatholischen Kirche der Schweiz 102 (1992), 36–49.

Schulte, Johann Friedrich von, Der Altkatholizismus. Geschichte seiner Entwicklung, inneren Gestaltung und rechtlichen Stellung in Deutschland: aus den Akten und anderen authentischen Quellen dargestellt, Aalen (Scientia Verlag) 1965 [= Giessen (E. Roth) 1887].

Schweizerischer Rat der Religionen, Gegenüber ist immer ein Mensch. Interreligiöse Erklärung zur Flüchtlingsfragen 2018, www.ratderreligionen.ch/wp-content/uploads/Interreligi%C3%B6se-Erkl%C3%A4rung-zu-Fl%C3%BCchtlingsfragen_DE.pdf, zuletzt geprüft: 31.12.2021.

Segbers, Franz, «Aus der eigenen Quelle trinken». Über den Aufbruch in der Philippinischen Unabhängigen Kirche und die Herausforderungen für die Utrechter Union, in: Internationale Kirchliche Zeitschrift 78 (1988), 169–191.

Smit, Peter-Ben, Old Catholic and Philippine independent ecclesiologies in history. The Catholic Church in every place (Brill's series in church history 52), Leiden – Boston (Brill) 2011.

Smit, Peter-Ben, Volk Gottes unterwegs. Zur Frage der Gebetsrichtung in der Eucharistiefeier, in: Internationale Kirchliche Zeitschrift 102 (2012), 159–179.

Smit, Peter-Ben, Vrienden in het bisschopsambt. De correspondentie tussen Andreas Rinkel en Urs Küry (1955–1970), (Publicatieserie Stichting Oud-Katholiek Seminarie 56), Amersfoort (Merweboek) 2016.

Smit, Peter-Ben, Liturgical Observations on the Second Vatican Council by a Forgotten Catholic. The Old Catholic Observer's Perspective on the Liturgical Developments at the Second Vatican Council, in: Questions Liturgiques 97 (2016), 84–103.

Smit, Peter-Ben (Hg.), De Oud-Katholieke Kerk van Nederland. Een inleiding, Utrecht (Uitgeverij Boekencentrum) 2018.

Smit, Peter-Ben, Old Catholic Theology. An Introduction, Leiden (Brill) 2019.

Smit, Peter-Ben, Urs von Arx (*1943). Theologie mit Leidenschaft für die Kirche, in: Angela Berlis/Stephan Leimgruber/Martin Sallmann (Hg.), Aufbruch und Widerspruch. Schweizer Theologinnen und Theologen im 20. und 21. Jahrhundert, Zürich (Theologischer Verlag Zürich) 2019, 458–471.

Smit, Peter-Ben, Farewell to Rome! A Personal Perspective on the Final Days of the Old Catholic Observer at the Second Vatican Council, in: Dries Bosschaert/Johan Leemans (Hg.), «Res opportunae nostrae aetatis». Studies on the Second Vatican Council. Offered to Mathijs Lamberigts, Leuven (Peeters) 2020, 225–243.

SMIT, PETER-BEN/SUTER, ADRIAN, Chalcedon on the Road to Justice and Peace. The Case of the Mar Thoma – Old Catholic Dialogue, in: Ecumenical Review 73 (2021), 261–280.

SMITH, HELMUT WALSER, German nationalism and religious conflict. Culture, ideology, politics, 1870–1914, Princeton NJ (Univ. Press) 1995.

STADLER, PETER, Der Kulturkampf in der Schweiz. Eidgenossenschaft und katholische Kirche im europäischen Umkreis, 1848–1888. Erweiterte und durchgesehene Neuauflage, Zürich (Chronos) 1996.

STALDER, KURT, Die Wirklichkeit Christi erfahren. Ekklesiologische Untersuchungen und ihre Bedeutung für die Existenz von Kirche heute, Zürich (Benziger) 1984.

STALDER, KURT, ΕΠΙΣΟΠΟΣ, in: Ders., Die Wirklichkeit Christi erfahren. Ekklesiologische Untersuchungen und ihre Bedeutung für die Existenz von Kirche heute, Zürich (Benziger) 1984, 11–39.

STALDER, KURT, Zur Frage nach dem Amt in der Kirche, in: Ders., Die Wirklichkeit Christi erfahren. Ekklesiologische Untersuchungen und ihre Bedeutung für die Existenz von Kirche heute, Zürich (Benziger) 1984, 77–104.

STALDER, KURT, Ämter in der Kirche, in: Ders., Die Wirklichkeit Christi erfahren. Ekklesiologische Untersuchungen und ihre Bedeutung für die Existenz von Kirche heute, Zürich (Benziger) 1984, 126–141.

STALDER, KURT, Das Recht in der Kirche, in: Ders., Die Wirklichkeit Christi erfahren. Ekklesiologische Untersuchungen und ihre Bedeutung für die Existenz von Kirche heute, Zürich (Benziger) 1984, 245–257.

STALDER, KURT, Die christkatholisch-theologische Fakultät. Ihr Selbstverständnis, in: Hochschulgeschichte Bern 1528–1984. Zu 150-Jahr-Feier der Universität Bern, Bern (Hallwag) 1984, 189–200.

STALDER, KURT, Sprache und Erkenntnis der Wirklichkeit Gottes. Texte zu einigen wissenschaftstheoretischen und systematischen Voraussetzungen für die exegetische und homiletische Arbeit. Herausgegeben von Urs von Arx, unter Mitarbeit von Kurt Schori und Rudolf Engler. Mit einem Geleitwort von Heinrich Stirnimann O.P., (Ökumenische Beihefte zur Freiburger Zeitschrift für Philosophie und Theologie 38), Fribourg (Universitätsverlag) 2000.

STIERLIN, MAX, Die Katholiken im Kanton Zürich 1862–1875 im Spannungsfeld zwischen Eingliederung und Absonderung, Zürich (NZN-Buchverlag) 1996.

STOSCH, KLAUS von, Einführung in die Systematische Theologie, (UTB), Paderborn (Ferdinand Schöningh) 2006.

STRAHM, DORIS (Hg.), Leitfaden für den interreligiösen Dialog, Basel (Interreligiöser Think-Tank) ³2014.

[STROSSMAYER, JOSIP JURAJ], Rede des Bischofs Strossmayer über die Unfehlbarkeit des Papstes. Eine Stimme innerhalb der römischen Kirche, Wesel (Schmithals) ²1872.

SUDMANN, STEFAN, Das Basler Konzil. Synodale Praxis zwischen Routine und Revolution (Tradition – Reform – Innovation 8), Frankfurt a. M. (P. Lang) 2005.

SUTER, ADRIAN, Kirche und Neue Medien. Vorbildliche Nutzung neuer Kommunikationsmöglichkeiten, in: Christkatholisches Kirchenblatt 123 (2000) Nr. 12, 194.

SUTER, ADRIAN, Ausverkauf der Heiligkeit. Zur Heiligsprechung umstrittener Personen, in: Christkatholisches Kirchenblatt 118 (2002) Nr. 23, 353.

SUTER, ADRIAN, Jesus Christus heilt und versöhnt. Die 12. Vollversammlung der Konferenz Europäischer Kirchen, in: Christkatholisches Kirchenblatt 126 (2003) Nr. 15–16, 6–7.

SUTER, ADRIAN, Die homiletische Ausbildung an der Christkatholisch-Theologischen Fakultät der Universität Bern. Die Predigt im Spannungsfeld zwischen Theorie und Praxis, persönlicher Glaubenswelt und wissenschaftlicher Textauslegung, in: Hans Gerny/Harald Rein/Maja

Weyermann (Hg.), Die Wurzel aller Theologie. Sentire cum Ecclesia. Festschrift zum 60. Geburtstag von Urs von Arx, Bern (Stämpfli) 2003, 58–68.

Suter, Adrian, Den gemeinsamen Weg beurteilen. Bildung heisst nicht nur Wissen, sondern Fähigkeiten vermitteln, in: Christkatholisches Kirchenblatt 130 (2007) Nr. 22, 2–3.

Suter, Adrian, Zur Glaubensbindung der Theologie, in: Internationale Kirchliche Zeitschrift 99 (2009), 106–125.

Suter, Adrian, Vernetzung und Gewichtung christlicher Lehraussagen. Die Vorstellung einer Hierarchie der Wahrheiten und ihre Beziehung zum wissenschaftstheoretischen Selbstverständnis der Theologie, (Studien zur systematischen Theologie und Ethik 59), Zürich (LIT Verlag) 2011.

Suter, Adrian, «Ce qui a été cru partout, toujours et par tous». La catholicité selon la théologie catholique-chrétienne, in: François-Xavier Amherdt (Hg.), Vers une catholicité œcuménique? Actes du colloque «Ensemble et divers – Vers une catholicité œcuménique?» à l'Institut œcuménique de Bossey, les 6 et 7 septembre 2010, (Théologie pratique en dialogue 38), Fribourg (Fribourg Academic Press) 2013, 61–70.

Suter, Adrian, «Altkatholische Identität – altkirchliche Identität?». Ein Workshopbericht, in: Internationale Kirchliche Zeitschrift 104 (2014), 353–362.

Suter, Adrian, Ecumenical and Interreligious Dialogue: Lindbeck's Cultural-Linguistic Model, in: Internationale Kirchliche Zeitschrift – Bern Interreligious Oecumenical Studies 1 (2014), 41–64.

Suter, Adrian, Altkatholische Kirchen, in: Johannes Oeldemann (Hg.), Konfessionskunde, (Handbuch der Ökumene und Konfessionskunde 1), Leipzig (Evangelische Verlagsanstalt) 2015, 247–274.

Suter, Adrian, Einführung zu den Dialogtexten, in: Alt-Katholische Kirchen der Utrechter Union – Mar Thoma Syrian Church of Malabar, Dokumentation der Dialogtexte. Herausgegeben vom Katholischen Bistum der Alt-Katholiken in Deutschland, Bonn (Eigenverlag) 2015, 3–9.

Suter, Adrian, Zwischen Marienwallfahrt und Kulturkampf (2016), https://www.theos.unibe.ch/stiftskirche-st.-leodegar, zuletzt geprüft: 29.09.2022.

Suter, Adrian, Erwachsenenbildung: Aktuelle Projekte in der Schweiz. Workshopbericht, in: Internationale Kirchliche Zeitschrift 107 (2017), 123–125.

Suter, Adrian, Fallible authority, in: Ecclesiology 13 (2017), 161–178.

Suter, Adrian, Gottes Werk im Menschenwerk. Überlegungen zur Struktur des Sakramentalen, in: Internationale Kirchliche Zeitschrift 107 (2017), 1–22.

Suter, Adrian, Ökumenische Beziehungen zwischen den altkatholischen Kirchen und der Mar-Thoma-Kirche. Bericht zur internationalen Konferenz (2017) und zum Rezeptionsprozess des Dialogs, in: Internationale Kirchliche Zeitschrift 109 (2019), 73–75.

Suter, Adrian, Die Predigt hören, wenn man Zeit hat. Christkatholische Audiopredigten, in: Christkatholisches Kirchenblatt 143 (2020) Nr. 9, 2.

Suter, Adrian, Was ist eine Glaubensfrage?, in: Christkatholisch 144 (2021) Nr. 4, 9–10.

Suter, Adrian/Berlis, Angela/Zellmeyer, Thomas/Milan Kostrešević/Weyermann, Maja/Athanasiou, Stephanos/Moser, Erika, Старокатоличка црква: историја и садашњост [= Die altkatholische Kirche: Geschichte und Gegenwart], Belgrad – Banja Luca (Biblijski institut – Centar za biblijske studije) 2019, ²2023.

Trüeb, Markus, Stocker, Abraham. Version vom 21.12.2015, in: Historisches Lexikon der Schweiz, https://hls-dhs-dss.ch/de/articles/004207/2015-12-21, zuletzt geprüft: 31.12.2021.

Urbisch, Johannes J., Die Geschichte der Alt-Katholischen Kirche in Mitteldeutschland, Borsdorf (Ed. Winterwork) 2012.

URBISCH, JOHANNES J., Die Geschichte des Alt-Katholizismus in Schlesien bis 1945, Berlin (Alt-Katholische Kirchengemeinde) 2006.

VIERTE WELTKONFERENZ FÜR GLAUBEN UND KIRCHENVERFASSUNG, Schrift, Tradition und Traditionen, in: Patrick C. Rodger/Lukas Vischer (Hg.), Montréal 1963, Bericht der vierten Weltkonferenz für Glauben und Kirchenverfassung, Montréal, 12. –26. Juli 1963, Zürich (EVZ-Verlag) 1963, 42–53.

VINŠ, PETER JAN, Starokatolická obec v Praze a její vztah k vznikající Církvi československé, in: Theologická revue 79 (2008), 101–215.

VINZENZ VON LÉRINS, Commonitorium. Mit einer Studie zu Werk und Rezeption. Herausgegeben und kommentiert von Michael Fiedrowicz; übersetzt von Claudia Barthold, Mülheim (Mosel) (Carthusianus) 2011.

VISCHER, LUKAS/SCHENKER, LUKAS/DELLSPERGER, RUDOLF (Hg.), Ökumenische Kirchengeschichte der Schweiz, Fribourg (Paulusverlag) ²1998.

VOBBE, JOACHIM, Brot aus dem Steintal. Bischofsbriefe, Bonn (Alt-Katholischer Bistumsverlag) 2005.

VOGEL, P. H., Die Gebetbücher der bischöflichen Kirchen von Spanien, Portugal und Mexiko, in: Internationale Kirchliche Zeitschrift 26 (1936), 90–104. 213–215.

VOGELSANGER, PETER, Über die Anfänge der Ökumenischen Bewegung in der Schweiz, in: Jean-Louis Leuba/Heinrich Stirnimann (Hg.), Freiheit in der Begegnung. Zwischenbilanz des ökumenischen Dialogs, Frankfurt a. M. (Josef Knecht) 1969, 147–161.

VOJTÍŠEK, ZDENĚK, Weitere Glaubensrichtungen, in: Martin Schulze Wessel/Martin Zückert (Hg.), Handbuch der Religions- und Kirchengeschichte der böhmischen Länder und Tschechiens im 20. Jahrhundert, München (Oldenbourg) 2009, 209–236.757–786.

WALDMEIER, JOSEF FRIDOLIN, Der altkatholische Klerus von Säckingen/Waldshut und Zell im Wiesental. Ein Beitrag zur Geschichte des Altkatholizismus in Südbaden, Aarau (Christkatholisches Pfarramt; A. Fricker AG) 1980.

WALLNER, THOMAS, Kaiser, Simon. Version vom 07.01.2014, in: Historisches Lexikon der Schweiz, https://hls-dhs-dss.ch/de/articles/004786/2014-01-07/, zuletzt geprüft: 31.12.2021.

WALLNER, THOMAS, Vigier von Steinbrugg, Joseph Wilhelm Viktor. Version vom 30.04.2015, in: Historisches Lexikon der Schweiz, https://hls-dhs-dss.ch/de/articles/003048/2015-04-30, zuletzt geprüft: 31.12.2021.

WEISS, KARL, Fünfundzwanzig Jahre im Kampfe gegen Rom. Geschichte der christkatholischen Gemeinde St. Gallen, St. Gallen – Leipzig (Wiser & Frey) o. J. [1901].

WEITLAUFF, MANFRED/RIES, MARKUS (Hg.), Ignaz Heinrich Reichsfreiherr von Wessenberg. Briefwechsel mit dem Luzerner Stadtpfarrer und bischöflichen Kommissar Thaddäus Müller in den Jahren 1801 bis 1821, Basel (Kommissionsverlag G. Krebs) 1994.

WERBICK, JÜRGEN, Sakrament und Sakramentalität in der Sicht römisch-katholischer Theologie, in: Internationale Kirchliche Zeitschrift 107 (2017), 23–43.

WEYERMANN, MAJA, Martha und Maria gerecht werden. Rosina Gschwind-Zeller geb. Hofer, (1841–1904), erste christkatholische Pfarrfrau, in: Yvonne Domhardt/Judith Stofer (Hg.), Siehe, ich schaffe Neues. Aufbrüche von Frauen in Protestantismus, Katholizismus, Christkatholizismus und Judentum, Bern (eFeF-Verlag) 1998, 141–156.

WIDMER, MAYA, Valangin, Aline. Version vom 20.02.2013, in: Historisches Lexikon der Schweiz, https://hls-dhs-dss.ch/de/articles/043923/2013-02-20, zuletzt geprüft: 31.12.2021.

WIJKER, TEUNIS, «Wie der Geissbuab e Herr abgä het». Johann Baptis Egli, Pfarrer von Olsberg (1821–1886), in: Christkatholisches Kirchenblatt 120 (1997), 361–363.

WIJLENS, MYRIAM/SHMALIY, VLADIMIR (Hg.), Churches and Moral Discernment, Bd. 1: Learning from Traditions, (Faith and Order Paper 228), Geneva (World Council of Churches) 2021.

WIJLENS, MYRIAM/SHMALIY, VLADIMIR/SINN, SIMONE (Hg.), Churches and Moral Discernment, Bd. 2: Learning from History, (Faith and Order Paper 229), Geneva (World Council of Churches) 2021.

[WIJLENS, MYRIAM/SHMALIY, VLADIMIR/SINN, SIMONE], with a Preface by IOAN SAUCA and SUSAN DURBER, Churches and Moral Discernment, Bd. 3: Facilitating Dialogue to Build Koinonia, (Faith and Order Paper 235), Geneva (World Council of Churches) 2021

WILLIAMS, ROWAN, The Unity of the Church and the Unity of the Bible: An analogy, in: Internationale Kirchliche Zeitschrift 91 (2001), 5–21.

WLOEMER, KLAUS, Geschichte der Christkatholischen Kirchenmusik der Schweiz. Allschwil (Christkatholischer Medienverlag) 2007, 2 Bde.

WLOEMER, KLAUS, Adolf Thürlings und die Einführung der Volkssprache in den Gemeindegesang und den priesterlichen Gesang der christkatholischen Liturgie, in: Angela Berlis (Hg.), Kirchenreform durch die Erneuerung des Gottesdienstes. Die liturgischen und ekklesiologischen Anliegen von Adolf Thürlings (1844–1915) und ihre Wirkung bis heute. Internationale Kirchliche Zeitschrift (110) 2020, 170–194.

WOHLMUTH, JOSEF (Hg.), Dekrete der Ökumenischen Konzilien. Bd. 1: Konzilien des ersten Jahrtausends. Vom Konzil von Nizäa (325) bis zum vierten Konzil von Konstantinopel (869/70), (Conciliorum Oecumenicorum Decreta 1), Paderborn (Ferdinand Schöningh) ²1998.

WOHLMUTH, JOSEF (Hg.), Dekrete der Ökumenischen Konzilien. Bd. 3: Konzilien der Neuzeit. Konzil von Trient (1545–1563), Erstes Vatikanisches Konzil (1869/70), Zweites Vatikanisches Konzil (1962–1965), Indices, (Conciliorum Oecumenicorum Decreta 3), Paderborn (Schöningh) 2002.

WONDRA, ELLEN/DIETRICH, STEPHANIE/GHAZARYAN DRISSI, ANI (Hg.), Churches Respond to the Church: Towards a Common Vision, Geneva (World Council of Churches) 2021, 2 Bde.

WONDRA, ELLEN/DIETRICH, STEPHANIE/GHAZARYAN DRISSI, ANI (Hg.), Common Threads. Key Themes from Responses to The Church: Towards a Common Vision, Geneva (World Council of Churches) 2022.

WYSER, ALFRED, Dietschi, Peter. Version vom 12.04.2005, in: Historisches Lexikon der Schweiz, https://hls-dhs-dss.ch/de/articles/027542/2005-04-12, zuletzt geprüft: 31.12.2021.

WYSOCZAŃSKI, WIKTOR, Die Polnisch-Katholische Kirche als Mitglied der Utrechter Union. Entstehung, Geschichte, Rechtslage, in: Internationale Kirchliche Zeitschrift 95 (2005), 157–201.

WYSS, GOTTLIEB, Geschichte der christkatholischen Kirche Basel-Stadt, in: Der Katholik 63 (1940), 355–357.362–364.371–374.378–380.

ZINNHOBLER, RUDOLF, Josephinismus, in: Lexikon für Theologie und Kirche, hg. von Walter Kasper/Michael Buchberger, Freiburg i. Br. (Herder) 31993–2001, Bd. 5 (2009) 1008–1010.

ZIZIOULAS, IOANNIS, Uniformity, Diversity and the Unity of the Church, in: Internationale Kirchliche Zeitschrift 91 (2001), 44–59.

ZOGG, LISBETH, Entdeckelungen, in: Internationale Kirchliche Zeitschrift 72 (1982), 111–115.

ZÜRCHER, CHRISTOPH, Gilg, Peter. Version vom 15.03.2012, in: Historisches Lexikon der Schweiz, https://hls-dhs-dss.ch/de/articles/035235/2012-03-15, zuletzt geprüft: 31.12.2021.

Personenindex

Seitenangaben in kursiver Schrift beziehen sich auf die Nennung einer Person in einer Anmerkung. Bei den Abbildungen wird jeweils auf die Nummer im Bildteil verwiesen.

Ackermann, Franz 124, 284
Afanasjew, Nikolaj 144
Agnozzi, Giovanni Battista 73
Aldenhoven, Herwig 95 f., 98, *130*, 151, *172*, 176, 203, 221, 333, 335 f.
Aldenhoven-Gauthier, Claire *241*
Alexander VII. (Papst) 49
Alexander VIII. (Papst) 47
Alfrink, Johannes Kardinal 203
Amiet, Andreas 124
Amiet, Bruno 84
Amiet, Peter 96
Anderwert, Fridolin 66
Arnauld, Angélique 48
Arnauld, Antoine 48
Arx, Urs von *32, 33, 59, 60, 61,* 96 f., 119, *121,* 124, *172, 200,* 204, 221, 242, 335; Abb. 51 und 52
Attenhofer, Carl 61
Augustinus von Hippo 47 f., 74, *145,* 314

Bachmann, Marlies *89*
Bächtold, Christoph 124, *245*
Bailly, Elsbeth 93
Bally, Carl Franz 60, 68
Barth, Karl 92, 93, 95
Berlis, Angela *56, 58, 80,* 97, *100, 101, 109,* 119, 125, 148, 154, *168,* 192, 218, *241,* 242
Bieli, Hans 61
Bindschedler-Robert, Denise 90, 95, 101; Abb. 32
Bodenstein, Emil Abb. 23
Böhm-Vogt, Käthi Abb. 33
Bolzano, Bernard *28, 47*
Boras, Damir 37
Bończak, Franciszek Abb. 24
Braun, Thomas *23*
Brent, Charles Henry Abb. 58

Brosi, Albert 68
Bruder Klaus siehe Niklaus von Flüe
Budweiser, Franz *259*
Bühler, Martin *245*
Bührle, Emil Georg 60
Bürgi, Peter 124 f.
Burek, Gebrüder 37
Burkhardt, Stephan 125, *126*
Butterfield, Emily siehe Loyson-Meriman, Emilie

Cabrera, Juan Bautista 40
Campello, Enrico Graf di 39
Cappus, Susanne *122*
Capus, Alex 60
Carrier, Félix 116
César, Pierre 59
Chrétien, Alphonse 116; Abb. 23
Christian, Paul Abb. 23
Christian, verw. Walther, Therese (?) Abb. 23
Clemens IX. (Papst) 49
Clemens XI. (Papst) 49
Codde, Petrus 20
Colonna, Odo (Martin V., Papst) *46*
Conzemius, Victor *61,* 91, 98 f., 203
Cotterill, Henry Abb. 57
Cyprian von Karthago 311
Czech, Amandus (bzw. Miloš) 33; Abb. 23

D'Altagena, Andrea 39
Damaskinos (Papandreou; Metropolit) 221
Dellagiacoma, Marlies Abb. 33
Deluz, Denise *122*
Deramey, Jules Paul 116
Diependaal, Cornelius 303, 305
Dietrich, Walter *124*
Dietschi, Peter 68, 89, 115; Abb. 17
Dodel, Franz 59
Dohmen, Paul Abb. 23

Döllinger, Ignaz von 23, 24, 27, *40,* 64, 65, *75,* 115, 135, 193 f., 199, 342
Dominis, Markantun de *74, 145*
Donković, Ante 36
Drös, Karl Abb. 23
Dubravčić, Miho 36
Ducommun-Merz, Aline Abb. 29
Ducommun, Aline, verh. Rosenbaum siehe Valangin, Aline

Ebner, Renate Abb. 34
Egli, Johann Baptist 65, 70
Engel, Paul Abb. 23
Espen, Zeger Bernhard van 50

Febronius, Justinus siehe Hontheim, Johann Nikolaus von
Felchlin, Johannes *110*
Feldhaus, Stephan *122*
Felix (und Regula) 178
Fenn, Joseph Abb. 23
Fischler, Christa Abb. 33
Flückiger, Katja 277
Frank, Hans 45
Franz, Karl Abb. 23
Fraysse, Alain 38
Frede, Robert *241*
Frei, Hans A. *55,* 119, 191
Frei, Walter 94, 95
Friederich, Ueli *58*
Friedrich, Johann *24,* 92; Abb. 21
Führer, Christoph 96, 125
Fürholz, Heidi Abb. 33

Gallus 178
Gardiner III, Robert Hallowell Abb. 58
Gassmann, Johanna Barbara Abb. 53 und 54
Gaugler, Ernst 93 f., *109*
Gauthier-Herzog, Léon 85; Abb. 11
Gerny, Hans *33,* 86 f., 89, 122, 123, 125, 191, 221, 226, 249, 303; Abb. 12 und 53
Gerny-Schild, Marianne 89
Gilg, Arnold 92, 94, *99*
Gilg, Karl Abb. 23
Gilg, Otto 92, *118*
Gilg, Peter *45, 62*
Goller, Anja *241*
Göttisheim-Neuhaus, Maria 124
Gontarek, Andrzej *33*

Gouard, Xavier Emile Joseph 118
Gradaus, Hans siehe Egli, Johann Baptist
Greith, Karl Johann 64
Griesbach 258
Gschwind, Paulin 69, 71, 76, 79; Abb. 20
Gschwind-Zeller, Rosina 68, *69,* 76, 104; Abb. 20
Guettée, Wladimir 115
Gul, Gerardus 31, Abb. 23

Hagmann, Markus *110*
Hagmann, Peter 124, *172*
Hallebeek, Jan 242
Hassler, Otto 75, *75, 106,* 115, 171
Hauranne, Jean Duvergier de (St. Cyran) 48
Heger, Jan *35*
Heijbal, Dušan 35
Heinz, Paul Abb. 52
Herter, Hans Elias *172*
Herzog, Eduard 11, 18, 28, *33,* 39, 41, 54 (Abb. 3), 55, 58, 64, 65, 67, 68, *70,* 71, 73 f., 75 f., *76,* 77, 81–83, 87, *88,* 89, 91 f., 99, 107, 109, 171, 187, 191, 197, 219, 249, 255, 299–305, 345; Abb. 8, 23, 25, 43, 57 und 58
Heykamp, Hermanus 22
Heykamp, Johannes 303, 305
Hirschwälder, Franz 91
Hodur, Franciszek 31 f., *33*
Hofer, Marie Rosina siehe Gschwind-Zeller, Rosina
Hohler, Franz 59
Hohler, Hans *172*
Hohler, Peter *204*
Hoiningen-Huene, Christine von 101
Hontheim, Johann Nikolaus von 50
Huber, Heinrich Abb. 23
Huian, Georgiana *96,* 98, 99
Hülkart, Josef Abb. 23
Hülsmann, geb. Goebbels, Margarete Abb. 23
Hünermann, Peter 261
Hüther, Theresa *241*
Huzjak, Vilim 36

Ignatius von Antiochien 311, 346
Innozenz XII (Papst) 20
Irinej I. (Gavrilović; Patriarch) Abb. 59
Iška, František 34

Personenindex

Jackelén, Antje 182 (Abb. 6), 207, 356
Jakobsson, Sven-Holger 42
Janni, Ugo 40
Jansen(ius), Cornelius 48, 261
Janus siehe Döllinger, Ignaz von
Jaskowski, Friedrich Abb. 23
Jeanneret, Wilfred *122*
Jobin, Alfred 117
Johannes von Damaskus 139, 312
Johannes XV. (Papst) *164*
Joseph II. (Kaiser) 51
Jungo, Viktor *172, 245*

Kaiser, Simon 67
Kallis, Anastasios 99
Kalogjerá, Marko 36 f.
Kaminsiki, Paul Abb. 23
Katharina von Alexandrien 178
Kelham, Adèle 88
Keller, Augustin 66, 67 f., 69, 70, 75, 89, 265, 271; Abb. 15
Kenninck, Franciscus Abb. 24
Kilchmann, Ludwig 71
Kirejew, Alexander 120; Abb. 23
Kirscht, Ralf 148
Kleef, Gerardus Anselmus van 37
Klein, Willi Abb. 23
Klossner, František *89*
Koch, Kurt *204*
Koch, Margret 124
Kok, Govaert Christiaan 191
Kowalski, Jan *43*
Kozłowska, Sr. Maria Franziska *43*
Kozlowski, Anton Abb. 23
Kraft, Erentrud 170
Kraft, Sigisbert 148, 170, *179*
Krahl, Wolfgang 47, 85
Kramny, Winfried 125
Krebs, Andreas 98
Kreis, Georg *55*
Kreusch, Edmund Abb. 23
Kreuzer, Erwin 267
Kubin, Maria *146*
Küng, Hans 203 f.
Küppers, Werner 93 f., 202, *203*
Küry, Adolf 83 f., 86, 92, 99, 102, 106, *109, 116*, 119, 187, 191; Abb. 9, 24 und 49

Küry, Urs *33*, 46 f., *55*, 78 f., *82, 84* f., 86, 89, 90, 94 f., 99, 113, 123 f., 129, 151, *175*, 187, 196, 203; Abb. 10, 26 und 54
Küry-Vogt, Emma 89
Küry, Familie *94*
Kyrill von Jerusalem 317
Kyrill und Method 178

Lachat, Eugène 64, *67,* 69 f., 73, 299, 302
Lagerwey, Engelbertus 118
Langen, Josef 299 f., 342
Lauber, Roland 166 (Abb. 5), *168, 172, 229*; Abb. 52
Lenz, Ferdinand Abb. 19
Lenz-Heymann, Luise Abb. 18
Leo XIII. (Papst) 274
Leu, Josef Burkhard *23,* 64
Liebler, Konrad 170
Longueville, Anne-Geneviève de 49
Loos, Henricus 22
Loyson, Charles (Père Hyacinthe) 38, 39, 71, 75 f., 115; Abb. 57
Loyson-Meriman, Emilie 39, 76
Ludwig XIV. (König) 49
Lutterbeck, Johann Anton Bernhard 342

Maan, Petrus Johannes 202
Maria 21, 125, 137, 162 f., *178,* 228, 304, 312, 343
Maria Theresia (Kaiserin) 51
Martin V., Papst *46*
Martin von Tours 178
Mathew, Arnold Harris *43*
Meier, Jost 61
Meier, Simone 60
Meier, Stephanie *122, 245*
Meriman geb. Butterfield, Emilie siehe Loyson-Meriman, Emilie
Merkt, Otto Abb. 23
Mermillod, Gaspard 64, 71
Methuen, Charlotte *100*
Metzger, Bernadette Abb. 33
Michaud, Eugène 74 f., 82, 91 f., *99,* 119, 219, 342; Abb. 23
Michelis, Friedrich 71 f., 342
Moog, Georg Abb. 24
Mosebach, Gerhard Abb. 23
Moser, Erika *104*

Mülhaupt, Friedrich Abb. 23
Müller, Elisabeth 108
Müller, Fritz-René 40, 87 f., 90, 126, 159, 226; Abb. 13
Müller, Thaddäus 52, 63
Munzinger, Walther 60, 66, 67; Abb. 16
Munzinger, Werner 60
Murray, Paul 138

Napoleon Bonaparte 47
Neale, John Mason 197
Nickel, Edgar 170
Nickel, Katja 241
Nientiedt, Ruth 241
Niklaus von Flüe (Bruder Klaus) 55, 178
Nikolaus von Myra 102, 178
Nippold, Friedrich 76
Nora, Pierre 55

Okoro, John Abb. 60
Ormanian, Maghakia 39
Osswald, Franz 60

Parmentier, Martien F. G. 98, 192
Pascal, Blaise 49
Pascal, Jacqueline (Sr. Saint-Euphémie) 49
Paschek/Pašek, Alois 33–35; Abb. 24
Paulus (Apostel) 84, 150, 178, 183, 215, 346, 354
Pavelić, Ante 36
Peppa, Constantina 101
Peregrin siehe Gschwind, Paulin
Peter, Anny 101, 105, 108, 242; Abb. 30
Petraglio-Bürgi, Manuela 90
Petre, Maud 40
Petrus (Apostel) 25, 178, 294–297, 299, 354 f.
Pfister, Bernadette Abb. 34
Pfützner, Joachim 168
Philoxenos, Isaac Mar (Isaac) Abb. 60
Pickel-Bossau, Regina 154
Pius VII. (Papst) 47
Pius IX. (Papst) 23 f., 63 f., 72 f., 297, 304
Pius XI. (Papst) 228
Ploeger, Mattijs 100
Plunket, William Lord 40
Plüss, David 97
Podolák, Augustin 35
Poppelsdorf, Franz Abb. 23

Pratt, Douglas 99, 100, 218
Preux, Peter-Joseph 64
Pulec, Miloš Josef 35
Pursch, Kurt 170

Quesnel, Pasquier 49

Ráb, Václav Jaromir 34
Regula (und Felix) 178
Rein, Harald 40, 88, 90, 99, 120, 161, 226; Abb. 14, 56, 59 und 60
Reinhart, Josef 59, 89
Reinhart, Niklaus 245
Reinhart, Ursula 88 f.
Reinkens, Joseph Hubert 22, 27 f., 67, 69 f., 73, 76, 88, 118, 303–305, 342; Abb. 57
Reusch, Heinrich 342
Richterich, Karl Abb. 23
Richterich, Paul 116
Ring, Matthias 45
Ringgenberg, Helene 61
Rinkel, Andreas 85, 203
Rinkel, Casparus Johannes 303, 305
Ritschl, Dietrich 97
Rohmann, Klaus 100
Rottels, Franz Joseph 342
Rüthy, Albert Emil 84, 94, 172

Sabo, Franz 204
Sailer, Johann Michael 51
Sr. Saint-Euphémie siehe Pascal, Jacqueline
Salzmann, Jeannette 70
Schaub, Karin 122
Schindelar, Adolf 29, 36
Schmidt, Christine Abb. 33
Schneider, Beatrice 89
Schneider, Miriam 214, 217
Schuler, Christoph 89, 109, 191
Schulte, Johann Friedrich von 27, 44, 342
Segesser, Phillip Anton von 65
Šegović, Stjepan 36
Seyfried, Friedrich Abb. 23
Smit, Peter-Ben 98, 201, 241
Soder, Fredy Abb. 51, 52
Söderblom, Nathan 83, 188
Soland, Carole 192
Spycher, Dorothea Abb. 53
Stadler, Peter 57

Stalder, Kurt 94, 95 f., *130, 151,* 204
Stämpfli, Lotti Abb. 34
Steenoven, Cornelis 20 f., 50
Steinbrugg, Wilhelm Viktor Vigier von 68, 70, 89
Steudler, Beatrice 259
Stirnimann, Marianne *122*
Stocker-Steiger, Abraham 66
Stolz, Urs 89
Stránský, Pavel Benedikt 35
Straumann, Bruno 61
Strossmayer, Josip Juray 36
Stubenvoll, Beda 271
Susman, Margarete 93
Suter, Adrian *89, 109,* 120, *160, 161,* 192, 204, *245*

Thürlings, Adolf 91 f., 119, 170 f., 173; Abb. 23
Tichy, Johann F. Abb. 23
Tisi, Elisabetta *80,* 81
Trousil, Rudolf *35*
Troxler, Ignaz Paul Vital 63

Ulrich von Augsburg *164*
Urs und Viktor 178

Valangin, Aline 59
Varlet, Dominique 20 f.
Velde, Wietse van der *168*
Velimirović, Nikola/Nikolaj 219, 288
Vercammen, Joris 182 (Abb. 6), 191, 206, *207,* 356; Abb. 14
Vigier-Stocker, Anna von 90
Vignot, Bernard 38
Villiger-Keller, Gertrud 69, 104

Vinzenz von Lérins 128 (Abb. 4), 132 f., 133 f., 272
Visser, Jan *101*
Vlijmen, Henricus Th. J. van Abb. 24
Vobbe, Joachim 40, 87, *88*
Vochoč, Martin Jan 35
Vogelsanger, Peter 92
Vogt, Franziska 109
Vogt, Hansjörg 95
Vogt, Katrin Abb. 33
Vogt, Olivier *122*

Waldmeier, Josef Fridolin Abb. 52
Wallon, Jean 115
Weber, Leo 74
Weibel, Josef Leonz *81*
Wessenberg, Ignaz Heinrich Freiherr von 46 f., 51 f., 72, 111, 169
Weyermann, Maja *241*
Wiborada 178
Wijker, Teunis 129, *133*
Williams, Rowan 96 f.
Willibrord von Utrecht 19, 23, 178, 198
Woker, Philipp 91
Wolf, Hubert *101*
Wordsworth, John 205 f.
Wysoczański, Wiktor 33
Wyss, Denise 123, 166 (Abb. 5), *168*
Wyss, Gottlieb *72*

Zellmeyer, Thomas *89, 109, 168*
Zemp, Lotty 90
Ziegler, Yvonne *110*
Zillig, Patrick *122*
Zimmermann-Herzog, Doris 122
Zizioulas, Ioannis 97, 144